AV

D1702849

Komparatistik

Jahrbuch
der Deutschen Gesellschaft
für Allgemeine und Vergleichende
Literaturwissenschaft

2024

Herausgegeben im Auftrag des Vorstands
der Deutschen Gesellschaft für Allgemeine
und Vergleichende Literaturwissenschaft
von
Winfried Eckel, Christiane Solte-Gresser
und Laura Vordermayer

AISTHESIS VERLAG
Bielefeld 2024

Bibliografische Information der Deutschen Nationalbibliothek

Die Deutsche Nationalbibliothek verzeichnet diese Publikation in der Deutschen Nationalbibliografie; detaillierte bibliografische Daten sind im Internet über http://dnb.d-nb.de abrufbar.

© Aisthesis Verlag Bielefeld 2024
Oberntorwall 21, D-33602 Bielefeld
Lektorat: Horst Albers, Aisthesis Verlag
Satz: Germano Wallmann, www.geisterwort.de
Druck: Majuskel Medienproduktion, Wetzlar
Alle Rechte vorbehalten

Print ISBN 978-3-8498-2056-5
ISSN 1432-5306
www.aisthesis.de

Inhaltsverzeichnis

Beiträge

Rezensionen

TAGUNGSBERICHTE

Nachrufe

Editorial

Seit dem Erscheinen des letzten Jahrbuchs *Komparatistik* haben die weltweiten politischen, gesellschaftlichen und kulturellen Entwicklungen einmal mehr deutlich gemacht, dass sich die großen Krisen, auf die es im 21. Jahrhundert zu reagieren gilt, nicht mehr national oder regional bewältigen lassen. Mögliche Lösungen können nur in einer weltweiten, menschheitlichen Anstrengung entworfen werden. Die Allgemeine und Vergleichende Literaturwissenschaft, die seit ihren Anfängen als wissenschaftliche Disziplin den Anspruch erhebt, Grenzen zu überschreiten und aus einem erweiterten Horizont heraus neue Perspektiven zu gewinnen – wie auch das kürzlich erschienene Interview zur AVL im Portal der Arbeitsstelle Kleine Fächer betont –, ist vor diesem Hintergrund besonders gefordert. Fragen, mit denen sich das Fach genuin beschäftigt, gewinnen hierbei eine besondere Relevanz. Hierzu zählen etwa die nach dem Verhältnis Europas zur Welt, nach der Relativität von kulturellen Normen und Weltvorstellungen oder nach den unterschiedlichen und dementsprechend kontrovers erzählten Kontexten, Überlieferungsgeschichten und Deutungen ästhetischer Produktion. Mit Verfahren des Vergleichens und auf dem Fundament grundsätzlicher theoretischer Reflexion von Literatur und Kultur lassen sich solche Fragen schärfen, transkulturell, transmedial und transdisziplinär bearbeiten oder auch auf eine andere Weise stellen.

Das vorliegende Jahrbuch versteht sich als ein gleichermaßen aktueller wie fundierter Beitrag hierzu. Ohne den Anspruch zu erheben, Antworten auf die systemischen Krisen der Spätmoderne zu liefern, und weit entfernt davon, kulturelle Artefakte allein auf ihre gesellschaftlichen oder politischen Funktionen festschreiben zu wollen, macht der Band doch in besonderer Weise Entstehungsformen, Logiken und Wirkungsweisen von Literatur in ihren weltweiten Bezügen zum Thema.

Dies geschieht etwa mit Forschungsgegenständen wie „Me too" als einer globalen Bewegung, die sich nicht nur in der Literatur niederschlägt, sondern selbst als ein allererst kulturelles Phänomen gelten kann, oder mit der Bearbeitung von Inflation als einem weltweiten Problem in bzw. durch Literatur und Tanz. Literarische Stoffe in ihren internationalen und intermedialen Weiterentwicklungen, die Frage des (medialen) Erzählens einer Welt, die zunehmend utopielos und regressiv erscheint, die intensive Auseinandersetzung mit Begriffen und Konzepten von Weltliteratur in historischer Perspektive oder Träume als zeitliche, räumliche und kulturelle Grenzen überschreitende Tätigkeit, die an der Gestaltung individueller wie kollektiver Weltentwürfe beteiligt ist, sind weitere Themen des vorliegenden Bandes, anhand derer die „Welthaltigkeit" von Literatur reflektiert wird. Auch andere Beiträge setzen sich mit der Frage auseinander, inwiefern sich die Allgemeine und Vergleichende Literaturwissenschaft als eine Wissenschaft über die Welt versteht. Es geht etwa um bestimmte Kulturregionen wie das Baltikum und seine Literatur im Verhältnis zu einer Allgemeinen Literaturwissenschaft bzw. einer interkulturellen Germanistik, um die Notwendigkeit einer Erweiterung tradierter Motive und Konzepte durch globale Kontexte oder um theoretisch-methodische Grenzüberschreitungen, die einen besseren Zugang zu den Kulturen und Religionen der antiken Welt eröffnen sollen. Besonders deutlich wird dieses Anliegen nicht zuletzt in Überlegungen zu einer dekolonialen Philologie, die Lyrik als World Theory fasst, sowie mit der Präsentation eines Zeitschriftenprojekts, das *Europa im Übergang* zum Gegenstand hat und auf ein neues globales Beziehungsgefüge von Kulturen setzt. Es schreibt daher – wie dies auch weitere Beiträge dieser Ausgabe des Jahrbuchs dezidiert tun – der Übersetzung als kultureller Strategie der Vermittlung zwischen den Welten eine herausragende Rolle zu. Des Weiteren stellt sich die Frage, wie das Fach Komparatistik in der Welt – insbesondere auch außerhalb der akademischen – wahrgenommen wird.

Das Zentrum des Heftes bildet ein Dossier zur „Internationalität der Literaturen", das in Zusammenarbeit der Mainzer Komparatistik mit den am Masterstudiengang „Weltliteratur" der Johannes Gutenberg-Universität beteiligten Philologien entstanden ist. Angesichts eines globalisierten kulturellen Austauschs, weltweiter Migrationsbewegungen und der Tatsache, dass – schon diesseits dieser aktuell verstärkt zu beobachtenden Dynamiken – nationale und sprachliche Räume nur selten deckungsgleich sind, wird in zehn Beiträgen intensiv über postnationale Konzepte von Literatur nachgedacht.

Das Herausgeber*innen-Team freut sich über Ihre Vorschläge für Beiträge zur nächsten Ausgabe des Jahrbuchs, die Ende 2025 erscheinen soll. Nehmen Sie gerne frühzeitig Kontakt zu uns auf und berücksichtigen Sie bitte das auf der Website der DGAVL zugängliche Style Sheet zur Gestaltung Ihrer Texte.

Wir danken Hannah Schmidt für die Unterstützung bei der Fertigstellung des Manuskripts und dem Aisthesis Verlag für die gute Zusammenarbeit.

Saarbrücken und Mainz, im Sommer 2024

Winfried Eckel, Christiane Solte-Gresser und Laura Vordermayer

Dossier

Die Internationalität der Literaturen

Herausgegeben von
Winfried Eckel

Winfried Eckel (Mainz)

Die Internationalität der Literaturen

Ein Forschungsprogramm

I. Facetten literarischer Internationalität

Der Titel dieses Dossiers klingt nicht sehr spektakulär. Was alles ist nicht heute international? Ein Kongress, ein Wettkampf, der Geldverkehr und der Tourismus, die Politik und die Wissenschaft, der Kulturbetrieb und die Mode oder der Sport... Dass auch die Literatur ein internationales Phänomen sein soll, nimmt vor diesem Hintergrund nicht Wunder. Tatsächlich sind Autoren wie Salman Rushdie, Michel Houellebecq oder, in den letzten Jahren, Karl Ove Knausgård internationale Stars der Literaturszene, deren Bücher teilweise zeitgleich in ihrer Originalsprache und in Übersetzung an verschiedenen Orten auf diesem Globus erscheinen. Und von verstorbenen Schriftstellerkollegen wie Franz Kafka, Jorge Luis Borges oder Philip Roth kann man sagen, dass sie längst aufgehört haben, nur der Literatur zuzugehören, in deren Sprache sie ursprünglich geschrieben haben. Sie haben ein weltweites Publikum erreicht und sind Teil eines internationalen Kanons geworden. Schon von daher wird der Titel des vorliegenden Themenschwerpunkts wenig Anstoß erregen.

Doch enthält die Vorstellung einer Internationalität der Literatur und der Literaturen Implikationen, die eine ganze Reihe von geläufigen Ansichten in Frage stellen. Diese Internationalität besteht nicht nur darin, dass Literatur über nationale Grenzen hinweg Verbreitung findet und von Menschen rezipiert wird, die einem anderen sprachlichen, kulturellen oder politischen Horizont entstammen als die jeweiligen Autoren. Auch die Verfasser literarischer Texte selbst stehen oftmals in internationalen Kontexten, die sehr viel weiter sind als nur der Kontext ihrer primären Sprache und Kultur. Sie lesen, in Übersetzung oder im Original, die Texte ihrer fremdsprachigen Kollegen und entnehmen so anderen Literaturen Anregungen formaler oder inhaltlicher Art, die sie für ihre eigene literarische Produktion fruchtbar machen. Die distributive Internationalität der Literatur steht so in engem Zusammenhang mit einer genetischen, die internationale Rezeption von Literatur erlangt Auswirkungen auf ihre Produktion. Die Evolution einer – einzelsprachlich oder national definierten – Literatur, heißt dies, ist aus einer reinen Binnenlogik heraus gar nicht zu erklären, sie setzt im Gegenteil vielfältigen wechselseitigen Austausch voraus.

Vielleicht muss sogar die Vorstellung verschiedener diskret nebeneinander existierender Einzelliteraturen mit allenfalls punktuellen Berührungen oder Durchdringungen grundsätzlich in Frage gestellt werden. Dass in Deutschland die Lyrik eines George, Rilke oder Hofmannsthal ohne das große Vorbild des französischen Symbolismus nicht möglich gewesen wäre, ist bekannt, ebenso, wie sehr ein halbes Jahrhundert später die Pop-Literatur eines Rolf Dieter Brinkmann von den Impulsen der jüngeren US-amerikanischen Literatur profitiert hat. Umgekehrt hat die deutsche Literatur besonders etwa in der Romantik als Vorbild und Anreiz für andere Literaturen gewirkt; die fantastischen Erzählungen eines Théophile Gautier in Frankreich beispielsweise wären ohne das Modell E. T. A. Hoffmanns nicht denkbar gewesen; auch ein Victor Hugo oder Gérard de Nerval haben zu Beginn des 19. Jahrhunderts von jenseits des Rheins wichtige Inspirationen erhalten. Können die internationalen Kontexte für einen Autor nicht manchmal sogar wichtiger werden als die nationalen?

Das Interesse an anderen Sprachen kann noch weiter gehen, wenn Autoren in ihnen nicht nur lesen, sondern, bedingt vor allem durch Exil oder Migration, auch zu schreiben beginnen, wie etwa im Fall der Anfang der 1980er Jahre aus Japan nach Deutschland gekommenen Autorin Yoko Tawada oder der deutsch-türkischen Autorin Emine Sevgi Özdamar, die schon 1965 mit ihren Eltern erstmals nach Berlin kam. Der Großteil des literarischen Werks beider Schriftstellerinnen ist auf Deutsch verfasst (bei Özdamar ganz überwiegend, bei Tawada zu mehr als der Hälfte), doch auch in ihren primär deutschsprachigen Texten ist der anderssprachige, andanderskulturelle Hintergrund ihrer Herkunftsländer omnipräsent.[1] So etwa, wenn in Özdamars frühem Erzählband *Mutterzunge* (1990) gleich im ersten Satz: „In meiner Sprache heißt Zunge: Sprache", das Türkische mitgedacht werden muss und kurz darauf das Deutsche nur als „gedrehte Zunge" oder, zurückübersetzt ins Türkische, als ‚übersetzte Sprache' erscheint, ohne dass die Übersetzung hier kenntlich gemacht wäre (türk. „çevirmek" = drehen, wenden, übersetzen).[2] Auch in anderen Texten arbeitet Özdamar mit dieser Form der verdeckten Übersetzung, einer Latenz der Erstsprache in der Zweitsprache, aus der sich viele ihrer Eigenwilligkeiten im Deutschen erklären lassen.

Ähnliche, aus der Interferenz oder einfach nur der Konfrontation der Sprachen resultierende Irritationen ergeben sich, wenn in Tawadas Erzählung *Von der Muttersprache zur Sprachmutter* aus der Sammlung *Talisman* (1996) der fremde, ebenso befremdete wie belustigte Blick der Japanerin auf das Deutsche, das über die Artikel ‚der', ‚die', ‚das' selbst Dingen wie einem Bleistift oder einer Schreibmaschine ein Geschlecht zuschreiben kann, eine spielerische Distanz schafft, die es der Erzählerin schließlich erlaubt, die deutsche Schreibmaschine als eine „Sprachmutter" zu begreifen, als eine für die Literaturproduktion hilfreiche Macht, die ihr in ihrer Muttersprache gerade nicht zur Verfügung steht. Das Spiel mit den Silben „Mutter" und „Sprache" setzt die wechselseitige Fremdheit des Japanischen und des Deutschen als produktiven Abstand voraus. Zur Sprachmutter wird die Schreibmaschine nur in der Fremdsprache, denn in der eigenen, so heißt es, „klammern sich die Gedanken so fest an die Worte, dass weder die ersteren noch die letzteren frei fliegen können".[3]

---

1 Man kann diese migrationsbedingte Internationalität als einen Spezialfall der genetischen begreifen: Nicht nehmen hier deutsche Autoren Anregungen aus nichtdeutschen Literaturen auf, sondern zwei Autorinnen aus dem Ausland bereichern die deutsche Literatur um ihren gewissermaßen fremden Blick.

2 Özdamar, *Mutterzunge*, S. 9.

3 Tawada, *Talisman*, S. 15.

Es überrascht nicht, dass in die dominant deutschsprachigen Texte beider Autorinnen, Tawadas wie Özdamars, nicht nur verdeckt, sondern auch offen kenntlich Elemente ihrer jeweiligen Erstsprachen, Japanisch oder Türkisch, eingestreut sind, es sich also strenggenommen um mehrsprachige Texte handelt.[4] Eine Deutung, die die beiden Erzählungen einfach als Teil einer deutschen ‚Nationalliteratur' im emphatischen Sinne Herders begriffe, erschiene als ebenso unangebracht, wie die andere, die einfach von einem türkischen bzw. japanischen Text im Gewand einer fremden Sprache, also von einer Übersetzung ausginge.[5] Ihre Internationalität, ihre Zugehörigkeit nicht nur zu einer Literatur, stellen diese hochgradig sprachreflektierten Texte offen aus.

II. Die Idee der Nationalliteratur

Man mag nach dieser kleinen Sequenz von Beispielen, die auf jeweils unterschiedliche Weise die Internationalität von Literatur illustrieren, nach wie vor das Thema dieses Dossiers für nicht sonderlich aufsehenerregend halten und die Internationalität der Literatur nicht bemerkenswerter finden als die Internationalität der Wissenschaft, zu der heute wie selbstverständlich verschiedene Länder beitragen, die sich oft schon aus Kostengründen (man denke an die Weltraum- oder die Elementarteilchenforschung) zusammenschließen, um im Medium der Weltsprache Englisch und international verständlicher Zahlen an einer gemeinsamen Sache zu arbeiten. Doch sind die Implikationen von Internationalität in der Literatur andere als in der Wissenschaft. Denn die These von der Internationalität der Literatur bricht mit einer Vorstellung, zu der es im Bereich der Wissenschaft, zumindest der Naturwissenschaft, heute kein wirkliches Äquivalent gibt: der Vorstellung nämlich, dass Literatur an die Einzigartigkeit einer Sprache und Kultur konstitutiv gebunden ist und sich deshalb, anders als Ergebnisse der Wissenschaft, nicht oder nur schwer übersetzen lässt,

---

4 Vgl. die eindringlichen Analysen von Yildiz, *Beyond the Mother Tongue*, S. 109-142 (zu Tawada) und S. 143-168 (zu Özdamar).

5 Eine Deutung der zweiten Art hat Julius Petersen 1928 im Blick auf Texte deutscher Autoren in fremden Sprachen vorgeschlagen: „Dichtungen des 18. Jahrhunderts in französischer Sprache wie die Oden Friedrichs des Großen, oder selbst die französischen Versuche eines Stefan George und Rilke in unserer Zeit müssen wir nach der Person ihrer Verfasser als deutsche Dichtungen im fremden Gewande ansehen, und es liegt durchaus innerhalb der Problemstellung der nationalen Literaturgeschichte, durch vergleichende Methode festzustellen, inwiefern auch in der Handhabung der fremden Sprache deutsche Denkweise und Gesinnung, deutsche Empfindung und deutsches Sprachgefühl zum Durchbruch kommen, so daß diese Versuche geradezu als fremdsprachliche Übersetzungen ungeschriebener deutscher Grundkonzeption betrachtet werden können." Allerdings konzediert der Germanist, dass „im Gebrauch fremder Sprachen und in der Einverleibung fremder Schöpfungen [d. h. durch Übersetzung und Verarbeitung]" die Nationalliteraturen sich „überschneiden", so dass „gewissermaßen internationalisierte Zwischenzonen entstehen, die einen Gemeinbesitz darstellen". Petersen, Nationale oder vergleichende Literaturgeschichte?, S. 44f.

weshalb sie zuerst und zuletzt eine *nationale* Angelegenheit darstellt.[6] Es ist dies die aus dem 18. Jahrhundert stammende Vorstellung der *Nationalliteratur*, in der sich die Nation als eine kollektive Individualität Ausdruck verschafft und auf diesem Weg ihrer unverwechselbaren Identität im Unterschied zu anderen Nationen versichert.

Vor allem der Kulturtheoretiker Herder ist es gewesen, der seit den 1760er Jahren den Begriff der Nationalliteratur der Sache nach entwickelt hat, auch wenn er, dem Herder-Kenner Hans Adler zufolge, das Kompositum selbst wohl noch nicht gebraucht hat.[7] Herder denkt die Nation bekanntlich kulturalistisch: nicht als voluntative Setzung und zu einem bestimmten Zeitpunkt künstlich Geschaffenes, sondern als etwas natürlich Gewachsenes, das in die unbestimmte Tiefe einer Vorzeit verweist.[8] Als Kultur aber ist die Nation bei ihm wesentlich durch die Sprache definiert: „Mittels der Sprache wird eine Nation erzogen und gebildet", heißt es 1795 etwa in den *Briefen zu Beförderung der Humanität*.[9] Eine für den vorliegenden Zusammenhang wichtige Implikation dieser Vorstellung findet sich schon 1767 in den Fragmenten *Über die neuere deutsche Literatur* formuliert: „Der *Genius* der Sprache ist also auch der Genius von der Literatur einer Nation".[10] Jede Nation hat mit ihrer besonderen Sprache ein eignes „Vorratshaus" von „zu Zeichen gewordenen Gedanken",[11] und der Dichter ist beauftragt, in ihr zu dichten:

> wenn in der Poesie der Gedanke und Ausdruck so fest aneinander kleben, so muß ich ohne Zweifel in der Sprache dichten, wo ich das meiste Ansehen und Gewalt über die Worte, die größte Kenntnis derselben, oder wenigstens eine Gewißheit habe, daß meine Dreistigkeit noch nicht Gesetzlosigkeit werde, und ohne Zweifel ist dies die *Muttersprache*.[12]

Das Dichten in fremden Sprachen betrachtet Herder deshalb ebenso argwöhnisch wie die Aufnahme fremder Elemente in die eigene: „Kein größerer Schade kann einer Nation zugefügt werden, als wenn man ihr den Nationalcharakter, die Eigenheit ihres Geistes und ihrer Sprache raubt."[13] Gerade in Bezug auf das Deutschland seiner Gegenwart sieht Herder diesbezüglich Anlass zur Klage:

---

6   Im Kontext der amerikanischen *World Literature*-Debatte und im Anschluss an Überlegungen von Barbara Cassin ist der Gedanke der Unübersetzbarkeit in den letzten Jahren besonders von Emily Apter stark gemacht worden. Vgl. Apter, *Against World Literature*.

7   Adler, Weltliteratur – Nationalliteratur – Volksliteratur, S. 271.

8   Zu dieser Unterscheidung: Hárs, Herder und die Erfindung des Nationalen.

9   Herder, *Werke*, S. 111.

10 Herder, *Frühe Schriften*, S. 177.

11 Herder, *Sprachphilosophische Schriften*, S. 95.

12 Herder, *Sprachphilosophische Schriften*, S. 149. Es ist genau diese Auffassung, die von Tawada explizit in Zweifel gezogen wird.

13 Ebd., S. 143.

Nun suche in Deutschland den Charakter der Nation, den ihnen eigenen Ton der Denkart, die wahre Laune ihrer Sprache, wo sind sie? Lies Tacitus, da findest du ihren Charakter: „Die Völker Deutschlands, die sich durch keine Vermischung mit anderen entadelt, sind eine eigne, unverfälschte originale Nation, die von sich selbst das Urbild ist. […]" Nun siehe dich um und sage: „die Völker Deutschlands sind durch die Vermischung mit andern entadelt, haben durch eine langwierige Knechtschaft im Denken, ganz ihre Natur verloren: sind, da sie lange Zeit mehr als andre ein tyrannisches Urbild nachgeahmt, unter allen Nationen Europas, am ungleichsten sich selbst..." Wäre Deutschland bloß von der Hand der Zeit, an dem Faden seiner eigenen Kultur fortgeleitet, unstreitig wäre unsere Denkart arm, eingeschränkt, aber unserem Boden treu, ein Urbild ihrer selbst […].[14]

Ein „Nationalcharakter" der Deutschen gehört demnach der Vergangenheit an. Der Widerspruch, dass Herder hier das, was er zu sagen hat, nur auf dem Umweg über die Parodie eines übersetzten Tacitus-Zitats zu sagen vermag, obwohl es ihm eigentlich um einen unverfälscht ‚deutschen' Ausdruck gehen müsste, erscheint als Indiz der längst eingetretenen Degeneration. Zwar versteht er den Austausch mit anderen Nationen potentiell als Bereicherung, zugleich aber als Gefahr der Dezentrierung im Sinne eines Abfalls vom Eigenen. Eine Literatur, die sich zu sehr mit anderen Literaturen vermischt, muss ihre identitätsstiftende Funktion für die eigene Nation einbüßen. Die Vorstellung einer deutschen Nationalliteratur begegnet so auch schon bei Herder als eine rückwärtsgewandte Fiktion.

III. Zwei Kulturmodelle

Bekanntlich hat Wolfgang Welsch seit Anfang der 1990er Jahre in einer Reihe von Aufsätzen das dem Herder'schen Nationbegriff zugrundeliegende Kulturkonzept einer scharfen Kritik unterzogen.[15] Im Hinblick auf die Internationalität von Kultur überhaupt, Literatur insbesondere, ist diese Auseinandersetzung sehr aufschlussreich. Nach Herders früher Geschichtsphilosophie hat „jede Nation ihren Mittelpunkt der Glückseligkeit in sich, wie jede Kugel ihren Schwerpunkt",[16] weshalb „das Zeitalter fremder Wunschwanderungen und ausländischer Hoffnungsfahrten" bereits „Krankheit, Blähung, ungesunde Fülle, Ahndung des Todes" bedeutet.[17] Welsch hat daraus gefolgert, Herder denke Kulturen essentialistisch als Kugeln, die nach innen einen Homogenisierungsdruck aufbauen und nach außen auf klare Abgrenzung setzen. Unserer zeitgenössischen Wirklichkeit aber, so Welsch, werde dieses Modell nicht mehr gerecht, es sei deskriptiv falsch und normativ bedenklich, Tendenzen zum Kampf der Kulturen leiste es Vorschub. Statt durch Separiertheit und Homogenität seien moderne Kulturen durch Vermischungen gekennzeichnet: extern durch Vernetzung und intern durch Hybridität. Alle kulturellen Gehalte seien heute in

---

14 Ebd.
15 Vgl. Welsch, *Was ist eigentlich Transkulturalität?*
16 Herder, *Auch eine Philosophie*, S. 35.
17 Ebd., S. 36.

unterschiedlicher Verteilung in praktisch jeder Kultur anzutreffen. An die Stelle des Leitbilds der Kugel habe das des Geflechts zu treten.

Zur terminologischen Bestimmung dieser neuen kulturellen Verfassung schlug Welsch den Begriff der Transkulturalität vor, wobei das lat. „trans" sowohl das *Jenseits* der vermeintlichen Kugelverfassung der Kultur als auch die Tatsache signalisieren sollte, dass die kulturellen Determinanten heute quer durch alle Kulturen *hindurch*gehen. Die Konzepte der Multi- und Interkulturalität hielten dagegen am alten Kugelmodell der Kultur fest, das es zu überwinden galte, und könnten nur das mehr oder weniger beziehungs- und verständnislose Nebeneinander von Kulturen denken, entweder innerhalb einer Gesellschaft oder im Verhältnis einer Gesellschaft zur anderen.

Es fällt zumindest von heute aus nicht schwer zu erkennen, dass in dem Entwurf von Welsch eine gehörige Portion Wunschdenken am Werk war, das seinerseits an der deskriptiven Triftigkeit Zweifel aufkommen lässt. Dem Traum von der „Family of Man" ausdrücklich verpflichtet,[18] stellt die Theorie die Beschreibung und Erklärung kultureller Differenzen hintan, deren Wahrnehmung ja doch auch in der Gegenwart nicht geleugnet werden kann. Das zieht andere Defizite nach sich. Das Modell des Geflechts kann für sich genommen nicht erklären, warum die kulturellen Gehalte, die heute durch alle Kulturen hindurchgehen sollen, nicht in gleichmäßiger Streuung, sondern hier und dort in größeren bzw. geringeren Konzentrationen anzutreffen sind. Auch gibt das Modell keine Antwort auf die Frage, warum die kulturellen Gehalte beim Transfer über Kulturgrenzen hinweg charakteristischen Transformationen unterliegen, in denen die aufnehmende Kultur ihre Assimilationskraft beweist. Welsch konzediert diese Phänomene, hat aber in seinem Modell keine Erklärung dafür. Warum er überhaupt noch von Kulturen im Plural sprechen kann, wird nicht plausibel. So wenig das Herder zugeschriebene Kugelmodell, das für eine jede Kultur einen inneren Schwerpunkt der Glückseligkeit behauptet, das Bedürfnis nach „fremden Wunschwanderungen" und „ausländischen Hoffnungsfahrten" erklärt, so wenig erklärt das Modell des Geflechts, warum bestimmte Gehalte an bestimmten Orten sich ballen, andere assimiliert und dritte abgestoßen werden. Vernachlässigt das erste Modell die zentrifugalen, so das zweite die zentripetalen Kräfte einer jeden Kultur.[19]

Es liegt von daher nahe, die scheinbar miteinander ganz unvereinbaren Modelle zusammenzudenken. Man wird dazu umso eher geneigt sein, wenn man wahrnimmt, dass in den Überlegungen von Herder bzw. Welsch das jeweils andere Konzept der Sache nach bereits enthalten ist. Ich behaupte: So wie Interkulturalität im Sinne Welschs nur als Spielart von Transkulturalität gedacht werden kann, so Transkulturalität nur als Spielart von Interkulturalität, nicht als ihr Gegenteil. Werden kulturelle Differenzen im Konzept der Interkulturalität zu kulturunterscheidenden Merkmalen dramatisiert („othering", Gayatri Spivak), verlieren sie im Konzept der Transkulturalität ihre distinktive Bedeutung, so

---

18 Welsch, Was ist eigentlich Transkulturalität?, S. 63.

19 Die Unterscheidung zentrifugaler und zentripetaler Kräfte übernehme ich aus Bachtins Überlegungen zur Sprache: Das Wort im Roman, S. 165.

dass verstärkt Ähnlichkeiten zwischen den Kulturen hervortreten („indifférence aux différences", Alain Badiou).

IV. Implikationen von ‚Internationalität'

Diese Überlegungen lassen sich auf die aktuelle Diskussion um ‚Trans-' vs. ‚Internationalität' übertragen. Tatsächlich sind im Begriff der Internationalität von Literatur und Literaturen Kugel- und Geflechtmodell gleichermaßen impliziert. Bereits ein Blick in den Duden belehrt darüber, dass ‚Internationalität' im Deutschen heute in mindestens zwei Bedeutungen verwendet wird: in einer ersten, die unter Rekurs auf die ursprüngliche Wortbedeutung den relationalen Sinn des Begriffs betont und damit auch einen Akzent auf die durch die Relation verknüpften Relata, die Nationen, setzt, die als diskrete, nach außen klar abgrenzbare Einheiten gedacht sind; und in einer zweiten, die demgegenüber diffuser bleibt und auch vergleichsweise wenig Akzent auf die jeweils implizierten Nationen legt, da diese recht unbestimmt bleiben können. Als Umschreibung für Bedeutung 1 gibt der Duden u. a. „zwischenstaatlich" (wie in „internationaler Vertrag"), für Bedeutung 2 u. a. „nicht national begrenzt; mehrere Staaten betreffend; überstaatlich, weltweit" an (wie in „internationale Küche"). Die gegenwärtige Konjunktion des Begriffs ‚Transnationalität' trägt speziell dieser zweiten Bedeutung von ‚Internationalität' Rechnung,[20] doch ist deutlich, dass das Transnationale im Sinne des Überstaatlichen und Globalen, auch in dem des Diffus-Verflochtenen in ‚Internationalität' im Prinzip bereits mit bedacht ist. Die Rede von Transnationalität bietet sich gleichwohl an, wo man diesen Aspekt besonders hervorheben möchte.

Literatur kann ‚international' in beiden Bedeutungen des Begriffs sein, wobei von Herder her bei den implizierten Nationen, die er sich als natürlich gewachsene Gebilde vorstellt, freilich eher an Kulturen als an Staaten zu denken ist, ‚international' also semantisch in die Nähe von ‚interkulturell' und ‚interlingual' rückt. Grundsätzlich gehört der Begriff der Internationalität (nicht unähnlich dem der Nation) zu den kontextsensiblen Begriffen, die erst im jeweiligen Verwendungszusammenhang eine genauere Bedeutung annehmen – ein Umstand, der, wenn man ihn reflektiert, als Stärke begriffen werden kann. Gerade seine Anpassungsfähigkeit an wechselnde Kontexte macht den Begriff der Internationalität besonders tauglich für die Beschreibung des Gegenstandsgebiets der Komparatistik.[21]

In dem *diffuseren* Sinn ‚international' wäre eine Literatur zu nennen, die entweder in verschiedenen Ländern verbreitet ist oder mit Elementen arbeitet (Formen, Stoffen, Genres, Sprachen), die aus verschiedenen Ländern kommen, in

---

20 Vgl. die begriffsgeschichtlichen Beobachtungen bei Bischoff/Komfort-Hein, *Handbuch Literatur & Transnationalität*, S. 7ff.

21 Ich schließe hier an Dieter Lamping an, dessen Buch *Internationale Literatur* sich ausdrücklich als „Einführung in das Arbeitsgebiet der Komparatistik" (Untertitel) versteht.

unterschiedlichen Literaturtraditionen entwickelt wurden, ohne dass im einen
wie im anderen Fall die genaue Bestimmung der Ursprungskontexte notwendig
von primärer Bedeutung wäre. Man könnte also z. B. von einer diffusen distributiven und einer diffusen genetischen Internationalität sprechen. In verschiedenen Ländern verbreitet kann diese internationale Literatur aus verschiedenen Gründen sein, aufgrund ihrer hohen ästhetischen Qualität oder sonstwie
herausragenden Bedeutsamkeit für unterschiedliche Kulturkreise (wegen der
Behandlung zentraler Themen der Weltgesellschaft, der „großen Menschheits-
fragen" usw.) ebenso wie aufgrund der unter Qualitätsgesichtspunkten vielleicht
beklagenswerten Tatsache, dass sie für einen Weltbuchmarkt produziert wird,
der auf die zunehmend sich angleichenden Lebensverhältnisse in den kapitalistischen Staaten ausgerichtet ist, wie dies mit kulturkritischem Tenor vor einigen
Jahrzehnten bereits Horst Steinmetz in seinen Überlegungen zum Begriff der
‚Weltliteratur' entwickelt hat.[22]

Von der diffusen distributiven und diffusen genetischen Internationalität von
Literatur zu unterscheiden wäre die pointiertere *relationale* Internationalität. In
diesem Sinn ‚international' wäre eine Literatur zu nennen, die Brückenschläge
zwischen bestimmten Ländern, Kulturen und Sprachen unternimmt, die sie
gerade durch den Brückenschlag als unterscheidbare Entitäten identifiziert und
auseinanderhält, wie dies etwa bei den angeführten Beispielen aus dem Bereich
der deutsch-türkischen oder deutsch-japanischen Literatur zu beobachten war.
Gerade im Bereich der sogenannten Migrationsliteratur, die sich selbst gern
in einem Zwischenbereich zwischen den Kulturen situiert (unbeschadet aller
kulturwissenschaftlichen Proteste „Against Between"[23]), ist diese Form der
Internationalität verstärkt zu beobachten. Markierte interlinguale, interkulturelle, aber auch intertextuelle Bezugnahmen sind in diesem Zusammenhang
charakteristisch. Während die diffusen Internationalitätsformen sich mit Hilfe
des Geflechtmodells gut beschreiben lassen, legen die relationalen Formen den
Rückgriff auf das Kugelmodell der Kultur nahe. Das schließt nicht aus, dass
Texte, die für sich selbst ein Zwischensein zwischen zwei relativ abgeschlossenen
Kulturen reklamieren, selbst kulturelle Elemente der scheinbar so unvereinbaren
Kulturen miteinander vermischen.

V. Die Internationalität der Literaturen als Forschungsprogramm

Der Titel des vorliegenden Dossiers meint nicht nur einen Grundzug insbesondere moderner Literatur, er meint auch ein Forschungsprogramm. So wie
Tendenzen der Nationalisierung und der Internationalisierung auf der Ebene
unseres Gegenstandes, der Literatur, zu beobachten sind, so können auch die
Literaturwissenschaften, auf der Ebene der Gegenstandsbeschreibung, an der
Nationalisierung bzw. Internationalisierung der Literatur arbeiten, indem sie
den Fokus ihrer Aufmerksamkeit entsprechend ausrichten und die vorhandenen

---

22 Steinmetz, Weltliteratur.
23 Adelson, Manifest.

Daten selektiv-konstruktiv verarbeiten, so dass sie beispielsweise die Geschichte der Literatur als eine nationale oder internationale Geschichte zu schreiben vermögen. Dabei ist es nicht so, wie ich hier ausdrücklich betonen möchte, dass die Einzelphilologien, die man vormals auch Nationalphilologien nannte, für die Nationalisierung der Literatur zuständig wären, die Komparatistik dagegen für die Internationalisierung. Vielmehr können Nationalisierung bzw. Internationalisierung der Literatur auf der Ebene der Beschreibung nur jeweils von Einzelphilologien und Komparatistik gemeinsam betrieben werden.

Eine Allianz von Einzelphilologien und Komparatistik im Zeichen des Nationalen gab es bekanntlich im 19. bis weit ins 20. Jahrhundert hinein. Die Einzelphilologien arbeiteten etwa an der Edition für das nationale Selbstverständnis wichtiger Texte und legten Nationalgeschichten der Literatur vor, die ihrerseits der Ausbildung eines nationalen Selbstbewusstseins verpflichtet waren oder gar das Ziel verfolgten, die Überlegenheit der eigenen Nationalliteratur über die der anderen Nationen zu erweisen. Man denke in Deutschland etwa an die Bemühungen des 1810 an die Berliner Reformuniversität berufenen Deutschtumsideologen Friedrich von der Hagen um das *Nibelungenlied*, in dem er das „einzige ächte vaterländische *Nazionalepos*" sah,[24] oder an Georg Gottfried Gervinus' *Geschichte der poetischen National-Literatur der Deutschen* (5 Bände, Leipzig 1835-1842), die, wie der auf den demokratischen Verfassungsstaat hoffende Vormärzliberale im Vorwort schreibt, ausdrücklich „nicht für die [...] gelehrten Kenner [...] sondern [...] für die Nation" bestimmt war.[25] Die entstehende Komparatistik aber ging mit den Projekten der Einzelphilologien Hand in Hand, denn sie selbst verstand sich als Nationenkomparatistik, die das Spezifische der einzelnen Nationalliteraturen gerade durch den Vergleich zu bestimmen versprach, der oft den Charakter eines sportlichen sich aneinander Messens annahm („tiefer, besser, schöner").[26] Der Germanist Julius Petersen vertritt 1928

---

24 Zitiert nach: Schmidt, Deutsche National-Philologie, S. 325.

25 Gervinus, *Schriften*, S. 159.

26 Fohrmann, Grenzpolitik, S. 26. Ein *locus classicus* solcher Nationenkomparatistik im Zeichen des Sports ist die Antrittsvorlesung von Jean-Jacques Ampère, einem Begründer der Komparatistik in Frankreich, an der Pariser Sorbonne 1832: „Nous la ferons, messieurs, cette étude comparative sans laquelle l'histoire littéraire n'est pas complète; et si, dans la suite des rapprochemens où elle nous engagera, nous trouvons qu'une littérature étrangère l'emporte sur nous en quelque point, nous reconnaîtrons, nous proclamerons équitablement cet avantage; nous sommes trop riches en gloire pour être tentés de celle de personne, nous sommes trop fiers pour ne pas être justes. [/] Messieurs, notre part est assez belle; trois fois la civilisation française s'est placée à la tête de l'Europe: au moyen âge, par notre littérature, par nos croisades et notre chevalerie; au dix-septième siècle, par le génie de nos écrivains et le règne de Louis XIV; au dix-huitième, par l'ascendant de notre philosophie et les triomphes de notre glorieuse révolution. Et aujourd'hui nous arrêterions-nous dans la voie du progrès, qui est la voie de l'humanité? Non, messieurs il n'en sera pas ainsi. – Le dix-neuvième siècle, qui a déjà porté de si grandes choses, semble par momens indécis et fatigué dans sa marche. Soutenons le pas, messieurs, et pour la

sogar die Auffassung, dass die nationale Literaturgeschichtsschreibung selbst
international-vergleichend sein muss:

> suchen wir aus dem charakteristischen Selbstbekenntnis den Pulsschlag, das
> eigentliche Element, das innerste Wesen der völkischen Seele herauszuhören, so
> läßt sich ihr charakteristischer Eigenklang in der Tat nur durch internationale
> Unterscheidung erkennen: die Literaturgeschichte vollendet ihren nationalen
> Charakter erst, indem sie vergleichend wird.[27]

Für das Fremde interessiert sich der Nationalphilologe freilich nur, sofern er entweder das Eigene davon abgrenzen oder in der eigenen Literatur die „nationale
Umbildung fremder Einwirkungen" nachweisen kann.[28] Übereinstimmungen
oder Ähnlichkeiten der von ihm untersuchten Literatur mit anderen gilt seine
Aufmerksamkeit weniger. Es geht ihm um die Nationalität der Literatur, nicht
um ihre Internationalität. Komparatistik fungiert hier, wie Jürgen Fohrmann
schreibt, nur als „Hilfswissenschaft der Nationalphilologie".[29]

Demgegenüber ist heute, so denke ich, eine ganz andere Form der Zusammenarbeit zwischen Einzelphilologien und Komparatistik möglich und wünschens-
wert, eine Zusammenarbeit, die gerade der Internationalität der Literatur und
der Literaturen Rechnung zu tragen versucht. Dass auch Internationalität der
Literatur(en), nicht anders als Nationalität, eine Konstruktion ist (die im Übrigen die der Nationalität sogar voraussetzt), dessen wird man sich dabei bewusst
sein. Aber genau dieses Bewusstsein kann vor dem ideologischen Missbrauch
des Konzepts, der natürlich auch hier möglich ist, bewahren helfen. Die an
Internationalität interessierte Philologin, die die Vernetzungen und Austausch-
prozesse zwischen den Literaturen beobachtet, die Kommunikation zwischen
literarischen Autoren und die intertextuellen Verknüpfungen ihrer Werke,[30]

---

quatrième fois reprenons notre poste en tête du mouvement européen. L'Europe
nous regarde et nous attend." Ampère, De la littérature française, S. 33f.

27 Petersen, Nationale oder vergleichende Literaturgeschichte?, S. 48.

28 Ebd., S. 60.

29 Fohrmann, Differenzen, S. 20.

30 Udo Schöning formuliert: „Literarische Internationalität konstituiert sich durch
    Vernetzung, und Vernetzung entsteht durch Transfer; national ist dann das, was
    des Transfers bedarf, um international zu werden." Schöning, Die Internationalität
    nationaler Literaturen, S. 19. – Die Internationalität von Autoren, Texten und Dis-
    kursen sind Lamping zufolge konstitutiv für Weltliteratur im Sinne Goethes. Die
    Internationalität von *Autoren* impliziere eine entsprechende literarische Bildung,
    Bilingualität und Mobilität, internationale Kontakte und Arbeitsgemeinschaften,
    Leben im Ausland, internationales Denken und Interkulturalität. Die Internationa-
    lität von *Texten* manifestiere sich dagegen wesentlich in intertextuellen Bezugnah-
    men auf Texte einer anderen Literatur, sei es in Gestalt der Übersetzung, der Ver-
    mittlung (z. B. Anthologien, Rezensionen, Interpretationen) oder der Verarbeitung
    durch produktive poetische Rezeption (affirmativ oder kritisch). Die Internationa-
    lität literarischer *Diskurse* sorge dafür, dass die jeweiligen intertextuellen Bezugnah-
    men oft in größere Zusammenhänge eingebettet sind (z. B. Gattungen, Schreibwei-
    sen, Motivzusammenhänge oder mythologische Figuren). ‚Weltliteratur' erscheint

wird im Blick auf andere Literaturen als die, zu der ein von ihr untersuchter Text gezählt wird, eine andere Haltung einnehmen als der Nationalphilologe. Sie wird sich für das Andere oder gar Fremde nicht nur interessieren, sofern es ins vermeintlich Eigene assimiliert werden konnte oder sofern sie das Eigene davon abgrenzen kann, sondern gerade insofern es das Eigene selbst ein anderes oder vielleicht sogar fremd werden lässt. Und sie wird vor allem den Gemeinsamkeiten und Ähnlichkeiten zwischen den Literaturen, die im Zeichen nationaler Profilierung entlang der Unterscheidung von Identität und Differenz gern ausgeblendet werden, größere Beachtung schenken, da gerade in ihnen internationale Verflochtenheit sich manifestiert.[31]

Die Aufmerksamkeit für den „Gemeinbesitz"[32] unter den Literaturen muss dabei das Interesse an spezifischen Differenzen nicht ausschließen und stellt im Gegenteil sogar dessen Voraussetzung dar. So wird eine auf Internationalität ihres Gegenstands fokussierte Komparatistik vielleicht gerade die Dezentrierungseffekte beobachten, die dadurch zustande kommen, dass ein bestimmter Text Elemente aus anderen Literaturen in sich aufgenommen hat oder, in Übersetzung oder im Original, in einem anderssprachigen Literaturraum rezipiert worden ist. In der zweiten Hälfte des 20. Jahrhunderts war es beispielsweise in Deutschland zu erleben, wie ein Autor wie Nietzsche, den viele als den Philosophen des Willens zur Macht und Wegbereiter des Faschismus zu kennen glaubten, auf dem Umweg über seine französische Übersetzung und Rezeption im Kontext des Poststrukturalismus als ein völlig gewandelter Autor nach Deutschland zurückgekehrt ist;[33] ein ähnliches Schicksal hat etwa Hermann Hesse durch seine Rezeption in der Beat-Generation und der Hippie-Bewegung der USA erfahren.[34] Schon Goethe, der anstelle des Zeitalters der Nationalliteratur das der Weltliteratur anbrechen sah, interessierte sich bei Übersetzungen seiner Texte in andere Sprachen gerade für die Frage, was an ihnen nun anders sei, und nicht so sehr für die Frage, ob sie auch treu transferiert worden seien: „Nun aber möchte ich von Ihnen wissen, inwiefern dieser Tasso als englisch gelten kann", schreibt er etwa an Carlyle.[35] Und David Damrosch, dessen *World*

---

als internationale Literatur *par excellence*. Vgl. Lamping, *Internationale Literatur*, S. 33-90, sowie ders., *Die Idee der Weltliteratur*.

31 Vgl. Bhatti/Kimmich, *Ähnlichkeit*. In der „Einleitung" schreibt Anil Bhatti: „Das ‚Ähnlichkeitsdenken' wirft ein kritisches Licht auf theoretische und politische Präferenzen für die Polarität zwischen Identität und Differenz und stellt Konzepte wie ‚Authentizität' und kulturellen Purismus in Frage. Dagegen werden die Vorläufigkeit, das Transitorische, die Unschärfe, fließende Grenzen, Nuancen, minimale Abweichungen, *Fuzzyness*, Vagheit im Ähnlichkeitsdenken aufgewertet und begrifflich mit einer flexiblen polyvalenten Sprache erfasst. Im weitesten Sinne meldet das Ähnlichkeitsdenken damit Skepsis gegenüber der Dichotomie von ‚eigen' und ‚fremd' an." (Ebd., S. 17)

32 Petersen, Nationale oder vergleichende Literaturgeschichte?, S. 45. Siehe oben das Zitat in Fußnote 5.

33 Vgl. Hamacher, *Nietzsche aus Frankreich*.

34 Vgl. etwa Ziolkowski, Saint Hesse.

35 Brief vom 1. Januar 1828. Goethe, *Werke*, S. 222.

Literature-Konzept heute explizit an Goethe anknüpft, spricht von Weltliteratur generell als „*an elliptical refraction of national literatures*", einer Brechung,
der Werke gerade da ausgesetzt sind, wo sie den Horizont ihres Entstehungs-
kontextes verlassen und auf Weltreise gehen.[36] Tatsächlich geht Internationalisierung als Werktransfer immer mit Bedeutungs- und Funktionsverschiebungen
der betroffenen Werke einher. Der deutsche Shakespeare ist ein ganz anderer als
der englische, und das gilt erst recht für den indischen.[37]

Der Sinn von Texten, zumal literarischen, ist nichts Festes. Das Projekt der
emphatisch verstandenen Nationalliteratur vor allem im 19. Jahrhundert aber
war der Versuch, die mögliche Bedeutungsfülle einzuhegen und zu zentrieren
im Sinne des Ausdrucks einer nationalen Essenz.[38] Dagegen kann der Gedanke
der Internationalität als ein subversives Element ins Spiel gebracht werden. Die
Internationalität der Literatur(en) setzt ihre Nationalität nicht nur voraus, sie
durchkreuzt sie auch. Zugleich eröffnet der Gedanke die Möglichkeit zum
Gespräch zwischen Einzelphilologen und Komparatistinnen, um Texte einer
bestimmten, wohlvertrauten Literatur aus dem Horizont einer anderen neu zu
beleuchten, andererseits aber auch, um das Bewusstsein für die Bedeutung eines
Werks in seinem Ursprungskontext wach zu halten.[39]

Doch noch andere Gründe sprechen im vorliegenden Zusammenhang für
eine Kooperation von Komparatistik und Einzelphilologie. So wie die Komparatistik Hilfestellungen leisten kann, um spezifische Züge einer Einzelliteratur
durch den Vergleich zu profilieren (wobei sie sich vor vorschnellen Verallgemei-
nerungen und Essentialisierungen zu hüten hat), so können umgekehrt die Einzelphilologien behilflich sein, um die internationalen Lektüren eines bestimmten Autors, seine Bearbeitungen fremdsprachlicher Prätexte, seine Beiträge zu
globalen oder auch nur regionalen Debatten über Nationengrenzen hinweg
usw. festzustellen und der komparatistischen Analyse und Diskussion zuzufüh-
ren. Eine Zusammenarbeit der philologischen Disziplinen empfiehlt sich schon
deshalb, weil kein Forscher die Literaturen der Welt auch nur überblicken kann.
Zudem wird durch einzelphilologische Beobachtungen zu Internationalisie-
rungsprozessen in bestimmten sprachlich, national oder territorial definierten
Literaturen der Komparatistik Material zur Verfügung gestellt, diese Prozesse
der grenzüberschreitenden Vernetzung selbst miteinander zu vergleichen.

---

36 Damrosch, *What is World Literature?*, S. 283. Das Bild der Ellipse lässt sich von
     Herders Kreis- und Kugelmetaphorik her verstehen.
37 Diese von Damroschs Weltliteraturkonzept her zu beschreibende besondere prote-
     ische Qualität internationaler Werke hat in dem 2001 in Göttingen nach nur vier
     Jahren Laufzeit geschlossenen SFB 529 „Die Internationalität nationaler Literatu-
     ren" zu wenig Beachtung gefunden. Vgl. die umfangreichen Sammelbände Schö-
     ning, *Internationalität*, und Essen, *Unerledigte Geschichten*.
38 Natürlich werden auch heute noch Literaturgeschichten geschrieben, die sich auf die
     Literatur einer Sprache, eines Kulturraums oder einer Nation konzentrieren, aber es
     wird wohl kaum jemanden mehr geben, der glaubt, auf diese Weise den Wesens-
     charakter einer Nation bestimmen zu können.
39 Dieser letzte Punkt wird von Damrosch als wichtig erachtet, um der Willkür inter-
     nationaler Auslegungen etwas entgegenzusetzen: *What is World Literature?*, S. 287f.

VI. Zu den Beiträgen

Das vorliegende Dossier versammelt in dieser Absicht Beobachtungen von Einzelphilologen und Komparatisten zu Prozessen literarischer Internationalisierung im deutschsprachigen Raum, in Polen, im Bereich der englischen Literatur, in Lateinamerika, auf dem Gebiet der ehemaligen Sowjetunion, in der türkischen Popkultur, auf dem indischen Subkontinent sowie im afrikanischen Raum. Die Beiträge unterscheiden die Internationalität der Autoren und Werke von der Internationalität der behandelten Themen und benutzten Verfahren und der Internationalität der Leserschaft. Teils fokussieren sie auf einzelne Autoren als Akteure der Internationalisierung (z.B. Heinrich Mann als Leser der französischen Literatur oder Adam Mickiewicz als Kritiker Hegels), teils rücken sie Medien und Institutionen der Internationalisierung in den Blick (wie z.B. die sowjetische Zeitschrift *Družba narodov* (*Völkerfreundschaft*), die seit 1939 Literatur des sozialistischen Vielvölkerstaats in russischer Übersetzung publizierte, oder den internationalen Handel mit Übersetzungsrechten durch Verlage und Literaturagenturen). Eine in mehreren Beiträgen behandelte Problematik betrifft die Abhängigkeit des literarischen Kulturtransfers von politischen Machtkonstellationen und kulturellen Hierarchien (z.B. in Bezug auf (post-)koloniale Situationen im heutigen Afrika oder im südasiatischen Raum oder in Bezug auf Entwicklungsasymmetrien zwischen Frankreich und Deutschland oder Deutschland und Polen).

Andreas Solbach beschreibt die komplexen internationalen Transferprozesse, die dank der Tätigkeit zweier herausragender Vermittler, Hermann Bahr und Heinrich Mann, in den 1890er Jahren Konzepte und Verfahren der Dekadenz-Literatur in Frankreich für ein deutsches Publikum bekannt gemacht haben. Sein besonderes theoretisches Interesse gilt dabei der ‚Rezeptionsökonomie‘, die immer wieder dort zu beobachten ist, wo sich eine relativ homogene Nationalkultur einer anderen in einer bestimmten Hinsicht als unterlegen begreift, so dass der Kulturtransfer es erlaubt, eigene kulturelle Entwicklungsarbeit einzusparen. Im thematischen Zentrum des Beitrags steht die Rezeption der einflussreichen *Essais* und begleitenden Romane Paul Bourgets durch Bahr und Mann – mit Blick auf die dadurch bedingte Eröffnung neuer literarischer Möglichkeiten für die deutsche Literatur.

Ein – sei es uneingestandener, wenn nicht gar unbewusster – Kulturtransfer bildet den Gegenstand des Beitrags von *Alfred Gall*, der der Auseinandersetzung der polnischen Romantiker Adam Mickiewicz und Juliusz Słowacki mit der Geschichtsphilosophie Hegels nachgeht. Im Gegenzug zur weltgeschichtlichen Marginalisierung der Polen in den Überlegungen des preußischen Philosophen entwickeln beide Autoren verschiedene, aber verwandte Vorstellungen einer messianischen Rolle Polens in der Geschichte. Der Beitrag zeigt, wie die vehemente Negation und Umkehrung zentraler Hegelscher Vorstellungen parallel geht mit positiven Anleihen und zu einer hybriden Mischung aus Aufnahme und Verwerfung der hegemonialen Philosophie führt. Die Internationalität der polnisch-nationalistischen Positionsnahmen bleibt indes latent, denn die intertextuellen Bezüge werden nicht markiert.

Dass im Zeitalter des Urheberrechts die Internationalisierung der Literatur nicht ohne eine juristische Dimension zu denken ist, demonstriert *Alexander Nebrig* am Beispiel der Exilautorin Anna Seghers. Wie viele deutschsprachige Autoren verlor die Kommunistin 1933 das primäre Vertriebsterritorium für ihre Bücher und entwickelte als Schriftstellerin ein Bewusstsein für die Notwendigkeit internationaler Lizenzierung ihrer Werke. Durch ein Setzen auf international anschlussfähige Themen versuchte sie zugleich, auch Lesegemeinschaften außerhalb Deutschlands zu adressieren. Anhand des wesentlich im Exil entstandenen Romans *Transit* zeigt der Beitrag, dass das thematisch im Zentrum stehende Warten von Exilanten in Marseille auf Visa allegorisch als Reflexion auf die Situation des Exilautors gelesen werden kann, der auf eine Lizenz zum internationalen Vertrieb seiner Bücher angewiesen ist.

Rainer Emig diskutiert die Frage der Nationalität bzw. Internationalität des englisch schreibenden, aber in der damals russischen Ukraine geborenen und ursprünglich polnisch sprechenden Autors Joseph Conrad im Ausgang von Äußerungen der nationalistisch gefärbten britischen Kritik des 20. Jahrhunderts, die zwischen der Anerkennung Conrads als einem der größten Stilisten der englischen Sprache und dem Ausschluss als angeblich unenglisch eigentümlich schwankte. Parallel dazu verfolgt er in Conrads Romanen *Almayr's Folly*, *Lord Jim* und *The Secret Agent* das Thema des Eindringlings in fremde Kulturen, der sich an seine Umgebung zu assimilieren sucht, dabei aber letztlich scheitert, und liest diese Texte als Antwort auf die Aufnahme des Autors selbst in Großbritannien. Im Licht postkolonialistischer Theoreme erscheint Conrads eigene Mimikry an die Standards der englischen Literatur als Infragestellung ihrer nationalen Identität.

Dieter Ingenschay behandelt Prozesse der Internationalisierung am Beispiel von Romanen der lateinamerikanischen Gruppen *Crack* und *McOndo*, die beide seit den 1990er Jahren eine Absage an den Magischen Realismus vollzogen haben. Sein Beitrag unterscheidet dabei verschiedene Formen literarischer Internationalisierung, die untereinander nicht korreliert sein müssen: Während die magisch-realistischen Texte des sog. Boom als vermeintlicher Ausdruck lateinamerikanischer Exotik eine breite internationale Rezeption erfuhren, haben die neueren Texte, die statt auf Auto-Exotismus und Dritte-Welt-Folklore bewusst auf international diskutierte Themen setzen (von der Medienkultur der Gegenwart bis zur globalen Finanzkrise 2008), paradoxerweise ein erheblich geringeres internationales Echo gefunden. Eine Problematisierung der Kategorien ,National-' und ,Weltliteratur' in Bezug auf die behandelten Texte schließt die Überlegungen ab.

Eine ganz eigene Form literarischer Internationalität begegnet im Konzept der ,multinationalen Sowjetliteratur'. Mit diesem wurde, wie *Frank Göbler* erläutert, kulturelle Vielfalt zusammengedacht mit ideologischer Einheitlichkeit und ästhetischer Gleichförmigkeit im Zeichen des Sozialistischen Realismus; trotz offizieller Förderung diverser Nationalsprachen war das Programm zugleich durch eine Dominanz des Russischen als *lingua franca* geprägt. Am Beispiel des koreanischstämmigen, in Kasachstan und Moskau sozialisierten Autors Anatolij Kim, der in seinen auf Russisch verfassten Romanen Erzählmuster und Motive unterschiedlichster nationaler Herkunft mischt, zeigt Göbler, wie schon in den Jahren vor der Perestrojka die Normen der offiziellen Sowjetliteratur überschritten werden konnten. Die Unbotmäßigkeit gegenüber den Versuchen der doktrinären Einhegung und Homogenisierung erscheint bedingt durch die genetische Internationalität.

Julian Rentzsch gibt einen Überblick über die vielfältigen Entwicklungen der meist gesungenen Lyrik der türkischen Popkultur – mit einem speziellen Blick auf die unterschiedlichen interkulturellen und internationalen Kontexte. Musikalische Genres wie Arabeske, *Taverna Müziği*, Hip-Hop, Rock und Metal verbinden internationale Einflüsse mit lokalen Elementen, und Ähnliches gilt oft auch für die unterlegten Texte. So inspiriert sich ein Protestsong Cem Karacas an Bertolt Brecht, so wie dieser an Maxim Gorki, und wäre der türkische Hip-Hop ohne das Vorbild der Berliner Hip-Hop-Szene, die ihrerseits amerikanische Vorbilder hat, nicht denkbar. Der Beitrag zeigt zudem, dass der interkulturelle Dialog oftmals auf vor-nationale Aktionsmuster zurückgreift, wie sie vor der Etablierung der türkischen Literatur im osmanischen Reich wirksam waren.

Mit Bezug auf den indischen Subkontinent untersucht *Hans Harder* das Verhältnis der zahlreichen Literaturen in Regionalsprachen zum internationalen anglophonen Referenzrahmen. Gegen die herkömmliche Vorstellung, wonach südasiatische Literatur auf Englisch auf den globalen Buchmarkt ziele, während die Vernakularliteraturen einer Art Binnenkommunikation dienten und durch ein höheres Maß an Authentizität gekennzeichnet seien, stellt er die Beobachtung, dass zumindest rezeptiv auch die Literaturen in Regionalsprachen an Prozessen der Internationalisierung beteiligt sind, durch die sie selbst dezentriert werden, obgleich sie kaum in den internationalen Kontext zurückwirken. Der bislang dominierende nationalistische Ansatz der Literaturgeschichtsschreibung, demzufolge es den Regionalliteraturen um Emanzipation gegenüber dem Englischen und im Sinne Herders um Entfaltung ihres je eigenen Genius gehe, wird so relativiert.

Postkoloniale Literaturen wurden in der Forschung lange Zeit auf das Paradigma des Writing Back festgelegt.[40] *Anja Oed* zeigt dagegen, dass die Internationalität moderner afrikanischer Literatur auf ein solch gegendiskursives Schreiben, das eine kritische Auseinandersetzung mit den Annahmen des europäischen Kolonialismus unternimmt, nicht reduziert werden kann. Ganz unabhängig von Writing Back zeigen sich Dimensionen von Internationalität im Blick auf die Teilhabe afrikanischer Texte (auch in lokalen Sprachen) an global zirkulierenden Formen und Genres, auf literarisch Tätige, die internationale Bildungsgeschichten aufweisen und in Afrika wie in Europa oder Amerika gleichermaßen zuhause sind, aber auch auf ein oftmals internationales Lesepublikum. Die für Writing Back charakteristische gegendiskursive Haltung findet sich in neuerer afrikanischer Literatur allerdings weiterhin etwa in der Kritik von weltweiten Afrika-Stereotypen.

Erste Fassungen der vorliegenden Beiträge wurden im Juni 2018 auf einer Tagung an der Johannes Gutenberg-Universität von Vertreterinnen und Vertretern

---

40 Folgenreich durch Ashcroft/Griffiths/Tiffin, *The Empire Writes Back*.

der am Mainzer Masterstudiengang „Weltliteratur" beteiligten Philologien vorgetragen. Sie wurden zum Zweck der Publikation überarbeitet und aktualisiert.

VII. Literatur

Adelson, Leslie A.: Against Between – Ein Manifest gegen das Dazwischen. In: Heinz Ludwig Arnold (Hg.), *Literatur und Migration*. München 2006, S. 36-46.

Adler, Hans: Weltliteratur – Nationalliteratur – Volksliteratur. Johann Gottfried Herders Vermittlungsversuch als kulturpolitische Idee. In: Regine Otto (Hg.): *Nationen und Kulturen. Zum 250. Geburtstag Johann Gottfried Herders*. Würzburg 1996, S. 271-284.

Ampère, Jean-Jacques: De la littérature française dans ses rapports avec les littératures étrangères au Moyen Âge. In: *Revue des Deux Mondes* 1 (1833), S. 22-34.

Apter, Emily: *Against World Literature: On the Politics of Untranslatability*. London, New York 2013.

Ashcroft, Bill/Gareth Griffiths/Helen Tiffin: *The Empire Writes Back. Theory and Practice in Post-Colonial Literatures*. London, New York 2002 (1. Aufl. 1989).

Bachtin, Michail: Das Wort im Roman. In: Ders.: *Die Ästhetik des Wortes*. Hg. von Rainer Grübel. Frankfurt a. M. 1979, S. 154-300.

Bhatti, Anil/Dorothee Kimmich (Hg.): *Ähnlichkeit. Ein kulturtheoretisches Paradigma*. Konstanz 2015.

Bischoff, Doerte/Susanne Komfort-Hein (Hg.): *Handbuch Literatur & Transnationalität*. Berlin, Boston 2019.

Damrosch, David: *What is World Literature?* Princeton 2003.

Essen, Gesa von/Horst Turk (Hg.): *Unerledigte Geschichten. Der literarische Umgang mit Nationalität und Internationalität*. Göttingen 2000.

Fohrmann, Jürgen: Über die Bedeutung zweier Differenzen. In: Hendrik Birus (Hg.): *Germanistik und Komparatistik*. DFG-Symposion 1993. Stuttgart, Weimar 1995, S. 15-27.

Fohrmann, Jürgen: Grenzpolitik. Über den Ort des Nationalen in der Literatur, den Ort der Literatur im Nationalen. In: Corinna Caduff/Reto Sorg (Hg.): *Nationale Literaturen heute – ein Fantom? Die Imagination und Tradition des Schweizerischen als Problem*. München 2004, S. 23-33.

Gervinus, Georg Gottfried: *Schriften zur Literatur*. Berlin 1962.

Goethe, Johann Wolfgang: *Werke hg. im Auftrage der Grossherzogin Sophie von Sachsen*. Weimarer Ausgabe. Weimar, Böhlau 1887-1919, Abt. IV, Bd. 43.

Hamacher, Werner (Hg.): *Nietzsche aus Frankreich*. Frankfurt a. M., Berlin 1986.

Hárs, Endre: Herder und die Erfindung des Nationalen. In: *Kakanien Revisited* 2008, S. 1-13.

Herder, Johann Gottfried: Über die neuere deutsche Literatur. Erste Sammlung [Ausgabe von 1767]. In: Ders.: *Frühe Schriften 1764-1772*. Hg. von Ulrich Gaier. Frankfurt a. M. 1985, S. 161-259.

Herder, Johann Gottfried: Über die neuere deutsche Literatur. Aus der ersten Sammlung [Ausgabe von 1768]. Aus der dritten Sammlung [1767]. In: Ders.: *Sprachphilosophische Schriften*. Hg. von Erich Heintel. Hamburg 1960, S. 89-157.

Herder, Johann Gottfried: *Auch eine Philosophie der Geschichte zur Bildung der Menschheit*. Hg. von Hans Dietrich Irmscher. Stuttgart 1990.

Herder, Johann Gottfried: Briefe zu Beförderung der Humanität. In: Ders.: *Werke*. Hg. von Regine Otto. Bd. 5. Berlin, 3. Aufl. 1964.

Lamping, Dieter: *Die Idee der Weltliteratur. Ein Konzept Goethes und seine Karriere*. Stuttgart 2010.

Lamping, Dieter: *Internationale Literatur. Eine Einführung in das Arbeitsgebiet der Komparatistik*. Göttingen 2013.

Özdamar, Emine Sevgi: *Mutterzunge*, Berlin, 4. Aufl. 2010 (1. Aufl. 1990).

Petersen, Julius: Nationale oder vergleichende Literaturgeschichte? In: *Deutsche Vierteljahrsschrift* 6 (1928), S. 36-61.

Schmidt, Thomas: Deutsche National-Philologie oder Neuphilologie in Deutschland? Internationalität und Interdisziplinarität in der Frühgeschichte der Germanistik. In: Udo Schöning (Hg.): *Internationalität nationaler Literaturen. Beiträge zum ersten Symposion des Göttinger Sonderforschungsbereichs 529*. Göttingen 2000, S. 311-340.

Schöning, Udo: Die Internationalität nationaler Literaturen. Bemerkungen zur Problematik und ein Vorschlag. In: Ders. (Hg.): *Internationalität nationaler Literaturen. Beiträge zum ersten Symposion des Göttinger Sonderforschungsbereichs 529*. Göttingen 2000, S. 9-43.

Steinmetz, Horst: Weltliteratur. Umriß eines literaturgeschichtlichen Konzepts. In: Ders.: *Literatur und Geschichte. Vier Versuche*. München 1988, S. 103-126.

Tawada, Yoko: *Talisman*. Tübingen, 8. Aufl. 2015 (1. Aufl. 1996).

Welsch, Wolfgang: Was ist eigentlich Transkulturalität? In: Lucyana Darowska/Claudia Machold (Hg.): *Hochschule als transkultureller Raum? Beiträge zu Kultur, Bildung und Differenz*. Bielefeld 2009, S. 39-66.

Yildiz, Yasemin: *Beyond the Mother Tongue. The Postmonolingual Condition*. New York 2012.

Ziolkowski, Theodore: Saint Hesse among the Hippies. In: *American-German Review* 35, Nr. 2 (1969), S. 18-23.

Andreas Solbach (Mainz)

Rezeptionsökonomie im internationalen Kulturtransfer

Hermann Bahr und Heinrich Mann lesen die französische Dekadenz-Literatur der 1890er Jahre

I. Problemorientierung

In einem Aufsatz zur Theorie des internationalen Kulturtransfers betont Hans-Jürgen Lüsebrink den prozessualen Charakter des Kulturtransfers und die Dimension der ‚Zirkulation‘, wobei er drei Komponenten in den Blick rückt:

> [...] erstens *Selektionsprozesse*, die die Logik der Auswahl von Texten, Praktiken und Mediendiskursen betreffen, die in andere Sprach- und Kulturräume transferiert – beispielsweise übersetzt, kommentiert, rezensiert und so weiter – werden; zweitens *Vermittlungsprozesse*, durch die unterschiedliche Typen interkultureller Vermittler in den Blick gerückt werden: Personengruppen wie Übersetzer und Auslandskorrespondenten oder Institutionen wie Kulturinstitute, Auslandsschulen und die international ausgerichteten Abteilungen der Medieninstitutionen; und schließlich drittens *Prozesse der Rezeption*, zu deren Spektrum Phänomene der Nachahmung und kulturellen Akkulturation ebenso gehören wie Formen der kreativen Aneignung und Transformation von kulturellen Artefakten aus anderen Sprach- und Kulturräumen.[1]

Sowohl Hermann Bahr wie auch Heinrich Mann dürfen als Vermittler gelten, die ihre Gegenstände weitgehend selbst bestimmen – wie auch eine Unzahl anderer Autoren und Autorinnen, Journalisten und Journalistinnen. Lüsebrink gesteht der Komparatistik dabei eine Sonderstellung in der Frage des Kulturtransfers zu, allerdings ohne diese Bemerkung näher zu erläutern,[2] allerdings bietet die Mitherausgeberin des zitierten Bandes, Helga Mitterbauer, eine ausführliche und weitergehende theoretische Explikation, die betont, dass „eine Kultur niemals einheitlich sein kann, [...] dass immer, wo Kultur definiert wird, zugleich Differenzen geglättet und Grenzen gezogen werden“.[3] Auch für sie ist das wesentlichste Kriterium die Dynamik der Transferprozesse und ihre prinzipielle Unabgeschlossenheit wie auch die zentrale Rolle der individuellen Vermittler.[4] Sie fügt Lüsebrinks strukturalistischer Grundorientierung den Gedanken des Netzwerks hinzu,

---

1 Lüsebrink, Kulturtransfer, S. 28. Es handelt sich hier sichtbarlich um eine Adaption des frühen strukturalistischen Kommunikationsmodells von Sender, Botschaft und Empfänger.

2 Vgl. ebd. S. 23.

3 Mitterbauer, Dynamik – Netzwerk – Macht, S. 110f.

4 Vgl. ebd. S. 111f.

[...] und zwar eines Netzwerks mit mindestens vier Dimensionen, denn kulturelle
Transfers spielen sich einmal über räumliche Distanz ab; zweitens sind sie getragen
von Individuen oder Gruppen, die als hybride Subjekte im Sinne der Postcolonial
Studies aufgefasst werden müssen, denen die Differenz eingeschrieben ist; drittens verlaufen Transferprozesse über eine zeitliche Distanz, allerdings selten linear
und chronologisch, sondern in einer Abfolge, die am besten als Dys-Chronizität
aufgefasst werden kann; viertens sind beim kulturellen Transfer die verschiedenen
sozialen, kognitiven oder ideellen Konstellationen ebenso zu berücksichtigen wie
Machtformationen innerhalb der kulturellen Gefüge.[5]

Leider geht in dieser Aufzählung von längst bekannten Selbstverständlichkei-
ten[6] der interessante Gedanke des Netzwerks und seiner Funktionsweisen
zugunsten des ebenso überzeugenden des Machtaspekts weitgehend verloren,[7]

---

5 Ebd., S. 113.

6 Die von Mitterbauer und Lüsebrink genannten Komponenten sind den Altphi-
   lologen, den Mediävisten und Frühneuzeitforschern seit langem bekannt, und sie
   gehören – ohne das Begriffsfeuerwerk – zum Standardrepertoire ihrer Analysen. Für
   die Frühe Neuzeit soll aus germanistischer Perspektive exemplarisch nur auf einige
   Phänomene hingewiesen werden: internationale Gattungskonstitution, strategische
   Übersetzungspolitik, Sprachgesellschaften (für die Selektion), Flugblätter, Zeitschriften und die internationale auf Latein als *lingua franca* – ergänzt durch bemerkenswerte Kenntnisse des Französischen (Sprache der Diplomatie und der führenden
   europäischen Kulturnation), des Spanischen (in Wien auch Hofsprache) und des
   Italienischen (Hofsprache und Sprache der bildenden Kunst und der Musik) – beru-
   hende Gelehrtenkommunikation (Vermittlung und Rezeption). Die Gelehrtenkultur
   der Frühen Neuzeit beruht auf einem relativ hohen Grad an internationalen Kulturtransfers, die sich natürlich in der höfischen Kultur mittlerer und größerer Fürsten-
   häuser dominant manifestierten (Sprache, Architektur, Mode, Musik, bildende Kunst
   und viele andere). Persönlichkeiten wie Weckherlin, Zesen, Hofmannswaldau oder
   Olearius stehen stellvertretend für zahllose andere.

7 Hier folgen die obligaten Hinweise im Allgemeinen auf Foucault und im Speziellen auf Bourdieu; es fehlt allerdings die Berücksichtigung des absolut überragenden
   Machtfaktors, der jeden Kulturtransfer dominiert und unweigerlich hierarchisch
   strukturiert: die herrschende Sprache. Die folgenreiche Tatsache, dass bei allen Kulturtransfers sich eine Sprache als Zielsprache etablieren muss und damit Macht ausübt,
   wird in den Ausführungen von Lüsebrink und Mitterauer nirgends erwähnt, eben so
   wenig wie die Tatsache, dass der Transfer nicht selten weitgehend eine Einbahnstraße
   bleibt: die deutsche Kultur des 17. Jahrhunderts hat eben so wenig wie die deutsche
   Literatur des späten 19. Jahrhunderts in Frankreich eine Spur hinterlassen. Dies ist
   zweifellos Ausdruck der Tatsache, dass der historisch dominante Kulturdiskurs die
   Hierarchie bestimmt – in durchaus komplexer Weise, wenn die deutsche Literatur
   unbeachtet bleibt, gleichzeitig aber Richard Wagner und Friedrich Nietzsche eine
   bemerkenswerte Rezeption erfahren. Es erscheint deshalb möglicherweise sinnvoller
   zu sein, die Differenzierung von individuellem und über-individuellem Kulturtransfer in den Vordergrund zu stellen, wobei sich der individuelle auf der nächsthöheren
   Stufe als Teil des über-individuellen Transfers erweist. Wenn Hermann Hesse in seinem Frühwerk 1897 Dantes *Vita nuova* rezipiert, ist das ein individuell-intertextueller
   Transfer, der partikulär bleibt; seine gleichzeitige Rezeption des heiligen Franziskus

und auch die Anwendung der theoretischen Überlegungen fällt auf bekannte Stereotype zurück; so hätten die Jung-Wiener Autoren die Todesthematik, das Motiv der Flucht aus der Gesellschaft und eine durch Synästhesie hervorgerufene Stimmungskunst der französischen Dekadenzliteratur entnommen.[8] Mitterbauer listet schließlich einige Rezeptionsbereiche, die die Internationalität des Kulturtransfers der Wiener Moderne belegen sollen,[9] die aber nichts anderes sind als mehr oder minder zufällig ausgewählte Namen von Autoren (Ibsen, Wilde), deren Einfluss zudem nicht präzis analysiert wird.

Ohne die Beschränkung auf die österreichische Literatur der Jahrhundertwende soll im Folgenden dagegen durch konkrete Autopsie der Versuch unternommen werden, die intrikaten Dynamiken des literarischen Kulturtransfers zwischen Frankreich und Deutschland am Beispiel von Hermann Bahr und Heinrich Mann nachzuzeichnen. Dabei soll unter Internationalität der (National-)Literaturen die allgemeine und spezifische gemeinsame kulturelle Kontextualität von literarischen Diskursen in einem umfassenden Sinn verstanden werden, wobei verschiedene Grade der Komplexität berücksichtigt werden müssen. Grundlage aller Überlegungen ist dabei der allgemeine Kulturtransfer, der zwischen unterschiedlichen Sprachgemeinschaften und Völkern, aber auch unter Gruppen innerhalb von Sprachgemeinschaften und Gesellschaften stattfindet. Bei diesem Kulturtransfer werden Artefakte und Diskurse, Methoden der Herstellung, Verbreitung und des Gebrauchs entweder aktiv eingesetzt (bspw. in der Sprachenpolitik) oder passiv aufgenommen (bspw. künstlerische Themen und Verfahren). Die für unser Interesse wichtige Kategorie der Sprach-Macht kann hier nur genannt, aber nicht theoretisch begründet werden: Ihre zentrale Konfiguration ist stets und überall die Hierarchie der Sprachen, bzw. der Sprachregister, der Dialekte und Soziolekte, der Gruppen- und Fachsprachen.

In unseren, auf die westeuropäische Tradition konzentrierten Fällen gilt eine allgemeine Machthierarchie, die den klassischen Sprachen (Griechisch, Latein) bis ins 19. Jahrhundert die zentrale Rolle zuweist. Deren Ausdruck ist das ästhetische Prinzip der *aemulatio*, also der übersteigernden Nachahmung von Mustertexten, hier der Antike. Schon die antiken Texte beziehen sich auf Vorgänger und Konkurrenten in beiden Sprachen, und auch der Eintritt der christlichen Kultur in diese Traditionslinien führt nicht zu grundlegenden Veränderungen. Die Renaissance belebt diese aemulatorische Rezeptionsstruktur erneut, die sich in Deutschland erst Mitte des 18. Jahrhunderts verschiebt. Die Vorherrschaft

---

von Assisi ist aber auch über-individuell, denn sie steht im Kontext einer modischen zeitgenössischen Franziskus-Rezeption. Jeder über-individuelle Transfer besteht letztlich ausschließlich aus einzelnen Akten individueller Transfers. Hermann Bahr und Heinrich Mann betreiben in diesem Sinne aus ihrer persönlichen Perspektive individuellen Transfer, der sich aber sofort als Teil eines über-individuellen Transfers manifestiert, nicht zuletzt, weil beide Autoren in ihren Bemühungen auf eine solche Nutzbarmachung hinarbeiten.

8 Mitterbauer, Dynamik – Netzwerk – Macht, S. 119f. Alle Beispiele gehen auf die Romantik oder noch ältere Epochen zurück.

9 Gegen Ende ihres Aufsatzes geht sie schließlich auf kroatische und polnische Rezeptionen der österreichischen Kultur ein.

der antiken Sprachen wird schon seit dem frühen 17. Jahrhundert durch das Italienische und das Französische ergänzt, wobei das Letztere sich gegen Ende des 18. Jahrhunderts als neue sprachliche Macht etabliert. Internationalität bezeichnet in diesen Kontexten eindeutig die Kenntnis und kompetente Beherrschung dieser Macht-Sprachen zusätzlich zu den jeweiligen Nationalsprachen. Bis weit ins 19. Jahrhundert müssen Rezeptionsprozesse und -dynamiken unter der Prämisse verstanden werden, dass die Macht-Sprachen vom Publikum gesprochen bzw. verstanden werden. Übersetzungen sind nicht selten repräsentative und exemplarische Beispiele der eigenen Befähigung, wobei sie aber auch der Beschleunigung oder überhaupt zur Ermöglichung der Lektüre für ein nichtgelehrtes, d. h. lateinunkundiges Publikum dient.

Die deutschsprachige Literatur, die nicht religiösen Zwecken zugeordnet werden kann, macht bis zum Ende des 17. Jahrhunderts nur einen winzigen Bruchteil der gedruckten Texte aus – ein Faktum, das durch die Literaturgeschichten bis in die Gegenwartsliteratur stark verzerrt wird.[10] Mit Opitz' Programmschrift *Buch von der deutschen Poeterey* (1624)[11] beginnen die Bemühungen um die Etablierung des Deutschen als ernstzunehmende Literatursprache; Opitz erweitert sein Programm zur Aufwertung des Deutschen durch Übersetzungen aus dem Italienischen, Französischen und Lateinischen aus allen Gattungen, die zeigen sollen, dass man auch wettbewerbsfähige literarische Texte auf Deutsch verfassen kann. Fast genau 100 Jahre später wiederholt Johann Christoph Gottsched dieses Programm auf die exakt gleiche Weise, weil die Literatursprache des 17. Jahrhunderts mittlerweile als überholt gilt, und obgleich die antike Literatur noch immer einen besonderen Stellenwert einnimmt, treten zunehmend Beispiele aus der französischen Kultur an deren Stelle. Lessing setzt kurz darauf den Standard in mancher Hinsicht, indem er nahezu alle westeuropäischen Nationalsprachen und die Kultur der Antike bei seinen Überlegungen integriert.

Diese Entwicklung zu einem schnelleren, umfassenderen und intensiveren Kulturtransfer wird erst durch die moderne Drucktechnik ermöglicht, die die traditionellen Gelehrtennetzwerke, die auf Brief- und Reisekommunikation (Besuch von Akademien, Universitäten und Gelehrten) beruhen, immer schneller werden lässt: Aus den traditionellen Informationsnetzwerken werden Diskussionsforen und zunehmend Gruppen, die spezifische Inhalte bekannt machen wollen und so Einfluss ausüben wollen. Das Muster der Informationssammlung zur Selbstbildung und Selbstverständigung im Kreise Gleichgesinnter, die sich der Propagierung gemeinsamer Ziele widmen, stammt aus der religiösen

---

10 Am Beispiel der Lyrik lässt sich das gut veranschaulichen, denn Lyrik als Gattungsbegriff existiert in der Frühen Neuzeit praktisch nicht. Die Texte, die existieren, werden in Geistliche und Weltliche Gedichte unterteilt, wobei die letzteren wiederum nach Gattungen und Gebrauchskontexten geordnet werden. Sie machen nur einen äußerst geringen Anteil der gesamten Druckerzeugnisse aus, ähnlich wie heutzutage. Eine Literaturgeschichte, die ein realistisches Abbild der quantitativen Verhältnisse versuchen wollte, dürfte der gesamten „ernsten" Literatur selbst unter Einbeziehung der gehobenen Unterhaltungsliteratur kaum mehr als 5% an Raum widmen.

11 „Buch" muss hier als Kapitel oder Abhandlung im Sinne des lateinischen „liber" verstanden werde; de facto ist es eine literaturtheoretische Programmschrift.

Bewusstseinsbildung der Frömmigkeitsbewegungen seit dem 16. Jahrhundert und darf als die Urzelle noch heutiger sozialer Plattformen gelten.[12] Eine Ergänzung sind die ebenfalls sehr wirksamen, aber nur sehr schwer zu dokumentierenden Dynamiken der unsystematischen direkten persönlichen Hinweise und Empfehlungen, die sogenannte „Mundpropaganda", deren Wirkungsgesetz das der Uninteressiertheit und Unmittelbarkeit der Texte ist, die damit auf moralische und didaktische Belehrung verzichten.[13]

Vor diesem Hintergrund, der im Folgenden für unsere Beispiele noch spezifiziert werden wird, indiziert der von mir hier eingeführte Begriff der ‚Rezeptionsökonomie', der zunächst die Umstände von Rezeptionsprozessen auch außerhalb der Internationalität beschreiben soll, Prozesse effizienter und gezielter Literaturtransfers. Die Grundannahme dieser Kategorie lässt sich als Defizienz des Empfänger- gegenüber dem Spenderkontext kennzeichnen: Sowohl die jeweilige Konstellation der sprachlichen Machtverhältnisse spielt hier eine Rolle wie auch die bestehenden Netzwerkstrukturen aller Art und die von ihnen verbreiteten Diskurse und Programme. Defizienz bedeutet sodann das aus der Situation eines Mangels entstehende Interesse des empfangenden Publikums.

Im Blick auf Heinrich Mann und Hermann Bahr können wir dabei folgende Annahmen machen: Für beide Autoren gilt die Voraussetzung der Superiorität der französischen Kultur und Sprache gegenüber der deutschen vor allem im Kontext der eigenen literarischen und kulturell einschlägigen Netzwerke (Autoren/Autorinnen, Verlage, Zeitschriften, Zeitungen) und ein starkes aemulatorisches Wettbewerbsmotiv. Das Interessengefälle wird dabei durch eine kontinuierliche Versorgung mit Informationen und Neuigkeiten aus dem Bereich der vornehmlich literarischen französischen Kultur bezeichnet.[14] Der Kulturtransfer konzentriert sich aber auch auf das Selektionsprinzip, nach dem nur das Bedeutendere durch Nachahmung, Übersetzung, Zusammenfassung oder Bewertung transferiert wird, wie auch auf die Reichweite, die Intensität und die Profitabilität des rezeptionsökonomischen Transfers, wobei ein weiteres zentrales Moment der Moderne geschuldet ist: Dem Bewusstsein der Defizienz korrespondiert ein Moment der Rezeptionsbeschleunigung, die ihr Ziel immer stärker in den jüngsten kulturellen Entwicklungen und Artefakten sucht. Man will in jeder Art und Weise mit der kulturellen Gegenwärtigkeit à jour sein. Dieses letzte Motiv, das vor allem für Hermann Bahr charakteristisch ist, steht in den 1880er und 1890er Jahren in einem einzigartigen Spannungskontext, der durch den deutsch-französischen Krieg und die Gründung des Kaiserreichs 1870/71

---

12 Opitzianer, Gottschedianer, die Schweizer (Bodmer, Breitinger), Klopstockianer, Empfindsame, Stürmer und Dränger und viele mehr dokumentieren das Muster gemeinsamer Lektüre auch nicht-religiöser Texte bis hin zu den Schülerzirkeln. Diese machtvolle Rezeptionsdynamik kann hier nicht weiter verfolgt werden.

13 Auch in diesem Fall gibt es gegenwärtige Formen dieses Verfahrens im Internet: die höchst problematischen „Likes" und die Kategorie des „Wer dies mag/gekauft hat, wird auch jenes mögen/kaufen".

14 Gesamtgesellschaftlich viel wichtiger ist allerdings das Interesse an Mode, gesellschaftlichem Habitus, Kulinarik und technischen Entwicklungen, das aber nicht selten auch in der Literatur angesprochen wird.

gegeben ist. Der kulturelle Transfer zwischen den beiden Ländern hat sich aus vielen Gründen, zeitweise vor allem durch den Rückgang des deutschen Interesses, so verlangsamt, dass neuere Entwicklungen erst verspätet bekannt werden und nicht selten überaus kritisch aufgenommen werden. Die Rezeptionsökonomie fragt gerade in solchen Situationen nach den zu erwartenden Rezeptionsgewinnen für die spezifischen Publikumsschichten, wobei finanzielle Interessen eine wichtige Rolle spielen, aber nicht dominant sein müssen.

In unserem Fall spielt nun aber auch die Frage der dominierenden Sprach-Macht eine entscheidende Rolle, denn die Vorherrschaft des Französischen wird zwar nicht erst im neuen Kaiserreich bestritten, ihre tatsächlich andauernde Wirkung vor allem aber außerhalb Deutschlands ist jedoch nahezu ungebrochen; die Dritte Republik bringt eine ungeheure kulturelle Blüte hervor, die international Bewunderung erregt und zahllose Interessierte nach Paris lockt. Vor diesem Hintergrund einer temporären Mangelsituation an kontinuierlichen Informationen und fragmentierten Transfers agieren Hermann Bahr direkt und Heinrich Mann indirekt, indem der erste den journalistischen Netzwerknutzen aktualisieren will, während Heinrich Mann die Möglichkeit sieht, seinen Rezeptionsvorsprung für sich selbst künstlerisch fruchtbar zu machen. Für beide Autoren spielt es dabei eine nicht unwichtige Rolle, dass im deutschsprachigen Raum die Bereitschaft, Französisch zu lernen, zu sprechen und zu lesen zumindest zeitweise nachlässt, wodurch einerseits französischer Literatur weniger Interesse entgegengebracht wird, andererseits aber, falls Interesse geweckt werden kann, Übersetzungen und Nachahmungen den Vorzug vor den Originalen erhalten dürften. Zudem hatte die seit Mitte des 19. Jahrhunderts in Frankreich diskutierte Dekadenzkultur in den 1880er Jahren einen neuen Schub an Interesse erfahren, das früher oder später auch im Kaiserreich und vor allem in Österreich Aufmerksamkeit erlangen würde.

Meine Überlegungen sind von einer eher anekdotischen Beobachtung angestoßen, die zur Formulierung meiner Grundthese einer fallweise auftretenden Rezeptionsökonomie führt. Als ich mich Ende der 1970er Jahre mit der Forschung zum deutschen höfisch-historischen Roman befasst habe, fiel mir auf, dass viele der einschlägigen Forschungsergebnisse zu Anton Ulrich, Lohenstein, Philipp von Zesen und Buchholtz für ihre Untersuchungsgegenstände die Gattungszuweisung ‚höfisch-historischer Roman‘ zwar nicht ganz ablehnten, doch betonten, dass es sich in ihrem speziellen Fall um eine Sonderform handle, so dass am Ende der literaturhistorisch ungewöhnliche Fall einer Gattung ohne eindeutige Muster vorzuliegen schien.[15] Die Erklärung für diese eigenwillige Situation schien mir darin zu liegen, dass die gattungskonstituierenden Mustertexte seit längerer Zeit in der französischen Literatur nicht nur vorlagen, sondern von dem fast durchgehend multilingualen gehobenen Lesepublikum, ganz überwiegend aber von den prospektiven deutschen Nachahmern auch in dieser Sprache gelesen wurden. Demnach haben wir es mit einem Fall von Rezeptionsökonomie zu tun, der darauf beruht, dass die deutlich verspätete Entwicklung

---

15 Man könnte möglicherweise eine ähnliche Situation für den Bildungsroman annehmen.

der deutschsprachigen Literatur die Gattungsmuster bereits in der fremdsprachigen Form kanonisiert hatte, bevor eigene Texte entstehen konnten.[16] Diese Nachahmer-Texte waren damit von der Notwendigkeit befreit, eigene Muster zur Gattungskonstitution zu etablieren und konnten so das vorliegende fremdsprachige Gattungsmuster auf die Bedürfnisse des deutschsprachigen Lesepublikums beziehen und daran anpassen. Dieses Verfahren darf als eine Modifikation des gängigen Rezeptionsprozesses in der lyrischen Produktion gelten; dort sind die Mustertexte allerdings in aller Regel so kurz, dass die Exemplarität der fremdsprachigen Texte relativ schnell aufgenommen werden kann, womit sich einerseits die Zeitfenster für die Wahrnehmung und Aufnahme von neuen Mustern verkürzen,[17] andererseits sind die Rezeptionsprofite geringer; Weckherlin und Opitz sind die bekanntesten Beispiele für eine effiziente Rezeption der französischen, italienischen und englischen Muster, vor allem im Kontext des Petrarkismus. Für den weitaus umfangreicheren höfisch-historischen Roman sind allerdings erheblich größere Investitionen nötig, und die rezeptionsökonomischen Profite sind dementsprechend höher. Buchholtz, Zesen und Lohenstein sind die deutlichsten Vertreter einer derartigen Modifikation, die auf eigene gattungsbegründende Beispieltexte verzichtet. Die französischen, italienischen und lateinischen Texte (Barclay: *Argenis*) lassen sich demgemäß als stellvertretende Produktionen für die deutsche Literaturentwicklung verstehen, die es ermöglichen – quasi auf dem Weg einer weiterentwickelten Produktpiraterie – den historischen Entwicklungsabstand der nationalen Literaturen zu verkürzen. Ich werde im Folgenden versuchen, dieses einfache Modell am Beispiel

---

16 Bis zum Ende des 18. Jahrhunderts spielen Mustertexte als Vorbilder zur Nachahmung eine entscheidende Rolle; sie werden in der Originalsprache kanonisch, aber ihre Übersetzungen haben eine besonders wichtige Funktion, denn sie belegen, dass der konkrete Text auch volkssprachlich formuliert werden kann und dienen so potenziell als Vorbild zur volkssprachlichen Nachahmung. Dieses Verfahren bleibt auch nach dem Niedergang der Anweisungs-Poetiken auf der Grundlage ästhetischer Normen weitgehend bestehen, denn mit dem Scheitern ästhetischer Ideale verschwindet keineswegs jede Vorstellung von künstlerischen Maßstäben; sie setzen sich in zwei Formen, die in einem spannungsvollen Verhältnis stehen, weiterhin durch: Die absolut herrschende Norm wird seit dem Ende des 18. Jahrhunderts der Publikumsgeschmack, denn er dominiert ökonomisch in jeder Hinsicht – der kapitalistische Literaturmarkt ist der adäquate Ausdruck des Massengeschmacks. Bis in die jüngste Gegenwart korrespondiert dem Prinzip des Vorrechts des individuellen Geschmacks als Ausdruck der persönlichen Freiheit, deren Macht auf der Kaufentscheidung beruht, das Prinzip der ästhetischen Weiter- und Höherentwicklung der Kunst, die sich auf die Ausdifferenzierung und Innovation der ästhetischen Formen als Maßstab stützt; ihr Prinzip ist der Avantgardismus, der allerdings immer wieder von der Massenkultur eingeholt und in einen kapitalistischen Verwertungszwang gepresst wird. Die gegenwärtige kulturelle Situation scheint allerdings anzudeuten, dass die Bemühungen um einen ‚gerechten‘ Zugang zur Kultur für alle in der Abschaffung der Avantgarde-Kultur resultieren wird, auch weil sie anscheinend alle Kriterien für ihre Eliminierung erfüllt.

17 Das gilt für die Vormoderne nicht so ausgeprägt wie für die Literatur seit Mitte des 18. Jahrhunderts.

von Hermann Bahr und der Brüder Mann gedanklich und terminologisch zu differenzieren.

II. Paul Bourgets Reanimation der Dekadenz-Debatte und ihre Rezeption bei Hermann Bahr und Heinrich Mann

Mein Ausgangspunkt ist in diesem Fall das schriftstellerische Werk Paul Bourgets (1852-1935), das sich von 1880 bis nach der Jahrhundertwende in Frankreich und in den deutschsprachigen Ländern großer Beliebtheit erfreut;[18] Bourgets Essaysammlung der *Essais de psychologie contemporaine* (1883) fasst zuvor einzeln publizierte Abhandlungen zu Baudelaire, Renan, Flaubert, Taine und Stendhal zusammen[19] und markiert damit eine wichtige Etappe in den Décadence-Diskursen der Zeit.[20] Der Autor resümiert dabei eine seit bereits einem halben Jahrhundert unter verschiedenen Etiketten sich ausbreitende Diskussion um Dekadenz, Dandyismus, Degeneration und L'art pour l'art; dass gerade seine Version des Dekadenzbegriffs so erfolgreich wird, liegt dabei einerseits darin begründet, dass er mit dem Begriff des Dilettantismus und der Analyse des *dédoublement*[21] einheitsstiftende Kategorien zum Verständnis der Décadence einführt, die er andererseits einer im Laufe der Zeit immer rigoroser werdenden moralischen Kritik und reaktionärer auftretenden politischen Bewertung unterwirft – er liefert damit nicht nur eine griffige und auf Zustimmung der Zeitgenossen zielende Definition des Gegenstandes, sondern gleichzeitig auch dessen passende Bewertung und Einordnung. Doch das alles wäre ohne seine zahlreichen Romane als illustrierende Begleitproduktion nicht so wirksam geworden; sie vor allem zeigen die sich vollziehende Wandlung in seiner Auffassung der Décadence von der Faszination bis zur moralischen Verurteilung.[22] Die Romane sind dabei so angelegt, dass sie die Protagonistencharaktere und Handlungskonstruktionen auf geradezu überpointierte Art und Weise in den Dienst des Romans als Exempelgeschichte in ästhetischer und moralisch-politischer Hinsicht stellen. Bourgets Vorstellung von der machtvollen Bedeutung

---

18 Ich bin im Folgenden Stoupy, *Maître de l'heure*, verpflichtet, die diesen Komplex erstmals systematisch dargestellt hat. Ihre Arbeit ist in diesem Zusammenhang unverzichtbar.

19 Die zweite Sammlung der *Nouveaux essais de psychologie contemporaine* behandelt M. Dumas fils, Leconte de Lisle, E. und J. de Goncourt, Turgeniew und Amiel.

20 Eine inhaltliche Auseinandersetzung mit der Forschung zur Literatur und Theorie der Décadence ist hier nicht möglich; ich verweise auf die Studien von Ahn, *Dekadenz in der Dichtung*; Bauer, *Schöne Dekadenz*; ders., *Décadence und Dekadenz*; ders., *Altes und neues*; Carter, *The Idea of Décadence*; Kafitz, *Décadence in Deutschland*; Koppen, *Dekadenter Wagnerismus*; Kunz, *Der Zeit ihre Kunst*; Weinhold, *Künstlichkeit*.

21 Siehe dazu Fischer, *Dédoublement*.

22 Das geschieht in explizierenden Vorworten wie in der *Physiologie de l'amour moderne*, *Le Disciple*, *La Terre promise* oder in *Cosmopolis*, aber auch innerhalb der Romanhandlung.

der Psychologie der agierenden Figuren manifestiert sich, wie seine damaligen Kritiker und heutigen Leser schnell bemerken, in einer didaktischen Psychologisierung, die als unvermittelte Frontalaufklärung keinerlei Zweifel über die Bedeutung der Romankonstruktion und ihrer Erzählziele zulässt. Bourget vermeidet es allerdings bis Ende der 1880er Jahre, die positiven Aspekte von Décadence und Dilettantismus zu verschweigen; die Verführung durch die dekadente Lebensart betrifft aber auch seine späteren Helden – und wird vom Autor zudem ostentativ vorgelebt.

Bourget ist jedoch nur *ein* Autor inmitten einer außerordentlich lebhaften literarischen und künstlerischen Szene in Frankreichs Hauptstadt, und er ist im vorliegenden Zusammenhang nur deshalb von größerem Interesse, weil er als Kritiker und Romancier auf eine Anzahl von bedeutenden deutschsprachigen Schriftstellern auf bemerkenswerte Weise Einfluss genommen hat.[23] Nietzsche, Bahr, Hofmannsthal, Andrian sowie Heinrich und Thomas Mann ließen sich von seinen Arbeiten inspirieren, wobei sogleich eine Besonderheit hervorgehoben werden muss: Bourgets Einfluss beruht in allen Fällen auf einigen ausgewählten Werken, hauptsächlich aus der Zeitspanne von 1883 bis 1893, und alle Autoren sind bestrebt, seine Wirkung auf ihr eigenes Werk später zu verdecken und zu verdrängen, wobei es dafür zunächst wohl mehr ästhetische als politische Gründe gibt.[24] Bourgets starke Wirkung ist also ein vorübergehendes Phänomen, das sich aus der Kombination von äußerster Aktualität des intellektuellen Décadence-Diskurses, seiner begrifflichen Entwicklung und moralisch-politischen Bewertung, und der verführerischen, wenngleich plakativen Umsetzung in exemplarische Romanhandlung[25] erklären lässt. Dabei müssen wir zwei miteinander kooperierende Rezeptionsmodi differenzieren, einerseits die Rezeption von kulturellen Konzepten und andererseits die Rezeption von künstlerischen Verfahren.[26] Fast alle genannten Autoren praktizieren beide Formen, aber durchaus in jeweils sehr spezifischer Art und Weise.

---

23 Siehe dazu die umfassende Studie von Stoupy.

24 Alle genannten Autoren vertreten in den 1890er Jahren oft extrem reaktionäre Positionen, die oft von Bourget stark beeinflusst sind; die Abwendung von ihm gründet eher in der Weiterentwicklung der eigenen künstlerischen Auffassungen.

25 Nietzsche allerdings interessiert sich nur für die Entwicklung des Dilettantismus-Konzepts.

26 Unter kulturellen Konzepten dürfen wir primär inhaltliche Phänomene wie Gattungsbestimmungen (Bildungs-, Entwicklungs- oder Desillusionsroman), inhaltliche Themen- und Diskursbereiche (Abenteuer, Krieg, Ehebruch oder Karriere) verstehen, während sich ästhetische Verfahren auf Techniken (Formen der Rede- und Bewusstseinsdarstellung, Descriptio, Erzählstrukturen, rhetorische Techniken) und Verfahren (Collage, Cut-Up, Mash-Up, Stationentechnik) beziehen. Der französische Roman der zweiten Hälfte ist bekanntlich durch starke Psychologisierung, narrative Innensicht und erlebte Rede, die bei Dujardin zum inneren Monolog führt, charakterisiert. Er thematisiert häufig den Versuch junger männlicher Helden aus der Provinz sich in Paris eine glänzende Karriere aufzubauen, der scheitert, nicht selten in Verbindung mit der Ehebruchsthematik, die sich auf den Typus einer intellektuell und emotional unbefriedigten Frau konzentriert. Der Vergleich mit der

Unter den genannten deutschsprachigen Schriftstellern ragt nun Hermann Bahr in bemerkenswerter Weise heraus, weil er nicht nur die intellektuellen und künstlerischen Diskurse in Frankreich intensiv verfolgt und sie sich sogleich ko-konstruierend aneignet, sondern vor allem, weil er seine Rezeptionsarbeit umgehend und umfassend wie kein anderer Zeitgenosse in journalistischen Arbeiten dokumentiert. Bahr ist von Beginn seiner Studien an durch eine herausragende kritische Auffassungsgabe, künstlerische Sensibilität, Schnelligkeit der intellektuellen Umsetzung und eine sehr ausgeprägte Begeisterungsfähigkeit gekennzeichnet. Leider ist die oft kritisierte und nicht selten auch karikierte Sprunghaftigkeit und Unzuverlässigkeit seiner Überzeugungen die Resultante seiner zahlreichen Begabungen,[27] die ihn allerdings für einige Jahre (etwa von 1888/89 bis 1894/95) zu einem bedeutenden Mitglied der deutschsprachigen literarischen Avantgarde macht. Er beginnt seine Karriere als extremistischer Alldeutscher, wird von mehreren österreichischen Universitäten relegiert, gerät in die Nähe antisemitischer Nationalisten, um sich schließlich zumindest vorübergehend zum Sozialisten und später zum österreichischen Nationalisten zu wandeln. Seine Universitätsstudien, zuletzt in Berlin, beendet er nicht, sondern er leistet 1887 sein Freiwilligenjahr im österreichischen Heer ab und geht im November 1888 mit einem väterlichen Stipendium nach Paris. Grundlage dieser Lebensentscheidung ist die Abwendung von einer politischen Laufbahn und das Projekt einer professionellen Karriere als Journalist; Bahr hat also allen Grund, sich ernsthaft und mit Verve in die Arbeit zu stürzen, denn es geht um sein berufliches Schicksal. Von August 1889 bis zum März 1890 reist er durch Frankreich, Spanien und Nordafrika und kehrt von März bis Mai 1890 nach Paris zurück. Es ist diese Zeit, in der Bahr seine intensive Aneignung

---

gleichzeitigen englischen Literatur zeigt dabei neben vielen Übereinstimmungen auch charakteristische Abweichungen, die durch die nationalen Eigenheiten Englands bestimmt sind; der Psychologismus entwickelt sich in England anders und etwas später, weil im englischen Roman die Darstellung der Klassengegensätze und der Lebensbedingungen des dritten und vierten Standes stark dominieren. Die soziale Thematik überwiegt die romantische Psychologisierung, die noch Anfang des 19. Jahrhunderts bestimmend ist (von Brontë über Austen zu Dickens). In Frankreich verbindet Stendhal die neue Thematik des sozialen Aufstiegs mit romantischen Mustern psychologischer Desillusionierung, Balzac integriert die Aufstiegsthematik mit einem Gesellschaftspanorama, während Flaubert diese Erzähltendenzen in einer Reihe von psychologischen Porträts ästhetisiert und konzentriert und sich so zusammen mit Stendhal zum Ideengeber für die Décadence macht.

27	Bahr war sich seiner ruhelosen Jagd nach oft nur modischen Aktualitäten sehr wohl bewusst, hielt sie aber im Ganzen eher für eine positive als eine negative Charaktereigenschaft. Er musste allerdings akzeptieren, dass seine meinungsstarke Theatralität und seine gedankliche und sprachliche Effekthascherei ihm Feindschaften, etwa die berühmte Ablehnung von Karl Kraus, eintrugen, die seiner beruflichen Karriere ernsthaften Schaden zufügen konnten. Seine Rückbesinnung auf den Katholizismus, die viel kritisiert und kaum geglaubt wurde, hat er allerdings durchgehalten, darin Joris-Karl Huysmans ähnlich, der aber ansonsten als Mensch und Künstler gänzlich anders strukturiert war.

und Weitergabe der französischen kulturellen Diskurse leistet, mit denen er in Deutschland und Österreich wirksam wird.

Bahr kommt mit begrenzten linguistischen und literarischen Kenntnissen der französischen Kultur[28] nach Paris und beginnt umgehend ein intensives Studium der Pariser Szene hauptsächlich mit Hilfe der zahlreichen Zeitungen und Kulturzeitschriften, wobei er neben der Literatur auch Kunst und Theater eingehend berücksichtigt. Einer seiner ersten Gewährsmänner ist dabei Catulle Mendès, dessen erfolgreiches Bühnen-Feenmärchen *Isoline* er für die deutschsprachige Leserschaft geradezu hymnisch bespricht, und dessen autobiographischer *Légende du Parnasse contemporain* er wichtige Informationen unter anderem über die Parnassiens Sully Prudhomme, Paul Verlaine, Villiers de l'Isle Adam und Stéphane Mallarmé entnimmt. Seine Informationsbeschaffung folgt weitgehend den Tagesneuigkeiten, Empfehlungen anderer und dem relativ unstrukturierten Studium der unmittelbar greifbaren Quellen, wobei er trotz seiner Grundforderung einer Überwindung des Naturalismus an der künstlerischen Autorität Emile Zolas festhält. Er kommt natürlich nicht umhin, den erfolgreichsten und maßstabsetzenden dekadenten Roman *À Rebours* von Joris-Karl Huysmans wahrzunehmen, zu dem er aber bedauerlicherweise kein produktives Verhältnis findet. Anders scheint es mit den Werken Paul Bourgets zu gehen (*Le Disciple* [1889], *Cruelle Enigme* [1886], *Un Coeur de femme* [1890], *Mensonges* [1890]), die ihn stark beeinflussen und die er auch zur Grundlage seiner Auffassung der Décadence macht. Allerdings liegt das einschlägige Werk Huysmans schon ein halbes Jahrzehnt zurück[29] und steht nicht mehr in der unmittelbaren öffentlichen Diskussion. Bourgets Romane treten von Beginn an der Dekadenz gegenüber kritisch auf, so dass für Bahr zunächst seine Essays von größerer Bedeutung werden.[30] Doch dürfte der Umstand wichtig sein, dass Bahr das wahre Ausmaß seiner Anregungen nur ungern preisgeben möchte, und so betont er immer wieder, wie sehr ihn der allerdings falsch verstandene Gedanke der Bedeutung der Form bei

---

28 Konkret heißt das, dass er nur unzureichend Französisch spricht und sich in die französische Literatur erst einlesen muss.

29 Sowohl *À Rebours* (1884) wie auch *Là-bas* (1891) müssen primär als anti-dekadentistisch verstanden werden – die populäre Auffassung von *À Rebours* als einer Bibel der Décadence ist ein offenkundiges Missverständnis des Textes, dessen Darstellung des dekadenten Dilettanten Des Esseintes mit gezielten Übertreibungen und Ironisierungen arbeitet, während *Là-bas* die Décadence in abwertender Absicht in einen Zusammenhang mit sexuellen Perversionen im Kontext des Satanismus und der Gestalt des Gilles de Rais bringt. Kurz nach der Veröffentlichung beginnt Huysmans seine Hinwendung zu den Benediktinern, deren Oblat er 1900 wird; seinen religiösen Weg macht er seit 1895 zum Gegenstand mehrerer Romane: *En Route* (1895), *La Cathédrale* (1898), *L'Oblat* (1903). Auch Bourget wendet sich der Kirche zu und findet im Nationalismus eine Heimat.

30 Gemeint sind hier Bourgets *Essais de psychologie contemporaine* (1883) sowie die *Nouveaux Essais de psychologie contemporaine* (1886); seine Romane gehören auch Ende der 1880er Jahre zum Tagesgespräch.

Zola[31] beeindruckt, und statt der Ideen des Dilettantismus und des Kosmopolitismus bei Bourget bevorzugt er die Kategorien der Psychologie und der Nervenkunst. Eine besondere Facette seiner Anschauungen macht dabei sein wohl bekanntester Programmpunkt aus, die Forderung nach der Überwindung des Naturalismus, die allerdings in Frankreich 1888/89 wohl schon etwas antiquiert hätte erscheinen müssen,[32] denn diese Programmbewegung, die seit 1864 zumindest die literarische Welt mitbeherrscht, ist spätestens mit Huysmans' *À Rebours* von 1884 nicht mehr unbefragt Teil des herrschenden Diskurses. Die Décadence, die sich ja bereits mit Baudelaire und einigen früheren Autoren wie etwa Stendhal als Komplementärphänomen zum Naturalismus etabliert, tritt 1884/85 in ein kritisches Stadium, wie Bourgets kritische Wende gegen die Folgen der Décadence seit dieser Zeit dokumentiert. Er erkennt, dass mit dem Bedeutungsverlust des programmatischen Naturalismus auch die Décadence ihre Funktion als Kooperationspartner und Gegenmodell verliert und verstärkt Ziel von kritischen Einwänden wird, zu deren Sprecher sich Bourget nach 1885 immer demonstrativer macht. 1885 ist der Naturalismus also zwar noch lange nicht tot, aber seine Vormachtstellung ist gebrochen. Vier Jahre später kann sich Bahrs Forderung nach Überwindung des Naturalismus de facto nur noch an die deutschsprachige Öffentlichkeit richten, denn nur dort spielt er als programmatische Bewegung noch eine entscheidende Rolle.

Bahr schließt sich Bourget als Vorbild aber auch in produktiver Hinsicht an, denn seine eigenen gedruckten Romane *Die gute Schule* (1890) und *Neben der Liebe* (1893) wie auch ungedruckte Entwürfe wie *Die Märtyrer der Liebe* (1889) und *Das Recht des Leibes* (1889) zeigen deutliche Spuren der Beeinflussung durch Bourget. Vor allem mit dem ersten Roman wird er damit selbst eine stark polarisierende Wirkung ausüben. Seine kritischen und journalistischen Arbeiten werden ebenfalls umgehend als Sammlungen veröffentlicht: *Zur Kritik der Moderne* (1890), *Die Überwindung des Naturalismus* (1891) und *Studien zur Kritik der Moderne* (1894). Vor allem der thesenhafte zweite Band wird dabei für ihn zum öffentlichen Erkennungszeichen und häufig auch zur komischen Abbreviatur unter seinen Kritikern. Zusammenfassend kann festgehalten werden, dass Hermann Bahr den Kulturtransfer in folgenden Punkten institutionalisiert:

1. Er identifiziert den epochemachenden Moderne-Diskurs der Zeitgenossen in der französischen Metropole.
2. Er schafft diesem Diskurs eine deutschsprachige Öffentlichkeit als Herausgeber und Kritiker.

---

31 Bachleitner, Hermann Bahr, S. 151 verweist bereits auf dieses Missverständnis. Er belegt auch, dass Bahr in seinen Tagebüchern mit Abstand am häufigsten Zola und Bourget zitiert. Der einzige Autor dieser Zeit, der von Bahr als Seelenverwandter bis an sein Lebensende geschätzt wird, worauf er selbst mehrfach verweist, ist übrigens Maurice Barrès.
32 Bahr spielt freilich in der französischen Literaturdebatte keine Rolle, obgleich er zu einzelnen Autoren wie etwa Catulle Mendès auch persönlich Kontakt hatte.

3. Er repräsentiert den Diskurs für die deutschsprachigen Rezipienten und dokumentiert dadurch sein kulturelles/symbolisches Kapital.
4. Er setzt die kulturellen Diskursthemen und ihre Theorien *beispielgebend* in seiner eigenen Literatur um. Damit übernimmt er, wissentlich oder ungeplant eine Rolle, die vordem Opitz und Gottsched eingenommen hatten.

Für Heinrich Mann ergibt sich dagegen ein anderes Bild: Mit dem Tod des Vaters 1891 erlischt für ihn die Notwendigkeit, seine Lebenslaufbahn an eine kommerzielle Ausbildung zu binden, und er widmet sich eine Zeitlang einem bohèmehaften Studium, das ihm die Kenntnis zahlreicher Autoren und ihrer Werke vor allem nach seiner Erkrankung 1892 verschafft. Zu diesen Autoren zählen vor allem Paul Bourget aber auch Hermann Bahr. Mann stellt nahezu ein Studium Bourgets an, der ihn als Psychologe, Kritiker und Romancier bis in die späteren 1890er Jahre stark beeinflussen wird. Es kann kein Zweifel bestehen, dass Manns ernsthafte Beschäftigung mit Bourget und Bahr auf den Bruder Thomas abfärbt, der seine erste Prosaarbeit, die Skizze *Vision*, Bahr widmet und dessen folgende Erzählungen deutliche Einflussspuren von Bourget zeigen. Heinrich Mann bespricht wiederholt Werke von Bourget, den er als seinen „cher maître" bezeichnet und in dessen Geist er seinen ersten, später samt der Widmung an Bourget unterdrückten Roman *In einer Familie* (1894) schreibt. Aber auch andere Décadence-Autoren werden von ihm besprochen und rezipiert, ohne dass seine journalistischen Texte jemals die Wirkungsintensität Bahrs in diesen Jahren erreichen. Dagegen sind die wenigen kritischen Beiträge seines Bruders relativ unberührt von den Dekadenz- und Naturalismus-Diskursen, allein *Kritik und Schaffen* (1896) und *Der französische Einfluss* (1904) kommen hier in Betracht.

III. Vorschlag eines Modells der Transferebenen

Wenn wir noch einmal an den Anfang der Überlegungen zurückkehren, ergeben sich dabei zwei unterschiedliche, aber deutlich miteinander kooperierende kulturelle Transfers: einerseits die Rezeption der (stellvertretenden) Produktion und andererseits die Rezeption der (stellvertretenden) Rezeption. ‚Stellvertretend' bezeichnet hier in beiden Fällen die in der Zielkultur erwartbare Funktion der rezeptionsökonomischen Ersparung eigener grundlegender kultureller Entwicklungsarbeit.[33] Diese Funktion tritt vorhersehbarerweise immer dann als Möglichkeit auf, wenn es sich um zwei relativ homogene, aber durch eine Entwicklungsdifferenz bestimmte Kulturen handelt. Dabei wird die Dynamik des Transfers primär von der konkreten Differenz der spezifischen kulturellen

---

33 Bahr will nicht nur den Dekadenzbegriff in die deutschsprachigen Diskurse einführen (Nietzsche hatte bereits 1887 in seiner Schrift *Zur Genealogie der Moral* auf die Décadence und das Konzept des Dilettantismus nach Bourget hingewiesen), sondern er will auch den Stand der Diskussion und die französischen Kontexte ausbreiten, also eine Arbeitsersparnis für Interessierte bereitstellen.

Form, in unserem Fall der Prosaerzählung und der Dekadenzdiskurse, angetrieben, die strukturellen Unterschiede von Großkulturen wie etwa im 17. Jahrhundert Deutschland – Frankreich[34] stehen dabei nicht im Vordergrund. Das Modell der funktionalen Rezeptionsökonomie ist zudem auf Transfers zwischen kulturell heterogenen Gesellschaften nur bedingt übertragbar, weil eine seiner Grundvoraussetzungen auf die kulturelle Ersparnis zielt, die allerdings nur dann realisiert werden kann, wenn es sich um unabwendbare kulturelle Arbeitsaufgaben[35] handelt; bei heterogenen Kulturen ist diese Erwartung aber oft nur auf Methoden und Techniken anwendbar.

Im gegebenen Fall geht die ‚Rezeption der Rezeption/Theorie‘ der ‚Rezeption der Produktion‘ voraus:[36] Bourget veröffentlicht eine Anzahl von essayistischen Arbeiten zu einschlägigen Teilnehmern und Gegenständen der zeitgenössischen kulturellen Diskurse in Zeitschriften und kurz darauf auch als Sammlung

---

34 Gemeint ist die Struktur von „la cour et la ville" mit einer in allen Belangen dominierenden Hauptstadt (Paris, Madrid, Lissabon, avancierter auch London, retardierter Rom, Moskau/St. Petersburg usw.) einerseits, einer weitgehend atomisierten kulturellen und politischen Landkarte wie im Heiligen Römischen Reich Deutscher Nation (teilweise auch Italiens) andererseits. Grundsätzlich gilt, dass bis weit in das 19. Jahrhundert Nationen mit einer dominierenden Zentralgewalt Entwicklungsvorteile in ökonomischer und kultureller Hinsicht besitzen, denn der relative Reichtum einer Gesellschaft schafft Möglichkeiten der Entwicklung von Bildung, zivilisatorischer Maßnahmen wie etwa des Ausbaus von Kommunikationsmöglichkeiten (Wegebau etc.) und des kulturellen Austausches. In diesen Kontexten sind Frankreich und England bis Ende des 19. Jahrhunderts führend; der Deutsche Bund und schließlich das Deutsche Kaiserreich ist der aufstrebende Underdog unter den dominierenden europäischen Nationen (Russland, Frankreich, England und Habsburg). Deutschland entwickelt sich im letzten Drittel des Jahrhunderts zu einem ernstzunehmenden Konkurrenten, der aus der Perspektive der vier Großmächte bekämpft werden muss. Die *lingua franca* ist und bleibt Französisch: Wer es nicht versteht und spricht, bleibt aus den internationalen Diskursen ausgeschlossen. Die Bildungseliten der europäischen Nationen beherrschen Französisch, und sie benutzen die französische Kultur als Standard. Die drei großen russischen Autoren des 19. Jahrhunderts (Dostojewski, Tolstoi und Turgenev) kommen zu ihren künstlerischen Leistungen, weil sie neben ihren nationalsprachigen Grundlagen ganz intensiv durch die französische Sprache und Kultur geprägt sind (Dostojewski etwas weniger, Turgenev dagegen verkehrt nicht nur in Flauberts engerem Zirkel, er darf auch seine französischen Gesprächspartner auf George Eliot hinweisen, die in Paris unbekannt ist und auch bleibt, weil sich die französische kulturelle Selbsteinschätzung selbst genug ist).

35 Kulturelle Arbeitsaufgaben sind die im jeweiligen künstlerischen Bereich entstehenden und sich öffnenden Ausdrucks- und Formungsmöglichkeiten: z.B. abstrakte, nicht-gegenständliche Kunst, atonale Musik, thematische Ausweitung der Darstellungsgegenstände auf Phänomene des Hässlichen, des Ekels und des Abjekten usw. Dazu gehören auch Verfahren: serielle Darstellung, *objets trouvés*, Surrealismus, *écriture automatique*, innerer Monolog, erlebte Rede usw. Diese Arbeitsaufgaben ergeben sich aus dem Stoff und dem Material der Künste selbst.

36 Das bedeutet schlicht, dass sich das Interesse zunächst auf die Dekadenzdiskurse und erst im zweiten Schritt auf die eigentlichen künstlerischen Artefakte (Romane etc.) richtet.

in monographischer Form und gewinnt dadurch einen entscheidenden Einfluss auf den Verlauf dieser Diskurse. Gleichzeitig beginnt er mit der Arbeit an
Romanen, die als Beispielerzählungen die in seinen *Essais* entwickelten Gedanken und weltanschaulichen Positionen illustrieren. Bourget bewegt sich dabei
im Kontext der zeitgenössischen kulturellen Diskurse in Frankreich, die durch
eine breite Durchdringung der Künste (Malerei, bildende Kunst, Musik, Oper,
Theater, Literatur) gekennzeichnet sind und ihre Ziele nicht primär außerhalb
ihrer eigenen Diskursivität suchen. Konkret heißt das: Bourget liest Baudelaire,
Renan, Flaubert, Taine und Stendhal und schreibt darüber. Genau genommen
müsste es heißen: Bourget hebt die Lektüre dieser Autoren aus dem Gesamt der
zeitgenössischen Texte heraus und unterstreicht deren Bedeutung durch seine
eigene Diskussion. Auf der Ebene der einfachen und direkten Rezeption (primäre Rezeption) können wir diese Ausgangstexte mit ,T1' bezeichnen.[37] Die
dabei entstandenen Texte von Bourget werden ihrerseits Grundlage einer ,Meta-
Rezeption' (sekundäre Rezeption) durch seine Zeitgenossen, und sie repräsentieren einen angereicherten Textstatus ,T2'.[38] Diese Meta-Rezeption bezieht sich
in unserem Fall auf Hermann Bahr, Heinrich und Thomas Mann, sowie einige
andere bedeutende Rezipienten wie Friedrich Nietzsche und Georg Brandes,
die beide auf die Manns gewirkt haben.

Wenn nun diese Meta-Rezeption wiederum in Rezeptions-Texten ihren Niederschlag findet (tertiäre Rezeption), werden wir diese mit ,T3' bezeichnen.
An genau dieser Stelle tritt dann allerdings ein formal nur schwer zu bewälti-
gendes Problem auf, denn die gegenseitigen Beeinflussungen beginnen sich zu
potenzieren. Im Sinne des Kulturtransfers ist im vorliegenden Fall mit T3 der
eigentliche Transfer abgeschlossen, der abgeleitete Transfer ist dagegen eine
hybride Transfer-Form, die die einzelnen Transfers miteinander multipliziert,
wobei oftmals kaum noch nachvollziehbare Mischungsverhältnisse entstehen.
Die Ebene der gegenseitigen Meta-Rezeption lässt sich jedoch andeutungsweise

---

37 Es handelt sich dabei um die jeweils ersten bedeutenden Überlegungen zu einem
   Thema, etwa Baudelaires Bemerkungen zur Dekadenz; es ist sinnwidrig, sie auf Einflüsse bedeutender Vorgänger reduktionistisch zurückführen zu wollen: Poe gehört
   nicht zu den Autoren der Dekadenz, er hat auf viele gewirkt, aber nur wenige gehören in den Bereich der Dekadenz; man sollte auch nicht Proust als notwendige Fortsetzung von John Ruskin lesen.

38 Jeder Rezeptionsakt ist eine Anreicherung, die Leseforschung spricht hier von „ko-
   konstruierendem Lesen"; was nicht gemeint ist, ist ein Akt der quasi-ökonomischen
   Bereicherung: Anreicherung bedeutet ko-konstruierende Aneignung, die üblicherweise Bedeutungsverluste und parallel dazu Überbesetzungen bestimmter Merkmale
   einschließt. Wenn Flaubert in *Madame Bovary* auf eine Lektüre Stendhals zurück-
   greifen kann, der wiederum Laclos wahrgenommen hat, haben wir es mit Anreiche-
   rungen zu tun, allerdings nicht in einem primitiven additiven Sinn der Anhäufung,
   sondern im Sinn einer jeweils temporären Verdichtung, die notwendigerweise mit
   Einseitigkeiten einhergeht. Von Bedeutung sind letztlich nur die Texte: Maupas-
   sants *Bel-Ami* ist *auch* eine Reaktion auf Flauberts Reaktion auf Stendhals Reaktion
   auf... Dieser Reduktionismus ist endlich und wird durch individuelle Kenntnisse
   bestimmt, die nicht selten die Gattungsentwicklung widerspiegeln.

hierarchisieren, indem wir nach dem Wirkungsgrad differenzieren: Hermann Bahr und Friedrich Nietzsche gehören zweifellos zu den wirkungsmächtigen metarezeptionellen Autoren von T3; ihre Texte werden oft als Kontext für die eigene, spätere T4-Produktion der Brüder Mann herangezogen; konkret heißt das, dass Heinrich Mann T3-Texte auf der Grundlage seiner eigenen T2-Rezeption publiziert, gleichzeitig aber T4-Texte unter Berücksichtigung anderer T3-Texte schreibt. Diese Meta-Meta-Rezeption bedeutet hier nichts weiter, als dass Heinrich und Thomas Mann – und zahllose andere – Hermann Bahr lesen, der Bourget gelesen hat, der Baudelaire gelesen hat. Auf dieser Ebene entwickelt der Kultur-Transfer im vorliegenden Fall erst seine eigene Dynamik, denn erst im argumentativen Austausch der Diskursteilnehmer der Zielkultur werden die Inhalte und Formen des Transfers realisiert, ja mehr noch: Erst indem sie ihre eigene diskursive Bindung, beispielsweise an den Décadence-Diskurs, verlieren und in andere kulturelle und semi-kulturelle Felder diffundieren, erreichen sie ihr Ziel der Anreicherung, Veränderung und gegebenenfalls Auflösung der eigenen kulturellen Diskurse. Dies wird allerdings erst auf der nächsten Ebene, derjenigen der Meta-Meta-Meta-Rezeption erreicht, auf der sich die T4-Texte bewegen; auf dieser Ebene kursieren diejenigen Texte, die von der angereicherten Rezeption der Teilnehmer der Diskursöffentlichkeit der Zielkultur profitieren; in unserem Fall kann das beispielhaft an der gegenseitigen Rezeption der Brüder Mann gezeigt werden: Thomas Mann liest die öffentlichen und privaten Texte seines älteren Bruders – und umgekehrt. Das resultiert dann wiederum in T5-Texten, deren mittlerweile sehr intrikate Beziehungsstruktur allerdings der Leserschaft nicht immer unmittelbar zugänglich ist. Zudem bilden sich im oben genannten Sinn Hybridformen, die die Ursprungsinhalte zu veränderten Zwecken in anderen oder modifizierten Kontexten funktionalisieren.

Folgende Rezeptionsarchitektur lässt sich dabei häufig bei Heinrich Mann beobachten: Der Autor schreibt einen Text, der Erkenntnisse 1. seiner eigenen Bourget-Rezeption, 2. Erkenntnisse von Hermann Bahrs Bourget-Rezeption, 3. Friedrich Nietzsches Bourget-Rezeption, 4. Georg Brandes' Bourget-Rezeption und 5. Georg Brandes' Nietzsche-Rezeption integriert. Dabei bleiben andere Rezeptionsabhängigkeiten sogar noch unberücksichtigt, etwa der entscheidende Artikel von Jacobsen, der Heinrich Mann auf die Dekadenz-Problematik aufmerksam macht, oder etwa die Nietzsche-Rezeption durch Bahr. Der dabei entstehende Text wird dann seinerseits zur Rezeptionsgrundlage von Texten Thomas Manns.

Bahr und die Brüder Mann nutzen nun die Rezeptionsquellen durchweg in den zwei genannten Funktionen als ‚Rezeption der Rezeption/Theorie' und ‚Rezeption der Produktion' auch und vor allem für ihre eigene kreative schriftstellerische Arbeit,[39] und in dieser Hinsicht muss das vorgestellte Modell differenziert auf ihre Werke angewendet werden. Fast die Hälfte der Beiträge in Bahrs erster Sammlung *Zur Kritik der Moderne* (1890) gehen bereits auf seinen Paris-Aufenthalt zurück; es finden sich darin Aufsätze zur Theaterbearbeitung

---

39 Für Bahr gilt dies nur für einen begrenzten Zeitraum bis etwa zur Mitte der 1890er Jahre.

der *Germinie Lacerteux* der Goncourts, zu Mendès' *Isoline*, zu den ‚Parnassiens‘, zu Villiers de l'Isle-Adam und Puvis de Chavanne, sowie zwei Arbeiten zum „Salon 1889" und zur „Kunst auf der Pariser Weltausstellung 1889". Die zweite Sammlung *Die Überwindung des Naturalismus* (1891) zieht nun in einer Reihe von deutlich programmatischen Artikeln für die deutschsprachigen Länder die Konsequenzen aus der Pariser Lehrzeit, während gleichzeitig sein Skandal-Roman *Die gute Schule* (entst. 1889/90) die neuen Entdeckungen in künstlerischer Weise produktiv umsetzt. Ich will im Folgenden einige der markanten inhaltlichen Aspekte von Bahrs sekundärer T2-Rezeption des französischen Décadence-Diskurses vorstellen, wobei ich mich auf die in *Die Überwindung des Naturalismus* gesammelten Arbeiten beschränke.

IV. Hermann Bahrs Theorie des modernen Romans

Bahrs zentrale Perspektive, das zeigt die Abfolge der Artikel aus den beiden ersten Sammlungen, läuft auf die Auseinandersetzung mit Bourget hinaus: er geht von einer neuen Auffassung von Kritik aus („Zur Kritik der Kritik"), die die alte akademische Literatur- und Kunstkritik, die von der Annahme absoluter ästhetischer Schönheitsideale ausgeht, radikal ablehnt und eine neue Kritik im Sinne einer Nachempfindung und Einfühlung in das Kunstwerk fordert. Nicht als Mängelbericht der Insuffizienzen des Objekts der Kritik, sondern als Geburtshelfer neuer Tendenzen, neuer Inhalte und neuer Verfahren soll sich die neue Kritik, die der wichtigste Teil der Anreicherung aus der Perspektive der Transfernutzer darstellt,[40] verstehen. Heinrich und Thomas Mann nehmen diese Überlegungen auf, die allerdings lange vor Bahr existieren und auch nicht genuines Eigentum der Décadence sind. Dennoch sind sie von größerer Bedeutung als man annehmen möchte, denn sie beschreiben gleichzeitig ein Verfahren der produktiven künstlerischen Tätigkeit: Es handelt sich um die Engführung von ‚kritisieren‘ und ‚erzählen‘, so dass beide als Momente eines einheitlichen Prozesses auftreten. Kritisches und kreatives Schreiben gehören demnach im Sinne der Einfühlung in Autor/Text sowie in die Psychologie der Protagonisten untrennbar zusammen, und wie die Kritik narrative Elemente erhält, wird die Erzählung

---

40 Jeder Kulturtransfer, auch der erzwungene und verordnete etwa in der Sprachpolitik, vollzieht sich durch Akte der Partizipation und des aneignenden Gebrauchs; wiederholte Partizipation prüft zunächst die Angemessenheit und bestätigt oder negiert dann die Anerkennung individuell, der Transfergebrauch eignet sich den Transfergehalt durch anreichernden Modifikation bis hin zur Entstellung an und wird so zur Basis eigenständiger Weiterentwicklung, gleich ob ich Catenaccio, Tiki-Taka, Döner, Pizza, Jeans, Beanies oder Rap, Slam, Pikaroromane und innere Monologe zum Gegenstand mache. Der Transfer ist immer die ko-konstruierende Leistung derjenigen, die selektieren und anwenden, und in dem Sinne müssen wir auch die vermittelnden Instanzen des Transfers als Teile des Gesamtprozesses und als auslösende Dynamik verstehen. Die Spenderseite kann ihre kulturellen Artefakte auf Transfers anlegen und durch Provokation sogar die Wahrnehmung und sogar die Partizipation erzwingen, aber niemals die innere Anerkennung.

bei Bahr nicht selten Ausdruck kritischer Perspektiven. Die Romane Bourgets zeigen diese bevorzugte Kooperation der Sphären von Kritik und Narration in exemplarischer Deutlichkeit, und an ihrer erzählerischen Problematik entzündet sich dann auch Bahrs ‚Überwindung' des französischen Musterautors.

Bahrs Resümee zur ‚neuen Kritik' postuliert schließlich als nicht ganz neuen Standard die künstlerische Form, womit er auf Tendenzen der Diskussion in der ersten Hälfte des 19. Jahrhunderts zurückgeht.

> Es ist nur die Form, nichts als die Form, einzig und allein, die schöne Form. Die Form ist der Adel des Künstlers, der ihn von der übrigen Menschheit scheidet und in die Wolken erhebt über sie zu einer unnahbaren und unvergleichlichen Würde, in der er ist wie ein Gott, unzugänglich dem menschlichen Schmutze.[41]

Überhaupt ist er im Weiteren bestrebt, seiner Argumentation einen historischen Kontext zu geben („Die Moderne", „Die Alten und die Jungen"), um sie für sein deutschsprachiges Publikum verständlicher zu machen und an die Gegebenheiten der deutschen Literaturentwicklung anzupassen („Naturalismus und Naturalismus"). Dabei konzentriert er sich auf den Naturalismus, der sich als dominante Kulturprogrammatik als zentraler Bezugspunkt anbietet; in vier Artikeln behandelt er den Naturalismus als Gegenstand („Naturalismus und Naturalismus", „Naturalismus im Frack", „Die Krisis des Naturalismus", „Die Überwindung des Naturalismus"). Bahr geht dabei einerseits von der in Frankreich bereits vollzogenen ‚Überwindung' aus, die er mit der Erweiterung der naturalistischen Thematik in die höheren Gesellschaftsschichten und der Entwicklung einer neuen Psychologie in Verbindung bringt: die ‚états de choses' (‚Sachenstände') werden durch die états *d'âme* (‚Seelenstände') ergänzt, modifiziert und letztlich teilweise auch verdrängt. Eine zentrale Rolle spielt in diesem Zusammenhang naturgemäß Paul Bourget, und Bourget ist dann auch der Hauptgegenstand des folgenden Artikels über die „Krisis des Naturalismus", der treffenderweise ‚Die Krisis Paul Bourgets' heißen sollte, denn es geht Bahr nicht mehr um den Naturalismus, sondern um die Art und Weise seiner Überwindung, die sich als ‚Verbourgetisierung' darbietet.

> Was wird das nun also werden? Wird die Litteratur einfach von Zola zu Bourget übergehen, um jetzt dieses Modell nachzuahmen, wie sie zehn Jahre lang jenes nachgeahmt hat? Ist jener Umschwung wirklich nichts als die Eröffnung einer Ära Bourget? Ich glaube nicht. Ich glaube es deswegen nicht, weil Paul Bourget nur die vom Zolaismus verschmähte und gekränkte Forderung einer neuen Psychologie darstellt, nicht ihre Erfüllung, welche das moderne Bedürfnis verlangt.[42]

Gefordert sei eine Psychologie, die sowohl auf den naturalistischen Verfahren aufbaut, als sie auch überschreitet, aber „Bourget ist ein Neuerer, welcher der Kunst bloß das Alte gebracht hat"[43]:

---

41 Bahr, Kritik der Kritik, S. 30.
42 Bahr, Krisis des Naturalismus, S. 49.
43 Ebd., S. 50.

Das kommt aber ganz einfach daher, daß Bourget seine übernaturalistische Revolution innerhalb der vornaturalistischen Tradition zu verrichten und die neue Wissenschaft, der eben in einer Kunstform gerecht zu werden gerade die Frage ist, in alte Kunst zu füllen versuchte.[44]

Bahr zeigt dann aber seine scharfsinnige Beobachtungskraft, die sich unter seinen oft hypertrophen Spracharabesken verbirgt, in der präzisen und fast narratologischen Analyse des erzähltheoretischen Problems von Bourget:

Alle seine Romane sind „alt", nach dem traditionellen Modell des psychologischen Romans [...]. Alle haben dieses unserem gesteigerten, verwöhnten, leicht argwöhnischen Wirklichkeitssinn geradezu Unerträgliche, daß nichts gezeigt, sondern jedes bloß erzählt und zwischen uns und die Wahrheit immer der vermittelnde, ergänzende und kommentierende Autor eingeschoben wird, welcher, gerade indem er es verdeutlichen will, alles erst recht verdeckt.[45]

Gemeint ist hier das narratologische Problem der erzählerischen Unmittelbarkeit und der Fokalisierung, das bereits bei Platon als Zusammenspiel von ‚Diegesis' (*telling*, berichten) und ‚Mimesis' (*showing*, zeigen) analysiert wird. Die mimetische Darstellung besitzt dabei den markant höheren Unmittelbarkeitsgrad, der aber zusätzlich von der Art der Fokalisierung abhängt, denn der null-fokalisierte Erzähler schafft mit seinen potentiell ausufernden und eingreifenden Kommentaren und Wertungen Distanz und verringert damit die Unmittelbarkeit. Mit anderen Worten: Bourget erkennt, dass es eine erweiterte, auf die Charaktere der höheren sozialen Gesellschaftsschichten zugeschnittene Psychologie geben muss, aber bei deren Darstellung fällt er in die überlebten Lösungen der vor-naturalistischen Periode zurück, indem er die Psychologie vornehmlich mittelbar und autoritativ didaktisch-kommentierend und moralisch wertend funktionalisiert.[46]

In „Die neue Psychologie", zweifellos der wichtigste der Bahrschen Aufsätze, entwickelt er nun ein detailliertes Programm, wie diese neue psychologische Methode aussehen könnte:

Deterministisch: Also keine losgerissenen und entbundenen Menschen, frei in der Luft, man weiß nicht woher, warum, wohin, wie in den alten Psychologieen; sondern an der Kette der Entwicklung und Umgebung, welche ihr Schicksal sind. Wir müssen die naturalistische Schablone, aber das Milieu können wir nimmermehr verlassen. Wir werden jedesmal jedes einzelne Gefühl in den Zusammenhang aller und diesen Zusammenhang selbst in den Zusammenhang seiner Herkünfte und Bedingungen stellen, durch welchen er bestimmt wird. [...] Dialektisch: Das

---

44 Ebd.
45 Ebd., S. 50f.
46 „Es gibt einen Bourgetismus, der vor den naturalistischen Geboten besteht. Es gilt einen Naturalismus, der vor den psychologischen Bedürfnissen besteht. Es gilt aus dem Bourgetismus und aus dem Naturalismus heraus eine neue Formel der neuen Psychologie, in welcher beide aufgehoben, mitsammen versöhnt und darum in ihrem rechten Gehalte erst erfüllt sind" (ebd., S. 53).

liegt gleich daneben, kaum recht abzulösen und kommt uns auch vom Naturalismus her. Wir müssen die Gefühle nicht bloß im Zusammenhange auseinander, wir müssen sie auch in der Bewegung ineinander, durcheinander, gegeneinander erfassen, in dem ewigen Werden und Vergehen des einen aus dem anderen und ins andere [...]. Und endlich – das entscheidet – dekompositiv, indem die Zusätze, Nachschriften und alle Umarbeitungen des Bewußtseins ausgeschieden und die Gefühle auf ihre ursprüngliche Erscheinung vor dem Bewußtsein zurückgeführt werden. Die alte Psychologie findet immer nur den letzten Effekt der Gefühle, welchen Ausdruck ihnen am Ende das Bewußtsein formelt und das Gedächtnis behält. Die neue wird ihre ersten Elemente suchen, die Anfänge in den Finsternissen der Seele, bevor sie noch an dem klaren Tag herausschlagen, diesen ganzen langwierigen, umständlichen, wirr verschlungenen Prozeß der Gefühle, der ihre komplizierten Thatsachen am Ende in simplen Schlüssen über die Schwelle des Bewußtseins wirft.[47]

Es geht in der Tat um eine präzise narratologische Analyse, die in rezeptionsökonomischer Hinsicht, das heißt im Blick auf den modifizierend-anreichernden ko-konstruierenden Gebrauch dessen, was er in seinem Essay synthetisch und analytisch zusammenfasst, ein Teilprogramm entwirft, wie jeder moderne Roman in Zukunft wird auftreten müssen. Angesichts der zukünftigen Entwicklung der modernen Romanform bei Schnitzler, Gide, Proust, Joyce, Woolf, Döblin und Kafka sind Bahrs Hinweise von bahnbrechender Bedeutung, denn hier wird tatsächlich ein modernistisches Programm in den Blick genommen, dessen Rezeption der deutschsprachigen Literatur einige Umwege hätte ersparen können:

Auf eins wollen wir unter keiner Bedingung verzichten: auf die Unpersönlichkeit des Kunstwerkes, in welchem, hinter welchem, durch welches der Künstler verschwinden soll. [...] anders ist keine Wirkung auf uns. Die Kunst hat keine Gewalt als nur durch den Schein eines unmittelbaren Verhältnisses zwischen uns und ihren Dingen, welcher durch keine Dazwischenkunft des Künstlers jemals gestört werden darf. Wir wollen den Gegenstand selbst, mit der unwiderstehlichen Gewalt der rauhen Wirklichkeit, gegen welche der Zufall verstummt; nicht einen zuverlässigen Vermittler, der, in Farbe, Klang oder Wort, von ihm berichtet, ohne Vertrauen zu erzwingen. Wir sind heute von vornherein mit Unglauben widerspenstig gegen das Kunstwerk; und wie nur erst der suchende Verdacht Persönliches an ihm entdeckt, das giebt den erwünschten Vorwand, seiner Wirkung zu entschlüpfen. Die naturalistische Verborgenheit des Künstlers ist also zu wahren,

---

47 Bahr, Neue Psychologie, S. 56f. Vgl. auch: „Die alte Psychologie hat die Resultate der Gefühle, wie sie sich am Ende im Bewußtsein ausdrücken, aus dem Gedächtnis gezeichnet; die neue zeichnet die Vorbereitungen der Gefühle, bevor sie sich noch ins Bewußtsein hinein entschieden haben. Die alte Psychologie hat die Gefühle nach ihrer Prägung in den idealen Zustand ergriffen, wie sie von der Erinnerung aufbewahrt werden; die neue Psychologie wird die Gefühle in dem sensualen Zustande vor jener Prägung aufsuchen. Die Psychologie wird aus dem Verstande in die Nerven verlegt – das ist der ganze Witz" (ebd., S. 58).

er darf nicht plötzlich aus der Versenkung herauftauchen, mit Zwischenreden, Behauptungen, Erklärungen.[48]

Diejenige Form, die am besten dazu geeignet ist, diese Aufgabe zu lösen, ist laut Bahr der homodiegetische Roman, denn die Kategorie des inneren Monologs steht ihm noch nicht begrifflich zur Verfügung, auch wenn er selbst in seiner Prosa dessen Gestalt und Stil virtuos einzusetzen vermag; vor allem sein Roman *Die gute Schule* kann als gute Illustration dienen, wie sich diese Programmatik in Literatur umsetzen lassen könnte.

Obgleich Bahr kein herausragendes künstlerisches Talent besitzt, was sich paradigmatisch an der weiterbestehenden Dominanz des Erzählers in *Die gute Schule* manifestiert, dessen Rolle und Funktion ja gerade marginalisiert werden soll, ist sein Text vor allem durch das freie Glissando der unterschiedlichen Darstellungsweisen von Sprache und Bewusstsein von großer Innovationskraft. Gedankenbericht, Gedankenzitat, erlebte Rede und innerer Monolog sind hier auf eine Weise verwoben, die weit über das hinausgeht, was um 1890 üblich war, und es ist ewig bedauerlich, dass die Art der Stoffdarstellung mit ihrer gesuchten Provokation und andere kompositorische Schwächen den Roman nie haben voll zur Geltung gelangen lassen.

Es scheint, dass Thomas Mann, vermutlich von seinem Bruder angeleitet, Bourget und Bahr mehr oder minder gleichzeitig rezipierte und sich dabei von Heinrich bald emanzipierte, denn so sehr der Ältere sich an Bourget anlehnt, so sehr bevorzugt Thomas zumindest kurzfristig Bahr, dem er seine erste Skizze widmet. Für beide Brüder gilt allerdings, dass sie Bahrs narratologische Kritik nicht wirklich umgesetzt haben, beide bleiben traditionalistischen Erzählweisen weitgehend treu. Das gilt für Heinrich Mann sicher weniger eindeutig als für Thomas, denn Heinrich legt sich selbst im Briefwechsel mit Ludwig Ewers über lange Jahre hinweg detailliert Rechenschaft über seine literarisch-künstlerische Entwicklung ab. Dabei wird deutlich, wie sehr er der oft mediokren Tradition der deutschen Literatur (Hackländer, Geibel, Wildenbruch), aber vor allem den Spielarten des Naturalismus viel stärker als der jüngere Bruder verpflichtet bleibt. Obgleich auch Heinrich Mann wie Hermann Bahr seine künstlerische Bewusstseinsbildung in zahlreichen Rezensionen und Artikeln dokumentiert, betrachtet er die Literatur der französischen Décadence und vor allem Bourget primär als künstlerisches Vorbild und Inspiration. Für Heinrich Mann ist die journalistische Auseinandersetzung mit Autoren und Texten dem Ziel einer überzeugenden künstlerischen Karriere als Romanautor eindeutig untergeordnet, während Bahr seine künstlerischen Ambitionen zwar ganz ernsthaft verfolgt, seinen Schwerpunkt aber auf die publizistische Karriere im kultur-journalistischen Bereich legt.[49] Nicht selten knüpfen seine literaturtheoretischen Überlegungen

---

48 Ebd., S. 60. Diese Formulierungen sind unter anderem weitgehend in Übereinstimmung mit Alfred Döblins früher Romantheorie, die sie de facto vorwegnehmen; Döblin hatte von Bahrs einschlägigen Schriften keine Kenntnis.

49 Ausgenommen davon ist seine professionelle Theaterpraxis als Autor, Kritiker und Theatermanager.

an konkrete Texte an, wie etwa in dem wichtigen Artikel über „Neue Romantik", der, von Bahr und Brandes ausgehend, die Frage des Verhältnisses von Romantik und Naturalismus erörtert und letztlich auf die Analyse von Maeterlincks *Pélléas et Mélisande* zielt, wobei Romantik weniger als literaturhistorische Kategorie denn als ‚écriture' verstanden wird, als „Lust der Dichtung, zu ‚malen'".[50] In diesem Sinne hat sie Teil an jeder literarischen Bewegung, und für den Naturalismus als programmatischer Bewegung zur Klärung der Frage, ob „die Handlungen und das Schicksal eines Menschen das Ergebniß seiner Anlagen und der auf ihn einwirkenden Umstände sind",[51] ist die neue Romantik nichts anderes als eine bereits bekannte „subtile Psychologie", die sich auf dasjenige richtet, was sich als Rätsel der naturwissenschaftlichen Analyse entzieht:

> Die ganze intime Seelenanalyse dient stets, ausgesprochen oder nicht ausgesprochen, nur dazu, das Unerklärliche festzustellen, die „Grenzen des Naturerkennens" zu bestimmen. Eben hier konnte die immer mehr condensirte Romantik ihre Consequenzen ziehen, indem sie das bloß Räthselhafte zum mystisch Unheimlichen und Grausigen vertiefte.[52]

Dieses Rätselhafte wird schließlich Gegenstand einiger von Bourget inspirierter Texte, am eindrucksvollsten in der wohl besten frühen Erzählung *Das Wunderbare* (1894).

Heinrich Mann versucht also, so weit wie möglich, seine literaturkritischen Arbeiten für die Entwicklung seiner eigenen künstlerischen Darstellungsmöglichkeiten zu funktionalisieren – auch wenn im speziellen Fall von Paul Bourget ein gewisser propagandistischer Effekt nicht zu übersehen ist. Paradoxerweise ist Heinrich Mann dabei viel direkter als Bahr an handwerklichen Fragen des Schreibens, an Stil, Psychologie und Komposition interessiert – allerdings immer in Bezug auf seine eigene Produktion. Er fragt nach dem Nutzen der fremden Texte und Autoren für sein eigenes Schreiben, ohne ein dominantes Interesse an der allgemeinen Propagierung der neuen Literarästhetik zu entwickeln, während Bahr die klassische Rolle des Literaturvermittlers im Kulturtransfer übernimmt. Paradox ist dieses Verhältnis, weil Bahr quasi en passant wichtige Ansätze für eine neue Erzählpoetik entwickelt, während Mann sein Schreiben in einem großen Maße dem zumindest kurzfristig überwältigenden Vorbild und Musterautor Bourget nachbildet. Der Grund dafür liegt offensichtlich in Heinrich Manns Verfahren, seine künstlerische Entwicklung außerordentlich bewusst und reflektiert zu dokumentieren. Dabei wird deutlich, dass er sich unablässig innerhalb des Feldes der literarischen Szene in der deutschsprachigen Literatur verortet, wobei die wechselnde Nähe oder Ferne zu den realistischen bzw. naturalistischen Tendenzen über lange Zeit der bevorzugte Ankerpunkt bleibt. Damit aber beschwert er seine eigene Dynamik, die sich stark an der jeweiligen Positionierung orientiert, wofür es allerdings auch publikationspolitische Gründe gibt.

---

50 Mann, Neue Romantik, S. 31.
51 Ebd., S. 32.
52 Ebd.

Dies betrifft primär seinen ersten Roman *In einer Familie* (1894), der mit guten Gründen Bourget gewidmet ist, und in dem der Erzähler auf eine geradezu ostentative Weise sein Vorbild nachahmt und die terminologische und thematische Diskussion von Dilettantismus und Dekadenz unverschlüsselt darstellt. Mit der direkten rezeptiven Übernahme des Mustertextes verspielt Mann aber die Möglichkeiten, die die stellvertretende Produktion Bourgets bietet: Seine imitatorische Rezeption reproduziert das Vorbild, statt es aemulatorisch zu überbieten oder als ‚variatio‘ zu verändern. Die gleichzeitigen Novellen wie etwa *Das Wunderbare* lassen sich dagegen als ‚aemulatio‘ verstehen, denn sie treten tatsächlich in Wettbewerb mit Bourget, dessen Prämissen sie aufnehmen, aber kreativ weiterentwickeln. Zur tatsächlichen ‚variatio‘ gelangt Heinrich Mann dann erst mit dem ‚eigentlichen‘ ersten Roman *Im Schlaraffenland* und den Folgetexten, denen es gelingt, sich von den Behinderungen der Faszination durch die Werke Bourgets zu befreien.

V. Fazit

Die 1890er Jahre markieren in den deutschsprachigen Ländern[53] nach dem Einschnitt des deutsch-französischen Krieges und der Reichsgründung einen bedeutenden Wechsel der kulturpolitischen Atmosphäre, denn der Erwartung, dass ein sprachkundiges Bildungsbürgertum und die zeitgenössische Literaturgesellschaft den französischen Kulturmarkt[54] verfolgen würde, wird mehr und mehr der Boden entzogen. Das Lesepublikum nimmt quantitativ zu und setzt sein Interesse an der französischen Kultur nur zeitweise aus, aber es überlässt es immer öfter den Instanzen des Kulturtransfers, den Markt zu sondieren und die Entwicklungstendenzen zu erläutern und durch Übersetzungen nachvollziehbar zu repräsentieren. Gleichzeitig verstärkt sich die Konkurrenz durch die anderen europäischen Literaturen: Ist der meistgelesene europäische Lyriker des frühen 19. Jahrhunderts, Byron, nie volksläufig geworden, erobert Dickens auch eine breite Leserschicht; vor allem aber sind es einzelne Signalautoren und -autorinnen, die an Einfluss gewinnen: Ibsen und Dostojewski ganz besonders. Vor diesem Hintergrund erscheint die Rezeptionsökonomie, die sich bei Bahr und Heinrich Mann findet, gleichzeitig traditionell und modern: Mann verkörpert bis zu *Im Schlaraffenland* (1900) das klassische Transformationsmodell

---

53 Für die viersprachige Schweiz gilt das nur mit Einschränkungen.

54 Diese Erwartung bezieht sich nur auf einen begrenzten Teil des gebildeten Publikums, die man früher meinungsbildende Multiplikatoren genannt hätte und die heute als Influencer bezeichnet würden. Die gemeinte Haltung entspricht ungefähr derjenigen, die gegenwärtig der internationalen auf Englisch verfassten Literatur entgegengebracht wird, wobei kaum noch noch gattungsbegründende Mustertexte wirksam werden, sie werden durch fluide Gruppen von Texten mit gemeinsamen thematischen *patterns* ersetzt, die ihrerseits multipel zuordnungsfähig sind. Diese neue Phänomenologie erzählender Texte wird durch die Verbindung mit den Möglichkeiten digitaler Repräsentation dynamisiert, und sie dringt auch in die den internationalen Markt beherrschende Genreliteratur ein.

eines komplexen intertextuellen Transfers, der als individuell-nationale Anverwandlung und modifizierende Variation vorgegebener Mustertexte bei simultaner Produktion von kritischen Erläuterungstexten fungiert. Auch Hermann Bahr verfolgt diese beiden publizistischen Stränge, obgleich sein Verdienst viel stärker auf dem Gebiet der kritischen Analyse durch den Essay liegt – hier entwickelt er die theoretischen Grundlinien einer modernen Erzählpoetik, die durch mancherlei Vorurteile ebenso wenig wirksam werden konnten wie sein als Mustertext konzipierter Roman *Die gute Schule*.

VI. Literatur

Ahn, Bang-Soon: *Dekadenz in der Dichtung des Fin de siècle*. Göttingen 1996.

Bachleitner, Norbert: Hermann Bahr und die französische Literatur in den Jahren 1889/90. In: Johannes Lachinger (Hg.): *„Hermann Bahr – Mittler der europäischen Moderne"*. *Hermann Bahr-Symposion Linz 1998*. Linz 2001 [= Jahrbuch des Adalbert Stifter Instituts 5 (1998)], S. 145-160.

Bahr, Hermann: Zur Kritik der Kritik. In: Ders.: *Zur Überwindung des Naturalismus. Theoretische Schriften 1887-1904*. Hg. v. Gotthard Wunberg. Stuttgart [u. a.] 1968, S. 24-31.

Bahr, Hermann: Die Krisis des Naturalismus. In: Ders.: *Zur Überwindung des Naturalismus. Theoretische Schriften 1887-1904*. Hg. v. Gotthard Wunberg. Stuttgart [u. a.] 1968, S. 48-53.

Bahr, Hermann: Die neue Psychologie. In: Ders.: *Zur Überwindung des Naturalismus. Theoretische Schriften 1887-1904*. Hg. v. Gotthard Wunberg. Stuttgart [u. a.] 1968, S. 53-64.

Bauer, Roger: *Die schöne Dekadenz. Geschichte eines literarischen Paradoxons*. Frankfurt 2001.

Bauer, Roger: Décadence und Dekadenz. In: *Euphorion* 96 (2002), S. 117-126.

Bauer, Roger: Altes und neues über die Décadence. In: *Literaturwissenschaftliches Jahrbuch der Görres-Gesellschaft* (1991), S. 149-173.

Bourget, Paul: *Essais de psychologie contemporaine* [1883]. Paris 1919.

Bourget, Paul: *Nouveaux essais de psychologie contemporaine*. Paris 1886.

Bourget, Paul: *Le disciple* [1889]. Hg. v. T. de Wyzewa. Paris 1935.

Carter, A. E.: *The Idea of Décadence in French Literature 1830-1900*. Toronto 1958.

Fischer, Alexander Michael: *Dédoublement. Wahrnehmungsstruktur und ironisches Erzählverfahren der Décadence (Huysmans, Wilde, Hofmannsthal, H. Mann)*. Würzburg 2010.

Kafitz, Dieter: *Décadence in Deutschland. Studien zu einem versunkenen Diskurs der 90er Jahre des 19. Jahrhunderts*. Heidelberg 2004.

Koppen, Erwin: *Dekadenter Wagnerismus. Studien zur europäischen Literatur des Fin de siècle*. Berlin, New York 1973.

Kunz, Ulrike: *„Der Zeit ihre Kunst, der Kunst ihre Freiheit". Ästhetizistischer Realismus in der europäischen Décadenceliteratur um 1900*. Hamburg 1997.

Lüsebrink, Hans-Jürgen: Kulturtransfer. Neuere Forschungsansätze zu einem interdisziplinären Problemfeld der Kulturwissenschaft. In: Helga Mitterbauer/Katharina Scherke (Hg.): *Ent-grenzte Räume. Kulturelle Transfers um 1900 und in der Gegenwart*. Wien 2005, S. 23-41.

Mann, Heinrich: Neue Romantik. In: H. Mann: *Essays und Publizistik. Bd. 1: Mai 1889 bis August 1904*. Hg. v. Peter Stein unter Mitarbeit von Manfred Hahn und Anne Flierl. Bielefeld 2013, S. 31-35.

Mitterbauer, Helga: Dynamik – Netzwerk – Macht. Kulturelle Transfers „am besonderen Beispiel" der Wiener Moderne. In: Helga Mitterbauer u. Katharina Scherke (Hg.): *Ent-grenzte Räume. Kulturelle Transfers um 1900 und in der Gegenwart*. Wien 2005, S. 109-129.

Stoupy, Joelle: *Maître de l'heure. Die Rezeption Paul Bourgets in der deutschsprachigen Literatur um 1890. Hermann Bahr, Hugo von Hofmannsthal, Leopold von Andrian, Heinrich Mann, Thomas Mann und Friedrich Nietzsche*. Frankfurt 1996.

Weinhold, Ulrike: *Künstlichkeit und Kunst in der deutschsprachigen Dekadenzliteratur*. Frankfurt 1977.

Alfred Gall (Mainz)

Die latente Internationalität des polnischen Messianismus

Adam Mickiewicz und Juliusz Słowacki in der Auseinandersetzung mit Hegel

I. Grundlagen

Eine Nation ist eine ‚imaginierte Gemeinschaft', die nicht zuletzt durch literarische Texte und deren Zirkulation in einer Verständigungsgemeinschaft semantisch modelliert wird.[1] Für die polnische Kultur hat die Romantik, insbesondere der romantische Messianismus, einen wesentlichen Beitrag zur Genese und Verbreitung einer Semantik zur Selbstbeschreibung der polnischen Nation in ihrer historischen Entwicklung geleistet.[2] Die begriffliche Matrix sowie die Konturen der historiosophischen Imagination dieses Messianismus stehen dabei in einem spannungsgeladenen Verhältnis mit internationalen Voraussetzungen, Texten und Kontexten. Dies konterkariert die oft mit Ideologemen der Singularität und exzeptionellen Identität artikulierten Ansprüche auf Originalität und Einzigartigkeit. Die Verschränkung von Nationalem und Internationalem soll am Beispiel messianistischer Texte von Adam Mickiewicz und Juliusz Słowacki verdeutlicht werden. Eine Begriffserklärung ist zu diesem Zweck erforderlich.

Bekanntlich entsteht der polnische Messianismus seit den 1830er Jahren als Reaktion auf die traumatischen geschichtlichen Erfahrungen, welche die polnische Gesellschaft und Kultur der damaligen Zeit prägen. Die Zerschlagung der Eigenstaatlichkeit am Ende des 18. Jahrhunderts, die damit einhergehende Aufteilung Polens unter die Nachbarmächte, das Scheitern Napoleons und die Niederschlagung des Novemberaufstands von 1830/31 sind diejenigen zentralen Erfahrungen, die im Nachgang zu intensiven Reflexionen über den Sinn der Geschichte sowie die historische Bedeutung Polens führen und auch die Frage nach der Existenz der Nation aufwerfen.[3] Der polnische Messianismus der Romantik gehört mit seiner Idee einer heilsgeschichtlich fundierten Sonderrolle Polens, das als ‚Christus der Völker' ein auserwähltes Subjekt im Prozess der Geschichte sei, zweifellos zu den wirkmächtigsten Selbstbeschreibungen der polnischen Kultur, die sich im Zeitalter der Staatenlosigkeit in ihrer nationalen Einheit zu behaupten versucht, und kann als Paradebeispiel eines Diskurses gelten, der Gemeinschaft imaginiert. Der Messianismus kann vor diesem

---

1 Vgl. Anderson, *Imagined Communities*, S. 9ff., 37ff.

2 Vgl. dazu ausführlicher Janion/Żmigrodzka, *Romantyzm*, S. 7-18; Witkowska/Przybylski, *Romantyzm*, S. 289-292, 364-371.

3 Vgl. zu diesem Ansatz, der den polnischen Messianismus als Arbeit am Sinn der Geschichte angesichts historischer Katastrophen interpretiert: Walicki, *Mesjanizm Adama Mickiewicza*, S. 15-44, bes. S. 19.

Hintergrund als Gegenerzählung beschrieben werden, die sich gegen die Abwertung oder gar Negation der Rolle Polens in der Geschichte zur Wehr setzt.

Die stark akzentuierten nationalen Funktionszusammenhänge des polnischen Messianismus sind aber mit – oft auch nur indirekt erschließbaren – internationalen Dimensionen vermittelt. Für Mickiewicz und Słowacki gilt, dass sie einen Großteil ihres Lebens im Exil verbringen (hauptsächlich in Frankreich, wo auch mehrheitlich die messianistischen Werke entstehen), zahlreiche Reisen in Europa unternehmen, über Fremdsprachenkenntnisse verfügen (die auch eine breite Rezeption europäischer Literaturen in verschiedenen Sprachen ermöglichen), also in Habitus und Lebenserfahrung überaus international ausgerichtet sind, dass sie ihr Leben und Schreiben aber in einem ausgeprägten Maße der patriotischen Aufgabe widmen, zur Wiederherstellung von Freiheit und Eigenstaatlichkeit Polens beizutragen. Darin zeigt sich eine eigentümliche Verschränkung von Nationalem und Internationalem. Diese strukturelle Kopplung von Nation und Internationalität steht im Folgenden im Fokus, wenn der polnische romantische Messianismus in den Blick genommen wird. Eine Schlüsselrolle kommt dabei der Geschichtsphilosophie Hegels zu, die in den nachstehend untersuchten Werken als internationaler „Anlehnungskontext"[4] fungiert, wobei Mickiewiczs und Słowackis polemischer Umgang mit dieser Philosophie eher den Begriff Ablehnungskontext nahelegt.

II. Hegels Geschichtsphilosophie als hegemonialer Diskurs

In seinen *Vorlesungen zur Philosophie der Geschichte* – die Mickiewicz und auch Słowacki in groben Zügen bekannt waren[5] – hält Hegel in offenkundiger Anknüpfung an Überlegungen von Herder fest, dass sich die Slawen bislang noch nicht in der Geschichte zur Geltung gebracht und daher auch noch nicht als sich vollständig ihrer Freiheit bewusste historische Subjekte konstituiert hätten:

> Die *slawischen Nationen* waren *ackerbauende*. Dieses Verhältnis führt aber das von Herren und Knechten mit sich. Beim Ackerbau ist das Treiben der Natur überwiegend; menschliche Betriebsamkeit und subjektive Aktivität findet im ganzen bei dieser Arbeit weniger statt. Die Slawen sind daher langsamer und schwerer zum Grundgefühl des subjektiven Selbsts, zum Bewußtsein des Allgemeinen, zu dem, was wir früher Staatsmacht genannt haben, gekommen, und sie haben nicht an der aufgehenden Freiheit teilnehmen können.[6]

Mickiewicz, aber auch Słowacki sowie viele andere Romantiker, sehen in solchen Überlegungen den Beweis dafür, dass die Philosophie Hegels auch die Funktion der Marginalisierung der Slawen, implizit vor allem der Polen, im Kontext der preußischen Hegemonialkultur erfüllt. Preußen war an den Teilungen Polens

---

4 Begriff nach Luhmann, *Kunst*, S. 256.
5 Vgl. Walicki, *Mesjanizm*, S. 30-33, 179-204.
6 Hegel, *Vorlesungen*, S. 500.

federführend beteiligt und legitimierte die Zerschlagung Polens sowie die Aneignung von dessen Territorium mit der eigenen zivilisatorischen Überlegenheit gegenüber den Polen, die erst noch aufgeklärt und dadurch in den Schoß der europäischen Völker geführt werden müssten, am besten unter preußischer Anleitung.[7] Zu erwähnen ist in diesem Kontext der preußische König Friedrich der Große, der die Polen als zivilisierungsbedürftige „arme Irokesen"[8] bezeichnete und die preußische Dominanz als Ausdruck einer Mission der Kulturträgerschaft verherrlichte. Die Aufteilung Polens und die preußische Herrschaft über ein Teilungsgebiet werden so gerechtfertigt als logische Konsequenz einer auch im kulturell-zivilisatorischen Bereich vorhandenen Vorrangstellung, die darüber hinaus die Verpflichtung mit sich bringe, die als weniger entwickelt oder weniger fortgeschritten bezeichneten Völker, denen autonome Handlungsmacht abgesprochen wird, auf den Weg des Fortschritts zu bringen, notfalls auch gegen deren Willen und unter Anwendung von Gewalt.[9] Teilung und Herrschaft als Forderungen und Folgerungen der Aufklärung – die Dialektik der Aufklärung macht sich auch im deutsch-polnischen bzw. im preußisch-polnischen Verhältnis bemerkbar.

Hegel selbst spricht explizit von der Geschichtslosigkeit der Slawen, die auch nicht vollständig europäisch seien und mit Asien in Verbindung gebracht und damit zugleich abwertend betrachtet werden.[10] Für die mentale Landkarte, die sich seit der Mitte des 18. Jahrhunderts in der europäischen Öffentlichkeit durchzusetzen beginnt, gilt allgemein, dass zunehmend die Überzeugung Raum gewinnt, dass der westliche Teil des Kontinents dem östlichen zivilisatorisch überlegen sei.[11] Der Osten wird in diesem Sinne auch bei Hegel zum Anderen des Westens:

> Den dritten Teil endlich bilden die nordöstlichen Staaten Europas, Polen, Rußland, die slawischen Reiche. Sie kommen erst spät in die Reihe der geschichtlichen Staaten und bilden und unterhalten beständig den Zusammenhang mit Asien.[12]

Bemerkenswert ist die Tatsache, dass sich Hegel mit den *Vorlesungen zur Philosophie der Geschichte* in das epistemologische Feld der Marginalisierung des europäischen Ostens einschreibt. Er geht nämlich, so wie schon Herder, davon

---

7 Vgl. dazu: Izabela Surynt, *Das ‚ferne‘, ‚unheimliche Land‘*, S. 98-155; Orłowski, *‚Polnische Wirtschaft‘*, S. 155ff., 233ff.; Koziełek, Das Polenbild der Deutschen, S. 11ff. Über die von der deutschen Kultur ausgehende Gefahr der Unterwerfung der Slawen referierte Mickiewicz in seinen Pariser Vorlesungen, vgl. Mickiewicz, *Dzieła*, Bd. 10, S. 20f.; Mickiewicz, *Dzieła*, Bd. 11, S. 43-50. In diesen Vorlesungen bezeichnete Mickiewicz die Deutschen als Feinde des Slawentums (poln. *słowiańskość*): Mickiewicz, *Dzieła*, Bd. 8, S. 96.

8 Friedrich der Große an d'Alembert, zitiert nach: Salmonowicz, *Fryderyk II*, S. 116.

9 Dazu kurz und bündig: Surynt, Polen als Raum des ‚Anderen‘, S. 296ff.

10 Über die Osteuropa orientalisierende westeuropäische Betrachtungsweise schreibt auch: Janion, *Niesamowita słowiańszczyzna*, S. 19f., 165ff., 223ff.

11 Vgl. Wolff, *Inventing Eastern Europe*, S. 1ff., 17ff., 144ff.

12 Hegel, *Vorlesungen*, S. 133; vgl. auch Groh, *Russland im Blick Europas*, S. 182f.

aus, dass die Slawen bislang keine Rolle in der Geschichte gespielt hätten.
Bekanntlich ist die Geschichte nach Hegel ein Prozess, der als Verwirklichung
des absoluten Geistes in der Welt zu betrachten sei. Der Prozess selbst ist als Verwirklichung des Geistes zugleich Durchsetzung des Bewusstseins der Freiheit.[13]
Die Grundlage ist dabei die Vernunft, die als Medium der Selbstverwirklichung
des Geistes in der Geschichte wirksam ist.[14] Vor diesem Hintergrund zeichnet
sich die Geschichte als teleologischer Prozess der Weltwerdung des Geistes ab:
Die einzelnen historischen Ereignisse werden zu aufeinander folgenden Stufen
der Emanation eines Geistes, der die Vernünftigkeit sowie Sinnhaftigkeit allen
geschichtlichen Geschehens garantiert.[15] In diesem Sinne kann Hegel auch
davon sprechen, dass die Geschichtsphilosophie, die sich mit der Erfassung dieses in der und durch die Geschichte sich realisierenden Geistes beschäftigt, als
Theodizee zu verstehen sei, die aus der Einsicht in eine allem geschichtlichen
Geschehen innewohnende Vernunftmäßigkeit sowie Sinnhaftigkeit hervor-
gehe.[16] Es ist in der stark staatsbezogenen philosophischen Konzeption Hegels
keine Rede davon, dass auch Völker ohne Staat ihren Teil zur Verwirklichung
des Geistes bzw. der Freiheit beitragen. Im Gegenteil, das Vorhandensein eines
Staats ist die notwendige Bedingung, um überhaupt am Prozess der Geschichte
mitwirken zu können – ein Volk ohne Staat ist nach Hegel ein Volk ohne
Geschichte:

> In der Weltgeschichte kann nur von Völkern die Rede sein, welche einen Staat
> bilden. Denn man muß wissen, daß ein solcher die Realisation der Freiheit, d. i.
> des absoluten Endzwecks ist, daß er um seiner selbst willen ist; man muß ferner
> wissen, daß allen Wert, den der Mensch hat, alle geistige Wirklichkeit, er allein
> durch den Staat hat.[17]

Ein Volk ohne Staat hat in Hegels Verständnis keine Objektivität. Der Staat ist
das Ziel eines jeden Volkes, das sich nur in Form eines staatlichen Gebildes in der
Geschichte zu realisieren und damit seiner höchsten Bestimmung zu entsprechen vermag.[18] Es ist offensichtlich, dass diese Überzeugung bei den Polen, einer
Nation ohne Staat, auf massiven Widerspruch stoßen muss.[19] Mickiewicz und
auch Słowacki sehen denn auch in Hegels Denken einen Hegemonialdiskurs:
Ganze Völker und Kulturen werden zu geschichtslosen Quasi-Objekten marginalisiert. Auch Polen wird auf diese Weise aus dem vernunftmäßigen Prozess
der Geschichte ausgeklammert. Die von Herder im Slawenkapitel der *Ideen zur*

---

13 Vgl. Hegel, *Vorlesungen*, S. 32 und auch die Erläuterungen in Taylor, *Hegel*, S. 509-
   560.
14 Vgl. Hegel, *Vorlesungen*, S. 22.
15 „Der einzige Gedanke, den die Philosophie mitbringt, ist aber der einfache Gedanke
   der Vernunft, daß die Vernunft die Welt beherrsche, daß es also auch in der Weltgeschichte vernünftig zugegangen sei." (Ebd., S. 20)
16 Vgl. ebd., S. 28.
17 Ebd., S. 56.
18 „Der Staat ist die göttliche Idee, wie sie auf Erden vorhanden ist." (Ebd., S. 57)
19 Vgl. Jakubowski, *Historiozofia*, S. 115ff.

Philosophie der Geschichte der Menschheit (1784-1791) mit positiver Wertung entworfene Idylle einer außergeschichtlich und rein agrarwirtschaftlich lebenden slawischen Gemeinschaft, die ein noch nicht eingelöstes Potenzial geschichtlicher Gestaltungskraft repräsentiert[20], weicht bei Hegel der Vorstellung, dass die Slawen noch ohne Bewusstsein ihrer selbst nicht den Status eines geschichtlichen Subjekts für sich beanspruchen können. Sie stehen (noch) außerhalb von Vernunft und Freiheit – oder haben wie die Polen ihre Geschichte bereits hinter sich.

Für Polen in der Zeit der Teilungen gilt entsprechend, dass es keine Geltung in der Geschichte besitzt. Kulturen ohne Staat sind nach Hegel nicht an der Verwirklichung des Geistes in der Geschichte beteiligt, fallen somit aus dem Geltungsbereich einer geschichtlich wirksam sich entfaltenden Vernunft und sind damit letzten Endes überflüssig:

> So sterben Individuen, so sterben Völker eines natürlichen Todes; wenn letztere auch fortdauern, so ist es eine interesselose, unlebendige Existenz, die ohne das Bedürfnis ihrer Institutionen ist, eben weil das Bedürfnis befriedigt ist, – eine politische Nullität und Langeweile.[21]

In der Betrachtung des deutschen Philosophen erscheint Polen nur als subalterne Kultur, deren letzte Stunde in der Geschichte bereits geschlagen habe. Hegel spricht explizit davon, dass Polen aufgrund seiner inneren Struktur die Unabhängigkeit verloren habe und damit den Nachweis zur Unfähigkeit, einen eigenen Staat dauerhaft auszubilden, erbracht habe: „Auf dem polnischen Reichstage mußte jeder Einzelne seine Einwilligung geben, und um dieser Freiheit willen ist der Staat zu Grunde gegangen."[22] Mit keinem Wort erwähnt Hegel die expansive, gegen Polen gerichtete Politik Preußens oder die Ziele der übrigen Teilungsmächte. Die preußische Vorherrschaft erscheint als Konsequenz und Ausdruck einer in der Geschichte wirkenden Vernunft, wohingegen Polen an sich selbst gescheitert und damit aus der Geschichte gefallen sei. Hegel argumentiert nicht zuletzt mit einer ethnozentrisch untermauerten Gleichsetzung von Konfession und Freiheit: Allein der Protestantismus sei als Agens des Weltgeistes der Verwirklichung der Freiheit zuträglich.[23] Katholische Polen oder orthodoxe Russen stehen diesbezüglich auf einer niedrigeren Entwicklungsstufe oder haben – im Falle der Polen – ihre Chance auf Mitwirkung in der Geschichte selbstverschuldet verspielt.

Es ist der Gesamtkomplex dieser philosophisch veredelten Marginalisierung, der im romantischen Messianismus Mickiewiczs und Słowackis als Herausforderung aufgegriffen und mit einer alternativen Geschichtsdeutung, einem prägnanten Gegennarrativ, korrigiert werden soll.

---

20 Vgl. das Kapitel „Slawische Völker" in Herder, *Ideen*, Bd. 2, S. 279-282.
21 Hegel, *Vorlesungen*, S. 100.
22 Ebd., S. 61. Vgl. auch ebd., S. 508-511.
23 Vgl. ebd., S. 517.

III. Gegen kulturelle Hegemonie und Marginalisierung: Mickiewiczs *Bücher des polnischen Volkes und der polnischen Pilgerschaft*

Mit dem im Pariser Exil publizierten Traktat *Die Bücher des polnischen Volkes und der polnischen Pilgerschaft* (*Księgi narodu polskiego i pielgrzymstwa polskiego*, 1832) legte Mickiewicz ein messianistisches Manifest vor, das als Ausdruck eines spezifischen Gegendiskurses erkennbar wird, der sich unter anderem gegen die in der idealistischen Geschichtsphilosophie spürbare Marginalisierung Polens richtet. Dieser messianistische Text ist als implizite Polemik mit Hegels Konzept der Geschichte zu lesen.[24] Gegen die kulturelle Hegemoniebestrebung, die sich aus polnischer Perspektive in Hegels Geschichtsphilosophie bemerkbar macht, versucht Mickiewicz für Polen eine eigene, nicht mehr subalterne Position zu entwerfen und so den Hegemonialdiskurs der idealistischen Geschichtsphilosophie zu widerlegen.[25] Im Traktat unternimmt Mickiewicz den Versuch, Polen – die Nation ohne Staat – im diskursiven Feld des damaligen Europa, mithin im damaligen epistemologischen Kontext, zu situieren.[26] Dabei verstrickt er sich freilich in Hegels Denken, also in diejenigen Denkmotive und Argumentationszusammenhänge, gegen die er sich eigentlich zur Wehr setzen und behaupten möchte. Unfreiwillige, vielleicht sogar zähneknirschend in Kauf genommene Hybridität ist das Ergebnis dieser deutsch-polnischen Verflechtung, die aber verborgen gehalten werden soll. In dieser Konstellation macht sich die internationale Bezüge aufweisende Konstitution von Mickiewiczs Werk bemerkbar.

Der polnische Romantiker hat sich in den Vorlesungen am Pariser *Collège de France* wiederholt kritisch über Hegel geäußert und dessen Denken etwa der weit positiver beurteilten Spätphilosophie Schellings gegenübergestellt.[27] Bereits im Jahr 1829, während seines Aufenthalts in Deutschland, konnte Mickiewicz in Berlin Vorlesungen Hegels hören.[28] Mickiewicz stieß sich an Hegels Ausführungen über die Slawen im Allgemeinen und die Polen im Besonderen.

---

24 Zu Mickiewiczs Kritik an Hegel: Zielińska, Die Anti-Hegel-Prophetie, S. 93-115.

25 Mit ‚subaltern‘ bezeichnet Gramsci diejenigen sozialen Gruppen, die einer Hegemonie unterworfen sind. Der Begriff wird in den *Postcolonial Studies* weiterentwickelt: Spivak, The New Subaltern, S. 324-340; Spivak, Can the Subaltern speak?, S. 271-313. Vgl. zum Begriff auch: Young, Fünf Formen der Unterdrückung, S. 428-445; vgl. zum Begriff ‚kulturelle Hegemonie‘: Gramsci, *Marxismus und Literatur*, S. 24-28, 84ff., 267ff.

26 Vgl. vertiefend Kuziak, Słowiański głos, bes. S. 101ff.

27 Mickiewicz, *Dzieła*, Bd. 10, S. 411. Hier merkt Mickiewicz an, dass Schelling das in philosophischer Form äußere, was vor ihm die polnische Literatur bereits entworfen habe, stellt also eine direkte Verbindung zwischen Schelling und dem polnischen Messianismus her.

28 Mickiewicz diskutierte die Vorlesungen intensiv und kontrovers mit seinem Freund Stefan Garczyński, der zu der Zeit ein glühender Bewunderer Hegels war, siehe dazu Weintraub, *Poeta i prorok*, S. 296.

Für die Betrachtung der *Bücher des polnischen Volkes und der polnischen Pilgerschaft* ist es zunächst bemerkenswert, dass sich Mickiewicz im gleichen epistemologischen Feld wie Hegel situiert und sich zum einen mit einer die Geschichte als zielgerichteten Prozess ermöglichenden Idee befasst, zum anderen auch die Einheit der Geschichte als Verwirklichung eines der Mannigfaltigkeit der Ereignisse zugrunde liegenden Prinzips zu deuten bemüht. In dieser transformierenden Übernahme und Verarbeitung von Leitgedanken Hegels manifestiert sich die hybride Gestalt von Mickiewiczs messianistischem Diskurs. Die Abwesenheit in der Geschichte begreift der polnische Autor jedoch als Versprechen für die Zukunft, denn gerade die auf den ersten Blick kompromittierende Geschichtslosigkeit der Polen interpretiert Mickiewicz als Garantie für einen unversehrten göttlichen Instinkt, der unverdorben und rein noch seiner Entfaltung harrt.[29] Das im Hegemonialdiskurs in eine subalterne Position gedrängte Polen erweist sich so als Wegbereiter einer künftigen Entwicklung, rückt also in das Zentrum des geschichtlichen Geschehens, aus dem es in Hegels Denken wegbugsiert wurde.

Eine Dimension, in der sich die polemische Auflehnung gegen Hegels Denken deutlich manifestiert, ist die von Mickiewicz eingesetzte religiöse Semantik, mit der sich der polnische Dichter vom philosophischen Systementwurf distanziert. Die Differenz des verwendeten Vokabulars hebt den mit Hegels Philosophie konkurrierenden Geltungsanspruch des Messianismus hervor.[30] Mit der religiösen Semantik definiert Mickiewicz etwa die Rolle der polnischen Emigration der 1830er Jahre: Die polnischen Emigranten irren nicht isoliert im Exil als Heimatlose in der Fremde herum, denn sie sind Pilger auf dem Weg ins gelobte Land, d. h. ihr künftiges Vaterland. Mit dem Motiv der Pilgerschaft unterstreicht Mickiewicz die Tatsache, dass die Geschichte der Polen auch ohne Staat auf ein Ziel gerichtet und somit allen Widrigkeiten zum Trotz sinnvoll geordnet ist, mit anderen Worten unerachtet aller Unbill als in einer historischen Sendung aufgehoben zu betrachten ist. Insofern ist auch bei Mickiewicz die Betrachtung der Geschichte als eine „Theodizee", als eine auf „Aussöhnung" bedachte Erkenntnis, aufgefasst, die ihren Zweck in der Bewusstwerdung des „Affirmativen" auch und gerade im „Übel in der Welt" hat, also in einem Affirmativen, „in welchem jenes Negative zu einem Untergeordneten und Überwundenen verschwindet".[31] Auch wenn der polnische Romantiker die hier zitierten Begriffe Hegels nicht verwendet und eher stillschweigend Anleihen macht, folgt er Hegels Aufhebung des Negativen im Affirmativen, wenn er gerade aus der beim deutschen Philosophen so kritisch betrachteten Staatenlosigkeit die

---

29 Vgl. Mickiewicz, *Dzieła*, Bd. 10, S. 280; Mickiewicz spricht vom „przyrodzone uczucie Bóstwa" („angeborenen Gefühl der Göttlichkeit"), in der französischen Vorlesungsmitschrift ist von „le sentiment natif de la Divinité" die Rede, vgl.: Mickiewicz, *L'Eglise officielle*, S. 273.

30 Woraus sich das bemerkenswerte Paradox ergibt, dass Mickiewicz durch die Sakralisierung der Semantik der Selbstbeschreibung zugleich einen Akt der Säkularisierung leistet, nämlich Heilsgeschichte politisiert; vgl. Gall, Der polnische Messianismus, S. 48ff., 82ff.

31 Hegel, *Vorlesungen*, S. 28.

Grundlage für eine heilsgeschichtliche Mission formt, der zufolge die Polen auch
ohne staatlich-institutionellen Rahmen einen wesentlichen Beitrag zum Ablauf
der Geschichte leisten können.[32] Zugleich erfolgt mit der Herausstellung der
besonderen historischen Mission einer staatenlosen Nation auch eine Abkehr
von Herder und dessen die Staatenlosigkeit als friedfertiger vorgeschichtlicher
Existenzweise verklärender Idee:

> Duszą narodu polskiego jest pielgrzymstwo polskie. A każdy Polak w pielgrzym-
> stwie nie nazywa się tułaczem, bo tułacz jest człowiek błądzący bez celu. [...] A
> tymczasem Polak nazywa się pielgrzymem, iż uczynił ślub wędrówki do ziemi
> świętej, Ojczyzny wolnej, ślubował wędrować póty, aż ją znajdzie.[33]

> Die Seele des polnischen Volks ist die polnische Pilgerschaft. Und kein Pole auf
> Pilgerschaft ist ein Landstreicher, denn ein Landstreicher ist ein Mensch, der ohne
> Ziel herumirrt. [...] Währenddessen heißt der Pole Pilger, da er das Gelübde der
> Wanderschaft ins Heilige Land ablegte und schwor, so lange zu wandern, bis er es
> erreichen wird.[34]

Dabei beschränkt Mickiewicz sich nicht auf die Betrachtung der polnischen
Geschichte, deren Verlauf er in idealisierender Weise nachzeichnet. Er stellt nämlich nicht nur den Polen die Wiedergewinnung der Freiheit in Aussicht, sondern
geht von einer Umwälzung der Herrschaftsverhältnisse in der gesamten europäischen Christenheit aus.[35] Polen erhält gerade wegen seiner scheinbar ohnmäch-
tigen politischen Situation eine heilsgeschichtlich fundierte Aufwertung, die es
zur Speerspitze einer europäischen Freiheitsbewegung werden lässt.[36]

Diese Universalisierung der (heils-)geschichtlichen Rolle Polens kann
unschwer als Gegenentwurf zur geschichtsphilosophisch verankerten Marginalisierung Polens in Hegels philosophischem Diskurs identifiziert werden.
Allerdings geht es Mickiewicz durchaus darum, die Geschichte in an Hegel erin-
nernder Weise als Fortschritt im Bewusstsein der Freiheit zu begreifen, wobei
aber in Abkehr vom idealistischen Philosophen zur Realisierung dieser bewusst
gewordenen Freiheit die bestehende politische Ordnung umzustürzen ist. Der
Status quo entspringt nach Mickiewicz einer geradezu sündhaften Fehlentwick-
lung, die als unvernünftige oder nur scheinbar vernünftige dringend korrigiert
werden muss. Genau in dieser Korrektur besteht die besondere Mission Polens.
In religiöser Semantik erfolgt die Modellierung der historischen Rolle Polens,
das als ‚Christus der Völker' den Tod auf sich nimmt und so Sühne leistet für die
Sünden der Menschheit. Polen nimmt mit anderen Worten den Zustand politischer Ohnmacht in der Zeit der Staatenlosigkeit als für die gesamte europäische

---

32 Vgl. Witkowska, *Słowo*, S. 121; Weintraub, *Poeta i prorok*, S. 228-248, 277-345.
33 Mickiewicz, Księgi narodu polskiego, S. 18.
34 Deutsche Übersetzung (hier und auch im Weiteren) vom Verfasser.
35 Vgl. Janion/Żmigrodzka, *Romantyzm*, S. 172f.
36 „Dlaczegoż dane jest narodowi waszemu dziedzictwo przyszłej Wolności świata?"
    („Warum denn ist eurem Volk das Erbe der künftigen Freiheit der Welt gegeben?")
    (Mickiewicz, Księgi narodu polskiego, S. 19).

Staatenwelt zu leistende Buße auf sich und erfüllt gerade so, als Nation ohne Staat, eine zentrale Mission, die eine ethisch-religiöse Erneuerung der korrumpierten europäischen Staatenordnung anstrebt:

> Bo naród polski nie umarł, ciało jego leży w grobie, a dusza jego zstąpiła z ziemi, to jest z życia publicznego, do otchłani, to jest do życia domowego ludów cierpiących niewolę w kraju i za krajem, aby widzieć cierpienia ich. A trzeciego dnia dusza wróci do ciała, i naród zmartwychwstanie, i uwolni wszystkie ludy Europy z niewoli. [...] A jako za zmartwychwstaniem CHRYSTUSA ustały na ziemi całej ofiary krwawe, tak za zmartwychwstaniem narodu polskiego ustaną w Chrześcijaństwie wojny.[37]

> Denn das polnische Volk ist nicht gestorben, sein Körper liegt im Grab, seine Seele aber stieg von der Erde, d.h. dem öffentlichen Leben, in den Abgrund hinunter, d.h. zum häuslichen Leben der Menschen, die im Land und außerhalb des Landes Knechtschaft leiden, um deren Leiden zu sehen. Aber am dritten Tag wird die Seele zum Körper zurückkehren, und das Volk wird auferstehen und alle Völker Europas aus der Knechtschaft befreien. [...] Und so wie mit der Auferstehung CHRISTI auf Erden die blutigen Opfer aufhörten, so werden mit der Auferstehung des polnischen Volkes in der Christenheit die Kriege ein Ende finden.

Mickiewicz verortet Polen mithin im Zentrum des geschichtlichen Prozesses, der sich für den polnischen Romantiker nicht wie bei Hegel auf der Ebene der Staaten abspielt. Für Mickiewicz sind die eigentlichen Grundlagen der Geschichte außerhalb der staatlichen Ordnung in Moral und Religion, die es gegen den philosophischen Systemanspruch und dessen Konzept der Vernünftigkeit der bestehenden Verhältnisse in ihr Recht zu setzen gilt, verankert. Und es sind gerade mächtige Staaten, die unfähig sind, diese Grundpfeiler der Geschichte anzuerkennen, da sie zu sehr durch den Glanz politischer Macht verblendet sind. Diese Staaten sind mitnichten im Sinne Hegels als göttliche Ideen auf Erden zu verstehen, vielmehr stehen sie der Verwirklichung der Freiheit als der entscheidenden göttlichen Idee im Weg.

In scharfen Worten geißelt Mickiewicz die Großmächte seiner Zeit. In den entsprechenden Passagen kann man neben der kein fragwürdiges Klischee auslassenden Suada sehr gut das Bestreben erkennen, eine neue hierarchische Ordnung zu schaffen, in der das vermeintliche Zentrum an den Rand geschoben und die marginalisierte Peripherie als normative Bezugsgröße eines sich erneuernden Europas etabliert werden soll:

> Zaś Hiszpanom zrobił król bałwana, którego nazwał *Preponderencją polityczną* albo *Influencją polityczną*, czyli mocą i władzą, a był to ten sam bałwan, który Asyryjczykowie czcili pod imieniem Baala, a Filistynowie pod imieniem Dagona, a Rzymianie pod imieniem Jowisza. A zaś Anglikom zrobił król bałwana, którego nazwał *Panowaniem na morzu* i *Handlem*, a był to ten sam bałwan, który się nazywał dawniej Mamonem. A zaś Niemcom zrobiono bałwana, który się nazywał *Brodsinn*, czyli *Dobrybyt*, a był to ten sam bałwan, który się nazywał dawniej

---

37 Ebd., S. 17; Hervorhebung im Original.

Molochem i Komusem. I kłaniały się ludy bałwanom swoim. I rzekł król Francuzom: Powstańcie, a bijcie się za Honor. Powstali więc i bili się lat pięćset. A król angielski rzekł: Powstańcie, a bijcie się za Mamona. Powstali więc i bili się przez lat pięćset. A inne też narody biły się, każdy za bałwana swego. I zapomniały narody, iż od jednego pochodzą Ojca, i rzekł Anglik: Ojcem moim jest *okręt*, a matką moją *para*. Francuz zaś rzekł: Ojcem moim jest *ląd*, a matką moją *bursa*. A Niemiec rzekł: Ojcem moim jest *warsztat*, a matką moją *knajpa*.[38]

Und für die Spanier schuf der König einen Götzen, den er *Politisches Übergewicht* oder *Politischen Einfluss* nannte, also Macht und Herrschaft, und dies war derselbe Götze, den die Assyrer unter dem Namen Baal, die Philister unter dem Namen Dagon, und die Römer unter dem Namen Jupiter verehrten. Für die Engländer dagegen schuf der König einen Götzen, den er *Seeherrschaft* und *Handel* nannte, und das war derselbe Götze, der einst Mammon genannt wurde. Für die Deutschen hingegen wurde ein Götze geschaffen, der sich *Brotsinn*, d. h. *Wohlstand*, nannte, und dies war derselbe Götze, der einst Moloch und Comus hieß. Und die Völker verbeugten sich vor ihren Götzen. Und der König sprach zu den Franzosen: „Erhebt euch, und kämpft für die Ehre." Sie erhoben sich also und kämpften für die Ehre während fünfhundert Jahren. Und es sprach der englische König: „Erhebt euch und kämpft für den Mammon." Sie erhoben sich also und kämpften während fünfhundert Jahren. Und auch andere Völker kämpften, jeder für seinen Götzen. Und es vergaßen die Völker, dass sie von einem Vater abstammen, und es sprach der Engländer: „Mein Vater ist das *Schiff* und meine Mutter der *Dampf*." Der Franzose sagte: „Mein Vater ist das *Festland* und meine Mutter die *Börse*." Und der Deutsche sagte: „Mein Vater ist die *Werkstatt* und meine Mutter die *Kneipe*."

Mickiewicz unterzieht also die auf einen subalternen Status reduzierte polnische Kultur einer tiefgreifenden Umwertung. Polen gewinnt gerade wegen seiner Staatenlosigkeit und der damit verbundenen politischen Ohnmacht höchste Weihen und verkörpert dann als Christus der Völker eine moralische Integrität, die sich in einem heilsgeschichtlichen Maßstab vorteilhaft von den restlos diskreditierten europäischen Großmächten abhebt und eine umfassende, ganz Europa betreffende Perspektive der Erlösung in Aussicht stellt.[39] In Umkehrung der Argumentation Hegels sind es gerade die Staatenlosigkeit und die beim deutschen Philosophen als Geschichtslosigkeit fehlgedeutete Absenz Polens im Mächtekonzert der damaligen Zeit, die für eine authentische Teilhabe am Prozess der Geschichte stehen. Die Geschichte in ihrer konkreten Erscheinung ist lediglich Blendwerk und eher der Kerker der Freiheit als bereits gesicherter Schauplatz ihrer Verwirklichung.

Mickiewicz ist also weit davon entfernt, im Sinne der postkolonialen Theorie hierarchisierende Dichotomien zu dekonstruieren. Im Gegenteil, er strebt lediglich nach einer Umbesetzung der Positionen von Zentrum und Peripherie, nach einer Neubestimmung der eigentlich die Geschichte voranbringenden

---

38 Ebd., S. 10f.; Hervorhebungen im Original.

39 Was dann auch zur Folge hat, dass Mickiewicz, im Unterschied zu Hegel, ein besonderes Augenmerk auf die Zukunft richtet: Walicki, *Mesjanizm Adama Mickiewicza*, S. 17.

normativen Ordnung, deren Dreh- und Angelpunkt in einer eigentümlichen national-patriotischen Wendung dann eben die Polen seien. In dieser Konstellation macht sich aber die im Modus der Negation gegenwärtige Verflechtung mit Hegels Geschichtsdenken bemerkbar, mithin also die latente Internationalität des nationalpatriotischen messianistischen Diskurses. Denn Mickiewicz schließt durchaus an Hegels Konzeption eines im Bewusstsein der Freiheit verankerten Fortschritts an und folgt ebenfalls der Vorstellung eines als Theodizee zu begreifenden Ganges der Weltgeschichte, die als Rechtfertigung, ja geradezu als Nachweis Gottes angelegt ist – wenn auch mit dem entscheidenden Unterschied zu Hegel, dass die Freiheit erst noch durch das Umwälzen der bestehenden politischen Herrschaftsordnung in der Geschichte zu realisieren, also nicht bereits durch den Status quo gegeben ist.

IV. Romantischer Messianismus und messianische Historiosophie bei Juliusz Słowacki

Juliusz Słowackis nach 1842 beobachtbare Hinwendung zu messianistischem Denken kreist um die Fragen, wie für Polen Handlungsmacht in der Geschichte zurückgewonnen werden kann, welche Gestalt Polen – die Nation ohne Staat – in der Geschichte aktuell einnimmt und welche Zukunft in Aussicht steht. Abzulesen sind die entsprechenden Vorstellungen unter anderem im romantischen Versepos *Król-Duch* (*König Geist*), an dem der romantische Dichter in den Jahren von 1845 bis zu seinem Tod 1849 schrieb, ohne es freilich vollenden zu können. Lediglich der erste Gesang (die erste Rhapsodie) konnte noch 1847 in einer vom Autor selbst autorisierten Fassung in Paris erscheinen,[40] also ebenfalls in der Emigration wie Mickiewiczs *Bücher des polnischen Volkes und der polnischen Pilgerschaft*.

In *König Geist* stemmt sich Słowacki mit einer eigenen historiosophischen Konzeption gegen die idealistische Systemphilosophie, die als Rechtfertigungsideologie für Fremdherrschaft kritisiert wird und gegen die eigene Handlungsmacht geltend gemacht werden soll.[41] Słowacki modelliert im Versepos eine messianistische „Metaphysik des Geistes".[42] Die Realität erscheint als Zusammenhang der Totalverwirklichung eines sich in und durch die Geschichte entfaltenden Geistes. Dem Dichterseher, nicht dem Philosophen, ist Einsicht in dieses heilsgeschichtliche Geschehen gegeben, das dann in einer eschatologischen

---

40 Vgl. dazu und zur Kritik an allzu vereinheitlichenden, systematisierenden Lektüren des hinterlassenen Konvoluts des Versepos: Sokołowski, ,*Król-Duch*', S. 8-21. Gleichwohl beschreibt Sokołowski das Werk als „pansemiotisches System" (ebd., S. 21-27); eine Dimension dieses Systems ist die hier in den Fokus gerückte historiosophische Vision, die – wie noch darzulegen ist – ein Gegenkonzept zur idealistischen Geschichtsphilosophie darstellt.

41 Für eine ausführliche Darstellung der bei Słowacki seit 1842 einsetzenden mystisch-messianistischen Dichtung vgl.: Piwińska, *Juliusz Słowacki*, S. 71-89.

42 Eine ausführlichere Diskussion der hier nur knapp zusammengefassten Geistmetaphysik Juliusz Słowackis bietet: Kleiner, *Juliusz Słowacki*, Bd. 4, S. 506-530.

Erfüllung am Ende der Zeiten kulminieren und einen neuen Äon der befreiten
Menschheit eröffnen soll. In *König Geist* wird diese teleologische Geschichtsvi-
sion mit polnisch-nationaler Perspektivierung entwickelt. Im Versepos schildert
Słowacki, wie der Geist Polens auf seiner Jahrhunderte während Wanderschaft
verschiedene Inkarnationen in der Geschichte erfährt und sich dabei im Prozess
der Selbstentfaltung befindet.[43]

Słowacki nennt diese Inkarnationen ‚Formen'. Sie sind zum einen notwen-
diger Selbstausdruck des Geistes, zum anderen aber auch Verdinglichungen des
Geistes, die es zu überwinden gilt, damit der Vorgang der Durchgeistigung der
Welt nicht zum Stillstand kommt und am Ende tatsächlich ein befriedetes sowie
befreites Dasein erreicht werden kann.[44] Die Entfaltung des Geistes erfolgt
dabei nicht als Konsequenz eines vernünftigen Aufbaus der Geschichte. Im
Gegensatz zu Hegels Geschichtsphilosophie begründet Słowacki die Teleologie
nicht in einer Vernunftbewegung. Er bindet die messianische Heilserfüllung an
die Diskontinuitäten erzeugende Tat, die auch als „unvernünftige" gerechtfertigt ist, sofern sie die Wirklichkeit transzendieren hilft.[45]

In *König Geist* wird dem Dichter-Ich eine visionäre und mythisierende Schau
auf die polnische Geschichte eröffnet. Słowacki schreibt sich dabei in die pla-
tonische Tradition der *anamnesis* ein, wenn er in direktem Rückgriff auf die
Politeia[46] (und den dort im zehnten Buch geschilderten Mythos) das epische
Ich mit dem Armenier – bei Plato eigentlich Pamphylier – Her, der in der Todeserfahrung Einblick in die Seelenwanderung gewinnt, gleichsetzt:

> Ja, Her Armeńczyk, leżałem na stosie
> Trupem... przy niebios jasnej błyskawicy.
> Kaukaz w piorunów się ciągłym rozgłosie
> Odzywał do ech ciemnej okolicy;
> Niebo sczerniało... ale świeciło się
> Grzmotami... jak wid szatańskiej stolicy...
> A ja, świecący od ciągłego grzmota,
> Leżałem. – Zbroja była na mnie złota.[47]

> Ich lag, Armeniens Her, auf tiefem Grunde,
> Ein Leichnam, – da erschien ein Wetterstrahl,
> Im Kaukasus der Donner rollt die Runde,
> Aus dunklem Urgrund tönt sein Widerhall.

---

43 Vgl. dazu: Sudolski, *Słowacki*, S. 235-245.

44 Vgl. Powązka, *Poetyka wyzwolenia*, S. 250-264.

45 Słowacki antizipiert damit Theoreme einer permanenten Revolution. Die heroische
   Partizipation am messianischen Prozess ist die Bedingung der Möglichkeit der Tota-
   lepiphanie des Geistes, der ohne diese Mitwirkung nicht aktualisiert werden kann,
   führt aber auch zu einer höchst problematischen Verherrlichung der Gewalt, die
   legitimiert ist, sofern sie der ‚göttlichen Sache' dient.

46 Vgl. die entsprechende Stelle bei Plato (*Politeia* 614a-616b), in dem dem Pamphylier
   Er nach dem Tod eine mystische Erkenntnis zuteilwird und er Einsicht in den Kreislauf der Seelen, das Mysterium der Wiedergeburt, gewinnt.

47 Słowacki, *Dzieła*, Bd. 5, S. 5.

Der Himmel dräut, – ein Schein erhellt die Stunde
Mit Tosen: – Bild aus Satans Höllental.
Da eine gold'ne Brünne ich getragen,
Ich lag, von Licht umkränzt vom Blitzeschlagen.[48]

Diese Erfahrung führt über die materielle Zeitlichkeit hinaus in die spirituelle Dimension der Geschichte, in der das Wirken des Geistes erfasst wird.[49] Dem epischem Ich wird dabei die Einsicht in die Anfänge der polnischen Geschichte zuteil, die sich *sub specie aeternitatis* zeigt. Der Geist, eben der Geist der polnischen Nation, hat ein Leben auch ohne Staat. In der mythopoetischen Imagination wird die alte Adelsrepublik Polen-Litauen, der geteilte Staat, mit der antiken Welt vermittelt – die Flüsse der Unterwelt, Styx und Lethe, vereinen sich mit dem Niemen, deutsch bekannt als Memel:

Wtenczas to dusza wystąpiła ze mnie,
I o swe ciało już nie utroskana,
Ale za ciałem płacząca daremnie,
Cała poddana pod wyroki pana,
W Styksie, w letejskiej wodzie albo w Niemnie
Gotowa tracić rzeczy ludzkich miana,
Poszła: – a wiedzą tylko wniebowzięci,
Czym jest moc czucia a strata pamięci![50]

Da hat die Seele sich aus mir begeben,
Sorgt sich nicht mehr um Leib und irdisch Gut,
Nur eitel trauernd um des Körpers Leben,
Nahm sie den Spruch des Herrn mit sanftem Mut;
Bereit die Menschensprache hinzugeben,
In Styx, in Lethe, in der Memel Flut,
Sie ging: – es kennen, die zu Gott gefunden,
Des Fühlens Macht! Erinnern, das entschwunden![51]

In diesem Raum erscheint dem Ich – Her – eine Königin, die allegorische Personifikation Polens, die über ihr Schicksal berichtet. Sie vereint dabei realgeschichtliche und eschatologische Eigenschaften, da sie in der Darstellung unschwer als diejenige Frau zu erkennen ist, deren Erscheinen am Himmel in der Offenbarung des Johannes[52] ein neues messianisches Zeitalter ankündigt:

---

48 Übersetzung nach: Słowacki, *König Geist*, S. 7.

49 Allgemein zum Text und seiner epischen Rekonstruktion der Verlaufsgeschichte des emanierenden Geistes Polens: Witkowska/Przybylski, *Romantyzm*, S. 368-372.

50 Słowacki, *Dzieła*, Bd. 5, S. 6.

51 Słowacki, *König Geist*, S. 8.

52 „Dann erschien ein großes Zeichen am Himmel: eine Frau, mit der Sonne bekleidet; der Mond war unter ihren Füßen und ein Kranz von zwölf Sternen auf ihrem Haupt. Sie war schwanger und schrie vor Schmerz in ihren Geburtswehen." (Offb 12, 1-2.)

Ukazał się wid... Piękność... córka Słowa,
Pani któregoś z ludów na północy,
Jaką judejscy widzieli prorocy... [...]

XVIII
Słońce lecące trzymała nad czołem,
A miesiąc srebrny pod nogami gniotła [...].[53]

[...] Und wieder neues Licht, und sieh,
Ein Diamant, der lebt in Sturmes Beben,
Die Schönheit, – Bild, – des Wortes Tochter, Sie,
Die Herrin eines Volkes fern gen Norden,
Die vom Propheten einst verheißen worden.

XVIII
Die Sonne hat sie um die Stirn gebogen.
Das Mondlicht unter Sohlen festgebannt.[54]

Her wird nach dem Bad im Fluss Lethe und nach der Schau auf die himmlische
Frau zu neuem Leben erweckt. An dieser Stelle verklammert Słowacki den plato-
nischen Mythos der Seelenwanderung mit der legendenhaften Frühzeit Polens.
Die Seele des Pamphyliers Her wird auf Geheiß der Frau zu Popiel, verkörpert
sich also in dem sagenhaften polnischen Herrscher der Frühzeit, mit dem die
mittelalterliche Chronistik, etwa bei Gallus Anonymus, in der Regel die polnische Geschichte beginnen lässt. Mit dem Hinweis auf das getötete Vaterland
wird aber bereits mit Popiel der Untergang Polens im 18. Jahrhunderts aufgerufen, also die gesamte Geschichte Polen-Litauens mit ihrem desaströsen Ende
evoziert. Der Lauf der Zeiten ist im Moment, simultan, gegeben:

X
Więc czego woda letejska nie mogła,
To Ona swoim zrobiła zjawieniem,
Że moja dusza na nowe się wzmogła
Loty... i nowym buchnęła płomieniem.
A jako pierwszy raz ciało przemogła
I uczyniła swoim wiernym cieniem
– Opowiem. – Ja, Her, powalony grzmotem
Nagle... gdzieś w puszczy... pod wieśniaczym płotem

X
Budzę się. – Straszna nade mną kobieta
Śpiewała swoje czarodziejskie runy:
„Ojczyzna twoja" – wrzeszczała – „zabita!
Ja jedna żywa... a ty zamiast trumny
Miałeś mój żywot. – Popiołem nakryta

---

53 Słowacki, *Dzieła*, Bd. 5, S. 9.
54 Słowacki, *König Geist*, S. 11.

I zapłodniona przez proch i pioruny,
Wydałam ciebie, abyś był mścicielem!
Synu popiołów, nazwany Popielem... [...]"[55]

XIX

Indes, wo Lethes Wogen mich nicht fügen,
Hat sie ihr Bild mir dargebracht:
Daß meine Seele neu emporgestiegen,
Und ward zu neuer Flamme angefacht.
Sie kam einst, den Körper zu besiegen,
Hat ihn zu ihrem Schatten sich gemacht...
Ich, Her, der stürzte in dem Ungewitter,
Fand sich im Dorfe hinter hölzern Gitter.

XX

Ich wachte auf. – Ein Weib sang Hexenloren,
Entsetzlich über meiner Lagerstatt.
„Dein Vaterland," – so schrie sie, – „ist verloren...
Nur ich verblieb... An eines Sarges statt
Erhielst du mich. – Aus Asche bist du geboren,
Aus Staub, aus Wermut wuchs die Saat,
Du, Popiel, Sohn der Asche, bist zu füllen
Gekommen, – meine Rache mir zu stillen!"[56]

Die Realität erweist sich als geistdurchwirkter Offenbarungszusammenhang. Die empirische Geschichte in ihrer Ereignisfülle kann hier allerdings kaum im Sinne Hegels als Fortschritt im Bewusstsein der Freiheit begriffen werden. Sie ist eher ein Werk des Teufels, denn als einem dem Verfall und dem Tod geweihten Geschehen ist der rein innerweltlichen Geschichte kein positiver Sinn abzugewinnen:

Proch ludzki wstaje pod wzdętą mogiłą
I w kształt człowieka znowu się układa,
Na nogi wstaje i w proch się rozpada.[57]

Ein Staub von Mensch kommt aus dem Grab zutag,
Bringt eine menschliche Gestalt ins Werden,
Die stellt sich auf – und wird zu Staub und Erden.[58]

Polens Lage in der Geschichte ist schon von Anbeginn durch eine nur prekäre und fragwürdige Stabilität gekennzeichnet und kulminiert in der Vorstellung, aus der Geschichte und damit aus der menschlichen Gemeinschaft ausgeschlossen zu sein. Dies wird zum einen in Popiels Selbstbeschreibung deutlich – „Ja,

---

55 Słowacki, *Dzieła*, Bd. 5, S. 10.
56 Słowacki, *König Geist*, S. 12.
57 Słowacki, *Dzieła*, Bd. 5, S. 12.
58 Słowacki, *König Geist*, S. 13.

syn wyrżniętych ludów..." („Ich bin der Sohn geschundner Menschenwesen").[59]
Zum anderen wird in *König Geist* hervorgehoben, dass Popiel – der Geist
Polens – und die Menschheitsgeschichte nicht in harmonischer Fügung zusam-
mengehören, sondern disparat nebeneinanderstehen. Eine Integration Polens in
die Gesamtgeschichte muss überhaupt erst noch erfolgen.[60] Der Geist Polens ist
nicht in einem auf Vernunft basierenden Prozess der Selbstverwirklichung eines
göttlichen Universalgeistes eingebettet. Er schläft und träumt, ist also noch gar
nicht zu sich selbst gekommen und muss erst noch zu sich selbst erwachen bzw.
richtig wach werden.[61]

Polen ist ein Phantasma und (noch) kein Subjekt der Geschichte. In makabrer
Terminologie wird Polen bei Słowacki als Untoter, als Vampir ('Upiór') definiert, wodurch der fragwürdige ontologische Status Polens in der Geschichte
hervorgehoben wird. Geschichte muss zurückerobert werden, ist noch gar nicht
gegeben. Dies ist nur möglich, indem die manifeste Realität, die weder in Vernunft gründet noch als Theodizee deutbar ist, zerschlagen wird. Das Versepos
vollzieht damit eine radikale Kehrtwendung gegen Hegels Geistmetaphysik, da
in *König Geist* die Wirklichkeit nicht als Ausdruck eines im Bewusstsein der
Freiheit realisierten Fortschritts aufgefasst wird. In Analogie zu Mickiewicz
müssen Vernünftigkeit und Freiheit durch Zerschlagung des historisch Gewachsenen überhaupt erst zur Geltung gebracht werden. In apokalyptischen Formulierungen bringt Słowacki die Weltwerdung des Geistes durch die Negation des
Bestehenden zum Ausdruck:

> Widok ten nowy, wspaniały!... czas późny!...
> Błyskawic blaski wszędy!... wojsko w dali;
> Gdzie każdy człowiek był jak upiór groźny,
> Skrzydlaty... w czarnej rozświeconej stali. [...]
> I krzyknął: „Sława Bohu! – świat się wali!
> Ja pierwszy moją piersią go roztrącę!
> Ja, duch! – a za mną – wojska latające."[62]

> Welch neues Bild! Der Glanz!... zu später Stunde! –
> Ein Leuchten rings! – im Hintergrund das Heer:
> Ein jeder Mensch glich einem Höllenhunde, –
> Geflügelt – und in schwarz- und heller Wehr.

---

59 Słowacki, *Dzieła*, Bd. 5, S. 15; Słowacki, *König Geist*, S. 16; wörtlich lautet die Stelle:
    „Ich bin der Sohn massakrierter Völker".

60 „A zemsta, jako pierwsza apostołka, / Ciągle kłóciła mię z ludźmi i z losem / – A głos
    jej czasem nie był – ludzkim głosem." (Słowacki, *Dzieła*, Bd. 5, S. 16.) („Die Rache
    kam als Künderin heran, / Hat mich von Mensch und Schicksal weggerungen, /
    Nicht wie von Menschen hat die Stimm geklungen."; Słowacki, *König Geist*, S. 16).

61 „Ja, wędrujący sen [...]" (Słowacki, *Dzieła wszystkie*, Bd. 16, S. 321.) („Ich, ein wan-
    dernder Traum [...]"; übers. v. Vf.); „Duch śpiący w błocie przy blasku piorunów"
    (Słowacki, *Dzieła*, Bd. 5, S. 17) („Ein Geist im Schlaf, aus Sumpf hervorgekrochen.";
    Słowacki, *König Geist*, S. 16).

62 Słowacki, *Dzieła*, Bd. 5, S. 18.

So furchtbar war's: Entsetzt im tiefsten Grunde,
Ich schrie: „Das Ende ist nah! – Gott sei die Ehr'!
Mit meiner Brust zerschmett're ich sie fliegend:
Ich bin dein Geist! – das Heer sei mit mir! – siegend!"[63]

Die Geschichte als Geschehen des Geistes basiert in *König Geist* nicht auf der Teleologie der Vernunft, sondern ist Gegenentwurf zum realen Geschichtsverlauf, der keineswegs sinnvoll oder an sich selbst zielgerichtet ist, sondern durchbrochen werden muss. Die Formen der Wirklichkeit sind dabei nicht Stufen einer Treppe, auf der man dem Ende der Geschichte entgegengeht, sondern jeweils zu überwindende Hindernisse, die für sich selbst keinen Wert besitzen. Im Dramenfragment *Samuel Zborowski* (das in den Jahren 1844 und 1845 entstand, allerdings erst 1884 veröffentlicht wurde) fallen Formen im Sinne der konkreten materiellen Vergangenheiten denn auch dem Teufel, dem Herrn der Geschichte, anheim und bleiben losgelöst vom Wirken des Geistes, zu dem sie keine intrinsische Beziehung unterhalten. Die Faktizität der Geschichte ist Teufelswerk, nicht Ausdruck einer immanenten Vernünftigkeit:

Lucyfer:
I wszelkie dawne – formy jak zjawiska
Martwe do mego przybiegły ogniska
Grzać się jak trupy ... [...]
Gdy ja sam, ciągły stwórca mego ciała,
Tworzyłem siebie ... kawał po kawale. [...]
Cóż stąd... gdy w duchu moim leży na dnie
Całe stworzenie.[64]

Luzifer:
Und alle alten Formen kamen
Als tote an mein Feuer heran
Um sich zu wärmen wie Leichen ... [...]
Während ich selbst, beständiger Schöpfer meines Leibs,
Mich selbst erschuf ... Stück um Stück. [...]
Was soll's ... wenn doch auf dem Grund in meinem Geist
Die ganze Schöpfung ruht.

Für Słowackis visionären Geschichtsentwurf charakteristisch ist die Eliminierung von Hegels Diktum, dass die Weltgeschichte Fortschritt im Bewusstsein der Freiheit sei. Zugleich hält der polnische Autor jedoch an der auf Hegel rekurrierenden Idee einer durch die Weltwerdung des Geistes zusammengehaltenen Realität fest. Das Telos dieses Vorgangs wird in der gnostisch anmutenden Schau des romantischen Dichters nicht durch den Prozess der Geschichte gleichsam organisch-harmonisch und vernünftig-fortschrittlich erreicht, denn erst die unausgesetzte gewaltsame Transzendierung etablierter historischer Ordnungen (der Formen) führt zur Totalverwirklichung des Geistes in einem

---

63 Słowacki, *König Geist*, S. 18.
64 Słowacki, *Dzieła*, Bd. 10, S. 240f.; Übersetzung vom Verfasser.

Moment finaler eschatologischer Selbstoffenbarung. Der romantische Dichter hebt sich dieses über die empirische Ereignisgeschichte hinausgehende Geschehen in einer visionären Schau ins Bewusstsein, wobei bei Słowacki dann freilich offenbleibt, welche konkreten Forderungen an das politische Handeln im Einzelnen aus dieser Einsicht abzuleiten sind, wenn auch durch die romantische Geistmetaphysik offensichtlich das Engagement – auch und gerade mit Waffengewalt – für die Wiederherstellung der polnischen Eigenstaatlichkeit gerechtfertigt wird.

V. Fazit

In der Betrachtung der messianistischen Texte von Słowacki und Mickiewicz ruhte der Fokus auf der latenten Polemik gegen Hegel, dessen Geschichtsphilosophie als Skandalon zugleich doch auch die Grundlage der Textualität in den historiosophischen Sinnentwürfen der polnischen Romantiker bildete. Im Gegensatz zu Hegels Vorstellung einer in und durch Geschichte sich artikulierenden Vernunft fehlt bei beiden polnischen Romantikern die Überzeugung, dass Geschichte in ihrem realen Verlauf bereits über Vernunft verfüge oder als Selbstentfaltung des Geistes zu bewerten sei. Vielmehr macht sich bei ihnen das Bewusstsein bemerkbar, dass der Sinn der Geschichte sowie das adäquate Bewusstsein von Freiheit überhaupt erst zu erfassen sind und dann durch aus dieser Einsicht abgeleitetes Handeln in der Geschichte realisiert werden müssen, also Sinn und Substanz der Geschichte nicht schon in ihr selbst, z. B. in der bestehenden staatlich-politischen Ordnung, angelegt sind.

Der Geist bei Słowacki oder die Mission der Christusnachfolge, die Mickiewicz evoziert, sind ins Vokabular dogmatischer Metaphysik eingekleidete Begriffskonstrukte zur Wiederherstellung von Handlungsfähigkeit in der Geschichte, ein Griff in die philosophisch-theologische Trickkiste also, mit dem der für die Polen fatalen List der Vernunft, die sich in der Realgeschichte abzeichnet, ein Schnippchen geschlagen werden soll. Vernunft ist nicht bereits in der Geschichte, sondern muss erst in sie hineingebracht werden. Dieses Ziel verfolgt die historiosophische Metaphysik des romantischen Messianismus. Mickiewicz und Słowacki verfassen ihre Werke in impliziter Polemik gegen Hegel und greifen doch auch Philosopheme von dessen Geschichtsphilosophie auf. Insofern kann von einem – freilich uneingestanden – Kulturtransfer im Sinne von Michel Espagne die Rede sein.[65] Dabei geht es bei dieser polemischen Form der nicht explizit angezeigten Intertextualität keineswegs einfach um Einflussangst.[66] Vielmehr gehen beide polnischen Romantiker, wenn auch mit unterschiedlichen Ansätzen, so vor, dass sie Kernphilosopheme Hegels wie etwa die Idee von der Geschichte als Fortschritt im Bewusstsein der Freiheit, das Konzept einer prozesshaft als Selbstwerdung des Geistes ablaufenden Geschichte, die Betrachtung des geschichtlichen Prozesses als Theodizee oder

---

65 Espagne, *Les transferts*, S. 17-20, 28-33.
66 Bloom, *Anxiety*, S. 14f.

auch die Deutung von Staaten als Realisierung des Geistes aufgreifen und in Gegen-Narrativen negieren, zugleich aber auch neu ausrichten.

Mickiewicz unterzieht die bei Hegel beobachtbare Marginalisierung staatenloser Nationen einer radikalen Umwertung und schreibt gerade den Polen im Zeitalter der Teilungen und Staatenlosigkeit eine heilsgeschichtliche Mission mit gesamteuropäischer Reichweite zu. Damit verknüpft ist zugleich die Negation der politisch-staatlichen Ordnung der Gegenwart in den 1830er Jahren, die eben nicht dem Anspruch einer ihr immanenten Vernünftigkeit gerecht wird. In sakralisierender Semantik ordnet Mickiewicz Hegels Diktum zur Aussöhnung durch Erkenntnis des Affirmativen, in welchem das Negative verschwindet, neu, indem er die Versöhnung in und mit der Geschichte als Erlösungsvision entwirft, in der die Gesamtgeschichte des christlichen Europas mit ihrem Verlauf überwunden wird – und nicht bloß einzelne isolierte „Übel in der Welt"[67] in einer als Theodizee aufgefassten Weltgeschichte aufgehen. Słowacki wiederum organisiert sein als „pansemiotisches System"[68] verfasstes Versepos ebenfalls als historiosophische Gesamtschau, aus der die geistdurchwirkte Totalität des geschichtlichen Geschehens einsehbar gemacht werden soll. Zugleich aber widersetzt er sich sowohl energisch Hegels Primat der Vernunft als auch einer Betrachtung der Weltgeschichte als Theodizee. Der Geist, der sich in der Geschichte realisiert, tut dies als „permanenter Revolutionär"[69] in Akten einer fortlaufenden Umwälzung des Bestehenden, das in seiner Gesamtheit und Substanz keineswegs als Realwerdung eines göttlichen Geistes zu verstehen ist. Im Gegenteil, wenn der göttliche Geist offenbar und so in der Geschichte real werden soll, gelingt dies nur in der ununterbrochenen Zerschlagung der jeweils herrschenden staatlich-politischen Ordnung, die weder als Ausdruck einer vernunftmäßigen Prozesshaftigkeit des geschichtlichen Geschehens gelten noch als Rechtfertigung Gottes im Sinne der von Hegel erwähnten Theodizee erfasst werden kann.

Bei Mickiewicz und Słowacki liegt also eine eigentümlich hybride Konstellation aus Aufnahme und Verwerfung, Übernahme und Transformation vor, so dass die Rezeption als Vollzug der Negation abläuft. Diese Konstellation beruht freilich auf einem wenn auch in Latenz gehaltenen Kontakt, so dass in den besprochenen messianistischen Sinnentwürfen die nationale Spezifik nur durch Umarbeitung internationaler Bezugstexte möglich wird und auch die Tragweite der hier besprochenen Werke nur vor dem Hintergrund dieser internationalen Verquickung erkennbar wird. Nationales und Internationales ist in den hier behandelten durchaus antagonistischen Beziehungen zwischen den aufgeführten Werken und Autoren untrennbar ineinander verflochten, so dass selbst national geprägte historiosophische Narrative unweigerlich „kontaminiert" sind mit dem, wogegen sie sich mit aller Macht stemmen, nämlich

---

67 Hegel, *Vorlesungen*, S. 28, hier steht auch Hegels Vermerk zur „reichen Produktion der schöpferischen Vernunft [...] welche die Weltgeschichte ist."

68 Sokołowski, *‚Król-Duch'*, S. 21-27.

69 Diese Bezeichnung geht auf Słowacki selbst zurück, s. Witkowska/Przybylski, *Romantyzm*, S. 370.

internationalen Verflechtungen, Philosophemen und Ideologemen. Vielleicht liegt im Nachweis dieser persistenten Verwobenheit von Eigenem und Anderem, Nationalem und Internationalem, ein nicht geringer Erkenntnisgewinn für die Betrachtung nationaler oder gar nationalistischer Identitätsentwürfe, deren Widerlegung eigentlich – wenn auch womöglich nur verborgen – in ihnen selbst liegt.

VI. Literatur

Anderson, Benedict: *Imagined Communities. Reflections on the Origin and Spread of Nationalism*. London ²2006.

Bloom, Harold: *The Anxiety of Influence. A Theory of Poetry*. New York 1973.

Espagne, Michel: *Les transferts culturels franco-allemands*. Paris 1999.

Gall, Alfred: Der polnische Messianismus: Sakralisierung als Säkularisierung. In: German Ritz (Hg.): *Geschichtsentwurf und literarisches Projekt. Studien zur polnischen Hoch- und Spätromantik*. Wiesbaden 2010, S. 48-84.

Gramsci, Antonio: *Marxismus und Literatur. Ideologie, Alltag, Literatur*. Hamburg 1983.

Groh, Dieter: *Russland im Blick Europas. 300 Jahre historische Perspektiven*. Frankfurt a. M. 1988.

Hegel, Georg Wilhelm Friedrich: *Vorlesungen über die Philosophie der Geschichte*. Frankfurt a. M. 1970.

Herder, Johann Gottfried: *Ideen zur Philosophie der Geschichte der Menschheit*. Bd. 1-2. Berlin (Ost) – Weimar 1965.

Jakubowski, Marek Nikodem: *Historiozofia jako filozofia praktyczna. Hegel a polska filozofia czynu*. Bydgoszcz 1991.

Janion, Maria: *Niesamowita słowiańszczyzna. Fantazmaty literatury*. Kraków 2006.

Janion, Maria/Żmigrodzka, Maria: *Romantyzm i historia*. Gdańsk ²2001.

Kleiner, Juliusz: *Juliusz Słowacki. Dzieje twórczości*. Bde. 1-4. Kraków 1999.

Koziełek, Gerard: Das Polenbild der Deutschen 1722-1848. In: Ders. (Hg.): *Das Polenbild der Deutschen 1722 – 1848. Anthologie*. Heidelberg 1989, S. 11-70.

Kuziak, Michał: Słowiański głos w prelekcjach paryskich Mickiewicza. Próba lektury postkolonialnej. In: Krzysztof Stępnik/Dariusz Trześniowski (Hg.): *Studia postkolonialne nad kulturą i cywilizacją polską*. Lublin 2010, S. 99-111.

Luhmann, Niklas: *Die Kunst der Gesellschaft*. Frankfurt a. M. 1997.

Mickiewicz, Adam: *Dzieła. Bd. 1-16*. Warszawa 1955.

Mickiewicz, Adam: Księgi narodu polskiego i pielgrzymstwa polskiego. In: Ders.: *Dzieła*, Bd. 6. Warszawa 1955, S. 7-60.

Mickiewicz, Adam: *L'Eglise officielle et le messianisme*. Paris 1845.

Orłowski, Hubert: *„Polnische Wirtschaft". Zum modernen Polendiskurs der Neuzeit*. Wiesbaden 1996.

Piwińska, Marta: *Juliusz Słowacki od duchów*. Warszawa 1992.

Powązka, Elżbieta: *Poetyka wyzwolenia. genezyjski dialog antyku z barokiem w twórczości Juliusza Słowackiego*. Kraków 2008.

Salmonowicz, Stanisław: *Fryderyk II*. Wrocław 1985.

Słowacki, Juliusz: *Dzieła*. Bde. 1-14. Wrocław 1959.

Słowacki, Juliusz: *Dzieła wszystkie*. Bde. 1-17. Wrocław 1952-1975.

Słowacki, Juliusz: *König Geist (Król-Duch)*. Aus dem Polnischen übertragen, mit Kommentar und Nachwort versehen von Walter Schamschula. Frankfurt a. M. 1998.

Sokołowski, Mikołaj: *„Król-Duch' Juliusza Słowackiego a epopeja słowiańska*. Warszawa 2004.

Spivak, Gayatri Chakravorty: The New Subaltern. A Silent Interview. In: Vinayak Chaturvedi (Hg.): *Mapping Subaltern Studies and the Postcolonial*. London 2000, S. 324-340.

Spivak, Gayatri Chakravorty: Can the Subaltern speak? In: Cary Nelson/Lawrence Grossberg (Hg.): *Marxism and the Interpretation of Culture*. Urbana 1988, S. 271-313.

Sudolski, Zbigniew: *Słowacki. Opowieść biograficzna*. Warszawa 1978.

Surynt, Izabela: *„Das ferne', „unheimliche Land'. Gustav Freytags Polen*. Dresden 2004.

Surynt, Izabela: Polen als Raum des „Anderen' am Beispiel der deutschsprachigen Literatur der 1820er und 1830er Jahre. In: Alfred Gall/Thomas Grob/Andreas Lawaty/German Ritz (Hg.): *Romantik und Geschichte. Polnisches Paradigma, europäischer Kontext, deutsch-polnische Perspektiven*. Wiesbaden 2007, S. 295-310.

Taylor, Charles: *Hegel*. Frankfurt a. M. 1983.

Walicki, Andrzej: *Mesjanizm Adama Mickiewicza w perspektywie porównawczej*. Warszawa 2006.

Weintraub, Wiktor: *Poeta i prorok. Rzecz o profetyzmie Mickiewicza*. Warszawa 1998.

Witkowska, Alina/Przybylski, Ryszard: *Romantyzm*. Warszawa 1999.

Witkowska, Alina: *Słowo i czyn*. Warszawa 1975.

Wolff, Larry: *Inventing Eastern Europe. The Map of Civilization on the Mind of the Enlightenment*. Stanford 1994.

Young, Marion Iris: Fünf Formen der Unterdrückung. In: Christoph Horn/Nico Scarano (Hg.): *Philosophie der Gerechtigkeit*. Frankfurt a. M. 2002, S. 428-445.

Zielińska, Mirosława: Die Anti-Hegel-Prophetie der „Bücher des Polnischen Volkes und der Polnischen Pilgerschaft' von Adam Mickiewicz. In: Izabela Surynt/Marek Zybura (Hg.): *Narrative des Nationalen. Deutsche und polnische Nationsdiskurse im 19. und 20. Jahrhundert*. Osnabrück 2010, S. 93-120.

Alexander Nebrig (Düsseldorf)

Die interlinguale Lizenzierung des Exilromans und Anna Seghers' Inszenierung ortloser Autorschaft in *Transit*

Anna Seghers erzählt in ihrem Roman *Transit* (1944) von den in Marseille auf Ausreise wartenden deutschen Flüchtlingen unmittelbar nach der Besetzung Frankreichs durch die Wehrmacht.[1] Der von ihr eingesetzte Ich-Erzähler eignet sich die Identität eines Autors an, der weder Publikationsmöglichkeiten noch Publikum hat und sich das Leben nimmt. Der Tod des Autors ermöglicht es dem homodiegetischen Erzähler, die Geschichte der deutschen Exilantinnen und Exilanten zu erzählen. Diese Erzählinstanz ist zugleich Handlungssubjekt im Transitraum. Sie erzählt nicht nur von den Transitären, sondern verschafft auch einer von ihnen die überlebensnotwendigen Transitvisa. Es ist alles andere als naheliegend, dass Seghers die Transiterzählung mit dem Selbstmord eines Exilschriftstellers verknüpft. Dass sie die Perspektive auf die Exilantinnen und Exilanten im Transitraum aus der Problematik der gescheiterten Exilliteratur gewinnt, führt zu der Frage nach der Funktion einer solchen Verknüpfung.

Im Folgenden wird deshalb der Roman als Reaktion auf die internationale und interlinguale Neuausrichtung der deutschen Exilliteratur gelesen, die sich spätestens nach 1939 unter Exilschriftstellerinnen und -schriftstellern bemerkbar machte. Das Bemühen der Exilantinnen und Exilanten, Visa und Transitvisa zu erhalten, um ihren hoffnungslosen Zustand verlassen zu können, ist mit der internationalen Lizenzierung von Werken vergleichbar, denen das primäre, muttersprachliche Vertriebsterritorium abhandengekommen ist. Beide Male geht es darum, Rechte zu erhalten, damit ein Mensch respektive ein Werk passieren kann. Ein solches Analogon wird legitimiert durch das Urheberrecht, das die Identität von Person und Werk postuliert. Wenn die Person in das Werk eingeprägt ist, dann lässt sich auch der transitorische Vorgang in einem Roman, der literarische Autorschaft in Zeiten des Exils thematisiert, auf beide Seiten beziehen.

Zunächst wird der geschichtliche Zusammenhang von verlorenem Publikationsraum und internationaler Lizenzierung vorgestellt (Abschnitt I), anschließend das damit verbundene Erstarken des literarischen Agenturwesens nach 1933 (Abschnitt II). Beide Punkte werden an der Biographie von Seghers

---

1 Die vorliegende Studie zu Anna Seghers' *Transit* und ihrem Agenten Maxim Lieber steht im größeren Zusammenhang meiner Literaturgeschichte des Übersetzungsrechts und des zwischensprachlichen Lizenzraumes, wie er sich ab der Mitte des 19. Jahrhunderts herausbildete (*Für alle Länder. Deutsche Literatur im interlingualen Lizenzraum*, erscheint Anfang 2025 bei Metzler). Am Beispiel der deutschsprachigen Literatur zeige ich, wie Literatur auf die neuen, internationalen Vermittlungsmöglichkeiten reagiert, wie Schreibende versuchen, ihr Werk nicht nur weltweit zu kontrollieren, sondern es zugleich für andere Publika als dasjenige des nationalen Buchmarktes zu öffnen und damit die Übersetzung immer schon mitzudenken.

erörtert. Es folgt die Analyse der hier skizzierten Struktur des *Transit*-Romans. Im ersten Schritt wird Seghers' biographischer Schreibhorizont im Angesicht ihrer Rettung und des internationalen Erfolgs – beides Vorgänge, die *Transit* unmittelbar vorausgehen – mit dem Erzählhorizont des Romans enggeführt (Abschnitt III). Denn Seghers erzählt von einem Autortypus, der sie selbst einmal war. Im zweiten Schritt werden Indizien diskutiert, die den Transitraum der Exilantinnen und Exilanten als Lizenzraum des internationalen Buches allegorisch lesbar machen (Abschnitte IV und V).

I. Internationalisierung nach dem Verlust des primären Vertriebsraums

Nach 1933 verloren zahlreiche deutschsprachige Autorinnen und Autoren die Möglichkeit, ihre Bücher auf dem deutschen Buchmarkt zu verkaufen. Mit dem Anschluss Österreichs im März 1938 wurde ihr Publikationsradius auf die deutschsprachige Schweiz beschränkt. Die Münchener Konferenz (29. Nov. 1938) und schließlich der Beginn des Zweiten Weltkrieges (1. Sept. 1939) bedeuteten das Ende des relativ großen Vertriebsgebiets für deutschsprachige Bücher auf dem europäischen Kontinent. Dieses umfasste kurzzeitig Deutschland selbst, aber vor allem West- und Osteuropa. In den ersten Jahren nach 1933 war es vereinzelt möglich, Bücher aus Amsterdam über den österreichischen Tal-Verlag nach Deutschland zu schmuggeln.[2] Einmal abgesehen vom europäischen Bildungsbürgertum, unter dem das Deutsche deutlich stärker als heute verbreitet war, bildeten hauptsächlich die deutsche Exilgemeinde in den Zentren Amsterdam, Paris oder Prag, Touristen aus Deutschland sowie die deutschsprachigen Minderheiten auf dem Gebiet Jugoslawiens, Polens, Rumäniens, der Tschechoslowakei oder Ungarns eine potentielle Kundschaft für deutschsprachige Bücher während der 1930er Jahre.[3] Die Annexion der Niederlande am 10. Mai 1940 beseitigte die wichtigste Produktionsstätte für das deutsche Buch des Exils, so dass nunmehr auch der Vertrieb nach Übersee ausblieb. Mit dem Hitler-Stalin-Pakt vom 23. Aug. 1939 war zudem die UdSSR als Publikationsraum für kommunistische Autorinnen und Autoren weggebrochen.[4]

---

2 Zumindest versuchte dies die deutsche Abteilung des Verlags Allert de Lange (Schoor, *Verlagsarbeit im Exil*, S. 131-147, und darauf aufbauend Spring, *Verlagstätigkeit im niederländischen Exil*, S. 68-78).

3 Vgl. das Urteil von Stephan: „Verlage und Zeitschriften der Exilanten konnten auf einen kleinen, aber nicht unbedeutenden Käuferstamm bauen, der in der Lage war, die Bücher der Vertriebenen in der Originalsprache zu lesen." (Stephan, *Anna Seghers. Das siebte Kreuz*, S. 208)

4 Zu den potentiellen Absatzgebieten hat sich bereits 1937 Herzfelde, David gegen Goliath, geäußert. Vgl. dazu Hermsdorf, *Exil in den Niederlanden und in Spanien*, 128: Maximal konnte man mit 40 Millionen deutschsprachiger Leser außerhalb der Grenzen des deutschen Staatsgebietes rechnen, wobei die größte Zahl (9,5 Millionen) in Nordamerika lebte.

Verglichen mit der luxuriösen literarischen Öffentlichkeit, die deutsche und österreichische Schriftstellerinnen und Schriftsteller vor 1933 genossen, und dem expansiven Buchmarkt, von dem sie profitiert hatten, musste sich das vom Exil erzwungene neue Wirkungsfeld trotz seiner europäischen Dimension als bescheiden ausnehmen. Die Exilschriftstellerinnen und -schriftsteller verließen keinen schwachen Markt mit rudimentären literarischen Institutionen; auch schrieben sie keine von Wenigen gepflegte Literatursprache, sondern sie kamen von einem der drei wichtigsten Buchmärkte, aus einer starken philologischen Kultur und einem regen Literaturbetrieb.

Die Bedeutung des deutschsprachigen Literaturmarkts für den internationalen Markt zeigt sich an der Internationalisierung seines Programms. Der 1932 vom Völkerbund begonnene Index Translationum verzeichnet im Jahr 1933 für das Deutsche 629 Übersetzungen aus anderen Sprachen ins Deutsche und 1252 Übersetzungen aus dem Deutschen in andere Sprachen. Für das Englische (USA eingeschlossen) sind es 670 Übersetzungen aus anderen Sprachen in ebendieses und 1620 aus dem Englischen in andere Sprachen. In französischer Übersetzung erschienen 654 Titel, nur 734 französische Titel wurden in andere Sprachen übersetzt. Ins Italienische wurden 926 Titel übersetzt, allerdings nur 143 aus dem Italienischen. Die Zahlen belegen bereits zu diesem Zeitpunkt die Dominanz des Englischen. Gleichwohl war das Deutsche die zweitwichtigste Literatursprache weltweit.[5]

Die internationale Lizenzierung, d. h. der Verkauf von Übersetzungsrechten, bildete vor 1933 dennoch nicht das Hauptgeschäft von Schriftstellerinnen und Schriftstellern, sondern ist ein Effekt des starken deutschen Buchmarktes. Die Übersetzungsrechte können den Nebenrechten zugeordnet werden, weil im Normalfall Autoren ihr primäres Geschäft im eigenen Territorium machen. Neben dem Unterschied zwischen primärem und sekundärem Territorium gibt es den zwischen der Hauptsprache, in der ein Werk verfasst ist, und davon abgeleiteten Sprachen. Im Normalfall der Literatur bzw. im Normalfall einer Literatur mit funktionierendem Buchmarkt und literarischer Öffentlichkeit wird ein Werk in einem eigens dafür vorgesehenen Territorium durch die Produktionsfirma des Verlags hergestellt und vertrieben. Spätestens der Verlag erinnert Autorinnen und Autoren daran, dass ihr Wirkungskreis territorial begrenzt ist. Der Verlag im Verbund mit Agenturen kann anschließend oder bei vielversprechenden Titeln schon vor ihrem Erscheinen versuchen, Nebenrechte zu verkaufen: für weitere Formate, weitere Medien oder weitere Sprachen.

Im Ausnahmefall der Literatur im Exil leben Autorinnen und Autoren in Territorien, die weder Buchmarkt noch literarische Öffentlichkeit kennen. Dann kann die Unterscheidung zwischen dem Nebenrecht und dem Hauptverwertungsrecht obsolet werden. In globaler Perspektive befinden sich viele Autorinnen und Autoren in diesem Ausnahmezustand. Ein afrikanischer Autor wird sich überlegen müssen, ob es nicht sinnvoller ist, seine Werke auf Französisch oder auf Englisch zu vertreiben, anstatt wie etwa Ngũgĩ wa Thiong'o in einer nicht-europäischen Literatursprache und innerhalb der kleinen Öffentlichkeit

---

5 Die Auszählung erfolgte durch Menz, *Der europäische Buchhandel*, S. 121.

seines Landes wirken zu wollen, dessen einst von der Kolonialherrschaft gezogene Grenzen ohnehin nicht den tatsächlichen kulturellen und sprachlichen Gegebenheiten entsprechen. Tatsächlich ist oftmals dieser Ausnahmefall sehr gut geregelt, da sich nicht wenige afrikanische Autorinnen und Autoren an die französischen und angelsächsischen Buchmärkte anschließen und von dort aus globalisieren. Sobald sich ein internationales Interesse zeigt, werden dann auch hier Nebenrechte relevant.

Ob nun Ausnahme oder Regel, die internationale Autorschaft kann sich wenigstens dreifach entwickeln: 1. wenn Autorinnen und Autoren zwar ein primäres Vertriebsterritorium haben, aber dieses für unbedeutend halten; 2. wenn Autorinnen und Autoren zwischen verschiedenen Vertriebsterritorien aufgrund kultureller und sprachlicher Zugehörigkeit wählen können oder 3. wenn sie ihr primäres Vertriebsterritorium verloren haben.

Zur ersten Gruppe gehören Autorinnen und Autoren, die erkannt haben, dass Muttersprache und Herkunftsland für die Kommunikation ihrer Werke nicht entscheidend sind, und nun auf dem Weltmarkt versuchen, sich Zutritt zum Raum der Weltliteratur zu verschaffen. Ein Beispiel wäre der indonesische Schriftsteller Eka Kurniawan, dessen Werk die spanische Agentur Pontas global lizenziert, ein anderes der ukrainische Schriftsteller Serhij Zhadan, der sein Werk auf Deutsch bei Suhrkamp internationalisiert. Wichtig ist für die Autorinnen und Autoren dieser Gruppe, dass sie in ihrer Muttersprache schreiben und ihr Werk übersetzt werden muss. Dies unterscheidet sie von der zweiten Gruppe, deren Vertreter mehr als eine Literatursprache beherrschen, für die es ein Absatzgebiet gibt.

Zu dieser zweiten Gruppe gehören demzufolge Autorinnen und Autoren, die in mehreren Kulturen verkehren und in wenigstens zwei Sprachen schreiben wie der Schweizer Conrad Ferdinand Meyer, der sich gegen das Französische und somit gegen den französischen Buchmarkt entschied, oder der Rumäne Eugène Ionesco, der auf Französisch schrieb, oder aber auch Paul Celan, der ebenso das Rumänische aufgab und das Deutsche, obgleich in Paris lebend, wählte. Sowohl die Autorinnen und Autoren dieser als auch der ersten Gruppe suchen ihr Vertriebsgebiet freiwillig aus, können aber auch von den politischen Umständen zu Exilautorinnen und -autoren gemacht werden. Sie unterscheiden sich von den Autoren der letzten Gruppe durch die Erfahrung mit verschiedenen Buchkulturen.

Zur dritten Gruppe zählen exilierte und vertriebene Autorinnen und Autoren, die einstmals in das Netz einer für sie primären literarischen Öffentlichkeit eingespannt waren und eine gewisse Position auf ihrem heimischen Buchmarkt erlangt hatten. Für diese Autorinnen und Autoren ist der Ausnahmezustand offensichtlich, weil es für sie einen literarisch-publizistischen Normalfall gegeben hatte.

Die deutschsprachigen Exilschriftstellerinnen und -schriftsteller erfuhren den Übergang vom nationalen Normal- zum internationalen Ausnahmezustand des Publizierens wie kaum eine andere Exilgruppe bis zur Mitte des 20. Jahrhunderts. Vor 1933 waren sie vornehmlich damit befasst, ihre Position im deutschsprachigen Literaturbetrieb zu sichern, und solange kein offensichtlicher Weltbestseller vorlag, interessierten sie sich nur am Rande für die internationalen

Verwertungsmöglichkeiten. Nur wenige Autorinnen und Autoren vor 1933 zeigten die rege Betriebsamkeit Arthur Schnitzlers in dieser Hinsicht.[6] Selbst ein internationaler Erfolgsschriftsteller wie Stefan Zweig verließ sich auf seinen Verlag.[7] Dementsprechend war unter den meisten Exilautorinnen und -autoren zu Beginn ihres Exils das Lizenzbewusstsein kaum entwickelt.

Obwohl sich der mangelnden Absatzmöglichkeiten bewusst, versuchten viele Autorinnen und Autoren nach 1933, ihr Werk zunächst noch selbstverständlich als deutsches Buch zu verlegen, ohne die internationale Verwertung im Blick zu haben. Notgedrungen aber setzte allmählich ein Umdenken ein, so die Hypothese.[8] Angesichts von rund 2000 exilierten Schriftstellerinnen und Schriftstellern aus Deutschland und Österreich[9] wird man zwar kaum verallgemeinern können, aber es ist davon auszugehen, dass Versuche zunahmen, erstens das eigene Werk international zu lizenzieren, zweitens schon im Schreibprozess Lesegemeinschaften außerhalb Deutschlands anzusprechen, drittens auf internationale Themen zu setzen und viertens den neuartigen Vermittlungshorizont in eine literarische Form zu übersetzen.

Am Beispiel von Anna Seghers lassen sich diese vier Tendenzen als aufeinander bezogen beobachten. Ihr Umschwenken von der verlorenen territorialen Perspektive auf die globale Perspektive erweiterte ihre bilaterale Beziehung zum Verleger um den literarischen Agenten. Der überwältigende Erfolg des Romans *Das siebte Kreuz* (1942) in den USA wiederum bestätigt das neue Adressatenbewusstsein.[10] Selbst wenn man eine Kausalbeziehung zwischen der US-Rezeption und Seghers' impliziter Adressierung ablehnt, wird man zugeben müssen, dass die große internationale Resonanz des Buchs das internationale Selbstbewusstsein von Anna Seghers bestärkt hat. *Transit* repräsentiert auch die dritte Tendenz, insofern ‚Exil‘ ein internationales Thema ist.[11] Von dieser Überlegung

---

6   Vgl. Beniston, Schnitzler und die „Uebersetzungs-Miseren“.

7   Vgl. ebd., S. 262.

8   Ein anschauliches Beispiel hat Leo Perutz hinterlassen (vgl. Nebrig, *Für alle Länder*). Es handelt sich um eine Tabelle im Nachlass von Leo Perutz (EB 86/094), der sich im Deutschen Exilarchiv Frankfurt am Main befindet. Durchaus könnte sie vor 1933 angelegt worden sein, aber selbst, wenn dem so wäre, wurde sie erst durch das Exil vervollständigt. In der Spalte zu sehen sind internationale Vertriebsgebiete, in der Zeile die Werke von Perutz in römischen Zahlen. Ein Kreis steht für die Platzierung eines Textes in der Zeitung, ein Quadrat für die Publikation eines Buchs. Ob ein nicht ausgefülltes Quadrat nur die Lizenzvergabe meint, wäre zu ermitteln. Die Zeile für Südamerika ist nachträglich eingefügt worden, und ihre Einträge verdanken sich der Umtriebigkeit der Agentin Anna Lifczis; zu ihr und Perutz siehe Roček, Mittlerin zwischen den Welten.

9   Vgl. Rotermund, Exilliteratur, S. 123.

10 Vgl. Stephan, *Anna Seghers. Das siebte Kreuz*, S. 208-296.

11 Ein anderes internationales Thema der Literatur, an dem Seghers in *Transit* partizipiert, ist die Spanienproblematik, in der Silvia Schlenstedt für die „sozialistische Weltliteratur einen neuen Standard“ literarischer Arbeit erkennt, „die politisch bezogen war und das Politische widerspruchsvoll und mit internationalem Horizont entfaltete“ (Hermsdorf, *Exil in den Niederlanden und in Spanien*, S. 359).

ausgehend, ist schließlich zu zeigen, dass der internationale Horizont die literarische Reflexion bestimmt und die Werkstruktur prägt. Anhand von Anna Seghers' Roman *Transit* (1944) wird die Hypothese einer zirkulären Beziehung zwischen Verwertungswissen und Werkstruktur überprüft. Anders als *Das siebte Kreuz* ist *Transit* kein Beispiel für den Versuch, primär ein internationales Lesepublikum im ökonomischen Sinn zu adressieren, sondern der Roman dient der Schriftstellerin als Selbstverständigungsmedium ihrer neuartigen Situation im internationalen Feld. *Transit* holt ästhetisch ein, was seit dem Verlust des deutschsprachigen Vertriebsterritoriums den Schreibprozess bestimmte: die transitorische Bewegung des von Lizenzierungsprozessen abhängigen Werks.

II. Agentinnen und Agenten als internationale Akteure

Der Fall, einen Verlagsvertrag für ein deutschsprachiges Buch in einem nicht deutschsprachigen Land Europas zu erhalten, wurde für deutschsprachige Exilautorinnen und -autoren nach der Besetzung der Niederlande äußerst unwahrscheinlich. Bereits in den 1930er Jahren hatte sich abgezeichnet, dass die Vergabe von Übersetzungsrechten für die Verbreitung deutschsprachiger Bücher immer wichtiger wurde. Dies belegt die Tätigkeit von Berthold Fles, der für Querido und Allert de Lange in New York den kompletten Handel mit Übersetzungsrechten abwickelte.[12] Die beiden wichtigsten Verlage des deutschen Exils suchten nicht nur nach Absatzmöglichkeiten für deutsche Bücher, sondern parallel auch nach neuen Lizenzräumen.

Ausdruck der Interessenverschiebung weg vom territorialen Hauptverlag für die Muttersprache und hin zum multilateralen Umgang mit Verlegern ist folglich das Erstarken des Agenturwesens in der Exilzeit. Es formierte sich erstmals nach 1933 als eine internationale Institution.[13] Ernst Fischer hat im Nachwort seines Nachschlagewerks über die Akteure des Buchhandels im Exil „das

---

12 Vgl. Fischer, Barthold Fles, S. 76. Fles gelang es von New York aus, immerhin 60 deutschsprachige Romane, die entweder bei Allert de Lange oder Querido erschienen waren, in die USA zu vermitteln, d. h. Nebenrechte für die amerikanische Übersetzung zu verkaufen. An der Kooperation zwischen Exilverlag und Exilagentur zeigt sich das Geschäftsmodell. Querido und Allert de Lange spekulierten mit dem Druck deutscher Bücher darauf, sie auch international zu verwerten. Parallel dazu versuchten sie im Verbund mit dem Bermann Fischer Verlag, die deutschen Drucke in andere Gebiete zu exportieren. Eindeutig lässt sich nicht sagen, welche Motivation für die Amsterdamer Unternehmer ausschlaggebend war, deutsche Bücher zu verlegen. Aber der Fall zeigt, dass Verlage als territorial gebundene und steuerpflichtige Institutionen der Buchherstellung das Denken in primären Vervielfältigungsrechten und sekundären Verwertungsrechten nicht ohne Weiteres aufgeben konnten. Das Umdenken musste also bei den Autoren einsetzen. Siehe ferner Mann, *Briefwechsel mit Barthold Fles*.

13 Zur Vorgeschichte des literarischen Agenturwesens in Deutschland siehe Graf, Literatur-Agenturen; zur Exilzeit siehe Skalicky, Literaturagenten.

gehäufte Auftreten von Literaturagenten"[14] registriert. Zuvor hatte der Verkauf von Übersetzungsrechten für Literaturagenturen eine untergeordnete Rolle gespielt. Die Internationalisierung des Buchmarkts wurde durch die sich den Autorinnen und Autoren stellende Notwendigkeit, auf ihnen unzugänglichen Territorien verlegt und verbreitet zu werden, vorangetrieben. Im Verbund mit Agentinnen und Agenten erhielten deutsche Exilautorinnen und -autoren eine Möglichkeit, ihr Werk international zu vertreiben, und zwar primär und nicht mehr nur durch die Vergabe von Nebenrechten. Das primäre Territorium wurde das, welches den Eintritt auf den internationalen Markt ermöglichte. Dieses Territorium waren ab dem Überfall Deutschlands auf Frankreich die USA.

Neben dem zentralen Weg über die USA gab es den dezentralen Weg der Internationalisierung. Verlage oder die Autorinnen und Autoren verkauften Übersetzungslizenzen für ein Buch durch Mitwirkung mehrerer Agentinnen und Agenten und ohne Rücksicht darauf, ob das Buch in den USA verlegt wird. Beide Umgangsweisen befreiten die Übersetzung aus ihrer nebenrechtlichen Rolle, erhoben sie zum Hauptvorgang der Vermittlung[15] und ermöglichten einen multilateralen Verlag und Vertrieb. Dabei war es gleichgültig, ob ein Buch auf Deutsch schon erschienen war oder nicht. Das Original war zumindest nicht mehr die Voraussetzung für die internationale Wirkung. Bücher wie Anna Seghers' *Transit* und Stefan Zweigs *Schachnovelle* (1943) dezentrierten das Original.[16] Selbst wenn Bücher zwischen 1939 und 1945 noch auf Deutsch erschienen, blieb die Publikation in der Originalsprache unbedeutend bzw. wurde erst wieder nach dem Krieg aufgewertet.

Die Dezentrierung des Originals bedeutete nicht den Verzicht auf die deutsche Fassung. Selbstredend musste ein deutschsprachiges Manuskript vorliegen, um überhaupt den Vermittlungsprozess in Gang zu setzen. Solange eine Agentin bzw. ein Agent das Manu- oder Typoskript vermitteln konnte, bedurfte es nicht des Umwegs über eine deutschsprachige Verlagspublikation. Exilautorinnen und -autoren, die direkt in der Sprache ihres Aufnahmelandes schrieben, hatten es nicht unbedingt leichter. Das Risiko, zu scheitern, war gerade bei belletristischen Büchern groß. Bei Sachbüchern mag es durchaus akzeptabel gewesen sein, direkt auf Englisch zu schreiben, wie Erika und Klaus Manns Auftragswerk *Escape to Life* (1939) oder Klaus Manns Autobiographie *The Turning Point*

---

14 Fischer, Die Emigration der Verleger, S. 391. Es „wuchs unter den Exilschriftstellern, die aus ihren alten Verlagsbindungen und dem ihnen vertrauten Literaturbetrieb geworfen waren, die Bereitschaft oder vielmehr die Notwendigkeit, sich der Dienste eines Agenten zu bedienen" (ebd.).

15 Für die Gegenwartsliteratur rekonstruiert diesen Vorgang Walkowitz, *Born translated*.

16 Für die Edition von *Transit* in der Werkausgabe muss Silvia Schlenstedt in den Anmerkungen (Seghers, *Transit*, S. 293-310) mehrfach die englische, spanische und französische Version heranziehen, weil der deutsche Erstdruck von 1947 in der Berliner Zeitung, nach dem sich die Edition richten muss, verderbt ist. Nobis, Probleme neuer Editionen, erinnert an die Schwierigkeit, vor der die Edition der *Schachnovelle* steht: Die Übersetzungen basieren auf unterschiedlichen Korrekturfassungen.

(1942) beweisen.[17] Aber Belletristik offenbarte nicht nur schnell die literarischen Schwächen in der Fremdsprache, sondern verlor auch den Reiz, eigens für den neuen Markt aus der Irrealität des Exils übersetzt worden zu sein.

Zu den Autorinnen und Autoren, die von den internationalen Strukturen des Literaturmarktes profitiert und die die internationale Lizenzierung ihres Werks als geboten erkannt haben, gehörte Anna Seghers. Seghers lebte mit ihrer Familie nach 1933 in Frankreich und konnte im Sommer 1941 nach Mexiko fliehen. Eigentliches Ziel jedoch waren die USA. Am 1. Sept. 1939, am Tag des Überfalls auf Polen und kurz nach dem Hitler-Stalin-Pakt (23. Aug. 1939), bat sie in einem Brief an Wieland Herzfelde um Hilfe aus den USA, wohin sie nunmehr ausreisen wollte.[18] Sie begrüßte jede Möglichkeit, „auf deutsch zu publizieren, jede Möglichkeit, in dem einzigen aussichtsreichen Land zu publizieren"[19]. Stalins Politik hatte es ihr unmöglich gemacht, ihr weiteres Werk in Moskau zu veröffentlichen.[20] Der Anfang von *Das siebte Kreuz* war im Juni 1939 noch in der Moskauer Zeitschrift *Internationale Literatur* erschienen. Am 10. Mai 1940 schließlich überfiel Deutschland die Niederlande, womit auch der Querido Verlag als Anna Seghers' wichtigster Kanal eingestellt wurde. Doch bereits im Brief vom 1. Sep. 1939 sah sie keinen Sinn mehr, in Europa zu publizieren. Zwar wollte sie an der deutschen Sprache als Publikationssprache noch festhalten, zugleich erkannte sie aber in den USA das aussichtsreichste Land für literarische Unternehmungen.

Direkt allerdings konnte sie dort nicht aktiv werden. Die US-Amerikaner, die nach dem Hitler-Stalin-Pakt deutsche Nationalsozialisten und Kommunisten gleichermaßen fürchteten, verwehrten ihr unter fadenscheinigen Gründen die Einreise. Wie ihr Mann war Seghers Kommunistin;[21] hunderte Seiten Aktenmaterial legte das FBI über sie an.[22] Man brachte sie gar in Verbindung mit einem Befreiungsversuch des Mörders von Leo Trotzki, der 1940 in Mexiko einem Anschlag zum Opfer gefallen war.

Konnte Seghers nicht selbst in die USA einreisen, gelang es ihr jedoch, ihre Bücher dort erfolgreich zu verbreiten. Obgleich sie im Exil wie alle anderen Schriftsteller unter fehlenden Verlagsbeziehungen litt, sollte sich ihre Zugehörigkeit zur KPD als einer internationalen Organisation als förderlich erweisen. Seghers' internationale Autorschaft profitierte von dem internationalen

---

17 Zur Gattung der Autobiographie im Exil mit zahlreichen Verweisen auch auf Klaus Mann siehe Krause, *Lebensgeschichten aus der Fremde*.

18 Vgl. Schlenstedt, Kommentar, S. 311.

19 Anna Seghers an Wieland Herzfelde, Brief vom 1. Sept. 1939 (Seghers, *Briefe*, S. 58).

20 Vgl. Kommentar in ebd., S. 529.

21 Ihr Ehemann László Radványi war zudem als NKWD-Spion tätig. In der DDR publizierte der Ökonom unter dem Namen Johann-Lorenz Schmidt. Schmidt, *Internationale Konzerne*, hat sich auch mit der Internationalisierung der kapitalistischen Wirtschaft befasst. Er geht in seinem Buch zwar auf die Massenmedien und die Verlagseinkäufe von Bertelsmann Ende der 1970er Jahre ein (S. 122-125), aber ohne das Potential solcher Unternehmungen für die Internationalisierung der Literatur zu reflektieren (siehe dazu Nebrig, *Für alle Länder*).

22 Vgl. Stephan, *Anna Seghers im Exil*, S. 5-32 und S. 125-202.

Netzwerk der Kommunisten. Die kommunistische League of American Writers und Seghers' KP-Freund F. C. Weiskopf verhalfen zum entscheidenden Kontakt mit dem Agenten Maxim Lieber.[23] Er war es denn auch, der am 16. Juni 1941 nach Ellis Island kam, um noch rechtzeitig vor Seghers' Weiterfahrt nach Mexiko den Verlagsvertrag für *Das siebte Kreuz* von ihr unterschreiben zu lassen.[24]

Die Maxim Lieber Agency in New York, die den Bestsellerautor Erskine Caldwell vertrat,[25] war als Literaturagentur politisch aktiv: Seghers' amerikanischer Agent Lieber, KP-Mitglied, arbeitete für den militärischen Nachrichtendienst der Sowjetunion.[26] In den 1930er Jahren hatte Lieber als Trotzkis literarischer Agent den Geheimdienst mit Informationen über Trotzki beliefert.[27] Lieber, der nach 1945 auch von Richard Nixons Komitee für unamerikanische Umtriebe befragt wurde und infolgedessen bis 1964 in Polen lebte,[28] war ein Doppelagent im besonderen Sinn: Er vermittelte Bücher an Verlage, brachte sie auf den Buchmarkt und damit an die Öffentlichkeit.[29] Zugleich lieferte er

---

23 Vgl. Kennedy, Wolfe and the Maxim Lieber Agency. Lieber war Seghers durch die kommunistische League of American Writers und F. C. Weiskopf vermittelt worden. Am 2. Feb. 1940 teilte sie F. C. Weiskopf mit, Lieber ein Manuskript geschickt zu haben (vgl. Seghers, *Briefe*, S. 64). Vgl. den Kommentar in: Ebd., S. 530. Zu Seghers' Planung der Überfahrt nach Amerika mithilfe von Wieland Herzfelde und F. C. Weiskopf siehe Danzer, *Zwischen Vertrauen und Verrat*, S. 339-357.

24 Vgl. Anna Seghers Brief an F. C. Weiskopf vom Juni 1941: „Max Lieber war hier mit dem Vertrag. Ich war sehr froh darüber." (Seghers, *Briefe*, S. 109) Der Vertrag datiert vom 16. Juni 1941, vgl. Kommentar in: Ebd., S. 547, und von Stephan, *Anna Seghers. Das siebte Kreuz*, S. 211.

25 Lieber, Testimony, S. 3601, behauptet, der Autor habe über 20 Millionen Exemplare verkauft.

26 Vgl. Dallin, *Die Sowjetspionage*, S. 488f., sowie Mahoney, *The Saga of Leon Trotsky*, S. 348.

27 Leo Trotzki, Brief an Unbekannt vom 3. Feb. 1937 [über Maxim Lieber]: „Zu Liebers Haltung kann ich nur sagen, daß er sich in letzter Zeit nicht wie ein *literary agent*, sondern wie ein Gegenagent aufgeführt hat: so wenigstens hat er in bezug auf Doran gehandelt, dem er mein Buch ‚Die Verratene Revolution' nicht anbieten wollte" (zitiert nach Dallin, *Die Sowjetspionage*, S. 488).

28 Zur Anhörung von Maxim Lieber vor dem Un-American Activities Committee kam es 1948, nachdem Whittaker Chambers, ehemaliges Mitglied der KP von Amerika, das nach 1938 zum publizistischen Gegner von Kommunisten wurde, Maxim Liebers Agentur als Adresse einer Scheinfirma angegeben hatte. Das American Feature Writer's Syndicate sei Teil eines sowjetischen Agentennetzes gewesen. In einem Interview von 1969 erklärte Lieber, er sei tatsächlich Mitglied der KP gewesen und habe auch KP-Autoren vertreten, aber niemals in die Untergrund-Aktivitäten von Whittaker Chambers und John Sherman verstrickt gewesen. Das American Feature Writers' Syndicate habe dazu gedient, Schriftsteller wie Erskine Caldwell international zu vertreiben (vgl. Hartshorn, *Alger Hiss*, S. 138f.). Dass Lieber ein sowjetischer Agent war, der auch als Agent von Trotzki firmierte und über diesen berichtete, bestätigen Dallin, *Die Sowjetspionage*, S. 488f., und Mahoney, *The Saga of Leon Trotsky*, S. 348, u. a. – Zur Hiss-Chambers-Affäre siehe Weinstein, *Perjury*.

29 Von Interesse ist Liebers Aussage vor dem Committee on Un-American Activities über seinen Beruf: „I do not represent any publishing houses. I represent authors.

Informationen über seine Autorinnen und Autoren an einen ausländischen
Geheimdienst und stand nicht zu Unrecht im Verdacht eines Landesverräters.
Seghers' literarische Internationalisierung wurde durch ihre Zugehörigkeit zu
seinem Netzwerk ermöglicht, das international operierte und dafür sorgte, dass
eine politisch mit dem Kommunismus sympathisierende Literaturästhetik in
den USA erfolgreich verbreitet werden konnte.

III. Der zweifache Erzählhorizont von *Transit*

Seghers' Wunsch vom 1. Sept. 1939 ging in Erfüllung. Ihr Roman *Das siebte
Kreuz*, der ursprünglich bei Querido in Amsterdam hätte erscheinen sollen,
wurde zwar auf Deutsch vom mexikanischen Exilverlag El libro libre hergestellt,
doch wirkungsgeschichtlich ist die Veröffentlichung bedeutungslos. Die US-
Ausgabe war ausschlaggebend für die Internationalisierung der Autorschaft.
Der Agent Maxim Lieber hatte die Geschichte über einen durch die Gestapo
gejagten KZ-Flüchtling erfolgreich in den USA an Little, Brown & Company
vermittelt. Das populäre Erzählmuster wirkte dabei wie die süße Pille eines an
sich schweren politischen Stoffs. Verfilmung und Comic-Adaption hatte Lieber
gleich mitlizenziert. Ohne Lieber wäre Seghers, die in Mexiko saß, schwerlich
in der Lage gewesen, *Das siebte Kreuz* auf dem für die Weltliteratur so wichtig
gewordenen US-amerikanischen Literaturmarkt zu platzieren.

Gleichzeitig zur Publikation und weiteren Verwertung des Romans *Das siebte
Kreuz* entstand der Exilroman *Transit*. Während der Wirkungsphase des *Siebten
Kreuzes* arbeitete Seghers an *Transit* und nutzte zugleich das neue Netzwerk.
Nur vermutet werden kann, dass *Transit* bereits vor der am 23. März 1941 ange-
tretenen Überfahrt begonnen wurde: Jegliche Vorarbeiten fehlen.[30] Schlenstedt
weist darauf hin, dass Seghers erst in Santo Domingo klar geworden sei, was sie
„mit dem Kriegsjahr in Frankreich [...] überstanden hatte".[31] Sie habe begonnen,
die „Gefahren und Gefährdungen"[32] zu reflektieren. Fest steht, dass die endgül-
tige Konzeption und Ausführung von *Transit* in die Monate nach der Ankunft
auf dem amerikanischen Kontinent fielen. Die Phase der glücklichen Ankunft
in der neuen Heimat Mexiko stand zusätzlich im Zeichen des verheißungsvollen
Vertragsabschlusses an jenem 16. Juni 1941 auf Ellis Island mit Little, Brown &
Company (New York). Für die Erzählperspektive ist diese doppelte Rettung von
entscheidender Bedeutung.

In fact, all literary agents represent authors, not publishing houses. Their function is
to act as intermediaries in selling literary articles. If you should write a book and be
good enough to send it to me, I would read it and try to exploit its sales possibilities
to a magazine or publishing house. All of us agents operate on a commission basis. I
do not represent any publishers" (Lieber, Testimony, S. 3600). Die Anhörung fand
am 13. Juni 1950 statt.
30 Vgl. Schlenstedt, Kommentar, S. 317.
31 Ebd.
32 Ebd.

Transit spielt in Marseille und verarbeitet Seghers' Exil in Frankreich. Die Fertigstellung des Buchmanuskripts erfolgte mittels Verträgen, die eine hyperbolische Resonanz versprachen. Am 26. März 1942 konnte sie den Abschluss einer ersten Fassung von *Transit* vermelden, am 5. Oktober 1942 kündigte sie dem Verlag in New York die „baldige Zusendung"[33] an. Die Druckfahnen des *Siebten Kreuzes* lagen am 6. April 1942 vor.[34] Während sie bis zum Herbst 1943, unterbrochen durch einen schweren Unfall (24. Juni 1943), an *Transit* arbeitete, wurden über 400.000 Exemplare von *Das siebte Kreuz* verkauft. Für diese hohe Zahl war die auf Empfehlung Erich Maria Remarques erfolgte Aufnahme des Buches in den ‚Book-of-the-Month'-Club Mitte Juni 1942 ausschlaggebend.[35] Weiter wurden eine spanische und deutsche Fassung publiziert, eine massenhaft gelesene Comic-Version verbreitet und die Filmrechte an Hollywood vergeben: Die Angebote und Lizenzierungen datieren hauptsächlich aus der Zeit vor dem eigentlichen Publikationstermin. Durch die in vielen Tageszeitungen abgedruckte Comic-Version und die Verfilmung war *Das siebte Kreuz* bis Mitte der 1940er Jahre allgegenwärtig. Die sich ab dem 16. Juni 1941 abzeichnende und lange vor der Veröffentlichung von *Das siebte Kreuz* erfolgte publizistische Auferstehung kann nicht spurlos an *Transit* vorübergegangen sein. Insbesondere die Erzählhaltung dieses autothematischen Exilromans sollte von der Wucht einer solchen Peripetie-Erfahrung deutlich geprägt werden. Ein biographischer Umstand, nämlich dass Seghers ihren Roman auf Lesungen nicht vortrug, sondern erzählte – so am 4. Feb. 1943 im Heinrich-Heine-Klub in Mexiko –,[36] bestärkt die Vermutung, dass die homodiegetische Erzählhaltung von *Transit* von der Erfahrung der Schriftstellerin grundiert ist – so sehr der anonyme (Seidler ist nur der Name in seinem Pass), männliche, unpolitische Erzähler auch in Kontrast zu Seghers steht.

In *Transit* geht es um Menschen, die in Marseille auf Transitvisa warten. Das Zentrum des Romans bildet der Tod eines Exilschriftstellers, der metonymisch für den Untergang der Exilliteratur steht. Seghers war nicht nur als Mensch gerettet worden, sondern auch als Autorin. Von dieser doppelten Warte aus erzählt sie von den in Frankreich zurückgebliebenen Figuren des Scheiterns. *Transit* hat also zwei Geschichten: zum einen die der aufgehaltenen Flüchtlinge im Warteraum Marseille, zum anderen die des gescheiterten Exilschriftstellers Weidel, der sich nach seinem Selbstmord in Gestalt des Ich-Erzählers eine neue Identität aneignet. Beide Geschichten werden aus der jeweils gegenteiligen Perspektive erzählt. Die implizite Autorschaft des Buchs ist wenigstens zweistimmig: Die gerettete Autorin erzählt über die Zurückgebliebenen und Untergegangenen. Für Seghers ist diese als ihre eigene Geschichte abgeschlossen und damit – im Sinne der internen Romanpoetik – erzählbar geworden.[37] Die internationale

---

33 Ebd., S. 319.
34 Vgl. Stephan, *Anna Seghers. Das siebte Kreuz*, S. 211.
35 Vgl. ebd.
36 Schlenstedt, Kommentar, S. 319.
37 Auch der Erzähler des Romans *Transit* ist in gewisser Weise angekommen, weil er sich gegen ein weiteres Exil- und Transitdasein entschieden hat. Von hier aus erst

Bestsellerautorin erzählt von der Zerstörung der deutschen Exilliteratur, von fehlenden Wirkungs- und Absatzmöglichkeiten. Die entstehungsgeschichtlichen Umstände einer sowohl existentiellen als auch beruflichen Rettung werfen die Frage auf, ob die Form des Romans die Überlagerung von Transitraum auf Handlungsebene und Lizenzraum auf Entstehungsebene des Romans reflektiert.

IV. Ein Autor im Transitraum...

Wie schon in *Das siebte Kreuz* wird in *Transit* die Topographie einer Stadt zur Grundlage der Narration, die einen sozialen Raum auslotet. War es dort die rheinhessische und Mainzer Bevölkerung, die durch den KZ-Flüchtling auf die moralische Probe gestellt wird, so sind es hier die in Frankreich und Marseille auf Visa und Transitvisa wartenden Deutschen, deren Lebensweise der pikareske Erzähler sichtbar werden lässt. Der historische Kontext bildet nur den Ausgangspunkt der hermeneutischen Frage, genauso wie das biographische Wissen, dass es sich zu großen Teilen um Anna Seghers' eigene Fluchtgeschichte handelt.[38]

Seghers' Roman über deutsche Emigrantinnen und Emigranten ist durch ein Erzählen bestimmt, das Nähe und Distanz zum Gegenstand zugleich herstellt. Einerseits ist der namenlose homodiegetische Ich-Erzähler selbst aus Deutschland und anschließend aus dem besetzten Frankreich geflüchtet, andererseits ist für ihn das unbesetzte Frankreich kein Durchgangsraum,[39] da er nicht vorhat, fortzugehen: „Doch zog ich es plötzlich vor, zu bleiben."[40]

Unbedarft und ohne Mission ist er dem Picaro gleich, der in die Verhältnisse hineingerät, die er beschreibt. Seine Perspektive ist die zentrale Perspektive des Romans. Durch ihn eröffnet sich die „Welt der Transitäre"[41].

Nach Weidels Suizid, der im besetzten Paris so gut wie unbemerkt blieb, gerät der Ich-Erzähler an seine Papiere. Unter diesen befindet sich ein Visum für Mexiko. Der Ich-Erzähler begibt sich nach Marseille mit der Absicht, den Fall

---

kann er erzählen. Vergleichbar ist seine Situation mit derjenigen von Seghers in der Hinsicht, dass sie auch von einem abgeschlossenen Punkt aus erzählt. Wieso aber erhält Seghers nicht die Fiktion aufrecht und erzählt über das Exil im Exil? Weil sie erkannt hat, dass die Bedingung des Erzählens die Abgeschlossenheit der Geschichte ist. Es wäre offensichtlich gewesen, wenn sie einen Erzähler in Übersee konstruiert hätte. Solte-Gresser, Fluchtgeschichten, S. 214, zitiert den Satz des Ich- Erzählers: „Denn abgeschlossen ist, was erzählt wird" (Seghers, *Transit*, S. 215), ohne ihn auf die externe Erzählsituation der Autorin Seghers zu beziehen. Hofmann, Erzählungen der Flucht, S. 97, wählt den Satz bzw. den Folgesatz als Motto ihres Aufsatzes, betonend, ebd., S. 107, dass der Erzähler jemand ist, der zu einem Ende gekommen ist. Man darf ergänzen: wie auch Seghers.

38 Vgl. Schlenstedt, Kommentar, S. 321-325, zum Verhältnis von Faktischem und Fiktionalisierung.

39 Vgl. ebd., S. 335.

40 Seghers, *Transit*, S. 6.

41 Schlenstedt, Kommentar, S. 333.

aufzuklären, wird dabei *nolens volens* von der Bürokratie in die Rolle des toten Schriftstellers gedrängt, die er schließlich annimmt. Das geht soweit, dass es in Marseille unter den Emigranten heißt, Weidel sei in der Stadt. Auf das Gerücht hin beginnt seine Frau, ihn zu suchen. Marie, die in Marseille mittlerweile mit einem Arzt lebt, geht ein Verhältnis mit dem Mann ein, der als ihr Ehemann durch Marseille geistert, ohne um dessen Identitätsfälschung zu wissen. Der Ich-Erzähler erzählt ihr schließlich die Wahrheit, ihr Mann sei tot, ohne dass Marie ihm Glauben schenkt.[42]

Ihre krankhafte Hoffnung, dass ihr Mann noch am Leben sei, ermöglicht es ihm erst, für Marie zu agieren. In ihren Augen muss er wie ein altruistischer Schlepper erscheinen, der sich „aufs Zaubern"[43] versteht. Sie weiß nicht, dass er die Transitvisa für sie beschaffen kann, weil er innerhalb der Bürokratie den Namen ihres Mannes angenommen hat. Der Ich-Erzähler handelt ebenso im Auftrag des toten Schriftstellers Weidel, indem er das zu vollenden versucht, was dieser ursprünglich geplant hatte: die gemeinsame Überfahrt mit seiner Frau. Er erkennt zu Beginn des 9. Kapitels, dass er nur Mittel war, das Paar zu vereinen, als er in Paris den Brief Maries an Weidel überbringt: „Erst jetzt verstand ich die Botschaft, die mich in Paris an Stelle des Toten erreicht hatte: ‚Verein dich mit mir durch welche Mittel immer, damit wir zusammen das Land verlassen.'"[44]

Der Ich-Erzähler zieht als falscher Weidel vermeintlich die Fäden. In Wirklichkeit ist die treibende Kraft die vom Andromaque-Mythos beglaubigte Sehnsucht: „Diese Liebesgeschichte entspringt einem einfachen antiken Schema, daß [!] Racine in ‚Andromaque' dramatisiert hat: Zwei Männer bewerben sich um eine Frau, die in Wirklichkeit einen dritten liebt, der tot ist."[45]

Der Ich-Erzähler organisiert Marie die Überfahrt, die glaubt, ihr Ehemann würde dasselbe Schiff nehmen. Der falsche Schriftsteller bleibt zurück und muss das „Gerücht"[46] vom Untergang des Flüchtlingsschiffes erfahren. Nur durch die Täuschung, ihr Mann werde wohl dasselbe Schiff nehmen, kann der Ich-Erzähler in einem Akt der Entsagung Marie aus Marseille bewegen. Die gespenstische Präsenz des Toten hat Seghers durch den Kunstgriff des falschen Schriftstellers formalisiert. Denn für die Exilanten ist der eigentlich tote Weidel in Marseille aufgrund der bürokratischen Aktivitäten, die der falsche Weidel in seinem Namen unternimmt, gegenwärtig.[47]

---

42 Vgl. Seghers, *Transit*, S. 267f. Er kommt zu dem Schluss: „Der Tote war uneinholbar. Er hielt in der Ewigkeit fest, was ihm zustand. Er war stärker als ich. Mir blieb nichts anderes übrig, als fortzugehen. Was hätte ich auch entgegensetzen können? Womit sie überzeugen? Wozu überzeugen?" (Ebd., S. 268).

43 Ebd., S. 248.

44 Ebd., S. 231.

45 Anna Seghers, Brief an Klaus Müller-Salget vom 17. Jan. 1974 (zitiert nach Seghers, *Transit*, S. 291).

46 Seghers, *Transit*, S. 5.

47 Ohne diesen Sachverhalt hermeneutisch überzustrapazieren, sei darauf hingewiesen, dass das verdeckte Handeln des Protagonisten ihn mit einem Geheimagenten vergleichbar macht, der, wie oben erwähnt, Anna Seghers' Literaturagent Maxim Lieber auch war.

Merkwürdig ist die Idee eines Erzählers, der die Gestalt eines Schriftstellers annimmt, in der Tat. Dieser Autor ist nicht nur physisch tot, sondern auch publizistisch. Seine Geschichten wolle niemand mehr drucken, heißt es in einem Brief, den der Ich-Erzähler im Nachlass findet: „Im ersten Brief teilte ihm jemand mit, daß seine Geschichte sehr schön zu werden verspräche und würdig aller Geschichten, die er im Leben geschrieben hatte. Doch leider drucke man im Krieg keine solcher Geschichten mehr."[48]

Das, was dem Schriftsteller Weidel passiert ist, mussten viele deutsche Schriftsteller erleiden: Sie schrieben Manu- oder Typoskripte, ohne Hoffnung auf Verlag, Vertrieb und Öffentlichkeit. Der Suizid ist der symbolische Ausdruck dafür, dass seit 1933 ein literarisches Paradigma von der Bildfläche verschwunden ist: deutschsprachige Literatur, die nicht von nationalsozialistischer Semantik erfasst ist oder die sich nicht ihren diskursiven Rede- und Schreibgeboten beugt. Für diese „Muttersprache", die dem Erzähler „wie Milch" eingegangen sei,[49] gibt es wie für die Schriftsteller dieser Muttersprache keine Zukunft.

Auf der Handlungsebene des Romans wird man zum Modell der gescheiterten Literatur kein alternatives literarisches Erfolgsmodell finden. Der Roman ist kein Roman primär über die Exilliteratur. Was sich jedoch feststellen lässt, ist, dass der vom Ich-Erzähler verkörperte Geist des handlungsohnmächtigen Exilautors im Dienst eben jenes toten Autors handelt.

Die Handlungsstruktur des Mittlers im Dienst eines Autors eröffnet einen Reflexionsraum sowohl über die bürokratischen Bedingungen der Transitbeschaffung als auch – auf zweiter Ebene – über die Logik der Vermittlung von Autorschaft. Der Roman zeigt zum einen am Beispiel des Schriftstellers Weidel Literatur, für die es keine muttersprachliche Verlags-, Vertriebs- und Wirkungsmöglichkeit mehr gibt, zum anderen aber am Beispiel des Ich-Erzählers einen Akteur, der sich für diesen hoffnungslosen Schriftstellertypus einsetzt. Insofern dieser Ich-Erzähler die Identität des Schriftstellers annimmt, kommt es zu einer Überlagerung zwischen dem gescheiterten Schriftsteller und dem hoffnungsvoll charakterisierten Vermittler bzw. Agenten. Diese Überlagerung zeigt sich weiter darin, dass er die Aufgabe des Schriftstellers übernimmt und zu erzählen beginnt, obgleich er zuvor überhaupt keine erzählerischen Ambitionen hatte und der Literatur eher indifferent gegenüberstand.[50] Er ist dem hoffnungslosen Schriftsteller Weidel zugleich als eine positive Figur entgegengesetzt – nicht nur, weil er sich für eine andere hilflose Figur (Marie) einsetzt, sondern auch weil er den bürokratischen Teufelskreis durchbricht und kein weiteres Transitvisum für sich beantragt.

Aufgrund dieser Sonderrolle im Roman hat der Ich-Erzähler einen Außenstandpunkt, von dem aus er die in Marseille auf Transit Wartenden beobachtet. Sein Beobachterstatus bildet einen Ansatzpunkt dafür, den Roman als Reflexion über Exilliteratur ohne Muttersprache zu lesen.

---

48 Seghers, *Transit*, S. 28. Der Ich-Erzähler ist kein Leser. Nun aber wird er mit einem unvollendeten Romanmanuskript, das er vorfindet, konfrontiert und liest es als sein erstes Buch (vgl. ebd., S. 25-27).

49 Ebd., S. 25.

50 Lesen, teilt er mit, sei für ihn „etwas Neues" (ebd., S. 26).

Diesbezüglich aufschlussreich ist der Titel: Das Buch erschien zum einen erst nach dem Krieg auf Deutsch und in Deutschland (*Berliner Zeitung*, 3. Aug. – 7. Nov. 1947),[51] war also gar nicht als deutsches Buch intendiert gewesen; zum anderen lauten sowohl der englische als auch der spanische Titel präziser: *Transit Visa* und *Visado de Tránsido*. Nur die US-amerikanische Erstausgabe hieß *Transit*. Während der US-Titel und später der deutsche mehr die existentielle Dimension akzentuieren und das Sein des Flüchtenden als ziellosen Durchgang deuten, so heben der englische und der spanische Titel mehr das damit verbundene rechtliche und ökonomische Problem hervor, das sich auf dem Weg zum Ziel ergibt, das aber auch verhindert, das Ziel jemals zu erreichen. Der Flüchtende ist sicher, solange er vorgeben kann, ein anderes Ziel als Marseille zu haben. Der Aufenthalt in der Durchgangsstadt ist ein Transitaufenthalt und trägt den Stempel *Sauf-Conduit* (Passierschein).[52] In *Transit* ist eine kafkaeske Bürokratie verantwortlich dafür, wer nicht bleiben darf, illegal wohnen muss und damit kein ‚gewöhnliches Leben'[53] führen kann, aber auch dafür, wer ankommt. Das Gesetz des Handelns bestimmt die Bürokratie. Passierscheine, die den Aufenthalt im Raum erlauben oder verbieten, wurden von der Bürokratie zugleich willkürlich und regelgeleitet vergeben.

In dieser Situation erhält der Ich-Erzähler des Romans, der zugleich Teil jener Welt ist und auch außerhalb von ihr steht, die Aufgabe der Vermittlung. Denn es ist der Ich-Erzähler, der zunehmend als Agent zumindest der Frau des toten Schriftstellers auftritt. Der Roman spielt in Marseille als einem Durchgangsraum. Letztgültige „Wohnstätten"[54] sind nur Fiktion, derer es bedarf, um die Erlaubnis für den Transitzustand zu erhalten: „jetzt gelten nur die Zwischenländer"[55].

Der Normalzustand ist der Transitzustand. Ein primäres Land gibt es nicht, nur Zwischenländer. Der Erzähler hat die Macht, die Erlaubnis zu erhalten, weil er durch den toten Schriftsteller Weidel autorisiert ist. Da er selbst am Ende nicht von den Visa und Transitvisa Gebrauch macht, liegt kein Identitätsschwindel vor. Das Eingeständnis, „[i]ch hatte mich mit den Papieren des Toten herumgetrieben, seinen Namen verwertet"[56], ließe zwar eine solche Vermutung zu, aber letzten Endes agiert er für die Frau und ihren toten Mann, den Schriftsteller, nicht für sich selbst.

Seine Vermittlungsdienste führen dazu, dass er und der Leser sich mit einem rechtlich und ökonomisch komplexen Apparat auseinandersetzen. Die

---

51 Im Juni 1943 war ein kurzer Vorabdruck „Vor der mexikanischen Botschaft" erschienen in *Freies Deutschland*. Im Mai 1944 (vor Kriegseintritt der USA) und im November 1944 (Vertrag 21. Feb. 1944) erschienen jeweils die US-Ausgabe und die spanische Übersetzung für Mexiko. Die US-amerikanische Übersetzung von James A. Galston ist adaptierend, die spanische und die französische von Freunden genauer, vgl. Schlenstedt, „Transit"-Editionen.

52 Vgl. Seghers, *Transit*, S. 50.

53 Seghers' Emphase auf das Gewöhnliche ist ein Gemeinplatz der Seghers-Forschung.

54 Seghers, *Transit*, S. 47.

55 Ebd., S. 48.

56 Ebd., S. 71.

Transitbeschaffung zeigt sich dabei als ein institutioneller Vorgang, der strukturelle Ähnlichkeiten aufweist mit der Vergabe territorialer Rechte an einem Buch. Auch diese Existenz ist wie ein Visum oder Transitvisum zeitlich begrenzt, kann behauptet werden, solange Fristen eingehalten werden, und erlischt mit dem Auslaufen der Erlaubnis.

V. ...und seine Autorin im Lizenzraum

Vor diesem Befund auf der eigentlichen Ebene des Buches wird eine allegorische Lesart möglich: Der deutsche Emigrant, der existentiell abhängig von einer Erlaubnis ist, wohnen zu dürfen, und der sich, solange er diese Erlaubnis nicht erhält, im Durchgangsstadium befindet, ist vergleichbar mit dem Schriftsteller im Exil, der einen in seinem Auftrag Handelnden benötigt, damit sein Werk in andere Sprachen und Territorien überführt wird.[57]

Der Vergleich der Romanhandlung um die Transitvergabe mit der Praxis der territorialen Lizenzierung basiert auf einer metonymischen Verschiebung vom Autor auf sein Werk. Im Transitverkehr des Romans geht es um den Schriftsteller Weidel, im Lizenzverkehr des internationalen Buchmarktes um Werke. Werkstruktur und Verwertungspraxis konvergieren in *Transit*, indem der Roman, der vom publizistischen Scheitern handelt, in ein multilaterales Netzwerk eingebunden ist.

Die strukturelle Analogie, die oben bereits entstehungsgeschichtlich begründet wurde, lässt sich mit Verweis auf die Lizenzierungsgeschichte von *Transit* ebenfalls rechtfertigen. Deutsch war als Publikationssprache ausgeschieden. Das Buch erschien nicht wie die deutsche Version von *Das siebte Kreuz* bei El libro libre, obwohl Seghers zum Leitungskuratorium des Verlages gehörte.[58] Lieber sollte Lizenzen für die USA, Mexiko, Großbritannien, Argentinien und Schweden vergeben, Absichtserklärungen für Übersetzungen in Dänemark, Italien und Frankreich vereinbaren.[59] Wenngleich manches davon nicht realisiert wurde, erzeugt die Publikationsgeschichte des Romans einen performativen Widerspruch zur Romanhandlung von *Transit*: Seghers erzählt einem internationalen Publikum die Geschichte von einem nicht mehr verwertbaren Werk und seinem toten Schriftsteller, dem die internationale Vernetzung misslang.

---

57 Neben der ökonomischen Lizenz ist die politische Erlaubnis für Durchreise oder Aufenthalt weiterhin entscheidend (wie ihre Verweigerung ja auch zur Vertreibung und Verfolgung aus und durch Deutschland geführt hatte). Seghers reflektiert dies anhand der Episode im spanischen Konsulat (vgl. ebd., S. 158f., 209f.). Der Schriftsteller Weidel erhält kein Visum für Spanien, da er die Politik Francos kritisiert hatte. Und wiederum ist die Aufenthaltserlaubnis für Mexiko seinem Schreiben geschuldet (vgl. ebd., S. 158: „Daher das Mexikovisum', sagte Achselroth").

58 Zu möglichen Gründen Schlenstedt, Kommentar, S. 339.

59 Im Anna-Seghers-Archiv der Akademie der Künste befindet sich eine Mappe (ASA K 776) mit den Verlagsverträgen, die Seghers mit diversen Verlagen schloss. Für die freundliche Bereitstellung der Dokumente danke ich Helga Neumann.

Seghers' Roman *Transit* ist ein Beispiel dafür, dass moderne Literatur auf ihre internationalen Vermittlungsbedingungen reagiert und anderssprachige Publika adressiert. Die Verschränkung des lizenzbasierten interlingualen Vermittlungskontextes mit dem literarischen Sujet manifestiert sich besonders in der Exilzeit, weil währenddessen die Infrastrukturen der internationalen Vermittlung rasant ausgebaut wurden. Auch die Literatur, vor allem die Romane des Exils, trugen zu ihrer Verbesserung bei, indem sie die Akteurinnen und Akteure des Literaturbetriebs zu einer internationalen Verbreitung aufforderten.

VI. Literaturverzeichnis

Beniston, Judith: Schnitzler und die „Uebersetzungs-Miseren". In: Wolfgang Lukas/ Michael Scheffel (Hg.): *Textschicksale. Das Werk Arthur Schnitzlers im Kontext der Moderne*. Berlin 2017, S. 251-266.

Dallin, David J.: *Die Sowjetspionage. Prinzipien und Praktiken*. Köln 1956.

Danzer, Doris: *Zwischen Vertrauen und Verrat. Deutschsprachige kommunistische Intellektuelle und ihre sozialen Beziehungen (1918-1960)*. Göttingen 2012.

Fischer, Ernst: Barthold Fles. In: Ders.: *Verleger, Buchhändler und Antiquare aus Deutschland und Österreich in der Emigration nach 1933. Ein biographisches Handbuch*. Elbingen 2011, S. 76f.

Fischer, Ernst: Die Emigration der Verleger, Buchhändler und Antiquare aus Deutschland und Österreich nach 1933. Eine Vertreibung und ihre Folgen. In: Ders.: *Verleger, Buchhändler und Antiquare aus Deutschland und Österreich in der Emigration nach 1933. Ein biographisches Handbuch*. Elbingen 2011, S. 361-392.

Graf, Andreas: Literatur-Agenturen in Deutschland (1868-1939). In: *Buchhandelsgeschichte* 4 (1998), B 170-B 188.

Hartshorn, Lewis: *Alger Hiss, Whittaker Chambers and the Case That Ignited McCarthyism*. Jefferson 2013.

Hermsdorf, Klaus/Fetting, Hugo/Schlenstedt, Silvia: *Exil in den Niederlanden und in Spanien*. Leipzig 1981.

Herzfelde, Wieland: David gegen Goliath. Vier Jahre deutsche Emigrationsverlage. In: *Das Wort* 2/4 (1937), S. 55-58.

Hofmann, Hanna Maria: Erzählungen der Flucht aus raumtheoretischer Sicht. Abbas Khiders „Der falsche Inder" und Anna Seghers' „Transit". In: Thomas Hardtke/ Johannes Kleine/Charlton Payne (Hg.): *Niemandsbuchten und Schutzbefohlene*. Göttingen 2017, S. 97-121.

Kennedy, Richard S.: Wolfe and the Maxim Lieber Agency. In: Ders.: *Beyond Love and Loyalty. The Letters of Thomas Wolfe and Elizabeth Nowell*, Chapel Hill 1983, S. 1-13.

Krause, Robert: *Lebensgeschichten aus der Fremde. Autobiographien deutschsprachiger emigrierter SchriftstellerInnen als Beispiele literarischer Akkulturation nach 1933*. München 2010.

Lieber, Maxim: Testimony of M. L. In: United States House of Representatives (Hg.): *Hearings Before the Committee on Un- American Activities. House of Representatives, Eighty-First Congress, First second sessions*. Washington 1951, S. 3599-3609.

Mahoney, Harry Thayer/Mahoney, Marjorie Locke: *The Saga of Leon Trotsky: His Clandestine Operations and His Assassination Cover*. San Francisco 1998.

Mann, Heinrich: *Briefwechsel mit Barthold Fles*. Hg. von Madeleine Rietra. Berlin 1993.

Menz, Gerhard: *Der europäische Buchhandel seit dem Wiener Kongreß*. Würzburg 1941.

Nebrig, Alexander: *Für alle Länder. Deutsche Literatur im interlingualen Lizenzraum.* Berlin 2025 [im Druck].

Nobis, Helmut: Probleme neuer Editionen der Schachnovelle von Stefan Zweig. In: *Euphorion* 110.4 (2016), S. 517-545.

Roček, Roman: Mittlerin zwischen den Welten Anna Lifezis (Lifczis). In: *Mit der Ziehharmonika. Zeitschrift der Theodor-Kramer-Gesellschaft* [seit 2000: Zwischenwelt], 13/1 (1996), S. 12-17.

Rotermund, Erwin: Exilliteratur. In: Dieter Borchmeyer/Viktor Žmegač (Hg.): *Moderne Literatur in Grundbegriffen*. Tübingen 1994, S. 115-126.

Schlenstedt, Silvia: Kommentar. In: Anna Seghers: *Transit. Roman*. Hg. von Silvia Schlenstedt. Berlin 2001, S. 311-364.

Schlenstedt, Silvia: „Transit"-Editionen im Exil. In: *Argonautenschiff* 11 (2002), S. 54-64.

Schmidt, Johann-Lorenz [i.e. László Radványi]: *Internationale Konzerne*. Berlin [DDR]: 1981.

Schoor, Kerstin: *Verlagsarbeit im Exil. Untersuchungen zur Geschichte der deutschen Abteilung des Amsterdamer Allert de Lange Verlages 1933-1940*. Amsterdam 1992.

Seghers, Anna: *Briefe 1924-1952*. Hg. von Christiane Zehl Romero und Almut Giesecke. Berlin 2008.

Seghers, Anna: *Transit. Roman*. Hg. Silvia Schlenstedt. Berlin 2001.

Skalicky, Wiebke: Literaturagenten in der literarischen Emigration 1933-1945. Beobachtungen zu Rolle und Wirkung. In: Ernst Fischer (Hg.): *Literarische Agenturen – die heimlichen Herrscher im Literaturbetrieb?* Wiesbaden 2001, S. 101-123.

Solte-Gresser, Christiane: Fluchtgeschichten. Erzählen vom Zweiten Weltkrieg bei Irene Némirovsky und Anna Seghers. In: Manfred Leber/Sikander Singh (Hg.), *Erkundungen zwischen Krieg und Frieden*. Saarbrücken 2017, S. 191-222.

Spring, Ulrike: *Verlagstätigkeit im niederländischen Exil 1933-1940*. M. A. Wien 1994.

Stephan, Alexander: *Anna Seghers im Exil. Essays, Texte, Dokumente*. Bonn 1993.

Stephan, Alexander: *Anna Seghers. Das siebte Kreuz. Welt und Wirkung eines Romans*. Berlin 1997.

Walkowitz, Rebecca L.: *Born Translated. The Contemporary Novel in an Age of World Literature*. New York 2015.

Weinstein, Allen: *Perjury. The Hiss-Chambers Case*. New York 1997.

Rainer Emig (Mainz)

Die Internationalität des Nationalen

Joseph Conrad im Herzen der englischen Literatur

I. Einleitung: Conrads Kontexte

Joseph Conrads Romane und Erzählungen nehmen eine zentrale Stellung im Kanon der englischsprachigen Literatur ein. Dort werden seine Werke als Übergangsphänomene zwischen viktorianischem Realismus, *Fin de siècle*-Dekadenz und modernistischem Experiment, aber auch als fiktionale Reaktionen auf das sich gerade seinem Höhepunkt nähernde Britische Empire angesehen. Diese Kanonisierung Conrads lässt sich bereits früh nachweisen. „The great English novelists are Jane Austen, George Eliot, Henry James and Joseph Conrad",[1] beginnt der einflussreiche *New Critic* F. R. Leavis seine Studie *The Great Tradition* von 1948. Heute ist der kanonische Status von Conrads Werken als Pfeiler der englischen Literatur so stark, dass man Studierende daran erinnern muss, dass sich hinter dem Pseudonym Joseph Conrad die Person Józef Teodor Konrad Korzeniowski verbirgt. Korzeniowski war ein Pole, der in der damals russischen Ukraine geboren wurde und zwischen Juden und Ukrainern aufwuchs. Später versuchte er vergebens, die österreichische Staatsbürgerschaft zu erwerben. Als ihm dies nicht gelang und es schließlich die britische wurde, behielt er lange Jahre seinen russischen Pass. Tatsächlich hing Korzeniowski zeitlebens eher panslawischen Ideen der politischen und kulturellen Vereinigung aller slawischen Kulturen an, als jemals ein jingoistischer, also nicht einfach patriotischer, sondern nationalistisch denkender Brite zu werden.[2] Dies ist umso ironischer, als er in der postkolonialen Forschung häufig als kritikwürdiger Exponent des Empire-Denkens, also des britischen Imperialismus, gilt.[3] Bereits hier stellt sich die Frage nach dem Verhältnis von Nationalem und Internationalem. Conrads Texte werden im Verlauf der folgenden Analyse als Beleg für die Erkenntnis dienen, dass eine einfache Nationalität wie auch ein simpler Nationalismus in seinen Texten dadurch kompliziert werden, dass sie gleichzeitig mehrere Kulturen und deren divergierende Positionen im Blick behalten und ihre komplexe Gestaltung dieser Mehrfachperspektive verdanken.

Auch Conrads heutiger Status als einer der großen Stilisten im Gebrauch des literarischen Englisch flog ihm nicht einfach zu. Er war Autodidakt und

---

1 Leavis, *Tradition*, S. 1.

2 Vgl. Meyers, *Conrad*, S. 1-30. Meyers beginnt seine Biografie Conrads mit dem bezeichnenden Satz: „Conrad's life and character were shaped by the troubled history of Poland [...]", S. 1.

3 Vgl. Dryden, *Imperial Romance*, S. 2. Obwohl Dryden Conrad als Beispiel für die imperialistische Romanze aufführt, betont er bereits in seiner Einleitung, dass Conrads Texte diese gleichzeitig unterwandern.

sprach zeitlebens Englisch mit starkem Akzent. Der Herausgeber seines ersten
Romans *Almayer's Folly*, Edward William Garnett, der später auch D. H. Law-
rence veröffentlichen würde, hatte in der Tat Bedenken, dass Conrads Englisch
zu schlecht für eine Publikation wäre, und nur Garnetts Gattin Constance, die
Übersetzerin aus dem Russischen war, überredete ihn, dass die Fremdheit von
Conrads Stil ein Gewinn und kein Defizit sei.[4]

Conrads Stil zeigt in der Tat eine sprachliche Überpräzision, die sich bereits
in seinen ersten Schriftproben im Englischen finden lässt, eine Überbefolgung
von Regeln, die eher für einen Sprachenlernenden als für einen Muttersprachler
typisch ist. Eine Rezension in der *Aberdeen Daily Free Press* vom 30. März 1896
macht ihm daher auch das zweideutige Kompliment: „Mr Conrad's English gets
into one's veins",[5] sein Englisch gehe unter die Haut. Wir werden sehen, dass
er sich in späteren Texten genau darüber lustig macht. Aber bis wir zu diesen
kommen, möchte ich in diesem Aufsatz nicht so sehr auf die Biografie Conrads
abheben, die selbst eine abenteuerliche Geschichte der europäischen Kulturen
des frühen 20. Jahrhunderts im Austausch bieten würde. Stattdessen werde ich
fragen, wie die britische Literatur und Kultur im frühen 20. Jahrhundert, die
stark nationalistischen Ideen anhängt, mit einem Autor umgeht, der zum einen
sichtbar und lesbar ein Eindringling ist, andererseits in seinen Werken aber auch
eine solch starke Assimilation zeigt, dass diese eigentlich wieder den Ideen einer
englisch dominierten britischen Nationalkultur in die Hände spielen müsste.

In einem zweiten Schritt werde ich dann an einigen ausgewählten Texten
Conrads zu beleuchten suchen, wie das Thema des Eindringlings und der vermeintlichen Assimilation in seinen Werken zentral bleibt, wie also die Texte
selbst auf das ideologische und kanonische Umfeld reagieren, an dessen Erschaf-
fung sie selbst Anteil haben. Ich stelle dabei mit Absicht Conrads wohl kon-
troversesten Roman *Heart of Darkness* (1899) nicht ins Zentrum, zum einen,
weil er bereits vielfach auf seinen möglichen Rassismus hin untersucht worden
ist.[6] Der andere Grund für diese Hintanstellung liegt darin, dass der Roman
selbst ein Modell von Fremd- und Vertrautheit entwirft, das aber so eigen und
komplex ist, dass es nur wenig Übertragungspotenzial auf eine allgemeine Sicht
von Conrads Schriften hat. In einer anonymen Rahmenerzählung präsentiert
dieser Text nämlich einen weiteren Erzähler, Marlow, der in der von ihm erzählten Geschichte im Auftrag einer belgischen Gesellschaft den (nicht explizit
benannten) Kongo befahren soll, um einen Elfenbeinhändler namens Kurtz
aufzuspüren. Er findet Kurtz sterbend und ‚verwildert' (im kolonialen europäischen Verständnis der Überlegenheit westlicher Zivilisation). Auf dem Weg zu
ihm beobachtet Marlow außerdem zahlreiche Beispiele kolonialer Grausamkeit.
Nach seiner Rückkehr sieht er sich gezwungen, Kurtz' Verlobte über das Erlebte
anzulügen. Kurtz wird in der Erzählung als paneuropäischer Hybrid bezeichnet,
aber auch der Brite Marlow ist als Angestellter einer belgischen Firma transnational. Gleichzeitig ermöglicht es das Setting der Erzählung im belgischen Kongo,

---

4 Vgl. Watts, Garnett's Influence, S. 82.
5 Simmons, Early Reviews, S. 91.
6 U. a. in Firchow, *Envisioning Africa*.

Kolonialschuld jenseits der britischen Perspektive zu beschreiben, wenn auch Marlows Position als bezahlter Außenseiter dies wieder konterkariert.

Die Methoden, die ich im weiteren Verlauf dieses Aufsatzes für die Analyse von Conrads erstem veröffentlichten Roman *Almayer's Folly* nutzen werde, sind anders als die biografischen und kontextuellen, die bislang sichtbar wurden, zum einen formal-stilistischer Art. Zum anderen werde ich etablierte postkoloniale Ideen wie die der Hybridisierung oder der Mimikry verwenden, diesmal aber nicht angewandt auf Objekte oder Texte aus Kolonien, sondern auf die Beiträge eines vermeintlich assimilierten und naturalisierten britischen Untertanen zur nationalen und kulturellen Identität Großbritanniens im frühen 20. Jahrhundert. Auch hier wird das Thema die Struktur und Position dieses vermeintlichen Selbsts im Zusammen- oder Gegenspiel mit dem Anderen sein, und es werden sich dabei Fragen nach der ontologischen Paradoxie der sogenannten Nationalliteraturen und -kulturen stellen. Einfacher ausgedrückt: Was macht Texte zu Repräsentanten nationaler, gar imperialistischer Ideologie? Ihre Verfasser, ihre Schauplätze und Themen oder ihre oft komplexen Positionen gegenüber all diesen Aspekten?

II. Conrad als unenglischer Musterengländer

Dass es selbst heute immer noch fröhlich drunter und drüber geht, wenn es um die Begründungen für eine Einordnung Conrads in den Kanon der englischen Literatur geht, möge das folgende Zitat belegen. Es stammt aus dem *Yearbook of Conrad Studies*, Band 3 (2007), das von der Universität Krakau herausgegeben wird. Dort schreibt der Amerikaner Allan H. Simmons:

> He shares his birth-year, 1857, with Edward Elgar, who provided the Age of Empire in Britain with its soundtrack [*Land of Hope and Glory*]. [...] 1857 also saw the births of Robert Baden-Powell and George Gissing. Pursuing these historical coincidences a little further, Conrad's dates – 1857 to 1924 – mean that he was born in the year in which *Little Dorrit* was published in book form; in the year of his death, *A Passage to India* was published. [...]
> Conrad's career as a published author begins with *Almayer's Folly* in 1895, the year that saw the publication of Thomas Hardy's last novel, *Jude the Obscure*. By serendipity or coincidence, here, too, there is the sense of a torch passing from one generation of artists to the next. Of course this symmetrical elegance didn't help Virginia Woolf when, "in 1910 or thereabouts", looking for living novelists from whom contemporary writers "could learn their business". For, despite reserving her "unconditional gratitude" for "Mr. Hardy and Mr. Conrad", she notes that the former "has written no novel since 1895" while the latter "is a Pole; which sets him apart, and makes him, however admirable, not very helpful".[7]

Simmons versucht hier, einen Kontext für die frühen Rezensionen von Conrads Texten zu etablieren. Bei seinem Versuch belegt er aber auch, dass Conrad schon

---

7 Simmons, Early Reviews, S. 83.

bald im Zusammenhang mit dem Empire gesehen wurde (mit dem Gründer der Pfadfinder, Lord Baden Powell, als internem Gegenpart und *A Passage to India* als dessen selbstreflexives literarisches Ende), ebenso aber als Teil der großen damals wie heute noch sehr lebendigen Erzähltradition des viktorianischen Realismus, der über Charles Dickens und Thomas Hardy auch zum Autor von Romanen über das moderne London und das Verlags- und Pressewesen, George Gissing, reicht. Nur Virginia Woolf agiert wieder als Spielverderberin, wenn sie daran erinnert, dass Conrad ja Pole sei und damit vielleicht bewundernswert, aber nicht besonders hilfreich.

Im gleichen *Yearbook*, nur einige Jahre später, unternimmt es dann Joanna Skolik in einem nicht unproblematischen Aufsatz, Conrad für die ‚polnische Seele‘ zu reklamieren. Tatsächlich, und viel überzeugender, weist sie eine Art spektrale Erinnerung an ein verlorenes Polen in seinen Schriften nach, das als Struktur auch seine Haltung zu Großbritannien und seinem Empire prägte: „Conrad came from Poland – a faraway and practically nonexistent, partitioned country of the time (divided between imperial Prussia, Austria and Russia), whose citizens could only fall back on their country's past glory and mourn her present state".[8] Wem gehören Autoren? Diese Frage stellen Leavis, Woolf, Simmons und auch Skolik. Es scheint ein dauerhaftes Thema der Literaturkritik und -geschichtsschreibung zu sein, wie das Nationale mit dem vermeintlich Globalen, hier der Dominanz der englischen Sprache in den Literaturen der Welt als Folge des Empire, zu denken ist. Conrads spezifischer Fall wirft dabei interessantes Licht auf die scheinbar doch nicht so einfache Etablierung einer Nationalliteratur Großbritanniens. Diese schien eigentlich seit dem Spätmittelalter durch die recht stabile Begrenzung des Britischen auf seine Inseln trotz der politischen Hinzufügung Schottlands und Irlands ihre Definition gefunden zu haben, die dann im 19. Jahrhundert bildliche Darstellungen wie Ford Madox Browns Gloriengemälde *The Seeds and Fruits of English Poetry* von 1845-53 ermöglichten, auf denen Lord Byron ganz friedlich neben dem mittelalterlichen Chaucer und dem blinden Milton zu stehen kommt.

Für die Erzählliteratur, die mit dem Roman erst im 18. Jahrhundert zu ihrer heute prominentesten Form gefunden hatte und deren Etablierung zeitlich mit der Entwicklung des Britischen Weltreichs parallel läuft, war solch eine idealisierte Kanonbildung nicht ganz so einfach möglich. Holbrook Jackson veröffentlichte sein Standardwerk *Great English Novelists* 1908 und ließ es mit Dickens enden. Auch ein Deutscher versuchte sich auf dem noch neuen Pflaster: Heinrich Nicolaus Ehrenthal reichte bereits 1874 in Rostock eine Dissertation *The English Novelists* ein, die sogar Populärautoren wie Captain Marryat und Sir Edward Bulwer Lytton, einen Sensationsautor wie Wilkie Collins und den Christsozialisten Charles Kingsley umfasste – und damit weit weniger elitär war als Leavis' über 70 Jahre spätere Studie. Bruce MacCullough hatte bereits 1946 Conrad im Untertitel seiner Monografie *Representative English Novelists. Defoe to Conrad* zum repräsentativen englischen Romanautor erklärt. Leavis stand also mit seiner Meinung keineswegs allein da.

---

8 Skolik, Conrad-Korzeniowski, S. 121.

Und dennoch wurde gerade die Erzählliteratur zum Mittel, mit dem britische (und das heißt dominant englische) kulturelle Identität nicht nur begründet, sondern auch in alle Welt exportiert wurde.[9] Ein nachweisbarer Effekt dieses Exports, so kann man hier bereits spekulieren, war die Übernahme des Englischen als Arbeitssprache durch den nun auch in seinem Namen assimilierten Joseph Conrad.

Wofür brauchte das 19. Jahrhundert in Großbritannien die Erzählliteratur aber nun genau? Die Antwort auf diese Frage führt sowohl in die Politik wie auch in die Ursprünge des neuen Studienfachs Anglistik, das erst in der zweiten Hälfte des 19. Jahrhunderts begründet wurde, und zwar an einigen ‚fortschrittlichen' Universitäten. In Oxford und Cambridge wurde es erst um die Wende vom 19. zum 20. Jahrhundert etabliert. In einer berühmt gewordenen politischen Intervention, der *Minute on Indian Education*, übersetzt etwa „Bericht zum indischen Bildungswesen", argumentierte der liberale Politiker Thomas Babington Macaulay, der später hohe Ämter im Kriegs- und Finanzministerium innehaben würde, wie folgt: Das Englische sei jetzt (1835) bereits eine Weltsprache, die nicht nur in Großbritannien, Nordamerika und Australien gesprochen wurde, sondern zunehmend in Afrika und in den Bildungsschichten Indiens. Warum dann nicht alle Inder, die so offensichtlich lernfähig seien, mit englischer Bildung, der englischen Sprache und ihrer Krönung, der englischen Literatur, vertraut machen? Denn in dieser schlummerten nicht nur die Regeln der Sprache, sondern auch die Kultur und das Wissen Großbritanniens aus Jahrhunderten.[10] Macaulay hat keine Hemmungen zu verkünden: „The literature of England is now more valuable than that of classical antiquity".[11] Zu diesem Zeitpunkt, so kann man also mit Fug und Recht behaupten, ist die englische Literatur als solche etabliert. Mehr noch: sie ist zeitgleich zum Instrument der Kolonisierung der Welt geworden.

Es ist also kein Zufall, dass wenige Jahre später die ersten Kurse in ‚moderner Literatur' (und nicht mehr nur der klassischen antiken) an englischen Universitäten entstanden. Denn die Kolonisierung wirkte nicht nur nach außen, in die Welt des Kolonialismus und Imperialismus. In der Folge von Macaulays Intervention wurde zum Beispiel Indien das britische Erziehungssystem und die englische Sprache übergestülpt. Aber auch innerhalb Großbritanniens erkannte man, dass die englische Literatur ein Bildungsinstrument sein konnte, vor allem für die aufstrebende Mittelschicht, aus der sich die Geschäftsleute und Bürokraten rekrutieren, die ohne einen guten Gebrauch der englischen Sprache nicht erfolgreich agieren konnten, und ohne die Großbritannien, die selbsternannte Nation der Ladenbesitzer, nicht ein Weltreich hätte errichten können, in dem die Sonne nie unterging. Die Oberschicht hingegen lernte weiter Latein und

---

9 Patrick Parrinder macht dies zur Grundthese seiner Studie *Nation & Novel*. In dieser findet sich Conrad in Kapitel 10, das den bezeichnenden Titel „At Home and Abroad in Victorian and Edwardian Fiction: From *Vanity Fair* to *The Secret Agent*" trägt, S. 232-257.

10 Vgl. Macaulay, Minute, S. 110.

11 Ebd., S. 111.

Griechisch in ihren Privatschulen, etwas, was gegen Ende des Jahrhunderts zu
lebhaften Diskussionen führte. Ich verdanke dem Herausgeber des Dossiers, in
dem dieser Aufsatz erscheint, Winfried Eckel, die wichtige Anregung, hier das
Englische als pragmatisch-wirkungsmächtige Sprache der Globalisierung vor
allem für die Mittelschicht und die Verwaltung zu sehen, die gleichzeitig aber
auch englischen Nationalismus transportiert, während das traditionell globale
Latein und Altgriechisch die Sprachen der Oberschicht blieben, die sich aber als
zunehmend lebensfremd erwiesen.

III. Conrads fiktionale Reaktionen auf diese Debatten

Conrad als Spross einer politisch aktiven Familie mit großem Interesse an Welt-
politik war das imperialistische Streben Großbritanniens wohlvertraut, als er
Teil der britischen Handelsmarine wurde und sich selbst die englische Sprache
beibrachte. Aber heißt dies, dass er das Ethos der nun so stark aufgewerteten englischen Literatur kritiklos übernahm und sich quasi ans Englische assimilierte
oder gar überassimilierte? Es ist kein Zufall, dass in seinen Romanen immer wieder Figuren eine zentrale Rolle spielen, die Eindringlinge in einer fremden Welt
sind, deren Sprachen und Kulturen sie sich zwar geschickt zu Nutze machen,
aber an deren Differenzen sie letztlich scheitern. Das ist bereits in seinem schon
erwähnten ersten Roman *Almayer's Folly* von 1895 der Fall. In diesem geht es
um den holländischen Geschäftsmann Kaspar Almayer, der im Dschungel Bor-
neos nicht die Goldmine findet, die er dort vermutet hatte. Stattdessen etabliert
er sich als nur mäßig erfolgreicher Händler mit einem übergroßen nie vollende-
ten Haus, das andere Händler „Almayer's Folly" (Almayers Wahn) nennen, heiratet eine Einheimische und zeugt mit ihr eine Tochter. Als ein einheimischer
Prinz sich in diese verliebt, nimmt das Verhängnis seinen Lauf. Almayer endet
schließlich verlassen von Frau und Tochter, die sich als Einheimische betrachten,
in den Ruinen seines Hauses, wo er zum Opiumsüchtigen wird.

  Die zeitgenössische Kritik verortete den Roman unter den exotischen Aben-
teuertexten, die zu dieser Zeit populär waren. Schließlich ging es um die Schatzsuche eines Europäers auf einem fremden Kontinent.[12] Conrad war zeitlebens
unglücklich über diese Zuordnung vieler seiner Romane. Was im Kontext der
Fragestellung dieses Aufsatzes aber viel deutlicher betont werden muss, ist, dass
es sich bei der Geschichte auch um die einer missglückten kulturellen Integration und Assimilation handelt. Obgleich der Europäer Almayer sich in Borneo
niederlässt, Geschäfte macht, eine Einheimische ehelicht und ein Kind mit ihr
hat, bleibt er ein Außenseiter. Die Erzählung betont immer wieder, dass seine
Ehefrau ‚den Weißen' nicht traut – und damit auch ihrem Ehemann nicht. Auch
die Tochter wendet sich schließlich vom Vater ab. Es bleibt ihm nichts außer
dem, was man im Englischen einen *pipe dream* nennt, einen Fiebertraum, hier
letztlich verkörpert in einer Opiumpfeife. Aber im Rückblick war natürlich sein
ganzes Leben bereits eine Illusion, aufgebaut auf der Wahnvorstellung nicht nur

---

12 Vgl. Hampson, Conrad, S. 290.

einer Schatzsuche, sondern auch eines Sesshaftwerdens und Wurzelnschlagens in einer ihm fremden Umgebung und einer anderen Kultur und Sprache. Die einzige Integration, die ihm gelingt, ist eine ironische. Als er zum Schluss von allen außer seinem Diener Ali verlassen wird, freundet er sich mit einem Affen an, lernt dessen Sprache und nimmt schließlich sogar dessen Gewohnheiten an:

> In the house, which Almayer entered through the back verandah, the only living thing that met his eyes was his small monkey which, hungry and unnoticed for the last two days, began to cry and complain in monkey language as soon as it caught sight of the familiar face. Almayer soothed it with a few words and ordered Ali to bring in some bananas, then while Ali was gone to get them he stood in the doorway of the front verandah looking at the chaos of overturned furniture. Finally he picked up the table and sat on it while the monkey let itself down from the roof-stick by its chain and perched on his shoulder. When the bananas came they had their breakfast together; both hungry, both eating greedily and showering the skins round them recklessly, in the trusting silence of perfect friendship.[13]

Conrads Protagonist weist zwar einige Parallelen zum Autor auf, erlebt aber ein ganz anderes Schicksal. Auch Conrad heiratete eine Engländerin, mit der er zwei Söhne hatte. Aber obwohl er lange Zeit brauchte, bis seine Schriften ihn ernährten, und er sein Leben lang hochsensibel und fast neurotisch blieb, scheint er weder seinen Umzug nach Großbritannien noch seine privaten Lebensentscheidungen bereut zu haben. Als er dort 1910 ein lebenslanges Kleinstipendium aus der *Civil List* erhielt und damit zu öffentlicher Bekanntheit gelangte, schien sein ‚Ankommen‘ auch symbolisch anerkannt zu werden. Aber bereits das ironische Zitat in französischer Sprache, das Conrad dem Roman vorausgehen lässt, verweist darauf, dass es in der Geschichte – anders als in Conrads Leben – um ein missglücktes Ankommen geht. Es stammt vom schweizer Schriftsteller Henri-Frédérick Amiel und lautet: „Qui de nous n'a eu sa terre promise, son jour d'extase et sa fin en exil?" (Wer von uns hatte nicht sein gelobtes Land, seinen Tag der Ekstase und sein Ende im Exil?).[14]

Scheinbar ganz anders begründet sich das Scheitern des Protagonisten in Conrads Roman *Lord Jim* (in Buchform 1900 veröffentlicht). Es handelt sich bei ihm um einen jungen Briten, der wie Conrad zur See fährt. Bereits zu Beginn der Geschichte ist seine Existenz grundlegend beschädigt. Als Konvaleszent heuert er auf dem Dampfschiff Patna an, das muslimische Pilger zu einem Hafen am Roten Meer bringen soll. Nach einer Kollision glauben der Kapitän wie auch Jim, das Schiff würde sinken, und anstatt an Bord zu bleiben, wie es ihre Pflicht wäre, retten sie sich selbst zuerst. Später stellt sich heraus, dass das Schiff nie wirklich in Gefahr war, und Jim verliert zusammen mit dem Kapitän seine Zulassung als Seemann. Schließlich geht er auf Anraten eines Freundes, der auch als Erzähler fungiert, erst als Kolonialverwalter nach Bangkok und später, als er auch dort in Schwierigkeiten gerät, nach Patusan, einem kleinen Ort in der Andamanensee.

---

13 Conrad, *Almayer's Folly*, S. 257-258.
14 Ebd., Titelseite.

Missverständnisse und erfolgloses Davonlaufen prägen also die Existenz des Protagonisten, der erst in Patusan zum „Lord" wird, weil ihn die Einheimischen als einzigen ansässigen Weißen so nennen – allerdings nicht auf Englisch, sondern auf Malaiisch: *tuan*. Im Mikrokosmos von Patusan scheint sein Leben eine positive Wendung zu nehmen: er lernt die Sprache, unterstützt die Einheimischen gegen einen korrupten Häuptling und findet einen besten Freund und eine Geliebte. „I am satisfied... nearly", kommentiert er seine Situation.[15] Doch diese ändert sich gerade durch das Wiederauftauchen seiner vermeintlich überwundenen und zurückgelassenen Kultur: ein Bandit, der ironisch „Gentleman" Brown genannt wird, greift mit seinen Männern das Dorf an. Mit der Konfrontation Lord gegen Gentleman kehrt die britische Kultur und mit ihr ihre Vorurteile und ihre Ständegesellschaft ironisch in die Erzählung zurück. Jim ist als akzeptierter Ansässiger natürlich besser angesehen als ein Pirat, auch wenn er natürlich kein wirklicher Adeliger ist. „Gentlemen" waren zu der Zeit alle Briten, die wohlhabend und/oder in den Kolonien aktiv waren, aber natürlich keine Verbrecher, es sei denn, der Text würde implizieren, alle in koloniale Aktivitäten verstrickten Briten seien Betrüger und Verbrecher. Schließlich handelt es sich ja bei Jim um einen verurteilten Straftäter. Ähnlich wie *Almayer's Folly* findet auch *Lord Jim* ein tragisches Ende, das mit dem Tod von Jims bestem Freund seinen Anfang nimmt. Eine Wendung hat die Geschichte dennoch in petto: nun übernimmt Jim auf einmal Verantwortung. Er stellt sich dem Vater seines Freundes, erklärt sich für schuldig an dessen Tod, und wird schließlich vom Vater im Zorn erschossen. Die Geschichte lässt es bezeichnend offen, ob sein Schuldgeständnis im vollen Bewusstsein erfolgt, damit der Blutrache anheim zu fallen. Damit wäre sein Tod letztlich ein ironischer Beleg seiner Integration in eine andere Kultur.

Sprache, auch deren Erlernen und vermeintlich korrekter Gebrauch, führt in Conrad nicht automatisch zur Erkenntnis, Identität und Integration. Dies wird wieder ironisch, weil eine Erzählebene versetzt, im disparaten Gestammel des Erzählers deutlich, wenn dieser versucht, die tragischen Schlussereignisse an den Leser weiterzugeben:

> I affirm nothing. Perhaps you may pronounce — after you've read. There is much truth — after all — in the common expression 'under a cloud.' It is impossible to see him clearly — especially as it is through the eyes of others that we take our last look at him. I have no hesitation in imparting to you all I know of the last episode that, as he used to say, had 'come to him.' One wonders whether this was perhaps that supreme opportunity, that last and satisfying test for which I had always suspected him to be waiting, before he could frame a message to the impeccable world. You remember that when I was leaving him for the last time he had asked whether I would be going home soon, and suddenly cried after me, 'Tell them...' I had waited — curious I'll own, and hopeful too — only to hear him shout, 'No — nothing.' That was all then — and there will be nothing more; there will be no message, unless such as each of us can interpret for himself from the language of facts, that are so often more enigmatic than the craftiest arrangement of words.[16]

---

15 Conrad, *Lord Jim*, S. 260.
16 Conrad, *Lord Jim*, S. 365.

Diese inkohärente Zusammenfassung enthält das Eingeständnis, dass man die Tragik des Anderen nie völlig überschauen und verstehen kann. Als wollte der Text Macaulays pragmatisch optimistische Vision einer Sprache, die über ihre Literatur ihre Werte klar und eindeutig vermitteln kann, radikal konterkarieren, heißt es hier: es gibt keine Botschaft. Zu interpretieren wären nur die Fakten, aber diese sind oft noch rätselhafter als das kunstvollste Arrangement von Worten. Gleichzeitig distanziert sich eine Passage wie die obige auch von den scheinbar gelungenen Rahmungen einer Erzählung wie *Heart of Darkness*, in denen der Schluss vermeintlich nahtlos in einer Lüge aufgeht. Mit Passagen wie diesen, die gleichzeitig selbstreferenziell und dekonstruktiv sind, reiht sich Conrad bereits in den sich anbahnenden Modernismus in der englischen Literatur ein.

IV. Das Fremde im Eigenen

Die Kulmination von Conrads Auseinandersetzung mit Assimilation und Integration durch Sprache findet sich überraschenderweise in einem Roman, der keineswegs an einem exotischen Ort spielt. *The Secret Agent*, ironisch mit *A Simple Tale* unterbetitelt, ist Conrads konstruiertester Roman. 1907 veröffentlicht, spielt er im London des Jahres 1886 und ist nach einem Terroranschlag auf das dortige Observatorium in Greenwich durch den französischen Anarchisten Martial Bourdin im Jahr 1894 modelliert. Conrad übernahm die nicht unumstrittene Erklärung, dass Bourdin mit ihm das symbolische Zentrum des Westens treffen wollte, denn dort liegt auch der Null-Meridian.[17]

Conrads Roman ist der erste Roman über einen Selbstmordattentäter. Aber er ist nicht nur das. Bereits sein Titel deutet darauf hin, dass es in ihm um mehr geht als nur um die Darstellung der Hintergründe und der Ausführung einer politisch motivierten Gewalttat. Ein *Secret Agent* ist ein Geheimagent, und in der Tat spielen Agenten und Doppelagenten in Conrads Geschichte eine wichtige Rolle, in der osteuropäische Anarchisten und Spinner einen Anschlag vorbereiten, aber dabei unwissentlich bloße Marionetten sowohl des britischen wie weiterer ausländischer Geheimdienste sind. Ein *agent* kann aber auch ein Agens sein, ein Wirkstoff. Und der machtvollste Wirkstoff, mit dem sowohl Akteure wie Geheimdienste im Roman operieren, ist die Sprache – im weitesten Sinne als kodierte kulturelle Zeichen.

Die Attentäter treffen sich im Laden von Adolf Verloc, der einen doppelt unenglischen Namen trägt. Bei einem Interview mit seinem Verbindungsoffizier im britischen Geheimdienst wird seine nationale Identität zum Thema:

> "[...] I am English."
> "You are! Are you? Eh?"
> "A natural-born British subject," Mr Verloc said stolidly. "But my father was French, and so — "[18]

---

17 Sherry, Greenwich Bomb, S. 491.
18 Conrad, *Secret Agent*, S. 28f.

Und so was?, möchte man fragen. Ist er nun Brite, weil er in Großbritannien geboren ist? Für Conrad waren Zeit seines Lebens kulturelle Zugehörigkeit und ihre Zeichen bestimmende Themen. Als Verlocs Vorgesetzter wütend wird, wird auch dessen Identität fragwürdig:

> "Aha! You dare be impudent," Mr Vladimir began, with an amazingly guttural intonation not only utterly un-English, but absolutely un-European, and startling even to Mr Verloc's experience of cosmopolitan slums. "You dare! Well, I am going to speak plain English to you. [...]"[19]

Was in diesem Kontext *plain English* sein soll, bleibt aber ebenso völlig unklar.

Identität zeigt sich als trügerische Fassade auch an dem Ort, an dem die meisten Szenen des Romans spielen. Der Treffpunkt der Verschwörer ist ein Gemischtwarenladen, dessen Hauptumsatz mit Pornographie erzielt wird. „Don't you be too English",[20] ist die Anweisung von Verlocs Führungsoffizier, und genau nach diesem Motto ist auch die Fassade eines Ladens aufgebaut, der gerade ein wenig ungewöhnlich sein muss, um zu überzeugen. Am anderen Ende der Skala ist Verlocs Verbindungsoffizier angesiedelt, dessen Englisch zu perfekt ist, um echt zu sein. Und auch die ansonsten eher naive Ehefrau Verlocs, Winnie, hat schon begriffen: „some foreigners could speak better English than the natives".[21]

Wenn sich im Herzen des Empires, der Hauptstadt des Vereinigten Königreichs, diese Fremden etablieren und düstere Pläne schmieden, so wird damit keineswegs eine klare Opposition zwischen dem ,eigentlichen' Englischen und dem ,uneigentlichen' Fremden erzeugt. Bereits das gerade verwendete Zitat, in dem Verloc an die Slums von Weltstädten als Orte des Identitätszerfalls denkt, hatte dies impliziert. Die postkoloniale Theorie spricht in Bezug auf das Unscharfwerden von Identität im Austausch mit dem kulturell Anderen von Hybridität. Da laut ihrem Haupttheoretiker Homi Bhabha aber Kulturen nie als reine oder ursprüngliche auftreten, sondern immer bereits durch Veränderung und Vermischung konstituiert werden, wäre eigentlich der Prozessbegriff der Hybridisierung zutreffender. Dieser Prozess findet weder automatisch noch freiwillig statt, noch konstituiert er sich jemals außerhalb von Machtstrukturen. Hybridisierung ist in der Regel antagonistisch und von Widerständen und ungleichen Machtverhältnissen begleitet:

> The subjects of the discourse are constructed within an apparatus of power which *contains*, in both senses of the word, an 'other' knowledge – a knowledge that is arrested and fetishistic and circulates through colonial discourse as that limited form of otherness that I have called the stereotype.[22]

---

19 Ebd., S. 32f.
20 Ebd., S. 33.
21 Ebd., S. 281.
22 Bhabha, *Location of Culture*, S. 111.

In Bezug auf die Themen dieses Aufsatzes, Inter- und Transnationalität, würde dies bedeuten, dass der vermeintlich bloße Kulturkontakt des Internationalen, ob durch Migration, Exil oder Spracherwerb, immer schon mehr impliziert. Er verschiebt die Identitäten aller Beteiligten in Richtung einer Transnationalität, die dabei allerdings kein Ort der Harmonie und des Ausgleichs sein muss. Wir hatten dies in den Texten Conrads bereits daran gesehen, dass sich die vermeintlich dominierende Kultur mit ihrer Sprache und ihren Konzepten, also in der Regel das Englische mit dem Britischen Weltreich im Hintergrund, in einem fremden Kontext bewähren muss. Und anders als in den Abenteuergeschichten, mit denen Conrad seine Romane und Erzählungen zu Recht nicht in einen Topf geworfen sehen wollte, scheitert diese vermeintlich dominante Kultur immer wieder am ihr Fremden.

In *The Secret Agent* scheitert sie sogar an sich selbst. Der Anschlag kann nicht verhindert werden. Was er zertrümmert, ist aber nicht das Symbol westlicher Werte und Normen, das Observatorium von Greenwich, sondern der geistig zurückgebliebene Bruder der Ehefrau Verlocs, Stevie, der von Verloc und seinen Mittätern zum Transport der Bombe benutzt wird. Im historischen Fall des Anarchisten Bourdin explodierte dessen Bombe zu früh und verletzte ihn schwer. In Conrads Roman wird Stevie als Figur, die sich nicht verstellen kann, also als Symbol des Authentischen, von der Bombe, die viele Väter hat, in tausend Stücke gerissen. Verlocs Ehefrau Winnie, die sonst wenig versteht und Sprache selten benutzt, wird durch diese Tragödie zu einem stummen Mord an ihrem Gatten getrieben und zum noch lautloseren Selbstmord, der sie eine Fähre nach Frankreich (wieder ein kultureller Übergang) nehmen lässt, um von dieser spurlos in den Ärmelkanal abzutauchen.

Der Transit, der hier von einer Britin unternommen wird, die das Land bislang noch nie verlassen hat, führt zu deren Verschwinden, aber auch zu ihrer paradoxen Erfüllung, wenn sie ein einziges Mal in der Geschichte selbstbestimmt handelnd. Sie ist darin dem Tod Jims als mögliches Opfer zur Heilung seiner bislang defizitären Integrität und Identität ähnlich. Im Kontrast zu diesen selbstzerstörerischen Beispielen von Auflösung von Identität im Transit zwischen Inter- und Transnationalem gibt es für die Protagonisten von *Heart of Darkness* und *Almayer's Folly* gar keinen Ausweg, nur Lüge und Wahnsinn. Auch in Bezug auf die Gattung der Erzählliteratur lässt sich hier eine Botschaft finden: Es steht zur Wahl die Unwahrheit oder das Ende von Sinn – gegen die schwierig zu beschreibenden wie zu rezipierenden Erfahrungen von Hybridisierung und Transit, auch im Angesicht des möglichen Verlusts von Identität in diesem Prozess.

V. Schlussfolgerung: Die Rache der Mimikry

Mimikry ist, wieder laut Homi Bhabha, eine der wirksamsten Waffen, mit denen das Andere das vermeintlich dominante Zentrum in Prozessen der Kolonisierung herausfordern kann. Mimikry, ein Begriff, der wie Hybridität ursprünglich aus der Beschreibung des Pflanzen- und Tierreichs stammt und dort strategische

Imitation meint, bedeutet im Kulturellen eine so erfolgreiche Aneignung der
Zeichen des Anderen, dass dieses Andere in der Konsequenz an seiner eigenen
Identität zweifeln muss: „The menace of mimicry is its double vision which in
disclosing the ambivalence of colonial discourse also disrupts its authority".[23]
Wenn ein Nichtmuttersprachler wie Conrad Romane schreibt, deren Stil ihn in
kürzester Zeit zu einem repräsentativen oder gar großen englischen Romancier
werden lässt, zeigt dies auf der einen Seite den großen Magen, den vermeintlich kleingeistige Konstruktionen wie Nationalliteraturen haben können. Es
zeigt aber auch, wie das linguistisch und kulturell Andere in das vermeintliche
Herz einer kulturellen Identität eindringen kann, dort diese Identität mit- und
umgestaltet, und gleichzeitig – wie hier in den Protagonisten und Handlungs-
strukturen, in den gebrochenen und vervielfältigten Erzählperspektiven und
der Verweigerung von ultimativen Bedeutungen und Botschaften – strategische
Fragezeichen dort einschreibt, wo eigentlich Ausrufezeichen zu erwarten wären.

Nirgendwo sind die Fragezeichen so deutlich wie in *The Secret Agent*, wo das
10. Kapitel im Regierungsviertel Westminster beginnt, „at the very centre of the
Empire on which the sun never sets".[24] Doch auch hier erwartet den Leser oder
die Leserin eine Überraschung. Der *Assistant Commissioner*, der die Fäden des
Komplotts in den Händen halten soll, ist sehr zur Überraschung eines wartenden jungen Büroangestellten „a queer, foreign-looking chap".[25] Das Eigene ist
nicht wirklich genuin, aber ebenso wenig das Fremde: Winnies Mutter, die bei
den Verlocs wohnt, „considered herself to be of French descent",[26] was ungefähr so viel bedeutet wie Verlocs hybrider Hintergrund. „[W]hich might have
been true",[27] ergänzt der Text dann noch ironisch, und reiht sich damit ein in
die Herausforderungen an die Einordnungen von Figuren in Kulturen bei Conrad, die die Einordnung Conrads in den Kanon der englischen Literatur mitein-
schließt. In der Ausgabe des *Cambridge Companion to English Novelists* aus dem
Jahre 2009 schreibt dessen Herausgeber Adrian Poole in seiner Einleitung erst
schwach, die Sprache halte die *English Novelists* zusammen, wobei er gleichzeitig
zugibt, dass es sehr wohl amerikanisches, australisches und viele andere *Engli-
shes* gäbe. Dann versucht er, Schottland, Amerika und Irland gerecht zu werden:
„Scott and Stevenson [die natürlich beide in seinem Sammelband enthalten
sind] of course belong in any *Companion to Scottish Literature*, as James does
in the American, and Joyce in the Irish equivalents."[28] Und schließlich ergänzt
er enigmatisch in einer Klammer: „(Conrad is another matter, because of the
language.)",[29] ohne dass er diese verwirrende Äußerung weiter ausführen würde.
Macht der meisterhafte Gebrauch der englischen Sprache Conrad nun zum
Ehrenengländer? Ist die englische Literatur am Ende nicht national, sondern

---

23 Ebd., S. 126.
24 Conrad, *Secret Agent*, S. 303.
25 Ebd., S. 304.
26 Ebd., S. 5.
27 Ebd.
28 Poole, *Novelists*, S. 9f.
29 Ebd., S. 10.

sprachlich begründet? Oder ist Conrad beides, assimilierter Insider und meisterhafter Außenseiter, der gerade auf dem balanciert, was Identität gleichzeitig grundlegend konstituiert und ebenso grundlegend herausfordert und dekonstruiert: der Sprache?

Es wäre sicher zu einfach, ihn als ein Beleg für die vermeintliche Existenz einer globalen englischsprachigen Literatur zu sehen. Dafür sind die linguistischen und kulturellen Herausforderungen an seine Figuren zu deutlich – und ihre Schicksale oft zu tragisch. Vielleicht bleibt Conrad ein Stachel im Fleisch eines englischen Kanons, in den er sich mit großer Anstrengung hineinschrieb, in den er aber auch einige Fragen eingeschrieben hat. Er wäre dann ein zentral sichtbares Fragezeichen innerhalb der Konstruktion einer englischen Nationalliteratur. Dieser vermeintliche Webfehler im Muster muss dabei keine negativen Auswirkungen haben, sondern kann, wie Conrads Texte in ihrer Kunstfertigkeit belegen, Möglichkeiten und Alternativen aufzeigen. Nicht ohne Grund schrieb Conrad in einem Brief an die Saturday Review der *New York Times* am 2. Aug 1901:

> The only legitimate basis of creative work lies in the courageous recognition of all the irreconcilable antagonisms that make our life so enigmatic, so burdensome, so fascinating, so dangerous – so full of hope.[30]

VI. Literatur

Primärtexte

Conrad, Joseph: *Almayer's Folly. A Story of an Eastern River*. London 1896.
Conrad, Joseph: *Lord Jim. A Tale*. Edinburgh/London 1900.
Conrad, Joseph: *The Secret Agent. A Simple Tale*. London 1907.
Conrad, Joseph: *The Collected Letters of Joseph Conrad*. Bd. 2. 1898-1902. Hg. v., Frederick R. Karl/Lawrence Davies. Cambridge [u. a.] 1986.

Sekundärtexte

Bhabha, Homi K.: *The Location of Culture*. London/New York 1994.
Dryden, Linda: *Joseph Conrad and the Imperial Romance*. London 2000.
Ehrenthal, Heinrich Nicolaus: *The English Novelists*. Diss. Rostock 1874.
Firchow, Peter E.: *Envisioning Africa. Racism and Imperialism in Conrad's Heart of Darkness*. Lexington 1999.
Hampson, Robert: Joseph Conrad. In: Adrian Poole (Hg.): *The Cambridge Companion to the English Novel*. Cambridge 2009, S. 290-308.
Jackson, Holbrook: *Great English Novelists*. London 1908.
Leavis, F. R.: *The Great Tradition. George Eliot, Henry James, Joseph Conrad*. New York 1948.

---

30 Conrad, *Letters*, S. 348f.

Macaulay, Thomas Babington: Minute by the Honourable T. B. Macaulay, dated the 2nd February 1835. In: H. Sharp (Hg.): *Bureau of Education. Selections from Educational Records, Part I (1781-1839)*. Kalkutta 1920, S. 107-117.

MacCullough, Bruce: *Representative English Novelists. Defoe to Conrad*. New York 1946.

Meyers, Jeffrey: *Joseph Conrad. A Biography*. New York 1991.

Parrinder, Patrick: *Nation & Novel. The English Novel from its Origins to the Present Day*. Oxford [u. a.] 2008.

Poole, Adrian (Hg.): *The Cambridge Companion to the English Novelists*. Cambridge 2009.

Sherry, Norman: The Greenwich Bomb Outrage and *The Secret Agent*. In: *The Review of English Studies* 18/72 (1967), S. 412-428.

Skolik, Joanna: Joseph Conrad-Korzeniowski. An English Writer with a Polish Soul. *Joseph Conrad's Polish Heritage. Yearbook of Conrad Studies* 13 (2018), S. 119-128.

Simmons, Allan H.: Conrad among the Critics. The Early Reviews. In: *Yearbook of Conrad Studies* 3 (2007), S. 81-95.

Watts, Cedric: Edward Garnett's Influence on Joseph Conrad. In: *The Conradian* 21/1 (1996), S. 79-91.

Dieter Ingenschay (Berlin)

Die Verwerfung von Magie und Exotik

Zur neuen Trans-/Internationalität des lateinamerikanischen
Romans (bei den Gruppen *Crack* und *McOndo*)

I. Einleitung: Diesseits der ‚wunderbaren Wirklichkeit‘

> Die größte literarische Revolution der zweiten Hälfte des zwanzigsten Jahrhun-
> derts, das waren die Erzähler Südamerikas, die an Kafka anknüpften und die
> Grenzen zwischen Tages- und Nachtwirklichkeit, zwischen Wachen und Traum
> durchlässig machten. Romane als große Träume, in denen alles möglich ist.[1]

Diese Passage aus den *Poetikvorlesungen* Daniel Kehlmanns, welche Joachim
Rickes in seinem Buch über Kehlmann und die lateinamerikanische Literatur
zitiert,[2] ist nur eine unter den unzähligen Beifallsbekundungen, welche auf
internationaler Ebene den Roman des lateinamerikanischen Boom als wahrhaft
kreativ, innovativ, wegweisend und exemplarisch feierten. Auch wenn dieser
(letztlich auf die Produktion von nur vier Autoren[3] beschränkte) Boom keine
Schule im klassischen Sinne bildete, wird doch die Schreibweise des ‚Magischen
Realismus‘ und seiner Varianten eng mit dieser Erfolgsgeschichte verbunden:
Boom und ‚Magischer Realismus‘ wurden Synonyme für die erste Gruppe lateinamerikanischer Erzähler mit ‚weltliterarischer‘ Ausstrahlung.[4] Dabei stellen verschiedene Kritiker die internationalen Kontexte dieser Richtung heraus, deren
terminologische Bezeichnung selbst schon europäischer Herkunft ist.[5] Während
die lateinamerikanische Literatur bis weit in die 1960er Jahre hinein stark national vermarktet und rezipiert wurde, treten mit dem Boom einige signifikante

---

1 Kehlmann, *Ernste Scherze*, S. 14.
2 Vgl. Rickes, *Kehlmann*, S. 79.
3 Dies sind die Nobelpreisträger Gabriel García Márquez (Kolumbien) und Mario Vargas Llosa (Peru) sowie der Mexikaner Carlos Fuentes und der Argentinier Julio Cortázar (siehe dazu Claudia Wiese, *Die hispanoamerikanischen Boom-Romane*, S. 41).
   Diese vier bestätigt aus der Sicht eines möglichen fünften Anwärters der Chilene
   José Donoso in seiner *Historia personal del Boom* (1999); siehe dazu Ingenschay, José
   Donoso und der Boom.
4 Ob die Boom-Autoren tatsächlich eine homogene Gruppe bilden, diskutiert, im
   Anschluss an die reichhaltige einschlägige Literatur, Müller, *Boom-Autoren*, S. 21f.,
   Anm. 46.
5 So betont Seymour Menton schon 1998 in seiner *Historia verdadera del realismo
   mágico* die europäischen Wurzeln des Konzepts und stellt die vielfachen internationa-
   len Verflechtungen dieser Schreibweise heraus; im Ergebnis ähnlich die Position von
   Román de la Campa, der von ihrer „transnational quality" spricht (Campa, Magical
   Realism and World Literature, S. 206); siehe auch Campa, Latinos and Magic Realism.

Veränderungen ein: Zunächst setzt eine transnationale, d. h. innerhalb des südamerikanischen Subkontinents auch über die jeweiligen Landesgrenzen hinaus
wirkende Rezeption ein, während bis dahin z. B. die argentinische Literatur in
Chile oder Mexiko nur in geringem Maße gelesen und beforscht worden war.
(Seit einigen Jahren wird das Konzept einer „transnationalen" Literatur verstärkt
im Kontext der *cross-overs* von hispanisch-stämmigen Autor*innen in den USA
benutzt, die häufig in englischer Sprache publizieren.) Dieser Phase folgt unmittelbar die Internationalisierung der Boom-Literatur, die von US-amerikanischen
Verlagen (Alfred Knopf) sowie von europäischen Häusern (Seix Barral in Spanien, Einaudi in Italien, Gallimard in Frankreich, Suhrkamp in Deutschland)
forciert wird. Der Mexikaner Carlos Fuentes ist in diesem Prozess die aktivste
und wirkungsstärkste Person, und die Problematik der Internationalisierung
wird vor allem von dem chilenischen Romancier José Donoso eingehend reflektiert.[6] Eine Folge der Internationalisierung im Rezeptionsprozess ist auf inhaltlicher, thematischer Ebene die Gleichsetzung von lateinamerikanischen Themen
und Stilrichtungen mit dem Paradigma des ,Magischen Realismus', der daher
als weitgehend identisch mit der Literatur des Boom betrachtet wird. Im Übrigen gilt die hier vorgenommene Differenzierung von trans- und internationaler
Literatur für den lateinamerikanischen Kontext; außerhalb desselben werden
die Konzepte gelegentlich synonym angewandt.[7]

Allerdings erschöpft sich auch das innovative Paradigma von Boom und
magischem Realismus. 2004 konstatiert Gesine Müller, dass „[d]as Bedürfnis
nach einer internationalen Akzeptanz [...] gestillt zu sein [scheint]" und „daß
zwanzig Jahre nach dem *Boom* das große Ziel, der lateinamerikanischen Literatur universalen Gehalt zu verleihen, erreicht ist".[8] Dieser ,universale Gehalt'
der lateinamerikanischen Literatur (bzw. des Boom-Romans) war sicherlich
für den Germanisten Rickes ein Grund, sich auf den Spuren seines geschätzten
Autors Kehlmann der lateinamerikanischen Literatur als einer (in der Breite
der Sinnhorizonte) magischen (oder phantastischen) zuzuwenden. Doch die
internationale Lateinamerikanistik – gerade auch die deutsche – hat längst eine
gänzlich andere, kritische Position zur Boom-Literatur (und damit auch zum

---

6 Über Fuentes schreibt Donoso: „Fue el primero en manejar sus obras a través de agen-
   tes literarios, el primero en tener amistades con los escritores importantes de Europa y
   los Estados Unidos [...], el primero en ser considerado como un novelista de primera
   fila por los críticos yanquis, el primero en darse cuenta de la dimensión de lo que estaba
   sucediendo en la novela hispanoamericana de su generación." (Donoso, *Historia personal*, S. 65. „Er war der Erste, der sein Werk über Literaturagenten managen ließ, der
   Erste, der den bedeutenden Schriftstellern Europas und der USA freundschaftlich verbunden war [...], der Erste, der von den Yankee-Kritikern als Autor der ersten Reihe
   betrachtet wurde, der Erste, der sich der Dimension dessen bewusst war, was sich im
   lateinamerikanischen Roman seiner Generation abspielte." Übersetzung D. I.)

7 Im sogenannten Bremer Modell lautet der Name des entsprechenden Studiengangs,
   der die Prozesse beschleunigter Globalisierung in der Literatur fokussiert, „Transnationale Literaturwissenschaft", während der ähnliche Studiengang in Augsburg „Internationale Literaturwissenschaft" heißt.

8 Müller, *Boom-Autoren*, S. 242, Anm. 835.

‚Magischen Realismus') eingenommen, und zwar aus zwei Gründen: einmal hat der lateinamerikanische Roman im Sektor des Politischen eine den gesamten Subkontinent betreffende „institutionalisierte Utopie" (Gesine Müller) verloren (und sich auf lokale oder dystopische Entwicklungen verlegt), andererseits wird das ästhetische Paradigma des ‚Magischen Realismus' lateinamerikanischen Zuschnitts von globaleren Entwicklungen grundsätzlich in Frage gestellt. Ein vom Kontext gelöstes unkritisches Lob der international wirkmächtigen lateinamerikanischen Romane der 1960er und 1970er Jahre wird dabei als Ergebnis einer problematischen, eurozentrischen und kulturhegemonial begründeten Exotisierung betrachtet.[9] Dass sich die stark unterschiedlichen Literaturen Mittel- und Südamerikas in den letzten vier Jahrzehnten grundlegend vom ‚Magischen Realismus' und seinen Spielarten abgewandt haben – so sehr dieses auch den Kulminationspunkt einer Erfolgsgeschichte darstellte –, liegt demnach darin begründet, dass die Problemkreise von individueller und kollektiver Gewalt, von Drogenkriegen, von Landflucht und Ökologie, von explodierenden Metropolen, von Internationalisierung und Globalisierung, vom Anthropozän, von den fragilen Konstellationen postdiktatorialer Gesellschaften und viele andere Themen den gegenwärtigen Romandiskurs auch in Lateinamerika ebenso bestimmen wie die bekannten globalen (oder universalen?) Kernthemen, etwa Genderfragen oder zwischenmenschliche Beziehungen. Für die Schwärme gelber Schmetterlinge kann sich indes niemand mehr erwärmen. Daher entsteht im 21. Jahrhundert das Bedürfnis nach anderen, neuartigen Begründungskontexten für die Internationalität lateinamerikanischer Schreibweisen, wie wir sie zumindest im Ansatz bei den Gruppen *Crack* und *McOndo* antreffen.

II. Genealogie eines unangekündigten Widerstandes

Über das Ende des Boom ist viel spekuliert worden. Überzeugend klingt die zentrale These Gesine Müllers, die „großen identitätsstiftenden Entwürfe" seien spätestens in den 1980er Jahren zusammengebrochen und hätten in der lateinamerikanischen Literaturproduktion zu einem „Paradigmenwechsel" geführt[10]. Angesichts dieses Befundes überrascht es, dass das Feuilleton und die Politik der Verlage weiterhin den ‚Magischen Realismus' als hegemoniales Leitparadigma festschrieben und neue Themenkomplexe wie Gewalt, Drogen und Machtmissbrauch dem vermeintlich Trivialen zuordneten, das zwar auch als ‚lateinamerikanisch' galt, aber weniger Aufmerksamkeit erhielt.

---

9   Für eine Relektüre der neueren lateinamerikanischen Literaturen nach dem Boom haben sich zahlreiche Personen in Forschung und Kritik engagiert. Exemplarisch seien aus der deutschen Lateinamerikanistik nur Borsò, *Mexiko jenseits der Einsamkeit*, Ette, Asymmetrie der Beziehungen, Ingenschay, Diesseits der ‚wunderbaren Wirklichkeit', Matzat, *Lateinamerikanische Identitätsentwürfe*, und Müller, *Boom-Autoren*, erwähnt.

10 Siehe Müller, *Boom-Autoren*, S. 11-17.

Gerade angesichts der starken Präsenz lateinamerikanischer Romanciers innerhalb der bedeutenden Lateinamerikanistik der US-amerikanischen Hochschulen ist es erstaunlich, dass sich nicht viel früher Widerstand gegen die einseitige Festlegung der lateinamerikanischen Literatur auf das magisch-realistische Schreibmodell regte. Ein Versuch, das Leitparadigma des Booms zu überwinden, drückte sich in dem Versuch aus, einen ‚Post-Boom' zu propagieren, der das Schaffen von Autor*innen bezeichnet, die als innovativ und bedeutend im lateinamerikanischen Kontext gelten, denen aber nicht der internationale Erfolg des ‚harten Kerns' der Boom-Autoren beschieden ist (– etwa Antonio Skármeta oder Isabel Allende aus Chile[11]). Erst das Jahr 1996 sollte sich zum *annus mirabilis* entwickeln, einem Jahr, in dem gleich von zwei Fronten her ein Angriff auf die inzwischen als altbacken und kommerziell, oder auch als brav und bieder empfundene Literatur des Boom gestartet wurde. Eine der Fronten bildet die Gruppe *McOndo* in Südamerika, nämlich in Chile und Bolivien, im Verbund mit Spanien, und die andere (mit dem lautmalerischen Namen *Crack*) entsteht im nordamerikanischen Nachbarland der USA, in Mexiko. Beiden ist gemeinsam, dass sie das als ‚typisch lateinamerikanisch' geltende Paradigma des magischen Realismus trotz seiner internationalen Erfolgsgeschichte ablehnen und den Anschluss an eine neue, global bestimmte Weltsicht suchen.

II.1 *McOndo* statt Macondo

In den frühen 1990er Jahren hatte der *Writers' Workshop* der University of Iowa junge Lateinamerikaner eingeladen, während ihres Aufenthalts dort Probetexte für eine spätere Veröffentlichung in den USA zu verfassen. Jedoch lehnte der US-amerikanische Organisator die Publikation der dort entstandenen Erzählungen mit der Begründung ab, sie seien nicht ‚lateinamerikanisch' genug, zu modern und ihre Handlung könne schließlich überall auf der Welt spielen.

Diese Anekdote berichten die Chilenen Alberto Fuguet (*1964) und Sergio Gómez (*1962), Herausgeber der Anthologie *McOndo* (1996), in der nun einige dieser abgelehnten Geschichten versammelt sind. Sie bekunden, dass dieses Vorkommnis ihnen die Notwendigkeit vor Augen geführt habe, nach einer Alternative zu jener erschöpften Schreibart zu suchen, welche die Literaturgeschichte und das Lesepublikum unter den Schlagwörtern ‚Magischer Realismus' oder ‚Literatur des Boom' festgeschrieben hatten. Daher planten Fuguet und Gómez jene Anthologie, deren Name wortspielerisch, doch konsequent Macondo, den mythischen Ursprungsort aus García Márquez' Totalroman *Cien años de soledad* (*Hundert Jahre Einsamkeit*, 1967), zu jener US-amerikanischen Restaurantkette in Bezug setzt, die einst auch ein Andy Warhol als Inbegriff der postmodernen Lebenswelt gefeiert hatte:[12] Macondo wird zu *McOndo*. Fuguet und Gómez

---

11 Zu diesem Vorschlag vgl. besonders Donald Shaw, Post-Boom. Shaw ist sich bewusst, dass dieses Etikett selbst die Referenz auf den Boom festschreibt (und schlägt als Ausweg andere Bezugspunkte, etwa den des Postkolonialen vor).

12 „The most beautiful thing in Tokyo is McDonald's. The most beautiful thing in Stockholm is McDonald's. The most beautiful thing in Florence is McDonald's.

verraten nicht, wer von den Autoren ihres Bandes unter den nach Iowa Eingeladenen war; vielmehr nutzten sie eine Plattform, die Fuguet zur Verfügung stand (als dem verantwortlichen Redakteur von *Zona de Contacto*, dem Supplement für die literarisch interessierte Jugend, das freitags der chilenischen Tageszeitung *El Mercurio* beiliegt), um zur Mitarbeit an dieser neuartigen Anthologie, die den „magischen Realismus" verwirft, einzuladen. Orientierungspunkt ist der von Fuguet und Gómez einige Jahr zuvor veröffentlichte Band *Cuentos con Walkman* (*Walkman-Geschichten*, 1993), der nicht nur eine der (deutlich nordamerikanisch inspirierten) Popkultur der 1980er Jahre verpflichtete Ästhetik, sondern zugleich eine damit verbundene eigene ‚Walkman-Moral' postuliert – und damit die Moral und Ästhetik „[de] una nueva generación literaria que es post-todo: post-modernismo, post-yuppie, post-comunismo, post-babyboom, post-capa de ozono. Aquí no hay realismo mágico, hay realismo virtual" („einer literarischen Generation, die post-alles ist: postmodern, postyuppie, postkommunistisch, post-Babyboom, post-Ozonschicht. Hier gibt es keinen magischen Realismus, hier gibt es virtuellen Realismus".)[13]

Angesiedelt ist diese Welt nicht mehr in den wunderbaren Wirklichkeiten des Subkontinents, wo der Kubaner Alejo Carpentier sein *real maravilloso*, sein ‚wunderbar Wirkliches' vorgefunden und die beiden nobelpreisgekrönten Romanciers Miguel Ángel Asturias und Gabriel García Márquez magisch bestimmte Universen konstruiert hatten, sondern in „[n]uestro país McOndo [...], sobrepoblado y lleno de contaminación, con autopistas, metro, tv-cable y barriadas" („unserem Land McOndo, mit seiner Überbevölkerung und seiner Luftverschmutzung, mit Autobahnen, U-Bahnen, Kabel-Fernsehen und Elendsvierteln").[14]

Wer sind die Vertreter dieses Landes McOndo bzw. die Mitglieder der Gruppe der *McOndistas*? Was schreiben sie? Wer liest sie? Welchen Erfolg haben sie? Was ist ihr Beitrag zur Redefiniton von Weltliteratur? Diese Fragen sollen beantwortet werden im Blick auf die beiden erfolgreichsten Autoren dieser Gruppe, Alberto Fuguet und Edmundo Paz Soldán. Die Anthologie *McOndo* selbst erschien 1996 in Spanien, fernab vom etablierten Literaturbetrieb Chiles, doch fand ihre Präsentation in einem Restaurant der nordamerikanischen Fastfoodbetriebe McDonald's in Santiago de Chile statt. Die siebzehn Autoren – Auto*rinnen* sind nicht unter den Beitragenden, was die Herausgeber feststellen, was sie aber nicht weiter zu stören scheint – stammen nur zum Teil aus Chile, vertreten sind daneben auch die Länder Argentinien, Bolivien, Kolumbien, Costa Rica, Ecuador, Mexiko, Peru, Uruguay und (mit drei Autoren) Spanien! Dies ist mehr als überraschend angesichts der Abneigung der meisten Lateinamerikaner gegenüber dem ehemaligen Kolonialreich, der *puta madre España*, und muss wohl als Aufruf zu einer neuen Solidarität der hispanischen Literaturen und

---

Peking and Moscow don't have anything beautiful yet." (Warhol, *The Philosophy of Andy Warhol*, S. 71.)

13 Zit. nach Fuguet/Gómez, *McOndo*, S. 10. (Übersetzung hier und in der Folge: D. I.)

14 Ebd., S. 15.

als Schritt hin zu ihrer Internationalisierung verstanden werden,[15] einer Internationalisierung, die überdies in einen Dialog mit den in den USA geschriebenen oder angesiedelten Literaturen tritt, da viele der *McOndistas* Jahrzehnte im nördlichen Nachbarland verbracht haben.

Während in Chile mit seiner bis in den Literaturgeschmack hinein recht konservativen Gesellschaft die jungen selbsternannten Ikonoklasten oft mit Skepsis betrachtet wurden, hat sich die universitäre Lateinamerikanistik gerade der USA intensiv und unter positiven Vorzeichen mit dem Phänomen *McOndo* auseinandergesetzt. Der Sammelband von Paz Soldán und Debra Castillo, *Latin American Literature and Mass Media*, geht besonders auf die Bezüge dieser Literatur zur audiovisuellen Kultur und den Massenmedien ein.[16] Laura Rosa Loustaus Studie *Cuerpos Errantes* untersucht die Erzählsysteme lateinamerikanischer und der sog. *Latina literature* in den USA und zeigt anhand des Themas des *displacement* die Prozesse von kontinuierlicher Konstruktion, Destruktion und Rekonstruktion von Identitäten im Spannungsfeld der (geographischen, nationalen, sprachlichen, psychologischen, körperlichen und historischen) Grenzüberschreitungen.[17] Diana Palaversichs Buch *De Macondo a McOndo* dokumentiert den Übergang vom Ende der Boom-Literatur in den 1970er Jahren zum Aufstieg des Neoliberalismus und fokussiert in diesem Kontext innovative literarische Ausdrucksformen: den (von ihr so genannten) *dirty realism* der *McOndistas* oder schwul-lesbisch inspirierte Literatur inmitten der lateinamerikanischen *macho*-Gesellschaften.[18] In Deutschland hat Karin Hopfe schon 2004 die innovativen Ansätze der *McOndo*-Gruppe zusammengestellt[19] und Brent Carbajal öffnet 2005 die Perspektive auf jene beiden Neuansätze, die auch hier verfolgt werden, also auf die *McOndistas* und die mexikanische Gruppe *Crack*, auf die später im Detail einzugehen sein wird.[20] Ein erstes Treffen zwischen *Crack*-Angehörigen und den *McOndistas* fand 1999 anlässlich eines ersten Kongresses junger Erzähler spanischer Sprache statt; es folgten zwei weitere Zusammenkünfte dieser Art in Europa sowie 2007 ein Symposium im kolumbianischen Bogotá, auf dem 39 Schriftsteller*innen unter 39 Jahren zusammengekommen waren, um ihre Vorstellungen von der Zukunft ihrer Literaturen darzulegen.[21]

---

15 Burkhard Pohl diskutiert eingehend Geschichte und Funktion der Vermittlung lateinamerikanischer Literatur in Europa, besonders Spanien, „zwischen Mainstream-Orientierung und Distinktionsstreben" (so der Untertitel von Kap. 5.3.3), siehe Pohl, *Bücher ohne Grenzen*.

16 Castillo/Paz Soldán, *Mass Media*. Der Band gliedert sich in vier Teile: „Revisions", „Mass Culture", „Narrative Strategies in our *Fin de siglo*" sowie „The Digital Wor(l)d".

17 Lostau, *Cuerpos errantes*.

18 Vgl. Palaversich, *De Macondo a McOndo*.

19 Siehe Hopfe, Talkin' 'bout my generation.

20 Siehe Carbajal, The Packaging.

21 Siehe dazu Alvarado Ruíz, El *Crack*.

II.1.a Alberto Fuguet: Die Literarisierungen der internationalen Medienkultur

Alberto Fuguet, zweifellos der Hauptvertreter der *McOndistas*, wächst im kalifornischen Los Angeles auf und kehrt erst mit 11 Jahren in das Chile der Pinochet-Ära zurück. Zum Zeitpunkt des Erscheinens der Anthologie *McOndo* Literaturkritiker bei der Tageszeitung *El Mercurio*, legt er in der Folge ein Œuvre vor, das außer knapp zehn Romanen auch zahlreiche kulturkritische Essaybände sowie mehrere Drehbücher umfasst. Auch in der chilenischen Tagespresse bleibt er präsent.

Schon zu Beginn der 1990er Jahre hat er erste Erzählwerke publiziert, deren Programmatik in das Konzept der Anthologie eingegangen ist, nämlich *Mala onda* (etwa: *Schlecht drauf*, 1991, grundlegend veränderte Fassung 2011) sowie *Por favor, rebobinar* (*Zurückspulen, bitte*, 1994), Romane, welche den Bezug zu einer medial geprägten, international ausgerichteten Jugendkultur in Szene gesetzt haben. Die Entwicklung der Medienwelt freilich hat es mit sich gebracht, dass ein Jugendlicher heute kaum mehr weiß, was ein ‚Walkman‘ ist oder was ‚zurückspulen‘ bedeutet. Unverwüstlichen Bestand dagegen hat die Imaginationsmaschinerie des Kinos, das sich als eines der großen Themen der Literatur und des Films selbst durchgesetzt hat und das Fuguet intensiv reflektiert, vor allem in seinem ins Deutsche übersetzten und hierzulande erfolgreichen Roman *Las películas de mi vida* (*Die Filme meines Lebens*, 2003), dem subtilen Porträt eines chilenischen Wissenschaftlers, eines *alter ego* des Autors, der auf einer Dienstreise nach Japan in Los Angeles einen Zwischenstopp einlegt und dort in die Welt des Hollywood-Kinos eintaucht, das in ihm immer wieder halb verschollene eigene Erinnerungen an seine Kindheit aufsteigen lässt, die ihn so stark prägen, dass er seine Reise abbricht. Dieser Protagonist, ein beziehungsunfähiger *lonesome wolf*, ist zugleich ein Kosmopolit, der allein durch die Erlebnisse der (Post-)Diktatur der lateinamerikanischen Lebenswelt verpflichtet bleibt.

Eine neue Thematik bestimmt Fuguets letzten monumentalen Roman *Sudor* (*Schweiß*, 2016), der zugleich im Milieu des Literaturmarktes und in den heutigen Netzwerken der Schwulenkultur Lateinamerikas angesiedelt ist. Der metaliterarische Strang führt einen fiktiven Erfolgsautor der Boom-Jahre ein (in welchem man unschwer Carlos Fuentes erkennen kann), der mit seinem exzentrisch-schwulen Sohn die chilenische Buchmesse besucht, wo dieser von einem älteren (ebenfalls homosexuellen) leitenden Mitarbeiter eines Verlages (und *alter ego* des Autors) unter seine Fittiche genommen wird... In stilistisch-sprachlicher Perspektive erlaubt dies die Rekurrenz auf die Ästhetik von Instagram und die Sprache des schwulen *dating*-Portals Grindr, auf e-mails und *whatsapp*-Nachrichten, in inhaltlicher Hinsicht findet sich permanent die Inszenierung der stärker sexuellen als emotionalen Befindlichkeiten einer heutigen Generation in der ehemals so machistischen und so katholischen Gesellschaft Chiles. Die Thematik der Homosexualität erfährt damit eine für Lateinamerika stark veränderte Wendung, weil sie nicht mehr den travestierten Homosexuellen, die *loca latina*, als gesellschaftlichen *outsider* oder als Gegenstand neobarocker Travestien thematisiert (wie es so viele Autoren von Puig über Donoso zu Perlongher, Sarduy, Arenas und vielen anderen taten), sondern als integralen Teil der modernen Lebens- und Literaturwelt. Während die große Vaterfigur des neuen chilenischen Romans, der im Umfeld des Boom stehende José Donoso, seine Homosexualität nach Kräften verheimlichte, um dem Zirkel der Boom-Autoren nahe zu bleiben,[22] wird hier die literarische Welt mit den homosexuellen (Sub-) Kulturen verbunden (und zusätzlich autobiographisch aufgepäppelt, wenn Fuguet in einem Interview mit der Zeitung *El País* anlässlich der Buchpräsentation auf einer schicken Terrasse in Santiago den Interviewer wissen lässt, sein Lieblingsduft sei selbstverständlich der von Männerschweiß und sein bevorzugtes Sammelobjekt alte Schwulenpornos).[23]

II.1.b Edmundo Paz Soldán: Lateinamerikanische Lebenswirklichkeit, fern von Magie und Exotik

Der neben Fuguet bekannteste *McOndista* ist der Bolivianer Edmundo Paz Soldán (*1967). Seit Jahrzehnten Professor für lateinamerikanische Literatur an der Cornell-University, hat er in seinen inzwischen mehr als ein Dutzend Romanen ein breites Spektrum von Schreibarten entwickelt und das Territorium neuer Gegenstände einer Literatur diesseits der wunderbaren Wirklichkeit absteckt. Leider liegt keiner seiner Romane in deutscher Übersetzung vor. – In seinem Erstlingswerk *Río fugitivo* (*Río fugitivo*, 1998) führt er eine fiktionale lateinamerikanische Metropole ein, hinter der man La Paz erkennen kann, in der konkreten Situation einer postmodernen Gegenwart und als deutlichen Gegenentwurf zu García Márquez' mythischem Dorf Macondo; die fiktive Großstadt wird auch Ort der Handlung in späteren Erzählwerken sein – etwa in *El Delirio de Turing* (*Turings Delirium*, 2003). In *La materia del deseo* (*Materie des Begehrens*, 2001) – einem deutlich autobiographischen Roman – geht es um die Lebenswelt eines lateinamerikanischen Hochschullehrers zwischen dem Alltag in den USA und den Besuchen in seinem Ursprungsland. Dieses Thema, das zu Zeiten des Boom bereits Donoso mehrfach behandelt hatte, erfährt bei Paz Soldán eine signifikante Reinterpretation. Der Protagonist ist hier nicht mehr der von der nordamerikanischen Gesellschaft (und der Universität als einem ihrer typischen Biotope) marginalisierte *outsider*, sondern ein selbstbewusster Fachwissenschaftler. Bei den Besuchen in Südamerika, wohin er flieht, wenn es in den USA Anlass zu Liebeskummer gibt, findet er eine moderne, postdiktatoriale Gesellschaft vor, in der die jungen Frauen, die mit ihm zur Schule gingen, Computerspezialistinnen sind und Motorrad fahren...

II.2. *Crack* statt Boom

Mit einer Gründungserzählung, wie sie die *McOndistas* durch den Bericht von jenem Workshop in Iowa haben, kann auch die mexikanische Gruppe *Crack* aufwarten. Nach einem Treffen von sechs jungen Schriftstellern im Jahre 1994

---

22 Siehe dazu Ingenschay, Donoso und der Boom.
23 Siehe Montes, Mi olor favorito, o. S.

erscheint zwei Jahre später, also auch 1996, in einer inzwischen verschwundenen Literaturzeitschrift ein literarisches Manifest, eher: eine Zusammenstellung konzeptueller Fragmente, aus der Feder jener sechs: Ignacio Padilla, Jorge Volpi, Eloy Urroz, Pedro Ángel Palou, Vicente Herrasti und Ricardo Chávez Castañeda. Durchaus im Geist der Manifeste der klassischen Avantgarden stellen die Autoren hier ihre sehr persönliche Sicht auf Kultur und Literatur mit ikonoklastischer Deutlichkeit dar. Das kollektive Manifest wendet sich gegen das, was seine Autoren als ‚Bananen-Literatur' bezeichnen, womit sie nicht nur gegen einen Themenstrang in *Cien años de soledad*, sondern vor allem gegen die zahlreichen Epigon*innen des Boom polemisieren (wie etwa Laura Esquivel oder Ángeles Mastretta). Padilla verweist zugleich auf eine durch den Fall des Eisernen Vorhangs veränderte Weltlage, ein Faktum, das rekurrent in Volpis Romanen auftauchen wird.

Die Negativfolie, vor der die Autoren des *Crack* ihre Theorien entwickeln, ist nur zu einem Teil die Hegemonialposition des Boom einschließlich der folgenden Exotisierung Lateinamerikas, sie ist andererseits auch jene permanente Präsenz einer (seit der mexikanischen Revolution festgeschriebenen) mexikanischen Identität, wie sie besonders klar im Werk Octavio Paz' hervortritt. Während etwa gleichzeitig Néstor García Canclini und Roger Bartra für die Kulturgeschichte/Kulturkritik das durchgängige Feiern einer von Totenkult und sozialistischer Wandmalerei geprägten ‚Mexikanität' hinterfragen,[24] die sich an der kolonialen Vergangenheit ebenso abarbeitet wie an den Plünderungen durch den *Gran hermano*, den *Big Brother* im Norden, streben die Vertreter der *Crack*-Bewegung eine Literatur an, die sich konsequent anderen, unmexikanischen Themen zuwendet. Zwar bleiben sie alle sich der großen Leistungen der mexikanischen Literatur des frühen 20. Jahrhunderts bewusst und sehen in der Schule der *Contemporáneos* (also in Javier Villaurutia, Jorge Cuesta u. a.) durchaus ihr Vorbilder, aber sie distanzieren sich von einer ihnen angesonnenen Identität als *hijos de la chingada*, als „Kinder der Vergewaltigten", als Opfer des Kolonialismus, bezieht sich doch die „Vergewaltigte" auf die Malinche, die indigene Geliebte des Eroberers Hernán Cortés. Anders als im Fall der revolutionären *McOndistas* handelt es sich bei den Autoren des *Crack* um eine homogene Gruppe befreundeter Schriftsteller, Mexikaner mit hervorragender schulischer Ausbildung allesamt, die sich nicht nur schon lange kannten, sondern die bezüglich der Literatur – gerade der ihres Landes – ähnliche Erfahrungen gemacht hatten (und ähnliche, durchweg relevante, niveauvolle Fragen zu stellen wussten).

Ob der Name *Crack* einfach eine Replik auf die dem Begriff des *Boom* inhärente Lautmalerei ist oder ob die Mexikaner damals schon an die synthetische Droge gleichen Namens gedacht haben, weiß man nicht. Fest steht, was Jorge Volpi in einem Auftritt im Literaturbüro Hannover im März 2002 erklärte, dass sich diese Autoren besonders gegen die Vertreter*innen des Post-Boom wenden (insbesondere gegen die Bestseller-Autorin Isabel Allende). Mit der Abwendung von der „Elterngeneration" geht dabei ein gewisser Anschluss

---

24 Siehe García Canclini, *Culturas híbridas*, und Bartra, *La jaula*.

an die „Großelterngeneration" einher, zu der sie auch Carlos Fuentes und sogar García Márquez zählen.[25] Explizit führt Volpi aus, er wolle die Tradition des Boom unter veränderten Vorzeichen weiterführen. (Dies steht in deutlichem Gegensatz zu Fuguets höchst negativer Beurteilung Fuentes' und seiner Beschimpfung der Boom-Autoren als Mafia.)

In einem kritischen Rückblick auf die Entstehungszeit der Gruppe mit dem Titel *Si hace crack es boom* schildert Ignacio Padilla, einer der *Crack*-Autoren, den Ausgangspunkt als

> una serie de posturas personales reunidas en un texto que no hace sino dar vueltas sobre una misma idea: nuestra coincidencia, [...] sobre la necesidad de un rompimiento con la más o menos reciente pauperización y frivolización de nuestras letras
> (eine Serie persönlicher Einstellungen, die in einem Text zusammengeführt sind, der permanent eine Idee umkreist: unser Bewusstsein von der Notwendigkeit eines Bruchs mit der mehr oder weniger neuen Verarmung und Frivolisierung unserer Literatur).[26]

2016 hat Ramón Alvarado Ruíz zum 20-jährigen Gründungsjubiläum von *Crack* eine facettenreiche Bestandsaufnahme der theoretischen und praktischen Prinzipien der Gruppe und ihrer Entwicklung vorgelegt und darin ihre Gründung als eine Art Wasserscheide bezeichnet, die eine Generation hervorgebracht habe, welche heute die literarische Kartographie Mexikos bestimme.[27]

---

25 „Hemos planteado que el *Crack* es una especie de alianza de los nietos con los abuelos. Yo no sé si a García Márquez o a Fuentes les gusta ser llamados abuelos pero hay una generación entre ellos y nosotros que sería la de nuestros padres. Y si no hay ninguna voluntad de ruptura con ellos pese a que los temas que a mi me interesan están muy lejanos de los suyos, hay sí una continuidad y admiración de mi parte hacia ellos enorme y la idea de seguir creando grandes mundos novelísticos, universos autosuficientes, la estructura de las grandes novelas del *boom*, para mi sigue siendo importantísima. Es una tradición que quisiera seguir continuando." („Wir haben uns vorgestellt, dass *Crack* eine Art Allianz der Enkel mit den Großvätern ist. Ich weiß nicht, ob es García Márquez oder Fuentes gefällt, Großväter genannt zu werden, aber zwischen ihnen und uns liegt eine Generation, diejenige unserer Väter. Und wenn es keinerlei Wunsch nach einem Bruch mit ihnen gibt, obwohl die Themen, die mich interessieren, sehr weit von den ihren entfernt sind, gibt es dennoch Kontinuität und eine große Bewunderung meinerseits und die Idee, weiterhin große Romanwelten und eigene Universen zu kreieren, und die Struktur der großen Boom-Romane ist für mich weiterhin von sehr großer Bedeutung.") Volpi, Entrevista, o. S. (Übersetzung D. I.).

26 Padilla, *Si hace crack*, S. 22-23 (Übersetzung D. I.).

27 Vgl. Alvarado Ruíz, El *Crack*.

II.2.a Jorge Volpi: Der Rekurs auf ein internationales Themenrepertoire

Unter den in diesem Artikel behandelten Autoren ist Jorge Volpi (*1968) derjenige, der in Europa (und gerade in Deutschland) die stärkste Präsenz aufweisen kann. Sein Erfolgsroman *En busca de Klingsor* (*Das Klingsor-Paradox,* 1999), ein wissenschaftsgeschichtlicher Thriller, wurde in siebzehn Sprachen übersetzt. Es ist Volpis erster Roman nach dem Erscheinen des *Manifiesto Crack*, und die Positionen, welche *Crack* entfaltet, lassen sich an ihm exemplarisch aufzeigen.

In weit ausholendem narrativen Gestus, der zahlreiche Kritiker an Thomas Mann erinnert hat, blickt Volpis Erzählerfigur, der deutsche Mathematiker Gustav Link, zu einem Zeitpunkt nach dem Mauerfall auf eine Aufgabe zurück, die ihm Jahrzehnte zuvor nach dem Ende des Zweiten Weltkriegs gemeinsam mit einem amerikanischen Offizier von der Siegermacht aufgetragen war: Sie sollten die Aktivitäten deutscher Wissenschaftler bei dem von Hitlers Strategen geplanten Bau der Atombombe untersuchen. Dabei erstellen sie eine überraschende Chronik der komplizierten Relation von Kriegspolitik und Naturwissenschaft und ein eigenwilliges Portrait der Protagonisten, deren Namen uns heute noch bekannt klingen: Max Planck, Werner Heisenberg, Erwin Schrödinger, Niels Bohr... Und neben der Rolle der Wissenschaft, insbesondere der Quantenphysik, in den Bemühungen der Nazis um den ‚Endsieg' werden sie Zeugen des in der Folge eintretenden Wettkampfs der beiden Hegemonialsysteme um die atomare Vormacht. Der Roman beginnt mit einer ausdrucksstarken, eindringlichen Szene: Wie ein Kind seinem Lieblingsmärchen lauscht, schaut sich Hitler genussvoll und fasziniert, jeden Abend neu, die blutige Hinrichtung der Attentäter vom 20. Juli 1944 im Film an.

Der kubanische Autor und Kulturkritiker Guillermo Cabrera Infante hat *En busca de Klingsor* als einen deutschen Roman bezeichnet, der in mexikanischem Spanisch verfasst sei. Der Klingsor-Roman ist der Auftakt zu der ‚europäischen Trilogie' Volpis, die er mit *El fin de la locura* (*Das Ende des Wahnsinns,* 2003) fortsetzt, einem Roman über die Ereignisse des Mai 1968 in Paris, beobachtet aus der Perspektive eines mexikanischen Psychoanalytikers, der den großen Denkern jener Epoche – Foucault, Barthes, Lacan, Althusser – nahekommt. Eine (wenn auch eindeutig unzuverlässige) Erzählerfigur rekurriert auf das Ende des Sozialismus und den Fall der Berliner Mauer als unvermeidliche, wenn auch zwiespältige Entwicklung. Burkhard Pohl (und andere) haben daher den Roman als eine Auseinandersetzung mit dem Ende der großen sozialen Utopien des 20. Jahrhunderts gelesen;[28] ich habe dagegen vorgeschlagen, die Gründung der Zeitschrift *Tal Cual* in Mexiko, die der Protagonist durchführt und die offensichtlich das *Tel Quel*-Projekt der französischen Poststrukturalisten weiterschreibt, als Ansatz zu einer Fortführung der diskurstheoretischen Kultur- und Gesellschaftskritik in einem anderen Teil einer globalisierten Welt zu interpretieren, denn im Sinne von Cabrera Infante erscheint der stark metaliterarische, metakritische Roman *El fin de la locura* unbestreitbar als ein französischer

---

28 Pohl, La sátira en Volpi, S. 246.

Roman, der in mexikanischem Spanisch verfasst ist![29] Der dritte Teil der Trilogie dann, der 2006 unter dem Titel *No será la tierra* erscheint, wird wieder auch ins Deutsche übersetzt (*Die Zeit der Asche*, 2009), was wohl am Thema der Neuorganisation Europas nach dem Ende des Sowjet-Imperiums liegen mag, einem Thema, für das man in Deutschland ein stärkeres Interesse vermutet als etwa für die Hintergründe des Pariser Mai 1968.

Spezifisch für diesen letzten Band der europäischen Trilogie, der mit dem Erlebnis des Super-GAU von Tschernobyl 1986 anhebt, ist, dass hier drei Frauen als Protagonistinnen im Zentrum stehen, – ein Sachverhalt, den man als implizites Gegenmodell gegen die Männerwelt der Boom-Literatur (sowohl bei den Akteuren als auch bei den Protagonisten) lesen muss, – nämlich eine sowjetische Biologin, die unter dem Tod ihrer Tochter noch mehr leidet als unter dem Zusammenbruch der kommunistischen Staatsideologie, eine aus Ungarn stammende Computerwissenschaftlerin, die über künstliche Intelligenz und das menschliche Genom forscht, und – in einem anderen Teil der Welt – eine nordamerikanische Ökonomin, die für den Weltwährungsfond arbeitet und bei allen familiären Problemen zugleich von Zweifeln am globalen Kapitalismus getrieben ist. *No será la tierra* ist also ein Roman, der den Untergang des Sozialismus breit orchestriert erzählt und globalen Kontexten zuordnet. Er wurde von deutschen Rezensenten vorwiegend positiv aufgenommen.

Das thematische Spektrum der ‚europäischen Trilogie‘ scheint vorweggenommen in einer Äußerung Ignacio Padillas in seinem Essay „Si hace crack es boom", wenn er ausführt:

> Para nadie es un secreto que también la caída del Muro de Berlín ha tenido un tornaboda que sólo parece destinada a darles la razón a los apologistas de la desesperanza. Entre Sarajevo y el World Trade Center se suceden conflictos, desencantos y abusos.
>
> (Es ist kein Geheimnis, dass auch der Fall der Berliner Mauer ein Nachspiel hat, das nur den Apologeten der Verzweiflung Recht zu geben scheint. Zwischen Sarajewo und dem World Trade Center reihen sich ununterbrochen Konflikte, Ernüchterungen und Mißbräuche aneinander.)[30]

Nach Abschluss der Trilogie hat Jorge Volpi sich einem deutlich globalen Thema zugewandt und mit *Memorial del engaño* (*Erinnerungen an den Schwindel*, 2013) den großen Roman über die internationale, durch den Zusammenbruch von Lehman Brothers ausgelöste Banken-Krise vorgelegt. Der Roman gibt vor, die Autobiographie eines nordamerikanischen *Hedge-Fond*-Besitzers und Spekulanten namens J. Volpi zu sein, der nach dem Muster existierender Fälle bestimmte Investoren um hohe Geldbeträge gebracht hat – die Rede ist von veruntreuten Geldern in Höhe von 15 000 000 000 Dollar, also einer immer noch geringen Summe, verglichen mit den 65 000 000 000 Dollar, um die der (nicht fiktive) Bernhard Maddof, der ehemalige Chef der Technologiebörse NASDAQ, zahlreiche Anleger geprellt hat. Die Erzählung umkreist das Wirken der neuen

---

29 Zu weiteren Details des Romans siehe Ingenschay, Diseño glorioso.

30 Padilla, *Crack*, S. 31 (Übersetzung D. I.).

Prinzipien des ökonomischen Autosystems, von der Berechnung der Volatilität von Aktien durch Fischer Black, Myron Scholes und Bob Merton bis zu der von J. P. Morgan erfundenen ‚Neuen Großen Idee‘, nach der Havarie der Exxon Valdés die Kreditlinie der europäischen Bank für Wiederaufbau und Entwicklung zu verkaufen, im Zuge des sogenannten CDS – des *Credit Default System*, „nuestro virus asesino" („unser Killer-Virus").[31] Um diese Details plausibel zusammenzustellen, hat der reale Autor Volpi Ökonomie-Studien betrieben und ist in die Geschichte der modernen Geldwirtschaft eingetaucht. Auch der Roman holt immer wieder aus auf die Gründung des Weltwährungsfonds 1946 in Bretton Woods, bei der der Vater des Protagonisten, der aus Polen in die USA immigrierte Noah Volpi, als Assistent von Harry Dexter White anwesend gewesen sein soll, und führt dies fort bis zu Alan Greenspan, dem Ex-Präsidenten des Federal Reserve System – laut Text dem „Gran Guru Greenspan" (dem „Großen Guru Greenspan").[32] Metaliterarische Aspekte werden bis ins augenzwinkernd Komische verfolgt, wenn die Struktur der Oper zitiert wird, oder wenn dem Text das Motto „Esta obra es una ficción. Cualquier parecido con personas o sucesos reales, es culpa de la realidad" („Dies ist ein fiktives Werk. Jede Ähnlichkeit mit wirklichen Personen oder Ereignissen ist die Schuld der Wirklichkeit")[33] voransteht. Unter den zahlreichen Krisenromanen, welche in der Folge des Zusammenbruchs der Banken entstanden sind, ist Volpis Text der einzige, der aus der Perspektive eines Gewinners des Skandals geschrieben ist, hält sich doch der reiche fiktive Autor auf einer Insel im Pazifik oder in der Karibik versteckt.

III. Resümee: Nationales, transnationales, internationales, globales Schreiben im Zeichen von „Weltliteratur"

So wenig Bankgeschäfte sich an nationalen Paradigmen orientieren, so wenig lässt sich Volpis *Memorial del engaño* auf nationale Themen oder Konstellationen reduzieren. Die durch den Bankrott einer US-amerikanischen Bank hervorgerufene Krise erwies sich vielmehr schnell als ein internationales, vor allem aber als ein typisch globales Phänomen. Auf diesen Terminus rekurriert auch Volpi selbst in einem Essay über spanischsprachige Literatur in Zeiten der Globalisierung. Er legt dort dar, warum „die Kämpfe von Gruppen wie *Crack* oder *McOndo* erfolgreich" waren, nämlich

> insofern sie endlich die Idee normalisierten, dass die lateinamerikanische Literatur eben weder auf den magischen Realismus [...] zu reduzieren ist noch auf die Notwendigkeit, über Lateinamerika zu sprechen oder dessen Identität zu schaffen.

31 Volpi, *Memorial*, S. 126.
32 Volpi, *Memorial*, S. 23.
33 Der Satz befindet sich auf der zweiten, unnummerierten Seite des Buches, unterhalb der Verlagsangaben, die selbst bereits insofern die Fiktion in das Buch hineinholen, als hier von einer Übersetzung (aus dem Englischen) die Rede ist, für die ein gewisser Gustavo Izquierdo die Rechte hielte (was natürlich nicht zutrifft) (Übersetzung D. I.).

Dennoch lösten sich infolgedessen die lateinamerikanischen Schriftsteller – ohne distinktive Merkmale, mit denen sie wie vorher die Aufmerksamkeit auf sich lenken könnten – mit dem Verschwinden dieses konzeptuellen Rahmens in der allgemeinen Brühe der globalen Kultur unserer Zeit auf. Ohne Regeln oder spezifische Normen sind die aktuellen lateinamerikanischen Schriftsteller nur wegen ihres Geburtsorts oder ihrer persönlichen Identität Lateinamerikaner und nicht mehr wegen der Eigenschaften ihres Schreibens. Daraus resultiert, dass das Lateinamerikanische als solches im globalen literarischen Ökosystem praktisch ausgestorben ist, einem Ökosystem, das immer besorgt ist um distinktive oder exotische Merkmale, sprich um Etiketten, mit denen sich ein Produkt als einzigartig – und gleichzeitig dem allgemeinen Geschmack entsprechend – sowie den Geboten der Kultur des Spektakels gemäß bewerben lässt.[34]

Wie stellen sich nun die beiden Gruppen, deren Abkehr vom lateinamerikanischen Boom dargestellt wurde, bezüglich der Frage von Trans- und/oder Internationalität bzw. Globalität dar? *McOndo* versteht sich als Teil einer auf die Medialität postmodernen Schreibens fokussierte (und damit explizit als *internationale*) Bewegung, welche Autoren aus zahlreichen südamerikanischen Nationen sowie Spanien einschließt. Immer wieder wird von diesen das Verhältnis zur Kultur der USA thematisiert. In diesem Sinne also kann man *McOndo* als transnationale Bewegung mit internationaler Zielrichtung bezeichnen. Deren Rekurs auf das am Ende des 20. Jahrhunderts boomende Repertoire der Medienwelt hat oft eine geringe Halbwertzeit aufgewiesen, so dass man in der internationalen Rezeption die Stars unter den *McOndistas*, Fuguet und Paz Soldán, inzwischen eher als individuelle Romanciers und weniger als Angehörige einer (lateinamerikanischen) „Schule" liest. Die Autoren der zweiten Gruppe, die unter dem Etikett *Crack* gemeinsam an die Öffentlichkeit traten, gehören als Mexikaner allesamt einer Nation an. Sie sind stolz auf ihre profunde Kenntnis der Literaturgeschichte und darauf, dass sie sich auf Vorbilder aus dem weiten Feld dessen, was gemeinhin Weltliteratur genannt wird, beziehen. Mit der Abwendung von der allen lateinamerikanischen Themen angesonnenen Exotik verbinden Volpi, Padilla, Eloy Urroz und Palou zugleich die Verwerfung des etablierten nationalen Identitätsdiskurses, der das Umkreisen der Mexikanität zum Hauptthema der nachrevolutionären Erzählliteratur und Essayistik des Landes hatte werden lassen. Am greifbarsten wird die Abkehr von ‚lateinamerikanischer' Thematik in Volpis Romanwerk, wenn er nach der ‚europäischen Trilogie' mit der Bankenkrise ein alle nationalen Grenzen überschreitendes globales Phänomen aufgreift. Die *Crack*-Autoren sind heute in der Spanisch lesenden Welt zumindest ebenso präsent wie die bekanntesten *McOndistas*. Daraus lässt sich schließen, dass inzwischen nicht mehr die Zugehörigkeit zu diesen Gruppen das Eintrittsticket zur Breitenrezeption ist, sondern die Vermarktungsmöglichkeiten der jeweiligen Erzählwerke.[35]

---

34 Volpi, Kraken, S. 283.

35 Zu den Vermarktungsstragien lateinamerikanischer Literatur siehe auch Pohl, *Bücher ohne Grenzen*, sowie Rössner, Post-Boom. Dem Konzept der Vermarktung wird hier Vorrang eingeräumt gegenüber dem Aspekt der leichten (oder gar dem

Wir befinden uns also, um die Ergebnisse zusammenzufassen, vor der paradoxen Situation, dass die Boom-Autoren als Vertreter einer lateinamerikanischen Exotik international breit rezipiert wurden, während ihre ‚Enkel', die jede Dritte-Welt-Folklore verwerfen und sich globalen Themen zuwenden, ein erheblich geringeres internationales Echo gefunden haben.[36] Dennoch träfe eine Katalogisierung als national beschränkte Literaten auf sie nicht zu. Aus lateinamerikanistischer Perspektive sei auf die Feststellung von Vittoria Borsò verwiesen, die das Begriffspaar von Nationalliteratur und Weltliteratur als ein problematisches bezeichnet, zugleich aber Gabriel García Márquez' *Cien años de soledad* als „Prototyp der modernen Weltliteratur" bezeichnet.[37] Dem ist zuzustimmen, wenn man etwa die Definition des in den letzten Jahrzehnten stark diskutierten Terminus „Weltliteratur" von David Damrosch zu Grunde legt („all literary works that circulate beyond their culture of origin"[38]), auch wenn es aus lateinamerikanistischer Perspektive (und aus Sicht anderer postkolonialer Kulturen) Kritik daran gibt, dass diese primär am Rezeptionsprozess festgemachte Definition letztlich nur jenen geringen Teil des Geschriebenen als „Weltliteratur" gelten lässt, der auf Englisch verfasst oder ins Englische übersetzt ist...

Daran schließt sich mit einiger Logik die Frage an, ob jene hier vorgestellten zeitgenössischen Autoren mit ihrer klaren Distanzierung von dem kolumbianischen Nobelpreisträger zugleich den Anspruch, Weltliterarisches zu schreiben, aufgegeben haben. Dies wird man nur insofern bejahen, als ihre Internationalität nicht auf die Modelle von Weltliteratur im Sinne Peter Goßens' oder Sigrid Löfflers fokussiert sind. Letztlich wird man National- und Weltliteratur als unterschiedliche Kommunikationszusammenhänge verstehen müssen, die nicht ausschließen, dass ein Werk in beiden eine Rolle spielt bzw. dem einen wie dem anderen zugeordnet werden kann. Tatsächlich wurde García Márquez' *Hundert Jahre Einsamkeit* in Europa – anders als in den Amerikas – nicht als spezifisch kolumbianisch gelesen, und die Auseinandersetzung mit der Geschichte des Landes (mit den Bürgerkriegen, der *United Fruit Company*, dem Streik der Bananenarbeiter usw.) wurde weitgehend als folkloristisches Beiwerk bewertet. Die Tatsache, dass die vier kardinalen Boom-Autoren García Márquez, Fuentes, Vargas Llosa und Cortázar aus vier verschiedenen Nationen stammen, aber keiner von ihnen als Angehöriger einer (etwa peruanischen, im Falle Vargas Llosas) ‚Nationalliteratur' wahrgenommen wurde (– der Mexikaner Fuentes möglicherweise noch am ehesten –), spricht dafür, dass man in Bezug auf Lateinamerika den Begriff der Nationalliteratur nur unter Vorbehalt bzw. nur für bestimmte,

---

Text eingeschriebenen) Übersetzbarkeit, den Rebecca Walkowitz in *Born translated* wieder einmal betont (wobei die Praxis des Übersetztwerdens oder Übersetztseins auch in anderen Modellen des Weltliterarischen, etwa bei David Damrosch, *What is World Literature?*, eine zentrale Rolle einnimmt).

36 Aus der Generation, die hier behandelt wird, hat allein der gebürtige Chilene Roberto Bolaño, der lange in Mexiko und Spanien lebte, eine ‚weltliterarische' Rezeption erfahren.

37 Borsò, Europäische Literaturen versus Weltliteratur, S. 236.

38 Damrosch, *World Literature*, S. 4.

zeitlich abgegrenzte Perioden (etwa für die postrevolutionäre Literatur Kubas) verwenden sollte.

Laut Borsò hat die Dichotomie von National- *versus* Weltliteratur „die eigentliche interkulturelle Durchdringung der Literaturen verdeckt";[39] dafür liefern die lateinamerikanischen Literaturen zahlreiche Beispiele.[40] Den ausgetretenen Weg national verhafteter und an eurozentristischen Paradigmen ausgerichteten kanonischen Weltliteratur will Ottmar Ette durch die Rekurrenz auf breit gestreute „Literaturen der Welt und in der Welt" ersetzen, welche – dies würde für transnationale Perspektivik sprechen – durch Migrationsbewegungen zu „Literaturen ohne festen Wohnsitz" geworden seien.[41] Auch dafür finden sich zahlreiche Beispiele in den lateinamerikanischen Literaturen – das Subgenre der *border literatures*, der *chicano*-Kulturen, der *Neworicans*, der kubanischen Diaspora usw.

Gemessen an der tatsächlichen Breite neuer Schreibformen zielen die beiden dargestellten Gruppen auf Veränderungen, die automatisch internationale und globale Aspekte transportieren. Die Erinnerung an den ‚Magischen Realismus' und seine von Kehlmann und Rickes so gelobten Leistungen verblasst dabei oder wird zur historischen Arabeske.

IV. Literatur

Alvarado Ruíz, Ramón: El *Crack:* veinte años de una propuesta literaria. In: *Literatura: teoría, historia, crítica* 18/2 (2016), S. 205-232.

Bartra, Roger: *La jaula de la melancolía. Identidad y metamorfosis del mexicano.* México 1987.

Borsò, Vittoria: *Mexiko jenseits der Einsamkeit. Versuch einer interkulturellen Analyse. Kritischer Rückblick auf die Diskurse des Magischen Realismus,* Frankfurt a. M. 1994.

Borsò, Vittoria: Europäische Literaturen versus Weltliteratur. Zur Zukunft von Nationalliteratur. In: *Jahrbuch der Heinrich-Heine-Universität* Düsseldorf (2003), S. 233-250.

Campa, Román de la: Magical Realism and World Literature: A Genre for the Times? In: *Revista Canadiense de Estudios Hispánicos* 23/2 (1999), S. 205-219.

Campa, Román de la: Latinos and Magic Realism. Promised Land or Convoluted History. In: Lyn Di Iorio Sandín/Richard Perez (Hg.): *Moments of Magical Realism in US Ethnic Literatures.* New York 2013, S. 259-268.

Carbajal, Brent J.: The Packaging of Contemporary Latin American literature. ‚La Generación del Crack' and ‚McOndo'. In: *Confluencia* 20/2 (2005), S. 122-132.

---

39 Ebd., S. 247.

40 Denen geht besonders Gesine Müller und ihre Forschungsgruppe nach. Im Einleitungsessay ihres Bandes *Verlag Macht Weltliteratur* betont sie die Relevanz von drei Aspekten: a) die Abkehr vom eurozentristischen Kanon, b) den Fokus auf Kanonisierungen, Übersetzungen und Verlagspolitiken in der derzeitigen Globalisierungsphase, und c) eine bezüglich der Autorenbiografien und Themen ‚neu gelagerte' Strömung auf inter- und transnationaler Ebene. Siehe Müller, Einleitung, S. 10.

41 Ette, *ZwischenWeltenSchreiben.*

Castillo, Debra/Paz Soldán, Edmundo: *Latin American Literature and Mass Media*. New York 2001.

Damrosch, David: *What is World Literature?* Princeton 2003.

Donoso, José: *Historia personal del ‚boom'* [1972]. Madrid 1999.

Ette, Ottmar: Asymmetrie der Beziehungen. Zehn Thesen zum Dialog der Literaturen Lateinamerikas und Europas. In: Birgit Scharlau (Hg.): *Lateinamerika denken. Kulturtheoretische Grenzgänge zwischen Moderne und Postmoderne*. Tübingen 1994, S. 297-326.

Ette, Ottmar: *ZwischenWeltenSchreiben. Literaturen ohne festen Wohnsitz*. Berlin 2005.

Fuguet, Alberto/Gómez, Sergio (Hg.): *Cuentos con walkman*. Santiago de Chile 1993.

Fuguet, Alberto/Gómez, Sergio (Hg.): *McOndo*. Barcelona 1996.

Fuguet, Alberto: *Die Filme meines Lebens. Ein Roman*. Übers. von Silke Kleemann. Frankfurt a. M. 2005 (*Las películas de mi vida*, 2003).

Fuguet, Alberto: *Sudor*. Barcelona 2016.

García Canclini, Néstor: *Culturas híbridas. Estrategias para entrar y salir de la modernidad*. México 1989.

Goßens, Peter: *Weltliteratur. Modelle transnationaler Literaturwahrnehmung im 19. Jahrhundert*. Stuttgart 2011.

Hopfe, Karin: ‚Talkin' 'bout my generation'. McOndo y las novelas de Alberto Fuguet. In: Roland Spiller/Titus Heydenreich u. a. (Hg.), *Memoria, duelo y narración. Chile después de Pinochet. Literatura, cine, sociedad*. Frankfurt a. M. 2004, S. 115-131.

Ingenschay, Dieter: Diesseits der ‚wunderbaren Wirklichkeit'. Postmodernismus, Neobarock, Kitschkultur und eine neue Lektüre des lateinamerikanischen Gegenwartsromans. In: Sibylle Große/Axel Schönberger (Hg.): *Dulce et decorum est philologiam colere*. Berlin 1999, S. 329-350.

Ingenschay, Dieter: José Donoso und der Boom. Bemerkungen zur problematischen Position eines Marginalisierten. In: Gesine Müller (Hg.): *Verlag Macht Weltliteratur. Lateinamerikanisch-deutsche Kulturtransfers zwischen internationalem Literaturbetrieb und Übersetzungspolitik*. Berlin 2014, S. 179-202.

Ingenschay, Dieter: Diseño glorioso de fracasos en Jorge Volpi, *El fin de la locura*. In: Yvette Sánchez/Roland Spiller (Hg.): *Poéticas del fracaso*. Tübingen 2009, S. 47-56.

Ingenschay, Dieter: Ecos de la crisis financiera y social en las literaturas hispánicas actuales. In: *HispanismeS* 9 (2017), S. 17-30.

Kehlmann, Daniel: *Diese sehr ernsten Scherze. Poetikvorlesungen*. Göttingen 2007.

Löffler, Sigrid: *Die neue Weltliteratur und ihre großen Erzähler*. München 2013.

Lostau, Laura Rosa: *Cuerpos Errantes: Literatura Latina y Latinoamericana en Estados Unidos*. Buenos Aires 2002.

Matzat, Wolfgang: *Lateinamerikanische Identitätsentwürfe. Essayistische Reflexion und narrative Inszenierung*. Tübingen 1996.

Menton, Seymour: *Historia verdadera del realismo mágico*. México 1998.

Montes, Rocío: „Mi olor favorito es el sudor de los hombres." El escritor chileno responde al carrusel de preguntas de este diario tras presentar su nueva novela. *El País* (14. April 2016), https://elpais.com/cultura/2016/04/14/actualidad/1460658238_917601. html (19.1.2019).

Müller, Gesine: *Die* Boom-*Autoren heute. García Márquez, Fuentes, Vargas Llosa, Donoso und ihr Abschied von den großen identitätsstiftenden Entwürfen*. Frankfurt a. M. 2004.

Müller, Gesine: Einleitung. Die Debatte Weltliteratur – Literaturen der Welt. In: Dies. (Hg.): *Verlag Macht Weltliteratur. Lateinamerikanisch-deutsche Kulturtransfers zwischen internationalem Literaturbetrieb und Übersetzungspolitik*. Berlin 2014, S. 7-18.

Padilla, Ignacio: *Si hace crack es boom*. Barcelona 2007.

Palaversich, Diana: *De Macondo a McOndo. Senderos de la postmodernidad latinoamericana*. Mexico 2005.

Paz Soldán, Edmundo: *Río Fugitivo*. Barcelona 1998.

Paz Soldán, Edmundo: *La materia del deseo*. Madrid 2001.

Paz Soldán, Edmundo: *El delirio de Turing*. Madrid 2003.

Pohl, Burkhard: *Bücher ohne Grenzen. Der Verlag Seix Barral und die Vermittlung lateinamerikanischer Erzählliteratur im Spanien des Franquismus*. Frankfurt a. M. 2003.

Pohl, Burkhard: La sátira del campo intelectual en dos obras de Jorge Volpi. De Ars Poética a El fin de la locura. In: José M. López de Abiada/Félix Jiménez Ramírez (Hg.): *En busca de Jorge Volpi. Ensayos sobre su obra*. Madrid 2005, S. 234-248.

Rickes, Joachim: *Daniel Kehlmann und die lateinamerikanische Literatur*. Würzburg 2012.

Rössner, Michael: Post-Boom, noch immer Boom oder gar kein Boom? Gedanken zu den Problemen der Übersetzung und Vermarktung lateinamerikanischer Literatur im deutschen Sprachraum. In: Ludwig Schrader (Hg.): *Von Góngora bis Nicolás Guillén. Spanische und lateinamerikanische Literatur in deutscher Übersetzung*. Tübingen 1993, S. 13-25.

Shaw, Donald L.: The Post-Boom in Spanish American Fiction. In: *Studies in 20th Century Literature* 19/1 (1995), https://doi.org/10.4148/2334-4415.1350 (22.1.2019).

Warhol, Andy: *The Philosophy of Andy Warhol. From A to B and back again*. London 1975.

Wiese, Claudia: *Die hispanoamerikanischen Boom-Romane in Deutschland. Literaturvermittlung, Buchmarkt und Rezeption*. Frankfurt a. M. 1992.

Volpi, Jorge: *Das Klingsor-Paradox*. Übers. von Susanne Lange. Stuttgart 2001 (*En busca de Klingsor*, 1999).

Volpi, Jorge: Entrevista de David Hernández a Jorge Volpi en Hannover, Alemania. „Como escritor me reclamo tan mexicano como universal". In: *El Ágora*, http://archivo.elfaro.net/anteriores/2002/040802/secciones/agora/agora2.html (18.1.2019).

Volpi, Jorge: *El fin de la locura*. Barcelona 2003.

Volpi, Jorge: *Die Zeit der Asche. Roman in drei Akten*. Übers. von Catalina Rojas Hauser und Kirstin Bleiel. Stuttgart 2009 (*No será la tierra*, 2009).

Volpi, Jorge: *Memorial del engaño*. México 2013.

Volpi, Jorge: Kraken, Fischfänger und Mutanten. Spanischsprachige Literatur und Buchmarkt in den Zeiten der Globalisierung. In: Gesine Müller (Hg.): *Verlag Macht Weltliteratur. Lateinamerikanisch-deutsche Kulturtransfers zwischen internationalem Literaturbetrieb und Übersetzungspolitik*. Berlin 2014, S. 275-286.

Walkowitz, Rebecca: *Born translated. The Contemporary Novel in an Age of World Literature*. New York 2015.

Wiese, Claudia, *Die hispanoamerikanischen Boom-Romane in Deutschland: Literaturvermittlung, Buchmarkt und Rezeption*, Frankfurt a. M. 1993.

Frank Göbler (Mainz)

Aus dem Schatten der ‚multinationalen Sowjetliteratur'

Der russische Schriftsteller Anatolij Kim

I. Einleitung

Der sowjetischen Literatur war Internationalität – in einem spezifischen Sinne – von Beginn an eingeschrieben. Zwar geht schon die Herausbildung einer modernen russischen Literatur im 18. Jahrhundert mit der Übernahme westeuropäischer Literaturmodelle einher und ist bereits die Entstehung einer ostslavischen Schriftkultur nach der Christianisierung der Kiever Rus' im 10. Jahrhundert wesentlich Resultat eines Fremdeinflusses (Byzanz). Bis zur Machtübernahme der Bolschewiki 1917 wurde Literatur in Russland aber im Wesentlichen national gedacht – ungeachtet der Bedeutung, die internationale Wechselwirkungen für die Literaturentwicklung auch im 19. und 20. Jahrhundert noch hatten. Erst mit der Bildung der UdSSR wurden Versuche unternommen, die Kulturen des Vielvölkerstaates, der das zaristische Russland auch schon war, zu entwickeln und zu integrieren. Eine Homogenisierung im Sinne einer sowjetischen ‚Nation' wurde nur phasenweise angestrebt; vorherrschende Idee war eher die eines multikulturell/multinational geprägten, wenngleich russisch dominierten Selbstverständnisses.

In der Literatur war damit das Postulat ideologischer Einheitlichkeit verbunden, das zugleich ästhetische Gleichförmigkeit bedeutete, da mit der Gründung des Sowjetischen Schriftstellerverbandes 1934 die Prinzipien des Sozialistischen Realismus für verbindlich erklärt worden waren. Deren Lockerung infolge des Tauwetters nach dem Tod Stalins ließ allmählich Freiräume entstehen, in denen sich strukturell und thematisch abweichende Konzepte realisieren ließen. So konnten in den 1970er Jahren im Kontext der sogenannten ‚Dorfprosa' Texte erscheinen, die zuvor tabuisierte religiöse Inhalte transportierten (Valentin Rasputin, Vladimir Solouchin, Viktor Astaf'ev u. a.). Legitimierbar, wenn auch nicht unumstritten, war dies dadurch, dass man sich mit dem russischen Dorf und seinem zumeist der älteren Generation angehörenden Personal einem Raum zuwandte, der für die gesellschaftliche Entwicklung als marginal angesehen werden konnte. Ähnliches ist für die Literaturen der kleineren Nationalitäten anzunehmen, die zwar längere Zeit um die Befolgung der ideologischen Vorgaben bemüht waren, aber in den 1970er und 1980er Jahren zunehmend aus deren Schatten treten konnten.

Der von koreanischen Einwanderern abstammende, russisch schreibende Anatolij Kim ist wohl derjenige Autor, der sich weltanschaulich wie erzähltechnisch am weitesten von den Normen der älteren Sowjetliteratur löst. Wie er sich in das Konzept der ‚multinationalen Sowjetliteratur' einordnet und welche Aspekte von Internationalität sich in seinen Texten der Jahre vor Beginn der Perestrojka manifestieren, soll Gegenstand der nachfolgenden Betrachtungen sein.

II. Nationalität – Ethnizität

Der Begriff der Nation entzieht sich aufgrund seines unterschiedlichen Gebrauchs in den jeweiligen Kontexten einer allgemeingültigen Definition. Für die Sowjetunion ist zudem eine signifikante Unterscheidung von Nation (russ. ‚nacija') und Nationalität (‚nacional'nost') zu berücksichtigen. Das Adjektiv ‚multinational' (‚mnogonacional'nyj') bezieht sich in diesem Sinne auf Nationalitäten, nicht auf Nationen. Im sowjetischen Verständnis impliziert Nation eine Form der Staatlichkeit, ein Merkmal, das viele Nationalitäten der UdSSR nie hatten oder erst nach deren Zerfall gewannen (Kirgistan, Kasachstan etc.). Nationalität ist zunächst ein administrativer (melderechtlicher) Begriff, der sich an der politischen Gliederung des Staatsgebietes orientiert. Die UdSSR bestand in den 1970er und 1980er Jahren aus 15 Sowjetrepubliken mit je eigenen Sprachen. Innerhalb der Sowjetrepubliken gab es 21 autonome Republiken, in denen – wie in den Sowjetrepubliken – neben dem Russischen die Sprache der jeweiligen Titularnation als Amtssprache zugelassen war. Darüber hinaus wurden auch ethnische Gruppen ohne angestammtes Siedlungsgebiet als ‚Nationalitäten' geführt, z. B. Juden oder Koreaner. Es gab also weit mehr ‚Nationalitäten' als Republiken. Eine Liste der Nationalitäten auf dem Boden der UdSSR wurde erstmals Mitte der 1920er Jahre, schon unter Stalin, erstellt. Diese Liste legte man auch zu Grunde, als 1974 der 5. Eintrag im sowjetischen Pass eingeführt wurde: Die ‚Nationalität' war von da an bis zur Auflösung der UdSSR verbindlich bei jedem Sowjetbürger bei der ersten Ausstellung des Passes festzuhalten. Die Zuordnung war unabhängig davon, ob man die jeweilige Sprache beherrschte, in der betreffenden Republik lebte oder sich mit deren Kultur identifizierte. Es wurde vielmehr die Nationalität der Eltern übernommen, bei gemischten Ehen meist die des Vaters, prinzipiell aber bestand eine Wahlmöglichkeit.

‚Nationalität' bezeichnet also im sowjetischen Kontext zweierlei: erstens eine ethnisch-kulturell, teilweise auch sprachlich definierte Gemeinschaft, meist mit einem bestimmten Siedlungsraum, zweitens die administrative Zuordnung einzelner Personen zu einer solchen Gemeinschaft.

III. Nationalitätenpolitik und Literatur

Die ethnische und kulturelle Heterogenität des Landes ist von der sowjetischen Führung von Beginn an als Herausforderung begriffen worden, bei deren Bewältigung man der Literatur eine wichtige Funktion zuwies. ‚Multinationale Sowjetliteratur' ist ein Konzept, das vor allem in den 1970er Jahren intensiv bearbeitet wurde. 1970 begann die sowjetische Akademie der Wissenschaften mit der Herausgabe einer sechsbändigen *Geschichte der multinationalen Sowjetliteratur*.[1] In den darauffolgenden Jahren erschienen in der DDR mehrere Bücher,

---

1 Lomidze/Timofeev (Hg.), *Istorija sovetskoj mnogonacional'noj literatury*.

die sich diesem Thema widmen.[2] Drei von ihnen wurden vom Zentralinstitut für Literaturgeschichte der Akademie der Wissenschaften der DDR herausgegeben, was deutlich macht, dass die Akademien der UdSSR und der DDR bei der Verbreitung des Konzepts der multinationalen Sowjetliteratur eng zusammenarbeiteten.[3] In der DDR geschah dies auch durch zahlreiche Übersetzungen nichtrussischer sowjetischer Autoren.

Die Institutionalisierung des Konzepts geht freilich viel weiter zurück, nämlich auf das Jahr 1934, als nach der Auflösung sämtlicher noch bestehender Schriftstellervereinigungen durch einen Parteierlass 1932 der Einheitsverband der Sowjetschriftsteller gegründet wurde.[4] Beim Gründungskongress waren unter den Delegierten bereits zahlreiche Schriftsteller der verschiedenen Nationalitäten. Zugleich wurde mit der Gründung des Verbandes der Sozialistische Realismus als verbindliche künstlerische Methode festgeschrieben, d. h. Sowjetliteratur sollte sich nach den Prinzipien der kulturellen Vielfalt und ideologischen Einheitlichkeit entfalten oder wie Lenin schon Jahre zuvor formuliert hatte: „national in der Form, sozialistisch im Inhalt".[5]

Die Ursprünge dieser Idee liegen noch vor der Revolution von 1917. Unter den Zaren herrschte geringes Interesse an Bildung und kultureller Entwicklung der Völker des Reiches. Die Volkszählung von 1897 ermittelte für Turkmenen, Kirgisen, Usbeken und Kasachen Alphabetisierungsquoten von 0,6 bis 2 Prozent.[6] Die Lebensweise war vielfach archaisch, teilweise nomadisch. Hingegen hatten die Bolschewiki schon Jahre vor ihrer Machtergreifung Vorstellungen zur Integration der verschiedenen Ethnien in einen künftigen sozialistischen Staat formuliert. Man ging davon aus, dass die archaischen Gesellschaften des Kaukasus oder Mittelasiens etwa einen „historischen Sprung" vollziehen und unter „Umgehung des kapitalistischen Entwicklungsstadiums" sogleich in den Sozialismus geführt werden könnten.[7] 1921 setzte dann ein umfassendes Bildungsprogramm ein, das die Schaffung von Schriftsprachen und die Gründung von Schulen mit muttersprachlichem Unterricht einschloss.[8] Natürlich sollte damit auch die Verbreitung staatlicher Propaganda im Lande gefördert und „einheimische Kader"[9] herangebildet werden. Ziel der Leninschen Politik, die auch nach seinem Tod noch einige Jahre fortgesetzt wurde, war die ‚Verwurzelung' (‚korenizacija') der Sowjetmacht im ganzen Land, und das hieß auch „die Verwurzelung

---

2 Timofejew/Lomidse, *Literatur einer sozialistischen Gemeinschaft*; Ziegengeist (Hg.), *Multinationale Sowjetliteratur*; Kasper/Kowalski/Hiersche, *Multinationale sowjetische Erzählung*; Beitz (Hg.), *Einführung in die multinationale Sowjetliteratur*.

3 Der Band von Timofejew/Lomidse besteht aus den deutschen Übersetzungen der einführenden Abhandlungen zu den ersten beiden Bänden der sechsbändigen Moskauer Ausgabe.

4 Vgl. Kasack, *Lexikon*, S. 903, 1095, 1225-1230.

5 Zit. nach: Dilger, Sowjetkultur und nationale Einzelkulturen, S. 301.

6 Vgl. ebd., S. 306.

7 Timofejew/Lomidse, *Literatur einer sozialistischen Gemeinschaft*, S. 27.

8 Vgl. ebd., S. 34.

9 Ebd.

von Nichtrussen in den lokalen kommunistischen Machtstrukturen".[10] Lenin war der Auffassung, dass ein behutsamer Umgang mit Traditionen und Lebensweise der wenig entwickelten Völker der Sowjetunion vonnöten sei.[11] Leitend war dabei nicht etwa der Respekt vor den kulturellen Traditionen, sondern pragmatische Erwägungen der Systemstabilisierung. Daher wurde zunächst der Gebrauch der jeweiligen Nationalsprachen im öffentlichen Verkehr gefördert und gewisse kulturelle Autonomie gewährt. Im Zuge dieses Programms entwickelten viele dieser Völker überhaupt erst eine Schriftkultur: Halbach nennt die Zahl von 48 Völkern, für die „erstmals Schriftsprachen kodifiziert und muttersprachliche Literatur ediert" wurden.[12] Dies diente zugleich dem Zweck der ideologischen Schulung, bei der der Literatur eine wichtige Rolle zukam.

Der Aufbau einer Sowjetliteratur im ganzen Land wurde schon in den 1920er Jahren durch verschiedene weitere Maßnahmen gefördert. So initiierte man eine rege Reisetätigkeit von Schriftstellern zwischen den Unionsrepubliken,[13] und man veranlasste Übersetzungen russischer Literatur in die Sprachen der Nationalitäten, wobei der Schwerpunkt auf Werken lag, die später als vorbildlich für den Sozialistischen Realismus galten. Übersetzungen ausländischer Literatur gab es in vielen Sprachen der UdSSR zunächst nicht oder nur in geringem, Umfang. Interessierte griffen daher auf die gut zugänglichen russischen Übersetzungen zurück.[14] Und obgleich neben dem Russischen ebenfalls seit den 1920er Jahren sogenannte „zweite Amtssprachen"[15] gefördert wurden, hatte das Russische bzw. russische Literatur bei der Entwicklung der neuen Literaturen doch eine führende Rolle.[16] Insbesondere lässt sich beobachten, wie Autoren dieser jungen Literaturen anfangs vielfach den Vorbildern Gor'kijs und Majakovskijs nacheiferten.[17] Sprache blieb freilich für die gesamte Sowjetepoche – zumindest aus Sicht der offiziellen Literaturpolitik – ein sekundäres Element, anders als etwa für das Konzept von Nationalliteraturen im 19. Jahrhundert. Das primäre war die ideologische Konformität, d. h. zeitgenössische Literatur hatte in erster Linie Sowjetliteratur zu sein, wie schon an den zahlreichen Bildungen nach dem Muster „russische Sowjetliteratur", „ukrainische Sowjetliteratur", „estnische Sowjetliteratur" etc. in einschlägigen Publikationen abzulesen ist.

---

10 Halbach, *Das sowjetische Vielvölkerimperium*, S. 34.

11 Vgl. Timofejew/Lomidse, *Literatur einer sozialistischen Gemeinschaft*, S. 32. – Das Adjektiv ‚behutsam' ist allerdings mit Blick auf das reale Schicksal vieler Ethnien erheblich zu relativieren. Die späten Werke des Tschuktschen Jurij Rytchëu etwa schildern, in welch rücksichtsloser Weise die Sowjetmacht Kultur und Lebensgrundlagen seiner Heimat zerstörte, bis hin zu den Atomversuchen, unter denen die arktischen Völker bis heute zu leiden haben (vgl. Rytchëu, Der stille Genozid).

12 Halbach, *Das sowjetische Vielvölkerimperium*, S. 35.

13 Vgl. Timofejew/Lomidse, *Literatur einer sozialistischen Gemeinschaft*, S. 57ff.

14 Vgl. ebd., S. 48f.

15 Wälzholz, Nationalismus in der Sowjetunion, S. 16.

16 Vgl. Timofejew/Lomidse, *Literatur einer sozialistischen Gemeinschaft*, S. 47.

17 Vgl. ebd., S. 50-54.

Unter Stalin nahm die Nationalitätenpolitik verschiedene Wendungen. Ab 1927 gab es Tendenzen, die islamische Kultur Zentralasiens und lokale Nationalismen zu bekämpfen.[18] Die Kollektivierung der Landwirtschaft führte zu Hungersnöten, die die Bevölkerung insbesondere der Ukraine und Kasachstans dezimierten. Der Kampf gegen „nationalistische Abweichungen‘ im Parteiapparat" wurde ab 1934 intensiviert und führte in vielen Fällen zur weitgehenden Auslöschung nicht nur der lokalen Parteikader, sondern der gesamten kulturellen Elite; ganze Schriftstellerverbände fielen den Säuberungen zum Opfer.[19] 1936 beginnt dann eine Welle von Zwangsumsiedlungen. Sie betreffen u. a. 400.000 Polen, 190.000 Koreaner, 400.000 Tschetschenen, über 1 Million Deutsche, ferner Inguschen, Kalmüken, Krimtataren u. a. Der Schwerpunkt der Deportationen lag in den Jahren 1941-1944, allerdings waren die Maßnahmen nur teilweise kriegsbedingt. Darüber hinaus lag ihnen die Idee einer ‚Völkerverschmelzung‘ (‚slijanie narodov‘) unter sowjetischer Führung zugrunde. Nach Kriegsende tritt die Dominanz des Russischen noch einmal verstärkt hervor, bestimmte nationale Kulturen werden als schädlich und reaktionär diskriminiert, ihre Vertreter verfolgt.[20]

Im Zuge der Revision der Stalinschen Politik wurden in den 1960er Jahren die umgesiedelten Völker zwar rehabilitiert, jedoch ohne dass die Umsiedlungen als solche rückgängig gemacht worden wären. Auch gab es wieder Tendenzen zu einer Russifizierung, etwa durch die Einführung des Russischen als zweite Muttersprache aller Nationalitäten 1958.[21] Insgesamt war aber die Kulturpolitik in Bezug auf die Nationalitäten nie wieder so restriktiv wie in den Jahren nach dem Krieg.

Das zeigt u. a. der Ausbau der Zeitschrift *Družba narodov* (*Völkerfreundschaft*). Das bereits 1939 als Almanach gegründete Organ hatte die primäre Aufgabe, Literatur der sowjetischen Nationalitäten in russischer Übersetzung zu verbreiten. Während des Krieges war sein Erscheinen zeitweise eingestellt. 1955 nun erfolgte die Umwandlung in eine monatlich erscheinende Zeitschrift, womit einerseits eine neuerliche Aufwertung der nationalen Kulturen, andererseits die führende Rolle des Russischen dokumentiert wurde.[22]

Generell galt, dass der Weg zu breiterer Anerkennung innerhalb und erst recht außerhalb der Sowjetunion zumeist über das Russische führte. Diese Dominanz des Russischen und die Politik der ‚zweiten Muttersprache‘ können als Gründe dafür angeführt werden, dass die bekanntesten Schriftsteller anderer sowjetischer Nationalitäten ihre Bekanntheit als *russische* Autoren erlangten: der Tschuwasche Gennadij Ajgi, der Kirgise Čingiz Ajtmatov, der Weißrusse Vasil' Bykau, der Aserbaidshaner Maksud Imbragimbekov, der Aware Rasul Gamzatov, der Abchase Fazil' Iskander u. a. Tatsächlich haben viele westliche Leser überhaupt nur durch Übersetzungen dieser Autoren tiefere Kenntnisse

---

18 Vgl. Halbach, *Das sowjetische Vielvölkerimperium*, S. 39f.
19 Vgl. ebd., S. 45.
20 Vgl. ebd., S. 49.
21 Vgl. ebd., S. 52.
22 Vgl. Kasack, *Lexikon*, S. 277f.

über die betreffenden Völker und Kulturen erhalten. Anfang der 1980er Jahre hatte die Zeitschrift *Družba narodov* eine Auflage von 240.000 Exemplaren und erlebte während der Perestrojka eine Steigerung auf 800.000 Exemplare, dies allerdings nicht bedingt durch ein verstärktes Interesse an multinationaler Sowjetliteratur, sondern durch die Publikation zuvor verbotener Werke russischer Autoren (Andrej Platonov, Vladimir Nabokov, Aleksandr Solženicyn, Vladislav Chodasevič, Daniil Charms u. a.).[23]

IV. Multiethnische Prägungen von Leben und Werk Anatolij Kims

Zu den regelmäßigen Autoren der Zeitschrift gehört bis heute Anatolij Kim, der 1980 mit deren jährlichem Literaturpreis ausgezeichnet wurde. Er stammt aus einer Familie von Koreanern, die Ende des 19. Jahrhunderts bzw. Anfang des 20. Jahrhunderts in die fernöstlichen Gebiete Russlands eingewandert waren.[24] Eine starke Migrationsbewegung aus Korea in die benachbarten Gebiete Russlands hatte es seit den 1870er Jahren gegeben, als Korea von Hungersnöten und politischer Instabilität geprägt war. Infolge der japanischen Besatzung ab 1910, welche die Not der koreanischen Bauern noch verschärfte, wuchs der Migrationsstrom abermals an.[25] Das Verhältnis der russischen Regierung zu den Einwanderern war ungeachtet des ausgeprägten Integrationswillens der letzteren immer zwiespältig. Das änderte sich auch unter den Sowjets nicht. Die Politik schwankte zwischen Vereinnahmungsversuchen und Ressentiments, an die sich schon frühzeitig Umsiedlungspläne knüpften, welche schließlich 1937 Realität wurden.[26] Im Herbst des Jahres wurden sämtliche Koreaner aus den fernöstlichen Gebieten unter dem Generalverdacht japanischer Spionage zwangsdeportiert, der kleinere Teil nach Usbekistan, der größere nach Kasachstan. Dabei ging man mit äußerster Brutalität vor:

> Vor der Umsiedlung wurde die gesamte Intelligenzschicht, 2500 Menschen, verhaftet und wegen angeblicher Spionage für Japan hingerichtet. [...] Die 5000 Kilometer lange Reise ins Landesinnere dauerte einen Monat. Niemand kümmerte sich darum, dass die Menschen etwas zu essen und zu trinken hatten. Die Züge hatten keine sanitären Einrichtungen. Unterwegs brachen die Masern aus, an denen 60 Prozent aller Kinder starben. Familien wurden getrennt, viele ältere Menschen überlebten den Transport nicht. Die Koreaner [...] mussten sich Erdhöhlen und Hütten bauen, um sich vor der Kälte zu schützen. Ohne die Hilfe

---

23 Vgl. ebd. – Bis heute publiziert die Zeitschrift russisch schreibende Autoren nichtrussischer Nationalitäten. Da alle Inhalte seit 1996 *online* zur Verfügung gestellt werden, ist die gedruckte Auflage inzwischen auf 1.200 Exemplare (2017) gesunken.

24 Vgl. Kim, Moe prošloe. Čast' pervaja, S. 3f.

25 Vgl. Seelmann, Vom Unglück jenseits der Grenze. – Zu den Emigrationsbewegungen von Korea nach Russland vor der Deportation 1937 vgl. auch Toropov, Korejskaja ėmigracija.

26 Vgl. ebd.

in der Nähe wohnender Menschen wäre das Überleben im ersten Winter nicht möglich gewesen. Trotzdem starben annähernd 7000 Menschen durch Hunger und Krankheit.[27]

In einem Dorf inmitten der kasachischen Steppe wurde Anatolij Kim 1939 als Sohn eines koreanischen Ehepaars geboren, das sich nach der Deportation wiederum an die neuen Gegebenheiten anpassen musste. Der Vater war russisch-orthodox getauft auf den Namen Andrej und arbeitete später als Russischlehrer. „No […] otec nikogda ne byl po vere i po charakteru russkim čelovekom. On vsegda ostavalsja korejcem" („Aber mein Vater war […] nie, weder seinem Glauben noch seinem Charakter nach, ein russischer Mensch. Er blieb aber immer Koreaner").[28] Aufgrund der Zwangsumsiedlungen, die ab 1941 auch Deutsche, Tschetschenen und Krimtataren betrafen, war Kasachstan, wie Anatolij Kim es als Kind erlebte, zudem ethnisch stark gemischt. Über dieses Umfeld schreibt er in seiner autobiographischen Erzählung *Moe prošloe* (*Meine Vergangenheit*):

[…] nikogda ne perestanet šumet' i mel'tešit' v moej duše mnogojazyčij pestryj bazar narodov. Ja stanu čelovekom množestvennogo, polimental'nogo sklada charaktera. Moj estestvennyj kosmopolitizm […] idet ot moich samych rannich vpečatlenij.

[…] niemals wird in meiner Seele das Summen und Flimmern jenes vielsprachigen, bunten Völkerbasars enden. Ich wurde zu einem Menschen mit pluralem, poly-mentalem Charakter. Mein natürlicher Kosmopolitismus rührt […] von meinen allerfrühesten Eindrücken her.[29]

Für Kims Eltern hingegen blieb der ferne Osten Russlands ihre eigentliche Heimat. Als nach dem Krieg das Ansiedlungsverbot außerhalb Kasachstans aufgehoben wurden, zog die Familie wieder dorthin zurück, zunächst auf die Halbinsel Kamtschatka, dann in die Gegend von Ussurijsk (nicht weit von Wladiwostok), schließlich auf die Insel Sachalin. Hier gab es aus den Zeiten der japanischen Herrschaft eine größere koreanische Kolonie sowie Saisonarbeiter aus Nordkorea, und Kims Vater leitete dort eine Schule für koreanische Kinder.[30] Mit 17 Jahren ging Anatolij Kim nach Moskau, wo er zunächst ungelernt auf dem Bau arbeitete. Er studierte dann an einer Moskauer Kunstschule und wechselte nach dreijähriger Militärzeit zur Literatur. Die Malerei hat er aber nie ganz aufgegeben, bisweilen illustrierte er seine eigenen Bücher selbst. Er absolvierte 1971 ein Fernstudium am Gor'kij-Literaturinstitut, wo er später eine Zeit lang selbst Literaturseminare leitete. Filmprojekte führten ihn in den 1980er Jahren wieder nach Kasachstan. Für kasachische Filmemacher lieferte er Drehbücher zu Filmen, die teilweise auf Eindrücken und Erlebnissen seiner

---

27 Seelmann, Vom Unglück jenseits der Grenze.

28 Kim, Moe prošloe. Čast' pervaja, 4. Übersetzungen stammen, sofern nicht anders angegeben, vom Verfasser (F. G.).

29 Ebd., S. 5.

30 Zur besonderen Situation der Koreaner auf Sachalin und deren Niederschlag in Kims Texten vgl. Pavlova, Ėtničeskaja kartina.

Kindheit basieren. Auch als Übersetzer kasachischer Literatur ins Russische hat
er sich einen Namen gemacht.[31] 1989 konnte er erstmals nach Südkorea reisen
und sich auf die Suche nach den Spuren seiner Vorfahren machen, unter denen
sich der Dichter Kim Sisŭp (1435-1493)[32] fand. Bald darauf entschloss Kim sich
zu einem längeren Korea-Aufenthalt. 1991-1995 lehrte er an der Chung-Ang
University in Seoul russische Sprache und Literatur und erneuerte seine seit
der Kindheit verschütteten Koreanisch-Kenntnisse.[33] Seither hat er an verschiedenen Orten in Russland gelebt, einige Jahre auch wieder in Kasachstan. Sein
Wohnort heute ist die Moskauer Künstlersiedlung Peredelkino.

Bekannt wurde Kim seit Mitte der 1970er Jahre durch seine Erzählungen
und Romane, die er – anders als etwa Čingiz Ajtmatov, der zunächst noch kir-
gisisch schrieb – von Anfang an auf Russisch verfasste.[34] Schon Kims Vater war
Russischlehrer gewesen; so ist russische Sprache und Literatur ein entscheidender Faktor seiner Identität als Schriftsteller. Seine Prosa ist aber auch geprägt
von koreanischen Traditionen, von Märchen und Geschichten, die er als Kind
bei alten Leuten in der koreanische Siedlung in Kasachstan hörte und später
auf Reisen in Usbekistan, Tadschikistan und Kirgisien wiederfand.[35] Spuren
finden sich auch von fernöstlicher Philosophie,[36] von Topographie und mul-
tiethnischer Lebensweise in Kasachstan und auf Sachalin. Diese Elemente sind
von Beginn an in seiner Prosa zu bemerken. Vielfach sind in ihr eigene biographische Erfahrungen sowie die Schicksale seiner Familie und der koreanischen
Minderheit in Russland verarbeitet. Es liegt daher vielleicht nahe, die Texte
als Zeugnisse über das Leben eben dieser Minderheit zu lesen, wie es ähnlich
mit multinationaler Sowjetliteratur häufig geschah. So konstatierte ein Kritiker, Kim erschließe russischen Lesern den „Ethnokosmos" der Koreaner in

---

31 Er übersetzte Werke von Abdischamil Nurpeissow und Muchtar Auesow (vgl.
    Čuprinin, *Russkaja literatura segodnja*, S. 249).

32 Zu Kim Sisŭp vgl. Zaborowski, Kŭmo-Sinhwa.

33 In einem Brief an seinen Übersetzer, den Kölner Slavisten Wolfgang Kasack, berich-
    tet er voller Stolz, dass er an einer der renommiertesten koreanischen Universitäten
    Vorlesungen über russische Literatur hält – auf Russisch (Kim: Brief an Wolfgang
    Kasack vom 6. März 1994). – Später veröffentlicht er Nacherzählungen koreani-
    scher Märchen (in: *Družba narodov*, 1999, Nr. 11) sowie 2003 seine Übersetzung
    eines koreanischen Epos (*Skazanie o Čchunjan*; vgl. Čuprinin, *Russkaja literatura
    segodnja*, S. 249).

34 Das Koreanische hat Kim als Schriftsprache nie benutzt. Schon als Kind beherrschte
    er Russisch besser als Koreanisch.

35 Darüber berichtet er in der Vorbemerkung zu den koreanischen Märchen, siehe
    oben.

36 Kim wurde 1979 russisch-orthodox getauft (vgl. Kasack, *Lexikon*, S. 524), das
    Weltbild, das uns in seinem literarischen Werk entgegentritt, ist aber – wenn auch
    geprägt von einer religiös grundierten Spiritualität – konfessionell keineswegs fest-
    legbar, wobei Kasack in Bezug auf *Lotos* (*Der Lotos*) das Überwiegen buddhistischer
    Elemente gegenüber christlichen (russisch-orthodoxen) hervorhebt und als einen
    Grund anführt, warum eine Veröffentlichung 1980 gelingen konnte (vgl. Kasack,
    Kim. Lotos, S. 370).

Russland.[37] Dass Kims Intentionen aber nicht primär auf eine ethnographische Lektüre abzielen, sondern er einfach seine künstlerischen Ideen anhand des ihm vertrauten Materials an Personen, Räumen und Geschichten entwickelt, liegt auf der Hand. Freilich geht damit eine spezifische Erzählweise einher, wie auch von der Kritik positiv vermerkt wurde:

> Schon in den frühen Werken hatte Anatoli Kim seine Fähigkeit erprobt, Erzählmuster unterschiedlicher nationaler Herkunft zu synthetisieren. Insbesondere die Vereinigung russischer und ostasiatischer Motive verlieh seiner Prosa ihren unnachahmlichen Reiz.[38]

In jenen frühen Erzählungen dringt Kim tief in die Seelenwelten seiner Figuren vor, schildert ihre Auseinandersetzung mit Schicksalsschlägen, Krankheit und Tod. Dabei bewahrt er zwar noch die Prinzipien realistischen Erzählens über Menschen in ihren oft bescheidenen sowjetischen Lebensverhältnissen, verlässt aber mehr und mehr das Feld materialistischer Weltanschauung. Dann treten Elemente nichtrealistischen Erzählens hinzu: passagenweise in dem Roman *Lotos* (*Der Lotos*, russ. 1980), in voller Ausprägung schließlich in dem Roman *Belka* (*Eichhörnchen*, russ. 1984).

Anhand dieser beiden Texte lässt sich verdeutlichen, welches innovative Potential bereits vor der kulturellen Liberalisierung der späten 1980er Jahre in dem relativ geschützten Raum der ‚multinationalen Sowjetliteratur' realisierbar war. Grundsätzlich waren bis zur Perestrojka experimentelle Erzählformen, die die Regeln einer nachvollziehbaren Wirklichkeitswiedergabe verletzten, im Rahmen des immer noch politisch überwachten Literaturbetriebs ebenso problematisch wie religiöse Subtexte, die zumeist zensurgerecht kaschiert werden mussten, wenngleich schon seit den 1970er Jahren von einer ideologischen Einheitlichkeit der Sowjetliteratur keine Rede mehr sein konnte. Aber auch in den frühen 1980er Jahren konnten Kims erzählerische Experimente nicht unwidersprochen bleiben, ebenso wenig wie seine eigenwilligen philosophischen Konzepte.[39] Gleichwohl darf die Tatsache, dass solche Texte überhaupt publizierbar waren und die Kritik an ihnen ohne persönliche Konsequenzen für den Autor blieb, als Vorbote jener Entwicklungen gewertet werden, die während der Perestrojka der Literatur immer größere Freiheit verschafften.

---

37 Kamyšev, Beskonečnost' sud'by, S. 144.
38 Rollberg, Eichhörnchen, S. 1174.
39 Die teils heftige sowjetische Kritik zu *Eichhörnchen* referiert Peter Rollberg (Rollberg, Eichhörnchen, S. 1172-1175). Tatsächlich kam die Publikation auch nur durch den Einsatz zweier Redakteure zustand, von denen einer bereits insgeheim die Emigration nach Frankreich vorbereitete, der zweite todkrank war und persönliche Konsequenzen bei einer problematischen Veröffentlichung nicht zu fürchten brauchte. Hinzu kam, dass ein kategorisch ablehnendes Schreiben der übergeordneten Zensurbehörde (*Goskomitet po delam pečati*) im Verlag unbeachtet blieb (vgl. Kim, Moe prošloe. Čast' vtoraja, S. 91f.).

V. Das Motiv der Verwandlung

Ein zentrales Motiv, das die Texte Kims verbindet, ist das der Verwandlung. Man kann sagen, es bildet den Kern der Auffassungen Kims vom Wesen der Kunst und des Lebens überhaupt. In der Forschungsliteratur wird das Motiv vielfach mit der asiatischen Herkunft Kims in Verbindung gebracht, obgleich das im Einzelnen schwer zu belegen ist und noch weitere Bezüge in Betracht kommen. Als Quellen dieser Auffassungen und ihrer verschiedenartigen Ausgestaltungen werden Buddhismus,[40] Hinduismus, Daoismus, altägyptische Vorstellungen, aber auch die russische Volksmythologie ausgemacht. Die folgenden Ausführungen sollen zeigen, wie Kim nicht nur Normen realistischen Erzählens unterläuft, sondern auch ein Wirklichkeitskonzept entwickelt, das in Widerspruch zu dem für die Sowjetliteratur prägenden materialistischen Weltbild steht.

Einer seiner bekanntesten Romane ist *Der Lotos*.[41] Hauptfigur ist der Maler Lochow, der auf Sachalin aufgewachsen ist und nun nach jahrelanger Abwesenheit in seinen Heimatort zurückkehrt, weil seine Mutter im Sterben liegt. Sie isst und trinkt nicht mehr, sie ist nicht mehr in der Lage sich zu bewegen oder zu sprechen, scheint ihren Sohn aber manchmal wahrzunehmen. Der Kontakt entsteht, als Lochow ihr eine kunstvoll geschälte Orange in die Hand legt, die die Form einer sich öffnenden Lotosblüte hat. Wir erfahren, dass er eine so zubereitete Orange irgendwann in einem italienischen Film gesehen hat, in dem das nur ein unbedeutendes Detail war. Ihm aber hat sich das Bild eingeprägt, weil es für ihn eine sehr viel weiterreichende Bedeutung hat.

> On ljubil detskoj ljubov'ju k čudu vsjakoe pereroždenie, prevraščenie veščej iz odnoj v druguju. On ne ponimal, kogda èto svojstvo projavilos' v nem vpervye, no postojannoe ožidanie i gotovnost' uvidet' čudesa prevraščenij pomogli emu stat' chudožnikom.
>
> In kindlicher Liebe zum Wunder liebte er jegliche Verwandlung, jegliche Neugestaltung eines Gegenstandes in einen anderen. Er erinnerte sich nicht daran, wann sich diese Eigenheit bei ihm zum ersten Mal gezeigt hatte, doch die ständige Erwartung und die Bereitschaft, das Wunder der Verwandlung zu sehen, hatten ihm geholfen, ein Maler, ein Künstler zu werden.[42]

Es wird dann eine Beobachtung geschildert, die seine Vorstellung von natürlichen Prozessen nachhaltig geprägt hat:

---

40 Zu Bezügen zum Buddhismus, insbesondere zur Vorstellung der Reinkarnation vgl. Chajrutdinova, *Žizn' i smert'*, sowie Pavlova, „*Vostočnye*" percepcii, S. 135.

41 Zitate nach der Übersetzung von Wolfgang Kasack (Kim, *Der Lotos*), die etwa zeitgleich mit einer DDR-Ausgabe erschien (Kim, *Drei kleine Romane*. Ü: Hartmut Herboth). Die Gattungsbezeichnung im Russischen ist ‚povest'‘, ein Begriff, der im Deutschen kein genaues Äquivalent hat und mit ‚Novelle‘ (ohne die strukturellen Merkmale einer Novelle), ‚Kurzroman‘ oder einfach nur ‚Roman‘ übersetzt wird.

42 Kim, *Izbrannoe*, S. 262 (Kim, *Der Lotos*, S. 27).

Gorazdo ran'še, rebenkom let pjati, on uvidel odnaždy na kazachstanskom pustyre, stoja sredi kustov repejnika, kak iz semennoj korobočki kakoj-to nevysokoj kolju-čej travy vylezaet mochnataja gusenica. Samo rastenie, na verchnich otrostkach kotorogo torčali, slovno fonariki, kruglye korobočki, i vylezajuščaja gusenica byli odinakovogo mutno-zelenogo cveta, i, možet byt', poėtomu mal'čiku tak prosto bylo rešit' pro sebja, čto na ego glazach *trava prevraščaetsja v nasekomogo.*

Viel früher, als fünfjähriges Kind, hatte er einmal auf einem unwirtlichen Stück Land in Kasachstan, wo er unter lauter Klettensträuchern stand, gesehen, wie aus der Samenkapsel einer kleinen, stachligen Staude eine pelzige Raupe kroch. Die Pflanze selbst, an deren Trieben die runden Kapseln wie kleine Lampions hingen, und die herauskriechende Raupe hatten die gleiche mattgrüne Farbe, und viel-leicht kam der Junge deshalb für sich zu dem einfachen Schluß, daß sich vor seinen Augen die Pflanze *in ein Insekt verwandelte.*[43]

Diese Verwandlung wird vom Kind wie eine wundersame Geburt unter Qua-len wahrgenommen und später vom erwachsenen Lochow zur Vorstellung vom allumfassenden Geheimnis der Natur erweitert: „Ogon' porodil kamen', kamen' porodil vodu, voda porodila zemlju, zemlja porodila travu, a trava – živogo červjaka." („Das Feuer hat den Stein geboren, der Stein das Wasser, das Wasser die Erde, die Erde die Pflanze, die Pflanze aber den lebendigen Wurm.")[44]

Der Satz klingt wie eine Variation auf die chinesische Fünf-Elemente-Lehre, die der Maler Lochow auf seine Motivation in der Kunst überträgt: das Be-mühen, aus Gegebenem etwas Höheres zu erschaffen – das, „čto uvidel by on, porchaja babočkoj sredi zvezd" („was er erblicken würde, wenn er als Schmetter-ling zwischen den Sternen flatterte").[45]

Kim eröffnet später im Roman noch eine Zeitebene Jahre nach dem Tod der Mutter. Lochow, der sich angewöhnt hat, eine zum Lotos geformte Orange auf das Grab seiner Mutter zu legen, schreckt auf dem verschneiten Friedhof einen Fuchs (russ. ‚lisa' bzw. ‚lisica', beides Feminina) auf, der sich an den Gittern, die das Grab einfassen, scheinbar zu Tode rennt. Zunächst hält er ihn für die rein-karnierte Mutter. Später wird er mit der jungen, rothaarigen Krankenschwester identifiziert, die die sterbende Mutter pflegte. Sie ließ sich von Lochow zeich-nen und verbrachte später eine Liebesnacht mit ihm. Im Erzählen überlagern sich die beiden Zeitebenen und die Identitäten der Krankenschwester und des Fuchses:

Ona, šal'naja Medicinskaja sestra, čto vse delaet naoborot, ležala na belych strujach nametannogo snega, otvernuv ot nego gorjačee lico. A on [...] s nedoumeniem vziral na slučajnuju podrugu v'južnoj noči, kotoraja v svoi dvadcat' let vpervye, dolžno byt', ispugalas' smerti [...]. On podumal, čto esli smert' kopošit'sja rjadom, esli vse my stanem ee dobyčej, to počemu by ne pogladit', ne prilaskat' ėtu bednuju lisicu, počemu ne dat' ej utešenija, kotorogo ona iščet, – minutnyj prijut ee žalkoj, ispugannoj, odinokoj duše. [...] On liš' podumal ob ėtom – i ėtim nečajanno ubil ee – vot ona ležit na zastyvšich strujach belogo sugroba.

---

43 Kim, *Izbrannoe*, S. 262 (Kim, *Der Lotos*, S. 27f.).
44 Kim, *Izbrannoe*, S. 263 (Kim, *Der Lotos*, S. 28).
45 Kim, *Izbrannoe*, S. 264 (Kim, *Der Lotos*, S. 30).

Sie, die lebhafte Krankenschwester, die alles anders macht, lag auf dem weißen Strom des zusammengewehten Schnees, das heiße Antlitz von ihm abgewand. Er [...] betrachtete verständnislos die zufällige Gefährtin dieser Schneesturmnacht, der in ihren zwanzig Jahren wohl zum erstenmal der Schrecken des Todes und seine Unabwendbarkeit bewußt wurde [...]. Warum, so dachte er, soll man, wenn der Tod nebenan sein Werk tut, wenn wir doch alle seine Beute werden, nicht diesen armen Fuchs streicheln und zärtlich zu ihm sein, warum ihm nicht den Trost geben, nach dem er sucht, eine minutenlange Geborgenheit für seine bedauernswerte, verschreckte, einsame Seele? [...] Er dachte es nur und tötete sie damit unabsichtlich – da liegt sie auf der kalten weißen Schneewehe.[46]

Es durchdringen sich hier nicht nur zwei Zeitebenen, die Jahre auseinanderliegen, sondern auch die Identitäten von Fuchs und Mensch. Für Menschen, die sich in verschiedene Tiere, manchmal auch Pflanzen verwandeln können, gibt es im Russischen ein Wort, das keine deutsche Entsprechung hat: ‚oboroten‘ (vgl. das Verb ‚oborotit'sja‘ = ‚sich verwandeln‘). Die Vorstellung stammt aus der russischen Volksmythologie und wurzelt in vorchristlicher Zeit. Wörterbücher behelfen sich meist mit ‚Werwolf‘, manchmal mit ‚Wechselbalg‘.

Die Verwandlung von Mensch zu Tier und von Tier zu Mensch, die in *Der Lotos* angedeutet wird, hat Kim in dem Roman *Eichhörnchen* zum zentralen Motiv ausgebaut. Hier ist auch vielfach explizit von ‚oborotni‘ die Rede, so dass der Übersetzer Thomas Reschke sich zu einer Wortneuschöpfung veranlasst sah. Er nennt sie ‚Wandlinge‘.[47]

Kim bezeichnet seinen Text im Untertitel als ‚*Roman-skazka*‘ (‚Märchenroman‘). Dieser hat aber eine durchaus reale Ebene, die Sowjetunion der 1960er und 1970er Jahre. Der über weite Strecken des Romans dominierende namenlose Ich-Erzähler[48] (der Eichhörnchen-Wandling) ist Sohn koreanischer Flüchtlinge und wird von Russen auf der Insel Sachalin adoptiert, wo er lebt, bis er zum Kunststudium nach Moskau geht. Dort freundet er sich mit drei Kommilitonen an, deren Leben der Roman für einige Zeit begleitet: Dmitrij Akutin wächst im Waisenhaus auf. Eine Lehrerin entdeckt seine künstlerische Begabung, fördert ihn, bringt ihn an der Kunstschule unter und beginnt eine Liebesbeziehung mit ihm. Der Armenier Georgij Aznaurjan lernt durch seine als Malerin erfolgreiche Tante eine australische Millionärswitwe kennenlernt, welche ihn heiratet und mit nach Australien nimmt. Dort erfährt er eine künstlerische Krise, bis er den kreativen Prozess Käfern überlässt, die in Farbe getaucht über Leinwände krabbeln: „živopis' skarabeev" („Skarabäenmalerei"[49]). Innokentij Lupetin kehrt in sein Heimatdorf zurück, um seine demenzkranke Mutter zu pflegen. Der

---

46 Kim, *Izbrannoe*, S. 302 (Kim, *Der Nephritgürtel. Nachtigallenecho. Lotos*, S. 274). Dt. Zitat hier nach der in diesem Falle genaueren Übersetzung von Hartmut Herboth.

47 Das Motiv begegnet auch in jüngerer Zeit in der russischen Literatur. Der Kult-Autor Viktor Pelewin veröffentlichte 2004 einen Roman mit dem Titel *Svjaščennaja kniga oborotnja* (*Das heilige Buch des Wandlings*), das auf Deutsch als *Das heilige Buch der Werwölfe* erschien. Dort ist die Hauptfigur allerdings ein Fuchs-Wandling.

48 Gelegentlich übernehmen auch andere Figuren die Funktion der Erzählinstanz.

49 Kim, *Izbrannoe*, S. 677 (Kim, *Eichhörnchen*, S. 249).

Erzähler wird nach dem Studium, das er nicht beenden darf, Grafiker in einem medizinischen Verlag.

Alle vier sterben jung. Dmitrij Akutin fällt einem zufälligen Mord zum Opfer. Georgij Aznaurian wird bei einem Aufenthalt in Teheran von der islamischen Revolution überrascht und von Aufständischen getötet. Innokentij Lupetin entwickelt eine tödliche Krankheit. Eichhörnchen ist schon zu dem Zeitpunkt tot, als er zu erzählen beginnt. Auf welche Weise er ums Leben kam, bleibt unbekannt. Unter den vier jungen Künstlern ist Eichhörnchen der einzige Wandling. Die anderen werden auf die eine oder andere Weise Opfer von Wandlingen, die anscheinend einen heimlichen Kampf gegen die Nur-Menschen führen. Eichhörnchen hingegen strebt danach, ganz Mensch zu werden. Die Möglichkeit, dies zu erreichen, indem er die Liebe eines vielfach angesprochenen weiblichen Wesens unklarer Identität gewinnt, erscheint ihm illusorisch.[50] So bleibt ihm nur die Möglichkeit, welche ein Uhu-Wandling ihm eröffnet: „Ty dolžen ubit' belku. Vsego liš' odnu belku ubit' – i vse, ty svoboden ot nas. Ètim samym ty kak by postaviš' sobstvennoručnuju podpis' na svoem otrečenii." („Du mußt ein Eichhörnchen töten. Nur ein einziges Eichhörnchen töten, dann bist du frei von uns. Damit setzt du gewissermaßen eigenhändig deine Unterschrift unter deine Lossage.")[51] Schon diese Formulierung klingt wie eine Warnung, gleichsam einen Teufelspakt zu schließen. Und wirklich wird nachher die Freude über die Menschwerdung vom Entsetzen über die eigene Tat überschattet: „Ja uznal na svoem lice gnusnoe ševelenie krivoj ulybki Kaina pered voprošajuščim Gospodom" („Ich erkannte in meinem Gesicht das scheußliche schiefe Grinsen Kains vor dem fragenden Herrgott").[52]

Unter den Wandlingen, mit denen Kim seine Romanwelt bevölkert, sind Hunde, Kaninchen (bösartige!), ein Huhn, Schweine, ein Delphin (den Eichhörnchen bei der Wandlung zum Menschen unterstützt, der aber am Ende in ein unbeschwertes Delphinleben zurückkehrt), eine Löwin, ein Biber, eine Katze, Ratten, ein Pavian, eine Büffelkuh, ein Iltis etc. Daneben gibt es einen zweidimensionalen Mann, Miniaturmenschen, ein sprechendes Wesen, das aus der Hüfte Innokentij Lupetins hervorwächst, Untote und Schutzengel, die hilflos in der Moskauer Metro herumflattern, weil sie dort ihren Schützlingen nicht folgen können. Außerdem verfügt Eichhörnchen nicht nur über die Fähigkeit, sich von Tier zu Mensch und Mensch zu Tier zu verwandeln, er kann sich auch in der Seele anderer Wesen einnisten und die Welt wie sie erleben. Diese Eigenschaft zeigt sich zum ersten Mal, als er eine Biene aus einem Spinnennetz befreit:

> [...] togda ona, sognuvšis', iz poslednich sil udarila menja v palec. Bol' pronzila nas odnovremenno, žalo vyrvalos' iz ee brjuška vmeste s vlažnym komočkom vnutrennostej, ja otkryl okno i vybrosil pčelu vo mglu noči [...] Sinim kamnem--samocvetom mercalo nebo, i v ego glubine neizvestnaja mne zvezda tlela, kak iskorka ugasšego dnja, kak duša pčely, kak moja nesterpimaja, no blažennaja bol' v pal'ce – bol' žizni i moego sočuvstvija ko vsemu živuščemu vokrug menja.

---

50 Vgl. Kim, *Izbrannoe*, S. 684 (Kim, *Eichhörnchen*, S. 256).

51 Kim, *Izbrannoe*, S. 705 (Kim, *Eichhörnchen*, S. 279).

52 Kim, *Izbrannoe*, S. 709 (Kim, *Eichhörnchen*, S. 283).

[...] da krümmte sie sich und stach mich mit letzter Kraft in den Finger. Der Schmerz durchzuckte uns beide gleichzeitig, der Stachel riß sich mitsamt dem feuchten Klümpchen ihrer Eingeweide aus ihrem Bäuchlein, ich öffnete das Fenster und warf die Biene ins Dunkel der Nacht [...]. Der Himmel schimmerte wie ein dunkelblauer Edelstein, und in seiner Tiefe glomm ein mir unbekannter Stern wie ein Fünkchen des erloschenen Tages, wie die Seele der Biene, wie mein unerträglicher, aber wohliger Schmerz im Finger – ein Schmerz des Lebens und meines Mitgefühls für alles Lebende um mich herum.[53]

In dem Zitat steckt eine weitere zentrale Idee von Kims Romanen und Erzählungen: die Idee der Verbundenheit alles Lebenden.

VI. WIR und die anderen Stimmen

Anatolij Kim konkretisiert bereits in *Der Lotos* seine Vorstellung einer solchen Verbundenheit (die übrigens auch die Grenzen von Zeit und Tod sprengt) als „Chor Žizni" („CHOR DES LEBENS")[54], welchen er mit dem Personalpronomen „MY" (WIR)[55] zum Sprechen bringt und der uns in *Eichhörnchen* wieder begegnet.[56] Dieses WIR kann in der Tat als „Schlüsselvorstellung im poetischen System A. Kims"[57] bezeichnet werden. Es realisiert sich in dieser „Stimme der Allmenschheit"[58] das Konzept „einer utopischen Anthropologie",[59] als deren philosophische Quellen unter anderem Nikolaj Fedorov, Henri Bergson, Vladimir Vernadskij und Teilhard de Chardin ausgemacht wurden.[60]

In Kombination mit der Idee der Verwandlung ergibt sich daraus, dass die Tätigkeit des Künstlers u. a. darin besteht, diese Verbundenheit zu erfahren bzw. erfahrbar zu machen. Eines ihrer Ziele ist die Überwindung des Gegensatzes von menschlichen und tierischen Impulsen im Menschen.[61] Rollberg formuliert den universellen Anspruch von *Eichhörnchen* so: „Die ganze ‚Philosophie' des

---

53 Kim, *Izbrannoe*, S. 528 (Kim, *Eichhörnchen*, S. 84f.).

54 Kim, *Izbrannoe*, S. 251, 253 (Kim, *Der Lotos*, S. 9, 12).

55 Kim, *Izbrannoe*, S. 265, 274, 276, 305, 313, 320, 323, 337ff., 342f., 352ff., 710-717 (Kim, *Der Lotos*, S. 33, 47, 49, 97, 111, 123, 127, 150, 152f., 160, 162f., 175, 179; *Eichhörnchen*, S. 285-293).

56 Bereits im letzten Kapitel von *Lukovoe pole* (*Das Zwiebelfeld*) taucht dieses WIR auf, allerdings noch nicht als eigene Stimme bzw. Erzählinstanz und noch nicht direkt verknüpft mit dem Bild des polyphonen Chores, dessen Erklingen im inneren Ohr des Erzählers als Grundlage des kreativen Prozesses beschrieben wird (Kim, *Izbrannoe*, S. 165, 162; Kim, *Das Zwiebelfeld*, S. 179, 176).

57 Smirnova/Popova, *Poètika povestej A. Kima*, S. 59.

58 Schaffartzik, *Anatolij Kim*.

59 Ebd.

60 Auf Teilhard des Chardin und Vernadskij verweisen u. a. Schaffartzik, ebd., und Rollberg, *Eichhörnchen*, S. 1181, auf Fedorov z. B. Ljubimov, *Pečat' tajny*, S. 12, auf Bergson z. B. Dalton-Brown, *Centaurs*, S. 971.

61 Popova spricht gar vom „Kampf der tierischen und göttlichen Natur" (Popova, *Proza A. Kima,* S. 12).

Romans ist auf den Umsturz simpler rationaler Kategorien gerichtet, auf die Suche nach einem allmenschlichen Telos, einem neuen Verständnis der Bestimmung des Menschen als Gattungswesen und als einmaliges Individuum.“[62] Ein Blick in die Sekundärliteratur zeigt, dass diese Ideen nicht nur mit den genannten Philosophen assoziiert, sondern – wie bereits angedeutet – häufig mit Kims Herkunft verknüpft und auf asiatische Ursprünge zurückgeführt werden; sogar die „Neigung Lebensgesetze zu formulieren“ wird mitunter mit asiatischem Erbe in Verbindung gebracht.[63] Auch wenn ein direkter Nachweis entsprechender Einflüsse nicht immer leicht zu führen sein dürfte, ist doch evident, dass die Migrationsgeschichte seiner Familie ihre Spuren hinterlassen hat.

Von Internationalität in Bezug auf Kims literarisches Werk zu sprechen, ist darüber hinaus vielleicht nur in dem weiten Sinne angebracht, wie dies für moderne Literatur überhaupt gilt. Ein Schriftsteller des 20. Jahrhunderts ohne Lektüreerfahrungen mit fremden Literaturen ist kaum denkbar, wie immer sich das im eigenen Schreiben niederschlagen mag. Dies gilt für die UdSSR vielleicht in besonderem Maße, da dort der Weg zu einer Karriere als Schriftsteller meist über ein Literaturstudium führte, innerhalb dessen Kurse in ‚Weltliteratur‘ (‚mirovaja literatura‘) obligatorisch waren.

Kims Texte schaffen dabei fiktionale Wirklichkeiten, die aus den spezifischen Bedingungen der ‚multinationalen Sowjetliteratur‘ erwachsen und zugleich deren Grenzen mehr und mehr überschreiten – durch die Abkehr nicht nur vom materialistischen Weltbild, sondern auch vom Modell realistischen Erzählens. So entwickelt er in *Eichhörnchen* Strukturen, welche eine eindeutige Realitätskonstruktion durch den Rezipienten planmäßig unterlaufen. Dies geschieht durch eine erhebliche Komplizierung der narrativen Vermittlung. Als Erzählinstanzen fungieren nicht nur die Titelfigur und das WIR, sondern auch die übrigen Kunststudenten sowie weitere Figuren. Die Figurenreden verschiedener Instanzen können in einen schnellen Wechsel treten, der Fokus springt bisweilen innerhalb eines einzigen Satzes von einer Figur zur einer anderen, was bisweilen den „Effekt des gleichzeitigen Erklingens mehrerer Stimmen erzeugt“.[64] Die Titelfigur spricht bald in der ersten Person, bald erscheint sie als Gegenstand einer nicht weiter konkretisierten übergeordneten Erzählinstanz. Die Grenzen zwischen Zeitebenen, zwischen Realität und Traum, zwischen Leben und Tod können verschwimmen. Fast hat es den Anschein, als ob Kim sich durch die Brüche in der Linearität des Erzählens und die permanente Infragestellung des Wirklichkeitsstatus seiner narrativen Aussagen gegen eine naive Lektüre seines Romans habe absichern wollen. Dabei erreicht er doch in einzelnen realistischen Details eine erstaunliche Suggestionskraft – manchmal übrigens auch in den nichtrealistischen Textpassagen.[65]

---

62 Rollberg, Eichhörnchen, S. 1172.

63 Vgl. Pavlova, „Vostočnye“ percepcii, S. 134.

64 Smirnova/Popova, Poėtika povestej A. Kima, S. 61.

65 So schildert er etwa die Empfindungen einer alten Biene, die ihre Arbeit nicht mehr wie die anderen verrichten kann und schließlich von den jungen Arbeiterinnen aus dem Bienenstock verstoßen wird (Kim, *Izbrannoe*, S. 526-528; Kim, *Eichhörnchen*,

VII. Russische Sprache, Literatur und Leitkultur

Zweifellos fühlt sich Kim als Teil der russischen Literatur; die Anerkennung seines sprachlich-stilistischen Vermögens lag ihm zu Beginn seiner Karriere sehr am Herzen. Auch stößt man gelegentlich auf Anspielungen und Zitate aus der russischen Literatur, die sicher eher ein russisches als ein internationales Publikum ansprechen sollen. So ist dem Roman *Eichhörnchen* ein Puškin-Zitat als Motto vorangestellt, und einer der Kunststudenten stirbt einen Tod, der den russischen Leser an den des Dramatikers Aleksandr Griboedov erinnern wird (er kommt bei einem Aufruhr in Teheran ums Leben). Auch Michail Bulgakovs Roman *Master i Margarita* (*Der Meister und Margarita*), seit dem Erscheinen 1966/67 ein sowjetisches Kultbuch, wird anzitiert.[66] Die russische Literatur ist somit ein wichtiger Teil von Kims literarischer Sozialisierung.[67] Erzähltechnisch wie weltanschaulich emanzipiert er sich aber deutlich von den Paradigmen, die in der russischsprachigen Sowjetliteratur der Zeit vorherrschend waren. Eine der Grundlagen dieser Emanzipation ist seine multinationale Biographie. Kim beschreibt in seiner autobiographischen Erzählung, wie er sich anfangs innerhalb der russischen Literatur wie ein Fremder gefühlt habe.[68] In gewisser Hinsicht ist diese Fremdheit seine eigentliche Stärke als Schriftsteller.

S. 82-84). Auch die Biene wird dabei vorübergehend zur Erzählinstanz. – Auch die Schilderung, wie Dmitrij Akutin nach seiner Ermordung sein Grab wieder verlässt, um als Geist zu seiner Geliebten Liliana zurückzukehren, ist voller realistischer Details (Kim, *Izbrannoe*, S. 566f.; Kim, *Eichhörnchen*, S. 126f.).

66 Es geht um den Satz Volands/des Teufels „Rukopisi ne gorjat" („Manuskripte brennen nicht", Bulgakov, *Master i Margarita*, S. 278; Bulgakow, *Der Meister und Margarita*, S. 347), den man beim Erscheinen des Romans ein gutes Vierteljahrhundert nach dem Tod des Autors auf jene unterdrückte Literatur bezog, die seit dem Tauwetter allmählich wieder zum Vorschein kam. Kim kehrt den Satz allerdings um: „Èto nepravda, čto rukopisi ne gorjat. Ešče kak gorjat..." („Es stimmt nicht, dass Manuskripte nicht brennen! Und wie sie brennen!" Kim, *Izbrannoe*, S. 684; Kim, *Eichhörnchen*, S. 256).

67 Über seine frühen Lektüren schreibt Kim in seiner autobiographischen Erzählung. Er nennt Aleksandr Solženicyns Lagerroman *Ein Tag des Ivan Denisovič* sowie die nachfolgenden Romane *Krebsstation* und *Im ersten Kreis*, die bereits verboten waren und nur im Samizdat kursierten, ebenso wie Andrej Platonovs *Čevengur*. Aber er nennt z. B. auch Kafka und Faulkner (Kim, Moe prošloe. Čast' vtoraja, S. 73), später insbesondere Lev Tolstojs philosophische Publizistik (ebd., S. 77f.).

68 „[...] meine koreanische Herkunft schien immer wieder der Grund für insgeheime Zweifel an meinem Schicksal zu sein, was in Selbstzweifel mündete, und so zeigten sich denn auch fragende Mienen auf den Gesichtern all jener, die von meinem Entschluss erfuhren, ein russischer Schriftsteller zu werden" (Ebd., S. 79). Nach einer ersten lobenden Rezension zu seiner Prosa, in der seine „hohe Sprachkultur" hervorgehoben wurde, trat Erleichterung ein: „Denn der Hauptgrund meiner Befürchtungen war gewesen, dass sich in meinem physischen Wesen nicht eine einzige russische Zelle befand [...] in der langen genetischen Kette [...] kein einziges Glied russischer sprachlicher Natur. Ich hatte befürchtet, dass trotz all meiner Anstrengungen meine fremdsprachige Herkunft sich als fatale Barriere erweisen würde." (Ebd., S. 87).

Die Sowjetliteratur war der umfassendste Versuch, die literarische Produktion eines ganzen Staatsgebildes mit einer Vielzahl von Völkern und Sprachen im Sinne einer bestimmten Weltanschauung, Gesellschaftslehre und Ästhetik zu homogenisieren, wobei der Begriff der Nation nicht im Vordergrund stand, vielmehr mit dem Begriff der Nationalitäten eine Unterordnung der Völker unter den staatlichen Verbund impliziert war. Im aktuellen politisch-ideologischen Diskurs in Russland kann man das Wiederaufleben des sowjetischen Konzepts eines multinationalen Großreichs unter russischer Führung beobachten. Es wird mit nur wenig veränderten Vorzeichen von regierungsnahen Autoren propagiert. Nur ist an die Stelle der kommunistischen Ideologie heute eine national-imperiale getreten, die sich ungeniert an Ideologemen der Sowjetzeit (auch der Stalinzeit), des Zarenreichs, des Moskowitischen Staates bis hin zur Kiever Rus' bedient. Der russischen Sprache wird dabei nach einem Wort des Präsidenten Putin aus dem Jahr 2013 „eine machtvolle vereinigende Rolle für das multinationale Volk Russlands"[69] zugewiesen.

Für Anatolij Kim ist das Russische die Sprache seines literarischen Ausdrucks, es ist die Sprache, in der sich die Figuren seiner Romane und Erzählungen verständigen, wie immer auch ihre ethnische Herkunft sein mag. Was die Figuren verbindet, ist aber nicht die russische Sprache oder Kultur, sondern das, was ihr Autor jenseits nationaler Konzeptionen als das Verbindende des Menschseins versteht. Somit bedeutet für ihn, ein russischer Schriftsteller zu sein, nicht, Teil einer Leitkultur in einem multiethnischen Staat zu sein. Vielmehr sind Kims Vorstellungen denen einer Leitkultur genau entgegengesetzt. Für eine Vereinnahmung im Sinne einer national-imperialen Ideologie ist Kims literarisches Werk damit ebenso ungeeignet wie im Sinne einer normativ gedachten Sowjetkultur.

VIII. Literatur

Beitz, Willi (Hg.): *Einführung in die multinationale Sowjetliteratur*. Leipzig 1983.

Bulgakov, Michail: *Master i Margarita*. Moskva 1990 (Sobranie sočinenij v pjati tomach. Tom pjatyj).

Bulgakow, Michail: *Der Meister und Margarita*. Darmstadt/Neuwied 1973 [Ü: Thomas Reschke].

Chajrutdinova, A. R.: Žizn' i smert' v proizvedenijach Anatolija Kima. In: *Sborniki Konferencij NIC Sociosfera* 2011, Nr. 2, S. 17-21.

Čuprinin, Sergej: *Russkaja literatura segodnja. Bol'šoj putevoditel'*. Moskva 2007.

Dalton-Brown, Sally: Centaurs, A Singing Squirrel, and a Lotus. Anatolii Kim's Portrait of the Evolving Human Animal. In: *The Modern Language Review* 90/4 (1995), S. 967-972.

Dilger, Bernhard: Sowjetkultur und nationale Einzelkulturen. In: Oskar Anweiler/Karl-Heinz Ruffmann (Hg.): *Kulturpolitik der Sowjetunion*. Stuttgart 1973, S. 300-344.

Halbach, Uwe: *Das sowjetische Vielvölkerimperium. Nationalitätenpolitik und nationale Frage*. Mannheim 1992.

---

69 Ivanov, Vladimir Putin.

Ivanov, Maksim: Vladimir Putin obogatil literaturu predloženijami. In: *Kommersant* 21.11.2013 (https://www.kommersant.ru/doc/2349167; 26.07.2018).

Kamyšev, V.: Beskonečnost' sud'by. Zametki o proze Anatolija Kima. In: *Dal'nij Vostok* 6 (1989), S. 142-149.

Kasack, Wolfgang: Anatolij Andreevič Kim. Lotos. In: Jens, Walter (Hg.): *Kindlers Neues Literaturlexikon*. Bd. 9. München 1990, S. 370-371.

Kasack, Wolfgang: *Lexikon der russischen Literatur des 20. Jahrhunderts*. München 1992.

Kasper, Karlheinz: *Multinationale sowjetische Erzählung (1945-1975)*. Berlin (Ost) 1978.

Kim, Anatoli: *Der Nephritgürtel. Nachtigallenecho. Lotos. Drei kleine Romane*. Berlin (Ost) 1986 [Ü: Irene Strobel, Hartmut Herboth].

Kim, Anatolij: *Das Zwiebelfeld*. Berlin 2003 [Ü: Walerija Weiser].

Kim, Anatolij: Brief an Wolfgang Kasack vom 6. März 1994. In: *Archiv Wolfgang Kasack*. Institut für Slavistik, Turkologie und zirkumbaltische Studien der Johannes Gutenberg-Universität Mainz. Abt. Slavistik. Mappe ,Anatolij Kim'.

Kim, Anatolij: *Der Lotos*. Frankfurt a. M. 1986 [Ü: Wolfgang Kasack].

Kim, Anatolij: *Eichhörnchen*. Frankfurt a. M. 1989 [Ü: Thomas Reschke].

Kim, Anatolij: *Izbrannoe*. Moskva 1988.

Kim, Anatolij: Moe prošloe. In: *Družba narodov* 1998, Nr. 2, 3-82 (Čast' pervaja), 1998, Nr. 4, S. 72-111 (Čast' vtoraja).

Ljubimov, N.: Pečat' tajny. In: Kim, Anatolij: *Izbrannoe. Povesti. Roman*. Moskva 1988, S. 3-12.

Lomidze, G. I./Timofeev, L. I. (Hg.): *Istorija sovetskoj mnogonacional'noj literatury*. 6 Bde. Moskva 1970-1974.

Pavlova, T. K.: Ètničeskaja kartina dal'nego vostoka v proze Antolija Kima 1970-ch gg. In: *Rossija i ATR* 1 (2012), S. 79-84.

Pavlova, T. K.: „Vostočnye" percepcii v rannej proze A. A. Kima. In: *Vostok (Oriens)* 5 (2012), S. 131-136.

Popova, A. V.: *Proza A. Kima 1980-1990-ch godov. Poètika žanra. Avtoreferat*. Astrachan' 2011.

Rollberg, Peter: Das falsche Dasein. Ein Gespräch mit Anatoli Kim. In: Andreas Tretner (Hg.): *Kopfbahnhof. Almanach 2. Das Falsche Dasein. Sowjetische Kultur im Umbruch*. Leipzig 1990, S. 66-80.

Rollberg, Peter: Anatoli Kim: Eichhörnchen. In: *Weimarer Beiträge* 35/7 (1989), S. 1172-1183.

Rytchëu, Juri: Der stille Genozid. Über den Mord an den kleinen arktischen Völkern Russlands (1995), http://www.unionsverlag.com/info/link.asp?link_id=198&pers_id=1284 (26.7.2018).

Schaffartzik, Gabriele: Anatolij Kim. In: Heinz Ludwig Arnold (Hg.): *Kritisches Lexikon zur fremdsprachigen Gegenwartsliteratur*. (http://www.munzinger.de/document/18000000241; 18.07.19)

Seelmann, Hoo Nam: Vom Unglück jenseits der Grenze. Die Zwangsumsiedlung von Koreanern unter Stalin. In: *Neue Zürcher Zeitung*. 8./9. Juni 2000.

Smirnova, A. I., Popova, A. V.: Poètika povestej Anatolija Kima. In: *Vestnik Moskovskogo gorodskogo pedagogičeskogo universiteta. Serija: Filologičeskoe obrazovanie*. 2 (2010), S. 55-63.

Timofejew, L. I./Lomidse, G. J.: *Literatur einer sozialistischen Gemeinschaft. Zur Herausbildung und Entwicklung der multinationalen Sowjetliteratur (1917-1941)*. Berlin (Ost) 1975.

Toropov, A. A.: Korejskaja ėmigracija na Dal'nem Vostoke Rossii. Vtoraja polovina XIX v. – 1937 g. In: *Revue des Études Slaves* 71 (1999), S. 123-130.

Wälzholz, Gunnar: Nationalismus in der Sowjetunion. Entstehungsbedingungen und Bedeutung nationaler Eliten. In: *Osteuropa-Institut der Freien Universität Berlin Arbeitspapiere des Bereichs Politik und Gesellschaft.* 8 (1997). (https://nbn-resolving.org/urn:nbn:de:0168-ssoar-440358)

Zaborowski, Hans-Jürgen: Kúmo-sinhwa (Kim Sisŭp). In: *Kindlers neues Literaturlexikon.* Bd. 9. München 1990, S. 376-377.

Ziegengeist, Gerhard/Kowalski, Edward/Hiersche, Anton (Hg.): *Multinationale Sowjetliteratur. Kulturrevolution. Menschenbild. Weltliterarische Leistung. 1917-1972.* Berlin/Weimar 1975.

Julian Rentzsch (Mainz)

Poesie türkischer Popkultur

Lokale Lyrik in globaler Gesellschaft

I. Zur Entstehung einer türkischen Nationalliteratur

Dem Osmanischen Reich als multi-ethnischer und multikultureller Staat war der Nationalgedanke lange Zeit fremd. Von einem Nationalcharakter im eigentlichen Sinne kann mit Blick auf die ältere türkische Literatur folglich keine Rede sein. Die höfische Dichtung in den ersten beiden Jahrhunderten der türkischen Besiedlung Anatoliens wurde in persischer Sprache verfasst. Erst in der zweiten Hälfte des 13. Jahrhunderts begegnen wir zunächst zaghaften Experimenten mit Türkisch als Literatursprache, welche zunächst aus Konya, dem Zentrum des Sultanats von Rum, belegt sind,[1] zu einer Zeit, da im fernen Westen Anatoliens das Haus Osman als lokales Kleinfürstentum zu entstehen erst im Begriff war. Diese ersten literarischen Gehversuche sollten allerdings schon bald eine Verfeinerung erfahren, die letztlich in die klassische osmanische Poesie, die sogenannte Divan-Literatur,[2] münden sollte, welche ihren Zenit im 16. Jahrhundert erlebte. Daneben produzierte das bunte Völkergemisch im Reich volkstümliche Literatur in seinen zahlreichen Sprachen. Da die Ethnien im Osmanischen Reich in enger Nachbarschaft und intimer Durchmischung lebten und Mehrsprachigkeit eher die Regel als die Ausnahme war, ist diese Volksliteratur in ihrer Grundanlage inter- und multikulturell. Dies schlägt sich in einer Vielzahl gemeinsamer Formen, Melodien, Stoffe, Motive und Genres nieder. Unterschiede in den volkstümlichen Literaturerzeugnissen des Osmanischen Reiches waren primär regional bzw. lokal, in zweiter Linie religiös und erst an dritter Stelle ethno-linguistisch motiviert.

Der türkische Nationalgedanke gewann im Osmanischen Reich in der zweiten Hälfte des 19. Jahrhunderts an Bedeutung, und zwar maßgeblich als Reaktion auf die nationalen Unabhängigkeitsbestrebungen zunächst auf dem Balkan, später auch in anderen Teilen des Reiches. Ab dieser Zeit kann man allmählich von der Entstehung einer türkischen Nationalliteratur sprechen, mit potentiellen und realen inter-nationalen Beeinflussungen in verschiedene Richtungen. Die Türkische Republik schließlich ist eine dezidiert nationalstaatliche Gründung (1923), mit den Türken als Staatsvolk und drei offiziell anerkannten Minderheiten – Griechen, Armenier und Juden – mit im Vertrag von Lausanne garantierten Minderheitenrechten.[3]

---

1 Siehe hierzu Mansuroğlu, Rūmī's türkische Verse.

2 Der heute gängige Terminus Divan-Literatur (türk.: *divan edebiyatı*) ist eigentlich eine retrospektive Benennung, die erst ab 1924 Verbreitung erfährt; Armağan, *İmkânsız Özerklik*, S. 51.

3 Einen gut lesbaren und zugleich fundierten Abriss der Geschichte des Osmanischen Reiches bietet Matuz, *Das Osmanische Reich*.

Mit Blick auf die Literaturgeschichte kann man feststellen, dass die osmanisch-türkische Literatur sich bis einige Jahrzehnte vor der Republikgründung in einem multikulturellen und multilingualen Umfeld entwickelte,[4] in dem interkulturelle Wechselbeziehungen an der Tagesordnung waren und das Osmanisch-Türkische als Sprache des Hofes zwar eine privilegierte Stellung innehatte, aber in Ermangelung einer entsprechenden Begrifflichkeit weder Nationalsprache noch Trägerin einer Nationalliteratur sein konnte. Vor allen Dingen ab dem 19. Jahrhundert wandte sich allerdings wenigstens ein Teil der osmanischen intellektuellen Elite verstärkt von der östlichen Literaturtradition mit ihren arabischen und persischen Einflüssen ab und richtete den Blick dezidiert nach Europa, insbesondere nach Frankreich, was unter anderem zum Aufkommen bisher unbekannter Genres wie des Romans und zu einem experimentellen Umgang mit formalen und stilistischen Mitteln beitrug.[5]

Nach Gründung der Republik erhielt der junge Nationalstaat auch eine Nationalliteratur in türkischer Sprache, für die der interkulturelle Dialog schon deshalb keine Selbstverständlichkeit mehr darstellte, als das multikulturelle Gefüge des Osmanischen Reiches weitgehend verloren gegangen war.[6] Diese Literatur rechnete insbesondere in den ersten Jahrzehnten der Republik mit den überkommenen Traditionen ab, wirkte dezidiert als Instrument im Modernisierungsprojekt der Türkei und hatte einen unverkennbaren Erziehungsauftrag.[7] Als Nationalliteratur trat sie in einen internationalen Dialog insbesondere mit europäischen Literaturen, wobei die türkische Literatur schon deshalb weit häufiger eine empfangende Rolle einnahm als eine gebende, weil die türkischen Intellektuellen durch ihre Frankophonie nicht nur über den Schlüssel zur französischen Kultur selbst,[8] sondern vermittels französischer Übersetzungen auch zu anderen Nationalliteraturen verfügten, während Umgekehrtes kaum der Fall war.

II. Volkspoesie und Kunstpoesie

Die Poesie im Sinne der Versrede nahm und nimmt in der türkischen Literatur einen überragenden Rang ein. Gewiss hat es stets Formen der Prosaliteratur gegeben, beispielsweise Volksmärchen, welche allerdings erst seit dem 19. Jahrhundert aufgezeichnet wurden.[9] Ältere dokumentierte Prosawerke in türkischer

---

4 Vgl. u. a. Şişmanoğlu Şimşek, Karamanlidika literary production; Cankara, Novelistic imagination.

5 Havlioğlu/Uysal, Introduction, S. 2-3; Moran, Batılılaşma Sorunsalı.

6 Canones der türkischen Nationalliteratur finden sich u. a. in Enginün, *Türk Edebiyatı*; Moran, *Eleştirel Bakış* und Naci, *100 Romanı*.

7 Kučera, The Kemalist „revolutionary" novel.

8 Zu der weitverbreiteten Beherrschung des Französischen unter den spätosmanischen und frühen republikanisch-türkischen Intellektuellen tritt bei vielen türkischen Schriftstellern und Literaten auch eine ausgesprochene Frankophilie und Bewunderung für die französische Kultur und Literatur, die Paris geradezu zu einem Sehnsuchtsort macht. Vgl. Koç, Tanpınar.

9 Eine Vorreiterrolle spielte hierbei der ungarische Linguist und Folklorist Ignác Kúnos (1860-1945), siehe Ozan, *Ocaktan Gelen Haber*, S. 3-14.

Sprache verkörpern in der Regel Sachprosa, beispielsweise historiographische und geographische Werke sowie Reiseberichte. Manche dieser Werke enthalten durchaus phantasievolle fiktionale Elemente und literarische Ausschmückungen. Dezidierte Vertreter autochthoner Kunstprosa erscheinen allerdings erst relativ spät auf der Bühne der türkischen Literaturgeschichte. Als erste türkische Romane gelten wahlweise die *Akabi Hikâyesi* des armenischstämmigen osmanischen Beamten und Journalisten Vartan Paşa (1813-1879) aus dem Jahre 1851[10] oder *Ta'aşşuk-ı Tal'at ve Fitnat* des albanischen Gelehrten und Literaten Sami Frashëri (1850-1904),[11] welcher erstmals in den Jahren 1872-73 als Zeitungsroman erschien. Zugespitzt formuliert bedeutete türkische Literatur bis ins 19. Jahrhundert hinein ganz überwiegend Poesie, und wenngleich sich seither eine außerordentlich reichhaltige Erzählliteratur entwickelt hat, kann man mit Fug und Recht feststellen, dass Poesie auch in der türkischen Literatur der Gegenwart nach wie vor einen hohen Stellenwert behauptet.

Von jeher ist in der türkischen Literatur eine Zweiteilung in Volksdichtung und Kunstdichtung zu konstatieren. Kunstdichtung war im Osmanischen Reich das Metier höfischer Dichter, welche ihre Werke nach dem Formeninventar der klassischen orientalischen Poesie in quantitierenden Metren, dem *'Arūz Vezni*, komponierten.[12] In den letzten Jahrzehnten vor der Gründung der Türkischen Republik wurden die Hofdichter allmählich abgelöst von einer bunten Schar von Literaten, die teilweise die überkommenen Formen weiter pflegten, unter dem Eindruck der Europäisierung aber auch neue, experimentelle Formen und Inhalte in die literarischen Erzeugnisse einbrachten. Als Publikationsmöglichkeiten standen nunmehr auch Zeitungen, Zeitschriften und das Buchmedium zur Verfügung.

Träger und Tradierer der Volksdichtung waren zum einen das einfache Volk, welches die oftmals anonymen Dichtungen als Wiegenlieder, Trauerlieder, auf dem Weg zum Brunnen oder auf dem Feld sang, zum anderen professionelle Volksbarden, die *Aşıklar* und *Ozanlar*, die mit der *Saz* oder der *Bağlama* über der Schulter von Dorf zu Dorf zogen und gegen Entgelt oder Almosen nicht nur altbekannte Stücke in vielfach origineller Interpretation vortrugen, sondern der Tradition auch neue Kompositionen hinzufügten.[13] Versmaß der Volksdichtung war typischerweise nicht der *'Arūz*, sondern silbenzählende Metren, der sogenannte *Hece Vezni*. Die Dichotomie aus Volksliteratur und Kunstliteratur – *Halk Edebiyatı* und *Sanat Edebiyatı* – besteht im Kern bis heute fort, wenngleich in transformierter Gestalt.

Ein transformierender Faktor hat mit den Publikationskanälen zu tun. Mit Aufkommen der Audiokassetten und Schallplatten sowie des Rundfunks und

---

10 In Lateinumschrift herausgegeben von Andreas Tietze. Siehe auch Cankara, *Novelistic imagination*, S. 199.

11 Dieser ist in der Türkei als Şemseddin Sāmī bekannt.

12 Eine Einführung in die Formen der osmanischen Poesie bietet Andrews, *Ottoman poetry*.

13 Zur *Aşık*-Tradition vgl. u. a. Köprülüzade, *Türk Sazşairleri* sowie Reinhard/Pinto, *Sänger und Poeten*.

Fernsehens wurde den traditionellen Barden gewissermaßen die gewohnte
Bühne unter den Füßen weggezogen. An die Stelle des Dorfplatzes traten
nun die Konzertsäle und Tonstudios, welche aber zugleich Neuerungen in der
Instrumentierung und Vortragsgestaltung erforderten. Kunstdichtern und -sän-
gern stand das höfische Milieu nicht länger zur Verfügung,[14] an seine Stelle traten
die Gazinos, städtische Vergnügungseinrichtungen mit Speis, Trank, Musik und
Tanz,[15] sowie Staatsrundfunk und Staatsfernsehen, zunächst Ankara Radyosu
und İstanbul Radyosu (Sendebeginn 1927), ab 1964 die Türkiye Radyo ve Tele-
vizyon Kurumu (TRT).[16] Resultat dieser gesellschaftlichen und technologischen
Veränderungen war eine Popularisierung der Kunstliteratur und eine Professio-
nalisierung der Volksliteratur, die ein unübersehbares Formengewirr mit zahlreichen Überschneidungen und Unschärfen produzierte, welche die Klassifika-
tion und Abgrenzung vielfach erschweren. Die Popkultur, Gegenstand dieses
Beitrages, ist im Lichte dieser Neuerungen und Transformationen zu sehen.[17]

Volksliteratur und Kunstliteratur waren allerdings bereits im Osmanischen
Reich keineswegs hermetisch gegeneinander abgegrenzte Kategorien, sondern
zeichneten sich stets durch fließende Grenzen aus. Immer wieder konnte und
kann man den Übergang von der einen Kategorie in die andere beobachten.
Zunächst für elitäre Kreise konzipierte Werke können mitunter eine hohe
Popularität in der Massenkultur entwickeln, und volkstümliche bzw. populäre Kunstformen können eine intellektuelle Überhöhung erfahren und in die
„Hochkultur" sublimiert werden. Die bereits im Aussterben begriffene *Aşık*-
Kultur erfuhr beispielsweise ein Revival durch das *I. Sivas Halk Şairleri Bayramı*
(Erstes Festival der Volksdichter in Sivas), welches von dem türkischen Dichter
und Politiker Ahmet Kutsi Tecer (1901-1967) im Jahre 1931 veranstaltet wurde.[18] Vergleichbare kleinere und größere Veranstaltungen wurden in den darauffolgenden Jahren immer wieder organisiert und haben zum Überleben eines
traditionsnahen *Aşıktums* bis auf den heutigen Tag beigetragen, welches heute
aber eher einen intellektuellen, gewissermaßen elitären Hörerkreis anspricht.

Die partielle Entgrenzung volks- und kunstliterarischer Genres führt zu einer
Verschmelzung traditioneller und progressiver, anonymer und individueller
Dichtung in der populären Kultur der Türkei, bei der *taklit*, also die Mimesis,
und *yorum*, d. h. die kreative Interpretation, eine mindestens ebenso große Rolle
spielen wie avantgardistische Neuschöpfungen.

Ein Beispiel für einen volkstümlichen Text, der durch drei Jahrhunderte
mündlich überliefert wurde und Eingang auch in die Popkultur der Gegenwart gefunden hat, ist das Gedicht *Ben Melamet Hırkasını* des Baghdader

---

14 Der osmanische Hof fand ein abruptes Ende mit der Abschaffung des Sultanats
     (1. November 1922) und des Kalifats (3. März 1924).
15 Zur Vergnügungskultur in der republikanischen Ära allgemein siehe Özdemir, *Türk
     Eğlence Kültürü*.
16 Ahıska, *Occidentalism in Turkey*, S. 34, 68-91.
17 Für einen historischen Abriss über die Entwicklung der populären Musik in der
     Türkei siehe Stokes, *The Republic of Love*, S. 14-25. Vgl. Hecken/Kleiner, *Handbuch
     Popkultur*.
18 Vgl. Tutu, *Aşık Veysel Şatıroğlu*, S. 78, 101.

Bektaşi-Barden Kul Nesimi[19] aus dem 17. Jahrhundert, welches im 20. Jahrhundert durch den vermutlich armenischstämmigen Opernsänger und *Aşık Ruhi Su* (1912-1985) einem breiteren Hörerkreis bekannt gemacht wurde und inzwischen in einer Vielzahl von Versionen, einschließlich Arabesk- und Rock-Interpretationen,[20] vorliegt:

Ben melamet hırkasını
Kendim giydim eğnime
Ar u namus şişesini
Taşa çaldım kime ne

Haydar Haydar taşa çaldım kime ne

Sofular haram demişler
Aşkımın şarabına
Ben doldurur, ben içerim
Günah benim kime ne

Haydar Haydar günah benim kime ne

Gâh çıkarım gökyüzüne
Seyrederim alemi
Gâh inerim yeryüzüne
Seyreder alem beni

Haydar Haydar seyreder alem beni

Gâh giderim medreseye
Ders okurum Hak için
Gâh giderim meyhaneye
Dem çekerim aşk için

Haydar Haydar dem çekerim aşk için

Nesimi'ye sorsalar kim
Yarin ile hoş musun
Hoş olayım olmayayım,
O yar benim kime ne

Haydar Haydar o yar benim kime ne[21]

Ich habe die Kutte des Tadels
mir selbst angezogen
Und die Flasche von Scham- und Ehrgefühl
an Stein zerschlagen – Wen kümmert's?

---

19 Nicht zu verwechseln mit Seyyid ʿAlī ʿİmādeddīn Nesīmī (1369-1417).
20 Beispielsweise von Müzeyyen Senar, Müslüm Gürses und Ceylan Ertem.
21 Quelle der Liedtexte siehe Discographie.

Mein Löwe! An Stein zerschlagen – Wen kümmert's?

Den Frömmlern zufolge ist
der Wein meiner Liebe verboten
Doch ich fülle den Kelch und trinke,
die Sünde ist die meinige – Wen kümmert's?

Mein Löwe! Die Sünde ist die meinige – Wen kümmert's?

Mal steige ich auf ins Himmelszelt
und betrachte die Welt
Mal kehre ich auf den Erdboden zurück
und die Welt betrachtet mich

Mein Löwe! Und die Welt betrachtet mich

Mal gehe ich in die Koranschule
und lerne für Gott
Mal gehe ich in die Schenke
und betrinke mich für die Liebe

Mein Löwe! Und betrinke mich für die Liebe

Wenn man Nesimi fragen sollte:
Bist du mit deiner Geliebten glücklich?
Gleich, ob ich glücklich bin oder nicht,
es ist meine Geliebte – Wen kümmert's?

Mein Löwe! Es ist meine Geliebte – Wen kümmert's?[22]

Die *Güfte*, also der Liedtext, ist insofern bemerkenswert, als er zwar die für die klassische Divan-Poesie charakteristische *Tasavvuf*-Terminologie[23] verwendet, aber ausdrücklich eine profane Deutung, die in der klassischen türkischen Poesie ansonsten zumeist nur im Subtext mitschwingt, provoziert. Der Text bedient das Klischee von der Zerrissenheit der türkischen Seele zwischen tugendhaftem Lebenswandel und diesseitigen Genüssen, ein Dilemma, dessen Formulierung den frömmelnden Fanatikern zu allen Zeiten ein Dorn im Auge gewesen ist. Als Ausdruck der Auflehnung gegen gesellschaftliche Konventionen, Fremdbestimmung und Bevormundung ist der Text immer noch zeitgemäß und entsprechend populär.

---

22 Alle Übersetzungen vom Verfasser. Bei der Übersetzung wurde inhaltlicher Genauigkeit Vorrang gegenüber ästhetischen Kriterien eingeräumt.
23 *Tasavvuf* bezeichnet die islamische Mystik, also den Sufismus.

III. Vom *Türkü* zum Neo-*Türkü*

Wenngleich die *Aşık*-Tradition nicht gänzlich ausgestorben ist,[24] muss sie heute als Steckenpferd einer relativ kleinen Zahl von Liebhabern gelten, da ihre *Türküs*, die volkstümlichen Lieder, in ihrer instrumentalen Kargheit kaum noch ein Massenpublikum ansprechen. Man findet allerdings heutzutage überformte Neo-*Türküs*, die als popkulturelle Fortsetzungen des *Türkü* aufgefasst werden können und sich besonders in linksintellektuellen Kreisen großer Beliebtheit erfreuen. Diese im Volksmund zumeist schlicht als *Halk Müziği*, also ‚Volksmusik',[25] bezeichneten Neo-*Türküs* zeichnen sich durch sparsame Instrumentierung mit hohem *Bağlama*-Anteil und häufig sozialkritische oder nachdenklich-spirituelle Lyrics aus. Diese durchaus massenkompatiblen Stücke können ebenso wie das klassische *Türkü*, adaptiert durch Pop- oder Rock-Ikonen, zu Superhits werden.

Ein Beispiel dafür ist das Lied *Neydi Günahım* (Was war meine Sünde) der 1955 geborenen alevitischen Sängerin Sabahat Akkiraz, dessen Text unter Rückgriff auf Sufi-Metaphorik menschliche Unzulänglichkeit, die Härte des Alltags und die Ausbeutung der Schwachen und Unterdrückten durch die Mächtigen thematisiert:

> Geldim gidiyorum yalan dünyadan
> Ne yapsam bahtiyar olamadım ben
> Maşakkat deryası olan dünyadan
> Erenler kabına dolamadım ben
> Erenler kabına dolamadım ben
>
> Herkes ektiğini biçiyor dendi
> Yüzsüz karşısında güçsüz efendim
> Hırsız zevk-i sefa sürdü eğlendi
> Felekten bir gece çalamadım ben
> Felekten bir günü çalamadım ben
>
> Üstüme saldırdı kalleş ordusu
> Yoktu hiçbirinin Hak'tan korkusu
> Hakk'a da darıldım sözün doğrusu
> Neydi günahım bilemedim ben
> Neydi günahım bilemedim ben
>
> Herşey gerçek belki ben bir yalandım
> Aşk uğruna Kerem gibi yanandım
> Dost dost diye diyar gurbet dolandım

---

24 Als berühmte Vertreter sind insbesondere Aşık Veysel (1894-1973), der oben bereits erwähnte Ruhi Su (1912-1985), Neşet Ertaş (1938-2012) und Aşık Mahzuni Şerif (1938-2012) zu nennen. Lebende Repräsentanten der traditionellen Türkü-Kultur sind unter anderem Hamdi Tanses (*1946) und Aşık Kemteri (*1945).

25 Der Terminus Halk Müziği ist allerdings keineswegs klar konturiert und daher mit Vorsicht zu verwenden.

Neydi günahım bilemedim ben
Gönlümün harcını bulamadım ben
Neydi günahım bilemedim ben

In der Scheinwelt fristete ich mein Dasein
Was ich auch tat, ich konnte kein Glück finden
Aus der Welt, die ein Meer aus Plackerei ist,
konnte ich mich nicht in das Gefäß der Vollkommenen ergießen

Man sagte: Jeder erntet was er säht
Doch ich war machtlos den Schamlosen gegenüber
Diebe lebten wie Maden im Speck und genossen das Leben
Doch ich konnte dem Schicksal nicht eine Nacht,
nicht einen Tag stehlen

Eine Armee von Treulosen fiel über mich her
Niemand besaß Gottesfurcht
Und ich war offen gestanden zornig auf Gott
Ich hatte keine Ahnung, was meine Sünde war
Ich hatte keine Ahnung, was meine Sünde war

Alles andere war wirklich, vielleicht war ich eine Lüge
Vielleicht war ich es, die wegen der Liebe verbrannte wie Kerem[26]
Ich streifte in der Fremde umher auf der Suche nach Gefährten
Ich hatte keine Ahnung, was meine Sünde war
Das, was meinem Herzen entsprochen hätte, konnte ich nicht finden
Ich hatte keine Ahnung, was meine Sünde war

Dieses früher eher unbekannte Lied, das auch als Aufbegehren gegen Gott und gegen die Ungerechtigkeit der Welt gedeutet werden kann, erlangte durch eine Coverversion des armenischstämmigen Heavy Metal-Stars Hayko Cepkin (*1978) aus dem Jahre 2015 breite Bekanntheit in der türkischen Jugend- und Subkultur.[27]

Wie bereits eingangs postuliert wurde, sind Kunstliteratur und Volksliteratur keine hermetisch voneinander abgegrenzten Kategorien; sie stehen nicht nur in einem Spannungsverhältnis, sondern auch in einer Wechselwirkung. Die türkische Literatur kennt Beispiele der Popularisierung von Kunstdichtung und der künstlerischen Sublimierung von Volksdichtung. Sogar ein Hin- und Herwechsel ist möglich und belegt beispielsweise bei dem anonymen Gedicht *Muhabbet Bağına Girdim Bu Gece* (Diese Nacht habe ich den Garten der Liebe betreten), welches durch den Komponisten Sadettin Kaynak (1895-1961)[28]

---

26 Ein Verweis auf den Stoff von Kerem und Aslı, eine Liebesgeschichte zwischen dem Sohn des Königs von Isfahan und der Tochter eines armenischen Priesters.

27 Eine umfassende Darstellung der Geschichte der türkischen Metal-Szene bietet Hecker, *Turkish Metal*.

28 Zu Sadettin Kaynaks Leben und Werk siehe ausführlich Özdemir, *Türk Müziği*.

nach den Regeln der klassischen türkischen Kunstmusik als *Ḥicāz-Maḳam,* einer bestimmten Tonart der orientalichen Musik, vertont wurde und in unzähligen Interpretationen in den verschiedensten Genres so allgemeine Bekanntheit erlangt hat, dass es geradezu wieder als Volkslied gelten kann:

> Muhabbet bağına girdim bu gece
> Açılmış gülleri derdim bu gece
> Vuslatın çağına erdim bu gece
> Muhabbet doyulmaz bir pınarımış
>
> Açıldı bahtımın gonca gülleri
> Gönül bağında öter bülbülleri
> Aşkıma sarayım hep gönülleri
> Muhabbet doyulmaz bir pınarımış
>
> Kehrvers:
> Ararım, ararım, ararım seni her yerde
> Sorarım ıssız gecelerde sevgilim nerde

> Diese Nacht habe ich den Garten der Liebe betreten
> Ihre Rosen haben sich heute Nacht geöffnet, würde ich sagen
> Ich habe das Alter erlangt, in dem sich die Liebenden vereinen
> Die Liebe ist eine Quelle, an der man sich nicht satt trinkt
>
> Die Knospen meines Glücks haben sich geöffnet
> Im Garten des Herzens singen meines Glückes Nachtigallen
> Ich will die Herzen stets in meine Liebe einhüllen
> Die Liebe ist eine Quelle, an der man sich nicht satt trinkt
>
> Kehrvers:
> Ich suche, suche, suche dich überall
> In einsamen Nächten frage ich, wo meine Geliebte ist

IV. *Orient reloaded*: Die Arabeske

Ein wichtiges Genre der türkischen Popkultur ist die sogenannte Arabeske.[29] Wie bereits der aus dem Französischen entlehnte Terminus nahelegt, handelt es sich hierbei um türkische Popmusik mit neo-orientalischen Einflüssen aus der arabischen Musik, insbesondere der Kairoer Filmmusik, sowie Elementen aus dem klassischen türkischen *Şarkı*. Orchestriert wird die Arabeske mit der Kastenzither *Kanun,* der Langhalslaute *Bağlama,* herkömmlichem Schlagzeug und den türkischen Perkussionsinstrumenten *Darbuka* und *Davul,* Elektro-Bass und vielfach auch opulenten Violinen (*Keman*). Hier verbinden sich traditionelle und moderne Komponenten mit orientalisierend-internationalen

---

29 Ausführlich hierzu Stokes, *The Arabesk debate.*

Elementen in einer sich dezidiert als Massenkultur verstehenden Mélange. Das Genre kam in den 1940er Jahren auf und erlangte ab den 1960er Jahren zunehmende Popularität. Die Texte handeln oft von Liebesleid, Fremdheitserfahrung (*Gurbet*) und Heimweh, doch auch traditionelle Volkslieder erfahren arabeske Neuinterpretationen.

Die Arabeske wird oft mit schlichten Gemütern aus einfachen Gesellschaftsschichten assoziiert und in intellektuellen Kreisen immer wieder verächtlich gemacht.[30] So erregte 2010 eine Tirade des bekannten Pianisten Fazıl Say Aufsehen, in welcher er die Arabeske unter anderem als einen Affront gegen alles Intellektuelle, Moderne und Künstlerische bezeichnete und mit Faulheit, Drittklassigkeit und Talentlosigkeit in Verbindung brachte.[31] Indes ist die Assoziation der Arabeske mit Bildungsferne und geringem gesellschaftlichem Status, falls sie jemals in dieser Schärfe zugetroffen haben sollte, Vergangenheit. So kann man neuerdings durchaus ausgesprochen linke türkische Intellektuelle beobachten, wie sie beim *Çilingir Sofrası* (also bei der Rakı-Tafel) nach fortgeschrittenem Alkoholgenuss in totaler Verzückung Arabesk-Schnulzen mitsingen, wenngleich vielleicht nicht ganz bar einer gewissen Selbstironie.[32] Die in den letzten dreißig Jahren international zu beobachtende Genremischung über Szenegrenzen hinweg macht auch vor der Türkei nicht halt.[33] Dies betrifft sowohl die Kulturschaffenden selbst als auch das Publikum, welches sich immer weniger auf einzelne Genres festlegen möchte und auch in der Szenezugehörigkeit zunehmend fluide ist.

Als Textbeispiel soll uns *Yaz Demedim* von Müslüm Gürses (1953-2013) dienen, die populäre Neuinterpretation eines anonymen Volksliedes aus Şanlıurfa, welches das Lebensgefühl des Adressatenkreises der Arabeske anschaulich verkörpert.

---

30 Misstrauen und Herablassung gegenüber populärer Kultur gehört gewissermaßen zum guten Ton der Bildungselite. Prototypischer Ausdruck hierfür ist Horkheimer/ Adorno, Kulturindustrie. Als Archetyp des Feindbilds muss in diesem Essay der Jazz herhalten, was unter anderem dadurch erklärlich ist, dass den beiden Philosophen solch unterkomplexe Genres wie Shoegazing˙ oder Hardcore-Techno als Reibefläche noch nicht zur Verfügung standen.

31 Say, Arabesk yavşaklığı; Seibert, Türkei: Politische Töne.

32 Zur Rakı-Kultur siehe Nâdir, *Rakı Felsefesi*.

33 Unter den internationalen bzw. globalen musikalischen Mischgenres können aus den Myriaden der Möglichkeiten aufs Gratewohl Reggae, Jazzcore, Breakcore, Trip-Hop und Blackgaze exemplarisch genannt werden. Als Resultat der permanenten szeneübergreifenden Genremischung bilden sich (scheinbar) paradoxerweise unablässig wieder neue Szenen heraus. – Als internationale Beispiele popkultureller Akteure, deren Erzeugnisse sich durch Rückgriffe auf angebliche oder tatsächliche traditionelle Elemente auszeichnen (oder eventuell auch aus einer Tradition kommend Elemente dieser Tradition in populäre Genres überführen) können als ebenfalls willkürliche Auswahl Myrkur (Dänemark), Faun (Deutschland), Heilung (Deutschland/Dänemark/Norwegen), Huun-Huur-Tu (Tuwa/Russland), Otyken (Russland/Sibirien) und The Hu (Mongolei) erwähnt werden. In der Türkei zeichnen sich unter anderen Gaye Su Akyol und Hayko Cepkin durch systematische Experimentierfreudigkeit in Genrefragen und mit Mischformen aus.

Yaz demedim, kış demedim eğlendim
Rakı içtim, şarap içtim sallandım
Ağzım yandı, artık benden sevda pas
Zira Urfa, eski hamam, eski tas, a canım
Zira dünya eski hamam, eski tas, a canım

Kız demedim, dul demedim, evlendim
Rakı içtim [...]

Mir war's gleich ob Sommer oder Winter, ich habe mich amüsiert
Ich trank Rakı, ich trank Wein und taumelte dahin
Ich habe mir den Mund verbrannt, jetzt habe ich genug von der Liebe.
Denn in Urfa und der Welt ist alles beim Alten.

Mir war's gleich ob Jungfrau oder Witwe, ich habe geheiratet
Ich trank Rakı [...]

Wie schon in Kul Nesimis Gedicht zeigt sich auch hier wieder das Spannungsfeld zwischen *Helal* und *Haram* – Erlaubtem und Verbotenem –, das in der türkischen Kultur von eminenter Bedeutung ist, leibliche Genüsse aber keineswegs ausschließt, sondern allenfalls mit einem Hauch von schlechtem Gewissen würzt, denn: ‚*Haram helalden tatlıdır*' (zu Deutsch etwa: ‚Verbotene Früchte schmecken besser').

V. Lieder für die Schenke: *Taverna Müziği*

Aus der Arabeske bildete sich in den 1980er Jahren in den Vergnügungslokalen mit Live-Musik und Alkoholausschank insbesondere im Istanbuler Bosporus-Vorort Tarabya ein modifizierter Stil heraus, der später als *Taverna Müziği* oder auch *Fantezi Müzik* bezeichnet werden sollte und noch etwas schnörkelloser, eingängiger, gewissermaßen Alkohol-kompatibler daherkommt als die Arabeske und auf übertriebene Tempo- und Rhythmuswechsel und ähnliche intellektuelle Herausforderungen weitgehend verzichtet.

Unter den Liedern dieses Genres, die später dutzendfach in den verschiedensten Pop-Genres kopiert und mehr oder weniger kreativ neuinterpretiert werden sollten, ist unter anderem *Aşk Kitabı* (Das Buch der Liebe, 1981) von Coşkun Sabah aus Diyarbakır (*1952) zu nennen, in dem es heißt:

Ne olur söyleyin sevenler bana
Ayrılmak kanun mu aşk kitabında
El ele tutuşup gülmeden daha
Ağlatmak kanun mu aşk kitabında

Ümitlerim kırıldı gitti
Hayallerim yıkıldı bitti
Bu aşk beni benden etti
Sevdim sevdim bak ne hale geldim

Her seven sonunda düşüyor derde
Bu aşk kitabının yazanı nerde
Bir âşık inandı çok sevdi diye
Terk etmek kanun mu aşk kitabında

Ümitlerim kırıldı gitti [...]

Ach bitte, ihr Liebenden, sagt mir
Ist Trennung ein Gesetz im Buch der Liebe?
Nicht mehr Händchen halten und lachen.
Ist es ein Gesetz im Buch der Liebe, den andern zum Weinen zu bringen?

Meine Hoffnungen sind zerbrochen
Meine Träume zerplatzt
Die Liebe hat mich um meine Sinne gebracht
Ich habe geliebt, schau, was die Liebe aus mir gemacht hat

Jeder Liebende stürzt schlussendlich ins Leid
Wo ist der, der dieses Buch der Liebe geschrieben hat?
Ein Liebender hatte Vertrauen, da er sehr liebte
Ist das Verlassen ein Gesetz im Buch der Liebe?

Meine Hoffnungen sind zerbrochen [...]

Coşkun Sabah gehört übrigens der syro-aramäischen Minderheit in der Türkei an und verkörpert insofern die Reste der Multikulturalität des Osmanischen Reiches, allerdings voll integriert in eine eher national wahrgenommene türkische Kultur. Sein oben wiedergegebenes Lied wurde unter anderem von Zeki Müren, Nilüfer Yumlu und Hayko Cepkin in ganz unterschiedlichen Versionen neuinterpretiert.

Ein anderes Beispiel der *Taverna Müziği* ist *Seviyorum* (Ich liebe sie) des lasischstämmigen[34] Musikers Cengiz Kurtoğlu (*1959), welches mehrfach, zumeist unter dem Titel *Duyanlara Duymayanlara* (Denen, die es hören, und denen die es nicht hören) gecovert wurde, darunter in einer Arabesk-Version von Güllü und einer Rock-Version von Halil Sezai:

---

34 Die Lasen sind eine ethnische und sprachliche Minderheit im östlichen Schwarzmeergebiet. Zur Selbstwahrnehmung der Lasen in der Türkei vgl. Çakır, Laz olmak.

Her şey her şey senin için
Dualarım duygularım
Düşlerim de bakışlarım
Hep seni söylüyor şarkılarım
Umrumda değil kim duyarsa duysun
Varsın olsun kim görürse görsün
Bırak gitmeyi kolay mı sanıyorsun
Söyle sevgimi herkesler duysun

Duyanlara duymayanlara
Soranlara sormayanlara
Ben onu seviyorum çok seviyorum
Seviyorum seviyorum seviyorum
[...]

Alles, alles ist für dich
Meine Gebete, meine Gefühle
Meine Träume, meine Blicke...
Meine Lieder besingen stets dich
Es ist mir egal, wer es hört, soll es hören
Soll hingehen und es sehen
Lass mich! Denkst du, es ist leicht, zu gehen?
Erzähl meine Liebe, so dass alle es hören

Denen die hören, denen die nicht hören
Denen, die fragen, denen die nicht fragen
Ich liebe sie,[35] liebe sie sehr
liebe sie liebe sie liebe sie
[...]

Ein weiteres Beispiel allereinfachster Zwecklyrik ohne jeglichen künstlerischen Anspruch findet sich im Lied *Doldur Meyhaneci* (Schenk ein, Wirt) von Adnan Şenses:

İçelim arkadaş benim derdim çok
İçelim arkadaş derdime çare yok
İçelim arkadaş bugün keyfim yok
İçelim arkadaş tadım tuzum yok

[...]
Mezem biraz peynir, biraz da zeytin olsun
İçelim arkadaş içelim işte
İçelim arkadaş sarhoşum işte

---

35 Da das Türkische kein grammatikalisches Genus kennt, kann das Lied wahlweise auf eine Geliebte oder einen Geliebten gemünzt sein.

Doldur be meyhaneci, boş kalmasın kadehim
Doldur be meyhaneci, hiç bitmiyor dertlerim
Doldur be meyhaneci, çabuk doldur içeyim
Doldur, doldur, doldur, doldur, gitsin
[...]

Lass uns trinken, Freund, ich hab viel Kummer
Lass uns trinken, Freund, es gibt kein Mittel gegen meinen Kummer
Lass uns trinken, Freund, heute bin ich missgestimmt
Lass uns trinken, Freund, ich habe schlechte Laune
[...]
Mein Hors-d'Œuvre soll ein wenig Käse und Oliven sein
Lass uns trinken, Freund, einfach so trinken
Lass uns trinken, ich bin halt betrunken

Schenk ein, Wirt, mein Becher soll nicht leer bleiben
Schenk ein, Wirt, mein Kummer findet kein Ende
Schenk ein, Wirt, mach schnell, ich will trinken
Schenk ein, schenk ein, schenk ein!
[...]

So wenig diese poetischen Ergüsse formal und künstlerisch zu bieten haben, so
sind sie doch inhaltlich erhellend, da sie auf klischeehafte Weise die türkische
Leidenschaft, Melancholie, die Nähe von Freud und Leid sowie das Gefühl
des *Eziklik*, also der Unterdrücktheit bzw. Ausgeliefertheit gegenüber höheren
Mächten, typisieren. Bemerkenswert ist die Entstehung dieser melancholischen
Stücke in der Istanbuler Vergnügungsszene, eine Tatsache, die die Nähe von
Trübsinn und Lustbarkeit aufzeigt: Herzschmerz und Tränen sind gewissermaßen unverzichtbarer Bestandteil einer echten türkischen Vergnügung, ebenso
wie eine gute Portion *Hüzün* (Schwermut).[36]

VI. Rebellion und Protest

Dichtung und Musik sind aber nicht nur Mittel der Vergnügung, sondern auch
der Subversion und Rebellion. Poesie als populären Ausdruck des Protestes gibt
und gab es vermutlich jederzeit und allerorten, erlebt aber in der türkischen
Popkultur mit ihren mannigfaltigen Vertriebs- und Verbreitungsmöglichkeiten
einen besonderen Aufschwung seit den 1980er Jahren.

---

36 Zum Begriff des *Hüzün* siehe Pamuk, Hüzün–Melancholie–Tristesse. Die in der
   Türkei allenthalben zu beobachtende Ambivalenz aus *Eğlence* (Vergnügen) und
   Hüzün (Schwermut) ist bereits in der mittelalterlichen Musikkultur Anatoliens
   belegt, siehe Türk, *Eğlence Kültürü* (dort unter anderem S. 153-156). Eine experimentelle Untersuchung zum Genuss melancholischer Musik anhand einer türkischen Probandengruppe ist Arman Kalkandeler, Hüzünlü Müzikten Hoşlanma.

Ein prominentes Beispiel für ein Protestlied von enormer Popularität und Bekanntheit ist *Yiğidim Aslanım Burada Yatıyor* (Mein Held, mein Löwe liegt hier) des Politikers, Schriftstellers und Musikers Zülfü Livaneli (*1946). Der Text entstammt dem Gedicht *Zindanı Taştan Oyarlar* (Der Kerker wird aus Stein ausgehöhlt), welches Bedri Rahmi Eyüboğlu im Jahre 1950 zu Ehren des seit Jahren in Bursa im Gefängnis einsitzenden Dichters Nazım Hikmet (1902-1963) verfasste.[37] Zülfü Livaneli vertonte das Gedicht im schwedischen Exil, in welches er nach dem Militärputsch vom 12. September 1980 geflohen war. Es handelt sich also um ein Beispiel der Popularisierung von Kunstpoesie:

Şu sılanın ufak tefek yolları
Ağrıdan sızıdan tutmaz elleri
Tepeden tırnağa şiir gülleri
Yiğidim aslanım burda yatıyor

Bugün efkarlıyım açmasın güller
Yiğidimden kara haber verirler
Demirden döşeği taştan sedirler
Yiğidim aslanım burda yatıyor

Ne bir haram yedin ne cana kıydın
Ekmek kadar temiz su gibi aydın
Hiç kimse duymadan hükümler giydin
Yiğidim aslanım burda yatıyor

Die schmalen Pfade der Heimat
Sind kraftlos vor Schmerz und Trauer
Poetische Rosen von Kopf bis Fuß
Mein Held, mein Löwe liegt hier

Heute bin ich bekümmert, die Rosen sollen sich nicht öffnen
Es gibt schlimme Kunde von meinem Helden
Sein Bett ist aus Eisen, Sitzbänke aus Stein
Mein Held, mein Löwe liegt hier

Weder hast du etwas Verbotenes gegessen, noch jemandem etwas zuleide getan
Rein wie Brot, klar wie Wasser
Du wurdest verurteilt, ohne dass jemand es gehört hätte
Mein Held, mein Löwe liegt hier

Zur Geschichte dieses Stückes gehört folgende Begebenheit: Uğur Mumcu (1942-1993), Journalist der Zeitung Cumhuriyet, besuchte Zülfü Livaneli 1983 in Schweden, wo ihm Livaneli seine neue Komposition vorspielte und der zu Tränen gerührte Journalist sie wie folgt kommentierte: *„Bu bütün devrim şehitlerinin ağıdı olmuş"* („Dies ist ein Klagelied für alle Märtyrer der

---

37 Originalgedicht in Eyüboğlu, *Dol Karabakır Dol*, S. 316-318.

Revolution geworden").[38] In der Tat eignet das Lied sich aufgrund der Polysemie des Verbums *yatmak*, welches unter anderem ‚im Gefängnis einsitzen', aber auch ‚im Grab liegen' bedeuten kann, ausgezeichnet auch als Totenklage (*ağıt*). Uğur Mumcu wurde am 24. Januar 1993 durch unbekannte Täter, vermutlich Elemente des Tiefen Staates, ermordet, und auf Trauer- und Protestkundgebungen sangen zehntausende Menschen Zülfü Livanelis Lied.

Während Auflehnung gegen Unrecht und Subversion gegenüber der Staatsmacht stets ebenso starke Elemente in der türkischen Kultur gewesen sind wie Obrigkeitshörigkeit und Mitläufertum, bedeuten die Gezi-Proteste des Jahres 2013 eine neue Qualität in der türkischen Protestkultur, deren Nachwirkungen bis heute anhalten. Erstmals mobilisierten diese Unruhen auch bis dato politisch wenig engagierte Gruppen der europäisch geprägten, wohlhabenden und satten Mittelschicht und solidarisierten Bevölkerungssegmente miteinander, die bislang kaum Gemeinsamkeiten miteinander empfunden hatten. Für individuelle und anonyme Künstler, für Pop-Poesie und Protest-Lied war dies eine produktive Hoch-Zeit mit zahllosen kreativen Erzeugnissen. Stellvertretend soll das Lied *Sık Bakalım* angeführt werden, welches in mehreren anonymen Versionen vorliegt und dessen Kehrvers zunächst als Fangesang in Kreisen der drei großen Istanbuler Fußballclubs Galatasaray, Beşiktaş und Fenerbahçe entstanden ist:

Biber gazı, copu sopası
Bize sökmez zoru baskısı
Direniyoruz, savaşıyoruz
Yıkılacak Tayyip diktası

Sık bakalım, sık bakalım
Biber gazı sık bakalım
Kaskını çıkar, copunu bırak
Delikanlı kim bakalım

Varsa cesaret, çık karşımıza
Sen gitmeden bitmez bu kavga
Dur kaçma, iki laf edelim
Bir dozerlik cesaretin

Sık bakalım [...]

Pfefferspray und Gummiknüppel
Zwang und Druck ziehn bei uns nicht
Wir leisten Widerstand und kämpfen
Tayyips Diktatur wird fallen

Versprüh nur dein Pfefferspray
Nimm deinen Helm ab und leg deinen Knüppel weg
Wir wollen mal den jungen Burschen darunter sehen.

---

38 Livaneli, Yiğidim Aslanım.

Wenn du dich traust, komm nur her
Dieser Kampf wird nicht enden, solange du da bist
Warte mal, verdrück dich nicht, lass uns mal reden
Dein Mumm ist gerade mal so groß wie dein Bulldozer

Versprüh nur [...]

VII. Von Kreuzberg nach Kadıköy: Türkischer Hip-Hop

Kommen wir zur Hip-Hop-Poesie. Eine nennenswerte türkische Rap-Szene entstand in der zweiten Hälfte der 1980er Jahre, mit den Jugend- und Kulturzentren Berlin-Kreuzbergs als dynamischem Motor, welcher auch die Geschicke der Szene in der Türkei maßgeblich mitbeeinflusste.[39] Für die Ghetto-Erfahrung des migrantischen Milieus stellte der Hip-Hop eine geeignete Ausdrucksform dar, gleichzeitig bot das Westberliner Umfeld die Möglichkeit, mit dem ursprünglich in den USA entstandenen Genre in Kontakt zu kommen und es an die eigenen Bedürfnisse und Verhältnisse anzupassen. Ausgehend von Berlin entwickelte sich auch in der Türkei eine beachtliche Rap-Kultur. Die Achse Kreuzberg-Kadıköy sichert bis heute einen dynamischen Austausch zwischen der deutschen und türkischen Hip-Hop-Szene, mit Gastauftritten in beiden Richtungen und mannigfaltigen intertextuellen Anspielungen.

Die türkische Sprache eignet sich aufgrund der Vokalharmonie, welche den Vokalbestand innerhalb des Wortes nach bestimmten Regeln einschränkt und die Assonanz als sprachliches Mittel begünstigt, sowie durch gewisse Präferenzen im wortanlautenden Konsonantenbestand, welche sich wiederum günstig auf den Gebrauch der Alliteration auswirken, nicht nur ganz allgemein vorzüglich für Poesie, sondern gerade auch für das Rappen. Ein Beispiel:[40]

Dişi kişi bilir işi, benim dişi kişi!
İşi bilir kendinden kişi,
Bu bir kişilik işi ki
Kulağına küpe bu bir kişilik işi
„Rap" diye çağırdı
tanıdığım kişilikli her kişi

Die Weibsperson versteht ihre Arbeit, ich bin die Weibsperson.
Sie versteht ihre Arbeit von selbst.
Das ist ein Personality-Ding, weißt du,
Merk's dir, das ist ein Personality-Ding.
Jede Person mit Personality, die ich kenne,
hat „Rap" gebrüllt.

---

39 Siehe Güngör/Loh, *Fear of a Kanak planet*, S. 171-218; Ezhel, Berlin bedeutet für mich Freiheit, 09:30-10:17.
40 Aus dem Lied *Den Den Koy* der Hip-Hop-Künstlerin Kolera (*1983).

Inhaltlich sehen wir im türkischen Hip-Hop zum einen das auch aus westlichen Vorbildern[41] bekannte *Dissen*, also die Schmähung rivalisierender Rap-Künstler, Gangsta-Rap, aber auch Sozialkritisches, die immer wiederkehrende Unterdrücktheits- und Benachteiligungslitanei, und die notorische Ghetto-Rhetorik über die Härten des Lebens auf der Straße. Exemplarisch hierfür können die folgenden Auszüge aus den Songs *Ghetto Insider* (2014) und *Sen Bir Köle* (Du bist ein Sklave, 2019) des Berliner Hip-Hop-Künstlers Killa Hakan (*1973) herangezogen werden:

Dur dur dur vur sırtına vur vur
Kur kur kur planlarını kur
Ben ben ben ghetto fighter bang bang
Aktif fighter ghetto insider

Bleib stehen, klopf dir auf den Rücken
Mach deine Pläne
Ich bin ein Ghetto Fighter, peng peng!
Aktiver Fighter, Ghetto Insider

Sokaklarda adım adım piyasayı seyrederek ilerlerim ileri doğru yavaştan/
Her gün diren, sokaklar seni yutarsa kurtulamazsın savaştan/
Dikenli teller dikenli güllere benzemez; kelepçeli geçer gençliğim, tetikte/
Eller titrek olur, titrek tedirgin geçer hayat hektikte/
Çabuk alışırsın, alışkanlık olur, farkında olmadan kaymışsın bile içindesin/
Kolay sanmıştın, bak hapiste elalemin piçiylesin, ayrı dünyada/
Umutlar hayal, rüyada uykuda gösteriyor kendisini, o da zaman zaman bazen/
Yardım isteyecek olursan derler: Du kannst mir einen blasen.

Ich bewege mich auf den Straßen Schritt für Schritt, langsam voran und beobachte die Umgebung/
Widerstehe jeden Tag, denn wenn die Straßen dich verschlucken, gerätst du zwangsläufig in den Krieg/
Stacheldraht ist was anderes als dornige Rosen; meine Jugend vergeht in Handschellen, auf der Hut/
Hände werden zittrig, zittrig und nervös vergeht das Leben in Hektik/
Du gewöhnst dich rasch daran, es wird zur Gewohnheit, und bevor du dich's versiehst, begehst du einen Fehltritt und landest im Gefängnis/
Das hattest du dir leichter vorgestellt: Guck mal, im Knast bist du mit fremden Hurensöhnen zusammen, in einer anderen Welt/
Hoffnungen sind ein Hirngespinst, sie kommen nur im Traum, im Schlaf vor, und ab und zu manchmal/
Wenn du Leute um Hilfe bittest, sagen sie: Du kannst mir einen blasen.

---

41 Als Beispiel kann die bekannte East Coast-West Coast-Rivalität im US-amerikanischen Hip-Hop der 1990er Jahre genannt werden.

Bei Killa Hakan beobachten wir auch das im deutschlandtürkischen Milieu verbreitete Phänomen der Sprachmischung, bei der deutsche Elemente zwanglos in den türkischen Text eingefügt werden,[42] wie im obigen Beispiel das im Türkischen unbekannte Lexem *Hektik*, das sich, versehen mit dem türkischen Lokativsuffix *-te*, auf *tetikte* ‚am Abzug, auf der Hut' reimt, oder auch die Redensart *Du kannst mir einen blasen*, die einen Reim zu türkisch *bazen* ‚manchmal' herstellt. Englisch als Weltsprache *par excellence* kann das multilinguale Sprachenportfolio selbstverständlich weiter ergänzen. Dass diese spielerische Sprachmischung eigentlich nur milieuintern, also in einem bilingualen Soziotop, in vollem Umfang verständlich ist, hält ein des Deutschen nicht mächtiges Auditorium in der Türkei keineswegs davon ab, die Songs millionenfach zu hören.

Neben der allgemeinen Zungenfertigkeit der Sprachartisten findet man mitunter durchaus poetische Perlen, die durch ungewöhnliches Vokabular und interessante stilistische Anspielungen ins Auge fallen. Der 1978 in Samsun geborenen Rapper Sagopa Kajmer hat ein Studium der persischen Sprache und Literatur absolviert, ein Bildungshintergrund, der sich verschiedentlich in seinen Songs Gehör verschafft. So lautet der Refrain des Songs *Gölge Haramileri* (Schattenräuber) wie folgt:

Altın harflerle yaz mahlasımı.
Halvetim kasvet, kem gözlere şiş!
Cadu ya hero! Ya mero! Kaf-kef, gölge
haramilerine bir selam çak!

Abile patladı, demlenir simam
Nûşirevan'dan, Han'dan ummam ben.[43]
Ahu-yı felek mum, ben şamdan.
Düşmez kalkmaz bir Allah'tır uyan!

Schreib meinen Dichternamen mit goldenen Lettern!
Meine Einsiedelei ist Bedrücktheit, der böse Blick soll mich nicht treffen!
Böse Hexe, geh oder komm! Qâf-Kef, entbiete den Schattenräubern einen Gruß!

Der Pickel ist aufgeplatzt, mein Antlitz betrinkt sich
Ich setze keine Hoffnung in Anuschirwan und den Khan.
Die Antilope des Schicksals ist eine Kerze, und ich bin der Leuchter.
Der einzige, der nicht manchmal strauchelt, ist Gott. Wach auf!

---

42 Dieses Phänomen ist bereits in der ersten Gastarbeitergeneration bekannt. Eine Pionierrolle hierbei spielte seit den 1960er Jahren der in Köln lebende Barde Metin Türköz (1937-2022). Beispiele für Türköz' Texte finden sich in Anhegger, Die Deutschlanderfahrung der Türken, S. 11-14; Rentzsch, Gurbet Türküleri, S. 275-278.

43 Eventuell auch: *Nûşirevan'dan handan ummam ben* (Ich erwarte kein Lachen von Anuschirwan) (pers. *ḥandān* ‚laughing', siehe Steingass, *Persian-English dictionary*, S. 476).

In diesen Zeilen sehen wir Anspielungen auf die klassische Divan-Poesie neben Argot-Ausdrücken kurdischer Herkunft (*ya hero, ya mero*[44]) in einem geschickt verklausulierten Hip-Hop-Diss. Eine umfassende Deutung dieses Textes kann im Rahmen des vorliegenden Artikels nicht vorgenommen werden, da hierzu der gesamte, sehr umfangreiche Liedtext herangezogen werden müsste. Eine erste Annäherung an diesen spielerisch-komplexen Text fördert bruchstückhaft immerhin folgende Elemente zutage: *Bragging*, also das der Hip-Hop-Kultur eigene ritualisierte Eigenlob (Dichtername in goldenen Lettern); Einsamkeit in feindlicher Umwelt (sei es, weil das lyrische Ich einsam an der Spitze steht, sei es aus der Ghetto-Erfahrung heraus, welche durchgemacht zu haben ein jeder Rapper, der etwas auf sich hält, traditionell vorgeben muss); ein (innerer oder äußerer) Reifungsprozess (erst kriegt man Pickel, dann platzen sie auf und verschwinden), an dessen Ende ein selbstbewusstes, desillusioniertes und unabhängiges Ich steht (keine Erwartung an die Herrscherklasse); man muss das Schicksal in die eigene Hand nehmen (es ist flüchtig wie eine Antilope und weich wie Wachs, wird aber vom lyrischen Ich festgehalten wie die Kerze im Leuchter); das Leben hält manche Irrungen und Wirrungen bereit und der Mensch ist fehlbar (nur Gott strauchelt nicht) etc. Ähnlich wie die Gedichte der *İkinci Yeni*-Strömung,[45] welche sich einer rationalen Interpretation absichtlich und programmatisch verschließen,[46] dürfte es bei einem Text dieses Formates ein aussichtsloses Unterfangen sein, im Detail entschlüsseln zu wollen, ,was uns der Dichter sagen möchte'; vielmehr kommt es auf das subjektive Gefühl bzw. die Stimmung, die Emotionen und Assoziationen an, die der Text im jeweiligen Rezipienten weckt.

VIII. Türkischer Rock

Nahezu zeitgleich mit dem Aufkommen der Rockmusik in den USA, in Großbritannien und anderen westlichen Ländern entwickelte sich auch in der Türkei Ende der 1960er Jahre eine durchaus beachtliche Rockszene, zu deren auch heute noch weithin bekannten Vorreitern unter anderem solch schillernde Figuren wie Erkin Koray (1941-2023), Cem Karaca (1945-2004) und Barış Manço (1943-1999) gehören. Auch Frauen mischen seit Ende der 1980er Jahre verstärkt in der Szene mit.[47] Neben den ohnehin zumeist selbstverständlich türkischsprachigen Lyrics finden sich auch in der Musik nicht selten *alla turca*-Elemente, die den unverwechselbaren Sound des *Anadolu Rock* kreieren.[48] Wie in der Rock-Szene

---

44 Meist verwendet im Sinne von ,alles oder nichts'; Standard-Kurmandschi: *ya here ya were*, (wörtlich ,geh fort oder komm her').

45 Die ,Zweite Neue', eine modernistische poetische Strömung, die in den 1950er Jahren aufkam.

46 Armağan, *İmkânsız Özerklik*, S. 115-150.

47 Ausführliches hierzu in Yanıkkaya, *Kentte Kadın Sesleri* und Sakar, *Rock Müzikte Kadın*.

48 Zum Anadolu Rock siehe Hecker, *Turkish Metal*, S. 30-35.

allgemein so finden sich auch in den türkischen Rock-Lyrics häufig Elemente des Protestes, der Auflehnung und der Subversion, daneben aber auch Texte zu den verschiedensten Themenkreisen, die Menschen bewegen.

Cem Karaca vertrat offen sozialistische Ideen und war in der linken Protestbewegung der 1970er Jahre aktiv. Dies spiegelt sich vielfach in seinen Liedtexten wider. Ab 1979 lebte er in Westdeutschland, wo er auch nach dem Militärputsch vom 12. September 1980 trotz einer Rückkehraufforderung durch das Notstandsgericht (*Sıkıyönetim Mahkemesi*) blieb, um Inhaftierung und Verurteilung zu entgehen. Im Jahre 1983 wurde er ausgebürgert, erst 1987 konnte er in die Türkei zurückkehren. Seinem musikalischen Schaffen tat das deutsche Exil keinen Abbruch. Unter anderem veröffentlichte er im Jahre 1984 das Album *Die Kanaken* mit überwiegend deutschsprachigen Titeln.

Einer der Protestsongs Cem Karacas mit nachhaltiger Wirkungsgeschichte ist *Durduramayacaklar Halkın Coşkun Akan Selini* (Sie werden den wogenden Strom des Volkes nicht aufhalten können), B-Seite der Single *1 Mayıs* (1. Mai).[49] Hierbei handelt es sich um die Rock-Adaption des Liedes *Im Gefängnis zu singen* aus Bertolt Brechts Stück *Die Mutter – Leben der Revolutionärin Pelagea Wlassowa aus Twer*, seinerseits eine Adaption des Romans *Mat'* von Maxim Gorki. Die Bühnenmusik für Brechts Stück stammt von Hanns Eisler, diejenige für die türkische Adaption, welche 1974 am Kunsttheater Ankara (Ankara Sanat Tiyatrosu) unter dem Titel *Ana – Tverli Devrimci Pelagea'nın Yaşamı* aufgeführt wurde, von Sarper Özsan (1944-2022):

> Gardiyanları ve yargıçları ve savcıları
> hepsi halka karşıdır
> Kanunları, yönetmelikleri, bütün kararları
> hepsi halka karşıdır
> Dergileri, gazeteleri, bütün yayınları
> hepsi halka karşıdır
>
> Bunların hiçbiri onları kurtaramayacak
> Durduramayacaklar halkın coşkun akan selini
>
> Panzerleri, kelepçeleri, bütün silahları
> hepsi halka karşıdır
> Zindanları, tutukevleri, işkenceevleri
> hepsi halka karşıdır[50]
> Borsaları ve şirketleri ve iktidarları
> hepsi halka karşıdır
>
> Bunların hiçbiri onları kurtaramayacak
> Durduramayacaklar halkın coşkun akan selini

---

49 Cem Karaca performte diese Single zusammen mit seiner 1974 gegründeten Band Dervişan.

50 Diese Liedzeile fehlt auf dem Textblatt der Schallplatte.

Ihre Wächter, Richter und Staatsanwälte
sind alle gegen das Volk
Ihre Gesetze und Statuten, sämtliche ihrer Beschlüsse
sind alle gegen das Volk
Ihre Zeitschriften, Zeitungen und sämtliche Publikationen sind alle gegen das Volk

Nichts davon wird sie retten können
Sie werden den wogenden Strom des Volkes nicht aufhalten können

Ihre Panzer, ihre Handschellen, ihre ganzen Waffen
sind alle gegen das Volk
Ihre Kerker, ihre Haftanstalten, ihre Foltereinrichtungen
sind alle gegen das Volk
Ihre Börsen, Firmen und ihre Staatsmacht
sind alle gegen das Volk

Nichts davon wird sie retten können
Sie werden den wogenden Strom des Volkes nicht aufhalten können

Mit seiner russisch-deutsch-türkischen Adaptionskette ist dieser Text exemplarisch für den internationalen Dialog der Literaturen und somit ein Beispiel von „Weltliteratur" im Sinne Goethes auf Ebene der Popkultur.[51] Das durch Cem Karacas Interpretation bekannt gewordene Lied ist seither fester Bestandteil der türkischen Protestkultur und wurde auch während der Gezi-Proteste mit Leidenschaft gesungen.[52]

Ein anderes Lied Cem Karacas, *Alamanya* aus dem Jahre 1980, thematisiert die Deutschlanderfahrung der türkischen Gastarbeiter:

Çok uzaktan fetva ile bilinmez
Alamanya gurbetinin halleri
İşten eve, evden işe sökülmez
Alamanya milletinin dilleri

On beş yıldır gurbette mark ile ırgat
Alamanya yıllarımı bana geri ver

İşte Ahmet iste Ayşe burdakiler
On binlerce Türkiyeli Gastarbeiter
Çocukları burda doğdu, burda büyürler
Merhabayı unuttular Grüß Gott derler

On beş yıldır gurbette mark ile ırgat
Alamanya dillerimi bana geri ver

---

51 Vgl. Lamping, *Die Idee der Weltliteratur*.
52 Neu interpretiert u. a. durch die Musikgruppe Vardiya.

Bantta ırgatlıktır işim geldim geleli
Bantta akan sanki ömrüm bildim bileli
Kalay tozu, çinko tozu yut babam yut
Bir an uçmak gelir ama ciğerim gider

On beş yıldır gurbette mark ile ırgat
Alamanya ciğerimi bana geri ver

Hem sen bana muhtaçsın, hem de ben sana
Yoksa ne sen gel derdin, ne ben gelirdim
Doğuluyum, Asyalıyım, Türkiyeliyim
Öfkeliyim, kıskancım, budur benliğim

On beş yıldır [...]

Aus großer Ferne und per Fatwa kann man das fremde Land Deutschland nicht
kennenlernen
Von der Arbeit nach Hause, von zuhause zur Arbeit
kann man die deutsche Sprache nicht lernen

Seit 15 Jahren für Deutschmark Maloche in der Fremde
Deutschland, gib mir meine Jahre zurück

Siehe, hier sind Ahmet und Ayşe
Zigtausende Gastarbeiter aus der Türkei
Ihre Kinder sind hier geboren, wachsen hier auf
Sie haben das Merhaba vergessen, sagen Grüß Gott.

Seit 15 Jahren für Deutschmark Maloche in der Fremde
Deutschland, gib mir meine Sprache zurück

Seit ich hier bin maloche ich am Fließband
Am Fließband verrinnt mein Leben, solange ich denken kann
Zinnstaub und Zinkstaub schlucke ich in hohen Dosen
Ich würde gerne abhauen, aber meine Lunge spielt nicht mit

Seit 15 Jahren für Deutschmark Maloche in der Fremde
Deutschland, gib mir meine Lunge zurück

Du brauchst mich und ich brauch dich
Sonst hättest du mich nicht gerufen und ich wäre nicht gekommen. Ich bin Ori-
entale, Asiate, Türke
Ich bin wütend, ich bin eifersüchtig, so bin ich halt.

Seit 15 Jahren [...]

Dieser Song schildert prägnant das Fremdeln der Gastarbeiter mit ihrer neuen Heimat Deutschland, in welcher sie ihre Gesundheit und ihre Lebenszeit gegen Bezahlung opfern, sowie ihre Enttäuschung über unerfüllte Hoffnungen und die Entwurzelung der zweiten Generation.[53]

Auch der Rock-Song *Issızlığın Ortasında* (Inmitten der Einsamkeit) der Gruppe Moğollar um den Bandleader Cahit Berkay (*1946) aus dem Jahre 1994 kann eine Karriere als Protestsong vorweisen. Entstanden ist das Lied zum Gedenken an die Opfer des Massakers von Sivas vom 2. Juli 1993, in welchem 35 Menschen, vorwiegend alevitische *Aşıks*, durch einen islamistischen Mob im Madımak-Hotel verbrannt wurden. Durch eine Metal-Version des bereits erwähnten Hayko Cepkin erlangte der Song 2015 erneut landesweite Popularität als Aufschrei gegen die Schikanen und Repressalien der Obrigkeit:

Bir düş gördüm geçenlerde
Görmez olsaydım ah olsaydım
İçime Şeytan girdi sandım
Keşke hiç uyumasaydım

Birdenbire
Ateş ve duman
Feryad-ü figan
Sanki elele
Geliyor habire
Üstümüze, üstümüze

Canlar, sazlar
Kan oldular
Kesildi teller
Durdu nefesler
Ama hâlâ
Dimdik ayakta
Ayaktalar
[...]

Neulich träumte ich einen Traum
Ach hätte ich ihn nicht geträumt
Mir war als fahre der Teufel in mich
Ach hätte ich nur nicht geschlafen

Plötzlich
Feuer und Rauch
Wehgeschrei
Kommen auf einmal
Hand in Hand
Über uns, über uns

---

53 Zur genreübergreifenden Kategorie der Gurbet-Lieder, also Songs über die Fremd- heitserfahrung, siehe unter anderem Öztürk, *Alamanya Türküleri*.

Lebewesen und Musikinstrumente
Wurden in Blut getränkt
Saiten wurden zerfetzt
Atmung hörte auf[54]
Doch noch immer
Leben sie weiter
Sind quicklebendig
[...]

Nach der Pionierarbeit der bisher erwähnten Rockmusiker und -bands etablierte sich der Rock als feste, durchaus massenkompatible Größe in der Türkei. Eine jüngere Band von enormer Strahlkraft ist die 1995 gegründete *Alternative Rock*-Gruppe Mor ve Ötesi, welche durch ihre Teilnahme am Eurovision Song Contest im Jahre 2008 vorübergehend auch eine gewisse internationale Beachtung fand.

Als Beispiel für einen Text dieser Band lassen sich die Lyrics des Songs *Bir Derdim Var* (Ich habe einen Kummer) aus dem Jahre 2004 anführen:

Bir derdim var artık tutamam içimde
Gitsem nereye kadar, kalsam neye yarar
Hiç anlatamadım, hiç anlamadılar

Herkes neden düşman, herkes neden düşman
Unuttuk hepsini, Nuh'un nefesini
Gelme yanıma sen başkasın ben başka

Bak bu son perde oyun yok bundan sonra
Işık yok hiç bir şey yok, yok, yok, yok
Bir derdim var, Bir derdim var, Bir derdim var
Bir derdim var artık tutamam içimde

Ich habe einen Kummer, den ich nicht mehr für mich behalten kann.
Wenn ich weglaufe, wie weit kann ich kommen? Wenn ich bleibe, was nützt es?
Ich konnte es nicht erklären, man hat es nicht verstanden

Warum hassen sich alle?
Wir haben alles vergessen, den Lebensgeist Noahs,
Komm nicht näher, du bist anders als ich

Schau, dies ist der letzte Vorhang, das Stück endet hier
Das Licht ist aus, es gibt nichts mehr
Ich habe einen Kummer, den ich nicht mehr für mich behalten kann

---

54 *Nefes* kann neben der Bedeutung ‚Atem‘ auch ein Lied des Bektaschi-Ordens bezeichnen, ein Sufi-Orden, der in enger Verbindung mit dem Alevismus steht. Alternative Übersetzungsmöglichkeit für *Durdu nefesler* daher: ‚Lieder verklangen‘.

Der Text dieses Songs ist offener und vielfältiger interpretierbarer als die vorhin zitierten Protestsongs und eignet sich daher sowohl zum Ausdruck allgemeiner Bedrücktheit und Ausweglosigkeit als auch des Aufbegehrens gegen das Übel und Leid der Welt. Er formuliert ein Gefühl der Zerbrechlichkeit der Ruhe und des Friedens in einem immer wieder durch Krisen und innere Konflikte gebeutelten Land und einer zunehmend von Unsicherheit und Instabilität gekennzeichneten Welt. Sowohl textlich als auch musikalisch scheint der Band mit diesem Song ein ausgesprochener Glücksgriff gelungen zu sein, und er kann als eines der einflussreichsten Rock-Lieder der türkischen Musikgeschichte gelten, welcher das Lebensgefühl mehr als nur einer Generation zum Ausdruck bringt. Trotz oder vielleicht wegen der Schlichtheit der Worte und der Sparsamkeit der poetischen Mittel handelt es sich bei diesem Song um eine der ziemlich seltenen türkischen Kulturäußerungen von generationenübergreifender Breitenwirkung.

IX. Schlussbetrachtung

Poesie besitzt in der türkischen Literatur bis auf den heutigen Tag einen deutlich höheren Stellenwert als in der deutschen. Dabei ist eine intime Beziehung zwischen Poesie und Lied zu konstatieren, vermutlich eine literarische Universalie, welche allerdings in der Türkei auch in der Kunstpoesie noch heute relativ stark sichtbar ist. Der Dichtervortrag ist vielfach untermalt von musikalischer Begleitung, oder das Gedicht, beziehungsweise Teile davon, werden direkt gesungen. In der traditionellen Volksdichtung bestand die instrumentale Begleitung beispielsweise aus der *Bağlama*, bei Hofe aus dem Hoforchester.

Kunst- und Volkslied finden in der Türkischen Republik ihre Fortsetzung in den reich orchestrierten *alla turca*-Liedvorträgen beispielsweise im staatlichen Rundfunk und Fernsehen sowie in verschiedenen Genres der Popmusik, die sowohl ganz traditionsnahe *Türkü*-Vorträge einschließen als auch international beeinflusste oder gänzlich internationale Genres wie Arabeske und *Taverna Müziği*, Hip-Hop, Rock und Metal. Diese musikalischen Genres sind das Gewand der modernen Pop-Poesie. Auch bei den Themen verschaffen sich inter- oder supranationale Einflüsse Geltung. Beispiele dafür sind das *Dissen* im Hip-Hop, welches allerdings auch ein traditionelles Pendant im *Atışma* des *Aşık*-Sängerwettstreits besitzt, oder die Berauschtheit durch Liebe, Alkohol und Drogen im Rock ’n’ Roll oder Radiopop, allerdings ebenfalls mit traditionellen Rückgriffen auf die Bildersprache und Metaphorik der *Tasavvuf*-Dichtung. Tradition und Konstanz spielen eine ebenso große Rolle in der türkischen Popkultur wie Offenheit für Fremdes und verleihen ihr das ihr eigene Gepräge. Dominante Sprache ist dabei in der türkischen Popkultur ganz weitgehend und mit großer Selbstverständlichkeit das Türkische; Englisch spielt kaum eine Rolle.

Zusammenfassend ergibt sich aus dem Gesagten folgendes Bild. Die volkstümliche Poesie in türkischer Sprache entwickelte sich auf anatolischem Boden im Seldschukenreich und dem auf dessen Trümmern entstehenden Osmanischen Reich in einem multiethnischen und multilingualen Umfeld, in welchem türkische, iranische, griechische, armenische, arabische und seit der Eroberung

Rumeliens im 14. Jahrhundert auch europäische Elemente in einem interkulturellen Dialog standen und sich gegenseitig befruchteten. In einem solchen Milieu konnte von einer türkischen Nationalliteratur noch keine Rede sein, jedoch kam dem Türkischen als Sprache des Hofes und der herrschenden Dynastie im Laufe der Zeit ein hervorgehobener Stellenwert zu, der letztlich die Entstehung einer türkischen Nationalliteratur vorbereitete. Diese formierte sich schließlich nach Gründung der Türkischen Republik, wobei die Kulturpolitik des Staates durchaus lenkend eingriff und eine Abgrenzung von orientalischen Traditionen und anderem „Fremden" begünstigte.

Die republikanisch-türkische Literatur tritt nun in einen Dialog mit anderen, insbesondere europäischen, Nationalliteraturen und nimmt Einflüsse aus ihnen auf. Auch die Volksliteratur durchläuft im Zuge der neuen Kommunikations- und Publikationsmöglichkeiten eine Transformation, im Zuge derer internationale Genres wie Rock, Metal und Hip-Hop an die lokalen Bedürfnisse angepasst werden. Dieser interkulturelle Dialog greift in gewisser Weise auf vor-nationale Aktionsmuster zurück und spielt auch mit traditionellen und orientalisierenden Elementen, die wiederum die internationalen Genres befruchten und bereichern. Verglichen mit den langsamen Prozessen der interkulturellen Interaktion im Osmanischen Reich erfährt dieser Austausch durch die Kommunikationsmöglichkeiten der Gegenwart zwar eine rasante Beschleunigung; qualitativ ist die Identität der türkischen Kultur als Akteur in einem kontinuierlichen multilateralen Austausch indes eine stabile Konstante, die zu jeder Zeit auch reizvolle Blüten hervorgebracht hat. Auch im Zeitalter der Globalisierung ist die türkische Pop-Poesie bestens gesellschaftsfähig.

X. Literatur

Ahıska, Meltem: *Occidentalism in Turkey. Questions of modernity and national identity in Turkish radio broadcasting.* London/New York, 2010.

Andrews, Walter G.: *An introduction to Ottoman poetry.* Minneapolis 1976.

Anhegger, Robert: Die Deutschlanderfahrung der Türken im Spiegel ihrer Lieder. In: Birkenfeld, Helmut (Hg.): *Gastarbeiterkinder aus der Türkei zwischen Eingliederung und Rückkehr.* München 1982, S. 9-23.

Armağan, Yalçın: *İmkânsız Özerklik. Türk Şiirinde Modernizm* [2011]. İstanbul ⁵2018.

Arman Kalkandeler, Ayşe: Hüzünlü Müzikten Hoşlanma: Duygudurum Düzenleme Stratejileri ve Kişilik Özelliklerinin Yordayıcı Etkisi. *Uludağ Üniversitesi Fen-Edebiyat Fakültesi Sosyal Bilimler Dergisi* 23/43 (2022), S. 1077-1104.

Brecht, Bertolt. *Die Mutter. Leben der Revolutionärin Pelagea Wlassowa aus Twer.* Wien 1986.

Çakır, Ruşen: Laz olmak. In: Ders.: *Gomaşinen. Hatırlıyorum.* İstanbul 2023, S. 240-245.

Cankara, Murat: Comparative glimpse of the early steps of novelistic imagination in Turkish. Armeno-Turkish novels of the 1850s and 1860s. In: Havlioğlu, Didem/ Uysal, Zeynep (Hg.): *Routledge handbook on Turkish literature.* London/New York 2023, S. 198-208.

Enginün, İnci: *Cumhuriyet Dönemi Türk Edebiyatı* [2001]. İstanbul, ⁶2005.

Eyüboğlu, Bedri Rahmi: *Dol Karabakır Dol. Bütün Şiirleri* [2006]. İstanbul ¹⁶2015.

Gorki, Maxim. *Die Mutter.* Berlin 1962 (russ. 1907).

Güngör, Murat/Loh, Hannes: *Fear of a Kanak planet. Hiphop zwischen Weltkultur und Nazi-Rap.* Höfen 2002.

Havlioğlu, Didem/Uysal, Zeynep: Introduction. In: Dies. (Hg.): *Routledge handbook on Turkish literature.* London/New York 2023, S. 1-16.

Hecken, Thomas/Kleiner, Marcus S. (Hg.): *Handbuch Popkultur.* Stuttgart 2017.

Hecker, Pierre: *Turkish Metal. Music, meaning, and morality in a Muslim society.* Farnham/Burlington 2012.

Horkheimer, Max/Adorno, Theodor W.: Kulturindustrie. Aufklärung als Massenbetrug. In: Dies.: *Dialektik der Aufklärung. Philosophische Fragmente* [1988]. Frankfurt a. M. [17]2008, S. 128-176.

Koç, Murat: Ahmet Hamdi Tanpınar'ın Kültür ve Sanat Dünyasında Paris. In: Ders.: *Ahmet Hamdi Tanpınar Araştırmaları. Ömrün Gecesinde Sükût.* İstanbul 2014, S. 19-44.

Köprülüzade, Mehmet Fuat (Hg.): *Türk Sazşairlerine Âit Metinler ve Tetkikler.* 5 Bde. Istanbul 1929-1930.

Kučera, Petr: In the service of the Republic: Some observations on the Kemalist „revolutionary" novel. In: Çelik, Hülya/Kučera, Petr (Hg.): *Selected studies on genre in Middle Eastern literatures. From epics to novels.* Newcastle upon Tyne 2023, S. 337-377.

Lamping, Dieter: *Die Idee der Weltliteratur. Ein Konzept Goethes und seine Karriere.* Stuttgart 2010.

Mansuroğlu, Mecdut: Calaladdīn Rūmī's türkische Verse. In: *Ural-Altaische Jahrbücher* 24/1-2 (1952), S. 106-115.

Matuz, Josef: *Das Osmanische Reich. Grundlinien seiner Geschichte.* Darmstadt 1985.

Moran, Berna: *Türk Romanına Eleştirel Bir Bakış.* 3 Bde. İstanbul 1983-1994.

Moran, Berna: Türk Romanı ve Batılılaşma Sorunsalı. In: Ders.: *Türk Romanına Eleştirel Bir Bakış 1. Ahmet Mithat'tan A. H. Tanpınar'a* [1983]. İstanbul [20]2008, S. 9-24.

Naci, Fethi: *Yüz Yılın 100 Türk Romanı* [1999]. İstanbul [6]2010.

Nâdir, Feridun: *Rakı Felsefesine Giriş.* İstanbul 2015.

Ozan, Meral: *Ocaktan Gelen Haber. 1887 ve 1889 Tarihli Ignác Kúnos Derlemesi Török népmesék.* Ankara 2018.

Özdemir, Nebi: *Cumhuriyet Dönemi Türk Eğlence Kültürü.* Ankara: Akçağ Yayınları, 2005.

Özdemir, Sinem: *Popülerleşme Sürecinde Türk Müziği ve Bu Süreçte Bir Bestekâr. Sadettin Kaynak.* [Diss. İstanbul Teknik Üniversitesi] 2009.

Öztürk, Ali Osman: *Alamanya Türküleri. Türk Göçmen Edebiyatının Sözlü/Öncü Kolu.* Ankara 2001.

Pamuk, Orhan: Hüzün–Melancholie–Tristesse. In: Ders.: *Istanbul. Erinnerungen an eine Stadt.* München 2006 (türk. 2003), S. 109-127.

Reinhard, Ursula/Pinto, Tiago de Oliveira: *Sänger und Poeten mit der Laute. Türkische Âşık und Ozan.* Berlin 1990.

Rentzsch, Julian: Gurbet Türküleri Üzerine Notlar. In: Balaban, Adem/Çağlayan, Bünyamin/Gülseven, Ümit (Hg.): *3rd International Conference on Language and Literature: Turkish in Europe. Proceedings 1.* Tirana 2014, S. 366-388.

Sakar, Mümtaz Hakan: *Özlem Tekin Örneğinde Rock Müzikte Kadın. Toplumsal Cinsiyet, Etnisite, Hegemonya.* [Diss. Dokuz Eylül Üniversitesi] 2007.

Sāmī, Şemseddin: *Ta'aşşuk-ı Tal'at ve Fitnat* [1872]. İstanbul h. 1289 [1872].

Şişmanoğlu Şimşek, Şehnaz: Karamanlidika literary production in the mid-nineteenth century. In: Havlioğlu, Didem/Uysal, Zeynep (Hg.): *Routledge handbook on Turkish literature*. London/New York 2023, S. 187-197.

Steingass, Francis: *A comprehensive Persian-English dictionary* [1892]. London ⁵1963.

Stokes, Martin: *The Arabesk debate. Music and musicians in modern Turkey*. Oxford 1992.

Stokes, Martin: *The Republic of Love. Cultural intimacy in Turkish popular music*. Chicago/London 2010.

Tietze, Andreas (Hg.): *Vartan Paşa, Akabi Hikyayesi. İlk Türkçe Roman (1851)*. Istanbul: 1991.

Türk, Betül: *XII-XV. Yüzyıllarda Anadolu'da Musiki ve Eğlence Kültürü*. [Diss. Fırat Üniversitesi] 2016.

Tutu, Sıtkı Bahadır: *Âşık Veysel Şatıroğlu (Hayatı, Eserleri ve Müzik Kimliği)*. [Diss. Ege Üniversitesi] 2008.

Yanıkkaya, Berrin: *Kentte Kadın Sesleri. 1990 Sonrasında İstanbul'da Kentli Kadının Kültürel Ürünler Aracılığıyla Kendini İfadesi (Bir Örnek Tür Olarak Rock Müzik)*. [Diss. Mimar Sinan Güzel Sanatlar Üniversitesi] 2004.

Internetquellen

Ezhel: Rapper Ezhel: „Berlin bedeutet für mich Freiheit." ZDF Germania. https://www.youtube.com/watch?v=OZQYDEF8a04&t=618s (veröffentlicht am 21.09.2022, aufgerufen am 09.06.2024).

Livaneli, Zülfü: ‚Yiğidim Aslanım Burda Yatıyor' Bestesi Uğur Mumcu'yu Ağlatmış. Etkihaber. https://www.etkihaber.com/yigidim-aslanim-burda-yatiyor-bestesi-ugur-mumcuyu-aglatmis-211341h.htm (veröffentlicht am 25.04.2013; aufgerufen am 26.05.2018)

Say, Fazıl: „Arabesk yavşaklığından utanıyorum." Cumhuriyet. https://www.cumhuriyet.com.tr/haber/arabesk-yavsakligindan-utaniyorum-164024 (veröffentlicht am 19.07.2010, aufgerufen am 26.05.2018)

Seibert, Thomas: Türkei: Politische Töne im Streit um die Musikrichtung. Tagesspiegel. https://www.tagesspiegel.de/gesellschaft/panorama/turkei-politische-tone-im-streit-um-die-musikrichtung-4938877.html (veröffentlicht am 17.08.2010, aufgerufen am 26.05.2018).

Discographie

Akkiraz, Sabahat: *Türkü Hayattır*. Akkiraz 2007.

Cepkin, Hayko: *Aşkın İzdırabını...* EMI KENT 2012.

Cepkin, Hayko: *Beni Büyüten Şarkılar Vol. 1*. Doğan Music Company 2015.

Ertem, Ceylan: *Yuh!* Sony Music 2015.

Gürses, Müslüm: *Usta Ne Yazar*. Esen Müzik 1997.

Kajmer, Sagopa: *Kötü İnsanları Tanıma Senesi*. Melankolia Müzik 2008.

Karaca, Cem: *1 Mayıs*. Gönül Plak 1977.

Karaca, Cem: *Hasret*. Türküola 1980.

Karaca, Cem: *Die Kanaken*. Pläne 1984.

Killa Hakan: *Son Mohakan*. Esen 2014.

Killa Hakan: *Fight Kulüp*. Wovie 2019.
Kolera: *Kolostrofobi Ep 2*. Melankolia Müzik 2015.
Kurtoğlu, Cengiz: *Seviyorum*. Şahin Özer Müzik 1995.
Livaneli, Zülfü: *Livaneli – Efsane Konserler*. İda Müzik 2006.
Moğollar: *'94*. Berkay Müzik 1994.
Mor ve Ötesi: *Dünya Yalan Söylüyor*. Pasaj Müzik 2004.
Ruhi Su: *Barabar*. Ada Müzik 1994.
Sabah, Coşkun: *Aşk Kitabı*. Balet Plak 1981.
Sezai, Halil: *Ervah-ı Ezel*. DokuzSekiz Müzik 2015.
Şenses, Adnan: *Gözümün Bebeği*. Raks Müzik 1993.

Hans Harder (Heidelberg)

Gebrochene Internationalität

Die südasiatischen Regionalliteraturen zwischen lokaler Schließung und weltliterarischer Öffnung

I. Einstieg

Sara Rai (*1956), zeitgenössische Hindi-Autorin und Enkelin des ikonischen, als Wegbereiter der modernen Hindi-Literatur gefeierten Premchand (1880-1936), beschreibt in einem jüngeren englischsprachigen Essay ein Treffen mit ihrem Vater in Allahabad im Jahre 1994.[1] Am Zusammenfluss von Jamuna und Ganges in der nordindischen Flussebene und im Zentrum des Hindi-Sprachgebiets gelegen, gilt diese Stadt seit langem als einer der wichtigsten geographischen Knotenpunkte für die moderne Hindi-Literatur. Sara Rais damaliger Besuch bescherte ihr unter anderem ein Wiedersehen mit den Büchern ihrer Jugend, die sie bei monsunschwülem Wetter aus dem Glasschrank holte und zum Trocknen in die Sonne auf der Veranda legte.

> There was Oscar Wilde's *De Profundis*, a battered illustrated *Arabian Nights*, the Everyman's Library edition published in 1929 of Abbé Prévost's *Manon Lescaut* and Prosper Mérimée's *Carmen*, *The Collected Stories of Katherine Mansfield*, and two of the twelve volumes of *Remembrance of Things Past*, published by Chatto and Windus in 1941, with my father's name, date and the place where he'd bought the books written on the fly-leaf in his decorative hand – May 9, 1946, Lahore. The bright orange dust jacket of *Marcel Proust,* chosen and translated by Gerard Hopkins, had been eaten away by termites. What was left of the book crumbled first into paper flakes and then to dust when I tried to leaf through it. The fat volume *Gitobitan,* containing the songs of Rabindranath Tagore, was intact, as was the English translation of Premchand's *Godan* by Gordon Roadarmel, published as *The Gift of a Cow* by Allen and Unwin in 1968. My father stood in the midst of these books, like a battle weary king looking at his ruined palace.
> [...]
> It was while travelling through the bookish landscape which I first became acquainted with in childhood that I made an extraordinary discovery. *All the books were about me.* They were set in locations thousands of miles away – St Petersburg, London, New York, Paris or Rouen – and yet they spoke of things that I could have said. This was something that stirred me into restless excitement. Could I create a fictional world of my own?[2]

---

1 Allahabad, Hauptschauplatz der *Kumbh melā*, des größten Hindu-Pilgerfests, wurde 2018 in Prayag Raj umbenannt als Teil der revisionistischen Agenda der hindu-nationalistischen Regierungspartei BJP, islamische ‚Überprägungen' indischer Kultur zu bereinigen.
2 Rai, Katherine Mansfield of Hindi, S. 7.

Ihr damals 38jähriges Selbst, an das sich Rai hier erinnert, stand noch am Anfang seiner schriftstellerischen Karriere. Im Essay „You Will Be the Katherine Mansfield of Hindi" beschreibt sie, wie ihre Wahl, in Hindi zu schreiben, für eine Enkelin Premchands die einzig richtige schien, und wie sie anfänglich ein schlechtes Gewissen bekam, wann immer sie daran dachte, in Englisch zu schreiben. Ihre ersten Hindi-Geschichten verfasste sie während des Studiums in Melbourne, und erst später konnte sie weit genug aus dem Schatten ihrer großen Familie treten, um für sich zu entdecken, dass sie in beiden Sprachen schreiben konnte.[3]

Dieser anekdotische Einstieg stößt gleich eine ganze Reihe von Dingen an, die im Folgenden besprochen werden sollen. Schon der Titel des Aufsatzes, „You Will Be the Katherine Mansfield of Hindi" – ein Ausspruch ihres Vaters in ihrer Jugend, den Rai selbstironisch kommentiert –, spricht Bände über die seit anderthalb Jahrhunderten in Südasien verbreitete Neigung, englisch-internationale Standards zu bemühen, will man die eigene Literatur charakterisieren.[4] Zum zweiten fällt die Buchauslage auf der Veranda auf als ein kleiner Querschnitt durch das, was man im postkolonialen Indien, wenn man sich denn eine anständige englische Schule leisten konnte, an internationaler Literatur zu lesen hatte oder zumindest lesen zu wollen lernte. Ein materialisierter Kanon tritt uns da entgegen, begleitet von der spontanen, von Kindheit an erworbenen Identifikation der Autorin mit diesen literarischen Welten, gänzlich unbekümmert von Herkunftsfragen. Weiterhin bemerkenswert ist die freie Entscheidung für ein literarisches Medium, also der Tatbestand, dass eine Wahl zwischen verschiedenen möglichen Literatursprachen besteht – in ehemals kolonisierten Gesellschaften sofort einsichtig, doch aus westeuropäischer Perspektive nicht unbedingt.

Translingualität ist der bevorzugte Begriff, um Autorschaft in mehr als einer Sprache zu bezeichnen. Diese ist auf dem indischen Subkontinent keine Neuigkeit und insofern auch nicht an sich schon Zeichen für Internationalität und globale Ausrichtung: Schon seit Jahrtausenden finden wir mehrsprachige Autoren und die unterschiedlichsten multilingualen Milieus. Die Translingualität vom Typus Regionalsprache plus Englisch (und eventuell eine weitere Regionalsprache) ist seit dem mittleren 19. Jahrhundert weit verbreitet, zum Beispiel schon bei dem berühmten Michael Madhusudan Datta (1824–73), der als Vater der modernen bengalischen Lyrik gilt und als Protagonist einer früh anglisierten Elite in Kalkutta zunächst englische Sonette, Dramen und Versdichtungen im Stil Miltons verfasste, bevor er sich zu seiner Muttersprache bekannte und dann unter anderem den Blankvers ins Bengali einführte. Translingualität ist bei ihm und einigen seiner Zeitgenossen im 19. Jahrhundert noch zeitlich aufeinander

---

3 Vgl. ebd., S. 4.

4 Das gilt genauso für andere kulturelle Bereiche wie Religion, Musik und Geschichte insgesamt. Vgl. z. B. Sukanta Chaudhuris Aufsatz *Renaissance and Renaissances* über den Gebrauch der Kategorie ‚Renaissance' für vorkoloniale und kolonialzeitliche Reformbewegungen in Südasien. Zu derartiger Derivativität in indischer Literaturgeschichtsschreibung siehe auch Harder, *Indian Literature in English*, S. 344.

folgenden Phasen zuzuweisen – die bengalische Phase wird oft in nationalistischer Manier als eine ‚Heimkehr' gefeiert – wobei er auch weiterhin seine bengalischen Werke in ausführlichen Briefen an bengalische Freunde auf Englisch kommentierte.

In der Sprachpolitik des unabhängigen Indien kann die sogenannte *Three Language Formula* als Niederschlag dieser Translingualität gesehen werden – ein für das Bildungssystem entwickeltes didaktisches Programm, welches Englisch, Hindi sowie eine Regionalsprache zum linguistischen Standardrepertoire der gebildeten indischen Bevölkerung macht.[5]

II. Thema und Fragestellung

Ziel dieses Aufsatzes ist jedoch weder eine Detailstudie von subnationalen, nationalen oder internationalen Referenzrahmen bei einzelnen Autoren und Autorinnen der neueren und zeitgenössischen südasiatischen Literaturen noch eine eingehende Erörterung von südasiatischer Translingualität. Vielmehr soll die Optik im Folgenden ganz grobkörnig auf die ca. 150- bis 200-jährige Geschichte moderner südasiatischer Literaturen gerichtet werden, um aus solch einer Perspektive heraus eine grundsätzliche Positionsbestimmung zu versuchen. Das Thema des vorliegenden Dossiers – die Internationalität der Literaturen und die Infragestellung von Nationalliteratur angesichts der gegebenen Produktions- und Rezeptionskontexte – bietet sich an, um einmal etwas mutiger, allgemeiner (und natürlich auch unvorsichtiger) über einen Aspekt nachzudenken, der bei den meisten Untersuchungen kolonialer und postkolonialer Literaturproduktion implizit mitschwingt. Ganz bewusst wird dabei nicht die Transkulturalität oder Transregionalität, sondern eben die Internationalität in den Vordergrund gestellt, da sie ganz direkt eine Auseinandersetzung mit Ideen von Nationalliteratur einfordert. Ziel dieser Übung ist ein Perspektivwechsel von herkömmlichen sprachnationalistischen Ansätzen hin zu einer gründlicheren Berücksichtigung internationaler Bezugsrahmen in südasiatischen Regionalliteraturen.[6]

Das geht nicht ohne *caveat*: Es ist so gut wie unmöglich für eine Einzelperson, zwei Jahrhunderte der Literaturproduktion in etwa 30 Sprachen auch nur ansatzweise zu überblicken, geschweige denn im Rahmen eines Kurzbeitrags irgendetwas Substantielles über diese Literaturen zu sagen. Als Experte für moderne bengalische Literatur (mit einem halben Standbein in Hindi und sehr sporadischen Einblicken in zwei-drei andere Literaturen des Subkontinents)

---

5 Vgl. Agarwal, *Three Language Formula*.
6 Transkulturalität als zentrales Forschungsfeld des Heidelberger Exzellenzclusters ‚Asia and Europe', an dem der Verfasser beteiligt war, beansprucht größere Allgemeinheit und kann Internationalität als spezielles Interaktionsszenario in einem von Nationalstaatlichkeit geprägten Ensemble unter sich begreifen. Allerdings ist hier nicht der Ort für eine kontrastive Diskussion dieser Konzepte. Eine knappe und zugängliche Erläuterung von Transkulturalität ist Juneja/Kravagna: Understanding Transculturalism, S. 22-33.

ist der Verfasser sicherlich nicht ausreichend qualifiziert, die regionalsprachlichen Literaturen *in toto* zu positionieren. Als Trost bleibt allein die Tatsache, dass solches Überblickswissen wohl nur wenige für sich in Anspruch nehmen können.

Es gilt im Folgenden, die Betrachtungsebene zwischen und über den einzelnen Sprachen und Literaturen des Subkontinents anzusetzen. Die Unzahl von Genres, traditionellen Entstehungskontexten und Autoren kann dabei kaum – und wenn, dann nur *en passant* und sehr flüchtig – evoziert oder repräsentiert werden. Zugleich muss eine Falle umgangen werden, der bisweilen die Postcolonial Studies nicht entgehen, dass nämlich der Kolonialismus als einzig möglicher Bezugsrahmen über das gesamte Feld gestülpt und damit in seiner Bedeutung perpetuiert wird auf Kosten anderer Potenzialitäten. Dennoch muss es im Folgenden auch um Kolonialismus gehen und insbesondere um die Rolle des Englischen in Südasien, wenn ich versuche, die Stellung moderner südasiatischer Literaturen zwischen nationalen und internationalen Referenzrahmen konzeptionell zu umreißen.

Englischsprachige Literatur aus Südasien, so der vorherrschende Ansatz im ausgehenden 20. Jahrhundert, ziele auf den globalen Buchmarkt und spreche oft exotisierend über Südasien zu Nichtsüdasiaten, während die Regional- oder Vernakularliteraturen eine Art literarische Binnenkommunikation darstellten, die der erzählten Welt näher sei und damit größere Authentizität beanspruchen könne. Lothar Lutze etwa schrieb in seiner Einleitung der Reclam-Anthologie *Hindi-Kurzgeschichten der Gegenwart* im Jahre 1975:

> Die indo-englische Literatur verstand sich bis vor kurzem – ziemlich unangefochten – als die berufene Vermittlerin zwischen indischer und europäischer Geistigkeit, als kulturelle Vertretung Indiens im Ausland; bei ihren relativ geringen Chancen, im eigenen Land abgesetzt und konsumiert zu werden, ist sie in erster Linie als Exportliteratur konzipiert. Gerade deswegen werden neuerdings auch im Ausland Zweifel an ihrem Repräsentationswert laut; man will sich nicht mehr mit dem für den Außenstehenden Zubereiteten begnügen und beginnt zu erkennen, daß erst die Lektüre von Erzeugnissen indischer Regionalliteraturen es ermöglicht, in die nationale Intimsphäre einzudringen.[7]

Man ging also von einer oberflächlichen Präsenz des Englischen aus, und es war notwendig, Regionalsprachen zu lernen, wenn man näher ans Wesen der Dinge kommen wollte; damit einher ging die Vorstellung von klar geschiedenen Sphären der Außen- und Binnenkommunikation, die dann in die Dichotomie zwischen Englisch und Regionalsprachen zerfielen. Auch das gilt es zu überdenken.

Daraus ergibt sich folgender Fahrplan für die nachstehenden Überlegungen: Zunächst (Abschnitt III) ist die Art und Weise zu skizzieren, wie Ideen von Nationalliteratur in Südasien Eingang gefunden haben und die Literaturgeschichtsschreibung und den Literaturbetrieb bis heute stark bestimmen. In einem weiteren Schritt (Abschnitte IV und V) soll diese Darstellung mit einer

---

7 Lutze, Einleitung, S. 1.

Betrachtung konfrontiert werden, die den Schlüssel weniger innerhalb festgefüg-
ter nationaler Schreibkontexte als vielmehr in einer lateralen oder internationalen Ausrichtung sieht. Im Anschluss (Abschnitt VI) wird es dann noch um die
Probleme gehen, die man sich einhandelt, wenn man eine solche „internationale" Betrachtung differenziert konzeptionell zu fassen sucht, bevor die Fäden
abschließend im Fazit (Abschnitt VII) zusammengeführt werden.

III. Das nationalistische Paradigma

Das eingangs zitierte Beispiel von Michael Madhusudan Dattas ‚Heimkehr' zur
bengalischen Sprache ist ein Indikator für einen Prozess, der sich im 19. Jahrhundert zunächst im Bengalischen und dann auch in vielen anderen Regionalsprachen Südasiens abspielt. Englische Bildung, kolonialer Kulturkontakt, europäische Literatur, kommerzieller Buchdruck und die Idee der Nation entfalten
bei den einheimischen Bildungsschichten eine ungeheure Dynamik. Es gilt,
die Gesellschaft zu reformieren, sich neu in der Welt zu orientieren, religiöse
Praxis vom Staub der Jahrhunderte zu befreien. Bei aller Ambivalenz im Verhältnis zu den Kolonialherren vor Ort ist hierbei die Europa-Orientierung ganz
grundlegend.

Dies betrifft auch die regionalsprachlichen Literaturen. Schon vor Jahrhunderten – meist zwischen Beginn und Mitte des zweiten nachchristlichen Jahr-
tausends – hatten sich neben den *high varieties* Sanskrit und Persisch Sprachen
wie Marathi, Gujarati, Avadhi, Braj, Bengalisch, Assamesisch usw. als Literatursprachen etablieren können und waren Herrscherchroniken, episch-mythologi-
sche Dichtungen, Volksliteratur und vor allem *Bhakti*-Lyrik in ihnen abgefasst
worden. Im 19. Jahrhundert stellte sich die Frage, wie diese Sprachen aktualisiert und zu Behältnissen für neue Ideen gemacht werden könnten. Es kam zu
Sprachreformen, starker Übersetzungtätigkeit, Entstehung zahlreicher Neolo-
gismen. Literarische Formen wurden adaptiert – nicht nur das Sonett und der
Blankvers, sondern der gängige Formenbestand moderner Literaturen (Roman,
Kurzgeschichte, Drama, Kurzlyrik). Allen voran der Roman: Die weitverbreitete Lektüre englischer Romane führte dazu, dass in der zweiten Hälfte des
19. Jahrhunderts in verschiedenen südasiatischen Sprachen Romane entstanden.
Gerade in den Vorworten der jeweiligen Pionierwerke findet man im Übrigen
ausgesprochen interessante Reflexionen über die Ausrichtung, Zielsetzung und
Ästhetik dieser Werke.[8] Diese Pionierphase bildet den Startpunkt für eine Literaturproduktion, die sich – so das übliche Narrativ in den Literaturgeschichten – innerhalb dieses adaptierten Genrebestands neu aufstellt, modernisiert
und zur Reife gelangt, indem sie immer weitere Bereiche des Lebens erschließt
und der literarischen und gesellschaftlichen Reflexion zugänglich macht.[9]

---

8 Vgl. Harder, Einleitende Paratexte.
9 Ich habe das ausgeführt in der „Introduction" zu: Harder (Hg.), *Literature and Nationalist Ideology*.

Wollen wir diesen Verlauf für den Fall Indien[10] schematisch betrachten, so ergibt sich in der üblichen literaturgeschichtlichen Darstellung in etwa folgende soziolinguistische Makroperspektive (Abb. 1):

Vor- und frühkoloniale Situation (ca. Anfang 2. Jahrtausend n. Chr. bis Beginn 19. Jh.):
SANSKRIT (klassisches Medium für Literatur, Gelehrtendiskurse, Religion)
PERSISCH (Verwaltungs-, Literatur- und Religionssprache ab ca. 13. Jh.)
REGIONALSPRACHEN (allmähliche Emanzipation durch Höfe, *Bhakti*-Bewegungen)

Koloniale Situation (19. bis Mitte 20. Jh.):
ENGLISCH
SANSKRIT und PERSISCH (Zurückdrängung in regionale und traditionelle Kontexte)
REGIONALSPRACHEN (Reform, Modernisierung)

Postkoloniale Situation (Mitte 20. Jh. bis Gegenwart):
REGIONALSPRACHEN u. ENGLISCH (Moderne erreicht, autonome Öffentlichkeiten)

Abb. 1: Erstes Makroszenario: Emanzipation der Regionalsprachen

Zu beachten ist, dass im Diagramm (Abb. 1) die vorkoloniale Sprachsituation bis weit in die Kolonialepoche hineinreicht. In der Tat fällt die starke Durchsetzung des Englischen mit einem neuen kolonialistischen Missionsanspruch zusammen, welcher sich in der ersten Hälfte des 19. Jahrhunderts formierte. Die hier skizzierte Sicht der historischen Entwicklungen im Bereich der Sprachen Südasiens entspricht im Prinzip einem nationalen Modernisierungsnarrativ mit der modernen Kulturnation als Telos der Geschichte – wobei sogleich weiter differenziert werden muss, denn nirgends in der heutigen politischen Gliederung Südasiens sind derart verstandene Nation und Sprachgemeinschaft auch nur ansatzweise deckungsgleich; die Nation schließt üblicherweise mehrere Sprachgemeinschaften ein. Nehmen wir Indien als Beispiel, so hätten wir hier in Bezug auf die Regionalsprachen also Modernisierungsnarrative auf einer Ebene unterhalb des Nationalstaats. Man spricht hier von ‚subnational‘, weil keine Regionalsprache beanspruchen kann, die Nation zu repräsentieren, und die entsprechende Tendenz in der Kulturpolitik ist ‚subnationalistisch‘, weil mangels einer nationalen Verfasstheit Identitätsdiskurse der Regionen – groß wie Staaten Europas – kompensatorisch in Gebiete wie Literaturgeschichte Einzug halten.

In den nationalen indischen Rahmen werden diese Geschichten eingespannt durch das Motto der ‚Einheit in Vielfalt‘ (Nehru): „Indian literature is one though written in many languages" (Radhakrishnan) ist der Sinnspruch der Sahitya Akademi, der nationalen Literaturgesellschaft Indiens. Zu Grunde liegt hier ein mittelbar auf Herder rückführbares Verständnis von einer grundsätzlichen

---

10 Für das gesamte Südasien wird eine solche Betrachtungsweise dadurch erschwert, dass die heutige Literaturgeschichtsschreibung meist die aktuellen Nationalstaaten als Telos setzt und insofern in separate Narrative zerfällt.

Verschiedenheit von Sprach- oder Volksgemeinschaften und ergo auch Literaturen, die ihren je eigenen Genius zur Entfaltung bringen. Dabei werden drei Ebenen unterschieden: die regionale der „many languages", die aber nach diesem Diktum in der nationalen aufgeht; eine nationale, die entsprechend apodiktisch zur Einheit erklärt wird; und eine durch Differenz bestimmte internationale, die das Außen dieser Konstruktion darstellt.

Das Narrativ geht ferner von einer Kohäsion innerhalb der einzelnen Literatursprachen aus: Eins geht organisch aus dem anderen hervor, Autoren finden sich in dichten Netzwerken oder Abstammungslinien miteinander verknüpft. Nehmen wir dann noch das oft normativ eingeforderte Kriterium der Modernität hinzu, so schließt das notwendig auch ein Quantum an Internationalität ein, da Moderne unübersehbar bedeutet, einen Anschluss an ein internationales Diskursfeld herzustellen. Die Moderne wird aber assimiliert und als Eigenes verarbeitet und behauptet, also gewissermaßen naturalisiert, und ist als erfolgreich assimilierte Moderne dann ein Attribut der Emanzipation einer Regionalsprache.

IV. Internationalistische Gegendarstellung

Angesichts des extrem komplexen Felds, mit dem wir es hier zu tun haben, ist nicht davon auszugehen, dass es nur *eine* legitime Perspektive gibt, aus der heraus es zu erklären ist. Die Darstellungsweise, die in Abb. 1 unter dem Aspekt der „Emanzipation" der Regionalsprachen für Indien skizziert wurde, bildet durchaus bedeutende Aspekte der Produktions- und Rezeptionskontexte südasiatischer Literaturen ab, hat also explikatorische Kraft. Zugleich ist sie aber ganz offensichtlich ideologisch prädeterminiert, indem sie Differenz in einem apriorischen Nationalethos zusammenlaufen lässt und nach innen vereinheitlicht, während sie nach außen abgrenzt. Lässt man solche Prämissen fallen, so ergeben sich andere Möglichkeiten der Positionierung südasiatischer Regionalliteraturen. Eine dieser Möglichkeiten – ein internationalistischer Zugang – soll im Folgenden skizziert werden.

Eine der Prämissen des nationalistischen Ansatzes lautet, dass Internationalität quasi einmalig, also in einem begrenzten Zeitraum, ins Nationale hereingeholt wird und dort zu einer neuen, eigenständigen Traditionsbildung führt. Dementgegen ließe sich behaupten, dass Internationalität vielmehr eine unwiederbringliche Öffnung bedeutet, die dauerhaft konstituierend bleibt. Die assimilierende Schließung des (sub)nationalen literarischen Diskurses ist nicht nachzuweisen. Die Öffnung ist selbst noch für im nationalistischen Selbstverständnis produzierte Literatur konstituierend, und damit wird streng genommen das Nationale als falsche Ideologie entlarvt.

Zum Zweiten ist die behauptete Kohärenz der Literaturproduktion in einer Regionalsprache – im Sinne eines festgefügten synchronen wie diachronen literarischen Feldes – nur phasenweise existent und oft brüchig. Dies ist ganz offensichtlich im indischen Englisch, wo eine Folge immer neuer Einschreibungen in einen internationalen Kontext die Regel ist, doch genauso für Regionalsprachen nachweisbar. Die dominierenden Intertextualitäten, in welchen literarische Kommunikation stattfindet, sind seit dem 19. Jahrhundert international: Romantik, Modernismus, Episches Theater, Magischer Realismus halten Einzug, und Referenzen zu internationalen Autoren sind weit verbreitet. Einige Beispiele aus dem 20. Jahrhundert sind etwa der bengalische Dramatiker Badal Sarkar (1925-2011), der sich auf das Theater von Brecht und Grotowsky bezieht, die Hindi-Autoren Kamleshvar (1932-2007) und Nirmal Varma (1929-2005) mit ihrer Orientierung an Magischem Realismus und Existentialismus oder die mit europäischen und amerikanischen Modernisten verbundenen Marathi-Lyriker Dilip Chitre (1938-2009) und Arun Kolatkar (1932-2004).

Indigene Ästhetik, so könnte weiter argumentiert werden, ist in der modernen südasiatischen Literatur nicht tragend, sondern Zitat. Die Debatten um nationale Ausrichtung der Literatur, der Dorfroman, die Anknüpfungen an Volksliteratur, die Suche nach indigenen ästhetischen Verfahren – all das hat stattgefunden und spielt weiterhin eine Rolle. Es gehorcht aber übergeordneten ästhetischen Prinzipien, die entlehnten Genres inhärent sind und moderne Fragmentierung reflektieren. Auch in den Regionalsprachen begegnet ganz häufig so etwas wie ein internationalisierter, distanzierter Blick, der aus übergeordneter Perspektive das ‚Eigene' einzufangen sucht. Daraus ergibt sich eine ähnliche Ratio der Repräsentation, wie sie der südasiatischen englischsprachigen Literatur so gern unterstellt wird.

Die Emanzipation gegenüber dem Englischen hält das nationalistische Narrativ zusammen. Man könnte jedoch argumentieren, dass genau das Gegenteil stattgefunden hat: die koloniale *master's tongue* stand zunächst mit dem Rücken zur Wand und musste sich von der Mitte des 20. Jahrhunderts bis in die 1990er Jahre hinein dafür entschuldigen, nicht einheimisch genug zu sein, um als legitimes literarisches Ausdrucksmittel zu fungieren. Seit Rushdies Erfolgen[11] und Bhabhas Hybriditätstheorie[12] sind aber diese Hemmnisse weniger akut. Die Emanzipation, die stattgefunden hat, wäre insofern vielmehr die der englischsprachigen indischen Literatur.

Darüber hinaus müsste die zentrale Stellung des Englischen als Medium der Rezeption von und Verständigung über internationale Literatur sowie auch über andere Regionalsprachen bedacht werden. Will beispielsweise heute eine bengalische Autorin oder ein Gujarati-Leser etwas über den zeitgenössischen Kannada-Roman erfahren, so sind sie in der Regel auf englische Quellen, englische Übersetzungen und englische Sekundärliteratur angewiesen. Das heißt, dass in Indien der vergleichende Blick auf mehrere regionale Literaturen im Medium des Englischen stattfindet. All diese Faktoren führen in Abgrenzung zur obigen nationalistischen Darstellung zu folgendem Gegenszenario (Abb. 2):

---

11 Allen voran Rushdies *Midnight's Children* von 1981, das seinen internationalen Durchbruch darstellte.
12 Vgl. Bhabha, *The Location of Culture*.

Vor- und frühkoloniale Situation (ca. Anfang 2. Jahrtausend n. Chr. bis Beginn 19. Jh.):
  SANSKRIT
  PERSISCH
  REGIONALSPRACHEN
  (hierarchische Gemengelage)

Koloniale Situation (19. bis Mitte 20. Jh.):
  ENGLISCH (neue Verwaltungs- und Bildungssprache)
  REGIONALSPRACHEN (subnationale Emanzipation)

Postkoloniale Situation (Mitte 20. Jh. bis Gegenwart):
  ENGLISCH
  REGIONALSPRACHEN
  (hierarchische Gemengelage mit Englisch als übergeordnetem Leitmedium)

Abb. 2: Zweites Makroszenario: neue Hierarchie

V. Gebrochene Internationalität

Wie aber verhält es sich mit der gemäß diesem Szenario vorhandenen Internationalität der neueren literarischen Produktion in den südasiatischen Regionalsprachen? Diese Internationalität im Sinne einer Kommunikationsökonomie ist anders beschaffen als jene großer internationaler Sprachen wie etwa Englisch und Spanisch oder auch regionaler Sprachen mit gut ausgebautem, internationalisiertem Kultur- und Übersetzungsbetrieb. Es böte sich an, bei den südasiatischen Regionalsprachen von einer gebrochenen oder eingeschränkten Internationalität zu sprechen.

Visualisieren kann man dies in folgendem Modell (Abb. 3). Skizziert wird hier ein Produktionskontext, in dem sich die Sphären regionalsprachlicher Literaturen wie Blasen in einem Medium oder Referenzrahmen bewegen, der den Hintergrund bildet. Die Blasen in der Grafik überschneiden sich, um Austauschverhältnisse zwischen den Regionalsprachen anzuzeigen. Viel bestimmender als diese Überlappungen ist jedoch die Umgebung als das Außen dieser Sphären, in welchem sie sich bewegen, von dem sie sich abgrenzen und auf das sie sich noch in der Abgrenzung ständig beziehen. Diese Umgebung ist in der Abbildung als „internationaler anglophoner Referenzrahmen" bezeichnet.

Was bedeutet ein solches Szenario für die „Blasen" der regionalsprachlichen Sphären? Wie verhalten sie sich zu ihrer Umgebung, d.h. zum internationalen Referenzrahmen? Wie Johanna Hahn jüngst dargelegt hat, können diese Räume durchaus produktiv sein als semi-formeller Rahmen der kontextualisierten Reflexion. Ein gutes Beispiel ist Kashinath Singhs Roman *Kāśī kā assī* (2004), der im Medium des Hindi eine subalterne Sicht auf Benares, Tourismus und internationale Politik aus dem Blickwinkel einer Teebude bietet.[13] Das Werk benutzt ausgiebig lokalen Dialekt und Vulgärsprache und ist voll von

---

13 Siṃh, *Kāśī kā assī.*

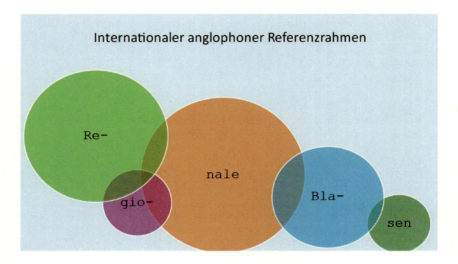

Abb. 3: Regionalsprachliche Sphären
und internationaler anglophoner Referenzrahmen

lokalen Anspielungen. Ein zentrales Anliegen des Romans besteht gerade darin, die dargestellte Welt aus dem Biotop Benares heraus zu entwerfen und gegen äußerliche, globalem Kapital gehorchende Perspektiven in Position zu bringen. Dadurch wird hier die Sprache ein ganz erheblicher und irreduzibler Teil der Botschaft, was den Roman schwer übersetzbar macht.[14]

Solche Resilienz ist aber nicht die Regel im Verhältnis zwischen regionalsprachlicher Sphäre und internationalem Referenzrahmen. Häufiger finden wir eine eher rezeptive Pose: Man bringt sich weniger gegen diesen Referenzrahmen in Stellung, sondern speist vielmehr gedankliches Material, das aus internationalem Weltverständnis und „Weltliteratur" gewonnen wird, in die regionalsprachlichen Rahmen ein (Abb. 4).

Die Schriftsteller und Schriftstellerinnen erscheinen in diesem Bild als Makler oder Vermittler, die ihren internationalen Bildungshintergrund in eine regionale Sprachgemeinschaft hineinschreiben und dies bisweilen auch als eine Art edukative Mission verstehen. Beide Fälle – die Kritik des globalen Gefüges aus der Regionalsphäre heraus und das Hineinfiltern von Internationalität – haben Aspekte von Binnenkommunikation, doch im letzteren Fall bezieht diese ihre Gravitätszentren von außerhalb ihrer selbst. Die Binnenkommunikation, die einst als Stärke und Authentizitätsmerkmal südasiatischer Regionalliteraturen behauptet wurde,[15] zeigt sich aus dieser Perspektive in einer eher rezeptiven Pose und in eigentümlicher Weise dezentriert.

Fassen wir dieses Gegenszenario zusammen: Südasiatische Regionalliteraturen sind seit der Kolonialzeit international geprägt, da sie aus einer inter-

---

14 Vgl. den Abschnitt zu *Kāśī kā assī* in Johanna Hahns *Mythos und Moloch. Die Metropole in der modernen Hindi-Literatur (ca. 1970-2010)*, S. 191-204.

15 Vgl. Lutze, Einleitung.

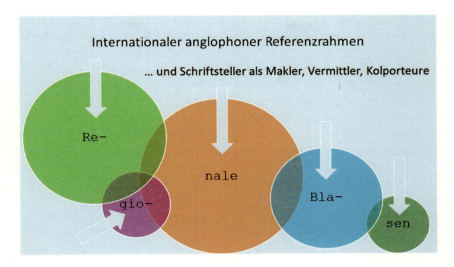

Abb. 4: Schriftsteller als Makler, Vermittler, Kolporteure

nationalen Intertextualität heraus entstehen und die Aufnahme über das Englische vermittelter Weltliteratur keine einmalige abgeschlossene Welle ist, sondern ihre Produktion konstant begleitet. Indigene Ästhetik spielt dabei eine eher untergeordnete Rolle, und die Emanzipation gegenüber dem Englischen ist nicht mehr als eine (sub)nationalistische Projektion, die bloß die übergeordnete Rolle des Englischen zu kaschieren sucht. Gebrochen oder vermindert ist diese Internationalität, da sie hauptsächlich in *eine* Richtung verläuft: Internationalität wird im Regelfall ins (Sub)Nationale hineingefiltert, und nur im Ausnahmefall findet das (Sub)Nationale seinen Weg in die Internationalität.

Dieses Gegenszenario – das sei hier ausdrücklich vermerkt – ist vereinfacht, überzeichnet und auch etwas polemisch. Die Berücksichtigung größerer Korpora müsste erweisen, wie weit diese Thesen tragen und inwiefern sie auch auf weniger bekanntere regionalsprachliche Autoren, trivialere Genres und traditionsgebundenere Literaturproduktion anwendbar sind. Die Überzeichnung ist aber intendiert und darauf ausgelegt, das lange vorherrschende nationalistische oder subnationalistische Szenario herauszufordern und als ebenso überzeichnet zu entlarven.

VI. Problematisierung

Die vorgestellten Überlegungen und Beispiele haben nahegelegt, dass es durchaus als legitim erscheint, Internationalität als konstituierend für einen erheblichen Teil zeitgenössischer südasiatischer Literatur in Regionalsprachen zu begreifen. Doch der Erkenntnisgewinn einer solchen Aussage ist sehr begrenzt. Es gilt daher, den Begriff der Internationalität für Südasien genauer zu kalibrieren und zwischen verschiedenen Bedeutungsweisen zu differenzieren.

Für die südasiatische Literaturlandschaft ist zunächst einmal, wie oben mehrfach angedeutet, die Opposition zwischen Nationalität und Internationalität sehr sperrig, da Sprache und Nation in aller Regel nicht zusammenfallen.
Schon in der Kolonialzeit sitzen diese Begriffe schief, denn betrachten wir das
koloniale Südasien als Teil des britischen Empire, dann kann die Transmission
literarischer Formen und Texte zwischen dem Englischen und den Regionalsprachen in jener Zeit nicht unproblematisch als international bezeichnet werden. Angesichts der heutigen Situation kann man von Regionen/Unionsstaaten
sprechen, die in einen nationalen Rahmen (Indien, Pakistan, Nepal) eingebunden sind, aber quasi-nationale Ausprägungen auf kulturellem oder literarischem
Gebiet beanspruchen.[16] Zumindest letzteres Problem ist leicht zu lösen, wenn
man – wie oben geschehen und in Südasien verbreitet – statt zwei *drei* Akteurs-
ebenen unterscheidet und von einer internationalen Makro-, einer nationalen
Meso- und schließlich einer subnationalen Mikroebene spricht. Eine solche
Dreigliederung kann als grobes Raster der Zuordnung dienen, wenn es darum
geht, die literarischen Räume Südasiens zu positionieren und zu korrelieren.
Eine Antwort auf die wissenssoziologische Frage der Interaktion dieser Räume
ist eine solche Unterscheidung freilich nicht, sie liefert nur Koordinaten.

Will man die Verhältnisse genauer bestimmen, so gilt es zunächst, die Kategorie Internationalität feiner einzustellen und beispielsweise auf die drei Bereiche
Produktion, Rezeption und Ethos herunterzubrechen. Die Fälle von Internationalität, die im Verlauf dieses Beitrags als Beispiele herbeigezogen wurden, betreffen hauptsächlich den Bereich der Produktion: Die Orientierung an internationaler Literatur geht ein in den Schaffensprozess, bei dem zitierten bengalischen
Dramatiker Badal Sarkar etwa die Auseinandersetzung mit Brecht. Dies ist
wohl der verbreitetste Fall von Internationalität, der in moderner südasiatischer
Literatur allgegenwärtig ist. Wie diese Internationalität inszeniert wird, verlangt eine weitere Unterscheidung: Wird die internationale Intertextualität
offengelegt und markiert oder kaschiert und möglicherweise gar (sub-)natio-
nalistisch als Eigenes ausgegeben? Im letzteren Fall ergäbe sich eine Verschränkung und Spannung zwischen (sub)nationalistischen und internationalistischen
Bedeutungsebenen.

Ähnliches ist im Bereich der Rezeption zu beobachten. Ein interessantes
Beispiel ist hier der berühmte Dichter und Philosoph Rabindranath Tagore
(1861-1941), Literaturnobelpreisträger von 1913. Sein Werk erfuhr die bisher umfänglichste internationale Rezeption regionalsprachlicher Literatur aus
Südasien überhaupt[17] und ist im Hinblick auf die gegebene Fragestellung ein
wirklich verzwickter Fall. Tagores Werk ist auf der Produktionsebene durchaus
international im eben geschilderten Sinne, vor allem seine Prosa. Eine spezifischere bengalische Intertextualität ist jedoch konstituierend für seine Lieddich-
tung und Lyrik. Genau diese Lyrik in englischer Übersetzung begründete seine

---

16 Bangladesch ist der einzige unter den großen südasiatischen Staaten mit einer
   sprachlich relativ homogenen Mehrheitsbevölkerung.
17 Zur deutschen Rezeption Tagores vgl. Kämpchen, *Rabindranath Tagore and Germany*.

internationale Rezeption – eine Rezeption, die diese Lyrik und ihren Autor als Inbegriff des Indischen auffasste. Vereinfachend gesagt ist dies also ein Fall von bengalischer Literatur, die auf dem internationalen literarischen Parkett als indische Literatur rezipiert wird, oder – gemäß der vorgeschlagenen Unterscheidung dreier Ebenen – eine Produktion auf der Mikroebene, die durch die Rezeption auf der Makroebene der Mesoebene attribuiert wurde. Verallgemeinerbar daran ist wohl, dass es ein Muster gibt, nach welchem das Subnationale oder Nationale als solches international rezipiert wird, und es gerade die Marker seiner (Sub-) Nationalität sind, die es international interessant machen.

Drittens muss noch kurz auf Internationalität als Ethos eingegangen werden. Üblicherweise tritt Internationalität qualitativ aufgeladen auf: Internationalität steht für Offenheit im Gegensatz zu Abgeschlossenheit, für Aufgeklärtheit im Gegensatz zu Beschränktheit, für Hybridität im Gegensatz zu Indigenität. Gegenteilige Wertungen von Internationalität als Verfälschung, Verwässerung usw. sind in Südasien allerdings ebenfalls schon aus dem kolonialen 19. Jahrhundert bekannt, z. B. aus Diskussionen um „bengalische" oder „neue/englische/ internationale" literarische Normen.[18] Die enge Konnotiertheit von Attributen wie neu, englisch und international in jenen Debatten zeigt genau das Dilemma an, das entsteht, wenn es darum geht, eine eigene südasiatische Moderne zu definieren, und setzt sich bis in postkoloniale Debatten um Authentizität versus Derivativität fort.[19] Auch für die konservativen Debatten gilt im Übrigen natürlich, dass die Grenzziehung das Ausgeschlossene nicht annihiliert, sondern *reproduziert* und insofern immer in der einen oder anderen Weise weiterführt.

Eine Pointe in diesem Bild ist der Punkt, dass das Englische – eine Sprache ohne regionale, aber sehr wohl mit klassenspezifischer Basis – in Südasien immer stärker nationalisiert wird und dass es in der Folge ausgerechnet diese ehemalige Kolonialsprache ist, der neben der Makroebene (Internationalität) mehr und mehr auch die Mesoebene (das Nationale) zufällt. Dieser Befund ist eindeutig für Indien und scheint in Ansätzen auch für Pakistan zu gelten. All das drängt die Regionalsprachen in die Rolle von Vernakularsprachen und wirft die große Frage nach Vernakularität und ihren spezifischen Qualitäten auf.

Regionalliteraturen sind also tatsächlich Binnenkommunikation – übrigens auch aufgrund eines wenig entwickelten Übersetzungsbetriebs und mangelnden Zugangs zu internationalen Buchmärkten. Doch der Bonus des Indigenen, Authentischen kann ihnen allein aufgrund dessen nicht zugestanden werden. Immerhin so viel aber kann man wohl festhalten, dass die Optionalität der Sprachwahl auf Seiten der Regionalsprache ein einigermaßen determiniertes *wir* erschafft, das so im englischen Medium kaum denkbar ist; sie erzeugt so etwas wie eine subnationale Referenz.

---

18 Hinweise auf diese Debatten finden sich zum Beispiel in einigen bengalischsprachigen Artikeln von Bankimchandra Chattopadhyay (1838-1894) und auch in einem seiner englischsprachigen Aufsätze: Chattopadhyay, Bengali Literature, S. 103-124, besonders S. 108ff.

19 Vgl. Jaidev, *The Culture of Pastiche*.

VII. Fazit

Regionalliteraturen, so die bewusst überzeichnete These dieses Beitrags, sind geprägt von weltliterarischer Öffnung auf der Produktionsseite und lokaler Schließung in der Rezeption. Aus dem Fluidum der ‚Internationalität' wird beständig geschöpft, doch es hapert bei der Rücktransmission der Binnenproduktion ins Internationale. Um in liquiden Metaphern zu bleiben: Das Flusswasser erreicht in immer neuen Wellen die stehenden Gewässer, fängt sich dort und wird fermentiert, doch der Rückfluss in den Strom lässt auf sich warten. Das hieße, dass die oft behauptete Emanzipation und Autonomie der regionalsprachlichen Literaturen keineswegs endgültig oder abgeschlossen ist. Dies sollte von der Literaturgeschichte entsprechend dargestellt werden. Eine solche Darstellung ginge notwendig auch mit einer gewissen Dezentrierung der regionalsprachlichen Literaturen einher.

Bemüht man die Gewässerbildlichkeit noch weiter, so bietet sich allerdings eine abschließende Pointe an: Denn was ist der große Fluss, was ist diese anglophone Internationalität anderes als eine Projektion, eine Abstraktion, die immer nur aus einer rückgebundenen Perspektive heraus als das Große dort draußen erscheint, in sich aber sicher nicht weniger dezentriert ist als die Binnengewässer? Nimmt sie nicht erst dann Gestalt an, wenn wir sie zerlegen in einzelne Interventionen und Inspirationen – sie also rekontextualisieren, in Netzwerken ausbuchstabieren und durch einzelne Kontaktszenarien und Rezeptionsstudien Gestalt annehmen lassen? In diesem Sinne ist die gebrochene Internationalität der Regionalsprachen vielleicht doch verallgemeinerbar als das, was den verschiedensten Literaturen passiert in Zeiten, in denen die Vorstellung von Nationalliteratur nicht oder nicht mehr trägt und ein globales „litscape"[20] als immer opakeres, eklektischeres und unübersichtliches Fluidum in die unterschiedlichsten Schreib- und Lesekontexte eindringt, ohne dass das so entstehende Neue schon zu einer Rückwirkung auf die internationale Literaturlandschaft imstande wäre.

VIII. Literatur

Aggarwal, Santosh: *Three Language Formula. An Educational Problem.* New Delhi 1991.
Appadurai, Arjun: Disjuncture and Difference in the Global Cultural Economy. In: *Theory Culture Society* 7 (1990), S. 295-310.
Bhabha, Homi: *The Location of Culture.* London 1994.
Chattopadhyay, Bankimchandra: Bengali Literature. In: Ders.: *Bankim Rachanavali* (Bd. 3: Englische Schriften). Hg. Jogesh Chandra Bagal. Calcutta 1990, S. 103-124.
Chaudhuri, Sukanta: *Renaissance and Renaissances. Europe and Bengal.* Cambridge 2004.

---

20 Arjun Appadurai nachempfunden in Fortführung seiner verschiedenen „scapes" (*ethnoscapes, mediascapes, technoscapes, finanscapes, ideoscapes*). Vgl. Appadurai, Disjuncture and Difference, S. 296ff.

Hahn, Johanna: *Mythos und Moloch. Die Metropole in der modernen Hindi-Literatur (ca. 1970-2010)*. Heidelberg 2020.

Harder, Hans: Einleitende Paratexte in südasiatischen Neusprachen. Eine Erkundung. In: *ZDMG* 166/1 (2016), S. 153-80.

Harder, Hans: Introduction. In: Ders. (Hg.): *Literature and Nationalist Ideology. Writing Histories of Modern Indian Languages*. New Delhi 2010, S. 1-18.

Harder, Hans: Indian Literature in English and the Problem of Naturalisation. In: Ders. (Hg.): *Literature and Nationalist Ideology. Writing Histories of Modern Indian Languages*. New Delhi 2010, S. 323-352.

Jaidev: *The Culture of Pastiche. Existential Aestheticism in the Contemporary Hindi Novel*. Shimla 1993.

Juneja, Juneja/Kravagna, Chrstian: Understanding Transculturalism. Monica Juneja and Christian Kravagna in Conversation. In: Fahim Amir u. a. (Hg.): *Transcultural Modernisms*. Wien 2013, S. 22-33.

Kämpchen, Martin: *Rabindranath Tagore and Germany. A Documentation*. Calcutta 1991.

Lutze, Lothar: Einleitung. In: Ders. (Hg.): *Hindi-Kurzgeschichten der Gegenwart*. Stuttgart 1975, S. 1.

Rai, Sara: You Will Be the Katherine Mansfield of Hindi. In: *The Caravan* 1 (2019), S. 2-8.

Rushdie, Salman: *Midnight's Children*. London 1981.

Siṃh, Kāśīnāth: *Kāśī kā assī*. Nayī Dillī 2004.

Anja Oed (Mainz)

Jenseits von *Writing Back*

Dimensionen der Internationalität afrikanischer Literatur

I. Einleitung

Als Oberbegriff umfasst ‚afrikanische Literatur‘ sehr viele und auf verschiedene Weise voneinander abgrenzbare, sich teilweise aber auch überschneidende Literatur-Traditionen mit international sehr unterschiedlicher Sichtbarkeit. ‚Afrikanische Literatur‘ ist ein sehr heterogenes Konstrukt, das in der Vergangenheit zu verschiedenen Zeitpunkten jeweils eine ganz unterschiedliche Resonanz hatte und mit zum Teil recht unterschiedlichen Bedeutungen gefüllt wurde. Fest steht aber: Afrika ist bekanntlich keine Nation, sondern ein Kontinent. Bereits das Adjektiv ‚afrikanisch‘ verweist also ganz offensichtlich auf eine Dimension von Internationalität, indem es nicht von der Bezeichnung für eine einzelne Nation abgeleitet ist, sondern einen Zusammenhang von Nationen adressiert. Weitere Dimensionen von Internationaliät ergeben sich durch die Art und Weise, wie afrikanische Literatur bzw. Teile davon entstanden oder zusammengesetzt sind, wie sie globale Diskurse und Erzählformen aufgreifen und wie sie über die Grenzen Afrikas hinauswirken und rezipiert werden. Mit der sogenannten frankophonen, anglophonen und lusophonen afrikanischen Literatur gibt es nationen- ebenso wie regionenübergreifende Literatur-Traditionen, die im Zusammenhang mit der Kolonialisierung großer Teile Afrikas durch europäische Nationen entstanden und durch die Verwendung (ehemaliger europäischer) Kolonialsprachen charakterisiert sind. Für einen signifikanten Teil afrikanischer Literatur ist außerdem der Bezug zur länderübergreifenden arabischen Literatur von großer Bedeutung, nicht nur in Nordafrika; die Verschriftlichung einiger afrikanischer Sprachen mit eigenen Literatur-Traditionen, darunter z.B. Bambara, Hausa, Somali, Swahili und Wolof, erfolgte auch (und meist zuerst) in arabischer Schrift, bezeichnet als *Ajami*. Die in einer Vielzahl afrikanischer Sprachen verfassten Literaturen, sowohl innerhalb einzelner Länder als auch über die Grenzen heutiger afrikanischer Nationen hinweg, bilden weitere Untergliederungen afrikanischer Literatur mit unterschiedlich langer und wechselvoller Geschichte, ebenso wie die Literaturen der verschiedenen afrikanischen Länder, über die jeweiligen Sprachgrenzen innerhalb dieser Länder hinweg.[1]

In einem 1964 verfassten Essay erkannte bereits der nigerianische Schriftsteller Chinua Achebe die Unmöglichkeit einer einheitlichen Definition afrikanischer Literatur und stellte fest:

---

1 Auch die in mancher Hinsicht willkürliche Festlegung der Grenzen afrikanischer Nationalstaaten geht bekanntermaßen auf die Kolonialisierung Afrikas zurück.

What all of this suggests to me is that you cannot cram African literature into a small, neat definition. I do not see African literature as one unit but as the sum of all the *national* and *ethnic* literatures of Africa [seine Hervorhebungen].[2]

Die von Achebe als „ethnic literatures" bezeichneten Literaturen in afrikanischen Sprachen scheinen in vieler Hinsicht den gleichen identitätsbildenden Stellenwert wie anderenorts Nationalliteraturen zu haben. Angesichts der Vielfalt literarischer Traditionen in Afrika gilt es seit Ende des 20. Jahrhunderts in vielen Kontexten als erstrebenswert, die Heterogenität afrikanischer Literatur durch den Gebrauch des Plurals zu markieren und von ‚afrikanischen Literaturen' zu sprechen. Zunächst war die Konzeptionierung von afrikanischer Literatur im Singular jedoch eine wichtige Errungenschaft im Hinblick auf die Emanzipation von den Literaturen der jeweiligen europäischen Kolonialmächte und die Etablierung einer eigenständigen literarischen Tradition. Mitte des 20. Jahrhunderts wurden insbesondere in den verschiedenen Kolonialsprachen verfasste Werke afrikanischer Schriftstellerinnen und Schriftsteller zunehmend zum Gegenstand internationaler literaturwissenschaftlicher Kritik, zunächst allerdings nicht als ‚afrikanische Literatur', sondern – je nach der Sprache, in der sie verfasst waren – als Teilgebiet der jeweiligen europäischen Philologien.[3] Angesichts dieser Praxis hatte der Begriff der ‚afrikanischen Literatur' international zunächst also eine identitätstiftende Funktion, indem er der Abgrenzung von den europäischen Nationalliteraturen und, damit verbunden, auch der Betonung von Gemeinsamkeiten afrikanischer Literatur über jegliche Sprachgrenzen hinweg diente.

Sehr deutlich wird dies in Janheinz Jahns *Geschichte der neoafrikanischen Literatur* (1966). Jahn problematisierte zunächst die Einteilung der Literaturen nach Sprachen generell – ein „handliches Ordnungsprinzip", das, wie er schrieb, „bis zur Wende vom neunzehnten zum zwanzigsten Jahrhundert" auch seine Berechtigung hatte: Literatur war demnach „Nationalliteratur, die Nation im literarischen Sinn war mit dem Sprachgebiet identisch".[4] Jahn argumentierte, dass auch Werke von Schriftstellerinnen und Schriftstellern aus Afrika sich nicht zwangsläufig nach der Sprache einteilen ließen, in der sie geschrieben wurden. Eine „literaturwissenschaftlich relevante Gruppe", in die man „die literarischen Werke" stattdessen „ordnen" könne, war nach Jahns Überzeugung – über Sprachgrenzen und auch über nationale bzw. regionale Grenzen hinweg, aber unter Berücksichtigung von „ideellen, literarischen und formalen Denk- und Ausdrucksschemata" – die im Titel seines Werks genannte ‚neoafrikanische Literatur', die einerseits ‚modern' bzw. europäisch beeinflusst ist, andererseits aber auch afrikanische Einflüsse bezeugt:

Die neoafrikanische Literatur ist [...] Erbe zweier Traditionen: der traditionell-afrikanischen Literatur und der okzidentalen Literatur. Ein Werk, das keinerlei europäische Einflüsse aufweist, [...] gehört nicht zur neoafrikanischen, sondern

---

2 Achebe, The African writer, S. 56.
3 Vgl. Julien, *African Novels*, S. 3f.
4 Jahn, *Geschichte*, S. 8.

zur traditionell-afrikanischen Literatur. [...] Ein Werk, in dem sich andererseits keinerlei afrikanische Topoi finden lassen, gehört nicht zur neoafrikanischen, sondern zur westlichen Literatur.[5]

Jahns Verständnis von ‚neoafrikanischer Literatur‘ war einerseits zwar wegweisend, weil er mit seinem Werk, das 1969 auch in englischer Übersetzung erschien, zur internationalen Emanzipation und Etablierung afrikanischer Literatur als eigener Kategorie über jegliche Sprachgrenzen hinweg beitrug.[6] Andererseits ist es aus heutiger Sicht aufgrund der im obigen Zitat deutlich formulierten Exklusivität und des damit verbundenen Eurozentrismus problematisch; ‚Afrikanität‘ bzw. ‚europäische Einflüsse‘ sind heute nicht mehr zwingend relevante Kriterien dafür, was afrikanische Literatur umfasst.[7] Abgesehen davon räumte Jahn selbst schon damals ein, dass die Unterscheidung theoretisch zwar „einfach, praktisch jedoch schwierig" sei, „denn sie setzt voraus, daß man die der Tradition Agisymbas [d. h. fast aller Teile Afrikas südlich der Sahara] entstammenden Stil- und Denkstrukturen kennt. Das ist aber nicht der Fall".[8] Selbstverständlich ist das Konzept einer neoafrikanischen Literatur aus heutiger Sicht überholt – auch Jahn sprach bereits wenige Jahre später in der von ihm zusammen mit Claus Peter Dressler veröffentlichten *Bibliography of Creative African Writing* (1971) und dem gemeinsam mit Ulla Schild und Almut Nordmann herausgegebenen *Who's Who in African Literature* (1972) nur mehr von ‚afrikanischer Literatur‘. Es verdeutlicht aber die identitätsbildende Funktion afrikanischer Literatur insgesamt.

Über die eingangs genannten Kategorien afrikanischer Literatur hinaus werden auch Werke als afrikanische Literatur identifiziert, deren Autorinnen und Autoren einen afrikanischen Migrationshintergrund haben, die aber (auch) in anderen Teilen der Welt zu Hause sind.[9] In den letzten Jahren hat sich in

---

5 Ebd., S. 16.

6 Für die englische Übersetzung von Jahns *Geschichte* siehe Jahn, *Neo-African Literature*.

7 Unabhängig von Jahns Definition der ‚neoafrikanischen Literatur‘ hatte die Konstruktion von Afrikanität (insbesondere durch das strategische Herstellen von Bezügen zu Oratur, Oralität und afrikanischen Sprachen) gerade in europhoner afrikanischer Literatur nichtsdestotrotz große Bedeutung, vor allem im Hinblick auf Dekolonisierungsdiskurse; vgl. z. B. Chinweizu, *Toward the Decolonization* und Julien, *African Novels*.

8 Ebd., S. 16. Jahn stellte in diesem Zusammenhang klar, dass er sich mit seinen Beschreibungen von „der Tradition Agisymbas entstammenden Stil- und Denkstrukturen" keineswegs zum „Literaturpapst" aufwerfen wolle, „der den Autoren Agisymbas einen bestimmten Stil zur Pflicht mache und sie im Falle abweichlerischen Dichtens aus der neoafrikanischen Literatur verstoße". Es sei aber Aufgabe der Literaturwissenschaft, herauszufinden, „worin denn jene ‚Afrikanität'" jeweils bestehe, die neoafrikanische Literatur neben europäischen Einflüssen ausmache: „Es muß also untersucht werden, welche Topoi, welche Ideen und Stilmittel welchen präzisen afrikanischen Traditionen und Kulturen entstammen und welche nicht" (ebd., S. 16f.).

9 Bereits Jahns Begriff der ‚neoafrikanischen Literatur‘ inkludierte auch Werke, deren Autorinnen bzw. Autoren einen afrikanischen Migrationshintergrund hatten (zum

dieser Hinsicht der Begriff des ‚afropolitischen Schreibens‘ bzw. afropolitischer Literatur etabliert.[10] „[T]his is the era of migration and the construction of multiple belongings", bemerkt Liz Gunner.[11] Auch hier zeigt sich eine wichtige Dimension der Internationalität afrikanischer Literatur. Gleichzeitig wird gerade von solchen Schriftstellerinnen und Schriftstellern ‚afrikanische Literatur‘ als relevante Kategorie zum Teil allerdings auch hinterfragt, wie z. B. Taiye Selasi dies mit ihrer bewusst provokant formulierten Feststellung „African literature doesn't exist"[12] getan hat.

Komplexe, im Hinblick auf die Internationalität afrikanischer Literatur relevante Wechselbeziehungen und Verflechtungen bestehen also grundsätzlich sowohl innerhalb Afrikas als auch mit anderen Literaturen über die Grenzen Afrikas hinaus. Simon Gikandi bringt den grundlegenden Zusammenhang zwischen der Begründung moderner afrikanischer Literatur – unabhängig von der Sprache, in der diese verfasst ist – und der kolonialen Präsenz Europas in Afrika zum Ausdruck, indem er schreibt:

> Modern African literature was produced in the crucible of colonialism. What this means [...] is that the men and women who founded the tradition of what we now call modern African writing, both in European and indigenous languages, were, without exception, products of the institutions that colonialism had introduced and developed in the continent, especially in the period beginning with the Berlin Conference of 1884-85 and decolonization in the late 1950s and early 1960s. African literature had, of course, been produced outside the institutions of colonialism: the existence of oral literature in all African languages and precolonial writing in Arabic, Amharic, Swahili, and other African languages is ample evidence of a thriving literary tradition in precolonial Africa. But what is now considered to be the heart of literary scholarship on the continent could not have acquired its current identity or function if the traumatic encounter between Africa and Europe had not taken place. Not only were the founders of modern African literature colonial subjects, but colonialism was also to be the most important and enduring theme in their works.[13]

In ihrem einflussreichen, aber auch kontrovers diskutierten Werk *The Empire Writes Back* (1989) stellten Bill Ashcroft, Gareth Griffiths und Helen Tiffin

---

Teil historisch und gezwungenermaßen infolge des transatlantischen Sklavenhandels, zum Teil auch aufgrund ihres eigenen Bildungswegs oder Exils) und außerhalb von Afrika lebten. Vielerorts bildet die Literatur von Schriftstellerinnen und Schriftstellern aus Afrika mit historischem Migrationshintergrund heute eigene Kategorien – wie z. B. afroamerikanische Literatur (*African American literature* als Teil US-amerikanischer Literatur) oder karibische Literatur. Auch für die Literatur von Autorinnen und Autoren in anderen Kontexten, deren afrikanischer Migrationshintergrund mehr als eine Generation zurückliegt, haben sich zum Teil andere Kategorien wie ‚*Black British literature*‘ etabliert.

10 Siehe einführend z. B. Wasihun, Afropolitan writing.
11 Gunner, Preface, S. x.
12 Selasi, African literature.
13 Gikandi, African literature, S. 379.

afrikanische Literatur in einen gemeinsamen theoretischen Rahmen mit anderen ‚postkolonialen' Literaturen weltweit und formulierten das seitdem für die postkoloniale Literatur- und Kulturwissenschaft paradigmatische Konzept des *Writing Back* als Denkfigur für aus der kolonialen Erfahrung resultierende, als subversiv verstandene literarische Strategien der Abgrenzung und Emanzipation von der kulturellen Hegemonie des Westens.[14] Trotz der internationalen Resonanz und bemerkenswerten Produktivität des *Writing Back*-Paradigmas war und ist dieses aber keineswegs für alle in (post)kolonialen, afrikanischen Kontexten entstandenen und davon auf die ein oder andere Weise beeinflussten Werke gleichermaßen von Bedeutung.

Im folgenden Teil meines Beitrags illustriere ich zunächst anhand von Achebes *Things Fall Apart* (1958) – einem Roman, der als charakteristisches Beispiel für *Writing Back* gilt – die Relevanz dieses Paradigmas für afrikanische Literatur. Anschließend erörtere ich den von Kọ́lá Akínládé auf Yorùbá verfassten Roman *Owó Ẹ̀jẹ̀* (1976; dt. Blutgeld) als Beispiel für ein Werk, das zwar ebenfalls globale Einflüsse zeigt und kulturellen Wandel thematisiert, allerdings keine der für das *Writing Back* typischen Anliegen und Strategien aufweist. Im letzten Teil diskutiere ich anhand von Fatou Diomes *Le ventre de l'Atlantique* (2003; ins Deutsche übersetzt als *Der Bauch des Ozeans*, 2004) und NoViolet Bulawayos *We Need New Names* (2013), wie zeitgenössische Schriftstellerinnen und Schriftsteller aus Afrika mit ihren Werken auf unterschiedliche Weise an das *Writing Back*-Paradigma anknüpfen bzw. darüber hinausweisen.

II. „African people did not hear of culture for the first time from Europeans": Afrikanische Literatur und das *Writing Back*-Paradigma der postkolonialen Literaturwissenschaft

Katja Sarkowsky umschreibt *Writing Back* als Ansatz, der „postkoloniale Literatur als Antwort und Reaktion auf die literarischen Traditionen des kolonialen Zentrums"[15] sieht. Marion Gymnich zufolge fungiert *Writing Back* dabei als „Sammelbegriff für jegliche Form von gegendiskursiver postkolonialer Literatur":

> Als gegendiskursive Strategie fungiert Writing Back [...] als Korrektiv gegenüber dem hegemonialen – und insbesondere im kolonialen Bildungssystem institutionell verankerten – Anspruch der Kolonialmacht auf die Verbreitung von Wissen im Allgemeinen sowie von Wissen über die Kolonisierten im Besonderen. Writing Back unterminiert diskursiv konstruierte und perpetuierte Sichtweisen des kolonialen ‚Anderen', während es zugleich vormals marginalisiertes indigenes oder regionales Wissen in den Diskurs einzuspeisen sucht. Da im Prozess der kritischen Auseinandersetzung mit der hegemonialen Kultur und insbesondere im

---

14 Zum Konzept des *Writing Back* siehe einführend z. B. Sarkowsky, A century of strangers, und Gymnich, Writing Back.

15 Sarkowsky, A century of strangers, S. 81.

Akt der Abgrenzung von dieser letztlich immer auch das ‚Eigene' artikuliert und definiert wird, kann Writing Back zudem eine identitätsstiftende Funktion zugeschrieben werden.[16]

Die kritische Auseinandersetzung mit und Abgrenzung von der hegemonialen Kultur im Sinne von *Writing Back* wird von postkolonialen Schriftstellerinnen und Schriftstellern in ihren Werken auf unterschiedlichen Ebenen bzw. mit verschiedenen literarischen Strategien des Widerstands und der Subversion zum Ausdruck gebracht, z. B. durch den modifizierenden Umgang mit einer Kolonialsprache, mit historisch als ‚westlich' verstandenen literarischen Gattungen, mit spezifischen Werken des westlichen Literaturkanons, aber auch, ganz allgemein, mit kolonialen Denkstrukturen und Prämissen. Eine zentrale Rolle spielt dabei der Begriff der ‚Aneignung'. In linguistischer Hinsicht geht es diesbezüglich um die Praxis, den im kolonialen Bildungssystem normativ forcierten Standard der verwendeten Kolonialsprache kreativ zu unterminieren.[17] Gerade im Hinblick auf Literatur, die in einer der (ehemaligen) Kolonialsprachen verfasst ist, wird darin nicht nur ein subversives Potenzial gesehen, sondern auch die Möglichkeit, mit sprachlichen Mitteln (z. B. ‚afrikanische') Differenz zu markieren. Auch bei der Aneignung von literarischen Gattungen – eine Praxis, für die auch der Begriff *Decolonizing Genre* geprägt worden ist – geht es sowohl um die Betonung des kreativen bzw. subversiven Potenzials, das dem strategischen Ignorieren, Aushebeln und Modifizieren von Regeln innewohnt, als auch um die eigene Identitätsbildung in Abgrenzung insbesondere von westlichen Traditionen und Modellen.

Im Vergleich dazu ist die „Strategie des unmittelbaren *rewritings* kanonischer Texte [...] als ‚postkoloniale Antwort'"[18] laut Sarkowsky eine sowohl spezifischere als auch anschaulichere Form des *Writing Back*. Das Spektrum von *Writing Back* in diesem engeren Sinne einer gezielten „subversiven Bezugnahme auf konkrete literarische Texte des westlichen Literaturkanons" durch eine Neu- und Umdeutung reicht, wie Gymnich ausführt, „von punktuellen intertextuellen Bezugnahmen bis zu einem umfänglichen Rewriting, bei dem Elemente wie der Plot, der Schauplatz oder die Figurenkonstellation sehr deutlich auf den Prätext bezogen sein können"; insbesondere geht es dabei um solche Werke des Kanons, „die – in mehr oder weniger prominenter Weise [...] – Bilder des kolonialen ‚Anderen' konstruieren und perpetuieren".[19]

Aber auch über *Rewritings* spezifischer Werke hinaus setzen sich postkoloniale und eben auch afrikanische Schriftstellerinnen und Schriftsteller im Rahmen von *Writing Back* inhaltlich und thematisch mit kolonialen Selbst- und Fremdrepräsentationen auseinander. Sie unterminieren das hegemoniale

---

16 Gymnich, Writing Back, S. 235.
17 Vgl. Ashcroft u. a., *The Empire Writes Back*. Als Beispiel für umfassendere Analysen linguistischer Aneignunsstrategien afrikanischer Autoren siehe z. B. Zabus, *The African Palimpsest*.
18 Sarkowsky, A century of strangers, S. 81.
19 Gymnich, Writing Back, S. 236.

Selbstverständnis Europas und wirken der Zuschreibung bzw. Projektion negativer Attribute auf das koloniale ‚Andere' strategisch entgegen.

Things Fall Apart, der erste, auf Englisch verfasste Roman des nigerianischen
Autors Chinua Achebe (1930-2013), wurde 1958 veröffentlicht und gilt, wie
Oyeniyi Okunoye in seiner Rückschau auf fünfzig Jahre Rezeptionsgeschichte
des Werks festhält, nicht nur als Klassiker afrikanischer Literatur, sondern
auch der Weltliteratur.[20] Darüber hinaus fungiert der Roman auch als frühes
Schlüsselwerk postkolonialer, gegendiskursiver Literatur, nicht zuletzt aufgrund
Achebes eigener theoretischer Essays, die zu einer Analyse von *Things Fall Apart*
als *Writing Back* einladen. Insbesondere im Essay „An image of Africa" thematisiert Achebe seine Kritik an Joseph Conrads *Heart of Darkness* und legt damit
selbst den Grundstein für Diskussionen seines eigenen Romans als postkoloniale Antwort darauf, die in weiteren Essays wie „The novelist as teacher" und
„The role of the African writer in a new nation" zusätzlich legitimiert werden.
Während seines Studiums der Anglistik in Ibadan wurde Achebe mit einem
Bild Afrikas in britischer Literatur konfrontiert, das mit der Welt, in der er aufgewachsen und zu Hause war, nicht viel Ähnlichkeit hatte, mit dem er sich nicht
identifizieren konnte und das er als negativ und stereotyp empfand. Achebes
Kritik am *Othering* (der ‚VerAnderung') Afrikas u. a. in Conrads Roman exem-
plifiziert Achille Mbembes Feststellung, es sei „in relation to Africa that the
notion of ‚absolute otherness' has been taken farthest".[21]

In *Things Fall Apart* versuchte Achebe, vor allem den eigenen Landsleuten
und anderen afrikanischen Leserinnen und Lesern, die durch ihre koloniale Prägung ein solches Afrikabild verinnerlicht hatten, aber auch einer internationalen Leserschaft ein realistischeres, würdevolles Bild einer präkolonialen afrikanischen Gesellschaft zu vermitteln, und zwar am Beispiel der Gesellschaft, mit
der er selbst als Igbo am vertrautesten war. Im Gegensatz zu Conrad wollte er
die Traditionen und Werte dieser Gesellschaft von innen heraus verständlich
machen, wobei es ihm keineswegs um eine nostalgische Verklärung afrikanischer Traditionen als solcher ging. Er betrachtete es vielmehr als seine Aufgabe
als Schriftsteller und als Aufgabe afrikanischer Literatur insgesamt, zu zeigen,

> that African people did not hear of culture for the first time from Europeans; that
> their societies were not mindless but frequently had a philosophy of great depth
> and value and beauty, that they had poetry and above all, they had dignity. It is this
> dignity that many African people all but lost during the colonial period and it is
> this they must regain now. The worst thing that can happen to any people is the
> loss of their dignity and self-respect. The writer's duty is to help them regain it by
> showing them in human terms what happened to them, what they lost.[22]

In einem anderen vielzitierten Essay formulierte Achebe seinen Anspruch an
sein literarisches Werk wie folgt: „I would be satisfied if my novels (especially
the ones set in the past) did no more than teach my readers that their past – with

---

20 Vgl. Okunoye, Half a century of reading, S. 44.
21 Mbembe, *On the Postcolony*, S. 2.
22 Achebe, The role, S. 8.

all its imperfections – was not one long night of savagery from which the first Europeans acting on God's behalf delivered them".[23] Achebes Motivation spiegelt die Anliegen von *Writing Back* insgesamt und ist durchaus typisch für viele weitere afrikanische Schriftsteller dieser Zeit. In Gikandis Worten: „[O]ne of the key motivations for producing an African literature was to restore the integrity and cultural autonomy of the African in the age of decolonization".[24]

Things Fall Apart schildert unter anderem, wie es einem Dorf in Nigeria und seinen Bewohnern – allen voran dem Antihelden Okonkwo – ergeht, als gegen Ende des 19. Jahrhunderts zunehmend Weiße in dem Gebiet ihren Einfluss geltend machen. Während Achebe die Geschichte des leistungsorientierten, zunächst so erfolgreichen Okonkwo erzählt, der zum einen an den Umständen und Wechselfällen seiner Zeit, zum anderen aber auch an sich selbst scheitert, beschreibt und erklärt er gleichzeitig das Dorfleben und verschiedenste Aspekte der Kultur der Igbo. Die Art und Weise, in der er dies tut, gebietet Respekt und wirbt gleichzeitig um Verständnis, ohne problematische Aspekte der Gesellschaft auszublenden. Immer wieder bezieht der Autor sich dabei auf Volkserzählungen und zitiert Sprichwörter der Igbo, deren hohen kulturellen Stellenwert er betont; außerdem verwendet er zahlreiche, wörtlich ins Englische übersetzte Idiome des Igbo und darüber hinaus zwar sofort erklärte, aber im Igbo belassene Begriffe. Auf diese Weise ermöglicht er auch nicht igbosprachigen Leserinnen und Lesern einen Zugang zur Weltsicht und Ästhetik der Igbo und wirbt für die Aufwertung und Emanzipation präkolonialer Kultur als Beitrag zur Dekolonisierung. Achebes vielfältige Verweise auf die Kultur und Sprache der Igbo sind auch ein Beispiel für die Art und Weise, in der afrikanische Autorinnen und Autoren *Writing Back* mit Hilfe linguistischer Mittel betreiben; ein Anliegen, das Achebe selbst folgendermaßen zusammenfasst:

> The African writer should aim to use English in a way that brings out his message best without altering the language to the extent that its value as a medium of international exchange will be lost. [...] I feel that the English language will be able to carry the weight of my African experience. But it will have to be a new English, still in full communion with its ancestral home but altered to suit its new African surroundings.[25]

Außerdem werden den Leserinnen und Lesern Figuren mit verschiedenen Persönlichkeiten und ebenso unterschiedlichen Ansichten und Temperamenten näher gebracht, die Achebe durch einfühlsame Beschreibung und Dialoge lebendig werden lässt und deren Vielfalt deutlich macht, dass es – hier ebenso wie in Europa und anderswo – nicht eine einzige, allen Dorfbewohnern gemeinsame ‚traditionelle' Sichtweise oder kulturell determinierte Erfahrung der Wirklichkeit gibt, sondern diese durch eine Vielzahl von Faktoren individuell bedingt ist. Die im Roman ebenfalls veranschaulichte Perspektive von Kolonialbeamten auf diese Welt wirkt im Vergleich mit dem sehr viel differenzierteren Bild, das

---

23 Achebe, The novelist, S. 45.
24 Gikandi, African literature, S. 381.
25 Achebe, The African writer, S. 61f.

Leserinnen und Lesern durch die Beschreibung der Geschehnisse im Dorf vermittelt wird, auf tragische Weise naiv und absurd.

Gymnich hält fest, dass „Writing Back zumindest in der Vergangenheit sicherlich eines der zentralen Paradigmen der englisch- und französischsprachigen postkolonialen Literaturen darstellte";[26] und afrikanische Literatur ist in dieser Hinsicht sicher keine Ausnahme. Trotzdem ist das *Writing Back*-Paradigma zunehmend auch problematisiert worden, insbesondere wegen seiner anhaltend eurozentrischen Tendenz, die Anliegen und literarischen Strategien postkolonialer Schriftstellerinnen und Schriftsteller in erster Linie als Reaktion auf hegemoniales Agieren wahrzunehmen und koloniale Dichotomien auf diese Weise fortzuschreiben, und wegen seines zu wenig differenzierten Umgangs mit den tatsächlich sehr unterschiedlichen Kontexten und gesellschaftlichen Rahmenbedingungen postkolonialer Literaturen. Auch postkoloniale afrikanische Literatur allein genommen ist in sich viel zu heterogen, um auf das binär ausgerichtete, auf die Festlegung kultureller Differenz zwischen den (ehemaligen) Kolonialherren und (ehemaligen) Kolonialisierten hinauslaufende *Writing Back*-Paradigma reduziert werden zu können. Karin Barber stellt fest: „Obviously [...] much writing was produced in both colonial and independent Africa which could not have been directed at the metropolitan centres".[27]

Man kann sich in diesem Zusammenhang nicht oft genug bewusst machen, dass – wie Eileen Julien argumentiert – vieles, was über ‚afrikanische Literatur' insgesamt gesagt worden ist, sich de facto auf einen vergleichsweise kleinen Kanon sogenannter ‚extrovertierter' Literatur bezieht, die international Anklang findet, weil sie hegemoniale oder globale Diskurse aufgreift und sich auch formal, also z. B. in Bezug auf Sprache, Stil und Erzählformen, an globalen Erwartungen und Voraussetzungen orientiert.[28] Im Gegensatz dazu ist ‚nicht extrovertierte' Literatur insbesondere an der örtlichen Relevanz von Themen interessiert bzw. widmet sich vor allem lokal relevanten Belangen, gilt häufig als ‚populär' und ist nicht selten, aber keineswegs ausschließlich in afrikanischen Sprachen verfasst. Man sollte ‚Extrovertiertheit' und ‚Introvertiertheit' in diesem Zusammenhang vielleicht nicht als ausschließliche Kategorien verstehen, sondern als entgegengesetzte Pole eines Kontinuums mit fließenden Übergängen und auch Ambivalenzen. Wie Julien betont, sind international rezipierte und erfolgreiche Werke von Schriftstellerinnen und Schriftstellern aus Afrika also nicht repräsentativ für afrikanische Literatur; gleichzeitig partizipieren auch andere Werke afrikanischer Literatur durchaus an globalen Erzählformen und Diskursen:

The extroverted African novel – or, as it is commonly called ‚the African novel' – can only be properly understood [...] as one form among many. It constitutes but one chapter of African narrative over the last century and [...] it is not

---

26 Gymnich, Writing Back, S. 238.
27 Barber, Time, space and writing, S. 110.
28 Vgl. Julien, The extroverted African novel, S. 686.

by any objective measure the only novel produced in Africa. Nor are these other novels (‚local‘ fictions) written outside global forms and discourses.[29]

Wenn man sich mit nicht extrovertierter Literatur beschäftigt, wird tatsächlich schnell deutlich, dass das *Writing Back*-Paradigma für afrikanische Literatur insgesamt weit weniger zentral ist als von postkolonialer Kritik generell vorausgesetzt. Karin Barber hat sehr eindrücklich gezeigt, dass Yorùbá-Autoren während der Kolonialzeit und der nationalen Dekolonisierungsbestrebungen ebenso wie in den Jahrzehnten nach Erlangen der Unabhängigkeit einerseits zwar durchaus mit Werken der englischen bzw. US-amerikanischen Literatur vertraut waren und diese schätzten, beim Verfassen eigener Werke gleichzeitig aber mit großer Selbstverständlichkeit die Yorùbá-Sprache verwendeten und literarische Interessen jenseits von *Writing Back* verfolgten:

> And what is most striking about the great majority of these texts is their superabundant confidence in the value of their local subject matter and in the capacities of the Yorùbá language and Yorùbá verbal art. Far from betraying any sense of linguistic dislocation or dispossession, they exploit the potential of Yorùbá rhetoric with intense, often flamboyant creativity. The Yorùbá-language writers established a relationship of independent cohabitation with English. They respected great works of English literature, as transmitted through the schools system; read imported popular literature from America such as detective stories and romances; but generated new Yorùbá literary traditions which seemed, even at the height of colonial rule, intensely preoccupied with specific internal agendas defined and expressed in local terms. These agendas [...] lie of course within the general purview of the ‚postcolonial condition‘; both their expressive conventions, and the experience they represent through them, belong to a world irremediably transformed by colonial intervention. But these writings do not appear to be oriented towards the ‚metropolitan center‘ in the way that postcolonial criticism suggests all ‚postcolonial‘ texts must be. Few of them take the incursions of colonial power as a central theme. And though they are deeply concerned with the theme of individual self-realization, there is no indication that what they are about is the recuperation of a ‚self‘ previously eroded or distorted by imposed colonial stereotypes.[30]

In einem anderen Text stellt Barber im Hinblick auf mehrere zwischen 1930 und 1964 veröffentlichte yorùbásprachige Romane außerdem klar, dass die von den Autoren imaginierten Adressatinnen und Adressaten durchaus ebenfalls international sein können:

> If these authors are neither ‚writing back‘ to the metropolitan centre, nor addressing a postcolonial ecumene, they are nevertheless not narrowly parochial. They assume a linguistically and culturally knowledgeable Yoruba-reading audience, the pan-Yoruba constituency that they help to construct. But at the same time all three

---

29 Vgl. ebd., S. 686. Für Stephanie Newell ist die große lokale Bedeutung solcher Texte ein Grund, die bisherigen Schwerpunkte afrikanischer Literaturgeschichtsschreibung insgesamt zu überdenken (Newell, Introduction, S. 8).

30 Barber, African-language literature, S. 15f.

novels address readers as *representatives* [Hervorhebung im Original] of a much larger constituency: a community of all 'eniyan dudu' (Africans/black people), present and future – a 'we' that reaches beyond the horizon. (In another of his novels, Fagunwa extends this further and addresses his readers as representatives of humankind in general, both black and white.) What is less prominent in these expanding ranges of imagined community is the intermediate one, 'Nigeria', the nation.[31]

Selbst, wenn die von Barber geschilderte Situation nicht repräsentativ für Literaturen in afrikanischen Sprachen insgesamt ist, trägt das Wissen um Kontexte wie diese durchaus dazu bei, international noch immer vorherrschende Annahmen über ‚afrikanische Literatur' zu korrigieren.

Owó Ẹ̀jẹ̀ (Blutgeld), ein 1976 auf Yorùbá veröffentlichter und 2005 auch verfilmter, bisher aber nicht in andere Sprachen übersetzter Roman des 1924 geborenen, nigerianischen Schriftstellers Kọ́lá Akínlàdé, gilt als stilistisch anspruchsvoller Klassiker der Yorùbá-Literatur und ist ein gutes Beispiel für die von Barber beschriebenen Werke. Allein aufgrund seiner Sprache ist der Roman im Sinne Juliens als nicht extrovertiert anzusehen. *Owó Ẹ̀jẹ̀* ist der vierte Roman einer Reihe um einen Meisterdetektiv namens Akin Olúṣínà, der in mancher Hinsicht an Agatha Christies Hercule Poirot bzw. Arthur Conan Doyles Sherlock Holmes erinnert; insgesamt umfasst Akínlàdés Werk u. a. neun Detektivromane. Der Autor, der in Interviews seine eigene Vorliebe für englischsprachige Kriminalliteratur bezeugt hat, greift mit seinem Roman das Genre des Detektivromans als globales Erzählformat auf, allerdings geht es dabei nicht um eine Aneignung und Subversion im Sinne von *Decolonizing Genre* im Kontext von *Writing Back*. Vielmehr ist *Owó Ẹ̀jẹ̀* ein Beispiel für Stephanie Newells Beobachtung, dass Autorinnen und Autoren von populärer afrikanischer Literatur global zirkulierende Genres verwenden, um sich mit lokal relevanten Anliegen und Themen auseinanderzusetzen: „In writing thrillers or detective stories, African popular novelists might buy into recognisable global art forms, but the *content* of their texts is reserved for the expression and resolution of local concerns [Newells Hervorhebung]".[32] Akínlàdés Roman – wie auf Yorùbá verfasste Kriminalliteratur insgesamt – ist ein Beispiel für Werke, die im südwestlichen Nigeria seit Mitte der 1950er Jahre als Antwort auf lokale Forderungen nach einer ‚modernen', am realen Leben orientierten Literatur und in Abgrenzung von früheren Trends der Yorùbá-Literatur entstanden.[33]

Im Mittelpunkt der Handlung des Romans, der in den 1970er-Jahren spielt, steht die Aufklärung des Mordes an einem jungen Mann. Vor diesem Hintergrund thematisiert Akínlàdé unter anderem die Diskriminierung und Ausbeutung von Ìgbìrà-Migranten in der Yorùbá-Gesellschaft, die neuen Rollen und Möglichkeiten von Frauen im Zuge des kulturellen Wandels und damit einhergehende Herausforderungen, die scheinbar alltäglichen, kriminellen Machenschaften ganz normaler, zum Teil sogar sehr angesehener Individuen (als

---

31 Barber, Time, space, and writing, S. 115.
32 Newell, Introduction, S. 9.
33 Für eine ausführlichere Diskussion des Romans vgl. Oed, The world has changed.

zeitgenössische Variante des bereits in der Yorùbá-Oratur beliebten Spannungsfelds von Schein und Sein), aber auch z. B. die modernen Ermittlungsmethoden
der Polizei sowie deren negatives öffentliches Image, das die Aufklärung des Falls
gelegentlich unnötig behindert.

Während Akínlàdé die ‚Moderne' – die, ohne, dass dies thematisiert wird,
auch eine Folge der Kolonialzeit ist – in seinem Roman in mancher Hinsicht
ganz offensichtlich begrüßt, wird gleichzeitig sehr deutlich, dass es sich dabei um
eine zutiefst von der Kultur der Yorùbá geprägte Spielart von Moderne handelt.
‚Tradition' bzw. ‚Yorùbá-Kultur' einerseits und ‚Moderne' bzw. ‚westliche Kultur' andererseits werden in *Owó Ẹ̀jẹ̀* in keiner Weise gegeneinander ausgespielt;
anders als beim *Writing Back* geht es dem Autor nicht um die Definition einer
‚postkolonialen' Identität im Kontext von Dekolonisierung bzw. in Abgrenzung
von Europa und von kolonialen Konstruktionen von Afrika als ‚Anderem'. Vielmehr thematisiert Akínlàdé das Aushandeln von Moderne auf lokal relevante
und bedeutsame Art; statt ‚Yorùbá-Kultur' in binärer Opposition zu ‚westlicher
Kultur' zu verankern, wird kultureller Wandel als dynamischer Prozess geschildert, in dem Elemente aus beiden Welten integriert werden. Die Figur des
Meisterdetektivs und insbesondere dessen soziale Intelligenz, Vielseitigkeit und
Flexibilität, die es ihm erlauben, in der zeitgenössischen Yorùbá-Gesellschaft
optimal zu funktionieren, verkörpern in idealtypischer Weise Akínlàdés Vorstellung von gelungener Moderne. Während die brillante Kombinationsgabe des
Meisterdetektivs für andere naturgemäß unerreichbar bleibt, ist seine Fähigkeit,
zwischen unterschiedlichen sozialen bzw. kulturellen Registern zu wechseln,
etwas, das der Autor der Polizei – ebenso wie seinen afrikanischen Leserinnen
und Lesern – als Vorbild empfiehlt.

III. „No one novelist can bear the burden of representing a whole continent": Zeitgenössische afrikanische Romane jenseits von *Writing Back*

Abgesehen davon, dass es schon immer auch afrikanische Literatur gegeben hat,
deren Anliegen und Erzählstrategien nicht im Spannungsfeld von *Writing Back*
verortbar sind, haben Kolonialismus und Dekolonisierung als solche die Zen-
tralität, die sie in einigen Teilen afrikanischer Literatur zeitweise durchaus hatten, in den vergangenen Jahrzehnten weitgehend verloren. Seit längerem schon
relativieren und dekonstruieren Schriftstellerinnen und Schriftsteller aus Afrika
bzw. mit afrikanischem Migrationshintergrund die binäre Unterscheidung des
hegemonialen ‚Selbst' und (post-)kolonialen ‚Anderen' in ihren Werken auf
vielfältige Weise – auch wenn das nur eines von vielen Themen zeitgenössischer
afrikanischer Literaturen ist – und eröffnen damit neue Perspektiven auf die
Komplexität globaler kultureller Verflechtungen. Im Folgenden diskutiere ich
zwei international erfolgreiche Romane zeitgenössischer Schriftstellerinnen.
Beide knüpfen in gewisser Weise an das *Writing Back*-Paradigma an, weisen aber
jeweils auch darüber hinaus, indem sie dessen Dichotomien relativieren bzw.

dekonstruieren, zum Teil aber auch ganz andere thematische Schwerpunkte setzen.

Die Négritude als einflussreicher Vorläufer bzw. frühe Form von *Writing Back* in und über Afrika hinaus war insbesondere für frankophone, schwarze Autorinnen und Autoren ein identitätsbildender Gegendiskurs. In Abgrenzung vom sogenannten Hellenismus als Bild für europäische Kultur, deren Überlegenheit man infolge kolonialer Prägung und Bildung zu akzeptieren gelernt hatte, wurde nun eine positive schwarze Identität beschworen bzw. konstruiert, zum Teil in durchaus essentialisierender Weise, bei der es letztlich nicht nur um eine kulturelle, sondern auch um politische Emanzipation und Unabhängigkeit ging. *Le ventre de l'Atlantique* (2003), der erste Roman der 1968 im Senegal geborenen Schriftstellerin Fatou Diome, die heute in Frankreich lebt, thematisiert afrikanische Migration nach Europa und die falschen Hoffnungen, die damit nicht selten verbunden sind. Salie, die Ich-Erzählerin des Romans – wie die Autorin selbst eine junge Frau von der Insel Niodior – studiert in Straßburg und verdient dort mit Putzen ihren Lebensunterhalt, während ihr jüngerer (Halb-)Bruder auf Niodior davon träumt, in Frankreich als Fußballstar sein Glück zu machen. Fußball definiert auch den zeitlichen Rahmen des Romans, der Ende Juni 2000 in Straßburg beginnt, wo Salie das EM-Finale zwischen Italien und Frankreich im Fernsehen verfolgt, um anschließend ihrem Bruder per Telefon Bericht erstatten zu können, und endet zwei Jahre später mit dem WM-Viertelfinale, in dem Senegal aus dem Turnier ausscheidet. Salies Beschreibung ihres Lebensgefühls in Frankreich ist geprägt von Anklängen an die Négritude, wie das folgende Zitat verdeutlicht:

> Voilà bientôt dix ans que j'ai quitté l'ombre des cocotiers. Heurtant le bitume, mes pieds emprisonnés se souviennent de leur liberté d'antan, de la caresse du sable chaud, de la morsure des coquillages et des quelques piqûres d'épines qui ne faisaient que rappeler la présence de la vie jusqu'aux extrémités oubliées du corps. Les pieds modelés, marqués par la terre africaine, je foule le sol européen. Un pas après l'autre, c'est toujours le même geste effectué par tous les humains, sur toute la planète. Pourtant, je sais que ma marche occidentale n'a rien à voir avec celle qui me faisait découvrir les ruelles, les plages, les sentiers et les champs de ma terre natale. Partout, on marche, mais jamais vers le même horizon. En Afrique, je suivais le sillage du destin, fait de hasard et d'un espoir infini. En Europe, je marche dans le long tunnel de la performance qui conduit à des objectifs bien définis. Ici, point de hasard, chaque pas mène vers un résultat escompté; l'espoir se mesure au degré de combativité. Ambiance Technicolor, on marche autrement, vers un destin intériorisé, qu'on se fixe malgré soi, sans jamais s'en rendre compte, car on se trouve enrôlé dans la meute moderne, happé par le rouleau compresseur social prompt à écraser tous ceux qui s'avisent de s'arrêter sur la bande d'arrêt d'urgence. Alors, dans le gris ou sous un soleil inattendu, j'avance sous le ciel d'Europe en comptant mes pas et les petits mètres de rêve franchis.[34]

Bald zehn Jahre ist es jetzt her, daß ich den Schatten der Kokospalmen hinter mir ließ. Meine gefangenen, vom Asphalt geschundenen Füße erinnern sich noch an

---

34 Diome, *Le ventre*, S. 13-14.

ihre einstige Freiheit, als der Sand sie liebkoste, Muscheln sie kratzten und manchmal ein Dorn sie stach, um das Leben in ihnen wachzukitzeln. So betrat ich den
Boden Europas, mit Füßen, die von der afrikanischen Erde geformt und gezeichnet waren. Ich setze einen vor den andern, wie jeder Mensch. Aber ich weiß, dass
ich im Westen andere Schritte mache als jene, mit denen ich die Gassen, Strände,
Pfade und Felder meiner Heimat erkundet habe. Die Bewegung ist überall die
gleiche, nur der Horizont wechselt. In Afrika folge ich der Spur des Schicksals, die
aus Zufall und unendlicher Hoffnung bestand. In Europa marschiere ich durch
den langen Tunnel der Leistung auf wohldefinierte Ziele zu. Zufälle gibt's nicht,
jeder Schritt hat ein Ziel, und die Hoffnung ist nur so groß wie dein Kampfgeist. In
Technicolor geht man anders, man trägt sein Schicksal unbewusst mit sich herum.
Die moderne Horde marschiert in Reih und Glied, von der sozialen Dampfwalze
getrieben, die jeden überrollt, der auf dem Standstreifen anhalten will. So gehe ich
durch das Grau, in das nur selten ein Sonnenstrahl fällt, und zähle meine Schritte,
die kümmerlichen Meter auf dem Weg zur Verwirklichung meines Traums.[35]

Diomes Kontrastierung von ‚Afrika‘ und ‚Europa‘ basiert, in für die Négritude
charakteristischer Manier, auf Bildern, die auf positive, nostalgisierende Weise
die Natur bzw. Natürlichkeit, Sinnlichkeit, Wärme, Helligkeit, Emotionalität,
Lebendigkeit (die durchaus auch etwas ‚kratzen‘ und ‚stechen‘ kann) und Spiri-
tualität der ‚afrikanischen‘ Heimat evozieren. Im Gegensatz dazu vermitteln die
Bilder, die hier Salies Lebensgefühl in Europa beschreiben, Leistungsorientiert-
heit bzw. -druck und Zielstrebigkeit (stellvertretend für die Europa zugeschriebene und ursprünglich positiv besetzte, hier aber negativ konnotierte Rationa-
lität und Diszipliniertheit), Artifizialität (‚in Reih und Glied marschieren‘ statt
natürlicher, freier Schritte im Sand), Enge, Dunkelheit, Kälte und Eintönigkeit
(trotz künstlicher Buntheit).
   Gleichzeitig dekonstruiert Diome im Roman insgesamt aber auch die für die
Négritude charakteristische Umkehrung kolonial geprägter Afrika-Stereotype
in ihr positives Gegenteil. Salies Heimat auf Niodior wird, anders als bei Diomes
Landsmann Léopold Sédar Senghor, dem Mitbegründer der Négritude im Paris
der 1930er Jahre, nicht zum ‚Paradies der Kindheit‘ stilisiert. Die Ich-Erzählerin
ist als außereheliches Kind bei ihrer Großmutter in einem fremden Dorf aufgewachsen und auch ‚zu Hause‘ schon immer eine stigmatisierte Randfigur
gewesen. Salies nüchterne Perspektive auf die Härten ihres Alltags als Afrika-
nerin in Frankreich, wo sie sich trotz allem die Freiräume geschaffen hat, die
sie braucht, ist gekoppelt mit einem ebenso realistischen Blick auf die schwierigen Lebensbedingungen auf Niodor und scharfer Kritik an der senegalesischen
Regierung.[36] Statt sich nostalgisch verklärend vor allem über ihre ‚afrikanischen‘
Wurzeln zu definieren, konstruiert die Ich-Erzählerin für sich eine von Hybridität gekennzeichnete Identität jenseits vorgefertigter Vorstellungen, wie das
folgende Zitat zeigt:

---

35 Diome, *Der Bauch*, S. 9f.
36 In Anlehnung an den Begriff der Négritude ist für diese zeitgenössische Strömung
     der literarischen Auseinandersetzung mit Migration der Begriff ‚Migritude-Litera-
     tur‘ geprägt worden, vgl. Chevrier, *Afrique(s)-sur-Seine*.

Chez moi? Chez l'Autre? Être hybride, l'Afrique et l'Europe se demandent, per-
plexes, quel bout de moi leur appartient. [...] Exilée en permanence, je passe mes
nuits à souder les rails qui mènent à l'identité. L'écriture est la cire chaude que je
coule entre les sillons creusés par les bâtisseurs de cloisons des deux bords. Je suis
cette chéloïde qui pousse là où les hommes, en traçant leurs frontières, ont blessé
la terre de Dieu. Lorsque, lasses d'être plongées dans l'opaque repos nocturne, les
pupilles désirent enfin les nuances du jour, le soleil se lève, inlassablement, sur des
couleurs volées à la douceur de l'art pour borner le monde. Le premier qui a dit:
‹ Celles-ci sont mes couleurs › a transformé l'arc-en-ciel en bombe atomique, et
rangé les peuples en armées. Vert, jaune, rouge? Bleu, blanc, rouge? Des barbelé?
Évidemment! Je préfère le mauve, cette couleur tempérée, mélange de la rouge cha-
leur africaine et du froid bleu européen. Qu'est-ce qui fait la beauté du mauve? Le
bleu ou le rouge? Et puis, à quoi sert-il de s'en enquérir si le mauve vous va bien?[37]

Daheim? In der Fremde? Afrika und Europa fragen sich verwundert, welcher Teil
von mir, diesem hybriden Wesen, ihnen gehört. [...] Im ewigen Exil schweiße ich
nächtelang Schienen aneinander, die zur Identität führen sollen. Die Schrift ist
das warme Wachs, das die Fugen schließt, wo einst Trennwände waren. Ich bin
das Geschwür, das dort wächst, wo die Menschen mit ihren Grenzen Gottes Erde
zerschnitten. Wenn die Augen des nächtlichen Dunkels müde sind und sich nach
dem Licht des Tages sehnen, geht über zarten, der Kunst gestohlenen Farben die
nimmermüde Sonne auf und trennt die Dinge voneinander. Der erste, der sagte:
‚Das sind meine Farben‘, verwandelte den Regenbogen in eine Atombombe und
die Völker in Armeen. Grün-gelb-rot? Blau-weiß-rot? Stacheldraht? Na klar! Mir
ist Lila lieber, diese sanfte Mischung aus dem Rot der afrikanischen Hitze und
dem kalten europäischen Blau. Was macht die Schönheit der Farbe Lila aus? Das
Blau oder das Rot? Und ich zerbreche mir nicht Kopf darüber, ob Lila mir steht.[38]

Auch hier verweist Diome's Ich-Erzählerin zwar auf etablierte, dichotome
Kategorien von Differenz, durchbricht diese aber sofort und insistiert mit
ihrer Metapher der sanften Farbmischung für sich selbst auf einer Identität, die
sowohl ‚hybrid‘ – bzw. transkulturell – als auch individuell ist, deren Schönheit in ihrer Komplexität liegt und deren Analyse und Bewertung durch andere
ihr gleichgültig sind. Ihre Heimat sucht sie „là où on apprécie l'être-additionné,
sans dissocier ses multiples strates" / „dort, wo man die Vielfalt schätzt, ohne sie
auseinanderzudividieren".[39]

We Need New Names ist der Titel des 2003 erschienenen Debütromans der
1981 in Simbabwe geborenen und heute vor allem in den USA lebenden Schriftstellerin NoViolet Bulawayo. Ich-Erzählerin des Romans ist ein aufgewecktes, zu
Beginn zehnjähriges Mädchen namens Darling. Der erste Teil des Romans spielt
Anfang des 21. Jahrhunderts in einer ironisch ‚Paradise‘ genannten, städtischen
Blechhüttensiedlung in einem afrikanischen Land, dessen Name nicht genannt
wird, das aber unverkennbar Simbabwe ist. Darlings Schilderung von Alltags-
erlebnissen und Dialogen mit ihren fünf ungefähr gleichaltrigen Freundinnen

---

37 Diome, *Le ventre*, S. 254.
38 Diome, *Der Bauch*, S. 272f.
39 Diome, *Le ventre*, S. 254 / Diome, *Der Bauch*, S. 273.

und Freunden beschönigt nichts und wirkt in mancher Hinsicht verstörend,
ist aber gleichzeitig geprägt von Sprachwitz und einer unbekümmerten kindlichen Logik. Für die Leserinnen und Leser ergibt sich aus Darlings Erzählung
von Begegnungen mit sehr unterschiedlichen Personen ein facettenreiches
Bild der postkolonialen Gesellschaft Simbabwes. Die Spiele der Kinder spiegeln ihre Sicht auf die globalisierte Welt ebenso wie Erfahrungen von Gewalt.
Die Erinnerung an die traumatische Vertreibung der gesamten Nachbarschaft
aus ihrem früheren Wohngebiet verfolgt Darling nachts im Schlaf. Ihr jahre-
lang verschwundener Vater, der auf Arbeitssuche nach Südafrika gegangen war,
kehrt schließlich AIDS-krank zurück und stirbt. Junge Männer engagieren sich
im Wahlkampf für politischen Wandel. Einer von ihnen wird ermordet; seine
Trauerfeier wird zur politischen Demonstration. Bei Begegnungen mit einer
jungen Frau aus London und Mitarbeitern einer Hilfsorganisation entlarvt die
unverstellte Sichtweise der Kinder die Naivität und Arroganz westlicher Annahmen über das Leben 'in Afrika' bzw. die Unangemessenheit daraus resultierender
Verhaltensweisen. Im zweiten Teil des Romans reflektiert die heranwachsende
Darling auf dem Hintergrund ihrer Erfahrung als ('illegale') Migrantin in den
USA zunehmend Themen wie Heimat und Identität. Die Realität im einstigen
Land ihrer Träume ist anders als erwartet und in mancher Hinsicht nur schein-
bar besser. Viele der geschilderten Erlebnisse und Begegnungen bilden Entspre-
chungen zu Darlings früherem Alltag. Statt Hunger quält sie nun Heimweh. Die
Tante, bei der sie lebt, arbeitet hart, um die materiellen Erwartungen der Familie
im Heimatland Simbabwe befriedigen zu können. Darling erlebt die wachsende
Entfremdung von früheren Freunden und Verwandten und wird mit den nicht
böse gemeinten, aber stereotypen Vorstellungen einer weißen Amerikanerin im
Hinblick auf die Schönheit und insbesondere die 'Schrecken' Afrikas bzw. mit
deren übergriffigem Kommunikationsverhalten konfrontiert. Darlings Sicht auf
die Dinge, die durch Bulawayos Erzählstrategie privilegiert wird, verdeutlicht
allerdings unmittelbar, wie unzulänglich das Afrika-Bild dieser Amerikanerin ist
und in welchem Maße es von Darling als befremdlich und verletzend empfunden wird. Am Ende des Romans steckt die Ich-Erzählerin mitten in einer Iden-
titätskrise mit offenem Ausgang. Der Titel des Romans impliziert angesichts
der harten gesellschaftlichen Realität in Simbabwe – aber auch anderswo – die
Notwendigkeit, sich selbst und die Gesellschaft neu zu erfinden bzw. neue Perspektiven und Handlungsspielräume zu entwickeln.

Der Roman zeigt, dass gegendiskursives Schreiben auch über den ursprüng-
lichen Kontext des *Writing Back*-Paradigmas hinaus noch eine gewisse Relevanz behält, wenn es z. B. darum geht, Afrika-Stereotype bzw. ignorante, naive
Vorstellungen von Afrika in internationalen Kontexten zu problematisieren;
er macht aber auch klar, dass weitere literarische Anliegen und Strategien für
Autorinnen und Autoren aus Afrika mindestens den gleichen Stellenwert
haben. Den thematischen Schwerpunkt, den Bulawayo auf einer schonungs-
losen Auseinandersetzung mit Problemen der zeitgenössischen, globalisierten
Gesellschaft setzt, teilt sie mit vielen anderen Schriftstellerinnen und Schriftstellern nicht nur aus Afrika. Fast 45 Jahre nach dem Ende des Befreiungskampfes
in Simbabwe bzw. mehr als 60 Jahre nach dem Erlangen der Unabhängigkeit in

vielen anderen afrikanischen Staaten könnte man dies als Ausdruck eines neuen postkolonialen Selbstbewusstseins interpretieren, das es – unabhängig vom bzw. über das *Writing Back*-Paradigma hinaus – auch global rezipierten afrikanischen Autorinnen und Autoren erlaubt, sich ohne Rücksicht auf mögliche Außenwirkungen und jenseits von Gegendiskursen u. a. auch mit allen Facetten ihrer Alltagserfahrung in und jenseits von Afrika zu beschäftigen.

Interessanterweise ist gerade Bulawayos Roman seit seinem Erscheinen aber stellvertretend zur Zielscheibe der Kritik einiger anderer global agierender Schriftsteller aus Afrika geworden. Der nigerianisch-kanadische Dichter Amatoritsero Ede z. B. sieht *We Need New Names* als Teil eines neuen Trends ([a]fter", wie er es formuliert, „the decline of the ‚writing back' paradigm as a global exchange value in African literature"), Afrika literarisch als „negative spectacle" zu inszenieren, auf diese Weise „millenial stereotypes about the dark ‚continent'" ‚zu erliegen' und damit letztlich eine entsprechende Nachfrage des westlichen Literaturmarkts zu bedienen.[40] Ede spricht in diesem Zusammenhang von *self-anthropologizing discourse* und erläutert:

> [M]y concept of 'self-anthropologizing' is [...] marked by a kind of narratology that bears traces of the traditional Western anthropological Othering of Africa as uncanny and as a repository of the 'postcolonial exotic', in Huggan's terminology [...]. The condition of self-anthropologizing is a conscious or unconscious self-negation due to external existential or ideological pressures.[41]

Edes Kritik – unabhängig davon, ob man ihm zustimmt oder nicht – bezeugt die auch im 21. Jahrhundert in einigen Kreisen anhaltende – oder möglicherweise erneut relevante – Sorge um eine angemessene Repräsentation Afrikas in Werken afrikanischer Literatur, die allerdings nicht alle afropolitischen Autorinnen und Autoren teilen bzw. aus der zum Teil andere Schlussfolgerungen gezogen werden. So schildert z. B. Selasi ihre Reaktion auf eine ähnlich kritische Rezension des Romans durch Helon Habila:

> I was shocked when, in his Guardian review, the Nigerian author Helon Habila (who lives in Washington) accused Bulawayo of "performing Africa". By this he means to "inundate one's writing with images [...] that evoke, to borrow a phrase from Aristotle, pity and fear, but not in a real tragic sense, more in a CNN, western-media-coverage-of-Africa, poverty-porn sense". Habila ticks off the tragic images found in Bulawayo's text – Aids, political violence, street children – then quips: "Did I mention that one of the children is pregnant after being raped by her grandfather?"[42]

Selasi betont, dass sie Habilas Ablehnung stereotyper westlicher Afrikabilder grundsätzlich zwar teilt, schließt ihre Kritik an der Kritik aber mit einem Kommentar zu den unerfüllbaren Anforderungen an afrikanische Schriftstellerinnen

---

40 Ede, Narrative moment, S. 112.
41 Ebd., S. 114; vgl. Huggan, *The Postcolonial Exotic*.
42 Selasi, Stop pigeon-holing.

und Schriftsteller bzw. nicht selten sogar an einzelne Werke der afrikanischen Literatur im Hinblick auf eine als ‚angemessen‘ und ‚ausgewogen‘ empfundene Repräsentation Afrikas:

> Taken together, these critiques become a set of edicts: here are the subjects you can write about (not too much poverty! not too much privilege!), here is the appropriate way to write about them. My problem with these rules is how they threaten to silence voices. The voice of the street child in Zimbabwe, the voice of the Nigerian grad student at Princeton… We need more stories about more subjects, more readers in more countries. Not fewer. It is precisely because there are so few novels by African writers in global circulation that we ask those novels to do too much. No one novelist can bear the burden of representing a continent and no one novel should have to.[43]

Auch die nigerianische, überwiegend in den USA lebende Autorin Chimamanda Ngozi Adichie sieht eine möglichst große Vielzahl unterschiedlicher Geschichten als effektivste Strategie zur Bekämpfung und Prävention von Stereotypen jeglicher Art.[44] Hierbei geht es letztlich eigentlich nicht mehr nur um Gegendiskursivität im Sinne von *Writing Back*, sondern vielmehr um die grundsätzliche Komplementarität unterschiedlichster Perspektiven. Unabhängig davon wirken viele zeitgenössische, international agierende bzw. sichtbare Schriftstellerinnen und Schriftsteller aus Afrika aber gerade dann, wenn sie gravierende gesellschaftliche Probleme und nationale Krisen thematisieren, häufig mit spezifischen erzählerischen Strategien einem Missverständnis ihrer Werke als negativen Repräsentationen Afrikas gezielt entgegen und zwingen ihre Leserinnen und Leser auf diese Weise, stereotype Vorstellungen zu hinterfragen bzw. deren Entstehungsprozesse kritisch zu reflektieren.[45]

IV. Fazit

Komplexe literarische Wechselbeziehungen und Verflechtungen, die im Hinblick auf die Internationalität afrikanischer Literatur relevant sind, bestehen sowohl innerhalb Afrikas als auch über die Grenzen des Kontinents hinaus. Die heutzutage gängige Praxis, von ‚afrikanischen Literaturen‘ im Plural zu sprechen, verweist auf deren sprachliche, kulturelle und historische Heterogenität; und auch im Hinblick auf die Internationalität afrikanischer Literatur ist es wichtig, die Vielzahl und Unterschiedlichkeit koexistierender Realitäten, Perspektiven und Standorte einzelner Schriftstellerinnen und Schriftsteller aus Afrika, aber auch afrikanischer Literaturen im Blick zu behalten.

Im zweiten Abschnitt meines Beitrags habe ich erstens das *Writing Back*-Paradigma als Beispiel für einen historisch für die Internationalität afrikanischer Literatur besonders relevanten Aspekt diskutiert. Während Achebes

---

43 Selasi, Stop pigeon-holing.
44 Adichie, The danger of a single story.
45 Für eine Diskussion solcher Strategien siehe Oed, The violated city.

Roman *Things Fall Apart* als Paradebeispiel für *Writing Back* gilt, das postkoloniale Diskurse maßgeblich mitgeprägt hat, machen seine Essays gleichzeitig sehr deutlich, dass es dem Autor zwar durchaus um eine Korrektur kolonialer, europäischer Vorstellungen von Afrika ging, dass seine im Roman formulierte ‚Antwort' darauf deshalb aber nicht zwangsläufig primär oder gar exklusiv an Europa gerichtet war. Achebes Zielgruppe waren in erster Linie seine nigerianischen Landsleute und andere afrikanische Leserinnen und Leser, die – wie er selbst – von der Erfahrung des europäischen Kolonialismus betroffen waren. Insbesondere mit seinen historischen Romanen wollte Achebe einen Beitrag zur Wiederherstellung von deren verlorener Würde und Selbstachtung leisten und sah darin auch die zentrale Aufgabe anderer Schriftstellerinnen und Schriftsteller aus Afrika – obwohl er sich der Resonanz seiner Botschaft weit über Nigeria und Afrika hinaus selbstverständlich bewusst war. Zweitens habe ich am Beispiel eines anderen nigerianischen, aber auf Yorùbá verfassten Romans von Akínlàdé gezeigt, dass Internationalität auch für afrikanische Literatur jenseits des Spannungsfelds von *Writing Back* ein bedeutender Faktor war und ist. Wenn kultureller Wandel, auch in Folge der Kolonialzeit, thematisiert wird, geschieht dies, wie am Beispiel von *Owó Èjè* gezeigt, nicht unbedingt in Abgrenzung von Europa bzw. kolonialen Konstruktionen von Afrika als ‚Anderem'. Dass Werke wie Akínlàdés Roman aus ganz unterschiedlichen Gründen international weniger sichtbar sind, impliziert per se weder, dass sie nicht an globalen Erzählformen und Diskursen partizipieren, noch, dass ihre Autorinnen und Autoren automatisch, strategisch oder gar exklusiv lokale Leserschaften adressieren. Die Existenz und große lokale Bedeutung dieser Literatur verweist aber eindrücklich darauf bzw. erinnert daran, dass internationale Annahmen darüber, was ‚afrikanische Literatur' ist bzw. leistet, oft zwangsläufig begrenzt sind.

Im dritten Abschnitt meines Beitrags habe ich mich exemplarisch (und keineswegs mit repräsentativem Anspruch) mit Romanen zeitgenössischer Schriftstellerinnen aus Afrika beschäftigt, die mit ihren Werken neue Perspektiven auf die Komplexität globaler kultureller Verflechtungen eröffnen. Gegendiskursivität im Sinne von *Writing Back* ist dabei durchaus noch relevant, allerdings weit weniger als im 20. Jahrhundert: Viele Autorinnen und Autoren weisen darüber hinaus, indem sie die Dichotomie des hegemonialen ‚Selbst' und des (post-) kolonialen bzw. afrikanischen ‚Anderen' relativieren und dekonstruieren. Dies habe ich zunächst am Beispiel von Diomes *Le ventre de l'Atlantique* illustriert, einem Roman, der Migration thematisiert. Während der Roman durchaus Anklänge an die Négritude als frühe Form von *Writing Back* hat, geht es der Autorin letztlich nicht um eine Umbewertung kolonial geprägter Stereotype von Afrika und Europa, sondern eher um deren Auflösung in einer persönlichen, ‚sanften', nicht auseinanderdividierbaren Mischung, die ihre Ich-Erzählerin für sich findet. Abschließend habe ich anhand von Bulawayos *We Need New Names* gezeigt, dass die Autorin durchaus eine sehr nüchterne, kritische Perspektive auf die harte gesellschaftliche Realität Simbabwes zu Beginn des 21. Jahrhunderts vermittelt, gleichzeitig durch spezifische erzählerische Strategien aber gezielt dafür sorgt, dass Leserinnen und Leser, die dies als Bestätigung negativer Afrika-Stereotype missverstehen könnten, mit der Naivität bzw. Unangebrachtheit ihrer Annahmen konfrontiert werden. Vielen Schriftstellerinnen und Schriftstellern aus Afrika, deren Werke (insbesondere) seit Beginn des 21. Jahrhundert publiziert worden sind, geht es wie Diome und Bulawayo um das, was Selasi im Zusammenhang mit Afropolitismus beschrieben hat als

> a willingness to complicate Africa – namely, to engage with, critique, and celebrate the parts of Africa that mean most to them. Perhaps what most typifies the Afropolitan consciousness is this refusal to oversimplify; the effort to understand what is ailing in Africa alongside the desire to honor what is wonderful, unique. Rather than essentialising the geographical entity, we seek to comprehend its cultural complexity [...].[46]

Auch die Art und Weise, in der Schriftstellerinnen und Schriftsteller aus Afrika im 21. Jahrhundert an das *Writing Back*-Paradigma anknüpfen bzw. darüber hinausweisen, trägt zu dieser ‚Verkomplizierung' Afrikas im Sinne Selasis bei.

V. Literatur

Achebe, Chinua: *Things Fall Apart*. London 1958.

Achebe, Chinua: The role of the African writer in a new nation. In: G. D. Killam (Hg.): *African Writers on African Writing*. London/Ibadan/Nairobi 1973, S. 7-13.

Achebe, Chinua: The African writer and the English language. In: Ders.: *Morning Yet on Creation Day. Essays*. London 1975, S. 55-62.

Achebe, Chinua: The novelist as teacher. In: Ders.: *Morning Yet on Creation Day. Essays*. London 1975, S. 42-45.

Achebe, Chinua: An image of Africa. Racism in Conrad's *Heart of Darkness*. In: Ders.: *Hopes and Impediments. Selected Essays*. London 1988, S. 95-105.

Adichie, Chimamanda Ngozi: The danger of a single story (2009), https://www.ted.com/talks/chimamanda_adichie_the_danger_of_a_single_story/transcript (14.02.2019).

Akínlàdé, Kọ́lá: *Owó Ẹ̀jẹ̀*. Ibadan 1976.

Ashcroft, Bill/Griffiths, Gareth/Tiffin, Helen: *The Empire Writes Back. Theory and Practice in Post-Colonial Literatures*. London 1989.

Barber, Karin: African-language literature and post-colonial criticism. In: *Research in African Literatures* 26/4 (1995), S. 3-30.

Barber, Karin: Time, space, and writing in three colonial Yoruba novels. In: *The Yearbook of English Studies* 27 (1997), S. 108-129.

Bulawayo, NoViolet: *We Need New Names*. London 2013.

Chevrier, Jacques: Afrique(s)-sur-Seine. Autour de la notion de ‚migritude'. In: *Notre Librarie* 155-156 (2004), S. 96-100.

Chinweizu/Jemie, Onwuchekwa/Madubuike, Ihechukwu: *Toward the Decolonization of African Literature. African Fiction and Poetry and Their Critics*. Enugu 1980.

Diome, Fatou: *Le ventre de l'Atlantique*. Paris 2003.

Diome, Fatou: *Der Bauch des Ozeans*. Übersetzt von Brigitte Große. Zürich 2006.

Ede, Amatoritsero: Narrative moment and self-anthropologizing discourse. In: *Research in African Literatures* 46/3 (2015), S. 112-129.

---

46 Selasi, Bye-bye Babar.

Gikandi, Simon: African literature and the colonial factor. In: F. Abiola Irele/Simon Gikandi (Hg.): *The Cambridge History of African and Caribbean Literature. Bd. 1.* Cambridge 2006, S. 379-397.

Gunner, Liz: Preface. In: Bernard De Meyer/Neil ten Kortenaar (Hg.): *The Changing Face of African Literature.* Amsterdam/New York 2009, S. IX-XI.

Gymnich, Marion: Writing Back. In: Dirk Göttsche/Axel Dunker/Gabriele Dürbeck (Hg.): *Handbuch Postkolonialismus und Literatur.* Stuttgart 2017, S. 235-238.

Huggan, Graham: *The Postcolonial Exotic: Marketing in the Margins.* London/New York 2001.

Jahn, Janheinz: *Geschichte der neoafrikanischen Literatur. Eine Einführung.* Düsseldorf 1966.

Jahn, Janheinz: *Neo-African Literature. A History of Black Writing.* Übersetzt von Oliver Coburn und Ursula Lehrburger. New York 1969.

Jahn, Janheinz/Dressler, Claus Peter: *Bibliography of Creative African Writing.* Nendeln 1971.

Jahn, Janheinz/Schild, Ulla/Nordmann, Almut: *Who's Who in African Literature. Biographies, Works, Commentaries.* Tübingen 1972.

Julien, Eileen: *African Novels and the Question of Orality.* Bloomington/Indianapolis, Ind. 1992.

Julien, Eileen: The extroverted African novel. In: Franco Moretti (Hg.): *The Novel. Bd. 1: History, Geography, and Culture.* Princeton/Oxford 2006, S. 667-700.

Mbembe, Achille: *On the Postcolony.* Berkely, Calif. 2001 (frz. 2000).

Newell, Stephanie: Introduction. In: Dies. (Hg.): *Readings in Popular Fiction.* Bloomington/Indianapolis, Ind. 2002, S. 1-10.

Oed, Anja: „The world has changed". Modernity in Kọ́lá Akínlàdé's detective novel *Owó Èjẹ̀.* In: Anja Oed/Christine Matzke (Hg.): *Life is a Thriller. Investigating African Crime Fiction.* Köln 2012, S. 113-127.

Oed, Anja: The violated city in contemporary African novels. Elements of urban dystopia in *The Famished Road, Johnny Chien Méchant, The Big Chiefs,* and *We Need New Names.* In: Jan Beek/Konstanze N'Guessan/Mareike Späth (Hg.): *Zugehörigkeiten. Erforschen, Verhandeln, Aufführen im Sinne von Carola Lentz.* Köln 2019, S. 297-320.

Okunoye, Oyeniyi: Half a century of reading Chinua Achebe's *Things Fall Apart.* In: *English Studies* 91/1 (2010), S. 42-57.

Sarkowsky, Katja: „A century of strangers". Postkolonialismus und Transkulturalität. In: Günter Butzer/Hubert Zapf (Hg.): *Theorien der Literatur. Grundlagen und Perspektiven.* Bd. V. Tübingen/Basel 2011, S. 75-92.

Selasi, Taiye: Bye-bye Babar. In: *The LIP Magazine, LIP#5 Africa* (2005), http://thelip. robertsharp.co.uk/?p=76 (20.08.2015).

Selasi, Taiye: African literature doesn't exist (2013), https://literaturfestival.com/wp-content/uploads/ilb-OpeningSpeech-2013-en.pdf (24.07.2024).

Selasi, Taiye: Stop pigeon-holing African writers (2015), https://www.theguardian.com/books/2015/jul/04/taiye-selasi-stop-pigeonholing-african-writers (31.03.2019).

Wasihun, Betiel: Afropolitan writing. In: Julia Straub (Hg.): *Handbook of Transatlantic North American Studies.* Berlin/Boston 2016, S. 391-409.

Zabus, Chantal: *The African Palimpsest. Indigenization of Language in the West African Europhone Novel.* Amsterdam/Atlanta, Geor. 1991.

Beiträge

Mariam Popal (Bayreuth)

W*Orte: Decolonial Philologies and Poetical Places

Towards an Understanding of Lyric as (World) Theory?

> The issue of value surfaces in literary criticism with reference to canon formation. From this narrowed perspective, the first move is a counter question: *why* a canon? What is the ethico-political agenda that operates a canon? By way of a critique of phallogocentrism, the deconstructive impulse attempts to decenter the desire for the canon. Charting the agenda of phallocentrism involves the feminist, that of logocentrism the Marxist interested in patterns of *domination*. [...] When we feminist Marxists are ourselves moved by a desire for alternative canon-formations, we work with varieties of and variations upon the old standards. Here the critic's obligation seems to be a scrupulous declaration of "interest".
>
> We cannot avoid a kind of historico-political standard that the "disinterested" academy dismisses as "pathos". That standard emerges, mired in overdeterminations, in answer to the kinds of counter-questions of which the following is an example: What subject-effects were systematically effaced and trained to efface themselves so that a canonic norm might emerge?[1]

Introduction

The echo of 'an end of theory' still resonates in Literary Studies and Comparative Literature, but there are growing numbers of publications that emphasize 'literary theory' and state its reawakening.[2] This new turn to literary theory often sees itself also in a process of dis/continuation with past approaches to language (philology) and present ones (world literature). Both of these attempts are often

---

1   Gayatri Chakravorty Spivak. "Scattered Speculations on the Question of Value". *Other Worlds: Essays in Cultural Politics*. London/New York: Routledge, 1988, pp. 154-178, here pp. 154f.

2   See for example, Gayatri Chakravorty Spivak. "What is Left of Theory?" *An Aesthetic Education in the Era of Globalization*. Cambridge/London: Harvard University Press, 2013, pp. 191-217; Achim Geisenhanslüke. *Textkulturen: Literaturtheorie nach dem Ende der Theorie*. Paderborn: Brill | Fink, 2015; idem. *Der feste Buchstabe: Studien zur Hermeneutik, Psychoanalyse und Literatur*. Bielefeld: Transcript, 2021; idem. "Diskurse und Gegendiskurse: Das Jahr 1966 und die Wege der Kritik". *Verabschiedungen der "Postmoderne": Neuere Historisierungen von "Theorie" zwischen "Post-Truth"-Narrativen und Generationengeschichte*. Ed. by Florian Scherübl. Bielefeld: Transcript, 2022, pp. 67-83; Galin Tihanov. "Ferrying a Thinker across Time and Language: Bakhtin, Translation, World Literature". *Modern Languages Open* 1 (2018): pp. 1-10; Miglena Nikolchina. "Born Undead: Beyond Theory, World Theory". *differences* 32.1 (01.05.2021): pp. 1-6; Kamelia Spassova. "The Return to/of Theory". *differences* 32.1 (01.05.2021): pp. 74-96.

seen as a hinderance to 'literary theory'. There are, thus, different presumptions about what 'literary theory' is. Not surprisingly, the debate follows different generic narratives, from linguistically interested stances and the poetics of Roman Jacobson, Erich Auerbach's efforts towards world literature, more recent advances as can be seen in the work of David Damrosch, and finally, to the call of a 'return to philology'. This call of a 'return to philology' was taken up by Paul de Man, but can, in fact, be seen as an inherent part of the work of Erich Auerbach and Peter Szondi, and, thus, stands in a German-speaking tradition and understanding of Comparative Literature that is inclined towards 'world literature', but not in a homogenizing and hegemonic sense. Instead, coming from excluded and marginalized positions that signal cultural and language diversity, it can be regarded as an acknowledging understanding that simultaneously *claims* and *provincializes* 'Europe' and that remains critical to national(-istic) understandings of 'culture' and 'literature'. It is *this* thread of a 'return to philology' that was taken up by Edward W. Said in his posthumously published work *Humanism and Democratic Criticism* (2003), which is, unfortunately, hardly ever mentioned in the more recent turn to 'theory'.[3] Interestingly, other meta-theories to language – as can be seen in poststructuralist thought and questions of subjectivity, too – are often missing in these recent approaches to 'theory' and 'world literature'. The turn to literary theory seems important indeed – I cannot think of a (con-)text that would come into existence without being based on different preliminary assumptions and theoretical presuppositions, mostly without us being aware of them. However, I think that the scope of its understanding should be expanded to include critical approaches about the constructedness and politics of meaning and reading and the production of 'knowledge', which are built on (often hidden) theoretical presuppositions.

---

3 Siraj Ahmed's rather historico-ontological critique that attempts to follow 'archeology' and 'postcolonial criticism' to "their logical conclusion" (p. 4), is a bifurcated one. For one thing, Ahmed criticizes that neither Auerbach nor Said pay enough attention to the Eurocentric, colonial underpinnings of early philologist attempts. For another thing, although he discerns the early developments of philology in the 'Old Testament', the Hebrew Bible, with G. W. F. Hegel's reading of the image of the Tower of Babel, he anchors his work himself in colonial philologist European thinking, a gesture that he vehemently criticizes in Auerbach as well as Said. Although I sympathize with the quest to undo philology as an approach altogether, because of its racist and colonial history and still resonating, long-during implications for how 'knowledge' has been structured and which material outcomes it produced since, I wonder whether it is possible to entirely dismiss it. Can a science simply be stopped? Might it not be important and necessary, instead, to come to another understanding of 'philology' and to use it as a subversive strategy to develop mechanisms that further shift the humanities in other, more open directions, not least by stressing philology's violent history? This is certainly what I attempt in this approach presented here. Otherwise, I fear that such 'paused' understandings of philology might be activated again and put into effect someday within nationalistic and populist-fascist reasonings. Cf. Siraj Ahmed. *Archaeology of Babel: The Colonial Foundation of the Humanities*. Stanford: Stanford University Press, 2018, p. 2.

Within this new turn to 'theory', Miglena Nikolchina critically claims that we may also need to discuss conceptions of 'world theory' parallel to elaborations on 'world literature' in order not to universalize 'European' assumptions about what 'theory' is and what it means.[4] The question for me, though, is twofold: Firstly, I wonder what 'European' or 'Western' theories are. Is modern thought, or thought in modernity, not per se entangled with the other's text(s), as well as with the other's interventions in thought and with questions of othering (and *selfing*)? Are not (feminist and queer) Jewish, Black, postcolonial, and decolonial theorizations of the wor(l)d – even when they are brought forward from within 'Europe' (and often enough they do so out of marginalized 'European' spaces or from positions that are in dialogue with 'European' grand narratives) – already *different* and *differing* configurations of interventionist, critical thinking that go beyond what is conceived as 'pure' 'European' or 'Western theory'? And must not 'European' theory construe itself in difference to what is construed as *other*, which foregrounds the question – the other of *what*? Such reasoning, which is not uncommon in approaches that understand themselves as 'critical postcolonial' stances[5], cannot overcome the problem of 'origins' and the movement of *différance* so cautiously theorized by Jacques Derrida and almost forgotten, or at least not much *en vogue* lately in the (especially US-centered, anglophone) humanities and literary studies. In view of this, the question arises whether it would not be appropriate to assume a diverse (and expanding) archive of 'world theory'?

Secondly, theory in this wider sense already emerges as an essential component of the historically conditioned entanglements of thought so that we always seem to follow theories in conscious and unconscious ways. Our actions and in(ter)ventions remain inscribed in 'theory'. To paraphrase Jacques Derrida,

---

4 Nikolchina. "Born Undead" (annot. 2), p. 4.

5 Sara Hakim Grewal problematizes a common understanding of *ghazal*-poetry as 'world poetry'. She argues against approaches to *ghazal*-poetry as a 'transhistorical' and 'transnational' phenomenon. Rather, she advocates an approach that would be more specific with regard to historical developments and 'origins'. She wants "to see and honor" 'differences' rather than "homogeneity" for purposes of 'cultural comparison', and in order to be "reminded" that 'nations' are not "pre-given". This approach though, too, comes with its own problems, I think. For one thing, *ghazals* are much older than 'nations'. And I think the search for 'origins' is problematic as it can be essentializing. Moreover, are *ghazals* not different even within similar generic structures (not to mention languages and 'cultures')? At what point does 'difference' end? And who can define its borders? Cf. Sara Hakeem Grewal. "The Ghazal as 'World Poetry': Between Worlding and Vernacularization". *Comparative Literature* 74.1 (2022): pp. 25-51, here p. 27ff. For me, the question – with regard to 'world literature' – is rather which languages are taken into consideration, in which spaces *by whom*, and for which hidden and/or assumed purposes, goals, and reasons, and which generalizations are taken for granted. I think, therefore, that a power-sensitive, genealogical approach might be fruitful in examining the emergence, dismissal, use, and abuse of different forms of 'lyricism', and in examining, the attitudes of the compilation of 'lyric', of what has been considered and understood as poetry and what not – and for which reasons.

theory and practice are infinitely intertwined.[6] A kernel part of these entanglements are questions of historically driven, political, and discursive configurations of power interrelations. As long as questions of power are unresolved
(and they remain, by character, infinite) it is difficult, I believe, to speak of an
end of theory, and pretending not to see theory may result in a dangerous liai-
son with the economy of power. Against this backdrop, the question of theory
(and whose theory) should be addressed, since it is connected to the structures
of power that mark the infrastructure of the material world everywhere, up to
the body. They are also part of our textual corpora and include access to language and structures of knowledge production. These entanglements are much
more complicated than a North–South divide; they only seem accessible when
we provide intersectionally informed theories and knowledge production that
are more susceptible to alterity, ethical quests, and equity, which give shape to
the formation of subjectivity, knowledge as well as knowledge production – and
which call into question the 'knowing' subject. Theory, thus, always means the
theory of reading and the politics of making.[7]

   To carve out space for the possibilities of such critical theories and inclusive *forms* of theorization, we may also need to think about the significance of
subjectivity, the reification of literature, and body politics in the production of
knowledge on a global scale. Currently, academia seems to be dominated by the
power dispositive of hierarchized epistemes and unquestioned values within
the automated, supposedly transparent, panoptic space of the internet, rather
than the much more significant question of accessibility and difference. In Sara
Ahmed's *Cultural Politics of Emotion* ([2004] 2014), the idea of such an urgent,
existential quest to keep critical theorization alive and part of academic knowledging is connected to the senses and to the body.[8] Taking David Hume's term
'impression' as a starting point, Ahmed writes: "We need to remember the 'press'
in an impression. [...] I will use the idea of 'impression' as it allows me to avoid
making analytical distinctions between bodily sensation, emotion and thought
as if they could be 'experienced' as distinct realms of human 'experience'".[9]
The impression that 'presses' itself on me, in this sense, is that academic learning is more than ever regulated by an economy of knowledge production that is
attached to market-affine values of academic trends and tokenisms. As academics, we too, are economized and placed within specific structures of economized
thinking, knowledge production, closed ('identitarian') discourses, and the

---

6 See Jacques Derrida. *Theory & Practice*. Trans. by David Wills. Chicago: University of
   Chicago Press, 2019.

7 Cf. Geisenhanslüke. "Diskurse" (annot. 2).

8 The economy of 'knowledging' contaminates us and leaves, in violent ways, its impres-
   sive traces on our minds and our bodies. It is thereby dependent on our subjectivities
   and how we relate to discourse. This form of contamination also comes with a specter
   of affectivity that gives an impetus and orientation to our quests and angles them in
   specific directions.

9 Sara Ahmed. *Cultural Politics of Emotion*. Edinburgh: Edinburgh University Press,
   2014, p. 6.

raising of money. To borrow a term coined by Derrida again, we are contaminated[10] by this economy of regulated knowledge production. Within this system of the curriculumization of knowledge, conformity, it seems, has also become an essential part of academic learning and social media, with its digital generation of dopamine, its often dangerous judicial appeal, and (racist) politics of inequity; it has become another means for generating collectivities of sameness.[11] The question what we read, what we consider and value as knowledge, and what we archive as knowledge or dismiss as not-knowledge seems to determine our positions and to regulate the unseen theories with which we see the wor(l)ds. This remains a problem to be constantly problematized on a globalized scale[12],

10 Jacques Derrida. *Acts of Literature*. Ed. by Derek Attridge. London/New York: Routledge, 1992, p. 225.

11 Although the internet remains an important space and cultural archive for people living diasporic lives, it also is a medium that is not accessible to everyone everywhere. However, this exclusion often remains unproblematized. Furthermore, besides works that explore the techno-biological manipulation and impact of engineered social media on the body and mind (see for an introduction for example, Trevor Haynes. "Dopamine, Smartphones and You: A Battle for your time". *sitn*, https://sitn.hms.harvard.edu/flash/2018/dopamine-smartphones-battle-time, May 1, 2018 [21.03.2023]), more recent works also question the image of the internet as a space of neutrality and democratization. Nevertheless, while critical approaches to the politics of digitality and its (ab-)uses are on the rise, the digital realm, compared to its central role in structuring social 'realities', discourses, and behaviors, especially in the Western world, is still underexplored. Groundbreaking in this regard are the works of Safiya Umoja Noble. *Algorithms of Oppression: How Search Engines Reinforce Racism*. New York: New York University Press, 2018, and Ruha Benjamin. *Race After Technology: Abolitionist Tools for the New Jim Code*. Cambridge: Polity Press, 2019. Safiya Umoja Noble problematizes data discrimination and the values that are prioritized. In her research, she has discerned structures of inequity in the process of digital decision-making tools that she calls *technologies of redlining*. Noble regards this biased automatism of the digital as a major, future human rights issue. See ibid., pp. 2ff. Ruha Benjamin warns against the "(click) submit" of digital choice making and shows how racism is part of the social system of digital design; cf. Benjamin, 2019: pp. 38ff. With regard to processes of coloniality, Sahana Udupa and Ethiraj Gabriel Dattatreyan, from a perspective of "media anthropology", try to embrace the ambiguity of the digital space as an 'unsettling battle ground' of different political ideologies, and to examine social media as a productive site of undecidability for further scrutinizing. However, they use 'decoloniality' as what they call a "critical lens" to examine movements and discourses that purport decolonial political effects on the digital. In doing so, the book invites for further examinations of "digital communication" and "to engage with contemporary social movements" (p. 13) and remains itself undecided. Cf. Sahana Udupa/Ethiraj Gabriel Dattatreyan (eds.). *Digital Unsettling: Decoloniality and Dispossession in the Age of Social Media*. New York: New York University Press, 2023.

12 As Gayatri C. Spivak warns us, the question of terms and terminology in the critique of what is learned (and what not) is not sufficient, but rather presupposed in the economization of knowledge production; any alternative term will be taken to serve the status quo. What is true of 'money' as a material/value of exchange (and

and yet it is not the question of 'identity' that I want to refer to and emphasize here, but of domination.[13] We can assume that such an economy also produces *unknowledge* and *ignorance*. Eve Kosofsky Sedgwick speaks of "the epistemological privilege of unknowing" as a disciplining and controlling machinery of sociopolitical structuring, and thus, not only of the university[14], but beyond it, of the materiality that such a machinery sets into motion. Sometimes it may not be the 'command of knowledge, but its ignorance'[15] that presses itself on us, by which we get contaminated and are channeled into specific tunnels of engineered knowledge (production) towards 'new' and 'ready consumerable' paths and products for thought. Sedgwick speaks of *different forms* of unknowledge and ignorance, using both terms in the plural. It might be fruitful, then, to think of an inter-related economy of procedures of *unknowledge* and ignorance through which our theories may be informed. This would make it possible to see what is relegated as *unknowledge* and ignorance, what is made unimportant, and what is seen as *unknowledge* and ignorance in terms of an 'originary, passive innocence' from a position of power, in which a conscious or unconscious strategy of pre-structured, premised ignoring is also at work.[16] It also depends who is ignoring or ignorant from which perspectives within this machinery.

In thinking theory, we may have to presume such aporias as the fundament of our positions and bodily places. At first glance, aporias signal impasses, limits that cannot be trespassed or translated. But untranslatability and limitation may also signify unthinkable possibilities of trespassing and the opening up of not-imaginable places of being (in the world).

In *Comment s'en sortir?* Sarah Kofman uses the term 'aporia' to discuss such impossible 'openings' in thought and texts. Taking Plato's *Symposium* as her point of departure, Kofman brings into play the figure of Métis, the Greek goddess of practical, but also complex, implicit knowledge and wisdom, as the mother of aporia and of philosophy.[17] Kofman discusses aporia as a conundrum that accompanies thinking in the process of forming meaning. She regards Métis as a figure that seeks orientation in the not-knowing movement of thought as a process *towards* sense-making. Such a 'path' must have a *place* – or leave a

---

capital data these days) is also true for *terms* and *terminologies* (like 'decolonization'), in the marketplace of 'knowledge'-production, and must therefore be handled with caution, as it gets used up or becomes part of the circulated capital data – and useless; cf. Spivak. "Scattered Speculations" (annot. 1), p. 163. See also David Scott/Sylvia Wynter. "The Re-Enactment of Humanism: An Interview with Sylvia Wynter". *Small Axe* 8 (2000): pp. 119-207; Maria Lugones. "Toward a Decolonial Feminism.". *Hypatia* 25.4 (2010): pp. 742-59; Gurminder K. Bhambra. "Postcolonial and Decolonial Dialogues". *Postcolonial Studies* 17.2 (2014): pp. 115-21.

13 Spivak. "Scattered Speculations" (annot. 1), p. 155.
14 Eve Kosofsky Sedgwick. *Tendencies*. Ed. by Micheéle Aina Barale/Jonathan Goldberg/Michael Moon/Eve Kosofsky Sedgwick. Durham: Duke University Press, 1993, p. 24.
15 Ibid.
16 Ibid.
17 Sarah Kofman. *Comment s'en sortir?* Paris: Galilée, 1983, pp. 16ff.

trace – along which it can be tracked, and maybe this place can be grasped within and in-between *words*. The German term for the word *Wort* can be used to visualize such an imagining. It harbors and combines 'word' (*Wort*) and 'place' (*Ort*) and makes it possible to look at words as messy places and containers of thought and epistemology. It also connects philology with the place in which it is used and understood and indicates the subjectivity and positionality of the speaking subject (of knowledge production), and, thus, can stand for 'theory' as such as a thought-praxis that is enmeshed within history, language, discourse, and the politics of reading.

In continuing to explore Nicholchina's call for a more inclusive 'world theory' in this broader sense, I wish to turn to lyric. Lyric can be regarded as a 'planetarian' possibility to theorize the wor(l)d, language, and experiences from endless subject-positions. It may thus be seen as an infinite archive of aporias and of riven words, as containers in transit, between different wor(l)ds, in-between *W*Orten*. The recent turn to lyric and theorization of lyric, in fact, could be understood as a productive combination of such related parameters towards wor(ld) theory.[18] Since lyric can be conceived of as a world phenomenon that can be found everywhere in manifold forms, such an approach to (lyrical) theory also entails a decolonial, anti-dominant stance, as it allows, on the one hand, a more planetarian understanding of 'knowledge' that can be gained out of lyrical texts.[19] On the other hand, because lyrical 'knowledge' is rather allegorical and without an affirmative enforcement of a specific truth or meaning, it also harbors processes of 'not-knowing' that remain open to further thought and the

---

18 Cf. Achim Geisenhanslüke. *Nach der Tragödie: Lyrik und Moderne bei Hegel und Hölderlin*. Paderborn: Wilhelm Fink, 2012; idem. *Am scharfen Ufer: Hölderlin, Frankreich und die Heideggersprache*. Paderborn: Brill | Fink, 2021; idem. *Rauhe Rhythmen: Friedrich Hölderlins Nachtgesänge*. Baden-Baden: rombach, 2023; Jonathan Culler. *Theory of the Lyric*. Cambridge/London: Harvard University Press, 2015/2017; Jahan Ramazani. *Poetry in a Global Age*. Chicago: Chicago University Press, 2020; Peter Brandes. "'jenseits des Weltgrats': Figuren des Globalen in Celans Hamburg-Gedicht Hafen". *Komparatistik* 2020/2021. Bielefeld: Aisthesis, 2022, pp. 57-77; idem. "Paul Celan – Dichtung als globale Sprache". *Komparatistik* 2020/2021. Bielefeld: Aisthesis, 2022, pp. 19-22; Vidyan Ravinthiran. *Worlds Woven Together: Essays on Poetry and Poetics*. New York: Columbia University Press, 2022.

19 This is in fact thematized by Paul Celan in his poetological elaborations. Celan speaks not only of the dialogic that lyric (*Dichtung*) offers. He also emphasizes the potential possibility that lyric, in being on the move (*unterwegs*), may (*vielleicht*) also hit on hearts (*Herzland*) instead of "countries". Cf. Paul Celan. *Gesammelte Werke*. vol. 3, 2001. See for a reading of the role and image of the 'place' (*Ort*) in a topographical sense in Paul Celan's lyric Sandro Zanetti. "Orte/Worte – Erde/Rede: Celans Geopoetik". *Geopoetiken. Geographische Entwürfe in den mittel- und osteuropäischen Literaturen*. Ed. by Sylvia Sasse/Magdalena Marszałek. Berlin: Kadmos, 2010, pp. 115-31; idem. *Celans Lanzen. Entwürfe, Spitzen, Wortkörper*. Zürich: diaphanes, 2020, pp. 53-73; and, with special focus on Celan's understanding of lyric as a planetarian form of possible dialogue, Peter Brandes. "jenseits des Weltgrats" (annot. 18).

dialogic, a quality for which lyric was once appreciated as 'educational', also with regard to judgement and value.[20]

The 'experience' of lyric, moreover, is not just an aesthetic or epistemological one, but also an existential one. For Audre Lorde, poetry is not art in the sense of luxury. Rather, from a marginalized, Black feminist position, Lorde understands poetry as a necessity in a singular as well as a broader political sense, as an enabling strategy of alignment and agency to come to terms with and name unendurable sociopolitical conditions (which are also mirrored in the inner self).[21] But if this re-orientation of the lyrical, from within *W*Orten*, is to be planetary in character and not limited to what is commonly understood as 'Europe' or 'the West', it is also necessary to consider *the history of* philology. Historically, philology has been used to categorize and place languages and different subjectivities within a temporal, geographical, and ethnicized hierarchy, and in this way also assigned different (degrading) nuances of value to differently differentiated 'cultures' and 'languages'. This is an issue that needs to be problematized before we turn to how a different understanding of lyric as 'world theory' and philological acumen might be posed.

Old Philologies and New Turns

In the 19th century, philology was dominated by scholars who asserted biologized and racialized theories of languages and 'language-families'. As a result of such racialized and hierarchized constructions of language-histories, languages were associated with distinct racialized subjectivities. This development also influenced what became a 'valid' and valuable 'canon' of 'knowledge'. Accordingly, in the development of a 'European' canon and epistemology, 'knowledge' has been linked to the construction of a *white* 'European' subjectivity of Christian heritage that produces 'knowledge' and predominantly mirrors *white*, male, 'Christian', '(Western-)European' thought.[22] These implicit structural conditions in philology, though epistemologically and politically significant, remain unresolved and framed by these images.[23] On the one hand, philology seemed

---

20 Culler. *Theory* (annot. 18), p. 2, 36. See also Paul Losensky. "Persian Poetry". *Princeton Encyclopedia of Poetry and Poetics*. Ed. by Greene, Roland/Stephen Cushman/Clare Cavanagh/Jahan Ramazani/Paul Rouzer/Harris Feinsod/David Marno/Alexandra Slessarev. Princeton: Princeton University Press, 2012, pp. 1021-1024, here p. 1024; and Ramazani. *Poetry* (annot. 18), p. 249.

21 Audre Lorde. "Poetry is Not a Luxury". [1977] *Your Silence Will Not Protect You.* By Audre Lorde with a preface by Rent Eddo-Lodge and an introduction by Sara Ahmed. London: Silver Press [2007] 2017, p. 8.

22 See in this regard for example Siraj Ahmed. *Archeology* (annot. 3), pp. 30ff.

23 Cf. Edward W. Said. *Orientalism: Western Conceptions of the Orient*. London, New York: Penguin Books, [1978] 1991, pp. 122ff. and Andrew N. Rubin. "Orientalism and the History of Western Anti-Semitism: The Coming End of an American Taboo". *History of the Present* 5.1 (2015): pp. 95-108, here pp. 100ff. In such philologist categorizations, languages that have coexisted for long periods of time remain

to stand for "a science of all humanity". On the other hand, it divided humanity "into superior and inferior races".[24] Following from this, specific subject-formations emerged, for example that of the 'Semite/Jewish/Arab/Muslim/Hindu' among others. I call these *orienticate subjectivities*. *Orienticate* refers, on the one hand, to the different constructions of *orientalized* bodies and subject formations that are all linked to 'the Orient'. On the other hand, the term refers to the different ways in which such orientalized subjectivities have been placed in specific positions in discourse (and subsequently the material world), and in dividing and opposing roles, for example, that of the Jew/Arab and Hindu/Muslim. Furthermore, the term signifies the different ways in which people from such *orienticated subject-positions* have been trying to deal with and negotiate inferiorizing, orientalizing, and racializing theories and their imagery. Finally, in the contexts of such a discursive and material praxis, the term *orienticate subjectivities* also refers to resistant positionalities that have been trying to carve out space for liberating and visionary knowledge formations and notions beyond such reductions, divisions, and reifications. *Orientication* is thus understood as an epistemological *re*turn that does not refer to 'the Orient', but to the subversion of orientalizing discourses and to liberating, anti-dominant *re*orientations in thought and praxis from different orientalized positionings.

Philology, too, has been dealt with from these angles. Philology as a 'humanistic science', or rather a 'humanistic formation of knowledge', can lend itself to different theories. It can use language(s) for epistemological, historical, and philosophical formations of thought that are regressive. But it can *also* be used to change our world *differently* in engaged ways. Edward W. Said's plea for *the return to philology* can be understood in this sense.[25] Such a critical return to philology can also be observed in the work of the German Szondian literary studies scholar Achim Geisenhanslüke, who follows the traces of a Nietzschean

---

strangely segregated. For example, the separation in so called 'Euro-Indian' 'language families' on the one hand, and 'Semitic' languages, on the other hand, overlooks the intertwining and influence between these so called 'families', which had already formed – to carry on this image – 'hybrid' entities; concerning 'Persian', in which the Afghan lyric discussed below is written, for instance, this historically bound, intrinsic inter-relatedness is not only the case with Turkish and Mongolian languages, but also regarding Arabic, which continues to exert a considerable influence. Interestingly, and according to more recent textual findings, it was not only Arabic but also the Hebrew alphabet, in which 'Persian', quasi 'from below', was first put into writing. See Ludwig Paul. *A Grammar of Early Judaeo-Persian*. Wiesbaden: Reichert, 2013; idem. (ed.). *Persian Origins – Early Judaeo-Persian and the Emergence of New Persian*. Wiesbaden: Harrassowitz, 2003. These are all instances that question straightforward categorizations of so called 'language families' and racialized geographical placements of people according to this 'logic', the way it is still predominantly often thought of today, making such claims once again untenable.

24 Said. *Orientalism* (annot. 23), pp. 133f.
25 Edward W. Said. *Humanism and Democratic Criticism*. New York: Columbia University Press, 2004, pp. 58ff.

philology and the work of Peter Szondi, among others.[26] Challenging Eurocentric theories of 'knowledge', 'humanism', and 'reason', and using other entry
points to rethink such concepts, Geisenhanslüke discusses deconstructive as well
as hermeneutic dimensions of reading and insights from critical theory, especially those of Adorno and Benjamin.[27] Following Szondi, furthermore, Geisenhanslüke claims that philology and philosophy belong together. In one of his
recent works, in particular, he pursues this philosophic-philological connection
within an epistemology that ensues from the poetics of the lyrical text itself.[28]

Of especial interest to me is what Geisenhanslüke calls a 'poetology of non-
knowledge' (*Poetologie des Nichtwissens*).[29] The concept of non-knowledge is
used by Geisenhanslüke to assert a critical stance toward conventional assumptions found in mainstream discourse, which he refers to as the 'hegemonic
claims' (*Herrschaftsansprüche*) of modern reason.[30] The same logic applies to
Geisenhanslüke's examination of the poetical structure of epistemology in lyrical
works. In *Am scharfen Ufer*, Geisenhanslüke explores non-knowledge in relation
to the lyrical text.[31] Geisenhanslüke's approach can be understood as a poetological theory of an oscillation inherent in the poetical instances of lyric: Lyrical
meaning unfolds in-between different (philosophical, rhetorical, psychological)
textual formations on the one hand, and an allegorical and unavailable element
that is also built into the poetical interstices of the lyrical text on the other hand.

---

26 While their approach is embedded in critical theory, it also goes in the direction
    of Black and postcolonial critiques. See for example Sylvia Wynter's "Unsettling
    the Coloniality of Being/Power/Truth/Freedom: Towards the Human, After Man,
    Its Overrepresentation: An Argument". *The New Centennial Review* 3.3 (2003):
    pp. 257-337; Scott/Wynter. "The Re-Enactment of Humanism" (annot. 12); Anibal
    Quijano. "Coloniality of Power, Eurocentrism, and Latin America". *Nepantla* 1.3.
    Trans. by Michael Ennis (2000): pp. 533-580.
27 Geisenhanslüke. *Der feste Buchstabe* (annot. 2).
28 Geisenhanslüke. *Am scharfen Ufer* (annot. 18), pp. viii-xi.
29 Achim Geisenhanslüke. *Dummheit und Witz: Poetologie des Nichtwissens*. Pader-
    born: Wilhelm Fink, 2011, p. 11.
30 Ibid.
31 Geisenhanslüke. *Am scharfen Ufer* (annot. 18). The study aims to critique Hei-
    degger's readings of Friedrich Hölderlin, and to free Hölderlin and poetic writing
    from Heidegger's intellectual grip and monolithic and appropriating national(-istic)
    understandings. The work pays attention to the poetological epistemology and aes-
    thetics that Hölderlin develops in his poetic work. See ibid., p. ix. This is a question
    that Geisenhanslüke also tackles from different angles in some of his other, more
    recent works. In *Narben des Geistes: Zur Kritik der Erfahrung nach Hegel*. Pader-
    born: Wilhelm Fink, 2020, for instance, he examines Hegel's approach to the mind
    as a dialectic that, in contrast to Kant's, unites the dichotomy that the latter per-
    ceives in the aesthetic and reason-bound dimensions of representation (*Darstellung*).
    Geisenhanslüke's emphasis on Hegel's pursuit of the aesthetic and Hölderlin's philo-
    sophical utterances brings Hegel's philosophical writing closer to Friedrich Hölder-
    lin's poetic writing. Consequently, the writing of the two thinkers appears as two
    distinct forms of aesthetically and philosophically informed poetics. Ibid., pp. 7ff.

It is from this *moving oscillation* that lyric derives its epistemological meaning.[32] Before I allude to this aspect, I will first discuss Geisenhanslüke's poetological approach in more detail.

Towards a Poetological Philology?

Geisenhanslüke seems to propose a form of close reading of the lyrical text that centralizes the aesthetic acumen of the poetic textual insights and imagery to come to knowledge as an affirmative oscillation between processes of knowing and not-knowing, and between the known and surprise. In this sense, his approach is at the core of a turn to philological acumen: It looks at the poetological meanings of the text without depoliticizing them and by paying attention to the question of historical context and questions of subjectivity. This approach invites to tackle the problem of form and content through the ways language is used and allowed (and not allowed), literally, to *take place* as a knowledge formation. It can be perceived as a philological turn that challenges philology, making it a critical endeavor that helps to uncover and disassemble epistemological structures:

Firstly, it focuses on the imagery, rhythm, and rhetoric of language, and how these are set into work. Secondly, it follows Szondi's critical approach to classical philology, which rejects a programmatic ahistorical reading that merely seeks to overcome and 'translate' historical distance.[33] It thirdly emphasizes Szondi's approach to philology in considering the historical *location*[34] of the reading and not only of the written text, and, at the same time, paying tribute to the aesthetic dimension of the (literary) text.[35] In addition, its poetological rationale differs diametrically from the ambiguous, and at least partially racializing philological concerns of 19th century European accounts, as already critically discussed by Edward W. Said.[36] Rather, and in parallel with postcolonial thinking, this

---

32 Instead of using the word 'ignorance' for the German word *Nichtwissen*, I prefer to use the term non-knowledge. In doing so, I want to stress Geisenhanslüke's definition of the term as a liminal expression between knowing/knowledge and not-knowing. The term 'ignorance' does not encompass this liminal aspect, but rather refers to a lack of knowledge. Cf. Achim Geisenhanslüke/Hans Rott (eds.). *Ignoranz, Nichtwissen, Vergessen und Missverstehen in Prozessen kultureller Transformationen.* Bielefeld: Transcript, 2008, pp. 7-14.

33 Peter Szondi. *Einführung in die literarische Hermeneutik: Studienausgabe der Vorlesungen.* vol. 5. Ed. by Jean Bollack/Helen Stierlin. Frankfurt a. M.: Suhrkamp, [1975] 2012, p. 19.

34 By using the word *location* instead of 'context', I want to emphasize what Szondi implicates here, which is not only the historical and thus political context of reading, but also the subjectivity of the reading position; cf. ibid., pp. 9-26.

35 Szondi. *Einführung* (annot. 33), p. 25. See also Geisenhanslüke. *Der feste Buchstabe* (annot. 2), pp. 32ff.

36 Edward W. Said. *The World, the Text, and the Critic.* Cambridge: Harvard University Press, 1983, pp. 268-89, and idem. *Orientalism* (annot. 23), pp. 123-48.

approach can be conceived of as what Said, in his posthumously published work *Humanism and Democratic Criticism* (2003), called a *return to philology* from a critical humanist stance. In this later work, Said emphasizes (and this is what he may share with Geisenhanslüke) an appreciative Nietzschean approach to language and philology as a "science of reading" that is "paramount for humanistic knowledge".[37] Following Erich Auerbach, Said links language to humanist thought, while being aware that 'humanism' in a fixed, classical sense has always been critically viewed from (feminist and queer) Black, Jewish, and postcolonial angles criticizing its entanglement with colonialist, genocidal, and exploitative forms of thought and practices; at least since the so-called linguistic turn, 'humanism'[38] has, finally, been complicated within critical and anti-colonial epistemes. What is interesting in Auerbach's and Said's approaches as two important pioneers in Comparative Literature, however, may not be whether and in what ways philology is rooted in history, which they both stress anyway; what they emphasize by considering literature and philology is rather that the world is *made*, and that it is therefore possible to de-construct and restructure it. This is an attitude that pays attention to the possibility of agency – and this is especially valuable as both Auerbach and Said develop this empowering position while they are in exile, and thus out of a state of affectivity, out of mourning, and nostalgia, but maybe also (precisely because of that) out of care: Languages harbor images, *Vorstellungen,* how these restructurings may develop and look like within the possibility of a different humanist envisioning. What they propose, then, is the allegory of a *chance* to think alliances and critique differently.

This quest for a renewed power-sensitive philology and humanism traceable in Auerbach's and Said's approaches, thus, envisions other, ethically informed epistemologies of 'humanist thinking' with regard to the relation and becoming of the self and the other and the workings of literature and theory in close consideration of the historical conditions in which writing and reading are performed. This applies, finally, to Geisenhanslüke's approach as well. On the one hand, it emphasizes the politics of reading that any contact with language indulges in, on the other hand, the question of the epistemology of the lyrical text remains central.

---

37 Said. *Humanism* (annot. 25), p. 58.

38 It is tedious to discuss here the term 'posthumanism', which has its own pitfalls regarding power-relations, supremacist thinking and problems of subjectivity. For a discussion of Auerbach's importance for and influence on Edward W. Said's understanding of philology, see Evgenia Ilieva. "Said, Auerbach, and the Return to Philological Hermeneutics". *The European Legacy – Toward New Paradigms* 25.2 (2020): pp. 134-153. Said's high esteem for Auerbach as a scholar, critical thinker, and 'humanist' can also be sensed in his acknowledgment of Auerbach's work, especially in *Humanism* (annot. 25), p. 85-118, where one chapter is devoted to Auerbach and his ideas around 'humanism', as well as Auerbach's most well-known, major work *Mimesis: Dargestellte Wirklichkeit in der abendländischen Literatur.* Bern: Francke, 1946.

This approach to lyric can be regarded as a theory that does not impose itself through inductive assertions of 'truth'.[39] Lyrical writing is considered as a form of theorization, as insightful reflection, and 'knowledge', instead of being reified as an object of (philosophical or philological) study. Such an approach also forestalls the categorization of other languages and forms of writing as 'unscientific', 'less true', 'unclear', or 'obsolete'. I am seduced to describe this within an 'ornamental' language that, at least in German, is often relegated to 'the Orient' and disparaged as 'flowery language' (*blumige Sprache*): Like gaining honey, be(e)-like, from a flower meadow, it is a non-violent[40], critical but cautious approach to reading (not only literature) that remains open to the dialogue with the other, and yet, since it also harbors instances and sites of unavailability, always forms an external, critical place to theorizing as well as to itself.

This renewed approach to the poetics of language helps to free other languages from fixed (orientalist or otherwise derogatory) categorizations and considerations, and to carve out epistemological space to critically (re-)consider different forms of writing for their poetic and epistemological insights. It differs from a more common understanding of close reading in two ways: On the one hand, it does not read the literary text from a given programmatic meta-angle (Marxist, psychoanalytical, materialist, etc.). On the other hand, it does not reduce the text to itself within a text-immanent reading. Rather, the philosophic, theoretical, linguistic, rhetorical, political, and aesthetic instances contained in the lyrical text are considered for further thought; in this way, instances of association, and what could be called *improvised thinking*, can be centralized for further, freer, outside the box readings. Such an approach looks at the deconstructive, poetic, and epistemological conjunctions of the text, and what the text affirmatively says within its different instances, within the historical dimensions of the writing and reading processes, all of which are not expected to be conclusive or exhaustive. It thus at once tackles two inter-related issues. In a narrower sense,

---

39 In this sense, it can be regarded as a *weak theory* in Sedgwick's understanding. A weak theory emerges within a local context. Rather than to enforce its 'knowledge' out of a tautological and reductive reasoning, the way suspicious, 'paranoid' 'strong theories' do, weak theories work together with 'strong theories' but do not claim to be of an all-encompassing 'truth' or to be complete; rather, they are understood to be more processual and attentive within close readings. Cf. Eve Kosofsky Sedgwick. *Touching Feeling: Affect, Pedagogy, Performativity.* Durham/London: Duke University Press, 2003.

40 Judith Butler distinguishes between nonviolent (collective) acts and the aggression and (bodily) force that these acts may encompass. Cf. Judith Butler. *The Force of Nonviolence: An Ethico-Political Bind.* London/New York: Verso, 2021, p. 23. Maybe reading can as well be considered as such an act of force on both sides of the encounter, however conscious or unconscious it might be. Any relation to an other, therefore, I think, must consider relationality and transgression. Any relation is caught on the threshold of non-violence, with a hyphen, and therefore should be open to negotiation and dialogue, and without enforcing some form of truth, however difficult that may be(-come), even when reading dominant, dogmatic, or canonized texts.

as mentioned above, it helps to question and illuminate forms of intellectual othering, racism, devaluation, and (orientalist) exclusion that would fall under categories such as 'flowery', 'unserious', 'unintellectual', 'emotional', 'sentimental', 'pathetic', or simply 'literary'. In this sense, it is also a *critical re-turn* to different forms of orientalism and orientalizing discourses, as well as to the poetics of a language that is formally *made* to *appear* 'objective', 'prosaic', 'normal', 'universal', and, therefore, allegedly without a subject and position (of speaking).

In a broader sense, the critical, yet unenforced aspects and utterances that a poetic (con-)text proposes as possibilities of knowledge, as well as the aesthetic values of the text, can both be considered and understood as intellectual avenues of (critical) thought. Furthermore, it allows to look at the aesthetic value that is inherent in philosophical texts as the suppressed and yet still discernable components through which the text is stabilized or can be deconstructed. In this sense, it is a (re-)consideration of methodological and epistemological thought within the parameters of a text's poetics, that is, its theoretical, affective, sensual, and narrative economy. This reconsideration is a form of close reading that draws insights from the poetics of the text without distilling its poetic elements and manifold meanings. Furthermore, it offers a possibility for re-orientations not only in philology, which is historicized and viewed for its political aspects, but also in defining lyric, situating both within history, time, and space, while allowing their poetic function to be extended to other forms of thought, imagery, and to the contemporary.

Poetological Readings of the Danube

In *Am scharfen Ufer*[41], Geisenhanslüke follows Hölderlin's orientation towards 'the East'. In his poem *Der Ister,* Hölderlin's lyrical I wonders about the course of the Danube. Geisenhanslüke seems to follow these lyrical reflections along the flow and the direction of this and (sometimes confluent) other streams, rivers from within the poem, a journey that "does not lead to home (*in die Heimat*), but to the foreign (*in die Fremde*), as the place of an always already vulnerable encounter of the self with itself (*Selbstbegegnung*) [...]".[42] In this wandering along the imaginary of the poem, the foreign becomes the previously undetected place in one's own self, a place that is interrelated with oneself, and is not somewhere

---

41 This discussion of non-knowledge, 'West' and 'East', and self and other that is centralized here for the purposes of this text, is more a byproduct, side-effect or surplus (depending on how one wants to understand it) of Geisenhanslüke's study that is more concerned with Heidegger's reading of Hölderlin, and Hölderlin's relation to ancient Greece, the latter's search for poetic (and political) authenticity, their place in (German) history, as well as the relation between philosophy and literature. It is therefore an implicit pursuit of how to read literature in the context of a conjoined world or world literature. See for a further discussion of Geisenhanslüke's Szondian approaches and his elaborations on this matter Geisenhanslüke. *Der feste Buchstabe* (annot. 2), pp. 30-54.

42 Geisenhanslüke. *Am scharfen Ufer* (annot. 18), p. 165.

in the outside. The river's geography rather hints at the self's own undetected, maybe hidden, spots. There is also a risk detectable in Geisenhanslüke's reading of the river's path and in this encounter. It is the possibility of self-destruction (*Zerstörung*), of losing oneself, and, only subtly perceivable, also the need and uncertainty to find another self.

> The closing line "Was bleibet aber, / stiften die Dichter" does not serve a causation of being, but the self-assurance of a lyrical I, which, following the heroic example of seafaring, exposes itself to the risk [...] of a voyage that leads not to the home-land, but to the foreign as the place of an always vulnerable encounter of the self with itself, which is only immune to destruction insofar as the poet's own language, bound to the present, remains.[43]

Both movements in between which the lyrical I seems to delve thus are sublated in the lyrical language as the knowing form of non-knowledge. The poem in this sense becomes a receptacle of a path of thinking, preserving a journey along the river that retains its indeterminate dialogic voice.

The flow of the *Ister*, according to Geisenhanslüke's reading, appears to be ambiguous. It does not allow for definitude. It is slow (*Gemächlichkeit*) and seems to come from the 'East', but also appears to go back 'eastwards'.[44] It seems as if it would itself wander and ponder, looking for almost forgotten directions and connections, opening up (the) (it-)self to the possibilities of not-knowing. Geisenhanslüke links the slowness of the poem's river implicitly to an inner and outer search that seems to convolute and disembogue in the lyrical form. While the river – as if going back eastwards, not-knowingly – seems to look out for its 'oriental' 'origins' in the geography of the earth, it also seems to begin a search within itself and to question its self as some kind of 'origins'. In this search for the past, the lyrical voice enters the threshold of modernity – a trajectory that refers back to an *other* outside of the self, rather than to the self: "On the way to the origin, towards the East, *Der Ister* [...] performs that re-turn, which is inscribed in modern poetry as a caesura".[45] There is thus a form of fissure retained in the poetic words, which the lyrical I, not-knowingly, makes known, and which signals the imprint of connected passages of a self to an other. These connected passages happen on both mappings: the inner psychic map of the self as well as the outer geographical map that is inscribed in the material world. The world and the word become intertwined and one in each other's voicing in the lyric, although it is not clear what the river inscribes in the wor(l)d – its movements

---

43 Ibid. "Die Schlusszeile 'Was bleibet aber, / stiften die Dichter' dient nicht der Stiftung des Seins, sondern der Selbstversicherung eines Dichter-Ich, das sich dem heroischen Beispiel der Seefahrt folgend dem Risiko [...] einer Fahrt aussetzt, die nicht in die Heimat, sondern in die Fremde als den Ort einer stets gefährdeten Selbstbegegnung führt, die vor Zerstörung nur insofern gefeit ist, als dem Dichter, die eigene, an die Gegenwart gebundene Sprache bleibt".

44 Ibid., p. 78.

45 "Auf dem Weg in den Ursprung nach dem Osten vollzieht *Der Ister* [...] jene Umkehr, die der modernen Dichtung als Zäsur eingeschrieben ist". Cf. ibid., p. 78.

remain obliged to a sphere of non-knowledge, unattainable for the lyrical voice to determine. Its inscription seems like an inner and outer geo*graphy* that connects the 'East' and 'West'. In contrast to the Rhine which does not make it 'to Asia', it turns out well for the Ister, Geisenhanslüke muses. Although it is unclear what it looks for, it can continue its journey: "The Danube cuts through the rock, forms furrows in the earth as if inscribing it with characters, making its way to the East. From its humble beginnings, it develops a long-lasting force, establishing a passageway that runs throughout Europe".[46]

In Geisenhanslüke's reading, the 'oriental' (*das Orientalische*), the possible eastern source of the *Ister*, is in this way (re-)inscribed into the dualism of 'East' and 'West', 'past' and 'future'. It overwrites them, literally and geo-graphically. Rather than aiming to acquire knowledge, the lyrical voice tracks how the river seems to not-knowingly know. This not-knowing search is linked to an unsettling wandering of the flow of the river, a space with its own geo-*graphy* that has written itself otherwise in the earth, and in the question where the lyrical presence of language in the text runs to – at the end of the lyric there is only non-knowledge.[47] In this poetic re-reading of non-knowledge symbolized as a river's path, non-knowledge thus does not stand for itself, is not so much the philosopher's quest for knowledge, disguised as the literary critic's endeavor. Non-knowledge rather appears here as a movement that is woven in the historical presence (*Gegenwärtigkeit*) of the lyrical I, and within the texture of nature-culture, questioning, from a quasi-eco-critical stance, the subjectivity of the writing subject and fixed understandings of 'knowledge'. Non-knowledge appears as a possibility of insightful search and as an ingredient part of the eco*logized* and geo-*graphed* materiality that the (poetic) wor(l)d re-writes between 'nature-culture'; it is a search that takes its unguaranteed insights from this interwoven contextuality, while responding with the echo of the lyrical form in a shifting, movingly moved self within and outside of the lyric.[48]

This double reading of the earth – its lyrical formation in Hölderlin's writing as well as in Geisenhanslüke's tracking of the lyrical text – opens up an approach to the value of 'things' that is not planted in a colonial ground of exploitation. It is a (use-)value of awaiting. In following the earth, head bent, the lyrical voice awaits a response from the river. Instead of a desire to dominate, it surrenders to

---

46 "Die Donau durchsticht den Felsen, bildet wie Schriftzeichen Furchen in der Erde und macht sich so auf den Weg in den Osten. Aus ihren bescheidenen Anfängen heraus entwickelt sie eine langanhaltende Kraft, die einen Gang begründet, der quer durch Europa verläuft". Ibid., p. 80.

47 Ibid., p. 80-88.

48 This quite thin book also comprises other accents that feed into this painted-like theory-scape and should be of interest to all those working on the highly influential and highly hyped and liminal space of French–German philosophizing and its US-American offshoots, but also to those whose work comprises (feminist) post- and decolonial approaches in the humanities and social sciences; noteworthy among other threads is, for example, a reading of Henri Meschonnic as a sign post within and after deconstruction; see Geisenhanslüke. *Am scharfen Ufer* (annot. 18), pp. 113ff.

the earth-language, to the murmuring dialogue with the river. The (use-)value of this river-language, the double reading seem to say, is not *zweckdienlich*, bound to a specific purpose, and yet valuable because of its not-knowing that opens up other possibilities of 'progress' and inscriptions of the wor(l)d. Its value and usefulness must not be sought out. Rather, it resides already in the movement, in the not-knowing in-between-place of the dialogic. Such a reading is affine to a non-exploitative possibility to understand, and to understand value.[49] Spivak argues for an understanding of Marx's notion of value as a per se possibility, untied to structures of capital, which are also essential to conceive the value of the work of theory as counterintuitive:

> In keeping with this methodological proviso, and still undoing the use-value/ exchange-value split, Marx offers a few counter-examples. Keeping just value for the découpage of his labor theory, he consigns value-at-the-origin to Nature, where the possibility of measure exists as the incommensurable. Thus, the very first counter-example – earth and air – has incommensurable use-value because human labor has not gone into its making. This, one may say, remembering the Aristotelian notion of theory, is the birthless, unphrasable end of the forms of appearance of value. [...] Marx indicates the need to assume *Nutz* – sheer usefulness – in use as well exchange, so that it cannot be kept separate for use-value alone. This hint of the complicity (folded togetherness) of usefulness and the abstract measurability of value is unfortunately not clear in [Engel's] English translation.[50]

The 'air', 'soil', and river that Geisenhanslüke wonderingly follows from within Hölderlin's lyric amounts to such an incommensurable value-gain that lyric offers within a more planetarian thinking of 'world theory', which overwrites hitherto divides in language and discourse.

This multilayered unfolding puts not-knowing within a scheme that can be thought of as a signifying, lingering structure of the produced knowledge. Such a reading opens up the possibility to regard 'the East', and more generally, the mapping of the wor(l)d differently, as *geo-graphical* unfinished conversations without fixed conclusions. The not-knowing movement and wandering/wondering dialogue with the other are what is upheld and stressed. A *reparative reading* ensues in this way, which resides in the liberating and healing ability of the lyrical text to open up unforeseen epistemological paths, on something resembling equal grounds that does not end in consumable formations of 'knowledge', but in the much more fragile and humble invitations for unfinished dialogues. The wa/ondering of and in the text becomes a mapping out and opening up of other possibilities of becoming, of connectivity, of thought, and interrelation between what is regarded as 'East' and 'West'. This orientation along the Danube and towards an other *geography* from out of the poem can be taken for a critical

---

49 Marx states that "[a] thing can be a use-value without being a value". "This is the case", he further claims, "whenever its utility to man is not mediated through labor. Air, virgin soil, natural meadows, unplanted forests, etc. fall into this category". Marx qtd. in Spivak. "What is Left of Theory?" (annot. 2), p. 194.

50 Ibid., p. 195.

form of engagement with orientalism from out of *orienticate positionings*, and furthermore, for other forms of dialogism that are not bound to the 'East' and 'West' dichotomies, and binarisms, but to lyric as another 'earth' of encounter and formations of 'knowledge'.

In this sense, Geisenhanslüke's poetologically inspired approach towards lyric implicitly follows a Saidian critique of Orientalism by looking at the prepositions of Western epistemology from a critical philological, Szondian approach[51], albeit one that intermingles binaries. 'East' and 'West', 'north' and 'south' rather become the language of the earth and, in this sense, become one text. Not only is the poetic text (re-)read, but notions and images (about the other and the self) are also tackled. The lyrical I seeks a dialogue with the river, along new paths that run at the poem's geologized 'earth' and interlinks outer and inner routes. This river-*ology*, reading along the river, can be understood as a (future-related) cartography of eco-*logical planetarian*, *down to earth* inter-relations as fluent junctions between and *within* the self and the other.

(Transnational feminist) Decolonial epistemologies, too, can be understood (and developed) as such free-floating rivers, *drives*, in the 'affective economy'[52] of poetological non-knowledges, which are wor(l)d structuring, yet do not adhere to specific presumed -*isms*, but rather to 'world theories' and geo*graphies* that attempt to find new ways and entry points to and orientations in thought in order to change the materiality of what has become (our perceptions of) 'reality'.

Against the backdrop of this poetological reading, and from an *orienticate positioning*, I shall read an Afghan lyrical text and ask how it can be conceived as such a poetical place that lends itself to an example of 'world theory'. A genesis of non-knowledge as a theory of lyric and as an 'event for itself'[53] can be discerned, allowing other understandings of different concepts such as freedom, sovereignty and subjectivity become graspable.

Lāla-ye Āzād – The Free Tulip

In recent years, within the growing field of Afghanistan Studies, scholars have paid closer attention to Afghan literatures and the use and function of literature in Afghanistan and the Afghan diasporas.[54] Contemporary Afghan

---

51 Geisenhanslüke. *Am scharfen Ufer* (annot. 18), p. x.

52 Ahmed. *Cultural Politics of Emotion* (annot. 9), p. 117.

53 Culler. *Theory* (annot. 18), p. 35.

54 Studies on Afghan literatures are still rare, and in most occasions have been conducted predominantly within the field of 'Iranian Studies', which focuses mainly on Iran. Although formerly understood as a 'linguistic' designation, the term 'Iranian' represents its own historical trajectory that is caught in pejorative political regional, orientalist, colonial, and philologist presumptions, in which other parts of the region, besides Iran as it is today, remain marginalized. See Wali Ahmadi. "Exclusionary Poetics: Approaches to the Afghan 'Other' in Contemporary Iranian Literary Discourse". *Iranian Studies* 37.3 (2004): pp. 407-429; Wali Ahmadi. *Modern Persian Literature in Afghanistan: Anomalous Visions of History and Form*. London: Routledge,

literature, lyrics and poetry, too, have gained some attention and have been discussed.[55] The main focus here is on diasporic internet-entries and publications, while the long history of lyrics – Sufi-poetry – that is set to music, as well as literature in other Afghan languages other than Persian and Pashto are still desiderata.[56] Poetry and lyrical texts have a long history in Afghan contexts and can be regarded as common and popular artistic forms of expression that are

---

2008; Aria Fani. "Divided by a Common Tongue: Exclusionary Politics of Persian Language Pedagogy". Ajam Media Collective, May 10, 2015, https://ajammc.com/2015/10/05/exclusionary-politics-persian-language-pedagogy. More ancient literatures of the Central/Southeast Asian region, subsumed under the term 'Persian literature', are, therefore, frequently, associated almost exclusively with Iran, making modern Iran the country of 'Persian Literature'. 'Persian' derives possibly from the European term for 'Farsi', going back to the Greek name *Persis* for this central, Southeast Asian region. *Fārsī* is thereby often regarded as an (accepted) Arabic alteration of formally *Pārsī* (as there is no *p* in the Arabic alphabet). See Kamran Talattof. "Social Causes and Cultural Consequences of Replacing Persian with Farsi". *Persian Language, Literature and Culture: New Leaves, Fresh Looks.* Ed. by Kamran Talattof. London, New York: Routledge, 2015, pp. 216-228. Within more modern understandings, 'Persian' is classified in Darī, Fārsī, and Tojikī. While Tojikī refers to 'Persian' spoken in Tajikistan and is written in the Cyrillic alphabet, Fārsī is used for 'Persian' spoken in Iran, a unifying, standardized Tehrani dialect that was introduced in Iran in the 20th century within nation-building efforts. In Afghanistan, the term Darī is officially used for 'Persian', which is the most widely spoken language and one of the three official languages of Afghanistan besides Pashto and Uzbakī; a development that, as in Iran, must also be seen within nationalistic aspirations. It represents mainly the standardized dialect spoken in Kabul. Darī is often anachronistically also referred to as *farsī-ye darī*. 'Darī' and 'Fārsī' are both old terms, dating back to at least the 8th century as mentioned by Ibn al-Muqaffa' (pp. 724-759). Both terms, 'Darī' as well as 'Fārsī', were frequently used and allegedly already distinct language variations in that time. 'Darī' is, thereby, connoted to court-language and the language of literature/poetry, while 'Fārsī' is regarded as representing the language of the religious Zoroastrian texts. 'Darī' was the first language-variation that was put to writing and is believed to be close to the Dari written, pronounced, and spoken in contemporary Afghanistan. Cf. Mehr Ali Newid/Peter-Arnold Mumm. *Persisches Lesebuch: Fārsī, Darī, Tojikī – Originaltexte aus zehn Jahrhunderten mit Kommentar und Glossar.* Wiesbaden: Reichert, 2007, p. 1.

55 Zuzanna Olszewska. "A Hidden Discourse – Afghanistan's Women Poets". *Land of the Unconquerable: The Lives of Contemporary Afghan Women.* Eds. Jennifer Heath/Ashraf Zahedi. Oakland: University of California Press, 2011; idem. *The Pearl of Dari: Poetry and Personhood Among Young Afghans in Iran.* Bloomington: Indiana University Press, 2015; Anders Widmark. "The View from Within: An Introduction to New Afghan Literature". *Words Without Borders.* May 1, 2011, https://wordswithoutborders.org/read/article/2011-05/the-view-from-within-an-introduction-to-new-afghan-literature (24.07.2016).

56 One of the few exceptions in this regard is a recent anthology that follows the *ghazal* traditions in Afghanistan. See Paul Smith. *Anthology of the Ghazal in the Sufi Poetry of Afghanistan.* With translation and introduction by Paul Smith. Victoria: Australia [2008] 2015.

cherished across lines of 'ethnicity', belonging, gender, sexual orientation, different languages, and age, and often considered as the most accomplished form of art.[57] Poetry is also valued for its explicit and implicit forms of 'knowledge'. This is also traceable in the poetic performances and recitations that are often *closely listened* to. This *close listening* shows itself in often joyful-nostalgic exclamations like "*wāh-wā!*" or "*bah-bah!*" that accompany lyrical recitations and reading circles, as affective and epistemological responses and resonances that the lyrical performance sets into work. In this way, the different philosophical, sensual, and affective reverberations that the poetic text unleashes "as propositions about our world"[58] keep their not-knowing instances of wonder and seem to be acknowledged on a collectively or singularly evoked level of performativity and orality. Instances of knowing, coming to knowledge, and not-knowing, at least, can in this way be assumed to be understood as valuable, meaningful, and critical parts of thought and 'knowledge' that show themselves in lyric.

My aim is not to represent, anthropologize, or exoticize (Afghan) traditions of lyricism and lyrical performance. I rather speculate about similar features and effects that lyric is capable of unleashing in its manyfold forms of expressive utterances in which its multiple affective, epistemological, sensual, and psychological traits, which make lyric so significant as an infinite realm of 'theory' may be perceptible in such responsive instances. In Afghan and Persian speaking contexts, theoretical traits of lyric are widely discussed. One reason for the theoretical and philosophical contents of lyric is seen in the historical development of the different sciences; because earlier scholars were often poets themselves, their intellectual and epistemological propensities and artistic faculty, too, traveled in between their different works. Another reason for the theorizing and philosophical contents of lyric is seen in its politically more secure status. Lyric has offered a safer ground for the articulation of political ideas and critique that could not be pronounced in other, disciplinary realms.[59] Moreover, lyric per se, although it has specific contexts, cannot be reduced to historical, philosophical, ideological, or *geo-logic*al understandings.[60] All these aspects of lyric, as a mingling of everyday wisdom, subject-related experiences, political pressures, unconscious traits, and philosophemes render poems into dense, conglomerated instances of

---

57 See Olszewska. "A Hidden Discourse" (annot. 55); Losensky. "Persian Poetry" (annot. 20), p. 1024; Anders Widmark. *Voices at the Borders, Prose on the Margins: Exploring the Contemporary Pashto Short Story in a Context of War and Crisis*. Uppsala: Acta Universitatis Upsaliensis, 2011, pp. 50ff.

58 Ibid., p. 34.

59 See for example Aghle Soo'orkh. "Brarasīandesha-hā-ye falsafi dar sher-e Bedel-e Dehlawī". *Markaz-e hekmat wa khazāna-ye 'aql (falsafa wa adabī)*, http://aghle-sooorkh10109088.blogfa.com/post/20 (13.06.2023); Latīf Nāzemī. "Ibrahīm Safā: Sha'er-e dard-āshnā-ye talkhkām". *dūiche wele darī* (14.04.2007), https://www.dw.com/fa-af/ابراهیم-صفا-شاعر-درد-آشنای-تلخکام/a-3163790 (21.06.2023); Yamā Nāsher Yakmanesh. "Man *Lāla-ye Azādam*". *Etelā'āt-e roz.* (sonbola/19/2022), https://www.etilaatroz.com/153844/من-لالهی-آزادم (15.06.2023).

60 It is these aspects of the lyric that Ramazani also stresses for transhistorical and transnational explorations of lyric; cf. Ramazani. *Poetry* (annot. 18), pp. 245ff.

non-knowledge, which is, I think, what makes lyric so meaningful as 'a world' of 'theory'. These aspects of lyric that I identify as instances of non-knowledge in Afghan lyric are, of course, not a characteristic of Afghan poetry. They are not much different from what Culler calls the "watchword of Anglo-American New Criticism", according to which the last lines of Archibald MacLeish's poem *Ars Poetica* – "A poem should not mean / But be" – functions as a code to approach poems.[61] Implicitly, this points to lyric as a form of 'non-knowledge', effective through its allusive and encompassing threads inherent in the words and the play of the orchestration of those words along conventionalized meanings. It is a form of performed epistemology that shows itself in lyric and that Walton, for example, calls "thoughtwriting": "We tend to perform poems as we read them, to pronounce the words ourselves, sometimes read them aloud [...]. People memorize poems or parts of them, and recite them on other occasions [...]".[62] Walton also points out that the significance of lyric lies especially in this 'philosophical', reflective, theorizing faculty:

> Poets contribute original ideas, fresh insights, perspectives, points of view that may be new to the reader, as well as giving readers words with which to understand and explore them [...] in using them, readers may achieve drastically new insights or find themselves adopting or trying on previously unimagined points of view.[63]

The knowing and not-knowing attributions of words are simultaneously re-invoked in lyric and reverberate from them. They engender insights and are also palimpsestic reminders of insights, and they express, at the same time, *current* impressions and thoughts. Thus, different past, present, and future formations of thought are united in them. Moreover, as Culler points out, lyric comes with a tone of address, it has a "presence of enunciation".[64] This form of address unleashes at the same time a space for dialogue and encounter with others. "The radical of presentation in the lyric is the hypothetical form of what in religion is called the 'I–Thou' relationship".[65] This space of alterity, in accordance with Geisenhanslüke's approach to lyric, also makes space for non-knowledge as a form of 'knowledge' that is dialogic and that presupposes the autonomy of an other who may or may not respond. But this space also engenders a sphere in which the listener/reader becomes a witness to the relation of a self to an other. As Culler suggests, "[t]o invoke or address something that is not the true audience, whether a muse, an urn, Duty, or a beloved, highlights the event of address itself as an act, whose purpose and effects demand critical attention".[66] Lyric in

---

61 Jonathan Culler. "Lyric Words, not Worlds". *Journal of Literary Theory* 11.1 (2017): pp. 32-39, here p. 33.

62 Walton, Kendall. "Thoughtwriting – in Poetry and Music". *New Literary History* 42.3 (2011): pp. 455-476, here p. 468.

63 Ibid., pp. 468-472.

64 Culler. "Lyric Words" (annot. 61), p. 38.

65 Northrop Frye qtd. in ibid.

66 Culler. *Theory* (annot. 18), p. 187.

this way functions as a *periperformative*[67], as indirect utterances of performativity which rather than to authorize and enact through the performance, create possibilities for reflection and learning outside of themselves. This may be a common feature of literature (language?) generally, but nowhere might it be more explicit than in the immediate addressing and dialogic of lyric.

The Afghan poem that I want to attend to in the following is written in Persian/Darī. Against the backdrop of orientalist assumptions about the flowery of 'Oriental' languages and poetry, as mentioned above, I cannot withstand to let, indeed, a flower speak. The excerpt is from the poem *Lāla-ye āzād* (*The Free Tulip*).[68] Is there a *tertium comparationis* between this poem and Hölderlin's – beyond the attempt of a (decolonial or, I would prefer to say more generally: anti-dominant) Geisenhanslükean poetological reading? As I hope may become more explicit below, a bundle of affinities between the poets and the poems seem to lurk there somewhere in between the lines of their lives and words, their worlds, if one chooses to care enough and remain open to the lyrics' and lyricists' spatial and temporal discordances. It may be that the two poems and poets, both, are not-knowingly searching for the same things, without knowing what these might be, and thus may speak the same language in the end (as a beginning), despite their different spatial and temporal configurations; two same languages that remain different, like rivers and flowers along the fields. They both may have learned and therefore use the multitude, globose language of the earth, which is one running always in the same, and simultaneously in different, narrower directions, and remains different, as if wor(l)ds apart, united in a spherical contemporaneity that is independent of it. Both poems seem to move between more traditional and modern forms of poetry, trying to read the traditional in a new light and to illuminate other aspects of ancient forms. Both seem to move in a transition of sociopolitical time between hope and despair. Both poems seem to want to find another world, one, that speaks another language, outside of what is offered as explications and explanations. Both are interested in an *other*, listening to those who seem mute or just subtly whispering, not to understand, but to wonder about what they may want to say. Both poems may be experiencing and expressing some form of attachment and proximity to the other, just for itself, beyond relationality, and yet seem to melt with the other in this form of *close listening* that translates the absorbed reverberations into familiar words, which change, obtain another *clang*, and invite the self to question itself. Other languages, thus, beyond our common understandings of language, are beheld and transcribed into more common languages, which, in both poems, may have the potential – and maybe without any intention – to alter our perceptions. What both poems thus might be expressing beyond non-knowledge may be the possibility of a lyrical *epistemology of proximity* beyond language and understanding (*Verständigung*).

---

67 Sedgwick. *Touching Feeling* (annot. 39), p. 72-79.
68 The translation is mine, and I have tried to preserve the tonality of the rhythm and meaning; while the metric gets lost here, unfortunately, I hope it can still be sensed in the transcription of the poem.

Lāla-ye āzād is a *ghazal*, a classical amatory ode genre, most often compared to sonnets, that speaks of loss and separation.[69] *Ghazals* usually consist of independent, at least two hemistich-couplets (*bayt*) with similar rhyme and meter as well as a common theme and are with up to 12 couplets (consisting of two hemistiches each) quite short. *Lāla-ye āzād* is written in two hemistiches as rhymed couplets, alike in meter, and is 11 couplets long.[70] Unlike classical *ghazals* that are rather allusive in tone, and in which love and the beloved one are thematized, *Lāla-ye āzād* is more modernist in tone; it is quite concrete and held in a plain prose, and rather than to speak about an other, appears to center upon itself, in search for its own subjectivity. The Afghan-German cultural critic and author Jama Nasher Yakmanesh in fact considers this trait in *Lāla-ye āzād* as a first philosophic problematization of modernist understandings of individualism in Afghanistan, which are taken up in a poem rather than in philosophic discourse due to political reasons.[71] According to Yakmanesh, the poem is outstanding, unusual, and subversive in this regard as it uses the generic form of the *ghazal* but interprets it anew through its content and in opposition to other more modernist contemporaneous conventions.[72] *Lāla-ye āzād* deals with the self-description/meditation of a desert-tulip. As though it has been asked why, it is there, all alone and by itself, or as though someone has addressed it to learn whether it wants to join those other tulip flowers in the gardens and fields, or as though it muses along its own monologic thoughts, trying to understand itself. This poem is written by the Afghan writer, poet, musician, and political thinker M. Ibrāhīm Safā (1907-1980). Safā was born into a progressive, politically committed family that was seen with suspicion by different regimes of the time.[73] He was also subjected to imprisonment for almost fourteen years, from the age of

---

69 While the *ghazal* is often dated back to 7th century Arabic poetry that became common across Central and Southeast Asia in the 12th century via Sufi traditions, Paul Smith ascribes it to Persianate court-lyric before Islam and to love songs sung by minstrels from "the early days of Persian history" as a tradition that was passed on. Paul speculates that it is due to this ancient performative quality of the lyric that later *ghazals* by Ḥāfiẓ, Sa'adi, and others were put into music in Afghanistan, Iran, and the Indian sub-continent and became songs. Cf. Smith. *Anthology of the Ghazal* (annot. 56), p. 7.

70 Tulips have a special meaning in Afghanistan due to their natural occurrence, especially in the northern city of Mazār-e Sharīf. The new year celebration of *Nawroz* (lit. 'new day') around the 21st of March is therefore also called *mel-e* or *jashn-e gol-e surkh* (festive of the red flower/tulip). Besides roses in classical poetry, especially in modernist Afghan lyric and literature, narcissus (*gol-e nargis*), tuberose (*gol-e mariam*), and above all tulips (*gol-e lāla*) are the flowers most often thematized.

71 Yakmanesh. "Man *Lāla-ye āzādam*" (annot. 59).

72 Ibid.

73 Ibid. His father, Amir Habibullah Khan, was a political figure in the higher service of the Sultanate and an opponent of the British colonialist politics. Caught between different political parties, he was imprisoned twice. Safā and two of his brothers belonged to a critical, pro-constitutional political movement and are often also described as of progressive, liberal, freedom-seeking thinking. While his older brother had to face a prison sentence of 18 years in prison, his younger brother was

26 to 40. Safā was learned in Arabic, which he had acquired from an early age, as well as in Urdu. At sixteen, he went to India for four years to receive training in telecommunication; there, he also learnt English and became acquainted with European/Western philosophy. Safā had offices in different ministries, and later worked as a journalist and also translated works.[74] His primary focus remained, however, the arts; besides poetry, he was also a musician.[75] Safā has left behind two volumes of poetry, a philosophical treatise and a longer essay on Afghan literature that is part of one of the few and much recognized Afghan compilations of the time on Afghan literary works.[76] Nazemi adds that, even though Safā's poetry tended to follow the *ghazal* format, he did not adhere to a traditional writing style, instead employing a simple and everyday language in his verse. Three poets are named regularly as sources of influence and inspiration for Safā: Hafiz, Bedel of Dehli (Bedel-e Dehlawī) or just Bedel (1642-1720), a major figure in the Southeast Asian, Persian speaking and Afghan literary traditions, who is still little known in the West and renowned for his philosophical poetry, as well as, finally, the Southeast Asian philosopher, poet, and politician Sir M. Iqbāl Lahorī (1877-1938).[77] *Lāla-ye āzād* was composed into a song by

---

sentenced to death. In the later years of his time in prison, Safā had some liberties and had access to works of poetry and musical instruments.

74 Cf. ibid.; see also Nāzemī. "Ibrahīm Safā" (annot. 59).

75 Safā received lessons from the musician Khalīfa Qorbān Alī in Kabul's ancient and notorious artist's quarter, *Kharābāt*. He played two classical instruments, Dilrobā and Robāb, and also sang, albeit in private circles with other artists and close friends, as was (and still is) not unusual among Afghan musicians and lyricists; cf. Yakmanesh. "Man *Lāla-ye āzādam*" (annot. 59).

76 One of the poetry volumes collections, was published by Safā himself under the title *Nawā-ye kohsār*; it is without publication date and place; Nazemi, though, dates it back to 1950 and assumes that it was published in Karachi. *Lāla-ye āzād* was first published in this book under the title *Nawā-ye nāla* (*The Call of Sorrow*). According to Yakmanesh, the poem became known under the title *Lāla-ye āzād* as part of a Darī reader for the 7th grade. Today, it is also included in the Darī book for the 6th grade under this title, as well as, in an abridged form, in the Pashto introduction to Darī literature for the 8th grade. The second volume of his work is published in an anthology of Afghan poetry, edited by the *Association of Afghan Writers*, which includes 88 poems of Safā. The name and publication date of the anthology are not mentioned by Nazemi. Cf. Nāzemī. "Ibrahīm Safā" (annot. 59); see also Yakmanesh. "Man *Lāla-ye āzādam*" (annot. 59). Safā's more philosophical book is titled *Tahlīl wa esteqrār wa metodologī*. Kābol: Matba'a-ye 'Umūmī, 1951. According to Nazemi, Safā was proficient in Aristotelian philosophy. See for Safā's extensive essay on Afghan literature, idem. "Adabyāt-e Afghānestān az soqut-e Badīolzamān tā zohūr-e Muhammadzaī-yī-hā". *Tārikh-e adabyāt-e Afghānistān*. Authored by Mir Gholām M. Ghobār/M. Alī Kohzād/Alī M. Zehmā/Alī A. Na'īmī/M. Ibrāhīm Safā. Kabul: Anjoman-e Tārīkh, 1952, pp. 243-326.

77 Iqbāl Lahorī is mentioned at the beginning as well as the end of Safā's poetry compilation. But unlike Iqbāl, who muses along quite religious images of the self and love-themes, Safā, while alluding to Iqbāl's similar themes and using the same meter and rhythm in *Lāla-ye āzād* as in one of Lahorī's poems, differs from Iqbāl, according

the musician Abdelghafūr Brishnā (1907-1974).[78] The song probably dates back to the 1950s. The first interpretation of the song was provided by the vocal duo Abdelwahāb Maddadī & Azādah (Habība Anwarī), Azādah being one of the pioneering female singers in Afghanistan.[79]

In *Lāla-ye āzād*, although a lyrical I speaks, it is not clear whether it is the tulip itself that speaks or an observer, narrator, or transmitter, the wind for example. However, in-between the speaking lyrical I and the words that seem to translate the desert-tulip's quiet movements in the wind into a lyrical text at the liminal of not-knowing, an "effect of voicing" and "aurality"[80] is created. The free tulip appears as the figuration of non-knowledge, knowing and not-knowing at the same time. It seems to have knowledge about itself and others. And yet, it also

---

to Yakmanesh, as if he wanted to re-write it, subtly shifting the ideas to other, more open, modernist uses and understandings. Cf. Yakmanesh. "Man *Lāla-ye āzādam*" (annot. 59), see also Nāzemī. "Ibrahīm Safā" (annot. 59).

78 While it was sung in private performances by Brishnā, the first official recording by *Radio Afghanistan*, initiated by Brishnā, is dated back to 1969. The poem became especially known, after it was put into music and played on the radio. Cf. Yakmanesh. "Man *Lāla-ye āzādam*" (annot. 59). Yakmanesh points out that Safā also wrote lyrics for the still famous Iranian women singers *Googoosh* and *Haideh*, and that he curated a musical performance in commemoration of the politician Jamāl od-Dīn-e Afghānī at the University of Kabul.

79 Many other musicians, too, have featured the song along the years. While in 2020 it was performed by Tahmina Arsalan (the song can be viewed on YouTube under the URL https://www.youtube.com/watch?v=qkfkzDc2WSE (08.07.2022) in April 2021, the original recording by *Madadi & Azadah* was uploaded on YouTube, too. This version can be seen at the URL https://www.youtube.com/watch?v=zPHFZExw6a8 (08.07.2022). The video clip is a composition of postcards and photos that show Afghanistan and Kabul in the 1940s to 1970s. The comments on YouTube disclose a quite nostalgic response. One commentary conflates the meaning of the song to a lost 'time', a historical period that symbolizes political as well as psychic stability, by writing: "We still breathe from that era (*mā hanuz az ūn dawrān nafas mekashem* ما هنوز از اون دوران نفس میکشیم)". The comment forms an equally poetically informed, 'not-knowing' response that stays in touch with the music, images, and text, thinking/theorizing along them in this one sentence, without propounding any form of positivistic 'knowledge' or certainty. What is conveyed is an affective tone, which mirrors an insight that comes from the experience of loss. In doing so, the comment generates a poetic relation to the lyric as well as to a 'time' (presumably) forever lost, and the nostalgia that this loss entails: the loss of loved ones, of one's home, one's language(s), of familiar sights, sounds and tastes, a possible future in that place, as well as the awkward, nightmarish state of helplessness and witnessing that sticks to the modernist experience of diaspora. In the dialogic response, time thus is marked by loss and filled with trauma and the ambiguous experience of survival in a diasporic life. And yet, it is still the memories of that vanished time, the comment seems to say, that give impetus for living on and envisioning another time to come. See for an overview of the production history of the song, the roles, and biographies of Maddadi and Azādah, as well as Brishnā, Yakmanesh. "Man *Lāla-ye āzādam*" (annot. 59).

80 Culler. *Theory* (annot. 18), p. 35.

occupies a place that is regarded as irrelevant, as a space of poverty, ignorance, and death, a place of nothingness. As it speaks out from this space of presumed not-knowing, its words come across as the ignored knowledge of silence that indicates acts of violence and domination. As Geisenhanslüke points out: "A poetics that engages with the genealogical question of the connection between power and language is less satisfied in the archaeology of knowledge than in the genealogy of non-knowledge, which focuses its attention on the question how the subject is constituted in language".[81] Here, too, in this apparent discourse of the free tulip, a form of non-addressing shines through that subversively establishes subjectivity beyond the reach of power. I will refer here to the first and last five stanzas of the poem:

من لاله ی آزادم خود رویم و خود بویم

در دشت مکان دارم هم فطرت آهویم

آبم نم باران است فارغ ز لب جویم

تنگ است محیط آنجا در باغ نمی رویم

از خون رگ خویش است گر رنگ به رخ دارم

[...]

از سعی کسی منت بر خود نپذیرم من

قید چمن وگلشن بر خویش نگیرم من

بر فطرت خود نازم وارسته ضمیرم من

آزاده برون آیم آزاده بمیرم من

Man lāla-ye āzādam khūd royam-u khūd boyam
Dar dasht makān dāram ham-fiṭrat-eāhūyam
Ābam nam-i bārān ast fārigh ze lab-e joyam
Tang ast muḥīt-e ānjā dar bāgh name-royam
Az khūn-e rag-e khesh ast gar rang ba rukh dāram
[...]
Az sa'y-e kase minnat bar khūd napazīram man
Qayd-i chaman-u gulshan bar khesh nagīram man
Bar fiṭrat-e khod nāzam wārasta zamīram man
Āzāda borūn āyam āzāda bimīram man

I am a free tulip I come about by myself I have my own fragrance
My place is in the desert I share the essence of the deer
The moisture of rain is my water away from the river bank
Too narrow is the milieu there I cannot grow in the garden
It is from my own veins if I wear a color on me
[...]

---

81 "Eine Poetik, die sich auf die genealogische Frage nach dem Zusammenhang von Macht und Sprache einlässt, erfüllt sich weniger in der Archäologie des Wissens als vielmehr in der Genealogie des Nichtwissens, die ihr Augenmerk auf die Frage richtet, wie sich das Subjekt in der Sprache konstituiert". Geisenhanslüke develops this question along a critical reading of Lacan's psychoanalytic poetics, Derrida's critique of psychoanalysis as a meta-discourse, and Foucault's genealogy of power that forecloses literature. Cf. Geisenhanslüke. *Textkulturen* (annot. 2), p. 83.

To the efforts of others, I don't want to be indebted
The confinement of the meadows and flowerbeds I do not bear
Graceful I am in my own way unbound my interior
Free I come into being free I die

These verses may echo any form of singularity and being in the world.[82] They not only depict the existence of a plant, but also have the ability to elucidate the existence of a human being, albeit representing life at the margins of existence. The lyrical I can be taken to symbolize a pure impression of life generally, but it also depicts the singularity of abandoned life. This self, however, deserted and without protection, does not feel lost, but privileged and closer to the meaning of life, or rather to a meaningful life. Places of abundance and possibility, in contrast, are understood as narrow and unfree, as well as illusionary and immature.

While the lyrical I, with the image of the deer, soberly admits to be vulnerable, timid, and exposed, it also seems to be enjoying and valuing the experience of such a life. It prefers its austere location to the lush of the meadows. It portrays a life at the limit of death. The desert symbolizes insecurity, lack, scarcity, uncertainty, life, and, thus, not-knowing, in which, however, a defined, aware, and free speaking inner self is placed. The tulip prefers the state of an endangered self, that the desert represents, in contrast to the density of affluence and the alleged safety of the flower meadow at the river bank, which it believes to be lost. It is not bare life that is romanticized. Rather, the poem problematizes the faculty of perceptivity and cognition. Compared to the possibilities of an oversaturated life, it endorses and cherishes a form of knowledge and perception that comes from scarcity rather than affluence. The poem thus articulates a theory of knowledge that is bound to non-possession, that is free. Rather than approving 'indigence' as a value in itself, the lyrical I valorizes it as an asset and presupposition of freedom. Materiality and affluency are thus separated from 'knowledge', and the production of knowledge is linked to a state, a way of life, of scarcity and non-knowledge. Implied in this theory of 'knowledge' that the lyrical I voices is a rejection not only of material affluence, but also of the affluence of dogmatic 'knowledge' that does not reflect upon itself and that is a mark of the structure of 'affluent knowledge' and its production. 'Knowledge', it seems to say, means knowledge that comes with conditions of scarcity. But it is a scarcity that is regarded as richness. This knowledge-theory of scarcity thus depends on the choice to gather knowledge from out of the richness that comes with lack. Lack allegorizes a source for acquiring knowledge. The poem places the tulip within a space of grandeur, acknowledging its sensibility and awareness, letting it speak back and speak for itself.

---

82 There is an interesting affinity between this free tulip and Immanuel Kant's wild tulip, the figuration of his aesthetic theory, which he develops in his *Critique of Judgment* (1790), most famously captured in the phrase *purposiveness without purpose* (*Zweckmäßigkeit ohne Zweck*). It is possible that Safā was aware of this. But this remains speculative for the time being. However, once one is familiar with both texts, it is difficult to avoid the impression that *Lāla-ye āzād* is a subversive response to Kant, or that it could be read as such.

In this image, scarcity as well as affluence and safety change their meanings without becoming one another's opposites; they rather open up thought within a frame that embodies non-knowledge and alleged simplicity as wealth. What matters, rather, is a discursive space in which the desert-tulip can enunciate its perception without being subsumed under a form of poverty and indigence; it centers upon itself, taking in the conditions of its life as important experiences of not-knowing, of knowing, and becoming, understanding itself as the most essential: as part of the air and earth to which it presumably recurs. The free tulip, then, is not free in the sense of outlawed placelessness, it is always part of the earth in which it exists; no matter how barren that place might be, it will nourish its knowledge and voice.

The tulip enunciates its knowledge, sings a song, regardless of whether it is heard by the gossiping flowerbed or not. Unawareness and ignorance are linked to knowledge, ingrained with affluence, prosperity – and dogma. This could be read as an echo of silenced spaces and of entities that represent fetishized, objectified reifications (also in academic and sociopolitical discourses), and put into specific (botanic or otherwise disciplinizing) contexts.

In this light, lyric creates a place within dominant discourse, in-between words, where reified entities can subtly speak back and attain a voice of their own. Thus, an objectified, silenced thingness is transformed into a speaking subjectivity that frees itself from the captivating discourse that begirds it. Freedom here means to free oneself from the presumed knowledges that others have accumulated from positions of affluence and alleged power. Freedom means speaking for oneself, from one's own position, regardless of how impoverished, untidy, and unsightly this position may seem. The poem voices a theory of knowledge that is linked to the richness and aesthetic of the minimum, of not-knowing and not-having. This voice does not need the gossip and (false) promises of the river bank (power?) – or to be acknowledged by it – in order to live. Instead, it appears as if the flowerbed is lost and forlorn, swamped at the river bank, unable to reflect on meaning, significance, and itself. In addition to providing a space for *freedom from* conventionalized thinking and a place for *freedom to* think otherwise[83] within interchangeable but distinct, encapsulated moments, the lyrical voice also questions the power of power. What is power, the desert tulip seems to ask, if it all comes down to living and dying in one's own sense and senses? The freedom that it seems to suggest appears as a sense of freedom that resides in an entity, a corpus, not somewhere outside of it. Evocations of the mechanisms of an encompassing system of power/'truth' are in this way rendered as mere phantasy and set against radical singularity.

The free tulip retains an inner place, an inner home, from where its internal agency and freedom emanate with the uncertain act of reflection and sensuality, independent of economies of knowledge, or the distribution of affluence, or the compulsion to be heard and acknowledged. It can be presumed that the tulip is

---

83 Hannah Arendt. "The Freedom to Be Free". *New England Review* 38.2 (2017): pp. 56-69.

neither heard nor acknowledged, except maybe by its own voice, an inner, inaudible non-knowledge.

Conclusion

There is thus a subtle echo of ethics emanating from the two poems as a repository of not-knowing that demands thoughtfulness in an unspoken way: Both poems give voice to unheard forms of language and propositions of knowledge, and open up thought and imagery at their (theoretical and philosophical) limits, depicting entities that are known yet unknown to us, and as a rule seen and unseen. The knowledge that they may emit is not heard and not listened to, they seem to caution us, and what *a* waste that is, and what *waste* rather may be – not 'to see'. In both poems, then, non-knowledge is not only introduced as a source of abundance. Both poems also reflect on what 'ignorance' and what 'knowledge' may be. These might be, the poems seem to suggest, different forms of waste, missing any kind of 'truth', any 'essence', 'essence' as such, maybe. But this poetological inclination to hear the other is pursued in a way that can be described as dialogic – which not only encompasses the possibility to respond, but also the faculty to listen to, to *almost* become the other – a process in which the self seems to vanish *almost* completely into the other, and from this liminal space, the poems clang, in their own transformed languages, the distant chimes of another language and the language of an other. These entities, which can be read as figurations of otherness as such, of absolute difference, are not studied and fancied as desirable objects, objectified, and utilized for philosophizing, but, as in Hölderlins's poem, *faced*, spoken to, sought within the self, and accompanied along their 'course' – in all its possible meanings, which entails not only 'stream' but also 'learning', and in unenforced and unprescribed ways. In the same vein, the desert tulip, a small entity as if in solitary confinement, in a plain, waste of land, pitied maybe, overlooked, unremembered, and unnoticed, is given particular attention – beyond the vocabulary of voluble voices and meanings. In this way, a space is carved out from which the tulip can be heard, maybe mistranslated and with missing words, but, nevertheless, as a possibility of another melody. Not only the meanings of rivers, but also of this specific river, and that singular tulip, and thus the value of singularity, are molded within other arcane understandings that remain unconsumable and at the brink of vanishing, just like the flow of the river's course, and the tulip's silent movements in the wind. Non-knowledge then, both poems seem to suggest, has other inscriptions, another texture. And yet, it is amenable and everywhere to be read, and to become an other in the process of its infinite readings.

The epistemology of proximity as a possible trait of lyrical language can be regarded as a form and content of unclosed, unbound, sometimes associative thinking that harbors an infinite kaleidoscope of possibilities to shape knowledge and make known, in synchronic and diachronic ways, and without limiting the mound of meanings, that it, nevertheless, generates. Within such an approach, a "free entering" of thought[84] can be understood as a practice of theory that lies in the scarce economy, and yet rich non-knowledge of lyrical texts. In this sense, lyric can be understood and considered as 'democratic', always in the process of 'democratizing criticism and theory'[85], one that cherishes 'life' as such, and the moments of it, that treasures it everywhere in all beings, like the earth does with all its entities, like a parent, just for their mere being, and in this sense, their mere 'beauty', to prosper – and, in this way, to prosper itself.

This poetology of lyric requires slow, inclusive, and responsive steps that, instead of reaching final conclusions, allude to a realm beyond the certainties of knowledge. A poetological consideration of the non-knowledge of lyric, its unwitting possibilities of knowledge, can be seen as a cautious approach to theories of knowledge that are always at the verge of failure and revision. It enables us to consider other(-ed) and marginalized epistemologies in different languages as equally relevant possibilities of and for thought and allows for an inclusive openness to think "theory" from within different (con-)texts. It allows for silent and silenced forms of knowledge to emerge, and to be seen as forms of knowledge and learning on the move, oscillating between processes of knowing and not-knowing. In this sense, lyrical theory can be understood as a critical, yet unenforced, interventionist stance against regressive and dogmatic discourses and political practices.

Such an approach is an exit and entry point at the same time: Although we are contaminated by aporias, ambiguities, and double binds, we are not necessarily usurped by them. The specter of non-knowledge that resides in and emanates from lyrical theorizing can be regarded as a poetological trait that looks *for other epistemologies* in words to envision other wor(l)ds, and to theorize our wor(l)ds otherwise. The not-knowing agency of lyrical thinking not only creates a relation with an other, but also a linguistic ornament, a poetical formation, in which 'the wor(l)d' is subtly arranged in a slightly, almost imperceptibly different way. It thus follows the rationale of an attentive aesthetic of careful slowness.

---

84 Culler. *Theory* (annot. 18), p. 35.

85 'Democratic' and 'democratizing' not as something there and given, and not in numbers, not as a form and abstraction, but as a specter of becoming, and opening, in subjective and societal ways, and also as a shadow in the horizontal zone that keeps haunting us, and as long as it haunts us, there is hope (and fear) that things can change – they can also change in other directions, 'democracies' others, which limit and close – that spirals of exclusion and domination can find, even if only within contingencies to be constantly fought for an exit way to something other, that is generic in difference (and against and always at the brink of the risk of what Jacques Derrida calls the 'suicidal' quality of 'democracy'). This, according to Derrida at least, would be only one "on the condition of thinking life otherwise, life and the force of life." Jacques Derrida. *Rogues: Two Essays on Reason*. Stanford: Stanford University Press, 2005, p. 33; Said. *Humanism* (annot. 25), p. 71; see also Stathis Gourgouris/ Obrad Savić. "Poetics and the Political World – Obrad Savić interviews Stathis Gourgouris Part II". *Los Angeles Review of Books,* 27 May 2015, https://lareviewof-books.org/article/poetics-and-the-political-world-obrad-savic-interviews-stathis-gourgouris-part-ii (15.01.2023).

The non-knowing poetology of lyric, in its unenforced way, therefore, remains always and everywhere a witness, and attentive to what happens – and as such maybe *the* form of critical (literary) theory per se.

Jonas Nesselhauf (Saarbrücken)

#MeToo und die Literatur

Themen und Tendenzen, 2017-2024

Ein kurzer Post der Schauspielerin Alyssa Milano (geb. 1972) bringt am 15. Oktober 2017 eine globale Bewegung ins Rollen – in Reaktion auf die journalistischen Enthüllungen über den mächtigen Hollywood-Produzenten Harvey Weinstein (geb. 1952) in der *New York Times*[1] und dem *New Yorker*[2] twittert sie: „If you've been sexually harassed or assaulted[,] write ‚me too' as a reply to this tweet."[3] Weder das grundsätzliche Problem noch der Hashtag waren zu diesem Zeitpunkt wirklich neu, doch was etwa der ‚analoge' feministische Aktivismus des 20. Jahrhunderts[4] oder ein MySpace-Blog vor elf Jahren[5] (noch) nicht geschafft hatten, gelang nun: Innerhalb der ersten 24 Stunden wird der

---

1 Vgl. Jodi Kantor/Megan Twohey. „Sexual Misconduct Claims Trail a Hollywood Mogul". *New York Times* 6. Oktober 2017: S. A1.

2 Vgl. Ronan Farrow. „From Aggressive Overtures to Sexual Assault: Harvey Weinstein's Accusers Tell Their Stories". *New Yorker.* 10. Oktober 2017: https://www.newyorker.com/news/news-desk/from-aggressive-overtures-to-sexual-assault-harvey-weinsteins-accusers-tell-their-stories [31.03.2024] sowie Ronan Farrow. „Abuses of Power. The Hollywood Mogul Accused of Serial Assault". *New Yorker.* 23. Oktober 2017: S. 42-49.

3 https://twitter.com/Alyssa_Milano/status/919659438700670976 [31.03.2024].

4 Vgl. etwa im Umfeld des US-amerikanischen *second-wave feminism* die einflussreichen Schriften von Kate Millett: *Sexual Politics* (1970), Susan Brownmiller: *Against Our Will: Men, Women, and Rape* (1975), Audre Lorde: *Sexism* (1979), Robin Morgan: *Theory and Practice: Pornography and Rape* (1980), bell hooks: *Ain't I a Woman. Black Women and Feminism* (1981) oder Angela Davis: *Women, Race & Class* (1981).

5 Die afroamerikanische Aktivistin Tarana Burke (geb. 1973) verwendet „Me Too" erstmals 2006, um auf die intersektionale Alltäglichkeit sexueller Gewalt gegen *women of color* aufmerksam zu machen – und muss elf Jahre später befürchten, dass die ‚Aneignung' des Begriffs durch berühmte Hollywood-Schauspielerinnen zu einem ‚whitewashing' führen könnte: „It would have diminished the work I had devoted my life to." (zitiert nach Elizabeth Adetiba. „Tarana Burke Says #MeToo Should Center Marginalized Communities". *The Nation.* 17. November 2017: https://www.thenation.com/article/archive/tarana-burke-says-metoo-isnt-just-for-white-people [31.03.2024]. Zugleich reflektiert Burke, wie trotz eines so einflussreichen Hashtags die Sichtbarkeit nicht-weißer oder nicht-binärer Frauen im Diskurs aufgrund ihrer intersektionalen Benachteiligung stark unterrepräsentiert blieb: „There also wasn't an outpouring from Asian, Latinx, Indigenous, queer, or trans folks. And when I talked to people from these communities the sentiment was similar across the board. The stakes were higher for them." (Tarana Burke. *Unbound. My Story of Liberation and the Birth of the Me Too Movement.* London: Headline, 2022. S. 243)

Hashtag „#MeToo" zwölf Millionen mal verwendet und begründet eine globale Bewegung mit weitreichendem Einfluss.[6]

Wurden in der Folge tatsächlich einflussreiche Künstler, Produzenten und Politiker für (teilweise länger zurückliegende) körperliche Übergriffe oder gar Vergewaltigungen angeklagt und in vielen Fällen auch verurteilt, verlagert sich mit „#MeToo", „#TimesUp", „#YesAllWomen", „#YoTambien", „#BalanceTon Porc", „#وأنا_كمان" oder „#وانا_ايضا" die Aufmerksamkeit aus dem (letztlich dennoch privilegierten) Hollywood-Diskurs hin zur Alltäglichkeit sexueller Belästigungen in patriarchalen Kulturen.[7] Und auch in Deutschland sind – nachdem „#Aufschrei" im Januar 2013 auf Twitter noch eine eher geringe Reichweite erfuhr[8] – seit Herbst 2017 zahlreiche Fälle von Machtmissbrauch im Deutschrap[9], im Theater- und Filmbetrieb[10], im Kunstmarkt[11], an Hochschulen[12] oder bei Konzerten der Band „Rammstein"[13] bekannt und teilweise strafrechtlich aufgearbeitet worden.

Der kulturelle Einfluss zeigt sich aber auch daran, dass die Themen und Narrative um #MeToo inzwischen verschiedenfach in literarischen Texten aufgegriffen werden, die damit nicht nur einen sozialen Paradigmenwechsel dokumentieren, sondern als exemplarische Geschichten selbst interdiskursiv in die Gesellschaft zurückwirken können. Der folgende Versuch, zunächst eines Überblicks zentraler Narrative und Gegennarrative, daran anschließend der Kategorisierung

---

6   Vgl. Bianca Fileborn/Rachel Loney-Howes. „Introduction: Mapping the Emergence of #MeToo". *#MeToo and the Politics of Social Change*. Hg. Dies. Cham: Palgrave Macmillan, 2019. S. 1-18, hier S. 3.

7   Vgl. Nadia Khomami. „MeToo: How a Hashtag Became a Rallying Cry Against Sexual Harassment". *The Guardian*. 20. Oktober 2017: https://www.theguardian.com/world/2017/oct/20/women-worldwide-use-hashtag-metoo-against-sexual-harassment [31.03.2024].

8   https://twitter.com/marthadear/status/294586884540223488 [31.03.2024]. – Der Hashtag reagierte auf die Berichterstattung über anzügliche Bemerkungen eines FDP-Politikers gegenüber einer Journalistin (vgl. Laura Himmelreich. „Der Herrenwitz". *Der Stern* 5 (2013): S. 46-50).

9   Vgl. Elena Witzeck. „Sie sind das System." *Frankfurter Allgemeine Zeitung*. 10. Juli 2021: S. 9.

10   Vgl. etwa Barbara Burckhardt. „Lasst Taten sehen!". *Theater heute* 2 (2018): S. 1, den Dokumentarfilm *The Case You* (2020) oder die gegen Regisseur Dieter Wedel (1939-2022) erhobenen Vorwürfe (vgl. Jana Simon/Annabel Wahba. „Im Zwielicht". *Zeit Magazin* 2 (2018): S. 16-25 sowie Jana Simon/Annabel Wahba. „Der Schattenmann". *Die Zeit* 5 (2018): S. 13-15).

11   Vgl. etwa Elke Buhr. „Wie schwierig ist Respekt im Kunstbetrieb?". *Monopol Magazin* 10 (2022): S. 18.

12   So etwa zuletzt der Selbstbericht einer „foreign female guest researcher in exile struggling to fight off a senior German professor in his office" (Aslı Vatansever. „Survival in Silence: Of Guilt and Grief at the Intersection of Precarity, Exile, and Womanhood in Neoliberal Academia". *Migrant Academics' Narratives of Precarity and Resilience in Europe*. Hg. Olga Burlyuk/Ladan Rahbari. Cambridge: Open Book, 2023. S. 145-154, hier S. 149).

13   Vgl. zusammenfassend „Immer noch oben". *Der Spiegel* 1 (2024): S. 102.

von Themen und Schreibweisen, muss zwar eine (zwangsläufig unvollständige) Bestandsaufnahme der ersten Jahre bleiben, macht aber bereits Tendenzen der fiktionalen Auseinandersetzung mit dem Hashtag und der Bewegung deutlich, vor allem aber mit dem grundsätzlichen Problem von sexueller Gewalt und Machtungleichheiten.

1. Narrative und Gegennarrative des #MeToo-Diskurses

Wie jeder Diskurs als „cet ensemble d'énoncés, d'analyses, de descriptions, de principes et de conséquences, de déductions"[14], setzt sich auch das Sprechen von und über #MeToo aus verschiedenen Narrativen und Gegennarrativen zusammen[15], die sich in unterschiedlicher Schwerpunktsetzung kulturell synchron entwickelt und diachron verändert haben. Ausgehend von den mutigen Berichten auf Social Media, in denen Schauspielerinnen und Assistentinnen endlich das Schweigen über teilweise länger zurückliegende Belästigungen und Vergewaltigungen in der Film- und Fernsehindustrie brechen (können), wie auch den journalistischen Enthüllungen über perfide Systeme von Einschüchterungen und Geheimhaltungsvereinbarungen[16], befördert die weibliche Solidarität[17] „an emerging consensus that speaking up about sexual harassment and abuse was admirable, not shameful or disloyal".[18]

In den folgenden Wochen und Monaten wächst die Liste von einflussreichen Männern im US-amerikanischen Unterhaltungsbetrieb, in Politik oder Kultur, die sich Vorwürfen des Machtmissbrauchs und der körperlichen Übergriffigkeit gegenübersehen, die von ihren öffentlichen Ämtern zurücktreten (Andrew Cuomo, Al Franken) oder entlassen (Les Moonves, Charlie Rose), angeklagt (Mario Batali, Kevin Spacey) und verurteilt (Bill Cosby, Harvey Weinstein) werden. Was bislang noch als ‚Galanterie' oder ‚Affäre' abgetan[19],

---

14 Michel Foucault. *L'archéologie du savoir.* Paris: Gallimard, 1969. S. 49.

15 Vgl. dazu ausführlich Jonas Nesselhauf. „She Said. The #MeToo Discourse, its Narratives and Fictional Transformations, 2017-2021". *Kulturwissenschaftliche Zeitschrift* 3 (2022): S. 45-73, besonders S. 50-55.

16 Vgl. Ronan Farrow. *Catch and Kill. Lies, Spies, and a Conspiracy to Protect Predators.* New York: Little, Brown and Company, 2019. S. 375f.

17 So veröffentlicht bspw. die Schauspielerin Asia Argento (geb. 1975) unter dem Hashtag „#NoShameFist" eine Liste von über 100 Frauen, die Harvey Weinstein sexuelle Belästigungen, Übergriffe und Vergewaltigungen vorwerfen, wobei die Vorfälle bis in die 1980er Jahre zurückreichten; das am 7. November 2017 online gestellte Dokument (https://docs.google.com/spreadsheets/u/1/d/1Z95WVLLbh6M1U_Ch4vbfKuJtUmznu-ZgM9yHFBJl68I) ist allerdings mittlerweile gelöscht.

18 Vgl. Jodi Kantor/Megan Twohey. *She Said. Breaking the Sexual Harassment Story that Help Ignite a Movement.* London: Bloomsbury, 2019. S. 181.

19 So wurden im Zuge von #MeToo beispielsweise die Vorwürfe von Anita Hill gegen den damaligen Bundesrichter Clarence Thomas aus dem Jahr 1991 oder das Verhalten von Bill Clinton gegenüber Monica Lewinsky im Jahr 1998 rückblickend ebenso kritisch reflektiert wie die damaligen gesellschaftlichen Diskussionen und journalistischen Berichterstattung der jeweiligen Fälle.

und wer zuvor als notorischer ‚Frauenheld' verteidigt wurde[20], wird nun öffentlich angeprangert – auch wenn der digitale Aktivismus einer solchen „call-out-culture" umgekehrt immer wieder für möglicherweise vorschnelle Verurteilungen im „court of public opinion"[21] kritisiert wurde: Statt eines geordneten, rechtsstaatlichen Verfahrens vor einem ordentlichen Gericht mit der Beratung durch Strafverteidiger:innen und dem Prinzip der Unschuldsvermutung würden die Beschuldigten an den digitalen ‚Pranger' gestellt, und häufig würde bei der Schwere der teils anonym vorgebrachten Vorwürfe kaum unterschieden.[22] Hinzu kommt die Befürchtung von falschen Verdächtigungen, die eine Person öffentlich diskreditieren könn(t)en, allerdings in den Statistiken vor #MeToo im Vergleich zu den nicht zur Anklage gebrachten Übergriffen einen verschwindend geringen Prozentsatz ausmachten.[23]

Und tatsächlich setzten durch den öffentlichen Druck auch juristische Neubewertungen von Straftatbestand und Opferschutz ein, wenn beispielsweise in Schweden seit Sommer 2018 alle Handlungen ohne ein klar erkennbares – verbales oder nonverbales, inzwischen auch über eine App dokumentierbares – Einverständnis der Partner:in („en person som inte deltar frivilligt"[24]) als strafbar bewertet werden.[25] Gerade dieses konsensuale Einwilligen, das selbstbestimmtes Verhalten vom Übergriff unterscheidet, entwickelte sich in der Folge jedoch

---

20 So wird etwa der im Mai 2011 nach Verdacht auf sexuelle Belästigung und Versuchs der Vergewaltigung eines Zimmermädchens in New York festgenommene Direktor des Internationalen Währungsfonds, Dominique Strauss-Kahn (geb. 1949), in der 20:00 Uhr-Ausgabe der *Tagesschau* als „ein starker IWF-Kapitän mit einer bekannten Schwäche für die Damenwelt" (*Tagesschau* 15. Mai 2011. 01:47 min.) charakterisiert.

21 Mithu Sanyal. *Rape. From Lucretia to #MeToo*. London: Verso, 2019. S. 178.

22 Vgl. etwa Svenja Flaßpöhler. *Die potente Frau. Für eine neue Weiblichkeit*. Berlin: Ullstein, 2018. S. 17f.

23 Eine EU-Statistik geht kurz vor der #MeToo-Bewegung davon aus, dass etwa die Hälfte der Frauen (und damit zwischen 80 und 100 Millionen Personen) seit ihrem 15. Lebensjahr unterschiedlichsten Formen der sexuellen Belästigung ausgesetzt waren (vgl. Morten Kjaerum et al. *Violence against Women. An EU-wide survey. Main results.* Wien: European Union Agency for Fundamental Rights, 2015. S. 95). Liegt dabei – beispielsweise im Vereinigten Königreich – die Verurteilungsquote für angezeigte Vergewaltigungen bei lediglich sieben Prozent (vgl. etwa Katrin Hohl/ Elisabeth A. Stanko. „Complaints of Rape and the Criminal Justice System: Fresh Evidence on the Attrition Problem in England and Wales". *European Journal of Criminology* 12.3 (2015): S. 324-341, hier S. 325), stehen den umgekehrt 93 Prozent der nicht-verurteilten Fälle etwa 0,23 Prozent von ungerechtfertigten Festnahmen und 0,07 Prozent von ungerechtfertigten Anklagen entgegen (vgl. Amia Srinivasan. *The Right to Sex*. London: Bloomsbury, 2019. S. 3).

24 *Brottsbalk* (BrB, 1962:700), 6 kap., 1 §.

25 Im deutschen Strafrecht wurde 2016 mit einem Gesetz zur Verbesserung des Schutzes der sexuellen Selbstbestimmung u. a. der Tatbestand der Vergewaltigung in §177 StGB auf das Prinzip „Nein heißt nein" aktualisiert sowie die neuen Paragraphen §184i StGB („Sexuelle Belästigung") und §184j StGB („Straftaten aus Gruppen") eingeführt, 2021 nochmals erweitert um §184k StGB („Verletzung des Intimbereichs durch Bildaufnahmen").

immer wieder zum Streitpunkt, etwa wenn im Gerichtsprozess gegen Weinstein mit dem erwartbaren „battle of tropes: the casting couch versus the woman slee-ping her way to the top"[26] auf den *rape myth* des karrieristischen ‚Hochschla-fens' zurückgegriffen wird.[27] Mit dieser Perspektivverschiebung verbunden sind innerhalb des #MeToo-Diskurses auch Debatten um vermeintliche Unsicherhei-ten im ‚angemessenen' Verhalten bei so ‚plötzlich' veränderten Spielregeln[28]: So forderten etwa 100 prominente Frauen in Frankreich, darunter Sängerin Ingrid Caven (geb. 1938), Schauspielerin Catherine Deneuve (geb. 1943) und Autorin Catherine Millet (geb. 1948), in einem offenen Brief, die „liberté d'importuner" zu schützen: „Le viol est un crime. Mais la drague insistante ou maladroite n'est pas un délit, ni la galanterie une agression machiste."[29]

Ohnehin war der antifeministische *backlash*, besonders auf Social Media[30], enorm – sei es, indem die Naivität von jungen Frauen kritisiert wurde, männli-che Kollegen oder Vorgesetzte ins Hotelzimmer zu begleiten, anstatt zu fragen, wie ein besserer Schutz vor Machtungleichheiten aussehen könnte[31]; indem durch misogyne Täter-Opfer-Umkehr ein lasziver Flirten oder die vermeintlich zu freizügige Kleidung der Frau als implizite Einladung, gar Einverständnis für Grenzüberschreitungen gedeutet werden[32]; oder indem der #MeToo-Aktivis-mus nicht als *empowering*, sondern als eine Fortführung des Genderskripts der hilflosen Frau verstanden wird, das gesellschaftlich ein „von Passivität und Nega-tivität gezeichnetes Frauenbild"[33] festige und in der Folge eine „Misstrauenskul-tur zwischen den Geschlechtern"[34] schaffe.

2. Texte im unmittelbaren Umfeld von #MeToo

Als im Herbst 2017 unter dem Hashtag „#MeToo" zahllose Frauen von ihren hoch persönlichen und zugleich symptomatischen Erfahrungen mit sexualisier-ter Belästigung, mit Übergriffen und Gewalt berichten, schildern sie (Alltags-)

---

26 Anna Nicolaou. „The People v. Weinstein". *Financial Times Weekend*. 15. Februar 2020: S. 1-2, hier S. 1.

27 Vgl. Kantor/Twohey. *She Said* (wie Anm. 18). S. 73.

28 Vgl. etwa Katherine Angel. *Tomorrow Sex Will Be Good Again. Women and Desire in the Age of Consent*. London: Verso, 2021. S. 21.

29 Collectif. „Des femmes libèrent une autre parole." *Le Monde*. 9. Januar 2018: S. 20.

30 Vgl. Kristin Kuck. „‚Unschuldslämmer' und ‚aufmerksamkeitsgeile Jammerlap-pen'. Hatespeech und verbale Aggression unter dem Hashtag #MeToo". *Geschlecht, Gewalt und Gesellschaft. Interdisziplinäre Perspektiven auf Geschichte und Gegenwart*. Hg. Eva Labouvie. Bielefeld: Transcript, 2023. S. 309-330.

31 Vgl. etwa Shelley Cobb/Tanya Horeck. „Post Weinstein: Gendered Power and Harassment in the Media Industries". *Feminist Media Studies* 18.3 (2018): S. 489-491.

32 Vgl. etwa Birgit Kelle. *Dann mach doch die Bluse zu. Ein Aufschrei gegen den Gleich-heitswahn*. Aßlar: Adeo, 2013. S. 20f.

33 Flaßpöhler. *Die potente Frau* (wie Anm. 22). S. 16.

34 Julian Nida-Rümelin/Nathalie Weidenfeld. *Erotischer Humanismus. Zur Philoso-phie der Geschlechterbeziehung*. München: Piper, 2022. S. 105.

Geschichten, die in der chronologisch-kausalen Abfolge von Handlungen und Ereignissen oder der Interaktion von Personen grundsätzlich dem (literarischen, filmischen etc.) Erzählen nicht unähnlich sind.[35] Denn was in den Posts der sozialen Netzwerke durch den beglaubigenden Faktor der (selbst erlebten und mit eigener Stimme geschilderten) Authentizität besonders eindrücklich über Kontinente und Zeitzonen hinweg mit einem breiten Publikum geteilt wird, lässt sich in literarischen Texten in einem fiktionalen „Experimentierfeld zur Exploration"[36] aushandeln, und damit auf andere Weise in exemplarische Geschichten mit ambivalenten Charakteren, radikal anderen Perspektiven und in der Abwägung möglicher Handlungsoptionen durchspielen: Der fiktive/fiktionalisierte Einzelfall hebt das Problem aus der Masse hervor, widersetzt sich der diskursiven Verkürzung ebenso wie der Einordnung in vermeintlich klare Kategorien, und setzt genau an den Grauzonen des ‚Dazwischen' an.[37]

In einer ersten Kategorie solcher Erzählungen lassen sich Texte fassen, die zeitlich unmittelbar vor oder nach dem ‚eigentlichen' Hashtag entstanden und/oder erschienen sind, allerdings bereits die zentralen Narrative und damit ein Bewusstsein für den #MeToo-Diskurs *avant la lettre* an- und vorausdeuten. So erfährt bspw. der schon 2015 veröffentlichte Roman *Asking for It* der irischen Schriftstellerin Louise O'Neill (geb. 1985) nach 2017 zahlreiche Neuauflagen, Übersetzungen und die Adaption als Theaterstück[38], und auch die 1959 in New York geborene Meg Wolitzer scheint mit ihrem zuvor mehrfach von Verlagen abgelehnten Manuskript *The Female Persuasion*, im April 2018 schließlich bei Riverhead Books erschienen, „ungeplanterweise den Roman zur #MeToo-Ära"[39] geschrieben zu haben: Als die Studentin Greer Kadetsky auf einer Party sexuell belästigt wird, die Universität den Übergriff jedoch relativ milde bestraft[40], beginnt sie – inspiriert von der etablierten Frauenrechtlerin Faith Frank – auf dem Campus einen feministischen *grassroots*-Aktivismus. 13 Jahre später findet sie heraus, dass ‚ihr' Täter eine „revenge porn website called BitchYouDeserveThis.com" betreibt[41], und reflektiert ihre begrenzten Möglichkeiten der kulturellen Veränderung tiefsitzender patriarchaler Verhaltensmuster und internalisierter Misogynie:

---

35 Vgl. Giti Chandra/Irma Erlingsdóttir. „Introduction. Rebellion, Revolution, Reformation". *The Routledge Handbook of the Politics of the #MeToo Movement*. Hg. Dies. New York: Routledge, 2021. S. 1-23, hier S. 3f.

36 Winfried Fluck. *Das kulturelle Imaginäre. Eine Funktionsgeschichte des amerikanischen Romans, 1790-1900*. Frankfurt a. M.: Suhrkamp, 1997. S. 15.

37 Vgl. etwa Caroline Rosales. *Sexuell verfügbar*. Berlin: Ullstein, 2019. S. 78f. und S. 126f.

38 In dem Jugendbuch wird die von Alkohol und Drogen berauschte Emma auf einer Party von Mitschülern missbraucht, bevor wenig später Aufnahmen der Übergriffe auf Facebook gestellt werden: „(pink flesh) (legs pushed apart) My body is not my own any more. They have stamped their names all over it." (Louise O'Neill. *Asking for It*. London: Quercus, 2015. S. 161)

39 Maren Keller. „Acht Frauen". *Der Spiegel* 29 (2018): S. 108-109, hier S. 108.

40 Vgl. Meg Wolitzer. *The Female Persuasion*. New York: Riverhead Books, 2018. S. 21f.

41 Ebd., S. 446.

A man who degraded and threatened women made you want to do everything possible. Howl and scream; march; give a speech; call Congress around the clock; fall in love with someone decent; show a young woman that all is not lost, despite the evidence; change the way it feels to be a woman walking down a street at night anywhere in the world [...].[42]

Dass zahlreiche, vor den Weinstein-Enthüllungen geschriebene Texte offenbar den Zeitgeist getroffen haben, mag die Aktualität wie Dringlichkeit „for a new negotiation of the treacherous territory that is sexual violence"[43] unterstreichen – auch ohne, dass in naher Zukunft eine globale Bewegung absehbar gewesen wäre, die sich genau dieses Themas annimmt. So zählt zu den breit rezipierten und diskutierten Texten der ersten Wochen etwa auch eine unter dem Titel *Cat Person* im *New Yorker* veröffentlichte Short Story von Kristen Roupenian (geb. 1982), die sich der kurzen, jedoch problematischen Beziehung zwischen der Studentin Margot und dem 14 Jahre älteren Robert widmet: Nachdem er das „„concession-stand girl""[44] selbstbewusst zu einem Kinobesuch einlädt, ist sie von seinen gemischten Signalen und seinem uneindeutigen Verhalten irritiert, willigt aber dennoch ein, den Abend erst in einer Bar und schließlich in seiner Wohnung ausklingen zu lassen – und erlebt, was die heterodiegetische Erzählinstanz (mit interner Fokalisierung ausschließlich auf Margot) als „a terrible kiss, shockingly bad"[45], beschreibt:

By her third beer, she was thinking about what it would be like to have sex with Robert. Probably it would be like that bad kiss, clumsy and excessive, but imagining how excited he would be, how hungry and eager to impress her, she felt a twinge of desire pluck at her belly, as distinct and painful as the snap of an elastic band against her skin.[46]

Ihre Vermutungen bestätigen sich kurz darauf, wenn „huge, sloppy kisses" zu einem für sie wenig angenehmen Petting führen, und Margot das Gefühl hat „that she might not be able to go through with it after all"[47], zugleich den Mann aber nicht ‚enttäuschen' will. Robert wiederum verhält sich während des Vorspiels teils unbedarft, teils dominant und teils frustriert, wobei sein Verhalten und Vokabular wohl von der heterosexuellen Mainstream-Pornographie beeinflusst scheint: Beim Versuch, die vermeintlichen Erwartungen sowohl an seine Rolle als ‚aktiver' und ‚potenter' Mann als auch an den Geschlechtsverkehr (in der pornographisch konventionalisierten Abfolge von Praktiken und Stellungen) zu erfüllen, durchläuft Margot „a wave of revulsion", „self-disgust" und schließlich „humiliation".[48]

---

42 Ebd., S. 448.
43 Sanyal. *Rape* (wie Anm. 21). S. 178.
44 Kristen Roupenian. „Cat Person". *New Yorker*. 11. Dezember 2017: S. 64-71, hier S. 65.
45 Ebd., S. 66.
46 Ebd., S. 67.
47 Ebd., S. 68.
48 Ebd., S. 69.

Auch wenn dieser potentiell traumatische Vorfall juristisch gesehen keine Vergewaltigung darstellt, ja nicht einmal einen sexuellen Übergriff, zeigten die unmittelbaren Reaktionen auf die Short Story im Internet, wie sehr Margots Entscheidung „[to] carry through with it"[49] – ihr nicht ‚nein' Sagen (können)[50] – offenbar internalisierten Genderskripten zu entsprechen scheint[51]: Gerade diese Alltäglichkeit, fast schon Beiläufigkeit der zutiefst demütigenden Erfahrung toxischer Männlichkeit, die in *Cat Person* schließlich mit einer Reihe von beleidigenden Textnachrichten eskaliert, findet sich auffällig häufig in Erzählungen und Romanen von Frauen, die in den Monaten vor und kurz nach dem Oktober 2017 erschienen sind und die misogyne Übergriffe am Arbeitsplatz, fehlende Konsensualität in zwischenmenschlichen Beziehungen oder ungleiche Machtverhältnisse im rezenten Sexualitätsdiskurs thematisieren. Dazu gehört etwa auch der Roman *Kim Jiyoung, geboren 1982* (2016) der südkoreanischen Autorin Cho Nam-Joo (geb. 1978) mit der – ausgerechnet durch ihren Psychiater als klassisch männliche Instanz geschilderten – Lebensgeschichte einer Mittdreißigerin und ihren wiederholten Erfahrungen von übergriffigen Lehrern oder versteckten Kameras auf der Toilette[52], von patriarchalem Sexismus in den Taxis oder U-Bahnen von Seoul.[53]

Gerade indem kulturenvergleichend sehr unterschiedliche Texte ganz ähnliche Symptome attestieren, zeigt sich die gesellschaftliche Relevanz wie, umgekehrt, die (nicht zuletzt auch aus sozialem wie ökonomischem Kapital verlagsstrategisch wahrgenommene) Möglichkeit „to disrupt literary tradition and history, [genre and] canon, narrative theory [as well as] notions of gender, race, ethnicity, and nationality".[54] Literatur als Medium der Erkenntnis und Erkenntniskritik interessiert sich also beispielsweise dafür, „wie sexualisierte Gewalt zu den Bedingungen des Diskurses überhaupt erkannt werden kann", und „geht damit über Kritik und Reflexion hinaus. Es geht ihr nicht um einzelne Taten

---

49 Ebd.
50 Vgl. Rhiannon Graybill. *Texts After Terror. Rape, Sexual Violence, and the Hebrew Bible.* Oxford: Oxford University Press, 2021. S. 16f.
51 Im Jahr 2021 wurde bekannt, dass die für ihre (literarisch-sprachliche und ästhetisch-emotionale) Authentizität hervorgehobene Geschichte tatsächlich auf wahren Begebenheiten zu beruhen scheint, die von Roupenian ohne Einverständnis nacherzählt wurden (vgl. Alexis Nowicki. „‚Cat Person' and Me". *Slate.* 8. Juli 2021: https://slate.com/human-interest/2021/07/cat-person-kristen-roupenian-viral-story-about-me.html [31.03.2024]), was zu Diskussionen über die Grenzen von Fiktion führte (vgl. Johannes Franzen. „Ich bin nicht so, wie alle Welt vermutet." *Frankfurter Allgemeine Zeitung* 28. Juli 2021: S. N3).
52 Vgl. Cho Nam-Joo. *Kim Jiyoung, geboren 1982.* Übersetzung von Ki-Hyang Lee. Köln: Kiepenheuer & Witsch, 2021. S. 70 und S. 181f.
53 Vgl. ebd., S. 115 und S. 69.
54 Heather Hewett/Mary K. Holland. „Introduction: Literary Studies as Literary Activism." *#MeToo and Literary Studies. Reading, Writing, and Teaching about Sexual Violence and Rape Culture.* Hg. Dies. London: Bloomsbury, 2021. S. 1-27, hier S. 9.

oder Täter:innen, sondern um Strukturen der Gewalt – und um ihre solidarischen Alternativen."[55]

3. „Sie sagt": Exemplarische Fallgeschichten

Unter einer zweiten Kategorie lassen sich Texte fassen, die – vor allem strafrechtlich relevante und vor Gericht verhandelte – sexuelle Übergriffe in multiperspektivischen, an die Kriminal- und Verbrechensliteratur angelehnten Fallgeschichten aufarbeiten. Das (vermeintlich) neutrale Ordnen und Präsentieren von Berichten und Indizien kommt dem tatsächlichen Ablauf von Tat, Prozess und Urteil sehr nahe und mag dabei in der Darstellung der alltäglichen Willkür der Gewalt in patriarchalen Gesellschaften dem Kampf um Sichtbarkeit und Gerechtigkeit besonders ‚realistisch' entsprechen.

Zu den frühesten Texten der deutschsprachigen Literatur zählt der Roman *nichts, was uns passiert* (2018) von Bettina Wilpert (geb. 1989): Die 14 Kapitel, mit den Buchstaben von A bis N überschrieben, drehen sich um die unterschiedliche Wahrnehmung einer sexuellen Begegnung aus der Sicht von (mutmaßlichem) Täter, Opfer und deren Freunden. Die erzählerische Spannung dreht sich also nicht um die Frage, wer der Täter ist (‚Whodunit'), sondern ob der Sex zwischen der Leipziger Studentin Anna und dem Doktoranden Jonas konsensual war – zunächst geschildert aus der Perspektive von Anna:

> Dass er ihre Arme nach unten drückte. Dass er versuchte, sie zu küssen, sie drehte den Kopf weg. [...] Hielt sie fest. Sie wehrte sich, es tat ihr weh, als er in sie eindrang, sie war verkrampft, Tränen liefen ihr Gesicht herunter. Dann erst begriff sie: Er war stärker als sie. Sie konnte sich nicht wehren. Sie gab auf. Versuchte, sich zu entspannen. Dann tat es weniger weh. Fing an zu zählen. Seitdem wusste sie, dass 1.380 Sekunden 23 Minuten sind.[56]

Einige Seiten später – und die Wahl der Reihenfolge dürfte im multiperspektiven Erzählen tatsächlich die Wahrnehmung der Lesenden beeinflussen[57] – folgt der gegensätzliche Blickwinkel von Jonas:

> Dass er sich nicht mehr an jedes Detail des Geschlechtsverkehrs erinnerte. Er war ziemlich betrunken, aber es war einvernehmlich, schließlich benutzte er ein Kondom! [...] Anna hatte keine Ablehnung signalisiert, selbstverständlich hätte er ihren Willen akzeptiert, wäre es anders gewesen. Außerdem hatten sie sich bereits auf dem Spielplatz geküsst, dafür gab es mehrere Zeugen, und es zeigte, dass Anna da schon freiwillig gehandelt, und er sie zu nichts gezwungen hat.[58]

---

55 Cornelia Pierstorff. „#MeToo-Literatur? Sexualisierte Gewalt und die Antworten der Literatur". *Geschichte der Gegenwart*. 10. September 2023: https://geschichte dergegenwart.ch/metoo-literatur-sexualisierte-gewalt-und-die-antworten-der-lite ratur [31.03.2024].

56 Bettina Wilpert. *nichts, was uns passiert*. Berlin: Verbrecher Verlag, 2018. S. 61.

57 Vgl. Marcus Hartner. „Multiperspectivity". *Handbook of Narratology*. Hg. Peter Hühn et al. Berlin: de Gruyter, 2014. S. 353-363, hier S. 359f.

58 Wilpert. *nichts, was uns passiert* (wie Anm. 56). S. 87.

Das fast schon ethnographische[59], nahezu kommentarlose Beobachten und Sammeln der (gerade nicht allwissenden, nicht offen wertenden) Erzähl-instanz[60] führt hinsichtlich des eigentlichen (Kriminal-)Falls zu einem unscharfen Mosaik aus Erinnerungsfragmenten, zeigt aber auch ähnlich gleichwertig die individuellen Folgen für die beiden Figuren: Was von Anna selbst fortan nur als „,die Sache'"[61] bezeichnet wird, wirkt posttraumatisch nach, löst selbst im Freundeskreis antifeministische Gerüchte aus und lässt die junge Frau um den ,richtigen' Umgang mit der erlebten Gewalt wie ihrer selbstbestimmten Sexua-lität ringen.[62] Umgekehrt schildert der Roman ebenso die psychischen und sozialen Auswirkungen der vorgebrachten Behauptungen gegen Jonas[63], der schließlich – entsprechend des damaligen Sexualstrafrechts – freigesprochen wird: „Das Ausüben des Geschlechtsverkehrs gegen den Willen des anderen ist grob anstößig und geschmacklos, aber ohne den Einsatz eines qualifizierten Nötigungsmittels nicht strafbar."[64]

Das multiperspektivische Erzählen ermöglicht damit eine umfassende Chro-nologie, umkreist ,die Sache' und deren individuelle Wahrnehmung wie kollek-tive Folgen auf die Figuren geradezu dokumentarisch, deckt stereotype Erwar-tungen an Täter- und Opferschaft wie auch juristische Unzulänglichkeiten auf – und das über die Diegese hinaus, wenn die Lesenden aktiviert werden, zu eigenen Urteilen zu gelangen bzw. diese zu hinterfragen. Denn gerade indem die literarische Fall-Geschichte sachlich Aussage gegen Aussage stellt, zeigen sich eventuelle Voreingenommenheiten, die besonders häufig die geschädigte Per-son (und damit fast immer: die Frau) benachteiligen, wie die psychologische Sachverständige im Theaterstück *Sie sagt. Er sagt.* (2024) von Ferdinand von Schirach (geb. 1964) erläutert:

> Je besser sich also Täter und Opfer kennen, desto weniger wird dem Opfer geglaubt. Oder: Je weniger sich das Opfer wehrt, desto weniger wird dem Opfer geglaubt. Oder: Je später das Opfer zur Polizei geht, desto weniger wird ihm geglaubt.[65]

Vor dem Landgericht verhandelt wird ein Übergriff, der sich an zunächst ein-vernehmlichen Sex und „gegen den erkennbaren und geäußerten Willen"[66] der Frau anschließt – und sich mit der klar kommunizierten Ablehnung als

---

59 Vgl. Christine Künzel. „,Weil sie nicht wusste, wie sie es in Worte fassen sollte': Zur Darstellung sexualisierter Gewalt in Bettina Wilperts Roman ,nichts, was uns passiert' (2018)". *Gewaltformen / Gewalt formen. Literatur, Ästhetik, Kultur(kritik)*. Hg. Mandy Dröscher-Teille/Till Nitschmann. Paderborn: Fink, 2021. S. 117-135, hier S. 130.

60 Nur sehr selten macht sich das erzählerische Ich bemerkbar, etwa mit Anmerkungen wie „hakte ich nach" (Wilpert. *nichts, was uns passiert* (wie Anm. 56). S. 40) oder „fragte ich" (ebd., S. 97).

61 Ebd., S. 51.

62 Vgl. ebd., S. 127f. und S. 141f.

63 Vgl. ebd., S. 138f. und S. 146.

64 Ebd., S. 162.

65 Ferdinand von Schirach. *Sie sagt. Er sagt. Ein Theaterstück*. München: btb, 2024. S. 103f.

66 Ebd., S. 122; vgl. auch ebd., S. 39ff.

nicht-(mehr)-konsensual eigentlich auch in keinem Graubereich bewegen sollte. Zwar stellt sich erneut die Frage der narrativen Ausgewogenheit, wenn mehr als die erste Hälfte des Stücks von den Zeugenaussagen des vermeintlichen Opfers eingenommen wird und der Angeklagte selbst nur in wenigen Sätzen am Ende zu Wort kommt, doch spiegeln gerade die so gesetzten Ausschnitte den quälenden Kampf um Glaubwürdigkeit, versucht doch die Verteidigung den gesamten Prozess als perfiden Racheakt einer gekränkten Frau zu framen.[67]

Der bei Schirach ohnehin immer wieder kontrastierte Gegensatz zwischen moralischem und juristischem Recht treibt damit die Lesenden oder Zuschauenden zur eigenen Suche nach der ,Wahrheit' an[68], wie die (unterschiedlich ausgeprägte) narrative Polyphonie oder Multiperspektivität – beispielsweise auch in den Campusromanen *Another Person* (2017) der südkoreanischen Schriftstellerin Kang Hwagil und *Privilege* (2020) von Mary Adkins – im Ab- und Vergleichen der Erzählstimmen verschiedene Sichtweisen und Reaktionen auf den jeweiligen Vorfall nebeneinanderstellt.

4. „Ich schreibe": Selbstermächtigung durch Erzählen

So kann sich bereits die vorherige Kategorie der fiktiven Fallgeschichte in der multiperspektivischen Aufarbeitung an den alltäglichen Kampf um Sichtbarkeit und Anerkennung anlehnen, etwa kritisch auf Schwachstellen im gesellschaftlichen Umgang und der strafrechtlichen Bewertung hinweisen und dabei sensibilisierend in die Lebenswelt der Lesenden einwirken – „Das Imaginäre wird ,real', aber im Proze[ss] dieses Realwerdens wird die Realität durch den Zuschu[ss] des Imaginären redefiniert."[69] –, doch erscheinen die weiblichen Figuren noch häufig ausschließlich als passive Opfer, mit denen etwas geschieht, und deren Selbstbestimmung (erst körperlich, dann juristisch) gewaltvoll unterdrückt wird.

Bereits in den zahllosen Posts unter dem Hashtag, ebenso dann in autobiographisch geprägten Texten von Frauen fungiert die *eigene* Narration als Möglichkeit der diskursiven Macht und traumaverarbeitenden Selbstermächtigung. Gerade das gebrochene Schweigen über die eigenen, hochgradig persönlichen Erfahrungen lässt die Berichte besonders eindrücklich wirken[70] – schließlich

---

67 Vgl. ebd., S. 133. – Ähnlich wie die Zuschauenden in Schirachs Theaterstück *Terror* (2015) am Schluss selbst zu einer Einschätzung kommen müssen (vgl. hierzu die kartographische Übersicht unter https://terror.theater [31.03.2024]), fällt auch in *Sie sagt. Er sagt.* kein richterlicher Urteilsspruch, und die am Ende plötzlich als *deus ex machina* neu eingebrachten Beweismittel lassen den möglichen Ausgang offen.

68 Vgl. Jonas Nesselhauf. „Die Verführung der Sexpuppe. Zeigen und Sehen in ,Schuld – nach Ferdinand von Schirach". *Ferdinand von Schirach. Zwischen Literatur und Recht*. Hg. Thomas Nehrlich/Erik Schilling. Berlin: Metzler, 2024. S. 109-126, hier S. 126.

69 Fluck. *Das kulturelle Imaginäre* (wie Anm. 36). S. 20.

70 Vgl. Rebecca Solnit. „A Short History of Silence". *The Mother of All Questions. Further Feminisms*. London: Granta, 2017. S. 17-66, hier S. 19f.

müssen die erzählenden Figuren, um die Sprache wiederzuerlangen, überhaupt erst Worte für das ‚Un-Begreifliche' finden, die nicht schon phallogozentrisch vorgeprägt sind: „Trotzdem weiß ich immer noch nicht, wie ich diese Geschichte erzählen kann", schreibt das Ich in *Das Alphabet der sexualisierten Gewalt* (2024) von Laura Leupi (geb. 1996), „ohne OPFER zu sein – was ich nicht sein will"[71], und unterläuft in einer hybriden Vermischung aus systematischen Listen und willkürlichen Reihungen, ergänzt um Statistiken und Zitate, ebenso aber auch fragmentarischen Erinnerungen und assoziativen Gedanken patriarchal konstruierte Ordnungssysteme.[72]

Chanel Miller (geb. 1992), deren (damals als Emily Doe anonymisierte) Aussage im eigenen Vergewaltigungsprozess in den USA durch einen Artikel im Internet breit rezipiert und sogar im Repräsentantenhaus verlesen wurde[73], unterstreicht in ihren mehrfach ausgezeichneten Memoiren *Know My Name* (2019) die Körperlichkeit der erfahrenen Gewalt, ein schmerzhaftes „distancing from my body", wenn „rape makes you want to turn into wood, hard and impenetrable. The opposite of a body that is meant to be tender, porous, soft."[74] Die klassische Naturmetaphorik des weiblichen Körpers bricht auf, wenn die Frau vom „kalten Schlick der Überschwemmungswiesen, schlammig, schwer und bodenlos, nässend wie das nasse Moor"[75] zerdrückt oder zum wüstengleich entleerten Nicht-Objekt wird: „Elles ne sont qu'un trou. Un immense vide de chair molle. Un désert coupable et humide au centre duquel l'homme, tel Dieu, perce sa voie."[76]

Seit dem Hashtag scheint das weibliche Schreiben über die selbsterfahrene Gewalt enttabuisiert – „#MeToo provides a vivid example of the autobiographical first-person interrupting dynamics of erasure and silencing"[77] –, sei es mit Berichten über das Verhalten berühmter Männer[78] oder gerade zur Alltäglichkeit

71 Laura Leupi. *Das Alphabet der sexualisierten Gewalt*. Berlin: März, 2024. S. 82.

72 Vgl. ebd., S. 14.

73 Vgl. Katie J. M. Baker. „Here's The Powerful Letter The Stanford Victim Read To Her Attacker". *BuzzFeed*. 3. Juni 2016: https://www.buzzfeednews.com/article/katiejmbaker/heres-the-powerful-letter-the-stanford-victim-read-to-her-ra [31.03.2024] sowie „Words from a Sexual Assault Survivor to Her Attacker". *Congressional Record* 162.95 vom 16. Juni 2016: S. H3905-H3909.

74 Chanel Miller. *Know My Name. A Memoir*. New York: Penguin, 2019. S. 263.

75 Antje Rávik Strubel. *Blaue Frau*. Frankfurt: Fischer, 2021. S. 261.

76 Inès Bayard. *Le Malheur du bas*. Paris: Albin Michel, 2018. S. 173.

77 Leigh Gilmore. „#MeToo and the Memoir Boom: The Year in the US". *Biography* 42.1 (2019): S. 162-167, hier S. 162.

78 So weisen etwa die sexuellen Übergriffe von Schauspieler Klaus Kinski (1926-1991), dem Schriftsteller Gabriel Matzneff (geb. 1936) oder dem französischen Politiker Olivier Duhamel (geb. 1950) gegen Kinder, die in den autobiographischen Texten von Pola Kinski (*Kindermund*, 2013), Vanessa Springora (*Le Consentement*, 2020) respektive Camille Kouchner (*La familia grande*, 2021) verarbeitet werden, frappierende Ähnlichkeiten im männlichen Selbstverständnis, im systematischen Wegschauen und Verdrängen des Umfelds wie auch den traumatischen Folgen für die Opfer auf.

verbaler oder körperlicher Grenzüberschreitungen[79]: „Ich kann und will nicht länger schweigen, ich muss sprechen. Das ist mein Kampf für Gerechtigkeit. Ich möchte und muss dieses Privileg, das ich paradoxerweise habe, nutzen."[80] Damit spielt auch Kate Reed Pettys Debütroman *True Story* (2020), wenn die Protagonistin und autodiegetische Erzählerin Alice den Gerüchten[81], sie sei Opfer eines sexuellen Übergriffs geworden (an den sie jedoch keine Erinnerung hat), begegnet, indem sie sich die Geschichte auf ihre ganz eigene Weise aneignet und dadurch Diskursmacht gewinnt: „I made it a thriller, a horror, a memoir, a noir. I used my college essays, emails, and other documents to ground the story in the truth—they're the closest thing I have to ‚evidence', proof that my memories, however few, are real."[82]

Doch nicht immer und nicht nur wird das Finden eines eigenen (narrativen) Umgangs mit den traumatischen Ereignissen zum *empowerment*, etwa wenn das Sprechen umgekehrt die Glaubwürdigkeit der Frau beschädigt: So erzählt der Roman *Les yeux rouges* (2019) von Myriam Leroy (geb. 1982), zu großen Teilen in indirekter Rede geschrieben, vom verzweifelten Kampf einer Journalistin gegen misogynes Cybermobbing, wobei die Justiz „[les] harcèlement, injures et calomnies à caractère sexiste"[83], später auch den Beleidigungen und Bedrohungen in den sozialen Netzwerken kaum eine Bedeutung zumisst. Als sie wiederum selbst eine intradiegetische Erzählung im Internet veröffentlicht und darin den Tod ihres Stalkers imaginiert[84], dreht sich das Opfer-Täter-Verhältnis radikal um, und es ist am Ende die Ich-Erzählerin, der eine psychiatrische Einweisung droht.

Auch der Debütroman *What Red Was* (2019) der englischen Schriftstellerin Rosie Price (geb. 1993) verhandelt die Möglichkeiten und Grenzen der selbstbestimmten Aufarbeitung, nun am Beispiel von zwei Frauen, die eine ähnliche traumatische Erfahrung teilen: Die erfolgreiche Filmregisseurin Zara wurde zu Beginn ihrer Karriere von einem einflussreichen Regisseur, die junge Kate, eine Freundin ihres Sohnes, erst kürzlich von einem Kommilitonen vergewaltigt. Analog zu den verschiedenen literarischen Darstellungen – die von Zara gefilterte Nacherzählung[85] respektive eine detaillierte Beschreibung der allwissenden Erzählinstanz[86] – haben die beiden Frauen auch individuelle Strategien entwickelt, mit dem Erlebten umzugehen: Kate vertraut ihre Vergewaltigung nur engen Freundinnen an und verrät dabei weder Datum, Ort noch Namen, sondern nur das markante Tattoo des Täters. Zara hingegen macht die erlebte

---

79 Auffälligerweise adressieren gleich zwei „Briefe an die Täter" in einer gleichnamigen, von Karen Köhler herausgegebenen Anthologie drastische Vorfälle im Zug; vgl. Simone Buchholz. „Wichser". *Akzente* 66.3 (2019): S. 23-26 sowie Yasmine M'Barek. „An den Herrn auf Platz 36". *Akzente* 66.3 (2019): S. 59-62.

80 Nora Kellner. *Opfermacht. Klartext reden über sexualisierte Gewalt.* Münster: Unrast, 2023. S. 13.

81 Vgl. Kate Reed Petty. *True Story.* New York: Penguin, 2020. S. 65.

82 Ebd., S. 322.

83 Myriam Leroy. *Les yeux rouges.* Paris: Seuil, 2019. S. 78.

84 Vgl. ebd., S. 128-146.

85 Vgl. Rosie Price: *What Red Was.* London: Vintage, 2020. S. 236f.

86 Vgl. ebd., S. 95ff.

Vergewaltigung zum Thema ihres neuesten Films *Late Surfacing*, in dem sich das weibliche Opfer rächt und ihren Vergewaltiger tötet.

Während dieser symbolisch-ästhetische Akt offenbar Zara bei ihrem individuellen Verarbeitungsprozess unterstützt, lehnt Kate den Gedanken an einen endgültigen Abschluss ab, ist das traumatische Erlebnis doch zu einem unfreiwilligen, jedoch ebenso identitätsstiftenden Teil ihrer selbst geworden, den sie trotz allem nicht einfach auslöschen will: „I wear it, I feel it every day. It's under my skin, in my flesh."[87] Und während Zara sie dafür kritisiert, dass ihr Schweigen nicht nur den Vergewaltiger schützen, sondern andere Frauen gefährden würde, vertritt Kate ein eher individualistisches, ja fatalistisches Verständnis: „It's his responsibility to stop, not mine. [...] It's not my problem."[88] Daher ist es für sie ein Schock, als die Handlung von Zaras Film den Vergewaltiger mit einer Tätowierung zeigt – und damit ihren Kommilitonen als Täter entlarvt. Für Kate stellt diese Aneignung „[of] this most private piece of her history"[89] eine schwere Grenzüberschreitung dar, die ihr die Möglichkeit nimmt, selbst zu entscheiden, wie sie mit dem traumatischen Erlebnis und der Offenbarung des Täters umgeht.[90] Indem diese konträren Positionen in der Erzählung nebeneinandergestellt, aber nicht bewertet werden, bleibt die Entscheidung, welches Verhalten ‚solidarischer', ‚feministischer' oder moralisch ‚angemessener' sein könnte, den Lesenden überlassen, und die individuelle (vielleicht auch generationenabhängige) Suche nach einem selbstbestimmten Umgang mit der erfahrenen Gewalt als gleichberechtigte Ansätze nebeneinander stehen.[91]

5. „Er sagt": Tätergeschichten

Im Gegensatz zur eigenen Erfahrungsgeschichte als selbstermächtigende Traumabewältigung dürfte eine grundsätzliche Problematik im Schreiben über sexuelle Übergriffe wohl, und wie bei Kristen Roupenian zuvor, in der Aneignung fremder (Lebens-)Geschichten liegen, in der Beschuldigung eines falschen Täters[92]

---

87 Ebd., S. 375.

88 Ebd., S. 325.

89 Ebd., S. 343.

90 Vgl. ebd., S. 348.

91 Vgl. Nora Noll. „Sie muss nicht stark sein." *Süddeutsche Zeitung*. 1. September 2020. S. 12.

92 So berichtet die Autobiographie von Alice Sebold (geb. 1963) unter dem Titel *Lucky* (1999) rückblickend von ihrer eigenen Vergewaltigung 1981 und dem folgenden Gerichtsverfahren gegen einen afroamerikanischen Mann, der bis zur Freilassung 1999 stets seine Unschuld beteuerte. Jedoch erst ausgerechnet mit den Plänen für eine filmische Adaption der Geschichte im Zuge der #MeToo-Bewegung werden Zweifel am Verfahren laut (vgl. dazu bereits Alice Sebold. *Lucky*. New York: Scribner, 1999. S. 142f.) und wird der Verurteilte im Jahr 2021 endgültig freigesprochen, woraufhin auch die Autobiographie durch den Verlag vom Markt genommen wird (vgl. Alexandra Alter/Karen Zraick. „Author Apologizes for ‚Unwittingly' Playing Role in Rape Conviction of Innocent Man". *New York Times*. 1. Dezember 2021: S. A16).

oder der (un-)absichtlichen Erinnerungsverfälschung, wenn beispielsweise ein „late-night threesome in the pool" von der beteiligten Freundin als konsensuale, „improvised performance"[93] zwischen drei Teenagern beschrieben, von der Betroffenen jedoch als traumatischer Übergriff („They both sexually assaulted me. He did, then she did."[94]) erinnert wird. Die männliche Täterperspektive wiederum, etwa in den Memoiren von Pablo Neruda (1904-1973)[95], ist zweifellos verfehlt, sollte die begangene Vergewaltigung dadurch einseitig umgedeutet, verharmlost oder prahlerisch verklärt werden. Ob eine reuevolle Aufarbeitung durch die (primär männlichen) Täter überhaupt angebracht sein kann oder das deutungsmächtige ‚Sprechen über' nicht zwangsläufig mit einer unangebrachten Selbstinszenierung, gar Profilierung einhergeht[96], wurde in der deutschen Literaturkritik zuletzt im Sommer 2023 anhand der kurzen Erzählung *Ein glücklicher Mensch* von Valentin Moritz (geb. 1987) angeregt diskutiert. Darin gesteht der Ich-Erzähler: „Ich habe einen sexualisierten Übergriff begangen."[97], und setzt sich damit ein weiteres Mal über den Willen der Frau hinweg, die in einem online veröffentlichten Statement ihren mehrfachen Widerspruch gegen eine (auch anonymisierte) Fiktionalisierung öffentlich machte.[98]

---

93 Leah McLaren. *Where You End and I Begin. A Memoir.* Toronto: Penguin Random House Canada, 2022. S. 5.

94 Zoe Charlotte Greenberg. „I Was Sexually Assaulted When I Was 16. Penguin Random House Canada Published A Memoir By One Of My Assailants Claiming It Was Consensual". *Medium.* 6. Dezember 2022: https://zcgreenberg.medium.com/penguin-random-house-published-a-memoir-by-one-of-my-assailants-claiming-my-rape-was-consensual-3dd99c79633b [31.03.2024].

95 Vgl. Pablo Neruda: *Confieso que he vivido. Memorias.* Barcelona: Austral, 2012. S. 118f.

96 Immer wieder positiv hervorgehoben wird das autobiographische Projekt der Isländerin Thordis Elva und des Australiers Tom Stranger, die sich eineinhalb Jahrzehnte später wiederbegegnen und die Vergewaltigung in kathartischen Gesprächen aufarbeiten: „I suppose I could refer to you as a ‚rapist', at the very least ‚my rapist'. But it won't be true [...]. I've been raped. That does not make me ‚a victim'. [...] I cannot be reduced down to what happened that night. And neither can you." (Thordis Elva/Tom Stranger. *South of Forgiveness. Placing Responsibility Where It Belongs.* Melbourne: Scribe, 2017. S. 112)

97 Valentin Moritz. „Ein glücklicher Mensch". *Oh Boy. Männlichkeit*en heute*. Hg. Donat Blum/Ders. Berlin: Kanon, 2023. S. 125-139, hier S. 132.

98 „Statement der Betroffenen". *Instagram.* 17. August 2023: https://www.instagram.com/p/CwCbTQLs9kg [17.08.2023]. – Nachdem der Verlag in einer Stellungnahme vom gleichen Tag zunächst noch die Suche nach einer „Sprache für männliche Täterschaft [...], für die es im Diskurs kritischer Männlichkeit bisher nur wenig Worte gibt" („Stellungnahme des Kanon Verlags zu einzelnen Anschuldigungen und Boykottaufrufen in Bezug auf ‚Oh Boy'". *Kanon Verlag.* 17. August 2023: https://kanon-verlag.de/aktuelles [17.08.2023]) verteidigt, folgt einen Tag später die Entschuldigung für die „Fehlentscheidung" sowie ein Auslieferungsstopp des Buches („Neue Stellungnahme des Kanon Verlags zu ‚Oh Boy'". *Kanon Verlag.* 18. August 2023: https://kanon-verlag.de/aktuelles [18.08.2023]).

Die (ausschließliche oder zumindest den Text dominierende) Täterperspektive stellt daher wohl immer eine provokative Geste dar[99] – so etwa auch im 2019 erschienenen, in der Balzac'schen Tradition der sezierenden Gesellschaftsstudie stehenden Roman *Les choses humaines* von Karine Tuil (geb. 1972). Angesiedelt in der elitären Oberschicht, dreht sich die Geschichte um den 70-jährigen Fernseh- und Radiomoderator Jean Farel, seine jüngere (inzwischen getrennt lebende) Ehefrau Claire[100] und ihren 21 Jahre alten Sohn Alexandre. Im Mittelpunkt der Handlung stehen zwei einschneidende Ereignisse: zunächst ein Abend im Sommer 2016, an dem der angesehene Journalist im Palais de l'Élysée in den „Ordre national de la Légion d'honneur" berufen wird, in dessen Folge allerdings die luxuriöse Stadtwohnung der Familie Farel nach einer Vergewaltigungsanzeige von der Polizei durchsucht wird. Doch das Opfer ist nicht – wie der Roman zunächst andeutet – die junge Kollegin, die Jean in der Nacht verführt hat, sondern die 18-jährige Mila, die Tochter von Claires aktuellem Partner Adam Wizman, die mit Alexandre auf einer Studierendenparty war.

Der zweite Teil des Romans ist dem Gerichtsverfahren zwei Jahre später gewidmet: Auf gut 150 Seiten werden Stellungnahmen und Protokolle zusammengestellt, allerdings nicht in einer sachlich-neutralen Multiperspektivität – vielmehr erscheint die literarische ,Wahrheitsfindung' (ähnlich wie in der Beeinflussung durch hochbezahlte Strafverteidiger vor Gericht) in der Ausgewogenheit der vorgebrachten Argumente zugunsten von Alexandre verschoben, der sämtliche Vorwürfe bestreitet. Es ist daher nur bezeichnend, dass Mila sowohl im gesamten Roman als auch in den Anhörungen zu großen Teilen ohne eigene Stimme bleibt und nach Ende des Prozesses (der mit einer relativ milden Bewährungsstrafe für Alexandre endet) buchstäblich aus der Geschichte verschwindet.[101]

---

99 Hier eröffnet sich eine fruchtbare Verbindung zu den kulturwissenschaftlichen Perpetrator Studies, die sich bspw. – beginnend mit der Erzählung „Deutsches Requiem" (1946) von Jorge Luis Borges (1899-1986) – der fiktionalen Täterperspektive in der Holocaust/Shoah-Literatur zuwenden (vgl. Erin McGlothlin. *The Mind of The Holocaust Perpetrator in Fiction and Nonfiction*. Detroit, MI: Wayne State University Press, 2021. S. 177).

100 Claire Davis-Farel, selbst eine angesehene Journalistin, wird den Lesenden als – neben Monika Lewinsky und Huma Abedin – eine von drei früheren Praktikantinnen im Weißen Haus unter der zweiten Präsidentschaft von Bill Clinton eingeführt (vgl. Karine Tuil. *Les choses humaines*. Paris: Gallimard, 2019. S. 17f.). Was zunächst wie eine eher beiläufige Nebenbemerkung wirkt, um die fiktive Figur an Personen der ,tatsächlichen' Welt zurückzubinden (was der Roman immer wieder unternimmt), schlägt vor dem Hintergrund der mit den beiden Frauen verbundenen Fälle allerdings zugleich einen interessanten Bogen zu sexuellem Fehlverhalten vor der #MeToo-Bewegung.

101 Obwohl der Roman damit endet, dass Alexandre in den USA ein erfolgreicher Softwareentwickler wird (Nutzer:innen seiner App „Loving" können auf ihrem Smartphone nach Partner:innen für sexuelle Begegnungen suchen und dort auch ihre konsensuale Zustimmung für sexuelle Vorlieben und Praktiken rechtssicher hinterlegen), wird er in der letzten Szene – ironischerweise nach einem nicht eingewilligten Zungenkuss („french kiss") – von seinem Date verlassen: „Dans la

Auch wenn der Romantitel eine Wahrheit außerhalb der Geschlechter-
binarität suggeriert, scheint die menschliche Verfassung tatsächlich jedoch von
patriarchalen Strukturen und männlicher Hegemonie geprägt zu sein[102]: *Les
choses humaines* aktualisiert damit nicht nur die protosoziologischen Theorien
des 19. Jahrhunderts, wenn den deterministischen Faktoren von *race*, *milieu*
und *moment* nun *sexe* als weitere Kategorie hinzufügt wird, sondern umreißt
die Konfliktlinien des gegenwärtigen Sexualitätsdiskurses – von der Medien-
berichterstattung über die körperlichen Übergriffe in der Silvesternacht 2015/16
in Köln über die Frauenfeindlichkeit in der Internetpornographie bis hin zur
veränderten Wahrnehmung von Vergewaltigung, sobald die eigene Familie
betroffen ist. So entlarvt Jean mit seiner Aussage im Prozess eine krude Doppel-
moral: „Alexandre est une bonne personne, [...] pourquoi je pense qu'il serait
injuste de détruire la vie d'un garçon intelligent, droit, aimant, un garçon à qui
jusqu'à présent tout a réussi, pour vingt minutes d'action."[103]

Trotz der Vermischung mit realen Einflüssen bei Karine Tuil wird sonst
eher selten die Täterperspektive existenter Personen fiktionalisiert – beispielsweise im Theaterstück *Bitter Wheat* (2019) von David Mamet (geb. 1947)[104]
und in der Short Story *White Noise* (2020) von Emma Cline (geb. 1989)[105] mit
Harvey Weinstein als literarischer Figur[106] –, dafür aber der Handlungstypus

---

    cuisine, son téléphone vibra: d'un clic, elle avait annulé son consentement, sans
    doute à cause de la langue." (ebd., S. 341).

102 So auch in zahlreichen Nebenhandlungen, die immer wieder die männliche Domi-
    nanz über den weiblichen Körper zeigen – etwa, wenn Alexandres frühere Freun-
    din von Jean zu einem späten Schwangerschaftsabbruch gedrängt wird (vgl. ebd.,
    S. 105 und S. 113).

103 Ebd., S. 281. – Die Aussage von Jean fiktionalisiert das Schlussplädoyer aus dem
    tatsächlichen Prozess von Chanel Miller, als sich der Vater des Angeklagten an das
    Gericht wendet: „[My son's life has been] deeply altered... He will never again be
    his happy-go-lucky self, with that easygoing personality and welcoming smile. [...]
    That is a steep price to pay for twenty minutes of action out of his twenty-plus years
    of life." (zit. n. Miller. *Know My Name* (wie Anm. 74). S. 232).

104 Unter der Regie von Mamet selbst spielte Hollywood-Schauspieler John Malko-
    vich die Hauptrolle am Garrick Theatre in London, das Stück als „eine schwarze
    Farce" (zit. n. Susan Vahabzadeh. „Schmerzhafte Farce". *Süddeutsche Zeitung*. 31.
    Januar 2019: S. 9) zwischen Komödie und Tragödie bezeichnend.

105 Die kurze Erzählung imaginiert Weinstein am Tag vor der Juryentscheidung
    und damit seine letzten Stunden in ‚Freiheit': Der ehemals mächtige Filmmogul
    erscheint dabei als alter und verwirrter Mann, der seinen Nachbarn mit dem
    Schriftsteller Don DeLillo verwechselt und über diese Gedankenassoziation seine
    Rückkehr als Produzent erträumt, dabei allerdings ironischerweise den ersten
    Satz des (bis zu Noah Baumbachs Adaption von 2022 lange als ‚unverfilmbar' gel-
    tenden) Romans *White Noise* von 1985 – „The station wagons arrived at noon,
    a long shining line that coursed through the west campus." (Don DeLillo. *White
    Noise*. New York: Penguin, 1985. S. 3) – mit dem Beginn von Thomas Pynchons
    Gravity's Rainbow (1973) verwechselt (vgl. Emma Cline. „White Noise". *New Yor-
    ker* 8./15. Juni 2020: S. 49-61, hier S. 52).

106 Auch im Briefroman *Cher connard* (2022) der 1969 geborenen Schriftstellerin
    Virginie Despentes (vgl. Virginie Despentes. *Cher connard*. Paris: Grasset, 2022.

missverstandener Galanterie neu entwickelt. So beschwert sich etwa der Briefe-schreiber aus der monoperspektivischen Sammlung *Gar alles, oder: Briefe an eine unbekannte Geliebte* (2018) von Martin Walser (1927-2023):

> Wo du hinschaust, lächelt, lacht, grinst dir eine Frau entgegen und streckt dir etwas hin, ihre Haare, ihre Brüste, ihre Beine. Er finde das, sagte er, nicht furcht-bar, sondern herrlich. Aber er möchte auch reagieren dürfen. Er möchte sagen dürfen, dass er sich andauernd verführt fühle. Und wenn dann wirklich einmal ein solches Geschöpf in greifbare Nähe kommt, dann langt man eben eine Zehntel-sekunde lang hin und sagt dazu noch irgendeinen Fast-Unsinn. Alles wegen dieses gleißenden Oberschenkels![107]

Und auch die Short Story *This is Pleasure* von Mary Gaitskill (geb. 1954), 2019 im *New Yorker* erschienen, nimmt über 22, jeweils mit „Q" und „M" überschrie-bene Kapitel hinweg die Perspektive des wenig geläuterten Quinlan „Quinn" Saunders und seiner ehemaligen Assistentin Margot ein. Der erfolgreiche Her-ausgeber praktiziert eine explizite Art des ‚Flirtens' und erwartet von den jungen Frauen ein ähnlich neckisch-laszives ‚Mit-Spielen' – oder (wie bei Margot, als Quinn ihr vor einigen Jahren unerwartet zwischen die Beine greift) eine selbst-bewusste Gegenreaktion.[108] Denn fortan profitierte sie von seinem Mentorat, und – obwohl sie auch heute noch von Quinns unangemessenen Avancen, Kom-mentaren und Tätscheleien gegenüber anderen Frauen genervt ist[109] – scheint von ihnen einen ähnlichen Widerstand gegen die männliche Übergriffigkeit vorauszusetzen.[110]

Damit ist Margot kein klassisches ‚Opfer', das sich feministisch gegen den Sexismus solidarisieren würde, und auch Quinn wird von seinem Umfeld nicht als ‚typischer' Täter wahrgenommen, als vielmehr ein „pinching, creeping, insi-nuating fool'"[111] (so seine Ehefrau Carolina), der seine Lebensfreude – „I flirted. That's all it was. I did it to feel alive without being unfaithful."[112] – aus dem scheinbar harmlosen ‚Spielen' mit jüngeren Frauen zieht. Und als sein Name in einer Online-Petition in einer Reihe mit zahlreichen anderen „abusers" genannt wird, wehrt er sich gegen die Gleichsetzung seines Verhaltens mit ‚tat-sächlicher' Vergewaltigung, anstatt beispielsweise zu reflektieren, wie sehr er mit

---

S. 93) und im Schlüsselroman *Noch wach?* (2023) von Benjamin von Stuckrad-Barre (geb. 1975) über den Springer-Verlag (vgl. Benjamin von Stuckrad-Barre. *Noch wach?* Köln: Kiepenheuer & Witsch, 2013. S. 182ff.) stehen Erwähnungen des Namens ‚Weinstein' metonymisch für den gesellschaftlichen Paradigmenwech-sel von #MeToo.

107 Martin Walser. *Gar alles, oder: Briefe an eine unbekannte Geliebte*. Reinbek: Rowohlt, 2018. S. 82f.

108 Mary Gaitskill. *This is Pleasure*. London: Serpent's Tail, 2019. S. 12f.

109 Vgl. ebd., S. 33.

110 Vgl. Hannah Pilarczyk. „Radikal empathisch". *Der Spiegel* 15 (2021): S. 110-111, hier S. 110.

111 Gaitskill. *This is Pleasure* (wie Anm. 108). S. 62.

112 Ebd., S. 61.

den verbalen und/oder körperlichen Grenzüberschreitungen die strukturellen Machtungleichheiten am Arbeitsplatz ausnutzen konnte.[113]

So mag die (zweifellos provokante) Täterperspektive zwar denjenigen eine Stimme geben, die bereits mit ihrem Fehlverhalten andere missachtet haben, macht auf diese Weise aber zugleich die toxische Männlichkeit als Psychogramm fassbar und Graubereiche der (bewussten oder unfreiwilligen) Mit-Täterschaft sichtbar: Da ist beispielsweise die erfolgreiche Strafverteidigerin, die mit ihren raffinierten Strategien „to cross-examine alleged sexual assault victims"[114] auf den Freispruch der angeklagten Männer hinarbeitet und die systemischen Ungerechtigkeiten erst kennenlernt, als sie selbst Opfer einer Vergewaltigung wird[115]; da ist die Literaturprofessorin, die von Studierenden aufgefordert wird, ihre Lehrtätigkeit ruhen zu lassen („your presence in the classroom [is] objectionable, even triggering"[116]), solange gegen ihren Ehemann wegen jenen sexuellen Beziehungen zu Studentinnen ermittelt wird, über die sie lange hinweggesehen hat[117]; und da ist die einst selbst ausgebeutete Balletttänzerin, die junge Mädchen in ein auf Körperlichkeit ausgerichtetes Kunstmilieu einführt, ihnen bei der Karriere hilft, aber damit auch ein Geflecht von ökonomischen Abhängigkeiten und sexuellem Missbrauch aufrecht erhält: „Face, victime et pile, coupable."[118]

6. Ausblick

Literarische Texte ermöglichen gerade in der Auseinandersetzung mit gesellschaftlichen Transformationsprozessen oder kulturellen Paradigmenwechseln eine kritische Bestandsaufnahme und Reflexion dieser sich verändernden Gegenwart, tragen dazu bei, die verschiedenen, teils gegenläufigen Narrative zu ordnen und ideologisch geprägte (Wissens-)Diskurse zu de-hierarchisieren, und schreiben sich (in ihrer medialen Fixierung und ohnehin breiten Rezeption) ins kollektive Gedächtnis ein. Vor allem jedoch kann sich das Erzählen als (wortwörtlich: kreative) Aufbereitung in rezente Diskussionen einbringen

---

113 Im Roman *Whisper Network* (2019) von Chandler Baker (geb. 1986) führen weibliche Angestellte eine „„BAD Men"-Liste – „Beware of Asshole Dallas Men" (S. 62) und verbünden sich, um den Aufstieg eines Kollegen mit dem Eintrag „Issues with physical interpersonal boundaries at the office; pursued sexual relationships with subordinate co-workers; sexist"" (ebd., S. 130) zu verhindern und das Ausnutzen hierarchischer Abhängigkeitsverhältnisse zu entlarven.

114 Suzie Miller. *Prima facie*. London: Hutchinson Heinemann, 2024. S. 42f.

115 Vgl. dazu beispielsweise auch das Theaterstück *Consent* (2017) von Nina Raine (geb. 1975).

116 Julia May Jonas. *Vladimir*. London: Picador, 2022. S. 112.

117 Vgl. ebd., S. 155.

118 Lola Lafon. *Chavirer*. Arles: Actes Sud, 2020. S. 195. – Eine Tante, die „MeToo" ausspricht „comme si elle appelait un chaton", heizt beim Familienfest eine Diskussion an: „Si le réalisateur affirmait avoir été amoureux de l'actrice, était-ce Mitou quand même? S'il avait contribué à sa carrière? Mitou?" (ebd., S. 240)

und im narrativen Experimental- und ästhetischen Freiraum soziale Konflikte durchspielen und Lösungsansätze aufzeigen. Dabei handelt es sich weder um ‚leichte‘ noch um ‚einfache‘ Geschichten, und das ‚Gute‘ siegt nicht immer über das ‚Böse‘ – doch können gerade so Probleme sichtbar gemacht, die Lesenden sensibilisiert, gar aktiviert werden, sei es durch subjektive Ich-Erzählungen oder vermeintlich objektive Multiperspektivität, durch gezielte Fokalisierungen auf Opfer oder (Mit-)Täter oder durch ein kritisches Offenlegen rechtlicher wie moralischer Graubereiche.

Und auch wenn der Hashtag selbst oder die darauf folgende globale Bewegung fast nur in der Meta-Kategorie von Filmen konkret benannt werden[119], scheinen sich die zuvor erwähnten Texte tatsächlich unter einem neuen Subgenre der „#MeToo-Literatur“ fassen zu lassen – wobei noch abzuwarten bleibt, wie sich eine zukünftige Literaturgeschichtsschreibung dazu verhalten wird. Doch zweifellos haben die vergangenen Jahre bereits eine auffällige Präsenz von eindrücklichen Geschichten gezeigt, die sich mit den weiblichen Erfahrungen der Alltäglichkeit sexualisierter Belästigung in patriarchalen Gesellschaften, mit körperlicher und psychischer Unterdrückung, mit Diskriminierung und Gewalt auseinandersetzen: Eine junge Frau, die in der kurzen Erzählung *Subasta* (2018) der ecuadorianischen Autorin María Fernanda Ampuero (geb. 1976) entführt und versteigert wird, entkommt der grotesk-bedrohlichen Situation nur, indem sie sich „como una loca“[120] verhält und dabei der misogynen Erwartung einer ‚hysterischen‘ Frau entspricht; genau diesen objektifizierenden Blick verweigert Maria Stepanova (geb. 1972) dem *Mädchen ohne Kleider* (2020) in ihrem Gedichtzyklus, indem sie der männlichen Dominanz der ‚Jäger‘ ein eigenes Sprechen gegenüberstellt[121]; und die Ich-Erzählerin von *Smooth and Sleek* (2023), einer Short Story der britischen Schriftstellerin Alice Jolly (geb. 1966), kämpft verzweifelt dafür, nicht länger zum Schweigen gebracht und endlich gehört zu werden:

> listen please listen I need someone to listen to hear this is my life this is what happened to me he and I are in that house together four days we eat he sleeps on the sofa when he wakes he calls me and makes me sit on him rubbing his dirty hands inside me or pushes me over the back of the sofa [...].[122]

---

119   Aus den bisherigen Überlegungen ausgeklammert wurden die zahlreichen Filme, die (mit dem Ursprung von #MeToo als ‚Hollywood-Skandal‘) eine besondere Meta-Perspektive einnehmen, wenn ausgerechnet in Kino- und Fernsehproduktionen die Enthüllungen gegen Weinstein (*She Said*, 2022), gegen Roger Ailes (*Bombshell*, 2019; *The Loudest Voice*, 2019) oder gegen vergleichbare, jedoch fiktive Personen (etwa *The Assistant*, 2019; *Nina Wu*, 2019 sowie die erste Staffel von *The Morning Show*, 2019) verhandelt werden.

120   María Fernanda Ampuero. „Subasta“. *Pelea de gallos*. Madrid: Páginas de espuma, 2018. S. 11-18, hier S. 17.

121   Vgl. Maria Stepanova. „Mädchen ohne Kleider. Девочки без одежды“. *Mädchen ohne Kleider. Gedichte. Russisch und deutsch*. Übersetzung von Olga Radetzkaja. Berlin: Suhrkamp, 2022. S. 7-23, besonders S. 15.

122   Alice Jolly. „Smooth and Sleek“. *From Far Around They Saw Us Burn*. London: Unbound, 2023. S. 125-132, hier S. 131f.

Die ‚Macht' des Erzählens, die bereits vom Hashtag ausging, setzt sich also in literarischen Texten fort, selbst wenn die Literaturkritik dieser neuen Schwerpunktsetzung zahlreicher Publikumsverlage mit Romanen und Anthologien[123], die „auf dem Feminismus-Ticket reise[n]"[124], teils weiterhin mit Vorbehalten gegenübersteht.[125] Dass die Anliegen von #MeToo – auch in der reziproken Beeinflussung von gesellschaftlichem und literarischem Diskursanteil, dem wechselseitigen Er-Lesen und Ein-Schreiben der Themen und Narrative[126] – daher nicht nur ein kurzzeitiges Phänomen bleiben, ist somit auch eine Aufgabe der Literaturen und Literaturwissenschaften.

---

123 So bündeln Sammlungen wie *#MeToo* (2017, herausgegeben von Lori Perkins), *Sagte Sie* (2018, herausgegeben von Lina Muzur) oder *Not that Bad* (2018, herausgegeben von Roxane Gay), *#MeToo* (2018, herausgegeben von Deborah Alma) oder *Drawing Power* (2019, herausgegeben von Diane Noomin) gezielt Essays und Erzählungen, Gedichte und Comics, und arbeiten so an Sichtbarkeit und Kanonisierung weiblicher Stimmen und Perspektiven.

124 Antonia Baum. „Rumblättern zwischen den Beinen". *Die Zeit* 43 (2019): S. 13.

125 Hinzu kommt, dass außereuropäische Perspektiven oder Geschichten von nichtbinären Personen bislang auch im literarischen Diskurs kaum präsent sind.

126 Hierbei stellt die Kanonkritik – die kritische Re-Evaluation von literarischen, filmischen, bildkünstlerischen oder musikalischen Werken und den dahinterstehenden Künstler(:inne)n, auch für das schulische oder universitäre Curriculum – einen weiteren, wenn auch häufig einseitig unter dem Schlagwort der „Cancel Culture" verkürzten Aspekt des #MeToo-Diskurses dar.

Karsten Klein (Saarbrücken)

Accelerando

Inflation und Tanz bei Felix Dörmann und Heinrich Mann

1. Kapitalismus und Inflation – Zeit ist Geld

Im Umfeld der Debatte um eine multipolare Weltordnung rückt auch das kapitalistische Wirtschaftssystem wieder häufiger in den Fokus philosophischer Diskurse. Eine Diskussion über dessen inhärenten Beschleunigungsprozess wird dabei unter dem losen Begriff Akzelerationismus[1] geführt, der sich seit den frühen 2020er-Jahren in unterschiedliche Richtungen auseinanderdividiert hat.[2] In diesem Zusammenhang wird für gewöhnlich auf den rasanten technischen Fortschritt verwiesen, den der Kapitalismus durch seinen risikoaffinen Innovationscharakter stetig forciert. Dass diese Beschleunigung in der Gegenwart eine immer größere Rolle spielt, ist zum einen tatsächlich technischen Neuerungen geschuldet, wie die Einführung diverser KI-Modelle und die damit verbundenen Konsequenzen für Arbeitsmarkt und Gesellschaft in der jüngeren Vergangenheit besonders markant aufgezeigt haben.[3] Auf der anderen Seite handelt es sich um ein Resultat des *post-covid spending*: Das Lebenstempo wurde durch

---

1 Die dahinterstehende philosophische Denkschule geht ursprünglich auf Nick Land und die *Cybernetic Culture Research Unit (CCRU)* der Universität Warwick zurück. Die grundlegenden Ideen von Land aus den 1990er-Jahren bauen auf den Theorien von Marx, Deleuze und Guattari auf. Land entwickelt daran anschließend die Theorie, dass Marx' Analyse des Kapitalismus prinzipiell korrekt ist, dieser aber die Fähigkeit des Kapitalismus zur Anpassung und dessen kontinuierliche Beschleunigung unterschätzt. Vgl. dazu Nick Land. *Fanged Noumena. Collected Writings 1987-2007*. Falmouth: Urbanomic, 2011.

2 Grundsätzliche Einigkeit herrscht lediglich in der Deutung des Kapitalismus als einem unüberwindbaren Prozess, der von stetig steigender Geschwindigkeit bestimmt ist und der in einer posthumanistischen Welt kulminiert. Die unterschiedlichen Strömungen sind jedoch durch Uneinigkeiten darüber geprägt, welche Folgen dieser Prozess für die Menschheit haben wird. Der Begriff ,militanter Akzelerationismus' wird seit einigen Jahren zur Bezeichnung der Strategien von politischen Extremisten genutzt, die den Zusammenbruch der Gesellschaft durch terroristische Aktivitäten beabsichtigen. Vgl. dazu Jan Rathje/Miro Dittrich/Thilo Manemann/Frank Müller. *Militanter Akzelerationismus. Ursprung und Aktivität in Deutschland*. Berlin: CeMAS, 2022.

3 Die neueste Ausprägung des Akzelerationismus bezeichnet sich selbst als ,Effektiver Akzelerationismus' (abgekürzt e/acc) und fordert eine möglichst schnelle und umfassende Verbreitung von künstlicher Intelligenz sowie ungebremsten weiteren technologischen Fortschritt. Obwohl die Bewegung anfangs hauptsächlich auf das Internet begrenzt war und als *Silicon-Valley*-Subkultur galt, berichten mittlerweile auch Leitmedien über sie. Vgl. dazu Kevin Roose. *This A. I. Subculture's Motto: Go, Go, Go*. New York Times, 10.12.2023 sowie Elena Witzeck. *Silicon-Valley-Ideologie des effektiven Akzelerationismus*. Frankfurter Allgemeine Zeitung, 03.02.2024.

Lockdowns und Reiseverbote während der Pandemie auf ein Minimum reduziert – in der Folge wurde Geld nach den Eindämmungsmaßnahmen von vielen Menschen zur Kompensation umso ausschweifender für Vergnügen ausgegeben, wodurch eine spürbare Differenz bezüglich der Geschwindigkeit in den Lebensrealitäten während und nach der Pandemie erzeugt wurde.

Dieser Entwicklung liegt jedoch auch der Effekt einer Inflation zugrunde, die sich aufgrund von Lieferkettenproblemen und -engpässen während der Pandemie etabliert hatte und die im Frühjahr 2022 durch den Überfall Russlands auf die Ukraine zusätzlich angetrieben wurde. Da das Geld durch die immer stärker steigende Teuerungsrate stetig an Wert verloren hat, entschieden sich viele Verbraucher für den unmittelbaren Konsum, statt mit dem Sparen einen Wertverlust in Kauf zu nehmen. Dieses Vorgehen führt zu einer interessanten semantischen Verschiebung des Diktums ‚Zeit ist Geld‘[4]: Der Fokus wird im Umfeld einer Inflation nicht auf die Zeit als kostbares Gut, sondern auf das Geld gelegt – der zeitliche Abstand zwischen Erhalt des Geldes und dem Kauf von Waren muss möglichst niedrig gehalten werden, damit man den höchstmöglichen Gegenwert sicherstellen kann. Somit zeigt sich, dass auch immanente Faktoren der kapitalistischen Ökonomie zum Beschleunigungscharakter beitragen können – ein Umstand, der von den Akzelerationisten vollständig ignoriert wird.

Da eine gesteigerte Inflation Hektik und Unsicherheit bei den Betroffenen induziert, ist sie sowohl für Unternehmer als auch Verbraucher meistens negativ konnotiert. Grundsätzlich handelt es sich bei dem Begriff ‚Inflation‘ allerdings um eine neutrale Bezeichnung dafür, dass das Preisniveau einer Ökonomie ansteigt.[5] Eine Inflation ist dabei prinzipiell nichts Schlechtes, so wird sie in einem niedrigen und stetigen Rahmen sogar von den meisten Ökonomen als sinnvoll erachtet und von Währungsbehörden angestrebt.[6] Sofern das Niveau der Teuerungsrate stabil ist und sich im normalen Bereich befindet, wird dieses Thema hauptsächlich unter Fachleuten und Wissenschaftlern diskutiert.[7] Zu

---

4 Der Ausspruch wird hier in Anlehnung an die Äußerung von Benjamin Franklin in seinem Traktat *Advice to a Young Tradesman* verstanden, nach der Zeit ein wertvolles Gut ist, das sorgsam genutzt werden sollte.

5 Vgl. Olivier Blanchard/Gerhard Illing. *Makroökonomie.* München: Pearson, 2009. S. 873.

6 Vgl. dazu z. B. Sean Holly/Paul Turner. „Instrument Rules, Inflation Forecast Rules and Optimal Control Rules When Expectations are Rational". *Analyses in Macroeconomic Modelling.* Hg. Andrew Hughes Hallett/Peter McAdam. Boston: Springer, 1999. S. 147-165 oder Ma Ángeles Caraballo/Tilemahos Efthimiadis. „Is 2 % the optimal inflation rate for the Euro Area?". *International Economics and Economic Policy* 9/3 (2012): S. 235-243.

7 Der Neukeynesianismus ist aktuell die allgemein akzeptierte makroökonomische Theorie zur Inflation. Daneben gibt es weitere heterodoxe Theorien zu diesem Phänomen, die zum Teil kontrovers diskutiert, aber nicht vom ökonomischen Mainstream geteilt werden. Zum Neukeynesianismus vgl. Robert J. Gordon. „What Is New-Keynesian Economics?". *Journal of Economic Literature* 28/3 (1990): S. 1115-1171. Zu heterodoxen Theorien vgl. Frederic S. Lee. „Heterodox Economics". *The New Palgrave Dictionary of Economics.* Hg. Matias Vernengo/Esteban Perez Caldentey/Jayati Ghosh. London: Palgrave Macmillan, 2016. S. 5790-5796.

einem breiten gesellschaftlichen Diskurs regt das Phänomen in den meisten Fällen erst an, sobald große Ereignisse auf die Inflation einwirken und sie dadurch (meist abrupt und sprunghaft) ansteigen lassen. In den vergangenen Jahren konnte anschaulich beobachtet werden, wie die durch die Corona-Pandemie und den Krieg in der Ukraine bedingte, schnell ansteigende Teuerungsrate im gesellschaftlichen Diskurs immer weiter an Relevanz gewann.

Den höchsten Wert erreichte die Inflation im Oktober 2022 mit einer Steigerungsrate von 10,4%[8] im Vergleich zum Vorjahresmonat. Danach schwächte sie sich stark ab; im Mai 2024 lag der Wert nur noch bei 2,4%.[9] Der Höhepunkt der Entwicklung war in den Monaten um den Jahreswechsel 2022/23 festzustellen, danach fiel die Rate nahezu jeden Monat weiter. Auch wenn in der Hochphase dieser Inflation bereits ein gefährliches Niveau erreicht wurde, so erscheinen diese Werte jedoch als nahezu unerheblich, sofern man sie mit der 100 Jahre zurückliegenden Hyperinflation vergleicht.[10] Offensichtlich lässt sich die ökonomische, gesellschaftliche und politische Situation der 1920er-Jahre, die aufgrund der Auswirkungen des Ersten Weltkriegs durch massive Instabilität geprägt war, nicht mit den Problemen der Gegenwart gleichsetzen. Allerdings kann auch für diesen Zeitraum eine starke Beschleunigung in den angeführten Bereichen festgestellt werden. Möchte man unter diesem Aspekt einen Vergleich wagen, so eignet sich der 1925 erstmals veröffentliche Roman *Jazz* von Felix Dörmann dazu, der durch eine Neuauflage im Jahr 2023, exakt 100 Jahre nach der Hyperinflation, beide Perioden unmittelbar miteinander in Verbindung bringt. Die Erhöhung des Tempos spielt in diesem Text nicht nur hinsichtlich der Geldentwertung eine Rolle, sondern auch im Bereich der Musik – die Inflation als ökonomischer Faktor wird auf diese Weise durch den Tanz als soziale Komponente ergänzt. Eine Kombination dieser beiden Aspekte ist auch in Heinrich Manns (Hyper-)Inflationsnovelle *Kobes* festzustellen, die ebenfalls im Jahr 1925 erstmals erscheint; dort werden die Implikationen der Verknüpfung beider Elemente zudem in einen gesellschaftlichen und politischen Kontext eingebettet.

Ein Vergleich der beiden Texte eröffnet zum einen die Möglichkeit, die Beschleunigung als Phänomen anhand der Verbindung von Inflation und Tanz zu untersuchen. In dieser Hinsicht ist Reziprozität ein relevantes Kriterium – und das nicht nur zwischen den beiden Aspekten, sondern auch zwischen Form und Inhalt. Zum anderen kann auf diese Weise auch auf die These des dauerhaften kapitalistischen Beschleunigungsprozesses Bezug genommen werden. Dass Romane wie *Jazz* in verschiedenen Epochen als Kommentar zu

---

8 Vgl. Statistisches Bundesamt. *Pressemitteilung* 472 (2022), 11.11.2022.

9 Vgl. Statistisches Bundesamt. *Pressemitteilung* 227 (2024), 12.06.2024.

10 Der Ausdruck ‚Hyperinflation' bezieht sich in diesem Zusammenhang sowohl auf die Inflation der Jahre 1923/24 in Deutschland als auch in Österreich. Zum Vergleich konkreter Daten und Informationen zur Hyperinflation in Deutschland vgl. Fritz Blaich. *Der schwarze Freitag. Inflation und Wirtschaftskrise*. München: DTV, 1985. Für einen Überblick zur Hyperinflation in Österreich vgl. Christian Beer/ Ernest Gnan/Maria Teresa Valderrama. „Die wechselvolle Geschichte der Inflation in Österreich". *Monetary Policy & The Economy* Q3-Q4/16 (2017): S. 6-35.

tagesaktuellen Vorfällen angesehen werden können, wird bereits dadurch nahegelegt, dass sie zu passenden Zeitpunkten neu aufgelegt werden: Vor 2023 gab es bereits eine erste Wiederauflage von *Jazz*, diese erschien nach der Pleite der Lehman-Brothers im Umfeld der Finanzkrise. Ob in der literarischen Darstellung von Inflation und Tanz tatsächlich der zeitlose Beschleunigungscharakter des Kapitalismus zu erkennen ist – und ob sich daran anschließend Verbindungslinien zur Gegenwart ziehen lassen – wird die Analyse zeigen.

2. *Jazz* – Fieberhafter Tanz um die Milliarden

Jazz von Felix Dörmann wird erstmals 1925 veröffentlicht – das Buch erscheint in einer Zeit, in der die Großstadtliteratur einen massiven Aufschwung erlebt und gibt sich daher passend bereits im Titel als *Wiener Roman* zu erkennen. Es handelt sich um das ambivalente Portrait einer Metropole, die aufgrund der vielfältigen Umwälzungen und Veränderungen in einer tiefen Krise zu versinken droht. Wien erscheint in *Jazz* als Spekulationsobjekt und als Sprungbrett, gleichzeitig wird die Stadt aber auch anthropomorphisiert – sie wird wie ein Lebewesen beschrieben, dem die überhitzte Stimmung der Inflationszeit buchstäblich zu Kopf gestiegen ist. Diesbezüglich scheint ‚Krise‘[11] auch die konstruktivste Wortwahl zur Analyse der Situation zu sein, da die Diagnose der Stadt eine medizinische ist: „Wien glüht in tödlichem Fieber".[12]

Verantwortlich für die aufgeheizte Stimmung ist zum einen das weitverbreitete Elend, welches durch die inflationsbedingte Verarmung ganzer Bevölkerungsschichten ausgelöst wird. Zum anderen ist das deutlich erhöhte Lebenstempo in dieser Zeit ein Grund dafür. Dieses ist jedoch nicht vollständig auf neue technische Erfindungen wie das Flugzeug oder das Auto zurückzuführen, sondern es wurde in hohem Maße durch die beschleunigte Geldentwertung angetrieben. Durch die jäh einsetzende Inflation wird eine neue Lebensrealität erzeugt, mit der die Bevölkerung unmittelbar konfrontiert wird. Ähnlich abrupt ist auch der Beginn des Romans konstruiert, wie sich an den ersten Zeilen erkennen lässt:

> Ein grauer Novemberabend. Trüb flackern die fahlen Lichter durch die schweren Nebel. Die Pflastersteine glänzen feucht. Unsichtbare Lasten liegen schwer auf allen Seelen. Marianne Hartenthurn kommt vom Begräbnis ihres Vaters.[13]

Der Einstieg *in medias res* wirkt nahezu visuell, es könnte sich auch um ein Drehbuch mit den dazugehörigen Kameraeinstellungen handeln. Dies ist wenig verwunderlich, da Dörmann ein Pionier des österreichischen Films war, der bereits

---

11 Das deutsche Wort ‚Krise‘ geht auf den lateinischen Ausdruck *crisis* zurück und wird ursprünglich seit dem 16. Jahrhundert im medizinischen Kontext gebraucht, in dem es zur Beschreibung fieberhafter Erkrankungen verwendet wurde. Vgl. dazu Elmar Seebold (Hg.). *Kluge. Etymologisches Wörterbuch der deutschen Sprache*. Berlin/New York: Springer, 1999. S. 487f.

12 Felix Dörmann. *Jazz. Wiener Roman*. Wien: Atelier, 2023. S. 174.

13 Ebd. S. 7.

1912 eine Filmgesellschaft gegründet hatte und dort als Drehbuchautor und Regisseur tätig war.

Der szenisch anmutende Einstieg wird anschließend in ein Erzähltempo überführt, das über den ganzen Roman hinweg hoch bleibt – die Geschwindigkeit wird primär durch kurze und stakkatohafte Sätze erzeugt, die in rapider Abfolge ganze Szenen schildern. Weiterhin ist eine häufige Verwendung von zeitdeckendem und zeitraffendem Erzählen in Kombination mit unzähligen Perspektivwechseln festzustellen, was ebenfalls zu einer Beschleunigung des Erzähltempos beiträgt. Rapide ist die Entwertung des Geldes, energisch wird die Handlung durch die Geschäfte der Figuren angetrieben, und in gleichem Maße ist auch die sprachliche Darstellung rasant. Es zeigt sich demnach, dass sowohl das erhöhte Lebenstempo, der beschleunigte Notenumlauf und auch die explodierende Geldmenge gespiegelt werden. Obwohl die folgende Aussage erst in der Mitte des Romans vorzufinden ist, beschreibt sie den Einklang aus Stoff und Stil ziemlich genau und könnte auch als proleptisches Motto dem Text vorangestellt werden: „Eine Wandlung zum Schlimmsten im rasenden Tempo beginnt".[14]

2.1 Spekulanten als Inflationsgewinner

Männlicher Protagonist der Handlung ist der Ungar Ernö Kalmar, der aus Ungarn in Richtung Wien flüchtet. Anhand von Kalmar und seinem Umfeld werden die relevantesten Probleme der virulenten Inflation veranschaulicht, darunter auch eines der umfassendsten: Parallel zum Verfall der Währung ist ein analoger Verfall der Moral und der Sitten zu konstatieren.[15] Tugenden, die bis dato als erstrebenswert gelten, verlieren gewissermaßen mit den Valuten an Wert. Der Protagonist steigt im verarmten Wien mit illegalen Aktivitäten, skrupellosen Geschäftspraktiken und waghalsiger Spekulation innerhalb kürzester Zeit vom mittellosen Geflüchteten zum „Herrn von der Börse"[16] auf. Es zeigt sich auf diese Weise, dass nicht nur ein Verfall, sondern zugleich auch eine Umkehr der Werte stattfindet. Moralisches Handeln, Fleiß und harte Arbeit führen zu nichts mehr, die Profiteure der desperaten Verhältnisse sind ausschließlich „Hyänen und Haie der Inflation".[17]

In der Figur Ernö Kalmar lässt sich unter anderem das historische Vorbild des Industriellen und Börsenspekulanten Camillo Castiglioni entdecken.[18] Castiglioni stammte ursprünglich aus Triest, war im Wien der 1920er Jahre

---

14 Dörmann. *Jazz* (wie Anm. 12). S. 172.
15 Für einen Überblick über Entwicklungen und Auswirkungen der Hyperinflation vgl. Gerald D. Feldman. *The Great Disorder: Politics, Economics, and Society in the German Inflation 1914-1924*. New York/Oxford: Oxford University, 1993.
16 Dörmann. *Jazz* (wie Anm. 12). S. 101.
17 Ebd. S. 194.
18 Für eine Übersicht über alle historischen Entsprechungen vgl. Helmut Schneider. *Felix Dörmann*. Wien: Dissertation, 1991. S. 344-346.

tätig und spielte bei einer Vielzahl intransparenter Geschäfte eine führende Rolle.[19] Betrachtet man das Vorgehen des realen Finanzhasardeurs, so wird schnell klar, dass die Romanfigur Kalmar die gleichen Praktiken anwendet. Durch das Anhäufen und die geschickte Kombination der Unternehmensbeteiligungen war Castiglioni „der reichste, mächtigste und einflußreichste aller Kriegs- und Inflationsgewinnler".[20] Die Parallelen offenbaren sich darüber hinaus auch in der Tatsache, dass Castiglioni die Mehrheitsanteile an einer Bank erwarb und dort zum Präsidenten des Verwaltungsrates wurde. Die Adaption des realen Spekulanten ist schließlich sogar in der Wohnsituation erkennbar, da Castiglioni einen großen Stadtpalais mitten in Wien bewohnte, in dem zusätzlich seine bedeutende Kunstsammlung untergebracht war. Dörmann greift bei der Gestaltung seines Protagonisten also bewusst auf einen zur damaligen Zeit hinreichend bekannten Finanzmann zurück, der sein Geld zu großen Teilen mit der Ausbeutung der Inflation verdient. Es wird somit verdeutlicht, dass diese „Menschen von heute, die zu Macht und Ansehen gekommen waren"[21], wie die Spekulanten und Inflationsgewinner im Roman bezeichnet werden, definitiv keineswegs nur ein Produkt der literarischen Fiktion sind.

Das Vorbild Castiglionis für die Figur Ernö Kalmar ist offensichtlich mühelos zu erkennen. Im Protagonisten von *Jazz* ist allerdings auch noch die Skizze eines weiteren Charakters angelegt: Paul Eugène Bontoux. Dieser war Direktor der französisch-katholischen Bank *Union générale*, die im Jahr 1882 zusammenbrach, was zu einem massiven Börsencrash führte. Naheliegender als die Ableitung des Namens Bontoux ist aber vermutlich die Assoziation mit dessen literarischer Adaption, Aristide Saccard. Die Pleite der *Union générale* wurde im achtzehnten Teil seines Rougon-Marquart-Zyklus von Émile Zola nachgezeichnet. Protagonist des 1891 erschienenen Romans *L'Argent* ist der Geschäftsmann Saccard, dessen Schicksal als Beispiel für die verheerenden Folgen von betrügerischen Finanztransaktionen und riskanter Spekulation dient. Auch wenn ein direkter Verweis auf *L'Argent* ausbleibt, so lassen sich doch deutliche Parallelen hinsichtlich der Spekulanten-Figuren bei Zola und Dörmann erkennen. Dazu zählt nicht nur die bereits erwähnte Tatsache, dass beide Protagonisten an historische Personen angelehnt sind – auch hinsichtlich der Charakterisierung, der Figurenkonstellation und der Geschäftspraktiken lassen sich einige Gemeinsamkeiten erkennen. Am spürbarsten wird die Anlehnung an *L'Argent* bei einer Äußerung Kalmars, die in ähnlicher Form ebenfalls von Saccard getätigt wird:

---

19 Neben Siegmund Bosel und Richard Kola gehörte Camillo Castiglioni zu dieser Zeit zu den bedeutendsten Spekulanten in Österreich. Er war mit seinen Methoden derart erfolgreich, dass er 1923 zu den reichsten Menschen Mitteleuropas gehörte. Vgl. dazu Andreas Resch. „Österreichische Privatbanken von 1919 bis 1945". *Geschichte der österreichischen Privatbanken.* Hg. Peter Eigner/Helmut Falschlehner/Andreas Resch. Wiesbaden: Springer, 2018. S. 153-159. Für eine umfassende Erläuterung des Aufstiegs von Castiglioni vgl. Reinhard Schlüter. *Der Haifisch. Aufstieg und Fall des Camillo Castiglioni.* Wien: Zsolnay, 2015.

20 Karl Ausch. *Als die Banken fielen. Zur Soziologie der politischen Korruption.* Wien: Europa, 1986. S. 157f.

21 Dörmann. *Jazz* (wie Anm. 12). S. 8.

„Meine liebe Baronesse, wenn man sich an die Gesetze halten würde, käme man nicht weit. Reich und mächtig wird man nie mit den Gesetzen – sondern gegen sie".[22]

Der Inhalt dieser Aussage weist auf eine große Problematik hin, die zur damaligen Zeit eng mit der Spekulation verbunden ist und diese oftmals im großen Maßstab überhaupt erst möglich macht. Es sind nicht nur Firmendirektoren, die aufgrund ihrer schuldhaften Nachlässigkeit den Nährboden für Großspekulationen bereiten, sondern auch das unzureichende zeitgenössische Wirtschaftsrecht, welches nicht in der Lage ist, eine adäquate Kontrolle der Transaktionen und Firmenkonstellationen zu gewährleisten. Es ist dabei irrelevant, dass das wirtschaftliche Umfeld bei Zola nicht durch eine Inflation geprägt ist, diese dient (wie in vielen anderen Bereichen auch) nur als Katalysator, der die Missstände deutlicher offenbart. Bereits durch die Konstruktion der Figur Ernö Kalmar entfaltet *Jazz* demnach ein kritisches Potenzial, welches sich dezidiert mit dem Phänomen der Großspekulation und des Spekulantentums auseinandersetzt. Aufgrund des Rückgriffs auf die literarische Schablone des Finanzhasardeurs können die grundlegenden Kritikpunkte an diesem Charaktertypus im schwierigen Umfeld einer Inflation differenzierter ausgelotet werden.

2.2 Tanz zwischen Eskapismus und Aufstiegschance

Als Pendant zum Aufsteiger Kalmar dient die zweite Protagonistin des Romans, Marianne Hartenthurn. Sie ist die adelige Tochter eines Offiziers, die aufgrund der neuen wirtschaftlichen Realität vollständig verarmt ist. Da sie selbst über keinerlei Ausbildung verfügt, erwirbt sie ihren Lebensunterhalt durch den Verkauf von Erbstücken und übrig gebliebenen Gegenständen, die von einer ehemals gesellschaftlich angesehenen Familie zeugen – so wird sie als die klassische Verliererin der Nachkriegsjahre sowie als gesellschaftliche und wirtschaftliche Absteigerin vorgestellt. Anhand dieser Figur wird eine weitere Problematik der massiven Geldentwertung in die Handlung eingewoben: Die Menschen versuchen mit allen Mitteln zu überleben, durch den doppelten Wertverlust werden allerdings traditionelle Familienstrukturen unterminiert und es kommt zu einer umfassenden Ökonomisierung von Beziehungen und Geschlechterrollen. Durch die mitunter massiven Profite der Spekulanten entsteht zudem eine steigende Nachfrage in jeglichen Bereichen. Die Folge: „Der große Ausverkauf ist in vollem Gange. Alles ist am Markte zu haben"[23], wodurch Wien als Ort der

---

22 Ebd. S. 62. Die vergleichbare Aussage von Saccard lautet: „Ah! reprit-il avec un geste qui jetait bas les vains scrupules, si vous croyez que nous allons nous conformer aux chinoiseries du Code! Mais nous ne pourrions faire deux pas, nous serions arrêtés par des entraves, à chaque enjambée, tandis que les autres, nos rivaux, nous devanceraient, à toutes jambes!" Émile Zola. *L'Argent*. Paris: Gallimard, 1980. S. 162. An beiden Passagen wird deutlich, dass das Gesetz als vernachlässigbares Hindernis dargestellt wird, welches zum Erreichen der eigenen Ziele überwunden werden muss.

23 Dörmann. *Jazz* (wie Anm. 12). S. 27.

vollumfänglichen Käuflichkeit etabliert wird. Dies bekommt Marianne zu spüren, als sie von einem alten Freund der Familie zu einer Gesellschaft eingeladen
wird. In dieser Situation merkt sie schnell, dass sie sich „warenmäßig abgeschätzt
und taxiert"[24] vorkommt – in der Inflationszeit wird jeder auf seinen potentiellen Wert reduziert, Marianne in diesem Fall auf ihr Äußeres.

Die junge Frau sucht in der Folge verzweifelt nach einem Ausweg aus der
Armut und nach einer Aufgabe; eine Möglichkeit wird ihr schließlich durch
Kalmar offenbart: das Tanzen. Dass das Tanzen eine Form des Eskapismus für
Marianne darstellt, wird bereits zu Beginn deutlich, als es nach dem Tod ihres
Vaters heißt: „Gestern hatte man den Vater begraben – und heute ... es war gewiß
roh, aber sie hatte heute so eine Sehnsucht, lachen und tanzen zu dürfen".[25] Der
Tanz als potentielle Lösung entwickelt sich für Marianne tatsächlich zu einer
Erfolgsgeschichte. Ihr Debüt unter dem Decknamen Natascha ist für das Publikum so eindrucksvoll, dass sie unmittelbar zur Berühmtheit avanciert. Durch
den Triumph in diesem Betätigungsfeld wird eine weitere deutliche Verbin-
dungslinie zur Inflation gezogen, da bei genauerer Betrachtung ein direkter
Zusammenhang zwischen der wirtschaftlichen Krisensituation und dem Tanz
besteht. Auch hier ist der gesellschaftliche Sittenverfall der Inflationsjahre wieder ein relevanter Aspekt, da dieser sich in einer umfassenden Vergnügungssucht
äußerte, welche sich zu großen Teilen in einer überreizten Tanzwut manifestier-
te.[26] Ein Hinweis darauf lässt sich auch an der Wahl des Titels erkennen, da
die Tanzbewegungen in den meisten Fällen zu den Klängen von Jazz vollführt
wurden. Die direkte Verbindung zur Inflation lässt sich daraus ableiten, dass Jazz
als das Abbild einer neuen und in erster Linie auch schnelleren Gesellschaft verstanden werden kann.[27]

Es ist allerdings nicht nur die Musikrichtung, die in Abhängigkeit zur Inflation steht, sondern auch die Art des Tanzes spielt eine wichtige Rolle. Zu Beginn
der 1920er-Jahre kam der Shimmy aus den Vereinigten Staaten nach Europa und
avancierte dort schnell zum Sinnbild der Tanzwut und des Sittenverfalls der
Inflationsjahre.[28] Dieser Tanz ist es auch, den Marianne am Ende ihres Debüts
aufführt:

> Die Größe und das Grauen der Zeit lag in diesem Tanz. Die Verzweiflung und
> die grelle Lustigkeit der Verzweiflung im Shimmytakt getanzt. Grelles Blech, win-
> selnde Geigen, schrille Pfeifen – alles war zusammengefaßt zu einem Cancan der
> Vernichtung – zu einer Jazzband der Verzweiflung, die mit ihrem eigenen Elend
> Schindluder treibt.[29]

---

24 Ebd. S. 30.
25 Ebd. S. 15.
26 Dies wird auch im Roman explizit thematisiert: „Eine Lustigkeit der Verzweiflung
    brach herein. [...] Tanz und Spiel und Wein regierten die Stunde". Ebd. S. 84.
27 Zur Relevanz des Jazz in der Nachkriegszeit vgl. Joachim Ernst Berendt. *Ein Fenster
    aus Jazz – Essays, Portraits, Reflexionen*. Frankfurt a. M.: Fischer, 1978.
28 Zur Popularität des Shimmys und seiner Entstehung vgl. Astrid Eichstedt/Bernd
    Polster. *Wie die Wilden: Tänze auf der Höhe ihrer Zeit*. Berlin: Rotbuch, 1985.
29 Dörmann. *Jazz* (wie Anm. 12). S. 118.

Im Shimmy als Höhepunkt der Show spiegelt sich die Komplexität der vorherrschenden Verhältnisse. Auf der einen Seite zeigt sich das „Grauen der Zeit" in Form einer ständigen Zunahme der Geschwindigkeit, die sich über alle Bereiche des Lebens erstreckt und so auch ihre Entsprechung in der Musik findet. Auf der anderen Seite ist es genau diese Musik, die die „Größe der Zeit" offenbart, da sie von den Menschen zur Flucht vor den schrecklichen Zuständen und dem Elend genutzt wird. Der Tanz wird somit nicht nur als Form des Eskapismus für die Tänzerin selbst, sondern als gesamtgesellschaftliches Phänomen dargestellt. Allerdings wird dieser Bewältigungsmechanismus immer wieder mit einer negativen Konnotation versehen, wie sich beispielsweise auch in der angeführten Passage daran zeigt, dass Musik und Bewegung in einem „Cancan der Vernichtung"[30] kulminieren.

Der Begriff ‚Zeit' ist allerdings auch noch in einem weiteren Zusammenhang zu verstehen: Durch den sich immer weiter beschleunigenden Wertverlust geht die Planungsfähigkeit verloren, wodurch wiederum Tugenden wie Sparsamkeit und Zukunftsvorsorge ihre Sinnhaftigkeit verlieren. Niemand kann wissen, was am nächsten Tag mit der Geldmenge von heute erworben werden kann. Jähner bezeichnet diese Entwicklung mit der Devise „Nur das Heute zählt"[31], was sich im Roman im Ausspruch „Wenn's Geld eh nix wert ist – wozu hebt man's auf"[32] wiedererkennen lässt. Die Folge der ungewissen Zukunftsaussichten und des gestörten Zeitgefühls sind der gnadenlose Konsum von allem, dessen man habhaft werden kann. Die entfesselten Ausschweifungen, die ganz der heutigen Vorstellung der *Roaring Twenties* entsprechen, finden im Roman ihre Entsprechung aber eben nicht nur in exzessivem Alkohol- und Drogenkonsum, sondern auch im übermäßigen Tanz. Die vielen Jahre, die während des Ersten Weltkriegs verloren wurden, scheinen kollektiv durch eine maximal gesteigerte Lebensgier kompensiert zu werden. Dies sorgt wiederum dafür, dass das ohnehin rapide steigende Lebenstempo noch weiter angetrieben wird. Es zeigt sich, dass die einzelnen Aspekte miteinander verbunden sind und sich in Form einer Spirale gegenseitig potenzieren. Gedacht wird daher nur noch in Extremen: „Es müsse eine Wendung kommen – hinauf oder hinunter. Staatsbankrott oder Sanierung... völliger Zusammenbruch oder Aufschwung".[33] Die Inflation erzeugt demnach eine Gesellschaft, die zwischen Abstieg und Aufstieg, Elend und Exzess, Leid und Lebenslust oszilliert.

---

30 Bei dem Cancan handelt es sich um einen schnellen französischen Tanz, der ungefähr 1830 in Paris entstand. Er wird hier neben dem Shimmy als zweiter Tanz angeführt, da er in seiner Entstehungszeit häufig in Cabarets wie dem Moulin Rouge getanzt und ebenfalls als Symbol des Sittenverfalls betrachtet wurde. Vgl. dazu Pierre Mariel/Jean Trocher. *Paris Cancan.* Bonn: Hieronimi, 1959.

31 Harald Jähner. *Höhenrausch. Das kurze Leben zwischen den Kriegen.* Berlin: Rowohlt, 2022. S. 82.

32 Dörmann. *Jazz* (wie Anm. 12). S. 84.

33 Ebd. S. 103.

3. *Kobes* – Wert(e)verlust als unternehmerische Chance

Ebenfalls im Jahr 1925 erscheint die Novelle *Kobes* von Heinrich Mann. Diese wurde bereits während der Hochzeit der Inflation, im Winter 1923/24, verfasst, jedoch erst im März des Folgejahres in der *Neuen Rundschau* publiziert.[34] Eigentlich sollte sie in einem Zyklus mit dem Titel ‚Novellen aus dieser Zeit‘ oder ‚Kobes und seine Welt‘ zusammen mit drei zusätzlichen ‚Inflationsnovellen‘ erscheinen.[35] Mit der Ausgliederung aus dem Zyklus erfolgt jedoch keine Abkehr vom grundlegenden Thema; die Novelle ist eng mit der innenpolitischen Situation in Deutschland im Jahr 1923 verknüpft, die maßgeblich durch die Hyperinflation geprägt wurde. Neben den zahlreichen Anspielungen auf das politische und gesellschaftliche Umfeld zeugt davon auch die explizite Fokussierung auf einen der großen Inflationsgewinner dieser Zeit.

Durch die konkrete Thematisierung der damals vorherrschenden Verhältnisse zeigt sich *Kobes* allerdings stark in seiner Entstehungszeit verhaftet. Bereits zu Beginn der Lektüre wird der Rezipient mit dem Phänomen der Okkasionalität[36] konfrontiert, da das Verständnis der Novelle ohne das Wissen um den (wirtschafts-)geschichtlichen und politischen Bezugsrahmen erheblich erschwert wird. Allerdings offenbart auch hier bereits der Anfang eine funktionale Verknüpfung von Inhalt und Form:

> Ein Mann lief durch die Stadt. Er trug einen Cut, im Laufen stand der nasse Cut wie Holz hinten ab, und Regen trommelte darauf. Sein Hut war fort; aber die Aktentasche hielt er fest. Um die fliegenden Beine warf er manchmal Arme samt Aktentasche, um noch höher zu fliegen. [...] Wo der einsame Läufer gerade patschte, sauste, anschlug, umfiel, da duckte sich der und jener angstvolle Kleinbürger beschleunigt in niedrige Türchen. [...] Da rannte er in zwei Herren. Augenblicklich Alarmzeichen; es zwitscherte durch das Haus. Der Sterbende klammerte sich auch noch an. Zwei Schüsse. Alle Türen auf. Haufen von Menschen. Wohin ist der Attentäter? Die Haufen wälzen sich. Dort auf den Stufen. Kopfabwärts liegt er in schwarzer Nässe! Man wendet sein Gesicht herum, indes immer noch wildes Zwitschern durchs Haus schrillt. Nun? Mittelstand, sonst nichts zu bemerken. In der Aktentasche ein Papier. Was sagt es? Gewählt ist Kobes.[37]

34 Franziska Schößler/Sarah Thiery. „Kobes (1925) und Inflationsnovellen“. *Heinrich Mann-Handbuch. Leben – Werk – Wirkung*. Hg. Andrea Bartl/Ariane Martin/Paul Whitehead. Stuttgart: J. B. Metzler, 2022. S. 105-108, hier S. 105.

35 Vgl. Jürgen Haupt. „Die Entwertung des Geldes und der Gefühle. Heinrich Manns ‚Inflationsnovellen‘ zur Gesellschaftskrise der zwanziger Jahre“. *Heinrich Mann Jahrbuch* 6 (1988): S. 52-69, hier S. 54.

36 Der Begriff wird hier nach dem Kunstverständnis von Gadamer verwendet. Vgl. Hans Georg Gadamer. *Wahrheit und Methode. Grundzüge einer philosophischen Hermeneutik.* Tübingen: Mohr Siebeck, 2010. S. 149-165.

37 Heinrich Mann. „Kobes“. *Novellen.* Band 3. Berlin/Weimar: Aufbau, 1978 (= Heinrich Mann. *Gesammelte Werke.* Hg. von der Akademie der Künste der Deutschen Demokratischen Republik. Band 18). S. 260-298, hier S. 260f.

Die kurzen, abgehackten Sätze im Stil eines Telegramms und der sich überschlagende Handlungsverlauf erzeugen von Beginn an ein rasantes Erzähltempo. Im weiteren Verlauf wird dies mit kontrastiver Bildlichkeit und der häufigen Verwendung von zeitdeckendem Erzählen in Form von Dialogszenen ergänzt, wodurch sich auch bei Mann eine Imitation der inflatorischen Geldanhäufung feststellen lässt.[38]

In dieser ersten Hälfte des Eröffnungskapitels wird bereits deutlich, dass es sich um eine allegorische Erzählung handelt. Der Herr im Cut repräsentiert offensichtlich den bürgerlichen Mittelstand und rennt sich im wahrsten Sinne des Wortes zu Tode, um eine Botschaft zu überbringen. „Kobes ist gewählt. Gleich wie, wo und von wem. Wieder einmal gewählt"[39], heißt es in den anschließenden Zeilen – zu diesem Zeitpunkt offeriert der Text jedoch noch keine Möglichkeit, festzustellen, wer oder was Kobes überhaupt ist. Erste Ansatzpunkte zum Verständnis finden sich in den darauffolgenden Kapiteln, wodurch erst nach und nach ein vollständigeres Bild entsteht.

3.1 ‚Stinnesierung' durch Inflationsschwindel

Im Zentrum der Novelle stehen der Unternehmer Kobes und sein riesiges Imperium, worauf bereits der Titel hindeutet. Die Figur des Kobes orientiert sich dabei stark am historischen Vorbild des Großindustriellen Hugo Stinnes. Dieser ist zur damaligen Zeit der berühmteste Wirtschaftsmagnat in Deutschland, der sich in der Nachkriegszeit mit einer ähnlichen Methodik wie Castiglioni ein umfassendes Konglomerat an Firmen und Beteiligungen aufgebaut hat.[40] Sein Erfolg und seine Profite waren dabei so umfangreich, dass er deswegen als ‚Inflationskönig' bezeichnet wurde. Das Vorgehen von Castiglioni und Stinnes ist dabei so ähnlich, dass sie teilweise sogar an denselben Geschäften beteiligt sind. Dass Mann bewusst auf die Folie des bekannten Schwerindustriellen zurückgreift, beweist eine Aussage aus einem Brief an Kurt Tucholsky vom 12. Mai 1924: „Diesen Winter schrieb ich auch den Hymnus der Inflation, eine Art Stinnes-Verklärung in Novellenform, kurz aber vehement".[41] In dieser Passage wird ebenfalls die Relevanz der Inflation für die Novelle und deren Verbindung zu Stinnes betont.

Die erste Verbindung zwischen Kobes und der Inflation lässt sich auf textlicher Ebene im zweiten Kapitel nachweisen. In diesem Kapitel besprechen die Rayonchefs des Unternehmens verschiedene Möglichkeiten zur Gewinnmaximierung

38 Vgl. Karin V. Gunnemann. *Heinrich Mann's Novels and Essays. The Artist as Political Educator*. Rochester/New York: Camden House, 2002. S. 116.

39 Mann. Kobes (wie Anm. 37). S. 261.

40 Für eine Rekonstruktion des Aufstiegs und einen Überblick über den geschäftlichen Erfolg vgl. Gerald D. Feldman. *Hugo Stinnes. Biographie eines Industriellen. 1870-1924*. München: C.H. Beck, 1998.

41 Sigrid Anger (Hg.). *Heinrich Mann 1871-1950. Werk und Leben in Dokumenten und Bildern*. Berlin/Weimar: Aufbau, 1971. S. 212.

und die zukünftige Strategie zur möglichst effizienten Ausbeutung der Arbeiter. In Bezug zum Mittelstand heißt es: „Wer hat den Mittelstand für den Aufbau begeistert? [...] Wir. Für Wirtschaft statt Staat? Wir. Für seinen eigenen Hintritt auf dem Felde der Inflation? Kunststück, wir".[42] Der wirtschaftliche Erfolg des Konzerns wird somit direkt in Abhängigkeit zur Inflation dargestellt. Das Unternehmen konnte durch die Inflation nicht nur Profite generieren, sondern dies geschah absichtlich zum Nachteil des Mittelstandes – der Großindustrielle wird somit als Inflationsgewinner charakterisiert.

Obwohl Kobes durch seine Rolle als Magnat eindeutig eine exponierte Stellung einnimmt, wird diese für die Öffentlichkeit bewusst verschleiert. Dies geschieht in Form von pathetischen Bescheidenheitsbekundungen, die über Lautsprecher verbreitet werden: „Ich habe einfache Gedanken, einfache Ziele. Ich bin nichts Vornehmes, Politik verstehe ich nicht. Rühriger Kaufmann bin ich. Sinnbild der deutschen Demokratie. Mich kann keiner. Ich bin Kobes".[43] Kobes zelebriert auf diese Weise eine regelrechte Selbstinszenierung, in der er seinen Erfolg mit maximalem Arbeitseinsatz und weltlicher Askese rechtfertigt: „Kobes schlemmt nicht, Kobes säuft nicht, Kobes tanzt nicht, Kobes hurt nicht, Kobes arbeitet zwanzig Stunden am Tag".[44] Bereits durch das hypertrophe Pathos wird der Inhalt dieser Parole allerdings als Propaganda entlarvt, die antidemokratische Bestrebungen andeutet.[45]

Die tatsächlichen Absichten offenbaren sich eindeutig im sechsten Kapitel, in dem Kobes bei einem Treffen mit einem amerikanischen Geschäftsfreund seine Pläne für die Zukunft erläutert:

> „Die ganze Welt." „Vertrusten", sagte der Kumpan. „Alles" – mit rundem Griff der grauweißen Hand. „Aufkaufen", sagte Kobes, „ich und ihr, Arm in Arm, und die Weltwirtschaft wird glatt Privatsache. Unser ist der Orbis pictus".[46]

Die propagierte Darstellung als „ehrbarer Kaufmann", der „ausgesprochen national"[47] ist, wird hier als Trugbild entlarvt. Es zeigt sich eindeutig, dass es dem Konzernchef lediglich um das Erzielen des maximalen Gewinns und die Steigerung seines eigenen Vermögens und Einflusses geht. Das Selbstbild des redlichen Unternehmers, der „Achtung vor Familie und Moral" hat, wird in diesem Gespräch zudem von der Frau des amerikanischen Geschäftspartners herausgefordert, da sie eine ungewöhnliche Forderung an Kobes stellt: Sie verlangt von ihm als Voraussetzung für den Geschäftsabschluss den Ehebruch.

Bevor es zu dieser Forderung kommt, wird Kobes allerdings erneut mit der Inflation in Verbindung gebracht, als die Frau ihn direkt fragt: „[...] wie kamen Sie nur auf den prachtvollen Inflationsschwindel, der Ihre Nation ganz

---

42 Mann. Kobes (wie Anm. 37). S. 262.

43 Ebd. S. 265.

44 Ebd.

45 Vgl. Ulrich Weisstein. *Heinrich Mann. Eine historisch-kritische Einführung in sein dichterisches Werk*. Tübingen: Max Niemeyer, 1962.

46 Mann. Kobes (wie Anm. 37). S. 277.

47 Hier und davor ebd. S. 278.

ausgequetscht hat? Sagen Sie's mir, bitte! Es ist der großartigste Schwindel seit Law".[48] Mit dieser Äußerung insinuiert sie, dass Kobes selbst für die rapide Geldentwertung in Form der Inflation verantwortlich ist, was schließlich durch den Vergleich mit John Law noch einmal bekräftigt wird. Auch die Bezeichnung als „Inflationsschwindel" ist in dieser Hinsicht interessant, da auf diese Weise das Artifizielle des Phänomens betont wird. Nach dieser Leseart hätte Kobes die Inflation bewusst geschaffen, um so seine geschäftlichen Interessen bestmöglich durchsetzen zu können. Es handelt sich hierbei allerdings um eine der häufig festzustellenden Hyperbeln, die als Stilmittel zur Entlarvung verwendet werden.

Neben der Verbindung zur Inflation eröffnet diese Szene einen maßgeblichen Zugang zur Analyse der Kobes-Figur. Der Unternehmer reagiert mit Ungläubigkeit auf die Frage der Dame und verweist lediglich auf seine Position als ehrbarer Kaufmann, der im Sinne der Nation agiert. In der Reaktion des Unternehmers lässt sich sein wahrer Charakter erkennen, da er offenbar tatsächlich an seine Außendarstellung zu glauben scheint. Die private Vermögensmaximierung steht für ihn im Einklang mit den Interessen Deutschlands, und der Verweis auf bürgerliche Werte und Moral stellen keine geschickte Maskierung von niederen Motiven dar. Offensichtlich beruft sich Kobes nicht nur zu Propagandazwecken in der Öffentlichkeit auf die genannten Ideale, er ist der festen Überzeugung, dass er auch nach ihnen handelt. Die Amerikanerin denkt, dass Kobes „von allen der größte Schurke" sei – sie stellt allerdings entsetzt fest, dass diese Einschätzung falsch ist und sie es nicht mit dem wahrhaften „Teufel"[49] zu tun hat. Stattdessen entpuppt sich Kobes lediglich als arbeitsbesessener Philister, dessen geschäftliche Aktivitäten jedoch so skrupellos und ausbeuterisch sind, dass nicht einmal die amerikanische Vorzeigekapitalistin ihn richtig einschätzen kann.[50]

Durch den deutlichen Bezug zum historischen Hugo Stinnes wird allerdings auch gezeigt, wie weit dieser schon mit der Vervollständigung seines „vertikalen Aufbau[s]"[51] fortgeschritten ist. Dieser sollte in der finalen Form alles beinhalten, von der Förderung der Rohstoffe über die Logistik bis hin zur Produktion. Gegenstand der Verhandlungen mit dem Amerikaner ist daher nicht ohne Grund die Eisenbahn, da diese einen enormen strategischen Wert für das Konzept des vertikalen Trusts aufweist.[52] Ermöglicht werden diese geschäftlichen Unternehmungen erst durch die Inflation, die die ökonomische Grundlage bildet. Allerdings steht nicht nur die konkrete Person Stinnes im Mittelpunkt, sondern auch der grundsätzliche politische und wirtschaftliche Einfluss, den Inflationsgewinner durch ihre massiven Profite in der Nachkriegszeit ausüben

48 Mann. Kobes (wie Anm. 37). S. 278.
49 Hier und davor ebd. S. 279.
50 Vgl. Walter Gontermann. *Heinrich Manns „Pippo Spano" und „Kobes" als Schlüsselnovellen*. Köln: Dissertation, 1973. S. 97f.
51 Mann. Kobes (wie Anm. 37). S. 262.
52 In einer zeitgenössischen Wochenschrift wurde die Relevanz der Eisenbahn für Stinnes eindrücklich beschrieben: „Nach diesen Mißerfolgen zur See winkt nun Herrn Stinnes zu Lande der große, der ganz große Coup: die Stinnesierung der Eisenbahn". Morus. „Stinnesierung". *Die Weltbühne. Wochenschrift für Politik – Kunst – Wirtschaft*. Nr. 47 (24.11.1921). S. 535f.

konnten. Die massiven Widersprüche zwischen der skrupellosen Ausnutzung von Inflation und Arbeitern auf der einen und der Propaganda des staatstreuen Wirtschaftsführers auf der anderen Seite deuten darauf hin, dass ein großer Teil der Machtausübung auf das ,System Stinnes' zurückgeht.

3.2 Verkehrte Rollen beim *Pas de deux*

Das Figurenensemble der Novelle ist hauptsächlich dadurch geprägt, dass verschiedene gesellschaftliche Schichten in Form von Typen charakterisiert werden. Neben Kobes als Kriegs- und Inflationsgewinner zeigt sich dies auch an der Figur des Dr. Sand, der die Intellektuellen verkörpert. Der Mitarbeiter von Kobes ist der Einzige, der die unmoralischen Machenschaften des Großindustriellen korrekt einschätzt und ihm etwas entgegensetzt. Trotz seiner ausgeklügelten Anstrengungen schlägt der Versuch, Kobes zu stürzen, fehl, was ihn schlussendlich zum Selbstmord animiert.[53] Bevor sich Sand auf den Weg zu Kobes in die oberste Etage macht[54], trifft er auf die Frau des Amerikaners. Er stellt sich der Dame vor, wodurch der satirische Aspekt seines Namens betont wird: „„Ich heiße Sand", sagte er. „Nicht Kant. Nur Sand".[55] Dieser explizite Verweis auf Kant thematisiert die Abkehr vom deutschen Idealismus, der sich aufgrund der Hyperinflation zum irrationalen Materialismus gewendet hat.[56] Der Intellektuelle erkennt in der Frau auf den ersten Blick „eine Verrückte", die allerdings „unbedingt nach Geld"[57] aussieht. Es zeigt sich schnell, dass es sich bei der Frau um eine dominante Persönlichkeit handelt, die Sand bewusst mit ihrer weiblichen Seduktion unter Druck setzt – sie wirkt auf ihn „wie ein Giftgas".[58]

Die Amerikanerin repräsentiert, wie die anderen Figuren in der Novelle auch, einen bestimmten Typus. Sie bleibt namenlos und wird von anderen Figuren

---

53 In der Forschung lassen sich unterschiedliche Tendenzen zur Deutung des Suizids erkennen. Während Haupt im Freitod einen Protest gegen die kapitalistischen Herrschaftsstrukturen postuliert, fasst Limburg diesen Umstand als einen Aufruf an die ethische Verantwortung des Rezipienten auf. Vgl dazu Jürgen Haupt. *Heinrich Mann*. Stuttgart: J. B. Metzler, 1980. S. 79 und David James Limburg. *Responsible Citizenship. The Works of Heinrich Mann in the Weimar Republic*. Ann Arbor: Dissertation, 1992.

54 Hierin lässt sich sinnbildlich der Versuch eines Machtaufstiegs erkennen. Vgl. dazu Peter Stein. *Heinrich Mann*. Stuttgart: J. B. Metzler, 2002. S. 100. In der Dynamik der niemals stillstehenden Aufzüge spiegelt sich zudem der pausenlose gesellschaftliche und soziale Auf- und Abstieg im Umfeld der Hyperinflation.

55 Mann. Kobes (wie Anm. 37). S. 268.

56 Vgl. Elke Emrich. *Macht und Geist im Werk Heinrich Manns. Eine Überwindung Nietzsches aus dem Geist Voltaires*. Berlin/New York: Springer, 1981. S. 166. Im sprechenden Namen des Intellektuellen lässt sich auch noch dessen uninteressantes Wesen und seine Impotenz erkennen, als er später ergänzt: „Nicht Kant. Nur Sand. Ich bin trocken und unfruchtbar [...]". Mann. Kobes (wie Anm. 37). S. 282.

57 Mann. Kobes (wie Anm. 37). S. 266f.

58 Ebd. S. 269.

sowie der Erzählinstanz nur als die „Dame" bezeichnet, worin sich eine Anspielung auf das zeitgenössische Modemagazin „Die Dame"[59] erkennen lässt. Die Frau wird früh als konsumorientiertes ‚Luxusweib' dargestellt, welches die Abkehr der moralischen Werte und den Sittenverfall der Inflationsjahre verkörpert. Wie bereits erwähnt, fordert sie von Kobes für den Abschluss des Geschäfts den Ehebruch, was zudem auch noch im Beisein ihres Mannes geschehen soll. Sie tut dies aber nicht nur, um Macht auszuüben, sondern ebenfalls aufgrund tiefer Bewunderung für den Magnaten, den sie schließlich für den größten ‚Teufel' hält. Beeindruckend wirkt auf sie nicht nur seine Skrupellosigkeit, sondern auch sein Reichtum, der im Vergleich zu den Amerikanern zwar geringer ausfällt, im Verhältnis allerdings deutlich größer ist, da die deutsche Bevölkerung durch die Inflation vollständig verarmt ist. Genau in dieser Diskrepanz liegt für sie der Reiz, da sich darin ihrer Ansicht nach eine Sünde verbirgt, die den Reichtum erst erstrebenswert macht: „Was hat man vom Reichtum, wenn er keine Sünde ist!"[60]

Zusätzlich zum Wertverlust verkörpert die Amerikanerin jedoch auch den charakteristischen Lebensgenuss der frühen 1920er-Jahre. Das stärkste Indiz dafür lässt sich in der finalen Forderung des Beischlafs erkennen. Offensichtlich genießt sie die Unsicherheit des Magnaten, da ihre letzte Aufforderung von einigen provokanten Bewegungen begleitet wird: „Sie bog sich vor und zurück, sie machte Shimmyschritte".[61] Das Ausführen der Shimmyschritte ist hier ein deutlicher Verweis auf den Sittenverfall der Inflationszeit, in dem gleichzeitig auch die provokative Erotik des Tanzstils mitschwingt. Die Referenz wird in diesem Fall dadurch potenziert, dass es sich um eine konkrete Situation handelt, in der ein Tabu gebrochen wird und somit eine tatsächliche Abkehr von der traditionellen Sittlichkeit zu konstatieren ist. Im Shimmy ist jedoch auch die Assoziation zum exzessiven Lebensgenuss erkennbar, wodurch in der Ausführung der Tanzschritte beide Elemente ihre Entsprechung finden.

Kobes, der mit seinen hyperkapitalistischen Unternehmungen massiv von der Inflation profitiert, wird in dieser Konstellation unmittelbar mit den Auswirkungen seines geschäftlichen Eifers konfrontiert. Der biedere Inflationsgewinner muss auf diese Weise zum ersten Mal die sozialen und gesellschaftlichen Konsequenzen buchstäblich am eigenen Leib erfahren – er wird von der Amerikanerin direkt aufgefordert, aktiv am Werteverlust zu partizipieren. Dem Tanz wird in diesem Zusammenhang wieder eine große Bedeutung beigemessen, da Kobes nach seiner widerwilligen Zustimmung zum Ehebruch eine weitere Anweisung erhält: „Sie sagte: ‚Auch tanzen müssen Sie, Mister Kobes'"[62] Sie nutzt Kobes'

---

59 Das Magazin widmete sich in den 1920er-Jahren einem edlen Stil, der auf individueller Eleganz beruhte und der die Neue Frau der Weimarer Republik repräsentierte. Vgl. dazu Mila Ganeva. *Women in Weimar Fashion. Discourses and Displays in German Culture. 1918-1933*. Rochester/New York: Camden House, 2008. S. 40. Die Amerikanerin verkörpert durchaus einige Aspekte dieser feministischen Idealvorstellung, wie zum Beispiel die Umkehr der Geschlechterrollen.

60 Mann. Kobes (wie Anm. 37). S. 279.

61 Ebd. S. 280.

62 Ebd.

Gier nach Geld und Macht derart aus, dass sie ihn für ihren eigenen Lustgewinn instrumentalisiert – sie dominiert und effeminiert ihn. Die Amerikanerin avanciert vollständig zur *femme fatale*, die in einem Spannungsfeld zwischen Eros und Macht agiert. Sie demütigt Kobes im Beisein ihres Mannes, indem sie ihn nicht nur gefügig macht, sondern dieser ebenfalls ihren Shimmyschritten folgen muss. Der Großindustrielle wird so von den finanziell überlegenen Amerikanern zur Aufgabe seiner Werte und seiner Moral gezwungen, worin sich die Unterwerfung der Arbeiterschicht (und der deutschen Bevölkerung) durch ihn selbst spiegelt.

Der Bezug zur Arbeiterschaft und der Bevölkerung wird durch einen Schichtwechsel im Hintergrund hergestellt. Arbeiter strömen aneinander vorbei, und im Zuge dessen wird auch die glorifizierende Parole wieder lautstark über das Radio kommuniziert: „Kobes schlemmt nicht, Kobes säuft nicht, Kobes tanzt nicht, Kobes hurt nicht –'".[63] Der Magnat wird nicht nur zum Bruch dieser Ideale gezwungen, sondern gleichzeitig auch auf seine Scheinheiligkeit hingewiesen, da die Frau ihn nach der Aufforderung zum Tanz auf die Diskrepanz zwischen seiner Selbstapotheose und der Bereitschaft zum unmoralischen Handeln explizit hinweist, sie „drehte ihn herum zu dem Getön der Radiostimme".[64] Sein sich rapide verschlechternder Zustand – er wird als „sterbensbleich" und als „Trauergestalt"[65] bezeichnet – ist demnach auf die direkte Konfrontation zwischen seinem Selbstbild und der Realität zurückzuführen. Bezeichnend ist in dieser Hinsicht auch der letzte Satz des Kapitels, den Kobes unmittelbar zu hören bekommt, nachdem er zur Radiostimme gedreht wurde: „Kobes arbeitet zwanzig Stunden am Tag".[66] Der folgende Ehebruch und Tanz werden für Kobes als Äquivalent zu dem dargestellt, was der Magnat seinen Mitarbeitern aufbürdet.

Die Konsequenz wird anhand von Kobes Auftreten nach dem ‚Tanz' mit der Amerikanerin spürbar: Er erscheint „[w]ie durch den Staub geschleift, ein armer Überrest". Der Großindustrielle kehrt als Paria zurück, dessen Verbindung zur inflationsbedingten wirtschaftlichen Belastung der Bevölkerung durch die Verwendung des Adjektivs „arm" hergestellt wird. Es folgt der Satz „Hatte seine Knochen verrenkt, sein schlichtes Kleid zu Fetzen zerknüllt".[67] In dieser Äußerung spiegeln sich die strapaziösen körperlichen Belastungen der Arbeiter und die zerrissenen Klamotten als erneuter Verweis auf die Armut, die nicht einmal eine zweckdienliche Kleidung ermöglicht. Es zeigt sich somit, dass Kobes in diesen Passagen selbst zum Opfer der kapitalistischen Machtstrukturen wird, an deren Entwicklung und Perfektionierung er maßgeblich beteiligt ist. Ebenfalls reflektiert das rapide Tempo der symbolischen Degradierung Kobes' die tänzerische Geschwindigkeit. Durch das dominante Verhalten der Dame ist während des Tanzes ein unmittelbarer Rollentausch auf physischer Ebene zu erkennen.

---

63 Mann. Kobes (wie Anm. 37). S. 280.
64 Ebd.
65 Hier und davor ebd.
66 Ebd.
67 Hier und davor ebd. S. 281.

Die Umkehr der Verhältnisse wird durch die Verbindung von tänzerischem Akt und Inflation aber zusätzlich um eine gesellschaftliche und soziale Dimension erweitert – die Allegorese der Szene offenbart den Tanz somit als konstitutives Element für eine multiple Verkehrung der Rollen.

Die Aufforderung der Dame zum Tanz bildet ihren letzten erwähnenswerten Auftritt in der Novelle. Dadurch, dass diese Äußerung am Ende platziert ist, wird dem Tanz als Symbol für Werteverlust und Lebensgenuss noch einmal eine größere Salienz zuteil. Obwohl er tatsächlich nur in einer Szene mit wenigen Worten erwähnt wird, fungiert der Tanz als ein wichtiges Element der Gesellschaftsdiagnose, die mit dieser Novelle ausgestellt wird. Eine negative Konnotation kann über die erläuterten Aspekte hinaus auch auf der motivischen Ebene hervorgehoben werden. Da in die Figur der Amerikanerin Züge des Hexen-Motivs[68] eingearbeitet sind, kann der Tanz auch als ,Hexentanz' interpretiert werden. Der Umgang mit Kobes erscheint in diesem Kontext als orgiastischer Hexensabbat, der nicht nur selbst gegen die herrschenden Wertvorstellungen verstößt, sondern in dem Kobes als der „ungebügelte Herr in Schwarz"[69] auch tatsächlich zum ,Teufel' umgedeutet wird.[70] Die geschäftlichen Praktiken des Magnaten werden auf diese Weise als dämonisch und die Hyperinflation als Werk des Teufels charakterisiert. Die mannigfaltigen Verbindungslinien zwischen Inflation und Tanz werden in *Kobes* also nicht nur in inhaltlicher, sondern unter anderem auch in motivischer Hinsicht evident.

4. Inflation und Tanz im Wechselspiel

Wie die Untersuchung gezeigt hat, ist die Inflation in beiden Texten nicht nur als Sujet zu identifizieren, sondern auch hinsichtlich Syntax und Erzähltechnik lassen sich Bezüge zu dem Phänomen feststellen. Deutliche Parallelen zeigen sich beispielsweise im abgehackt wirkendenden Satzbau und dem schnell fortschreitenden Erzähltempo, in dem sich die rapide Geldentwertung spiegelt. Allerdings wird dem Rezipienten in beiden Texten jeweils eine andere Perspektive auf das Phänomen der Inflation geboten. In *Jazz* erfolgt die Darstellung aus der Sicht der Bevölkerung – der Blickwinkel entspricht Personen, die der Teuerungsrate schutzlos ausgeliefert sind und damit umgehen müssen. Während Ernö Kalmar den Aufstieg durch Skrupellosigkeit und Betrug verkörpert, steht Marianne Hartenthurn für einen schmachvollen, aber unverschuldeten Fall. Die Inflation fungiert in dieser Hinsicht als Leitmotiv – nur durch deren

---

68 Dazu zählt zum Beispiel ihre Suche und Liebe zum Teufel, aber auch ihre verderbliche Wirkungsmacht und die Tatsache, dass die Sünde des Reichtums für sie positiv konnotiert ist. Der Hexentanz selbst muss natürlich ebenfalls als Element berücksichtigt werden.

69 Mann. Kobes (wie Anm. 37). S. 276.

70 Durch die damit verbundene Todes- und Höllenmetaphorik werden ebenfalls die destruktiven Aspekte des Hochkapitalismus deutlich gemacht. Vgl. dazu Schößler/Thiery. Kobes (1925) und Inflationsnovellen (wie Anm. 34). S. 106.

Auswirkungen begegnen sich die beiden und können den gemeinsamen Aufstieg vollziehen. Im Gegensatz zu dieser Mikro-Perspektive bietet *Kobes* einen Blick auf die Makro-Ebene. Die Figuren in der Novelle sind in ihrem Alltag nicht direkt von der Teuerungsrate betroffen und die Geldentwertung ist eher Geschäfts- als Lebensgrundlage. Der Fokus rückt vom einzelnen Menschen ab und wendet sich hin zum Kollektiv. Während Dörmann in seinem Roman konkrete Einzelschicksale vorführt, sind die Charaktere bei Mann nur grob umrissen und stehen stellvertretend für ganze gesellschaftliche Schichten.

Die größte Gemeinsamkeit auf der Figurenebene ist sicherlich im Vergleich von Kalmar und Kobes zu erkennen. Beide sind exponierte Inflationsgewinner und in beiden Charakteren lassen sich markante historische Vorbilder identifizieren. Während *Kobes* allerdings als karikierendes Portrait angelegt ist und man daher die Person Hugo Stinnes zum vollständigen Verständnis kennen muss, so basiert die Figur Kalmar lediglich auf historischen Folien. Zu dieser zeitlichen Verortung gehört auch der Schauplatz in der Metropole Wien, die ähnlich präzise portraitiert wird wie Stinnes in Manns Novelle. Eine konkrete Ortsangabe bleibt in *Kobes* aus, diese ist für die Entfaltung des kritischen Potenzials aber auch nicht notwendig. Beide Texte offenbaren ein solches Potenzial, allerdings in unterschiedlicher Hinsicht: Mann zeichnet eine mögliche Schreckensutopie, in der die noch junge und fragile Weimarer Republik dem Einfluss eines Großindustriellen unterliegt und dieser aufgrund seiner Inflationsprofite die vollständige Kontrolle über Deutschland an sich reißen kann. Darin enthalten ist eine grundlegende Kritik am kapitalistischen Wirtschaftssystem, dessen ungleiche Machtstrukturen sich durch die Hyperinflation nicht nur verschoben haben, sondern sogar noch eindimensionaler geworden sind. Dörmanns Kritik richtet sich ebenfalls an den Kapitalismus, bezieht sich aber weniger auf dessen politische Auswirkungen. *Jazz* beinhaltet vielmehr eine Forderung nach juristischer Kontrolle und damit verbundener Eindämmung der Spekulationsmöglichkeiten – die Kritik richtet sich somit vordergründig gegen das Phänomen der Spekulation. In jedem Fall wird die Kapitalismuskritik in beiden Werken im Kontext der damals vorherrschenden wirtschaftlichen Ausnahmesituation formuliert. Die Inflation ist daher nicht das unmittelbare Ziel der Kritik, sie wird jedoch als ganz klarer Katalysator für die Probleme des dahinterstehenden Wirtschaftssystems angeführt. Geschwindigkeit spielt dabei immer eine zentrale Rolle, da eines ganz klar aufgezeigt wird: So schnell wie der Aufstieg im Umfeld der Hyperinflation gelingen kann, so abrupt kann auch ein Absturz erfolgen.

Der Tanz ist das zweite wichtige Element, das als Ansatzpunkt zur Analyse dient – beide Faktoren sind in den Texten eng miteinander verbunden, wodurch eine komplementäre Untersuchung von Tanz und Inflation ermöglicht wird. Beide Aspekte haben dabei grundsätzlich eine nivellierende Funktion. Die Inflation trifft jeden im selben Umfang, sie beseitigt Differenzen bei Vermögen und Löhnen und gleicht somit gesellschaftliche Unterschiede aus; Tanz und Musik werden allgemein genutzt, um vom Alltag abzulenken. Der Jazz, der vor der Hyperinflation als trivial und verrucht galt und mit den Vergnügungs- und Rotlichtvierteln in New Orleans assoziiert wurde, wird in *Jazz* nun von allen gesellschaftlichen Schichten konsumiert und verdrängt sinnbildlich die klassische Musik: „Das Salonorchester wird von der Jazzband überschrien und zum Schweigen gebracht“.[71]

Trotz der egalisierenden Wirkung werden aber auch die großen Unterschiede deutlich, die sich hinsichtlich der beiden Aspekte offenbaren. Auch wenn viele Differenzen in der breiten Gesellschaft bereinigt werden, so erzeugt die Inflation auf der anderen Seite noch größere Ungerechtigkeit, da sich der größte Teil der Sachwerte auf nur vergleichsweise wenige Personen verteilt. Exemplarisch wird dies an der Rivalität von Kalmar und Wiesel deutlich, die Wien nahezu ausschließlich unter sich aufteilen. Das gleiche Prinzip ist in *Kobes* zu erkennen: Dort sind es der Großindustrielle und seine amerikanischen Geschäftspartner, die nicht nur Deutschland, sondern die ganze Welt zu ihren Gunsten halbieren wollen. Die Verwendung von Musik und Tanz lässt sich bei Dörmann auf zwei verschiedene Arten erkennen: Die verarmte Bevölkerung hat lediglich über qualitativ minderwertige Tonaufnahmen in heruntergekommenen Etablissements Zugang zur Musik und tanzt dort zur Betäubung und Flucht vor den Problemen des Alltags. Die Reichen und Mächtigen verfügen über die Möglichkeiten, mehrere Bands gleichzeitig zu buchen, die dann bei exzessiven Feierlichkeiten zu deren Vergnügen spielen. Bei Mann lässt sich lediglich die von Dekadenz geprägte Dame als Tänzerin feststellen, die durch ihre Shimmyschritte sinnbildlich für das Exzessive und Überreizte steht und daher eindeutig zur zweiten Kategorie gehört. Die Arbeiterschaft hat offensichtlich keine Berührungspunkte zur Musik – das Radio und die vorhandenen Lautsprecher werden lediglich zur Verbreitung der Kobes-Propaganda genutzt, die den Tanz darüber hinaus sogar zur kontraproduktiven Zeitverschwendung abqualifiziert.

Die grundlegende Ambivalenz der beiden Phänomene erscheint als relevanter Faktor, der die 1920er-Jahre entscheidend geprägt hat und in *Jazz* zur Konstruktion der Leitmotive und deren Etablierung beiträgt. Auf der Basis von inflationsgeprägten Alltagsproblemen und dem Jazz als Hintergrundmusik entwickelt der Roman seine Dynamik, die ansonsten von flachen, stereotypen Charakterzeichnungen und einem kolportagehaften Handlungsverlauf gekennzeichnet wird.[72] Diese grundlegende Dynamik wird zusätzlich durch das hohe Erzähltempo ergänzt, wodurch ein literarisches Abbild der immerzu vorwärts eilenden Nachkriegsperiode entsteht. Diese neue Zeit orientiert sich entschlossen nach vorne, nostalgische Rückblicke erscheinen zwecklos, Dingen aus der Vergangenheit wird nur Wert (im wahrsten Sinne des Wortes) zugemessen, wenn es sich um liquidierbaren Adelsbesitz oder Kunst handelt. Deutlich wird dies auch an Leo Wartenstein, der als Antipode zu Kalmar konstruiert ist und schließlich aufgrund seiner anachronistischen Ideen und Überzeugungen scheitert.

Mann verwendet Inflation und Tanz als Mittel zur Figurencharakterisierung – er erwähnt die Begriffe gezielt in wenigen Szenen, um die damit verbundenen Assoziationen nutzbar zu machen. Dennoch ist die Signifikanz der beiden Aspekte für Handlung und Interpretation nicht zu unterschätzen. Schließlich

---

71 Dörmann. *Jazz* (wie Anm. 12). S. 156.
72 Vgl. Schneider. *Felix Dörmann* (wie Anm. 18). S. 329-348.

sind es erst die massiven Kriegsprofite und Inflationsgewinne, die den Magnaten so einflussreich und mächtig machen, dass die Einführung des Kobes-Mythos gelingen kann. Die Wirtschaft wird auf diese Weise zur Religion transformiert, in der Kobes die exponierte Stellung eines gottgleichen Anführers einnimmt. Der Autor entwirft mit seiner Novelle ein perspektivisches Schreckensszenario für die noch junge Weimarer Republik, in dem die destruktiven Konsequenzen des modernen Hyperkapitalismus für die soziale Ordnung und politische Stabilität deutlich werden. Zur Umsetzung dieses Zwecks muss konstatiert werden, dass der Tanz lediglich eine wenig ausgeprägte Rolle spielt. Relevant wird der Shimmy erst in Verbindung mit der Inflation, da nur in Kombination der beiden Elemente die Charakterisierung der Amerikanerin und die Verkehrung der Rollen bei Kobes funktionieren kann.

Die große Bedeutung einer derartigen Verbindung von Musik und Inflation betont auch Alexander Kluy, der das Nachwort zur Neuauflage von *Jazz* geschrieben hat:

> Jazz wurde zum Signum und Soundtrack einer Dekade, die 1929/30 mit dem Schwarzen Freitag ihr jähes Ende fand. Bis dahin konnte der Jazz, die Kunst der musikalischen Improvisation, als Spiegel der ökonomischen Improvisation gelten. Jazz war der „Danse macabre des Schiebertums der Nachkriegszeit" [...].[73]

Betrachtet man die erläuterten Aspekte insgesamt, so erscheint die von Kluy formulierte These plausibel. Während der letzte Satz definitiv auf Dörmanns Roman zutrifft, erscheint der Shimmy in *Kobes* als der Hexentanz für die Inflationsgewinner des Interbellums. Wie der Rhythmus der Musik die Geschwindigkeit des Tanzes vorgibt, ist der Rhythmus der Inflation für die Geschwindigkeit der Wirtschaft verantwortlich. Dieser enge Zusammenhang von Inflation und Tanz wird bei beiden Texten deutlich, allerdings offenbart er sich bei der Lektüre von *Jazz* als prominenter und unmittelbarer. Verifizieren kann man diese Beobachtung anhand einer Textstelle, die die Erkenntnisse der Analyse überaus präzise verdichtet und als veritable Zusammenfassung angeführt werden kann: „Das schiebende Wien hat nur zwei Gesprächsthemen: das Valutageschäft und Natascha, die russische Tänzerin".[74]

5. Akzeleration – ein zeitloses Phänomen des Kapitalismus?

Obwohl die Hyperinflation nun ziemlich exakt 100 Jahre zurückliegt, offerieren sowohl der Roman als auch die Novelle auch für den zeitgenössischen Rezipienten interessante Anknüpfungspunkte zur Gegenwart. Dies liegt unter anderem auch daran, dass in beiden Texten direkte Kritik am Kapitalismus geübt wird, da dieser als vorherrschendes Wirtschaftssystem die Kulisse für ungebremste Profitgier und den inflationsbedingten gesellschaftlichen Wandel bietet. Die

---

73 Dörmann. *Jazz* (wie Anm. 12). S. 272.
74 Ebd. S. 123.

Prinzipien der kapitalistischen Wirtschaftsordnung sind für das Aufkommen der extremen Teuerungsrate verantwortlich und schaffen außerdem ein Umfeld, in dem die fragwürdigen Geschäfte der Inflationsgewinner überhaupt erst möglich werden. Die Beschleunigung des Geldumlaufs und das daraus resultierende gesteigerte Lebenstempo lassen sich also unmittelbar zum Kapitalismus als deren Ausgangspunkt zurückverfolgen. Durch den fest verankerten historischen Kontext lassen sich außerdem wichtige Erkenntnisse hinsichtlich Auswirkungen, Verlauf und Implikationen der Hyperinflation gewinnen. Im direkten Vergleich mit der Gegenwart scheint besonders die Erosion der gesellschaftlichen Stabilität, bedingt durch multiple Krisen und die inhärente Ungerechtigkeit des kapitalistischen Wirtschaftssystems, relevant.

Bereits in den 1920er-Jahren lassen sich demnach Tendenzen des Kapitalismus nachweisen, die auch in der heutigen Zeit wiedererkannt werden können. Die Inflation entpuppt sich in dieser Betrachtungsweise nicht zwangsläufig als die Ursache der genannten Entwicklungen – Kern des Problems ist vielmehr der Beschleunigungsprozess, der durch den aufkommenden Hyperkapitalismus gefördert und intensiviert wird. Die Teuerungsrate fungiert lediglich als Katalysator, der die sich ohnehin vollziehenden Abläufe nur beschleunigt. Die These, dass Akzeleration demnach die Konstante ist, die dem Wandel zugrunde liegt, kann auf diese Weise also durchaus bestätigt werden. Allerdings realisiert sich die Beschleunigung in dem Roman und der Novelle ausschließlich durch den Wertverlust des Geldes, technische Neuerungen spielen dabei keine Rolle – in der heutigen Zeit wird die Tempoerhöhung wiederum hauptsächlich durch den technologischen Fortschritt realisiert. Auch wenn eine nuancierte Ursachenforschung zur Akzeleration also unterschiedliche Antworten bieten kann, so führen beide im Endeffekt zum selben Ursprung: dem Kapitalismus. Genau darin liegt auch eine Verbindung zur Gegenwart, die schließlich eine gewisse Vergleichbarkeit der Perioden ermöglicht.

Parallelitäten offenbaren sich aber nicht nur im Hinblick auf das zugrundeliegende Wirtschaftssystem, sondern auch im Bereich der handelnden Personen, wie an den Inflationsgewinnern Kalmar und Kobes deutlich wird. Obwohl die Geschäftsmänner auf historischen Vorbildern basieren, bietet sich durch die oftmals stereotype Gestaltung der Figuren auch ein Vergleich mit realen Persönlichkeiten der Gegenwart an. Als Pendant zum rasanten Aufstieg und dem schlagartigen Fall Ernö Kalmars kann sicherlich René Benko angeführt werden. Bei der Betrachtung von Kalmar und Benko offenbaren sich bemerkenswerte Parallelen, wie auch anhand eines Zeitungsartikels über den Immobilieninvestor deutlich wird: „Mega-Yacht, Picasso, Palazzo in Venedig: Für René Benko war nur das Beste gut genug"[75] titelte die NZZ am 03. Dezember 2023, über Kalmar heißt es vergleichbar: „Nichts war ihm mehr gut genug".[76] Ein zeitgenössisches Pendant zu Kobes, seinen vielfältigen geschäftlichen Engagements und

---

75 Eva Konzett. *Mega-Yacht, Picasso, Palazzo in Venedig: Für René Benko war nur das Beste gut genug.* Neue Zürcher Zeitung, 03.12.2023.

76 Dörmann. *Jazz* (wie Anm. 12). S. 99.

seiner kultartigen Verehrung, lässt sich am ehesten in Elon Musk erkennen.[77] Das heutige Gegenstück zu Kobes kontrolliert nicht mehr Zeitung und Radio, sondern Microblogging-Dienste, die er zur Manipulation des öffentlichen Diskurses nutzt.

Beide Figuren (und auch ihre heutigen Äquivalente) streben allerdings nicht nur nach Geld und materiellen Gütern, sondern konkurrieren zudem um Prominenz und Reputation. Zur Zeit der Hyperinflation wurde ein solches Verhalten wirtschaftswissenschaftlich nicht tiefergehend untersucht, in der Gegenwart handelt es sich dabei um Forschungsaspekte der immer wichtiger werdenden Aufmerksamkeitsökonomie[78]. Die Frage danach, wie man Aufmerksamkeit für seine Zwecke nutzen kann, ist dabei nicht nur wirtschaftlich, sondern auch gesellschaftlich und politisch von großer Bedeutung. Kalmar setzt bewusst die Berühmtheit von Marianne ein, um selbst finanzielle und soziale Vorteile daraus zu ziehen. Ebenso versucht er schnellstmöglich, Bankpräsident zu werden, um auf diese Weise seinen gesellschaftlichen Status auch nach außen zur Schau zu stellen. Im Drang nach Prestigeprojekten in Form von Luxusimmobilien und seinen Verbindungen zur Politik lassen sich Parallelen zu René Benko erkennen. Kobes verbreitet mit seiner Propaganda ein positives Bild seiner selbst, was schließlich durch den Kobes-Mythos in einer Apotheose kulminiert. In Analogie dazu generiert auch Elon Musk durch seine großen Erfolge im Bereich der Aufmerksamkeitsökonomie politische Macht, wodurch sein Einfluss auf den gesellschaftlichen Diskurs noch umfangreicher wird. In den Texten lässt sich also bereits die Tendenz zur Ökonomisierung von Aufmerksamkeit feststellen, die besonders seit Beginn der letzten Dekade durch den rasanten Aufstieg des Internet- und Plattformkapitalismus immer relevanter wird. Zentral ist dabei die Bewirtschaftung von Aufmerksamkeit und Information als Quelle der Wertschöpfung – gleichzeitig entstehen durch eine derartige Fusion von Finanzökonomie und Kommunikationstechnologie neue unternehmerische Machtstrukturen, die immer stärker in gesellschaftliche und politische Prozesse eingreifen.[79]

Zum Abschluss lohnt sich ein Blick auf die Kombination von Inflation und Tanz in der Gegenwart. Trotz der tatsächlich vorherrschenden verstärkten Geldentwertung, handelt es sich dabei allerdings nicht um eine epochale Zäsur, wie

---

77 Diese Assoziation wird ebenfalls dadurch bekräftigt, dass die Information in Kobes Bürokomplex durch „[Z]witschern" übertragen werden. Mann. Kobes (wie Anm. 37). S. 261.

78 Den Grundstein für dieses Forschungsfeld legte Georg Franck 1998 mit seinem Buch *Ökonomie der Aufmerksamkeit*. Er beschreibt darin, wie sich neben der Ökonomie des Geldes noch ein zweiter Wirtschaftskreislauf gebildet hat, in dem um Aufmerksamkeit konkurriert wird. Wird so beispielsweise gesellschaftliches Ansehen gewonnen, kann dieses wieder in finanzielle Vorteile transformiert werden. Vgl. dazu Georg Franck. *Ökonomie der Aufmerksamkeit. Ein Entwurf.* München/Wien: Hanser, 1998.

79 Joseph Vogl argumentiert, dass auf diese Weise neue Paradigmen der Macht etabliert werden, die zu einer fragmentierten Öffentlichkeit, gesellschaftlichen Schismen und Demokratieverlust führen. Vgl. dazu Joseph Vogl. *Kapital und Ressentiment. Eine kurze Theorie der Gegenwart.* München: C. H. Beck, 2021.

dies bei der Hyperinflation der Fall war. Diese Zäsur lässt sich vielmehr in einem anderen Phänomen erkennen – der beschleunigten Zirkulation von Informationen. Durch die zunehmende Verfügbarkeit von Internet und Social Media auf dem Smartphone durch große Teile der Bevölkerung sind die Geschwindigkeit und die Menge der verbreiteten Informationen in der letzten Dekade sprunghaft angestiegen. Diese Informationsinflation wird besonders durch neue Formate auf Social Media Plattformen stetig weiter angefacht. Ein Vorreiter auf dem Gebiet der Kurzvideos ist dabei das Videoportal TikTok, welches im Jahr 2018 aus der App musical.ly hervorging. Der Dienst wurde ursprünglich entwickelt, um zu einem Playback-Lied die Lippen zu bewegen und dazu zu tanzen. Dies wird mittlerweile auch über TikTok praktiziert, allerdings bilden diese Videos bei weitem nicht mehr die einzige Form des Inhalts, der besonders für seinen hohen Anteil an Propaganda und Falschinformationen in der Kritik steht. In TikTok kann somit die sinnbildliche Symbiose von moderner (Informations-) Inflation und Tanz beobachtet werden. Ob darin, wie in der Novelle *Kobes*, eine „Prophetie des Faschismus"[80] erkannt werden kann, bleibt allerdings zu diskutieren.

---

80 Emrich. *Macht und Geist im Werk Heinrich Manns* (wie Anm. 56). S. 155.

Ansgar Mohnkern (Amsterdam)

Prousts Algorithmen[1]

1. Schlechte Unendlichkeit

Wie Marcel Prousts *À la recherche du temps perdu* gerade den Verfehlungen des Glücks nachspürt, das zeigt schon der erste Satz an. Denn was sich im Deutschen – „Lange Zeit bin ich früh schlafen gegangen."[2] – bloß wie die Meditation über zeitiges Zubettgehen liest, ruft im Wortklang des Originals jenes Glück („bonheur") auf den Plan, das vom geschriebenen Wort des Romans nur verstellt geliefert wird: „Longtemps, je me suis couché de bonne heure."[3] Solche Verfehlung, in der das Glück unter der Rede über die „rechte Stunde" („de bonne heure") begraben scheint, ist Proust so thematisch wie geheimnisvoll zugleich. Schließlich rührt sie die grundsätzliche Frage der *Recherche* an, wie das Glück nicht nur aufzuspüren oder zu benennen, sondern wie seiner am Ende gar habhaft zu werden ist. Viele Figuren – besonders die nuanciertesten unter ihnen wie Swann, Monsieur de Charlus oder eben Marcel selbst – sind darum Suchende, die sich in immer neuen Szenen und Wendungen der jeweils nächsten Verfehlung solchen Glücks hingeben. „Perdu" ist die Zeit nämlich nicht bloß als verlorene, sondern viel entschiedener noch als verschwendete, also als jene Zeit, die, statt sie dem ‚wahren' Glück zu widmen, zumal in der Welt des Mondänen, im Leben der Salons und nicht zuletzt auch in den so vielgestaltig vom Schmerz begleiteten Angelegenheiten der Liebe vergeudet wird.

Gerade die in der Gesamtheit des Erzählkomplexes ‚früheste' Schicht der *Recherche*, in welcher der erste Band (*Du côté de chez Swann*) mit der Episode *Un amour de Swann* die Liebe Swanns zu Odette nachverfolgt, hat für das Verständnis der Analyse solcher Verfehlung allergrößte Bedeutung. Zum einen greift die Episode, die selbst schon als kleiner Roman gelten könnte, auf eine innerhalb der Chronologie der *Recherche* gleichsam uranfängliche Zeit zurück, indem sie von Geschehnissen berichtet, die sich, wie Marcel selbst bemerkt, „avant ma naissance" (R: 153) abspielen. Zum anderen jedoch liefert Proust in der Aufzeichnung dieser unglücklichen Liebe Swanns – schließlich ist Swann auch jene Figur, die schon in Combray zu abendlichen Besuchen vorbeikommt und den kleinen Marcel im frühen Drama des Zubettgehens von seinem so unglücklich

1 Die hier vorgelegten Überlegungen bilden die ausführende Fortsetzung einiger Ideen, wie ich sie in einer zurückliegenden Studie bereits angerissen habe. Vgl. Ansgar Mohnkern. *Gegen die Erzählung: Melville, Proust und die Algorithmen der Gegenwart.* Wien: Turia + Kant, 2022.

2 Marcel Proust. *Unterwegs zu Swann. Auf der Suche nach der verlorenen Zeit.* Übers. Eva Rechel-Mertens, rev. und hg. Luzius Keller. Bd. 1. Frankfurt a. M.: Suhrkamp, 2004. S. 7.

3 Marcel Proust. *À la recherche du temps perdu.* Hg. Jean-Yves Tadié. Paris: Éditions Gallimard, 1999. S. 13 (im Folgenden: R).

ersehnten „baiser précieux et fragile" (R: 28) der Mutter fernhält – das ahnungs-
volle Vorbild für das spätere Schicksal Marcels, das in den rundum verzweifelten
Lieben zu Gilberte, ihrerseits Tochter Swanns und Odettes, wie vor allem zu
Albertine die Schmerzen wie auch Enttäuschungen jener Liebe umkreist, in der
die Begehrten immerzu so ephemer erscheinen wie am Ende auch das Glück
selbst.

Der erste Satz der *Recherche* spiegelt, indem er sein eigentümliches Klangspiel
zwischen gesprochener Sprache und Schriftlichkeit betreibt, vexierbildhaft die
Frage nach Glück und Unglück als eine, die immer auch das Medium betrifft.
Solches Bewusstsein vom Medium zeigt sich auch in *Un amour de Swann*.
So stellt ja das Muster aller späteren Liebesgeschichten der *Recherche* das Leiden des eifersüchtigen Swann dar, in dem, wie Deleuze einmal anmerkte, das
„geliebte Wesen [...] als ein Zeichen"[4] erscheint, hinter dem in der Wahrnehmung der unglücklich Liebenden wie in einem dämonischen Schattenreich, das
man ‚hinter' oder ‚abseits' der eigentlichen Welt vermutet, stets andere Affären
und Geliebte vermutet werden. Zu den medialen Aspekten der Proust'schen
„Abgründe der Eifersucht"[5], wie sie Swann exemplarisch durchlebt, gehört
darum auch die Lektüre von Briefen und – das nicht zuletzt – von Zeitungen.
Eines Tages liest also Swann in einer eben solchen die Anzeige zu Théodore Bar-
riéres Oper *Les Filles de marbre*. Angerührt durch „ce mot de ‚marbre'" (R: 288),
welches in dem Leidenden jäh die Fantasie über die Möglichkeit lesbischer Affären Odettes heraufbeschwört, setzt die Lektüre bei Swann die Arbeit eifersüch-
tiger Assoziationen unmittelbar in Gang, denen er doch eigentlich – „dans la
période de calme la plus longue qu'il eût encore pu traverser sans être repris d'ac-
cès de jalousie" (R: 288) – schon entkommen zu sein glaubte. Im Versuch, den
Apparat solcher Assoziationen, wie er im Eifersüchtigen beinahe maschinenhaft
die Leerstellen des Wissens immerzu auszufüllen strebt, zu beschwichtigen, blät-
tert Swann eilig weiter. Doch so wie noch Lacan wusste, dass das Begehren „mit
dem Nicht-begehren-Wollen identisch"[6] ist, liegt gerade in diesem Versuch, sich
von, wie Swann später selbst gegenüber Marcel einmal erklären wird, „le plus
affreux des supplices" (R: 1287) loszureißen, der eigentliche Beginn einer noch
viel wilderen Kette von Assoziationen, die den Leidenden nur umso tiefer in
den Bann seines Unglücks schlägt. Proust, nicht zuletzt als Autor von Berichten
über Salonbesuche im *Figaro* selbst bestens mit dem Wesen des Mediums der
Zeitung vertraut[7], bemerkt:

---

4 Gilles Deleuze. *Proust und die Zeichen*. Übers. Henriette Beese. Frankfurt a. M.: Ullstein, 1978, fotomechanischer Nachdruck Berlin: Merve, 1993. S. 10.

5 Roland Barthes. *Proust. Aufsätze und Notizen*. Hg. Bernard Comment, übers. Horst
   Brühmann und Bernd Schwibs. Berlin: Suhrkamp, 2022. S. 136.

6 Jacques Lacan. *Die vier Grundbegriffe der Psychoanalyse. Das Seminar, Buch XI (1964)*.
   Wien: Turia + Kant, 2015. S. 247.

7 Vgl. auch die Episode in À *l'ombre des jeunes filles en fleurs* über das Warten auf die
   Antwort zu dem Artikel, den Marcel selbst an den *Figaro* gesendet hat. Schon früher
   bemerkt Proust: „Mais il est bien possible que, même en ce qui concerne la vie millé-
   naire de l'humanité, la philosophie du feuilletoniste selon laquelle tout est promis à
   l'oubli soit moins vraie qu'une philosophie contraire qui prédirait la conservation de

Sans oser lever les yeux vers le journal, il le déplia, tourna une feuille pour ne plus voir ce mot: *Les Filles de Marbre* et commença à lire machinalement les nouvelles des départements. Il y avait eu une tempête dans la Manche, on signalait des dégâts à Dieppe, à Cabourg, à Beuzeval. Aussitôt il fit un nouveau mouvement en arrière. Le nom de Beuzeval l'avait fait penser à celui d'une autre localité de cette région, Beuzeville, qui porte uni à celui-là par un trait d'union un autre nom, celui de Bréauté, qu'il avait vu souvent sur les cartes, mais dont pour la première fois il remarquait que c'était le même que celui de son ami M. de Bréauté, dont la lettre anonyme disait qu'il avait été l'amant d'Odette. Après tout, pour M. de Bréauté, l'accusation n'était pas invraisemblable; mais en ce qui concernait Mme Verdurin, il y avait impossibilité. (R: 289)[8]

„Beuzeval" – „Beuzeville" – „Bréauté": Hier, so scheint es, schauen wir in die Werkstätte der Eifersucht. Ganz nach dem Befund Sigmund Freuds etwa, der in seinen *Vorlesungen zur Einführung in die Psychoanalyse* nur wenige Jahre nach dem Erscheinen von *Du côté de chez Swann* einen „Verschiebungsmechanismus" benannte, „der an der Entstehung der wahnhaften Eifersucht so regelmäßig Anteil hat"[9], wendet der Roman diesen psychischen Mechanismus in einen rhetorisch-formalen um. Er tut dies, indem er jene Form tropischen Sprechens nachvollzieht, deren Metier – von einem geografischen Punkt zum anderen weisend – im Verschieben von semantischen Grenzen liegt: der Metonymie. In der metonymischen Kette nämlich, die in der Reihe der genannten drei Namen gebildet wird, spiegelt sich gleichsam der tropologische ‚Wert' der Eifersucht. So ist deren Wahrheit nicht darum so „introuvable" (R: 226), weil Swann sie nicht angemessen sucht. Vielmehr ist sie dies, weil ihre Elemente einer einzigen, gleichsam horizontalen Ebene angehören, in der die Referenzketten – übrigens

---

toutes choses." (R: 382) – „Es ist jedoch sehr gut möglich, daß sogar im Lauf der jahrtausendealten Menschheitsgeschichte die Philosophie der Zeitungsschreiber, nach der alles dem Vergessen anheimfällt, weniger wahr ist als die entgegengesetzte, die da behauptet, daß alles irgendwie erhalten bleibt." (Marcel Proust: *Im Schatten junger Mädchenblüte. Auf der Suche nach der verlorenen Zeit* [wie Anm. 2]. Bd. 2. S. 74)

8 „Er wagte nicht, noch einen weiteren Blick auf diese Seite der Zeitung zu werfen, sondern entfaltete sie ganz und wendete die Blätter um, damit er nicht noch einmal den Titel *Les filles de marbre* sehen müßte. Mechanisch überflog er die Nachrichten aus der Provinz. Im Kanal hatte ein Sturm gewütet, es war von Verwüstungen in Dieppe, Cabourg und Beuzeval die Rede. Wiederum war es für ihn wie ein Schlag.
Der Name Beuzeval rief in seinem Bewußtsein den eines anderen Orts in jener Gegend wach, Beuzeville, an den mit einem Bindestrich ein anderer hinzugesetzt ist, nämlich Bréauté; er hatte ihn oft auf den Karten gesehen, machte sich aber jetzt zum ersten Mal klar, daß es ja der Name seines Freundes Monsieur de Bréauté sei, von dem der anonyme Brief behauptete, er sei Odettes Liebhaber gewesen. Wenn man es recht bedachte, war die Unterstellung für Monsieur de Bréauté nicht eben unwahrscheinlich, während die Sache mit Madame Verdurin einfach unmöglich schien." (Marcel Proust. *Unterwegs zu Swann* [wie Anm. 2]. S. 521f.)

9 Sigmund Freud. *Vorlesungen zur Einführung in die Psychoanalyse. Studienausgabe.* Hg. Alexander Mitscherlich/Angela Richards/James Strachey. Bd. 1. Frankfurt a. M.: S. Fischer, 1969. S. 253.

ganz der Unübersichtlichkeit gesellschaftlicher Verbindungen entsprechend, die
der Roman uns immer wieder vorführt – prinzipiell unabschließbar sind und
damit jenes unstillbare „désir de connaître la vérité" (R: 223), das den Eifersüchtigen so unerbittlich treibt, in ständigen Aufschüben, losen Assoziationen und
Verfehlungen fortwährend ratlos und unbefriedigt zurücklässt. Immer wieder
nämlich wird er verwiesen auf ein immer bloß ‚Anderes‘ jener Wahrheit, die er
vergebens sucht: „une autre localité", „un autre nom".

Abermals zeigt sich im Übrigen Prousts ungeheures Formbewusstsein. Denn
nicht umsonst paart sich diese metonymische Struktur der Eifersucht elementar
auch mit jener Operation, für die die *Recherche* ja ansonsten so bekannt geworden ist: nämlich die des Erzählens.[10] Das hat seinen Grund in der Struktur beider Systeme. So wie der Eifersüchtige nämlich lieber bloß vergebens sucht, was
er als ‚den Anderen‘ im Dreieck des Begehrens gerade *nicht* zu finden hofft, so
will auch die Erzählung, suggeriert sie auch noch so sehr eine Richtung oder gar
ein Ziel, im Grunde nie enden. Schließlich bedeutete ihr Ende – davon wissen
bekanntlich schon die von Proust so geliebten Geschichten aus *Tausendundeiner
Nacht* – so etwas wie den eigenen Tod. Als Aneinanderreihung von immer wieder
neuen Figuren, Dingen und Ereignissen wird die Erzählung dabei getragen von
jener dem Charakter nach (metonymischen) „Berührungsassoziation"[11], wie
sie schon Roman Jakobson als ihr elementares Organisationsprinzip benannte.
Beide, Eifersucht („Beuzeval" – „Beuzeville" – „Bréauté") und Erzählung (erst
A, dann, B, dann C), stehen in der Sprache des Romans in einer Kette von Phänomenen und Tatbeständen, hinter denen sich – und darin liegt die ‚Essenz‘
dieser Operation – im Grunde eben bloß ein Nichts verbirgt: „il n'y a rien"
(R: 227). Dies gilt jedoch nicht darum, weil solches „rien" sich nicht mit einer
weiteren Assoziation auffüllen ließe, sondern weil es sich gegenüber jener Frage
bemisst, die am Ende auf der Ebene des Metonymischen gar nicht zu lösen ist:
nämlich der Frage nach einer Wahrheit, die – zumindest nach klassischem Kor-
respondenzprinzip – immer auch eine *andere* Ebene (etwa die der Wirklichkeit)
benötigt. So kennen metonymische Ketten, wie sie sowohl Eifersucht als auch
Erzählung hervorbringen, immer nur die Fantasie des je nächsten Liebhabers
oder Ereignisses, sind aber gerade dadurch im eigentlichen Sinne ‚unglückliche‘
Ketten. Denn zwar mäandrieren sie gleichsam in der Horizontalen, doch sind
sie nicht in der Lage, jene von Prousts Titeln aufgerufene Ebenen der „noms"
(R: 307) und der „pays" (R: 509) als den sie tragenden Wegmarken zu verlassen.
In ihrer latenten Unendlichkeit bannen die Ketten die Akteure als Suchende
dort, wo das Gesuchte in einer (mit Hegel schlechten) „infinité d'amours suc-
cessifs, de jalousies différentes" (R: 297) nicht zu finden ist. Diese Unendlichkeit des Eifersüchtigen ist zugleich die der Erzählung, die auszustellen und zu

---

10 Nicht umsonst ist der Gründungstext moderner Narratologie, Gérard Genettes *Diskurs der Erzählung*, auch ein Buch über Proust. Vgl. Gérard Genette. *Die Erzählung*.
Übers. Andreas Knop. 3. Aufl. Paderborn: Fink, 2010. S. 9-174.

11 Roman Jakobson. „Randbemerkungen zur Prosa des Dichters Pasternak" [1935].
Ders. *Poetik. Ausgewählte Aufsätze 1921-1971*. Hg. Elmar Holenstein/Tarcisius
Schelbert. Frankfurt a. M.: Suhrkamp, 1979. S. 192-211, hier S. 202.

ergründen die *Recherche* sich vornimmt. Sie ist das Medium, das das Glück einer Wahrheit verspricht, es aber zugleich doch ungreifbar macht, weil ihr Geschäft darin liegt, dass sie es immer wieder verfehlt.

2. Prousts Methode

Buchstäblich lesbar wird schlechte Unendlichkeit also dort, wo sie sich – wie beim Lesen der Zeitung – an ein Medium haftet. Das gilt auch für den Roman selbst. Schließlich überschüttet Proust, so scheint es, auch uns bis zum allerletzten Band der *Recherche* mit jener schier endlosen Masse an geschriebenem Wort, die er noch bis zu den letzten Tagen seines Lebens in den unermüdlichen Anmerkungen, mit denen er die Druckfahnen für seinen Verleger Gaston Gallimard versieht, anschwellen lässt. Das heißt also, dass zuletzt auch wir selbst es sind, die in solche Unendlichkeit verwickelt werden. Um dieser Erfahrung ihren angemessen Raum zu geben, legt Proust erst an jenem späten Wendepunkt der *Recherche*, an dem Marcel in *Le temps retrouvé* im „cour de l'hôtel de Guermantes" (R: 2262), von einem heraneilenden Auto überrascht, zur Seite springt, die Aussicht auf eine Alternative zu den ewigen Verschiebungen der Erzählung frei.[12] Bis hierher hatten die metonymischen Referenzen, die die Erzählung am Leben erhalten, bloß den Schatten von Wahrscheinlichkeit – Proust spricht von „l'ombre de vraisemblance" (R: 287) – hervorgebracht. Nun aber macht Marcel, der – „un pied sur le pavé plus élevé, l'autre pied sur le pavé le plus bas" (R: 2263) – buchstäblich aus der Unendlichkeit der Erzählung heraustritt, eine

---

12 „Mais au moment où, me remettant d'aplomb, je posai mon pied sur un pavé qui était un peu moins élevé que le précédent, tout mon découragement s'évanouit devant la même félicité qu'à diverses époques de ma vie m'avaient donnée la vue d'arbres que j'avais cru reconnaître dans une promenade en voiture autour de Balbec, la vue des clochers de Martinville, la saveur d'une madeleine trempée dans une infusion, tant d'autres sensations dont j'ai parlé et que les dernières œuvres de Vinteuil m'avaient paru synthétiser. Comme au moment où je goûtais la madeleine, toute inquiétude sur l'avenir, tout doute intellectuel étaient dissipés. Ceux qui m'assaillaient tout à l'heure au sujet de la réalité de mes dons littéraires, et même de la réalité de la littérature, se trouvaient levés comme par enchantement." (R: 2262) – „[...] als ich wieder Halt fand und meinen Fuß auf einen Stein setzte, der etwas weniger hoch war als der vorige, schwand meine ganze Mutlosigkeit vor dem gleichen Glücksgefühl, das mir zu verschiedenen Epochen meines Lebens einmal der Anblick von Bäumen geschenkt hatte, die ich auf einer Wagenfahrt in der Nähe von Balbec wiederzuerkennen gemeint hatte, ein andermal der Anblick der Kirchtürme von Martinville oder der Geschmack einer Madeleine, die in den Tee getaucht war, sowie noch viele andere Empfindungen, von denen ich gesprochen habe und die mir in den letzten Werken Vinteuils zu einer Synthese miteinander verschmolzen schienen. Wie in dem Augenblick, in dem ich die Madeleine gekostet hatte, waren alle Sorgen um meine Zukunft, alle Zweifel meines Verstandes zerstreut. Die Bedenken, die mich eben noch wegen der Realität meiner literarischen Begabung, ja der Literatur selbst befallen hatten, waren wie durch Zauberschlag behoben." (Marcel Proust. *Die wiedergefundene Zeit. Auf der Suche nach der verlorenen Zeit* [wie Anm. 2]. Bd. 7. S. 257).

zumal für den emanzipativen Charakter des Romans entscheidende Erfahrung. Durch die Unverbundenheit jener „deux pavés inégaux" (R: 2272) nämlich tritt plötzlich die Notwendigkeit der eigenen Übersetzungsleistung in Erscheinung, die die Ordnung der bloßen Abfolge erzählerischer Elemente verlässt, um stattdessen zwei disparate und voneinander getrennte Ebenen in einem Augenblick miteinander zu koordinieren. Ins Zeitliche gewendet, geht es bei dieser Koordination zweier Ebenen um die Ergründung einer Gleichzeitigkeit von Ungleichzeitigem und der damit verbundenen Wiedergewinnung einer „vérité d'un passé" (R: 2272). Wie aus dem Nichts nämlich tritt aus der unendlichen Kette aneinandergereihter Elemente eine „vérité de tout le tableau" (R: 2272) hervor, an dem nicht nur das Schema von Verschiebung und Metonymie durchbrochen wird, sondern am Ende auch das Erzählen selbst.

Aus *temps perdu* wird hier somit *temps retrouvé*, und aus den Untiefen der Vergangenheit taucht in der Gegenwart auf, was beides zugleich ist: „à la fois dans le présent et dans le passé" (R: 2267). Damit tritt hingegen auch ein nicht mehr bloß wahrscheinliches, sondern im strengen Sinne wahres Ich, ein „vrai moi" (R: 2267) auf den Plan. Dieses nimmt solche Gleichzeitigkeit nicht bloß zur Kenntnis, sondern – und das ist entscheidend – erkennt sie als das, was sie ist. Im Sprung zwischen zwei pflastersteinartigen Ebenen nämlich findet dieses Ich unmittelbar ein angemessenes Symbol und vollzieht zugleich an ihm jene Übersetzungsleistung nach, welche die Zeichen der Lebenswelt nicht mehr nur als je einzelne und kettenhaft aufgereiht begreift, sondern in ihrer Einmaligkeit aus dem Kontinuum der Erzählung heraussprengt, sie zur Gegenwart bringt und am Ende damit sich selbst, als Agent dieser Übersetzung, aus dem unglücklichen Stand schlechter Unendlichkeit befreit. Denn – und darin gibt sich Proust sein ästhetisches Programm – jenes „vrai moi" begreift das Bild der beiden unebenen Pflastersteine nicht mehr als eine Metonymie, sondern als deren tropologisches Gegenstück. Er begreift sie als „métaphore" (R: 2280).

Prousts *Recherche* liefert hier, indem sie die ‚schlechte' metonymische Unendlichkeit durchbricht und ihr den metaphorischen Sprung einer Gleichzeitigkeit zweier Ebenen entgegensetzt, die Sabotage erzählerischer Ordnung. Diese verfolgt ihr Programm darin, dass sie zugleich auch einen Moment identifiziert, in dem sie die Möglichkeit von einem „rapport unique" freilegt, „que l'écrivain doit retrouver pour en enchaîner à jamais dans sa phrase les deux termes différents." (R: 2280) In der Freilegung dieser Verbindung zweier Ebenen sprengt der Schriftsteller das metonymische Gefüge, das der Roman zugleich ist. Damit wiederum liefert die *Recherche* nicht nur ein ästhetisches Programm, das sie selbst betrifft, sondern weist auch auf die Möglichkeit einer zukünftigen Konstellation hin, in der an ihr, da sie selbst zu einem vergangenen Ereignis – etwa der Literaturgeschichte – geworden ist, ein Wahres sichtbar wird, das sich im Augenblick der Niederschrift noch nicht zu zeigen im Stande ist. Der Roman dient sich also einer noch zukünftigen Nachwelt an und also all jenen, die sich ihm, um ihre dann je eigene Gegenwart zu verstehen, als einem dann längst vergangenen nähern. Damit vollzögen sie – in gewisser Weise stolpernd wie Marcel selbst – nach, worin die *Recherche* ihr eigenes Verfahren erkennt: die plötzliche Korrespondenz metaphorischer Gleichzeitigkeit.

Zumal die methodischen Konsequenzen sind durchaus fundamentaler Natur. Denn wie vielleicht kein zweites literarisches Ereignis weist die *Recherche* zugleich die Praxis ihrer je zukünftigen Lektüre an. Im Übrigen teilt sie darin auf frappierende Weise jenen methodologischen Standpunkt, wie ihn einer ihrer frühesten Übersetzer, Walter Benjamin, formulierte, als er von einem „historische[n] Index der Bilder" sprach, die „erst in einer bestimmten Zeit zur Lesbarkeit kommen".[13] Nicht bloß *in* Proust zeigt sich in diesem Sinne die Suche nach der verlorenen Zeit, sondern weit über ihn hinaus. Sie ragt in die Zukunft ihres Gelesenwerdens hinein und will darin jenen eine Wahrheit liefern, die, indem sie in ihre je eigene Gegenwart verstrickt sind, jenen „rapport unique" als den Marker der Entsprechung *zweier* Ebenen nicht zu finden im Stande sind. Dies ist zumal dann der Fall, wenn eben diese Gegenwart selbst vielleicht nichts anderes zu bieten hat als immer wieder neue Ketten von Verweisen, Referenzen, metonymischen Verschiebungen und – dies eben auch – Erzählungen. Die Methode, wie die *Recherche* sie uns liefert, fordert also auf, sie zu lesen als die Suche nach dem je eigenen Stolpern, durch welches die Gegenwart, die zu verstehen bisweilen ein unabsehbares Meer von unlesbaren und unwahren Zeichen uns hindert, plötzlich so erscheint, wie sie allein es nie zu tun in der Lage wäre: nämlich im Stand ihrer unvermuteten, gleichsam metaphorischen Entsprechung mit Proust. Darin dann findet sie eine Wahrheit an sich selbst.

3. Algorithmen

Lässt sich mit Proust also der intime Zusammenhang nachverfolgen, der zwischen dem metonymischen Gefüge des Erzählens einerseits und den Spuren der Unwahrheit, die dieses verwaltet, andererseits besteht, so mag das zugleich ein Licht darauf werfen, warum ausgerechnet heute, wie vielleicht nie zuvor in der modernen Geschichte, jeder und alles eine Erzählung hat. Ganz gleich ob Individuen oder Institutionen, ,personalities' oder Unternehmen: Es gilt als ausgemacht, dass es nicht ohne Erzählung geht. Dabei gehört zur Lage unserer Gegenwart auch, dass – und dafür sind jene ,Erzählungen', die etwa die vielen Dreistigkeiten eines längst global gewordenen Trumpismus befeuern, vielleicht die augenscheinlichsten Phänomene – sich der Wert der Wahrheit in einer regressiven Bewegung befindet. Um diese Malaise der Wahrheit heute zu verstehen, in der sich das schon von der *Recherche* erkannte und benannte Prinzip von einer „ambition mondaine" (R: 62) mit den vielen unwahren Erzählungen über sich selbst und andere paart, mag aber gerade Prousts Methode der Schlüssel sein. Denn nicht nur ist Proust so etwas wie der Radiologe des Erzählens, der die Funktionen, Techniken und am Ende eben auch Unwahrheiten, die es erzeugt, durchleuchtet, sondern ebenso fordert gerade jenes strategische Prinzip einer Gleichzeitigkeit des Ungleichzeitigen dazu auf, die *Recherche* wie eine

---

13 Walter Benjamin. *Das Passagen-Werk*. Ders. *Gesammelte Schriften*. Bd. 5. Hg. Rolf Tiedemann/Hermann Schweppenhäuser. Frankfurt a. M.: Suhrkamp, 1991. S. 577.

Folie der Verfremdung auch – oder gerade – unserer Gegenwart unterzulegen. An den Entsprechungen beider Ebenen gilt es, eine Art von Prisma zu finden, durch das gerade jene Formen und Praktiken zur Darstellung gelangen, an denen sich die Konjunkturen der Unwahrheit dezidiert nachvollziehen lassen.

Nun gilt bei Proust, dass sich die Spuren des Unwahren, wie sie bei Swann Treiber der Eifersucht sind, zumal an Situationen zeigen, die die Begegnung mit einem Medium anbelangen. Dabei zeigt sich aber, dass das Unglück des Eifersüchtigen nicht in den immer bloß symptomatischen Phänomenen („Beuzeval" – „Beuzeville" – „Bréauté") liegt, an denen es bei der Lektüre der Zeitung bloß zufällig haftet, sondern vielmehr von den Strukturen selbst bedingt ist, die den Mechanismus der Verkettung derselben in Gang halten. Das heißt auch, dass die ‚Wahrheit' dieses Unglücks nicht der und die Geliebte der Betrügenden ist, sondern vielmehr, dass zwischen Eifersüchtigem und Verdacht sich eine dem Prinzip nach unendliche Kette metonymischer Referenzen spinnt, die beide – und zwar erzählerisch – unzuverlässig verbindet. Das Unglück ist aber auch eines von Unwahrheit, deren ‚Wahrheit' wiederum nicht in der Sache selbst liegt, sondern allein auf der Ebene der Struktur. So liegt der Sprung der Erkenntnis, den Proust uns liefert, nicht darin, dass wir uns jemals sicher sein können, mit wem sich Odette die Zeit vertreibt, sondern vielmehr in der Einsicht, dass die Eifersucht selbst eine erzählerisch organisierte und darum – weil sie an metonymischen Ketten hängt – unwahre Figur von gerade solchen Referenzen darstellt, die sich an ein Medium wie das der Zeitung bloß zufällig heften.

Nun ist das hegemoniale Medium unserer Gegenwart jedoch gewiss nicht mehr die Zeitung. Vielmehr leben wir heute in einer Konstellation, in der „les choses mondaines" (R: 30) längst zu digitalen Angelegenheiten geworden sind. Referenzielle Verkettungen finden sich nicht mehr gedruckt, sondern sind Bestandteile einer Welt, in der ‚Realität' dort als Effekt erzeugt wird, wo sie ja im Grunde gar nicht besteht: in den sozialen Medien, den Suchmaschinen, in Onlineshopping oder Onlinedating und – das vor allem – im Austausch und in der Aufzeichnung ungeheurer Mengen von Daten. Reihen sich in Swanns Zeitung noch die Namen und Orte Nordfrankreichs wie Referenten einer narrativen Kette aneinander, so sind es heute unendlich viel mehr Elemente, die – schließlich klicken und daddeln wir alle unendlich lang fort – den Akut des Mondänen insgesamt entschieden auf dessen Betriebsamkeit verschoben haben, und zwar sowohl im sozialen als auch und vor allem im technischen Sinne. Nehmen wir also mit Proust an, dass sich hinter der Konjunktur von Unwahrheiten immer auch Strukturen metonymischer Verkettungen verbergen, so müssen wir diese heute nicht in der Zeitung suchen, sondern in der Welt neuer medialer Hegemonie: also in der Welt des Digitalen.

Eklatant an der neuen medialen Wirklichkeit scheint jedenfalls, dass sie, wenn nicht mit einer Konjunktur der Lüge (wie etwa im Falle Trumps und seiner Plattform *Truth Social*), so doch zumindest mit einer der „Halbwahrheiten" einhergeht.[14] Symptomatisch scheinen an ihr insbesondere die Effekte einer neuen

---

14 Vgl. den Beitrag von Nicola Gess. *Halbwahrheiten. Zur Manipulation von Wirklichkeit*. Berlin: Matthes & Seitz, 2021.

Weise der Datenzirkulation, durch die etwa jene „Informationskokon[s]"[15] der *filter bubbles* entstehen, in der sich solche Halb- oder Unwahrheiten in Ketten eines vor allem stochastisch Wahrscheinlichen herausbilden. Information mag dabei zwar durchaus den Schein des Wahren annehmen, ist aber im Grunde bloß das, was Proust als „formules de convention" (R: 217) bezeichnet.

Dabei ist der je einzelne Fall von Information kaum interessanter als „Beuzeval" oder „Beuzeville". Entscheidend für die angemessene Erfassung nicht nur einer anekdotischen, sondern grundsätzlichen Verbindung von digitaler Kultur und Unwahrheit ist hingegen das Verständnis nicht der konkreten Inhalte, sondern vielmehr der Beziehungen von Teilen dessen, was als ein Ganzes den Begriff von Information ausmacht. Schließlich arbeitet hinter bzw. jenseits der sichtbaren Texte und ‚Erzählungen', wie sie in den sozialen Medien heute massenhaft zirkulieren, eine ganz andere Art von zweitem Text, der – Shoshana Zuboff hat ihn als „shadow text" bezeichnet – hinter den Benutzeroberflächen still und verborgen („hidden"[16]) sein Werk verrichtet. Denn jene Form von Information, die uns als den gewöhnlichen digitalen Usern durch die Foren und Instrumente jenes von Zuboff so gründlich nachgezeichneten *Surveillance Capitalism* (gleich ob via Google, Instagram, Facebook oder aber via ChatGPT und anderen Foren von AI) entgegenkommt, dient sich, abhängig von zuvor aufgezeichneten Daten, unseren digitalen ‚Persönlichkeiten' nach Gesetzen der Wahrscheinlichkeit an. Doch sind solche Schattentexte, die uns im Zweifel eine ‚Wirklichkeit' in den Profilen oder Suchergebnissen als Effekt unserer eigenen Geschichte mit dem Medium (etwa in Form von *personal data tracking*) präsentiert, keine geschriebenen wie die eines Romans. Sie sind vielmehr Texte zweiter Ordnung, Texte also, die andere Texte organisieren. In anderen Worten: sie sind Algorithmen.

Die Übereinstimmung zwischen Strukturen, wie sie Proust dem Erzählen zuerkannte, und jenen, wie sie die Welt der Algorithmen prägen, erscheint frappant. So sind solche Algorithmen vielleicht die spätesten Entsprechungen dessen, was Proust „l'ombre de vraisemblance" nennt. Ganz so nämlich, wie die *Recherche* das Spiel ihrer eigenen Erzählökonomie ausstellt, indem sie Swanns Glück bei der Lektüre einer Zeitung in den metonymisch verketteten Elementen medialer Information begräbt, so verlieren auch wir uns heute – und zwar entgegen dem Glauben, dass wir selbst daran immer auch vernünftigen Anteil haben – vielfach in jenen algorithmischen Ketten von Aufzeichnung und Reproduktion einer allenfalls wahrscheinlichen, nie aber darum auch notwendig wahren Information. Diese ist ihrer Struktur nach nicht weniger horizontal, nicht weniger anhäufend und nicht weniger verschiebend als die monströsen Netzwerke der Erzählung, mit der Proust uns konfrontiert. Denn haben wir gestern etwa auf Google nach Hundefutter gesucht, so dient sich uns heute auf Youtube schon die unheimliche Süße jenes Hundevideos an, das sich zum Futter verhält wie Prousts „Beuzeville" zu „Beuzeval". Zwischen beiden Ereignissen – und es gibt weitaus weniger harmlose, derer Kette algorithmisch organisiert ist – liegt

---

15 Roberto Simanowski. *Data Love*. Berlin: Matthes & Seitz, 2014. S. 79.
16 Vgl. Shoshana Zuboff. *The Age of Surveillance Capitalism. The Fight for a Human Future at the New Frontier of Power*, London: Profile Books, 2019. S. 185.

gerade eine ‚erzählerische' Verschiebung jenes Typs, wie sie den eifersüchtigen Swann in seinem Unglück bannt. Denn abseits der flauschigen Pudelvideos befinden wir uns auch in der Welt des Digitalen fortwährend in Prozessen metonymischen Assoziierens, die sowohl nachzuvollziehen als auch nachzuahmen das Handwerk von Algorithmen ist.

Erzählungen heute werden jedoch in diesem Sinne nicht bloß von Algorithmen hergestellt. Vielmehr *sind* Algorithmen der Form nach selbst die Schaltstellen von ‚Erzählungen' unserer Zeit. Darin vollenden sie gewissermaßen jene lange Krise der Erzählung, wie sie schon Benjamin diagnostizierte, als er vor nunmehr fast hundert Jahren bemerkte, dass in ihr „die Erfahrung [...] ins Bodenlose" gefallen sei.[17] Das heißt jedoch auch, dass eine Frage, wie sie noch vor wenigen Jahren Daniel Kehlmann stellte, als er herausfinden wollte, ob „ein Algorithmus Geschichten erfinden"[18] könne, im Grunde den eigentlichen Kern des Problems verfehlt. Denn sie hängt nicht zuletzt der im Grunde ja schon bei Proust obsolet gewordenen Vorstellung an, dass am Erzählen von Geschichten notwendigerweise etwas ‚Gutes', etwas ‚Richtiges' und vielleicht sogar etwas ‚Wahres' besteht. Stattdessen ist heute das Leben selbst, das in großen Teilen ein digital vermitteltes ist, gemäß eben jener „sorte d'enchaînement nécessaire" (R: 304) organisiert, von der in *Un amour de Swann* die Rede ist. Jedoch gilt dabei, dass jenes ‚narrative desire', wie es Peter Brooks noch im vordigitalen Zeitalter als den Motor klassischen Erzählens identifizierte, längst zu einer spezifischen Form von „algorithmic desire"[19] geworden ist, von dem der monströse Koloss von Erzählungen, den die digitale Welt der Algorithmen nach formalen Gesichtspunkten zumindest auch produziert, immerzu angetrieben wird. Dabei haben sich in einem zu technischer Vollkommenheit gelangten System schier unabsehbare Ketten gebildet, in denen einerseits ein Gesetz von – wie Googles Hal Varian es einmal nannte – „data extraction and analysis"[20] herrscht und das andererseits einem „prediction imperative"[21] folgt und somit den unendlichen Kreislauf von In- und Output generiert, in dem das gesellschaftliche Leben heute, ganz gleich ob in sozialen Medien oder in Suchmaschinen, in digitaler Form gebannt scheint.

Wie das Erzählsystem strebt auch das algorithmische System im Sinne seiner unabsehbaren horizontalen Ausbreitung nach einer Form von Unendlichkeit. Mit dem Eintritt in das Zeitalter einer algorithmischen Vernunft[22] wird jedes Stück Information dergestalt gesammelt und verarbeitet, dass sie abermals neue Weisen nicht nur der Reproduktion, sondern am Ende eben auch wieder des

17 Walter Benjamin. „Der Erzähler. Betrachtungen zum Werk Nikolai Lesskows". Ders. *Gesammelte Schriften* (wie Anm. 13). Bd. 2. S. 438-465, hier S. 439.

18 Vgl. Daniel Kehlmann. *Mein Algorithmus und Ich. Stuttgarter Zukunftsrede.* Stuttgart: Klett-Cotta, 2021. S. 6.

19 Adrian Daub. *What Tech Calls Thinking. An Inquiry into the Intellectual Bedrock of Silicon Valley.* New York: Farrar, Straus and Giroux, 2020. S. 109.

20 Vgl. Zuboff. *The Age of Surveillance Capitalism* (wie Anm. 16). S. 64f.

21 Ebd., S. 197ff.

22 Vgl. Claudia Aradau und Tobias Blanke. *Algorithmic Reason. The New Government of Self and Other.* Oxford: Oxford University Press, 2022.

Sammelns von Information selbst befeuert. So ist ein immerzu zirkulärer Prozess ins Werk gesetzt, dem es „weder um Beweis noch um Begründung, sondern um die Herstellung von Querverbindungen"[23] geht und der mindestens ebenso „unabsehbar" erscheint wie jener, den ein anderer moderner Klassiker, Kafkas *Proceß*, uns präsentiert.[24] Wenn nun hingegen dieser im digitalen Zeitalter sich scheinbar vervollkommnende Prozess jene – zumal für demokratische Verfahren so heiklen – Selbstbezüglichkeiten wie die der *filter bubbles* immerzu fortschreibt, treibt er immer wieder neue algorithmische Verschiebungsdynamiken an, die die Gesamtheit des Prozesses und damit auch seiner konkret kulturellen und gesellschaftlichen Effekte am Leben erhält. Ohne den Anspruch auf Wahrheit und im bloßen Genügen an „vraisemblance" ist schlechte Unendlichkeit technisch geworden – und utopielos zugleich.

Was tun also bei solchen Unabsehbarkeiten? Wenn schon nicht stolpern, dann vielleicht immerhin dies: Proust lesen.

---

23 Joseph Vogl. *Kapital und Ressentiments. Eine kurze Theorie der Gegenwart*. München: C. H. Beck, 2021. S. 136. Zur grundlegenden Opposition von Wahrheit und Information vgl. ebd., S. 117-142.

24 Franz Kafka. *Der Proceß*. Hg. Malcolm Pasley. Ders. *Schriften. Tagebücher. Kritische Ausgabe*. Hg. Jürgen Born u. a. Bd. 2,1. Frankfurt a.M: Fischer, 2002. S. 177.

Laura Vordermayer (Saarbrücken)

Vom umstrittenen Kindermärchen zum Klassiker des Balletts

E. T. A. Hoffmanns *Nußknacker* bei Alexandre Dumas, Vasily Vainonen und Christian Spuck

Anlässlich der *Nussknacker*-Inszenierung des Australian Ballets im Dezember 2019 rekonstruierte das Sydney Opera House die Entstehungsgeschichte der „ultimate Christmas tradition" auf seiner Website:

> Born in 1816 from E. T. A Hoffmann's dark and bizarre story of *The Nutcracker and the Mouse King*, the ballet we know and love today has become a cornerstone of the Christmas holiday tradition. [...] The enchanting make-believe world of *The Nutcracker* has become as embedded in the Christmas tradition as stockings and candy canes. The story has transformed from an obscure 19th-century European fable into an American institution whose influence has spread across dance and ballet companies around the globe.[1]

Die verwendeten Adjektive werfen ein Licht auf einen Rezeptionsprozess, der räumlich in seinen entscheidenden Endpunkten als Überquerung des Atlantiks empfunden wird: Es ist die Entwicklung einer in ihrem europäischen Ursprung düsteren und bizarren, schwer fassbaren Erzählung zu einer bezaubernden, weihnachtlichen US-amerikanischen Geschichte, die selbst wiederum in die Welt wirkt. Aus dem Zitat lassen sich fünf Beobachtungen ableiten, von denen der Beitrag ausgeht. Die Entwicklung von Hoffmanns Märchen zur festen kulturellen Tradition, zur „Institution", wird an folgende Faktoren gebunden: (1) die interkulturelle Transposition, also den Gang in die Welt; (2) die intermediale Transposition, d. h. die Bewegung in andere Medien; (3) die engere Anbindung an das Weihnachtsfest als ein in christlich geprägten Gesellschaften transkulturell wirksamer, vertrauter Bezugspunkt; (4) die Vereindeutigung; (5) die Emanzipation vom Ursprungstext, indem die Adaption selbst zum Ausgangspunkt für Neuinterpretationen wird.

Die in den ersten beiden Punkten beschriebene doppelte Bewegung erfolgt durch die Adaption im Ballett, zu der Marius Petipa und Iwan Wsewoloschki das Libretto, Pjotr Iljitsch Tschaikowsky die Musik und Lev Ivanov die Choreographie schufen, und die im Dezember 1892 im kaiserlichen Mariinsky Theater St. Petersburg uraufgeführt wurde.[2] Im Winter 2024 wird *The Nutcracker* erneut

---

1 Gabriele Anschau. „A Tough Nut to Crack. How The Nutcracker Cracked its Way Into the Ultimate Christmas Tradition." https://www.sydneyoperahouse.com/dance/tough-nut-crack [08.12.2019; Zugriff: 06.06.2024].

2 Vgl. Gabriele Brandstetter. „Transkription im Tanz. E. T. A. Hoffmanns Märchen *Nußknacker und Mausekönig* und Marius Petipas Ballett-Szenario". *Jugend – ein romantisches Konzept?* Hg. Günter Oesterle. Würzburg: Königshausen & Neumann, 1997. S. 161-173, hier S. 161-163.

in Sydney aufgeführt. Weitere Inszenierungen finden sich, allein im Jahr 2024, u. a. im Programm des English National Ballet in London, der Opéra National de Paris, des New York City Ballet (das die als Klassiker beworbene Produktion jedes Jahr zur Aufführung bringt), und in der Tivoli Concert Hall in Kopenhagen. Das Libretto basiert wiederum auf einer französischen Nacherzählung von E. T. A. Hoffmanns *Nußknacker und Mausekönig* (1816) durch Alexandre Dumas: *Histoire d'un casse-noisette* (1844). Filme wie *The Nutcracker Prince* (CA 1990, R.: Paul Schibli), *The Nutcracker and the Four Realms* (USA 2018, R.: Lasse Hallström/Joe Johnston) oder der an Kinder gerichtete Comic von Natalie Andrewsen (2024) haben die Adaptionsgeschichte mit weiteren Medienwechseln fortgeschrieben.

Der Beitrag nimmt diese Adaptionsgeschichte in den Blick, indem ausgewählte Werke in vergleichender Perspektive untersucht werden. Adaptionen werden dabei mit Linda Hutcheon als eigenständige Produkte begriffen, die sich in einem im Einzelfall unterschiedlich ausbalancierten Prozess der Wiederholung und Variation auf einen Prätext beziehen und die daher, wenn sie als Adaptionen betrachtet werden, eine inhärente Vielschichtigkeit aufweisen.[3] Dabei wird die Rezeption, im Sinne von Punkt 5, nicht als linearer Prozess verstanden, sondern als Beziehungsgeflecht.[4] Dass ein solches Verständnis sinnvoll ist, zeigt etwa die Rückkehr zu Hoffmann in der Züricher Ballett-Inszenierung. Eine komparatistische Untersuchung lässt eine Dialektik zwischen Vereindeutigung und Mehrdeutigkeitssteigerung hervortreten, die den *Nussknacker* zu einem Stück ‚Weltliteratur' macht, das auch zweihundert Jahre nach Hoffmanns Tod noch zur künstlerischen Bearbeitung anregt.

Im Fokus soll jene Entwicklung stehen, die im Zitat des Sydney Opera House deutlich wird und die ich in den Punkten 3 und 4 hervorgehoben habe. Für Hoffmanns Text lässt sich eine Ästhetik der Verunsicherung ausmachen, die die Leseerfahrung auf verschiedenen Ebenen prägt. Sie betrifft *erstens* die Bewertung des Realitätsstatus: Von zentralem Interesse sind die Gestaltung der Grenze zwischen einer bürgerlich-alltäglichen und einer fantastischen Welt und die damit zusammenhängende Frage nach der Zuverlässigkeit der Wahrnehmung. Auf einer formalen Ebene sind dabei zwei Aspekte miteinzubeziehen: die Handhabung der für Hoffmann typischen Verschachtelung von Erzählebenen und die Frage nach der Gattung, die schon in der zeitgenössischen Rezeption von *Nußknacker und Mausekönig* diskutiert wurde. *Zweitens* wird auch die moralische Bewertung der Figuren, die im Volksmärchen üblicherweise unzweideutig ist, unsicher angesichts einer nicht aufzulösenden Ambivalenz sowohl zentraler

---

3 Linda Hutcheon. *A Theory of Adaptation* [2006]. 2. Aufl., unter Mitarbeit von Siobhan O'Flynn. New York: Routledge, 2013. S. 6-9. In diesem Beitrag konzentriere ich mich auf einen Vergleich der Adaptionen als *Produkte*; eine Betrachtung der Adaption als *Prozess* (im Sinne des Entstehungsprozesses der einzelnen Werke) würde den Rahmen sprengen.

4 Eine solche Komplexität von Adaptionsprozessen hebt auch Maria Marcsek-Fuchs hervor. „Von Shakespeare zum Ballett und zurück – Der intermediale Blick auf eine polydirektionale Shakespeare-Adaption: Christopher Wheeldons *The Winter's Tale*". *Shakespeare Jahrbuch* 157: *Tanz*. Hg. Sabine Schülting (2021): S. 180-197, S. 183.

Figuren und ihrer Beziehungen zueinander als auch der dargestellten Vorgänge. Inwieweit Adaptionen „geglättete Versionen" sind, die aus dem Text eine weihnachtliche, „kindgerechte Geschichte"[5] machen, ist für die hier ausgewählten Beispiele zu überprüfen.

Die genannten Fragen sollen zunächst, unter Rückgriff auf die umfangreiche Forschung, in Hoffmanns *Nußknacker*, dann in Dumas' *Casse-noisette* untersucht werden. Im Anschluss will ich zwei sehr unterschiedliche Inszenierungen des Nussknacker-Balletts vergleichend heranziehen: den *Nutcracker* des Mariinsky Theaters St. Petersburg (2012; Choreographie: Vasily Vainonen; musikalische Leitung: Valery Gergiev) und den *Nussknacker und Mausekönig* des Opernhauses Zürich (2017; Choreographie: Christian Spuck; musikalische Leitung: Paul Connelly). Die Spezifik des Balletts erfordert einige methodische Vorüberlegungen, die in Abschnitt 3 der Untersuchung vorangehen sollen.

1. E. T. A. Hoffmanns *Nußknacker und Mausekönig*: Ästhetik der Verunsicherung

Nußknacker und Mausekönig ist erstmals in der Anthologie *Kinder-Mährchen* (1816) erschienen, bevor E. T. A. Hoffmann den Text mit nur geringen Änderungen in den ersten Band der *Serapions-Brüder* (1819) aufgenommen hat.[6] Ein Vergleich der beiden Fassungen mit der Nacherzählung von Alexandre Dumas legt nahe, dass letztere sich auf die erste Fassung in den *Kinder-Mährchen* bezieht, weshalb diese, als Ausgangspunkt der Entwicklung, auch im Mittelpunkt der Analyse stehen soll.[7]

---

5 Alina Boy. „Marie im Wunderland. Animation und Imagination in Hoffmanns *Nussknacker und Mausekönig*". *E. T. A. Hoffmann-Jahrbuch* 24 (2016): S. 34-48, S. 34.

6 Vgl. Wulf Segebrecht. „Kommentar". In: E. T. A. Hoffmann. *Sämtliche Werke*. Hg. Hartmut Steinecke/Wulf Segebrecht. Bd. 4: *Die Serapions-Brüder*. Hg. Wulf Segebrecht unter Mitarbeit von Ursula Segebrecht. Frankfurt a. M.: Deutscher Klassiker Verlag, 2001. S. 1339-1360, S. 1340f.; Erstdruck in: *Kinder-Mährchen*. Von E. W. Contessa, Friedrich Baron de la Motte Fouqué, und E. T. A. Hoffmann. Mit drei illumin. und drei schwarzen Vignetten. Berlin, 1816. In der Realschulbuchhandlung, S. 115-271. Nachdruck im Georg Olms Verlag, Hildesheim/New York, 1979; im Folgenden im Fließtext zitiert mit der Sigle KM.

7 Es gibt eine frühe französische Übersetzung, die den *Nußknacker* gemeinsam mit Hoffmanns *Das fremde Kind* abdruckt: *Contes aux enfants par E. T. A. Hoffmann*. Paris: Eugène Renduel, 1833. S. 115-237; der Band befindet sich im Bestand der Bibliothèque nationale de France und kann als Scan bestellt werden. Ein Abgleich der Fassungen weist allerdings darauf hin, dass diese Übersetzung für Dumas' Nacherzählung keine Rolle spielte; in der Übersetzung wurden einige Sätze gestrichen, die sowohl in der deutschen Fassung als auch in Dumas' Text enthalten sind – vgl. z. B. KM: 121: „es war ihnen [Fritz und Marie], als rausche es mit linden Flügeln um sie her und als ließe sich eine ganz ferne, aber sehr herrliche Musik vernehmen. Ein heller Schein streifte an der Wand hin, da wußten die Kinder, daß nun das Christkind auf glänzenden Wolken fortgeflogen zu anderen glücklichen Kindern." Die ganze Passage

1.1 Realitätsstatus: Alltägliches und Wunderbares

In der Forschung wurde die Bedeutung des Übergangs und der Grenze für Hoffmanns Märchen häufig hervorgehoben. Bereits ganz zu Beginn wird in der elterlichen Wohnung die „Schwelle" (KM: 122) zum „Prunkzimmer" (KM: 115) erwähnt, in das die Kinder erst nach dem Erklingen der Glocke hineindürfen und auf der sie zunächst „wie erstarrt [stehen bleiben, bis] Papa und Mama [...] in die Thüre [treten]" (KM: 122) und sie in das weihnachtlich geschmückte Zimmer führen. Nach Carl Pietzcker lassen sich die bürgerliche Welt der Stahlbaums, das von Droßelmeier erzählte Märchen und Maries nächtliche Fantasiewelt als drei voneinander getrennte Bereiche ausmachen, die stellenweise ineinander übergehen, wobei Pietzcker zwischen markierten Grenzen wie Einschlafen/Erwachen oder Ohnmacht und „kaum merklichen Übergänge[n]"[8] unterscheidet, die eine Orientierung des Lesepublikums komplizieren.

Wo im Text solche erkennbaren Schwellen inszeniert werden, findet jedoch zugleich eine Verwischung der Grenze statt; häufig zeichnet sich eine Öffnung der Wahrnehmung für das Wunderbare schon vorher ab. Charakteristisch sind dabei das in der Forschung herausgestellte Moment des Unheimlichen, Bedrohlichen und eine unaufgelöste Doppeldeutigkeit[9], in der eine rationale Erklärung angeboten wird, die aber nicht restlos überzeugt – sei es, dass sie nicht aus dem Mund einer glaubwürdigen und autoritativen Figur stammt, dass sie Lücken aufweist und das Erlebte nicht vollständig aufklären kann oder in einer von der

---

fehlt in der Übersetzung von 1833, findet sich aber mit einiger Veränderung in Alexandre Dumas. *Histoire d'un casse-noisette.* 2 Bde. Illustré par Bertall. Paris: Hetzel, 1845. Bd. I. S. 34; im Folgenden im Fließtext zitiert mit der Sigle CN, Band und Seitenzahl. Die geringfügigen Änderungen zwischen der deutschen Fassung von 1816 und der von 1819, die im Stellenkommentar der *Sämtlichen Werke* angegeben werden, legen ebenfalls nahe, dass sich Dumas' Text auf die Fassung von 1816 stützt: Die Rede vom „kleine[n] rothbäckige[n] Kindlein", das Maries besonderer „Liebling" ist (KM: 224) und das sie schweren Herzens dem Mausekönig opfert, findet sich auch bei Dumas (vgl. CN II: 76), nicht aber in der Fassung in den *Serapions-Brüdern*.

8 Carl Pietzcker. „Nussknacker und Mausekönig. Gründungstext der Phantastischen Kinder- und Jugendliteratur". *E. T. A. Hoffmann. Romane und Erzählungen.* Hg. Günter Saße. Stuttgart: Reclam jun., 2004. S. 182-198, S. 185. Neumann bezeichnet den Nussknacker explizit als „Übergangsobjekt"; Gerhard Neumann. „Puppe und Automate. Inszenierte Kindheit in E. T. A. Hoffmanns Sozialisationsmärchen *Nußknacker und Mausekönig*". *Jugend* (wie Anm. 2). S. 135-160, S. 146.

9 Vgl. Detlef Kremer. *E. T. A. Hoffmann. Erzählungen und Romane.* Berlin: Erich Schmidt, 1999, S. 97. Alexandra Heimes. „Nußknacker und Mausekönig". *E. T. A. Hoffmann. Leben – Werk – Wirkung.* Hg. Detlef Kremer. 2., erweit. Aufl. Berlin/New York: De Gruyter, 2010. S. 287-287, S. 290. Ohne auf den *Nußknacker* Bezug zu nehmen, weist Sabine Schneider darauf hin, dass eine solche „[U]nentscheidbar[keit]" und der „Urteilszweifel über den Wirklichkeitsstatus der dargestellten Übergänge, die den Protagonisten widerfahren, zu den wichtigsten wirkungspoetischen Strategien" Hoffmanns gehören; Sabine Schneider. „Aisthesis/Wahrnehmung". In: *E. T. A.-Hoffmann-Handbuch. Leben – Werk – Wirkung.* Hg. Christine Lubkoll/Harald Neumeyer. Stuttgart: Metzler, 2015. S. 327-333, hier S. 327.

Erzählstimme nicht entschiedenen Konkurrenz zu einer anderen, auf der Realität der Erfahrung bestehenden Interpretation steht. Zwar suggeriert der Titel der Anthologie *Kinder-Mährchen* eine klare Gattungszuordnung; der direkte Einstieg *in medias res* bricht aber bereits mit Erwartungen, indem er das Geschehen zu einer bestimmten Zeit beginnen lässt und an einem dem Lesepublikum aus ihrer Lebenswirklichkeit vertrauten Ort situiert[10]:

> Am vier und zwanzigsten Dezember durften die Kinder des Medizinalraths Stahlbaum den ganzen Tag über durchaus nicht in die Mittelstube hinein, viel weniger in das daran stoßende Prunkzimmer. In einem Winkel des Hinterstübchens zusammengekauert, saßen Fritz und Marie, die tiefe Abenddämmerung war eingebrochen und es wurde ihnen recht schauerlich zu Muthe [...] Fritz entdeckte ganz insgeheim wispernd der jüngern Schwester (sie war eben erst sieben Jahr alt worden) wie er schon seit früh Morgens es habe in den verschlossenen Stuben rauschen und rasseln, und leise pochen hören. Auch sei nicht längst ein kleiner dunkler Mann mit einem großen Kasten unter dem Arm über den Flur geschlichen, er wisse aber wohl, daß es niemand anders gewesen als Pathe Droßelmeier (KM: 115f.).

Die Assonanzen und Alliteration tragen zu der unheimlichen Atmosphäre der Szene bei; die Dominanz des Akustischen markiert die Selektivität, das Lückenhafte der Wahrnehmung, auf der die Einschätzung der Situation beruht, und nimmt Maries nächtliches Erlebnis vorweg (vgl. KM: 145-147). Die Wahrnehmung selbst ist also fragmentiert durch die selektive Beteiligung der Sinne und bietet eine unsichere Grundlage für die Generierung von Wissen. Fritzens Identifizierung der Gestalt als Droßelmeier wird etwas später durch das Geschenk des Paten, das sich vermutlich im Kasten befand, gestützt; dennoch fällt auf, dass die Erzählstimme die Schlussfolgerung nicht bestätigt, sondern es bei der Auslegung einer in sich lückenhaften Wahrnehmung – auch die Gestalt kann im Halbdunkel nicht zweifelsfrei erkannt werden – in der Figurenrede belässt. Die Ambivalenz, die hier entsteht, betrifft nicht nur den unsicheren Status des Wahrgenommenen, sondern auch Droßelmeier selbst, worauf in Abschnitt 1.2 zurückzukommen sein wird. Das Wissen der Kinder, das den Rahmen für ihre Interpretation der wahrgenommenen Welt bietet, ist zudem nicht auf den bürgerlichen Alltag beschränkt, sondern umfasst ohne Unterscheidung auch (teils aus einer vermittelten christlichen Tradition stammende) wunderbare Elemente (vgl. z. B. KM: 121).

Auch weitere Grenzmomente leisten keine trennscharfe Unterscheidung zwischen bürgerlicher und fantastischer Sphäre. Schon bevor Marie sich am Glasschrank verletzt und in Ohnmacht fällt, nimmt sie wunderbare Dinge wahr (vgl. KM: 143f.).[11] Für das Erscheinen des Mausekönigs bietet der Text zunächst kein

---

10 Neumann spricht von einer „Märchennovelle"; Neumann. Puppe (wie Anm. 8). S. 140.

11 Vgl. ebd., S. 142; für Neumann ist es diese Passage, in der sich das Wunderbare zu entfalten beginnt, wobei er im Besonderen auf die akustische Dimension hinweist, in der es sich zunächst artikuliert. Die unheimlichen Geräusche finden sich aber

rationales Deutungsangebot, und die Erzählstimme bestätigt in einer direkten Adressierung des Lesepublikums Maries Wahrnehmung:

> Ach was erblickte sie jetzt! Nein, wahrhaftig, geehrter Leser Fritz, ich weiß, daß eben so gut wie dem weisen und muthigen Feldherrn Fritz Stahlbaum Dir das Herz auf dem rechten Flecke sitzt, aber, hättest Du das gesehen, was Marien jetzt vor Augen hatte, wahrhaftig Du wärst davon gelaufen [...] Ach! – das konnte die arme Marie ja nicht einmal thun, denn hört nur Kinder! – dicht dicht vor ihren Füßen sprühte es wie von unterirdischer Gewalt getrieben, Sand und Kalk und zerbröckelte Mauersteine hervor und sieben Mäuseköpfe mit sieben hellfunkeln-den Kronen erhoben sich recht gräßlich zischend und pfeifend aus dem Boden (KM: 148f.).

Katharina Weber weist darauf hin, wie die Erzählstimme die Grenze zwischen der außertextlichen Realität der Leser:innen und der Fiktion der Diegese ver-wischt, indem die angesprochenen Kinder nicht nur zur Identifikation mit Marie und Fritz Stahlbaum aufgerufen werden, sondern durch ihre Namen als Doppelgänger derselben erscheinen. Das Spiel der Doppelgänger verbindet also nicht nur extra- und intradiegetische Ebene, sondern überschreitet auch die Grenzen des Textes selbst. Dies wird durch die Nennung der Vornamen Hoff-manns durch die Erzählstimme noch verstärkt.[12] Die Anrede des Lesers Fritz hat hier einen doppelten Effekt: Durch die Suggestion, dass Maries nächtliche Erlebnisse auch dem Leser geschehen könnten, wird deren Realität im Text unterstrichen, während zugleich nahegelegt wird, dass das Wunderbare nicht allein in der Erzählung, sondern auch in der Welt des Lesers wirkt.

Die Deutung der Mutter, die Maries Erlebnisse als Resultat eines durch die Verletzung am Glasschrank ausgelösten Fiebertraums erklärt, folgt erst zwei Kapitel später; wie gesehen beginnt die Erfahrung des Wunderbaren aber bereits vor dem Unfall. Marie widerspricht dieser rationalen Erklärung und beharrt auf der Realität ihrer Erfahrung. Beide Deutungen stehen nebeneinander und bie-ten Lesenden zwei unterschiedliche Perspektiven auf die Erzählung. Diese Dop-peldeutigkeit wird nicht endgültig aufgelöst: Die intradiegetische Erzählung des Märchens von der harten Nuss bietet einerseits, für Marie, eine adäquate, fan-tastische Erklärung, eine Bestätigung und die Grundlage für die Integration der bürgerlichen Familienwelt in ihre Erfahrung. Andererseits kann das Binnenmär-chen als Katalysator und Auslöser weiterer „Träume" (KM: 218) gelesen werden, wie die Mutter Maries Erfahrungen im Text bezeichnet.[13] Die Erzählstimme

---

bereits zu Beginn des Märchens. Wie im ersten Zitat (KM: 115f.) findet Marie eine rationale Erklärung, zugleich aber schließt ihr Wissen eine grundsätzliche Belebt-heit des Nussknackers nicht aus, wodurch erstere als eine mögliche Deutung unter anderen relativiert wird.

12 Vgl. Katharina Weber. *„Unterwerfen mußtest du dich mir, der reichen Herrscherin!" Leseranreden, poetische Selbstreflexion und Metafiktion in E. T. A. Hoffmanns Mär-chen*. Trier: Wissenschaftlicher Verlag Trier, 2015. S. 106-113.

13 Der Traumbegriff wird auch in der Forschung häufig verwendet, um Maries Erle-ben als Produkt ihrer Imagination zu charakterisieren; vgl. etwa Marion Schmaus

aber durchkreuzt eine solche eindeutige Lesart immer wieder, indem sie mehrfach betont, dass Marie wach ist, wenn sie dem Mausekönig begegnet (vgl. KM: 219 u. 232). Dass die Erzählstimme zugleich Wissenslücken explizit macht (vgl. KM: 260), kann indes auch als Indiz für eine generelle Unzuverlässigkeit gelesen werden.[14]

Doppeldeutig bleibt auch das Ende der Geschichte. Nachdem Marie, „in ihre Träume vertieft" (KM: 266), dem Nussknacker ihre Liebe und Treue versichert hat, heißt es:

> In dem Augenblick schrie der Obergerichtsrath: Hei, hei – toller Schnack. – Aber in dem Augenblick geschah auch ein solcher Knall und Ruck, daß Marie ohnmächtig vom Stuhle sank. Als sie wieder erwachte, war die Mutter um sie beschäftigt, und sprach: Aber wie kannst Du nur vom Stuhle fallen, ein so großes Mädchen! Hier ist der Neffe des Herrn Obergerichtsrathes aus Nürnberg angekommen – sey hübsch artig! (KM: 267).

Es wird nicht klar, woher der merkwürdige Knall kommt, der die Ohnmacht auslöst, wenngleich der Pate Droßelmeier durch seinen Ausruf daran teilhat[15]; auch hier ist explizit von einem Erwachen die Rede, das durch die Rede der Mutter beglaubigt wird, sodass eine Lesart der Ohnmacht als Schwelle zum Fantastischen und Rahmen für das nun Folgende zumindest relativiert wird. Die bürgerliche Welt, in der es Marie verboten war, über ihre Erfahrungen zu sprechen, wird nun völlig im Fantastischen aufgehoben. Zweifel am Realitätsstatus des Erzählten können dabei durch relativierende Formulierungen der Erzählstimme (vgl. KM: 270: „wie man sagt") sowie den plötzlichen Bruch mit der bürgerlichen Welt und die Abwesenheit ihrer Vertreter:innen entstehen; der junge Droßelmeier offenbart sich nur Marie gegenüber als verwandelter Nussknacker, und ab diesem Zeitpunkt sind die beiden alleine. Die Bemerkung der Erzählstimme, dass man im Puppenreich „die allerherrlichsten wunderbarsten Dinge erblicken kann, wenn man nur die Augen darnach hat" (KM: 271) kann in einem doppelten Sinne entweder in Bezug auf den Realitätsstatus des Erzählten oder aber als metareflexiver Kommentar gelesen werden, der die dem

---

„Nußknacker und Mausekönig. Ein Weihnachtsabend." *E. T. A.-Hoffmann-Handbuch* (wie Anm. 9). S. 100-103, S. 101; Neumann. Puppe (wie Anm. 8). S. 138f.; Iris Schäfer hebt als besonderen Effekt der kindlichen Traumreise das Herausstellen der Diskrepanz zwischen kindlicher und erwachsener Wahrnehmung hervor. „Maries und Alices Nachfahren – Zum Motiv der Traumreise in der deutsch- und englischsprachigen Kinderliteratur". *Traum und Träumen in Kinder- und Jugendmedien: intermediale und transdisziplinäre Analysen.* Hg. Iris Schäfer. Paderborn: Brill Fink, 2023. S. 3-34, S. 10f.; Gisela Vitt-Maucher. *E. T. A. Hoffmanns Märchenschaffen.* Chapel Hill: University of North Carolina Press, 1989. S. 51 u. a.

14 Zu einer Unzuverlässigkeit der Erzählstimme vgl. auch Weber. *Leseranreden* (wie Anm. 12). S. 109.

15 Vitt-Maucher. *Märchenschaffen* (wie Anm. 13). S. 53 deutet Droßelmeiers Ausruf dagegen als Ursache des Knalls und der Ohnmacht; die anaphorische Verwendung von „in dem Augenblick" scheint mir aber eher eine Gleichzeitigkeit auszudrücken.

Märchen angemessene Rezeptionshaltung beschreibt. Hierzu passt der letzte Satz: „Das war das Mährchen vom Nußknacker und Mausekönig" (KM: 271).

Die doppelten Identitäten des Binnenmärchens ermöglichen letztlich das Zusammenfallen der Sphären. Die klare Setzung von narrativen Rahmen, die zugleich durchbrochen werden, entspricht jenem für Hoffmann typischen Prinzip, das Monika Schmitz-Emans als „Verunsicherung des Lesers, der es hier nie mit klar umgrenzten und abgeschlossenen Ebenen poetischer Realität zu tun hat"[16], beschreibt. Einer solchen Ästhetik der Verunsicherung entsprechend liegen unterschiedliche Interpretationen der Schlusspassage vor.[17] Sie entsteht durch eine Verzahnung der diegetischen Ebenen, wie sie Schmitz-Emans hervorhebt, aber auch durch das kalkulierte Setzen von Grenz- und Schwellenmomenten, die eine Trennung der beiden Sphären suggerieren und zugleich

---

16 Monika Schmitz-Emans. „Der durchbrochene Rahmen: Überlegungen zu einem Strukturmodell des Phantastischen bei E. T. A. Hoffmann". *Mitteilungen der E. T. A. Hoffmann-Gesellschaft* 32 (1986): S. 74-88, S. 76.

17 Das Ende wird als Erlösung durch die Fantasie und Bestätigung von Maries Deutung der Geschehnisse gelesen; vgl. Segebrecht. Kommentar (wie Anm. 6). S. 1349; Weber. *Leseranreden* (wie Anm. 12). S. 95, die von einer Rückkehr ins Goldene Zeitalter spricht; Marja Rauch. „E. T. A. Hoffmanns Nußknacker und Mausekönig – ein Kindermärchen?" *„Klassiker" der internationalen Kinder- und Jugendliteratur. Bd. 2: Kulturelle und epochenspezifische Diskurse aus Sicht der Fachdisziplinen.* Hg. Anita Schilcher/Claudia Maria Pecher. Baltmannsweiler: Schneider Verlag Hohengehren, 2013. S. 157-176, S. 168; Günter Heintz. „Mechanik und Phantasie. Zu E. T. A. Hoffmanns Märchen ‚Nußknacker und Mausekönig'".*Literatur in Wissenschaft und Unterricht* 7 (1974): S. 1-15, S. 14; aber auch als Todeserfahrung; vgl. Patricia-Yvonne Alefeld. *Göttliche Kinder. Die Kindheitsideologie in der Romantik.* Paderborn u. a.: Schöningh, 1996. S. 382; oder endgültiges Verfallen in einen Wahnzustand; vgl. zuletzt Doms und Klingel, die sogar davon sprechen, dass Marie „in eine Irrenanstalt" eingewiesen werden muss; Misia Sophia Doms/Peter Klingel. „Einleitung". *„Was ist der Mensch und was kann aus ihm werden?" Zur Kritik an rationalistischen Utopien und Erziehungskonzepten in E. T. A. Hoffmanns „Nußknacker und Mausekönig".* Würzburg: Königshausen & Neumann, 2019. S. 7-10, hier S. 9. Diese sehr weitreichende Interpretation ist aus meiner Sicht problematisch, da sie sich erstens nicht mehr auf Belege aus dem Text stützt und zweitens nur aus einer Lektüre hervorgehen kann, die die herausgearbeitete Doppeldeutigkeit nicht ernst nimmt und die Kommentare der Erzählstimme sowie die Gattungsbezeichnung und das Rahmengespräch der Serapionsbrüder ignoriert. Häufig wird auch die Koexistenz von Lesarten betont; vgl. etwa Pietzcker. *Nussknacker* (wie Anm. 8). S. 191, der zwei Lesarten in Bezug auf das Ende des Textes gegenüberstellt: das „glückliche Märchenende", in dem sich Maries Erlebnisse als real erweisen, und „[V]ersinken im Wahn"; Lothar Pikulik stellt für den gesamten Text eine „doppelte Optik" fest, verwendet dabei aber den Traumbegriff, um Maries Fantasiewelt zu charakterisieren: *E. T. A. Hoffmann als Erzähler. Ein Kommentar zu den „Serapions-Brüdern".* Göttingen: Vandenhoek & Ruprecht, 1987. S. 97. Julia Boog-Kaminski spricht von einem „ununterscheidbar[en Changieren] zwischen Märchen, Traum und Wirklichkeit". „Der Sandmann und seine Doppelgänger. E. T. A. Hoffmanns *Der Sandmann* (1816) und *Nussknacker und Mäusekönig* (1816). *Traum* (wie Anm. 13). S. 211-234, S. 227.

unterlaufen. Hierzu tragen die Selektivität der Wahrnehmung als Grundlage und ein nicht klar eingegrenztes Wissen als Rahmen für Deutungen bei, die in sich lückenhaft sind und in einer unaufgelösten Konkurrenz zueinander stehen. Diese widersprüchlichen Deutungen bleiben in der Figurenperspektive verhaftet, während die Autorität der Erzählstimme durch explizite Lücken in ihrer Rede zumindest fraglich wird.

1.2 Moralische Ambivalenzen

Schwierigkeiten ergeben sich nicht allein in der Trennung der alltäglichen und der fantastischen Sphäre, sondern auch bei ihrer moralischen Bewertung. Die Familie bietet einen schützenden Rahmen (etwa in der Pflege der kranken Marie), unterdrückt und sanktioniert aber zugleich die Erfahrung, die aus ihrer Ordnung herausfällt.[18] Das Wunderbare ist, wie auch die zitierten Passagen bereits zeigen, einerseits angsteinflößend und unheimlich – das gilt nicht nur für die Begegnungen mit dem Mausekönig, dessen Ausbrechen aus dem Boden als Symbolisierung des verdrängten Trieblebens gelesen wird[19], sondern auch für das Puppenreich selbst, das längst nicht frei von Konflikten und kriegerischen Auseinandersetzungen ist (vgl. KM: 242 u. 251f.), dessen Ordnung durch den Riesen Leckermaul bedroht wird und dessen Bewohner:innen die „unbekannte, aber sehr grauliche Macht" (KM: 252) des Konditors fürchten.[20]

Besonders ausführlich hat Misia Doms auf die Parallelen zwischen Puppenland und dem mechanischen Schloss, das Droßelmeier den Kindern zu Beginn schenkt, hingewiesen.[21] Der Pate nimmt also nicht nur in Vertretung durch seinen Neffen, den verwandelten Nussknacker, sondern auch als Schöpfer und ‚Drahtzieher' (man denke an das Drahtballett, das den mechanischen Tanz der Figuren in Droßelmeiers Miniaturschloss aufgreift)[22] an der Welt des Puppenreichs teil. Dabei ist er selbst eine besonders ambivalente Figur, wie die Forschung herausgearbeitet hat. Als Vermittler zwischen den Welten[23] ist er zum

---

18 Vgl. Neumann. Puppe (wie Anm. 8). S. 141f. zur Schwierigkeit, den Nussknacker in die bürgerlich-familiäre Ordnung (symbolisiert durch den Glasschrank) zu intergieren. Besonders weit geht Peter Klingel in seiner Deutung, der in den Erziehungsmaßnahmen der Eltern die Ursache für Maries späteres Versinken im Wahnzustand (wie er das Ende liest) sieht; vgl. Peter Klingel. „Pathogene Vernunft und aufgeklärte Pädagogik. Kritik an rationalistischen Erziehungsidealen in der *Nußknacker*-Erzählung". *Was ist der Mensch?* (wie Anm. 17). S. 73-119, S. 112f.

19 Vgl. etwa Boy. Marie im Wunderland (wie Anm. 5). S. 40f.; Schmaus. Nußknacker und Mausekönig (wie Anm. 13). S. 101; Neumann. Puppe (wie Anm. 8). S. 142.

20 Sophia Misia Doms. „Miniaturschloss und Puppenreich. Literarische Utopien in der Kritik". *Was ist der Mensch?* (wie Anm. 17). S. 11-71, S. 58, 63f. Doms liest die Puppenreich-Episode als Satire auf die aufklärische Utopietradition (S. 70).

21 Vgl. ebd., S. 37-42.

22 Vgl. ebd., S. 40.

23 Vgl. u. a. Neumann. Puppe (wie Anm. 8). S. 154; Pikulik. *E. T. A. Hoffmann als Erzähler* (wie Anm. 17). S. 100; Pietzcker. *Nussknacker* (wie Anm. 8). S. 187.

einen positiv besetzter Erfinder und Mechanikus, der auf der extradiegetischen Ebene Marie[24], auf der intradiegetischen Ebene der Prinzessin Pirlipat zur Seite steht, den Nussknacker repariert und mit dem Binnenmärchen Marie einen Rahmen für die Deutung ihrer Erfahrungen bietet, diese aber zugleich auch mitzugestalten scheint. Zum Nussknacker tritt er in ein Ähnlichkeits- und auch in ein Konkurrenzverhältnis, und mit der Identifikation zwischen Nussknacker und dem Neffen erreicht das Spiel der Doppelgänger schließlich eine Lösung „für das fehlgehende Begehren".[25] Neumann beschreibt den Paten als „Trickster", der Züge eines Magnetiseurs annimmt und „dessen Position auf seltsame Weise zwischen drei Möglichkeiten angesiedelt ist: Er erscheint bald als Doppelgänger des erzählenden Selbst, bald als Objekt des weiblichen Begehrens, bald aber auch als souveräner und phantasievoller Regisseur des Sozialisationsgeschehens der Novelle".[26] Julia Boog-Kaminski liest den Paten als ambivalente Sandmann-Figur, die Marie am Ende in einen ewigen Traum, der auch als Tod gedeutet werden kann, leitet.[27]

Droßelmeiers Position als Schöpfer komplexer Werke – sei es das Miniaturschloss mit den mechanischen Figuren oder das mehrfach unterbrochene Binnenmärchen – wird durch die Parallelen mit dem Autor verstärkt.[28] Bereits Johannes Barth nimmt die autobiographischen Anspielungen zum Anlass einer poetologischen Interpretation der Droßelmeier-Figur als „notwendig[er], aber nicht hinreichend[er]" Teil des „wahre[n] Künstlertums": Als Mechaniker ist er der „Künstler als Handwerker", dessen Werke erst durch die Fantasie der Kinder, die dadurch zum idealen Publikum werden[29], vollendet werden.[30] Zugleich ist

---

24 Vgl. Pietzcker. *Nussknacker* (wie Anm. 8). S. 187; Heimes. Nußknacker und Mausekönig (wie Anm. 9). S. 297.

25 Schmaus. Nußknacker und Mausekönig (wie Anm. 13). S. 102; vgl. zur Ambivalenz der Figur und dem erotischen Subtext auch Pietzcker. *Nussknacker* (wie Anm. 8). S. 187-189; Weber. *Leseranreden* (wie Anm. 12). S. 99f.

26 Neumann. Puppe (wie Anm. 8). S. 159.

27 Vgl. Boog-Kaminski. Der Sandmann (wie Anm. 17). S. 226-230.

28 Wie Segebrecht. „Kommentar" (wie Anm. 6) S. 1343, warnt auch Weber. *Leseranreden* (wie Anm. 12). S. 99 vor einer Überbewertung der autobiographischen Anspielungen; dem ist mit Blick auf die uneindeutige erotische Dimension der Beziehung zwischen Marie und Droßelmeier unbedingt zuzustimmen.

29 Vgl. das Gespräch der Serapionsbrüder in E. T. A. Hoffmann. *Sämtliche Werke* (wie Anm. 6). S. 306f.

30 Vgl. Johannes Barth. „‚So etwas kann denn doch wohl der Onkel niemals zu Stande bringen'. Ästhetische Selbstreflexion in E. T. A. Hoffmanns *Nußknacker und Mausekönig*". *E. T. A. Hoffmann-Jahrbuch* 3 (1995): S. 7-14, hier S. 12. Barth sieht in der kindlichen Imagination die letztlich überlegene poetische Kraft, das serapiontische Prinzip des „inneren Schauens" (S. 13f.); zu Hoffmanns in sich ambivalentem serapiontischen Prinzip vgl. Claudia Barnickel. „Seraptiontisches Prinzip/,Prinzip der Duplizität'". *E. T. A.-Hoffmann-Handbuch* (wie Anm. 9). S. 395-399. Dem widerspricht Mareike Schildmann mit dem Argument, dass Marie keine originellen Vorstellungen, sondern Nachahmungen hervorbringe; Schildmann. „Poetik der Seelenmechanik. Kinder, Puppen und Automaten in E. T. A. Hoffmanns Nussknacker und Mäusekönig". *Kindheit und Literatur: Konzepte – Poetik – Wissen*. Hg. Davide

aber der „ordnende richtende Verstand"[31] des Autors nicht nur Impuls für die Fantasie der Rezipierenden, sondern umgekehrt auch verantwortlich für die bewusste ästhetische Gestaltung des Imaginierten: Das Gespräch der Serapionsbrüder macht deutlich, dass Kunst erst durch diesen Schritt entsteht.

Die komplexe Rolle Droßelmeiers führt die beiden Ebenen einer hier in den Blick genommenen Ästhetik der Verunsicherung zusammen. Die hierfür angemessene Form ist die des Kunstmärchens, das die Gegenüberstellung von Alltäglichem und Wunderbarem ermöglicht, deren Abgrenzung Hoffmann aber zugleich ständig unterläuft. Hierdurch entsteht, wie Cyprian und Theodor anmerken, ein „ironisierender Ton"[32], den Stefan Scherer bei Hoffmann als „narrative[n] Modus der Relativierung aller Einseitigkeiten"[33] bezeichnet, und dessen Funktion gerade darin gesehen wird, Leser:innen auf wiederum ambivalente Weise (nämlich mit „gutmütiger Miene wie ein böser Schalk") zur Grenzüberschreitung „in das fremde Gebiet"[34] zu verleiten. In der Selbstreflexivität und der doppelt gefassten Ästhetik der Verunsicherung liegen bedeutende Abweichungen vom Typus des ‚Volksmärchens', für das die *Kinder- und Hausmärchen* (1812) der Brüder Grimm als exemplarisch gelten[35]; die dadurch geweckten Zweifel der zeitgenössischen Rezensent:innen, ob *Nußknacker und Mausekönig* wirklich als Kindermärchen gelten kann, adressiert Hoffmann im Gespräch der Serapionsbrüder.[36]

2. Alexandre Dumas: *Casse-noisette*

In seinem Nachwort zur deutschsprachigen Ausgabe sieht Josef Heinzelmann das Verdienst von Dumas' Erzählung in der Glättung einer verwirrenden narrativen Struktur hin zu einer „vergnüglichen Folgerichtigkeit", in der Entschärfung einer verunsichernden Ironie, einer pädagogischen Ausrichtung und einer realistischeren Einschätzung des kindlichen Publikums; bezeichnenderweise ganz so, „als hätte Dumas die Ermahnungen aus dem Erzähl-Rahmen der ‚Serapionsbrüder' beherzigt".[37] Auch für Georges Zaragoza richtet sich *Casse-noisette* deutlicher an Kinder als noch der *Nußknacker*; dafür sprechen das Vorwort,

---

Giuriato/Philipp Hubmann/Mareike Schildmann. Freiburg i. Br.: Rombach, 2018. S. 224-254, S. 253. Ob seraptiontisches Prinzip und Mimesis einander so grundsätzlich ausschließen, wäre an anderer Stelle zu diskutieren.

31 Hoffmann. *Sämtliche Werke* (wie Anm. 6). S. 307.

32 Ebd., S. 308.

33 Stefan Scherer. „Ironie/Humor". *E. T. A. Hoffmann* (wie Anm. 9). S. 493-496, S. 493.

34 Hoffmann. *Sämtliche Werke* (wie Anm. 6). S. 308 für alle Zitate.

35 Zu *Nußknacker und Mausekönig* als Kunstmärchen, das auch Züge des Volksmärchens aufgreift, vgl. Pietzcker. *Nussknacker* (wie Anm. 8). S. 192f. und Kremer. *Erzählungen und Romane* (wie Anm. 9). S. 93f.

36 Vgl. Segebrecht. „Kommentar" (wie Anm. 6). S. 1343-1346.

37 Josef Heinzelmann. „Nachwort". In: Alexandre Dumas. *Geschichte eines Nußknackers*. Mit Illustrationen von Bertall. Hg. u. bearb. v. Josef Heinzelmann. Frankfurt a. M.: Insel, 1978. S. 181-198; die Zitate finden sich S. 182. Die Ausgabe basiert

in dem der Erzähler von einer Gruppe Kinder gebeten wird, ein Märchen zu erzählen, und der Beginn der Erzählung, für den Dumas die Formulierung „Il y avait une fois" (CN I: 15) verwendet. Auch die darauffolgende Exposition der Figuren, die nicht in einer bestimmten Situation gezeigt, sondern allgemein charakterisiert werden, kann als typische Erzählstrategie des Märchens gelten.[38] Im Folgenden sollen diese Befunde näher überprüft werden, wobei von besonderem Interesse ist, wie Dumas mit der bei Hoffmann so dominanten Ästhetik der Verunsicherung umgeht.

2.1 Zurücknahme der Verunsicherung im Märchen

Die von Zaragoza herausgestellten Aspekte haben in erster Linie die Funktion, bereits zu Beginn einen klaren Gattungsrahmen zu setzen. Anders als im *Nußknacker*, dessen *in-medias-res*-Einstieg bereits die Sphären des Bürgerlichen und des Wunderbaren vermischt, entsteht hier eine klare Grenze zwischen der Welt des Erzählers und der ihm zuhörenden Kinder auf der einen und einer erzählten Märchenwelt auf der anderen Seite. Erstere wird im Vorwort als eine der außertextlichen Wirklichkeit entsprechende dargestellt, was durch den expliziten Bezug auf E. T. A. Hoffmann (vgl. CN I: 12) und die Anspielung darauf, dass der Erzähler selbst schriftstellerisch tätig ist (vgl. CN I: 10 u. 12), verstärkt wird. Der Erzähler (Dumas selbst?) wendet sich in der Folge an mehreren Stellen an sein Publikum; dieses ist aber, anders als bei Hoffmann, durch das Vorwort ebenfalls im Text situiert. Außerdem erwecken die Erzählerkommentare an keiner Stelle den Eindruck, dass die fantastischen Ereignisse auch den Leser:innen, außerhalb des Textes, begegnen könnten – die zuvor zitierte Passage (KM: 148f.) entfällt entsprechend. Stattdessen haben direkte Ansprachen vor allem die Funktion, dem französischen Publikum Orientierung zu bieten und den Zugang zu der in Deutschland spielenden Geschichte zu erleichtern (vgl. etwa CN I: 35f.). Durch solche Erklärungen rückt auch das Weihnachtsfest verstärkt in den Fokus, wobei sowohl christliches Wissen als auch interkulturelle Kompetenz vermittelt werden soll:

> Donc l'Allemagne, étant un autre pays que la France, a d'autres habitudes qu'elle. En France, le premier jour de l'an est le jour des étrennes, ce qui fait que beaucoup de gens désireraient fort que l'année commençât toujours par le 2 janvier. Mais, en Allemagne, le jour des étrennes est le 24 décembre, c'est-à-dire la veille de Noël. Il y a plus, les étrennes se donnent, de l'autre côté du Rhin, d'une façon toute particulière : on plante dans le salon un grand arbre, on le place au milieu d'une table, et à toutes ses branches on suspend les joujoux que l'on veut donner aux enfants ; ce

---

auf einer fragmentarisch überlieferten Übersetzung von August Dietzmann (1846 in Leipzig erschienen; vgl. Nachwort, S. 186).

38 Vgl. Georges Zaragoza. „Qu'est-ce qu'un conte pour enfants?" *Cahiers d'études nodiéristes* 8 (2019): S. 123-138, hier S. 125-128, S. 137. Zaragoza übersieht allerdings, dass sich Hoffmanns Erzähler (in beiden Fassungen) auch an ein kindliches Publikum richtet, wenngleich dieses nicht in der Diegese präsent ist.

qui ne peut pas tenir sur les branches, on le met sur la table, puis on dit aux enfants que c'est le bon petit Jésus qui leur envoie leur part des présents qu'il a reçus des trois rois mages, et, en cela, on ne leur fait qu'un demi-mensonge, car, vous le savez, c'est de Jésus que nous viennent tous les biens de ce monde (CN I : 19-21).

Die Exposition der Charaktere zu Beginn des Textes etabliert die bürgerliche Welt der Familie Silberhaus – die Wahl des Namens kann als Reduktion der Opposition zur Sphäre des Wunderbaren gelesen werden, wenn man „Stahl-baum" als Gegenbegriff zu dem bei Hoffmann als „Wunderbaum" (KM: 123) bezeichneten Weihnachtsbaum versteht. Zur Familie gehören neben den Eltern und den beiden Kindern noch die Gouvernante, „mademoiselle Trudchen" (CN I: 33), die Fritz und Marie Gesellschaft leistet und sich erzieherisch in ihr Gespräch einmischt. Sie hat ihren Namen von Maries Puppe, die bei Dumas stattdessen „Rose" heißt (vgl. CN I: 32), und ersetzt die ältere Schwester Luise. Dabei ist sie allerdings wesentlich präsenter als Luise im *Nußknacker*, die erst am Ende des ersten Kapitels erwähnt wird, sodass Fritz und Marie in dieser Anfangsszene zunächst allein zu sein scheinen. Außerdem wird bereits hier der Pate Drosselmayer[39], ausführlicher als bei Hoffmann, vorgestellt, worauf in Kapitel 2.2 zurückzukommen sein wird.

Die umfangreiche Exposition schafft Orientierung und setzt zu Beginn eine eindeutig umgrenzte Welt; statt einer dunklen Gestalt erkennt Fritz zweifels-frei den Paten (vgl. CN I: 30). Erst vor der Öffnung der Tür zum geschmückten Zimmer ergibt sich eine Unsicherheit in der Wahrnehmung, die aber in einem religiösen Wissen, das hier auch der Erzähler vertritt, aufgehoben wird: „Il leur semblait autour d'eux sentir les battements d'ailes de leurs anges gardiens tout joyeux, et entendre dans le lointain une musique douce et mélodieuse comme celle d'un orgue qui eût chanté, sous les sombres arceaux d'une cathédrale, la nativité de Notre-Seigneur" (CN I: 34).

Mit dem Erscheinen des Nussknackers beginnt auch bei Dumas eine Phase der Verunsicherung, die auf einer scheinbar unzuverlässigen Wahrnehmung und einer Konkurrenz unterschiedlicher Deutungen des Erlebten beruht: So wiederholt sich die Szene, in der sich Nussknackers Gesicht bei der Nennung von Drosselmayers Namen zu verziehen scheint und Marie sich, nach einem Moment des Schreckens, korrigiert (vgl. CN I: 66f.). Wie im *Nußknacker* erklä-ren die Erwachsenen Maries nächtliche Erlebnisse zum Fiebertraum (vgl. CN I: 97), während Marie an ihrer Realität festhält, aber nicht mehr davon sprechen darf. Auch hier ist es die Binnenerzählung Drosselmayers, die es erlaubt, Maries Erfahrung in die bürgerliche Welt zu integrieren.

Eine bei Dumas hinzugefügte Passage spricht allerdings dafür, dass diese Ver-unsicherung schlussendlich aufgelöst wird zugunsten einer Interpretation, die das Ende als Bestätigung des Wunderbaren auffasst:

---

39 Ich verwende hier und in der Folge immer die Schreibweise, die in den jeweils behan-delten Werken für die Figuren verwendet wird.

> Là-dessus, comme la porte du salon s'était ouverte tout doucement sans que les jeunes gens y fissent attention, tant ils étaient préoccupés de leurs sentiments, le président, la présidente et le parrain Drosselmayer s'avancèrent, criant bravo de toutes leurs forces, ce qui rendit Marie rouge comme une cerise, mais ce qui ne déconcerta nullement le jeune homme, lequel s'avança vers le président et la présidente [Maries Eltern, L. V.], et, avec un salut gracieux, leur fit un joli compliment par lequel il sollicitait la main de Marie, qui lui fut accordée à l'instant (CN II : 120f.)

Die bürgerliche Sphäre fällt bei Dumas nicht plötzlich weg, sondern wird in den märchenhaften Schluss integriert. Sowohl die klare Gattungszuordnung als auch die generelle Zuverlässigkeit der Erzählstimme lassen hier kaum Verunsicherung aufkommen; der letzte, von Hoffmann übernommene Halbsatz „pourvu qu'on ait d'assez bons yeux pour les [wunderbare Dinge, L. V.] voir" (CN II: 122) ist vor diesem Hintergrund eher als Voraussetzung für das Gelingen des schon im Vorwort als anspruchsvolle Gattung beschriebenen Märchens zu lesen.

2.2 Zurücknahme der Verunsicherung im Religiösen

Die Ambivalenzen, die unter 1.2 in Bezug auf die Familie, die Erfahrung des Wunderbaren und das Puppenreich sowie die Figur des Paten festgestellt wurden, gelten grundsätzlich auch für den *Casse-noisette*, wobei man an verschiedenen Stellen von einer Entschärfung sprechen kann. In der versöhnlichen Schlussszene unterstützen und begleiten Eltern und Onkel Maries Verlobung mit dem jungen Drosselmayer. Die Puppenreich-Episode wird durch Kürzungen bei Dumas übersichtlicher gestaltet; dabei entfallen häufig gerade die Passagen, die das Friedliche und Harmonische in Frage stellen. Die Bewohner:innen von Bonbonhausen etwa leiden nur unter Zahnschmerzen (vgl. CN II: 92; auch in KM: 241), nicht unter der Belagerung durch die „Armee des Mücken-Admirals" (KM: 242). Die Macht des Konditors erscheint durch eine zusätzliche Erklärung des Nussknackers weniger bedrohlich: „Or, comme chacun croit toujours sa forme la meilleure, il n'y a jamais personne qui se soucie d'en changer" (CN II: 101). Allerdings existiert die Bedrohung durch den Riesen Leckermaul („Bouche Friande", CN II: 103), und die Parallelen zu Drosselmayers künstlichem Schloss zu Beginn der Erzählung sind auch hier gegeben (explizit vgl. CN II: 92).

Der Pate bleibt die Figur, die die Sphären der Familie und des Wunderbaren durch seine Präsenz in beiden Welten, seine Tätigkeit als Schöpfer mechanischer Kunstwerke und als Erzähler des Binnenmärchens verbindet. Dabei ist seine Rolle im Verlauf der Handlung nicht eindeutig bestimmbar. In der Szene, in der Fritz den Nussknacker beschädigt, unterstreichen zusätzliche Formulierungen in *Casse-noisette* sogar den bedrohlichen Charakter des Paten in Maries Wahrnehmung. So stellt er sich auf Fritzens Seite mit „un sourire qui parut féroce" (CN I: 57), und etwas später heißt es:

> Alors Marie s'aperçut que le parrain Drosselmayer regardait d'un air moqueur les soins maternels qu'elle donnait au petit homme au manteau de bois, et il lui sembla même que le seul œil du conseiller de médecine avait pris une expression de malice et de méchanceté qu'elle n'avait pas l'habitude de lui voir (CN I : 39).

Wie bei Hoffmann tritt er durch Maries Vergleich mit dem Nussknacker (vgl. CN I: 49 u. 60) und dessen spätere Identifikation mit dem Neffen in die Position eines Doppelgängers. Auch hier wird eine Konkurrenz zwischen Paten und Nussknacker vage angedeutet in der Reaktion auf Maries Verteidigung des Nussknackers, indem Drosselmayer ein langes Gesicht macht. Während der Grund seiner Reaktion bei Hoffmann unklar bleibt („Es mochte wohl seine besondere Ursache haben"; KM: 138), legt Dumas' Erzähler nahe, dass sich die Szene durch den weiteren Fortgang der Erzählung erklären lässt: „Or, comme il n'y a pas d'effet sans cause, cet effet se rattachait sans doute à quelque cause mystérieuse et inconnue qui nous sera expliquée par la suite" (CN I: 61). Eine eindeutige Erläuterung folgt nicht; man kann den Zusatz hier allerdings als Aufforderung an das Lesepublikum verstehen, das Verhalten des Paten im Rückblick, vor dem Hintergrund neuer Kenntnisse über ihn, umzudeuten.

Informationen bietet in erster Linie das Märchen von der harten Nuss, in dem die Übereinstimmung des Mechanikers Drosselmayer mit dem Paten, die bei Hoffmann nur angedeutet und in der Rezeption der Kinder vollzogen wird, deutlicher hervortritt: Die Erzählung der langen Reise auf der Suche nach der Nuss Krakatuk, die bei Hoffmann ausgespart wird, stattet Dumas' Drosselmayer mit einer Vorgeschichte aus, die sein eigentümliches Äußeres erklärt (vgl. CN II: 26f.). Hier und in der bei Dumas verlängerten, bereits zitierten Schlussszene tritt der Pate als Unterstützer auf; die umfangreichere Charakterisierung in der Exposition der Figuren, in der Drosselmayer nicht nur die Uhren der Familie repariert, sondern mit seinen Erfindungen auch den Familienhund bei seinen Aufgaben entlastet, verstärkt diesen Eindruck (vgl. CN I: 22-28). Die Ergänzungen des Textes in *Casse-noisette* lösen die Ambivalenz der Figur also nicht auf; es ließe sich jedoch argumentieren, dass der deutlichere und durch Erzählerkommentare betonte Zusammenhang der Erzählstränge eine rückblickende Auflösung des seltsamen und unheimlichen Verhaltens nahelegt.

Die Vorstellung der Drosselmayer-Figur zu Beginn ist für die weitere Rezeptionsgeschichte von besonderer Bedeutung. Der Pate ist nicht mehr Obergerichtsrat, sondern Medizinalrat und Erfinder, der in dieser doppelten Berufung „toten Gegenständen" (CN I: 23: „choses mortes") Leben geben will. In seinen Bemühungen, den künstlichen Menschen zu erschaffen, hat er bereits sprechende, tanzende und laufende Puppen hervorgebracht. Der Blick auf Inszenierungen von Tschaikowskys *Nussknacker* wird zeigen, wie diese Betonung Drosselmayers als Schöpfer lebendiger Automaten, die hier (anders als etwa in E. T. A. Hoffmanns *Sandmann*) aber nichts Unheimliches haben, gewirkt hat. Bei Dumas ist eine Bemerkung des Erzählers von Interesse, die die Grenzen dieser Versuche benennt: „[O]n sentait bien que tout cela était le résultat d'une combinaison automatique, et qu'une combinaison automatique n'est toujours, à tout prendre, qu'une parodie des chefs-d'œuvre du Seigneur" (CN I: 24). Der Kommentar ist einer von mehreren, die einen festen christlichen Ordnungsrahmen etablieren, auf den sich sowohl Figuren der bürgerlichen Welt als auch der Nussknacker beziehen (vgl. z.B. CN I: 21, 34; CN II: 89). Auf diese Weise wird eine metaphysische Sicherheit erzeugt, die übergreifend für alle Sphären gilt und auf deren Grundlage die fantastischen Geschehnisse als weihnachtliches Wunder lesbar werden.

3. Der *Nussknacker* auf der Bühne: Ballettadaptionen

Die Untersuchung der Inszenierungen ordnet sich den Adaptation Studies zu, indem sie Wiederholungen und Variationen des Prätextes in den Blick nimmt. Im Fokus stehen dabei die Fragen, die ich bei Hoffmann und Dumas verfolgt habe: Wie wird die Grenze zwischen der bürgerlichen und der fantastischen Welt gestaltet, und wie werden zentrale Figuren (v. a. Drosselmeier) dargestellt? Wie gehen die Adaptionen mit den für Hoffmann charakteristischen Ambivalenzen um? Die Forschungsperspektive unterscheidet sich damit von einer musik- oder tanzwissenschaftlichen und nimmt, indem sie Ballettadaptionen *als* Adaptionen untersucht, eine Position zwischen den Disziplinen ein. Sie bleibt insofern der vergleichenden Literaturwissenschaft verpflichtet, als es um den künstlerischen Rezeptionsprozess eines literarischen Textes geht. In der vergleichenden Analyse zweier Inszenierungen hat sie außerdem an der Theaterwissenschaft teil: Neben der musikalischen Komposition und der proxemischen Bewegung sind weitere theatrale Zeichen wie Mimik, Gestik, äußere Erscheinung (Kostüm, Maske, Frisur) sowie, den Raum betreffend, Bühnenbild/Dekoration, Requisiten und Beleuchtung relevant.[40] Als geeigneter methodischer Zugriff, der den Vergleich zwischen Inszenierung und literarischem Prätext ermöglicht, bietet sich die Theatersemiotik an.[41] Gegenstand der Untersuchung sind Filmaufnahmen, wodurch einerseits die Überprüfbarkeit der Aussagen gewährleistet ist, andererseits aber die Erfahrung als Zuschauerin beeinflusst und, etwa durch Kamerabewegungen und Einstellungsgrößen, gelenkt wird.

3.1 Auflösung der Verunsicherung: *The Nutcracker* in Vainonens Choreographie

Die Inszenierung des Mariinsky Theaters St. Petersburg (2012) übernimmt die von der Erstfassung abweichende Choreographie Vasily Vainonens (1934); diese ist ihrerseits durch zwei einflussreiche Abwandlungen geprägt, die Alexander Gorsky 1919 durchführte: erstens die Besetzung von Clara (= Marie) und dem Nussknacker Prinzen mit erwachsenen Tänzer:innen, zweitens die Vereindeutigung der Grenze zwischen bürgerlicher und fantastischer Welt, indem Claras

---

40 Die Zusammenstellung orientiert sich an Erika Fischer-Lichtes Standardwerk. *Semiotik des Theaters. Eine Einführung.* Band 1: *Das System der theatralischen Zeichen.* 4. Aufl. Tübingen: Narr, 1998. S. 25 ff.

41 Auf die Theater-, bzw. Tanzsemiotik bezieht sich auch Iris Julia Bührle in ihrer für die choreographische Literaturadaption grundlegenden Monographie. *Literatur und Tanz. Die choreographische Adaption literarischer Werke in Deutschland und Frankreich vom 18. Jahrhundert bis heute.* Königshausen & Neumann, 2015. S. 173-179; vgl. auch Peter M. Moenisch. „Tanz als Körper-Zeichen: Zur Methodik der Theater-Tanz-Semiotik". *Methoden der Tanzwissenschaft. Modellanalysen zu Pina Bauschs Le Sacre du Printemps/Das Frühlingsopfer.* Hg. Gabriele Brandstetter/ Gabriele Klein. 2., überarb. u. erw. Aufl. Bielefeld: Transcript, 2015, S. 35-51.

Erfahrungen als Traum markiert werden.[42] Das Mariinsky Theater zitiert Vainonen auf seiner Website: „Petipa's scene play for *The Nutcracker* did not satisfy me because of the lack of a realistic interpretation of the first act, the intermitent [sic] intrigues and the gloss of sugariness".[43]

Vainonens Fassung besteht aus drei Akten, von denen der erste das Weihnachtsfest bei den Stahlbaums beinhaltet, während Masha (= Clara) im zweiten Akt mit dem Nussknacker im Arm zu Bett geht; dadurch wird die Schlacht zwischen den Mäusen und den Puppen bereits als Traum markiert. Am Ende des Aktes verwandeln sich Masha und der Nussknacker in Prinzessin und Prinz und reisen, nach einem Pas de deux, durch die verschneite Landschaft. Der dritte Akt besteht dann aus verschiedenen Divertissements im Zuckerland, bevor Masha zum Schluss wieder erwacht. Bezüglich des Realitätsstatus' wird die Verunsicherung, die sich in Petipas Libretto noch zu finden scheint[44], ganz aufgelöst in diesem Rahmen, der durch Bühnenbild, Mimik und Gestik der Darsteller:innen vermittelt wird.

Die moralischen Ambivalenzen, die bei Dumas an verschiedenen Stellen entschärft wurden, sind nicht mehr vorhanden. Das Unheimliche hat in der Schlacht zwischen Mausekönig und Nussknacker seinen Platz, nur um dort überwunden zu werden; das Zuckerland ist ein Raum des Vergnügens und, mit Blick auf die vorgeführten Gruppentänze, Soli und Pas de deux, ästhetischen Genusses. Mit einem aufwändig gestalteten Bühnenbild, das das Haus der Stahlbaums erst von außen in einer verschneiten Landschaft, dann von innen als weihnachtlich geschmückten Salon zeigt, sowie einer Vielzahl von freundlich lächelnden Tänzer:innen wird ein Eindruck von Festlichkeit, Freundschaftlichkeit und Fröhlichkeit erzeugt. Besonders pantomimische Bewegungsfolgen wie eine Schneeballschlacht zwischen Kindern, die vom Vater mit mahnenden Gesten unterbunden wird, tragen zu der Unbeschwertheit bei und erleichtern Zuschauer:innen durch ihre Alltäglichkeit den Zugang.[45]

Drosselmeyer schließlich erscheint in der Inszenierung als schützender Wegbereiter. Er wird in dieser Anfangssequenz bereits hervorgehoben, indem er als Einzelperson vor dem Haus eintrifft, die Arme voller Geschenke hat; die Kamera fokussiert ihn in einer Amerikanischen Einstellung (00:06:21-00:06:27). Im Salon dient sein schwarzes Kostüm dazu, ihn von den anderen, hell und bunt gekleideten Tänzer:innen zu unterscheiden. Er nimmt sowohl an den Tänzen der Kinder als auch der Erwachsenen teil; dabei vermitteln die Mimik, Gestik und die Bewegungen der Kinder auf Drosselmeyer zu

---

42 Vgl. den informativen Artikel auf der Website der Marius Petipa Society: https:// petipasociety.com/the-nutcracker/ [27.06.2024]; vgl. auch den Eintrag zu „Gorsky, Alexander (1870-1924)". Mary Ellen Snodgrass. *The Encyclopedia of World Ballet.* Lanham et.al.: Rowman & Littlefield, 2015. S. 140f.

43 https://www.mariinsky.ru/en/playbill/playbill/2012/12/16/1_1130/ [27.06.2024].

44 Gabriele Brandstetter spricht in ihrem Vergleich zwischen Hoffmanns Erzählung und Petipas Libretto davon, dass sich Clara nach dem Zubettgehen wieder in das Wohnzimmer schleicht. Transkription im Tanz (wie Anm. 2). S. 164.

45 Tschaikovsky The Nutcracker (2012; Mariinky Ballet & Orchestra), 00:05:58-00:06:10; im Folgenden wird die Zeitangabe direkt im Fließtext angegeben.

Fröhlichkeit und Zuneigung. So fordert Masha ihn z. B. mit bittend erhobenen Händen zu einem Spiel auf, in dem er sich die Augen mit einem Tuch verbindet (00:09:56). Die Szene, in der Drosselmeyer Masha einige Figuren vortanzt, die sie wiederholt, hat durch Mashas kontinuierliches Lächeln und die fröhliche Reaktion der anderen Kinder den Charakter eines unbeschwerten Spiels (00:10:36-00:10:58). Erst als er im Kostüm des Magiers erscheint, in einem mit Sternen bestickten schwarzen Mantel mit einem spitzen Hut, eine Brille mit dicken schwarzen Rändern tragend, zeigt die Mimik der Kinder Unsicherheit und einen Anflug von Furcht (00:13:20). Ihre Bewegungen von Drosselmeyer weg und auf ihn zu wecken den Eindruck eines Schwankens zwischen Angst und Faszination (00:13:26-00:13:47). Der in einem Puppentheater aufgeführte Kampf zwischen Mausekönig und Prinz nimmt Mashas Traumerfahrung vorweg; indem die Geschichte zu diesem frühen Zeitpunkt als stark verkürzte Episode dargestellt wird, ist sie als Auslöser für den Traum lesbar. Wichtig ist hier bereits, dass die Bedrohung nur eine zu überwindende, temporäre ist: Mashas Mimik und Gestik reichen entsprechend von Furcht, indem sie das Gesicht in den Händen verbirgt, bis Erleichterung über den Sieg des Prinzen, indem sie in die Hände klatscht und glücklich lächelt (00:14:15-00:15:02). Den Nussknacker überreicht Drosselmeyer; die ambivalente Beziehung zu ihm, die bei Hoffmann und auch noch bei Dumas für Verunsicherung sorgt, weicht hier indes einer eindeutig positiv besetzten Rolle als Helfer und Unterstützer. So schimpft er etwa mit Fritz, tröstet Masha und repariert den Nussknacker sofort, als er im Streit zwischen Fritz und Masha den Kopf verliert (00:22:02-00:22:25). Im Tanz mit Masha, der auch Hebefiguren beinhaltet, tritt er als Mittlerfigur auf, die ihre Aufmerksamkeit dem Nussknacker gegenüber aber nicht stört; im Gegenteil zieht er sich bald darauf zurück, damit Masha alleine mit der Puppe weitertanzen kann (00:20:35-00:21:49). Diese Wegbereiter-Rolle hat der Pate auch bei der Verwandlung von Masha und Nussknacker in Prinz und Prinzessin inne: Nach dem Sieg über den Mausekönig scheint er in seinem Magier-Kostüm die Metamorphose zu bewirken. Die nun erwachsenen Tänzer:innen verwenden zu Beginn ihres Pas de deux noch Drosselmeyers Zauberstab als Requisit, der Pate hat aber ansonsten keine Präsenz mehr in der Traumwelt (00:40:14-0041:14).

3.2 Rückkehr zur Ambivalenz: *Nussknacker* in Spucks Choreographie

Bereits der Titel des Balletts *Nussknacker und Mausekönig* signalisiert eine Rückbesinnung auf E. T. A. Hoffmann. Der DVD ist ein Heft beigelegt, das ein Interview des Choreographen Christian Spuck mit den beiden Dramaturgen der Inszenierung, Michael Küster und Claus Spahn sowie einen Essay Spahns enthält. In Letzterem wird eine intensive Beschäftigung mit Hoffmanns Erzählung und ihrer Rezeption, auch in der germanistischen Sekundärliteratur, deutlich, wobei Spahn besonders eine doppelte Ästhetik der Verunsicherung hevorhebt, wie ich sie im ersten Abschnitt untersucht habe. Anders als in anderen Inszenierungen soll in *Nussknacker und Mausekönig* die „Entfremdung [der

Weihnachtsidylle] durch das Fantastische"[46] gewahrt bleiben. Drosselmeier charakterisiert er als ambivalente Figur, die zwischen freundlichem Onkel, Manipulator und Objekt von Maries Liebe changiert. Ähnlich formuliert Spuck im Interview:

> Der *Nussknacker* handelt von einem Mädchen auf dem Weg zum Erwachsenwerden, und Drosselmeier beeinflusst ihren Reifungsprozess. Es liegt etwas Sinistres und Unangenehmes darin, dass ein alter Mann das erotische Erwachen eines jungen Mädchens in Gang bring und es von den Eltern entfremdet, sogar bis zu dem Punkt, dass es seine Familie verlässt und mit dem „Nussknacker"-Prinzen in eine andere Welt aufbricht.

Die Inszenierung besteht aus zwei Akten, von denen der erste den Weihnachtsabend sowie, nachdem Marie im Salon der Stahlbaums eingeschlafen ist, die Belebung des Nussknackers beinhaltet. Erst im zweiten Akt findet die Schlacht mit dem Mausekönig statt; im Programmheft steht für die vorletzte Szene vermerkt, dass Marie in Drosselmeiers Atelier aufwacht, was aber auf der Bühne nicht eindeutig gezeigt wird. Die fehlende Markierung sowie die Tatsache, dass die Figuren aus dem Zuckerland gemeinsam mit denen aus dem Binnenmärchen und den Pierrot-Figuren aus der Werkstatt noch in eingefrorenen Positionen am Rand der Bühne stehen (01:34:26-01:35:52), lösen Verunsicherung bezüglich des Realitätsstatus aus. Insgesamt sind die Sphären der bürgerlichen und der fantastischen Welt durch zahlreiche Verbindungen verzahnt. Figuren aus dem Familienumfeld treten in verfremdeter Gestalt auf.[47] So ist die erste Figur, die die Bühne betritt, der junge Drosselmeier, den wir später mit der Nuss Krakatuk im Binnenmärchen sehen, bevor er sich auf der Bühne in den Nussknacker verwandelt (00:29:25-00:36:15). Nach Mitternacht tritt er erst als Nussknacker (00:52:59), dann als Prinz (01:12:02) auf. Marie, deren Rolle hier von Anfang an von einer jungen Frau verkörpert wird, verwandelt sich nicht, besitzt aber mit Pirlipat eine Doppelgängerin, die ein ähnliches Kleid mit einer Schleife auf der Brust trägt (im Zuckerland wird sie das gleiche Kleid tragen).

Eine Verunsicherung des Publikums ergibt sich insbesondere in der Bewertung der Drosselmeier-Figur, die bei Spuck ungleich dominanter ist als bei Vainonen. Der erste Akt beginnt in seiner Werkstatt, die als dunkler Raum auf beiden Seiten und an der Decke von einem spiegelnden, goldenen, mit Glühbirnen besetzten Streifen gerahmt wird. Spuck bezeichnet dieses Bühnenbild im Interview als „Kombination [...] aus einem aufgelassenen Revuetheater, einem Antiquitätenladen und einem Wohnzimmer mit vielen versteckten Fächern und Öffnungen. Eine Welt, in der sich Dinge verselbstständigen und die Realität außer Kraft gesetzt wird". Weiter hinten befindet sich eine zweite, mit weniger Glühbirnen gerahmte Bühne, auf der Teile der mehrfach unterbrochenen Pirlipat-Geschichte (00:33:47-00:34:12), aber auch der Weihnachtsfeier

---

46 Nussknacker und Mausekönig (2019; Opernhaus Zürich), letzte Seite (keine Seitenangaben).

47 Christian Spuck nennt selbst im Interview die drei Tanten, die später als Schneeflocke, Blume und Zuckerfee auftreten.

(00:22:20-00:25:34) stattfinden. Zusätzlich gibt es einen Miniatur-Bühnenkasten, der das Bühnenbild reproduziert und mit der Überschrift „Théâtre Mécanique – Panorama" überschrieben ist (00:09:42). Drosselmeiers Atelier gestaltet sich somit als Raum, in dem die diegetischen Ebenen als Theater im Theater gleichzeitig markiert sind und einander überlagern. Der Miniaturkasten weist zugleich auf seinen Status als Schöpfer mechanischer Werke und, als metareflexiver Kommentar, auf die Theatralität des Dargestellten hin.

Die Unbestimmbarkeit und Ambivalenz des Paten manifestieren sich also im Bühnenbild, noch bevor er selbst auftritt. Anders als bei Vainonen kommt er nicht als Gast von außen auf die Bühne, sondern erscheint mit einem plötzlich einsetzenden Spotlight in der Mitte der Bühne mit dem Rücken zum Publikum. Der Rauch, den er schräg in die Luft bläst, verleiht der nur in Umrissen erkennbaren Gestalt etwas Mysteriöses, schwer Greifbares (00:05:11-00:05:26); die Szene erinnert an die erste Erwähnung des Paten bei Hoffmann. Er trägt ein schwarzes Kostüm mit einem weiten Mantel, der bei Drehungen um ihn wirbelt, einen schwarzen Zylinder und ein gelbes Tuch unter dem Kragen (bei Hoffmann und bei Dumas ist es ein gelber Rock). Der dunkelrot geschminkte Mund und die schwarz umrandeten Augen wirken unheimlich; dieser Eindruck wird durch eine häufig wiederholte Position, in der Drosselmeier leicht vorübergebeugt am Rand der Bühne steht, die Hände verdreht, gegeneinander reibt und die Finger spielend verschränkt, noch verstärkt (z. B. 00:07:42; 00:17:54; 00:46:27; 01:34:12). Eine Variante ist das Verschränken der Arme vor der Brust, wobei sich die gestreckten Finger auf und ab bewegen (00:09:13; 00:14:04; 01:13:02). Die Pose kann als Leitmotiv gelten, das den Paten nicht nur als Initiator und Wegbereiter, wie bei Vainonen, sondern als Manipulator und Regisseur des Geschehens inszeniert.

Die Beziehung zu Marie ist dementsprechend ambivalent und kann als Kernthema der Inszenierung betrachtet werden. Zu Beginn im Atelier (00:06:00) und später beim Weihnachtsfest (00:25:07) zeigt Marie durch Mimik und Bewegungen zu Drosselmeier hin Faszination und Zuneigung. Choreographisch drückt sich diese Ambivalenz bereits bei der ersten Episode des Pirlipat-Märchens in einem Duett aus. Zu diesem Zeitpunkt ist der Nussknacker noch nicht in Erscheinung getreten. Wenn er bei Vainonen Anlass des Tanzes ist oder, anders gesagt, der Tanz mit dem Onkel nur den mit dem Nussknacker vorbereitet und einleitet, ist es bei Spuck andersherum: Zuerst existiert die zunehmend problematisch werdende Beziehung zwischen Marie und Drosselmeier, während der Nussknacker/Neffe nur die notwendige Lösung „für das fehlgehende Begehren"[48] bietet. Im Duett (00:14:15-00:15:16) führt Marie dieselben Bewegungsfolgen durch wie der Onkel, nimmt ihren Part in den Hebefiguren ein und bewegt sich zum Teil in dieselbe Richtung. Ihre Bewegungen von ihm weg, hin zu den Figuren des Pirlipat-Märchens, werden aber von Drosselmeier unterbrochen, er dreht und schiebt sie in die andere Richtung. Seine Kontrolle über ihre Bewegungen greift seine Rolle als Schöpfer mechanischer Puppen auf, nicht zuletzt auch durch das Aufgreifen einer Bewegung aus dem Pas de deux

---

48 Schmaus. Nußknacker und Mausekönig (wie Anm. 13). S. 102.

der zum Atelier gehörenden Pierrot-Figuren ganz zu Beginn des ersten Akts: das Bedecken eines Auges mit der flachen Hand (00:04:05 und dann 00:14:34). Das choreographische Leitmotiv spielt auf die Einäugigkeit Drosselmeiers bei Hoffmann an; es kann zugleich metareflexiv als Veranschaulichung einer Unzuverlässigkeit der Wahrnehmung gedeutet werden.

Im weiteren Verlauf wird sich Marie immer stärker weigern, den weiblichen Part im Tanz mit Drosselmeier einzunehmen. Nachdem sie den Tanz beim Weihnachtsfest zunächst initiiert, reagiert sie mit erschreckter Mimik auf seine Umarmung, befreit sich und wendet ihm den Rücken zu (00:25:43). Erst nach dieser Reaktion lässt er den Neffen im Binnenmärchen erscheinen und verschenkt den Nussknacker. Dabei zieht sich Drosselmeier hier, anders als bei Vainonen, nicht zurück, sondern dominiert das Geschehen weiterhin. Als Marie einschläft, sinkt sie in seine Arme, und er trägt sie zum Rand der Bühne, wo er sie hinlegt und ihr mit einem Finger über die Wange streicht (00:50:21). Die Geste ließe sich so interpretieren, dass er ihr den Traum erst eingibt. In den beiden großen Pas de deux Maries mit dem Nussknacker-Prinz und, ganz am Schluss, dem Neffen, ist Drosselmeier ebenfalls präsent: Den ersten macht er durch sein aktives Eingreifen zum Pas de trois, indem er sich an den Hebefiguren beteiligt und den Ablauf zu bestimmen scheint, seine bereits beschriebene charakteristische Pose einnimmt, mit dem Paar gemeinsam ein Element aus einer Choreographie tanzt, die er bereits mit Marie und Fritz in seinem Atelier durchgeführt hat (01:14:56 und 00:07:51) und mit seinem Zylinder den Kuss am Ende vor dem Publikum verbirgt. Auch im letzten Pas de deux drückt sich sein Einfluss durch das Aufgreifen eines choreographischen Motivs aus, diesmal aus dem Tanz mit Marie beim Weihnachtsfest (01:40:36 und 00:25:12). Wenngleich der Pate dem Neffen seinen Platz (gezwungenermaßen) überlässt – hier nach dem letzten Pas de deux mit Marie, in dem Letztere sich entschieden gegen seine Führung wehrt, indem sie die Arme vor der Brust verschränkt, bei den Hebefiguren mit den Beinen strampelt und sich losreißt (01:25:23-01:36:39) – wirkt er fort in der Beziehung des Paars. Die Inszenierung endet dementsprechend mit Drosselmeier, dessen Mimik nach dem Abgang des Paars Bedauern ausdrückt (01:42:42): Er bleibt allein zurück mit den Pierrot-Figuren und schaltet mit einem Fingerschnipsen das Licht aus.

4. Abschließende Überlegungen

Die vergleichende Analyse von E. T. A. Hoffmanns *Nußknacker*, Alexandre Dumas' Nacherzählung in *Casse-noisette*, der Ballett-Inszenierung des Mariinsky Theaters St. Petersburg und derjenigen des Opernhauses Zürich hat gezeigt, dass es zu einfach wäre, den Rezeptionsprozess als lineare Entwicklung von einer düsteren, komplexen Geschichte hin zu einem fröhlichen Weihnachtsmärchen zu begreifen. Stattdessen kann man von einer Dialektik der Vereindeutigung und Mehrdeutigkeitssteigerung sprechen, die zugleich Motor und Produkt des Rezeptionsprozesses ist. Ich will abschließend auf die einleitend genannten fünf Punkte in ihrer Verschränkung zurückkommen.

Es lässt sich durchaus eine Tendenz zur Vereindeutigung (4) von Hoffmanns Text feststellen, dessen doppelte Ästhetik der Verunsicherung bei Dumas graduell zurückgenommen, bei Vainonen schließlich aufgelöst wird. Sie ist im Zusammenhang mit den Konventionen der Gattung Märchen und des Handlungsballetts zu sehen; beide erzählen üblicherweise Geschichten, in denen typisierten Figuren in einer klar strukturierten Handlung Konflikte lösen müssen (2). Natürlich können Künstler:innen auch bewusst mit dieser Erwartungshaltung brechen – die Diskussion um Hoffmanns *Nußknacker* macht dies deutlich, und während Dumas' Erzählung als Wiederannäherung an die Konventionen des Märchens betrachtet werden kann, vollzieht Spucks Inszenierung einen Bruch mit der Balletttradition, gerade durch die Wiederentdeckung Hoffmanns für die Bühne.

Eine besondere Rolle spielt auch die Hervorhebung des Weihnachtsfestes (3) als transkulturell nachvollziehbarer Rahmen (1): Bei Dumas erleichtert die nullfokalisierte Erzählstimme mit den Verweisen auf das Weihnachtsfest den Zugang für das französische Publikum, zugleich trägt sie zu einer Entschärfung der Verunsicherung bei, indem sie eine feste christliche Basis etabliert. Bei Vainonen evoziert das aufwändige Bühnenbild des geschmückten Hauses eine festliche Atmosphäre, die Mashas Traum von einem ebenfalls prachtvollen Zuckerland vorbereitet. Es ist eine Geschichte von der Überwindung des Bösen, von der Verwandlung in die schöne Gestalt, von Liebe und einem Erwachsenwerden in Unschuld, die hier erzählt wird; das Weihnachtsfest, assoziiert mit der Geburt Jesu, Neuanfang, Beschenkung und Wunder, bereitet hierfür den Boden. Spuck hingegen lässt seine Inszenierung in Drosselmeiers Werkstatt beginnen, und auch bei der später stattfindenden Weihnachtsfeier bleibt die Bühne dunkel, ein kleiner Weihnachtsbaum wird nur bei genauem Hinsehen in der hinteren rechten Ecke erkennbar, auf der zweiten Bühne (00:23:31). Das Weihnachtsfest ist bei ihm die brüchige, schon von vornherein unterlaufene Inszenierung einer bürgerlichen Familienharmonie; Erwartungen des Publikums, das durch die Tradition des Balletts geprägt ist, werden nicht nur nicht erfüllt, sondern auf einer metareflexiven Ebene selbst als Illusion entlarvt – Weihnachten als Performance, die hier durch die mise en abyme als solche vorgeführt wird.

Adaptionen sind damit nicht als dualistische Beziehung zwischen einem Ursprungstext und einer Bearbeitung zu fassen. Vainonens und Spucks Inszenierungen entstehen vor dem Hintergrund einer verzweigten Tradition, und ihre Bezugspunkte alle aufzuarbeiten, würde einen eigenen Aufsatz erfordern. Dumas' Erzählung greift nicht nur auf Hoffmann, sondern auch auf die Tradition der Märchengattung zurück. Insofern bedeutet Vereindeutigung hier nicht Reduktion von Bedeutung, sondern von Deutungsmöglichkeiten, die bei Hoffmann in einer unaufgelösten Konkurrenz zueinander stehen. Will man versuchen, die hier untersuchten Werke als Stationen einer Entwicklung zu betrachten, so müsste man eine Dialektik feststellen, in der eine Ästhetik der Verunsicherung (Hoffmann, Spuck) und das Streben nach Vereindeutigung durch das Einfügen in eine Gattungstradition (Dumas, Vainonen) einander abwechseln.

Rezensionen

Hendrik Birus. *Gesammelte Schriften*. Bd. 1: *Komparatistik im Spannungsfeld von Philologie und Philosophie*. Göttingen: Wallstein, 2020 (= Münchener Universitätsschriften. Münchener Komparatistische Studien, 12). 843 S.

Hendrik Birus. *Gesammelte Schriften*. Bd. 2: *Von Lessing bis Celan – aus komparatistischer Sicht*. Göttingen: Wallstein, 2021 (= Münchener Universitätsschriften. Münchener Komparatistische Studien, 13). 813 S.

Hendrik Birus. *Gesammelte Schriften*. Bd. 3: *Goethe-Studien*. Göttingen: Wallstein, 2022 (= Münchener Universitätsschriften. Münchener Komparatistische Studien, 14). 718 S.

> *Bibliothekar:* Wer schreibt, der bleibt.
> *Zeitschriftenforscherin:* Richtig, man muß aber die Schwelle zum Buch überschreiten.
> *Student:* Wo finde ich das im Netz?

Die drei Bände versammeln Texte, die der renommierte Komparatist und Goethe-Forscher Hendrik Birus, zu dessen 80. Geburtstag das *Freie Deutsche Hochstift* in Frankfurt am Main im April 2023 ein Ehrensymposium zur Frage „Wozu Philologie?" ausrichtete, in mehr als 50 Jahren publiziert hat. Die erste Publikation galt 1967 der im Jahr zuvor erschienenen Ausgabe der Briefe Walter Benjamins (I 422-426). Insgesamt bietet die durchkomponierte Schriftensammlung neben zwei mehr oder weniger umfangreichen Sitzungsberichten der *Bayerischen Akademie der Wissenschaften* im Wesentlichen unselbständig publizierte Aufsätze, einige Kurzreferate (frühe „Fingerübungen" aus der *Germanistik*, II 789ff.) und Rezensionen sowie eine Reihe teils gedruckter oder ungedruckter Vorträge, Laudationes, Dankreden, Rückblicke, Nachrufe und ähnliche Miszellaneen. Sie bieten wiederholt Einblicke in Birus' Bildungsbiographie vor und nach seiner Flucht in den Westen im August 1961 kurz nach dem Abitur in seiner Geburtsstadt Kamenz. Aufsätze, die zunächst in englischer Sprache erschienen sind, werden hier in deutscher Fassung präsentiert, und Vorträge, deren Publikation bisher nur angekündigt wurde, hier erstmals zugänglich. Birus selbst versteht seine Sammlung (im Anklang an Goethe) als „Ausgabe letzter Hand"' seiner Vorträge und Aufsätze (I 843, „Nachbemerkung"). Die Bände sind mit Ausnahme weniger Versehen, Druck- bzw. Scanfehler[1] fehlerlos und vorbildlich gedruckt. Ergänzt werden die Bände jeweils um die Nachweise der Erstpublikationen, um Abbildungsnachweise[2]

---

1 I 36: Franz Strich]Fritz Strich (richtig dagegen im dazugehörenden Nachweis, I 37, Anm. 20), I 254: rnais]mais, I 402, Anm. 21: dcn]den, I 613: Wiirzburg]Würzburg, I 766: mochte]möchte, II 752, Anm. 1: Wolfgang Riedel]Manfred Riedel.

2 Wie so oft in literaturwissenschaftlichem Schrifttum bleiben auch hier bei Kupferstücken Bildgestalter und Stecher ungenannt. Die Signaturen des im dritten Band auf S. 430, Abb. 3, und S. 501, Abb. 5 (vgl. III 665f., Nachweis zu S. 430, Abb. 3

und Siglenverzeichnisse häufig benutzter Werkausgaben. Letztere verweisen indirekt auf den Kanon der bevorzugten Autoren (Lessing, Herder, Goethe, Jean Paul, Friedrich Schlegel, Raabe, Kraus, Thomas Mann, Proust, Joyce, Brecht, Celan) und theoretischen Gewährs- bzw. Bezugsmänner, zu denen neben Derrida, dessen Werk sich historisch-kritischer Aufbereitung entzieht, vor allem Schleiermacher, Nietzsche, Freud, Adorno, Jakobson und Barthes gehören. Band III enthält überdies ein auswählendes, gleichwohl umfangreiches Personenregister (III 667-718).

Angesichts der weit zurückreichenden Texte, die hier typographisch vereinheitlicht und um Versehen korrigiert sind, wurde zurecht darauf verzichtet, sie „inhaltlich zu aktualisieren" (I 843, „Nachbemerkung"). Jedoch wurde versucht, die alten Aufsätze „bibliographisch auf den neuesten Stand zu bringen" (ebd., vgl. Bd. III, 656, „Nachbemerkung")[3] – eine Entscheidung, die dem Leser zwar die Mühe umständlichen Nachschlagens in älteren Editionen und Ausgaben erspart (auch wenn es gelegentlich irritiert, wenn ältere Aufsätze mit nagelneuen Nachweisen versehen sind, z. B. ein 1999 gedruckter Beitrag Zitate aus Schleiermachers Hermeneutik-Vorlesungen nach der 2012 erschienenen Ausgabe im Rahmen der *Kritischen Gesamtausgabe* belegt), aber methodisch m. E. nicht unproblematisch erscheint, da sich die Frage stellt, ob philologische Erkenntnis nicht relativ zur verfügbaren Quellen- bzw. (wenn man nicht selbst ins Archiv geht) Editionslage ist. Gerade der der einschlägigen Nachbemerkung in Band III folgende Nachtrag zu einer Goethes *Wanderjahre* betreffenden Stelle im komparatistischen Versuch über „Aufgegebene Werke" (II 549-625) von 2018 verweist auf die Abhängigkeit philologischer Einsicht von der Editionsgrundlage: Erst im Rückgang hinter die modernen Goetheausgaben, gerade auch der *Frankfurter Ausgabe*, zurück zur *Ausgabe letzter Hand* wird sichtbar, dass die letzte Zeile mit ihrer zentriert gesetzten Formel „(Ist fortzusetzen.)", die den Druck der revidierten Fassung des späten Romans abschließt, im Unterschied zum Vorangehenden „Aus Makariens Archiv" nicht in Fraktur, sondern wie die zwischen Spruchsammlung und Fortsetzungsformel abgedruckten Terzinen auf Schillers Schädel in Antiqua gesetzt ist (vgl. II 620-623, bes. 621, Abb. 1-3) – ein Befund, der „den verschiedensten Interpretationsmöglichkeiten Raum" gibt

---

bzw. S. 501, Abb. 5) abgebildeten Titelkupfers der Taschenausgabe des *West-östlichen Divans* von 1827 nennen „H. Ramberg. del:" und „G. Leybold. sculp:". Johann Heinrich Ramberg (1763-1840), Hofmaler und Kupferstecher in Hannover, gilt als der bedeutendste Buchillustrator im ersten Drittel des 19. Jahrhunderts. Heinrich Gustav Adolf Leybold (1794-1855) war Maler und Kupferstecher in Wien. Vgl. das mit der Signatur „Eichholzer del:" und „S. Langer sc:" versehene, in nazarenisch geprägtem Stil gestaltete Frontispiz des Exemplars der BSB in München mit der Sign. P.o.germ. 1983 c-5/6. Michael Eichholzer war ein im ersten Drittel des 19. Jahrhunderts tätiger Maler und Lithograph in Wien. Sebastian Langer (1772-1841) war ein ebenfalls in Wien tätiger Kupferstecher. Vgl. Waltraud Maierhofer. „Illustrations for the *Divan* in Editions of Goethe's Works during his Lifetime". *Publications of the English Goethe Society* 89 (2020), H. 2/3 (= Goethe's *West-östlicher Divan* and its Uses): S. 137-156.

3 Bei den älteren Lessing-Aufsätzen bleibt es freilich bei Lachmann/Muncker.

(II 623).[4] Der „Nachtrag" zu dieser Stelle in Band III setzt nun der philologischen Einsicht, die nicht der ‚bibliographisch neueste Stand', sondern vielmehr erst der Blick auf den ältesten Druck gewährt, noch eine Spitze auf, insofern die Konsultation der Druckvorlage im Marbacher *Cotta-Archiv* ergibt, dass unter der Fortsetzungsformel die Reste einer weggeschabten Volute erkennbar sind, mithin, wie Birus aus der Nachricht aus dem Archiv zitiert, „„das typische Abschlusszeichen [...] durch eine ins Offene weisende Formulierung ersetzt'" wurde (III 657).

Hier kann nun nicht auf den Inhalt der drei Bände *in extenso* eingegangen werden, das hieße ja, ein Lebenswerk rezensieren zu wollen. Ich möchte nach den obigen Bemerkungen zu Umfang und Herausgabekriterien im Folgenden nur grob über die thematische Reichweite des Vorliegenden orientieren und konzentriere mich dabei angesichts der beinahe 2400 Seiten vor allem auf die komparatistische Praxis, die in den Bänden zum Ausdruck kommt und die meine Neugier an ihnen geweckt und ihre Lektüre geleitet hat.

Band I ordnet die darin versammelten Aufsätze der „Komparatistik im Spannungsfeld von Philologie und Philosophie" zu und bietet gleich eingangs mit dem 1993 auf dem DFG-Symposion *Germanistik und Komparatistik* (Stuttgart, Weimar 1995) gehaltenen Vortrag „Am Schnittpunkt von Komparatistik und Germanistik: Die Idee der Weltliteratur heute" (I 9-31) das einschlägige Stichwort, das die folgenden Überlegungen zur Komparatistik wie ein Generalbass durchzieht, zugleich freilich auch den Tenor des dritten, „Goethe-Studien" betitelten Bands antizipiert – und zwar mitsamt der wohl unvermeidlichen Redundanz der einschlägigen Zitate. Gegenüber einem quantitativen, d. h. extensivgeographischen, und einem qualitativen, d. h. normativ-kanonisierenden, Begriff der Weltliteratur – Bestimmungen, die in der damaligen Methodendiskussion der Komparatistik vertreten wurden – werden die Wendungen des späten Goethe für einen kommunikativen, d. h. auf einen „Wechseltausch'" (Goethe; zit. I 43) zwischen den Literaturen bezogenen Begriff der Weltliteratur, namentlich im Medium der Übersetzung, geltend gemacht. Goethe wird dadurch zum ‚Diskursivitätsbegründer' (Foucaults Formel vom „fondateur de discursivité" wird bei der Lektüre der drei Bände in diesem Zusammenhang immer wieder begegnen, I 19, 38, 62, 741; II 207; III 409, 777) eines spezifisch gefassten Begriffs der Weltliteratur, die – freilich jeweils aus dem „Sehe=puncte" (Chladenius; zit. I 13) einer bestimmten, d. h. lokalisierbaren „literarischen Ausgangserfahrung" (I 30) heraus – den Gegenstand der Komparatistik umreißt. Dieser, auch international, gerade im Blick auf die US-amerikanischen Grundsatzkontroversen, früh gesetzte Impuls, Weltliteratur als einen internationalen und intermedialen

---

4 Zur Frage, ob sich die Fortsetzungsformel nur auf das Gedicht oder auf den ganzen Roman bezieht, verweist Birus auf die immer noch gültige Diskussion zwischen Karl Viëtor, Franz H. Mautner und Werner Feise in den *PMLA* 1944/45. Hier wäre womöglich auf Viëtors überarbeitete und erweiterte Fassung seines Aufsatzes „Goethes Gedicht auf Schillers Schädel" in seiner Aufsatzsammlung *Geist und Form* (Bern 1952, S. 194-233, 328-346 [Anm.]), die die Diskussion einbezieht, zurückzugreifen gewesen.

Kommunikationszusammenhang zu begreifen (vgl. I 38)[5], wird in späteren, hier anschließend abgedruckten Beiträgen von 2018 und 2019 vertieft und erweitert, im Blick auf Goethes diskursfundierende Einlassungen differenziert und hinsichtlich der Etablierung universalliteraturhistorischer Vorlesungszyklen in Frankreich (Villemain, Ampère u. a.) zur komparatistikgeschichtlichen These von der „Co-Emergenz" von Weltliteratur und littérature comparée (bes. I 59-65) ausgebaut. Die These wird in den „Goethe-Studien" des dritten Bandes nochmals im Blick auf die Erscheinungsdaten des *West-östlichen Divans* ([1]1819, [2]1827) mit seiner „Infragestellung des gängigen literarischen Eurozentrismus" (III 417)[6], Goethes „strategischer Begriffsprägung" (III 410) im Zuge der Herausgebertätigkeit der Zeitschrift *Ueber Kunst und Alterthum* und der damit verbundenen Kommunikation mit dem Pariser *Globe* aufgegriffen. „Daß die philologische Disziplin der *Littérature comparée* und ihr Gegenstandsbereich *Weltliteratur* buchstäblich gleichzeitig proklamiert wurden" (III 410), erscheint als Reaktion „auf die sich im nach-napoleonischen Europa abzeichnende Fülle konkurrierender Nationalliteraturen und der ihnen gewidmeten Nationalphilologien" (III 412).

Ein zweiter Schwerpunkt des ersten Bandes ist literaturtheoretischer, geradezu literaturtheoriefundierender Art und bietet, insofern „Das Vergleichen als Grundoperation der Hermeneutik" (so der Titel eines 1999 gedruckten Eröffnungsvortrags einer Ringvorlesung im Sommer 1988 anlässlich der Gründung des Instituts für AVL an der LMU München, hier: I 88-111) herausgestellt werden kann, einen Übergang von den Überlegungen zur Vergleichenden hin zur Allgemeinen Literaturwissenschaft. Stets kehren Birus' literaturtheoretische Reflexionen zu Schleiermachers philologischer Auffassung von Hermeneutik zurück, die vor allem in den frühen Beiträgen, ähnlichen Frontstellungen bei

---

5 Dieser kommunikative bzw. ‚verflechtungshistorische' Weltliteraturbegriff Goethes bildet in Abgrenzung zu quantitativ-summativen bzw. qualitativ-selektiven Auffassungen auch in neueren Einlassungen den Ausgangspunkt weitergehender Überlegungen zur Modellierung eines handhabbaren Gegenstands komparatistischer Forschung. Vgl. Erhard Schüttpelz. „Weltliteratur in der Perspektive einer longue durée I: Die fünf Zeitschichten der Globalisierung". *Wider den Kulturenzwang. Migration, Kulturalisierung und Weltliteratur.* Hg. Özkan Ezli/Dorothee Kimmich/Annette Werberger. Bielefeld: transcript, 2009. S. 339-360; Thomas Geider. „Weltliteratur in der Perspektive einer longue durée II: Die Ökumene des swahilisprachigen Ostafrika". Ebd., S. 361-401; Erhard Schüttpelz. „Drei Schritte zur Weltliteratur". *Weltliteratur in der longue durée* [Vortrag 2010]. Hg. Schamma Schahadat/Annette Werberger. Leiden, Paderborn: Brill, Fink, 2021. S. 1-15. Siehe hierzu Carsten Zelle. *Geschichte der Komparatistik in Programmtexten. Grundbegriffe und Konzeptionen im 20. Jahrhundert – von Posnett bis Bernheimer.* Berlin, Boston: de Gruyter, 2024. S. 176-182 und passim. Im *Bernheimer-Report* (1993/1995) spielte der Begriff ‚world literature' noch keine Rolle, auch nicht im Statement von David Damrosch im dazugehörigen Sammelband.

6 Vgl. I 33, wo der Einwand Homi K. Bhabhas, Goethes Weltliteraturbegriff sei „profoundly Eurocentric, extending as far as England and France" (The Location of Culture [1999]. Repr. London, New York 2007, 16f.) zurückgewiesen wird.

Szondi und Strohschneider-Kohrs vergleichbar[7], gegen eine Universalisierung der Hermeneutik als einer „prima philosophia" (I 126) in Stellung gebracht wird. Schleiermacher erscheint als „Klassiker" (I 132) neuzeitlicher Hermeneutik, dessen maßstabsetzendes methodologisches Besteck in den hier wieder abgedruckten Studien auf das Präziseste, z. B. im Blick auf den entstehungsgeschichtlich schwer fassbaren Begriff der ,technischen Interpretation', herausgearbeitet wird – ein Begriff, der seinerzeit bei Szondi und anderen, die hinsichtlich literaturwissenschaftlicher Auslegungslehre Anschluss an Schleiermacher suchten, strittig, unscharf und schwankend blieb, genauer: bleiben musste, weil erst der Fund und die Publikation der von August Twesten angefertigten Abschrift von Schleiermachers verlorenem Heft zur Berliner Vorlesung „Allgemeine Hermeneutik" (1809/10) durch Wolfgang Virmond die editorische Grundlage für ein detailliertes Verständnis der *„technische*[n] *Seite der Interpretation"* erlaubte.[8] Die hier wieder abgedruckten Aufsätze zu Schleiermachers Auslegungslehre ersetzen nicht nur manches Regalbrett mit literaturtheoretischer ,Methodendiskussion', sondern auch Allerlei, was gerade unter dem Rubrum einer ,Kritischen Hermeneutik' die Runde macht. In neueren Überlegungen fragt Birus nach der „Bedeutung der Schleiermacher'schen Hermeneutik für die gegenwärtige philologische Methodendiskussion" (I 216). Er sieht die bei Schleiermacher in dialektischem Wechselbezug stehenden Verstehensrichtungen von grammatischer und psychologischer Interpretation seither in die „Extrempositionen" (I 219) formalistisch-strukturalistischer und psychoanalytischer Textinterpretation auseinanderdriften. Zum einen erweitert Roman Jakobson, der in anderem Zusammenhang als „Klassiker der modernen Literaturtheorie" (I 530-547) vorgestellt und in einer Theorievergleichung mit Schleiermacher ins Verhältnis gesetzt wird (I 470-494), die grammatische Interpretation systematisch durch eine „generelle ,Semantisierung' formaler Strukturen" (I 488, vgl. I 227), zum anderen vertieft Sigmund Freud die psychologische Interpretation psychoanalytisch (vgl. 229ff.), gerät dadurch aber bei seinen Literaturinterpretationen in die Gefahr, wie es in einem viele Seiten später abgedruckten, freilich 30 Jahre früher publizierten Aufsatz heißt, das „Kunstwerk zum bloßen biographischen Dokument" (I 391) zu depotenzieren. Die eigentliche Pointe der Studien zu Freud besteht jedoch in der Herausarbeitung einer *nicht*psychoanalytischen Dimension, insofern Birus an der frühen Schrift *Der Witz und seine Beziehung zum Unbewußten* (1905)

---

7 Peter Szondi. „Schleiermachers Hermeneutik heute" [frz. 1970; dt. 1976]. Ders. *Schriften* II. Frankfurt a. M.: Suhrkamp, 1978. S. 106-130; Ingrid Strohschneider-Kohrs. „Der Interpretationsbegriff von August Boeckh" [1979]. Dies. *Poesie und Reflexion. Aufsätze zur Literatur.* Tübingen: Niemeyer, 1999. S. 431-453.
8 Vgl. Hendrik Birus. „Schleiermachers Begriff der technischen Interpretation". *Internationaler Schleiermacher-Kongreß Berlin 1984.* Hg. Kurt-Victor Selge. 2 Bde. Bd. I. Berlin: de Gruyter. 1985. S. 591-599. Der Aufsatz, der nicht den Weg in die *Gesammelte*[n] *Schriften* fand, schließt unmittelbar an Virmonds Präsentation „Neue Textgrundlagen zu Schleiermachers früher Hermeneutik", ebd., [I] 575-590, an. Der Abdruck der Abschrift erfolgte, ebd., [II] 1269-1310, hier das Zitat: 1296. Birus bedankt sich in seinem Aufsatz für die „frühzeitige Einsichtnahme in diesen außerordentlich wichtigen Text." (a. a. O., [I] 595, Anm. 21)

ihren „Modellcharakter für eine Textsortenanalyse" (I 405) akzentuiert und sie als Antizipation des Paradigmenwechsels von einer positivistischen bzw. geistes- geschichtlichen zu einer formalistisch-strukturalistischen Literaturwissenschaft deutet, wie er von Jakobson 1919 mit der Einführung des Begriffs der ‚Litera- rizität' als ihrem Gegenstand vollzogen worden sei. Freud und die Formalisten bewegten sich in einer gemeinsamen Problemdimension (vgl. I 407 und 414). Die Ausführungen zu Jakobson, der im „Spannungsfeld zwischen Formalismus, Hermeneutik und Poststrukturalismus" (I 495) positioniert wird, gelten ins- besondere seinen Gedichtinterpretationen und metrischen Analysen.[9] In der Auseinandersetzung mit Jakobsons linguistischer Poetik spielen weniger solch populäre Untersuchungen wie die mit Lévi-Strauss verfasste Analyse von Baude- laires *Les Chats* (frz. 1962) eine Rolle, vielmehr konzentriert sich Birus aufgrund seiner Sprachkenntnisse, namentlich des Russischen, für die er in der DDR mit der Herder-Medaille in Gold ausgezeichnet worden war, auf Jakobsons Lektü- ren von Gedichten in unterschiedlichen slawischen Sprachen, z. B. des Hussiten- Chorals *Ktož jsú boží bojovníci* (um 1420), dessen 1958 entworfene und 1963 auf Tschechisch publizierte (und in Jakobsons *Selected Writings*, Bd. III, 1981, wiederabgedruckte) Analyse als überzeugender Beleg für die These „der ‚seman- tischen Fundiertheit der Phänomene der formalen Distribution'" (II 481)[10] auf- gegriffen wird, die in der breit rezipierten *chats*-Interpretation (frz. 1962) zwar pointiert proklamiert worden, aber methodisch vergleichsweise unanschaulich geblieben war und daher in der Folge umstritten blieb. In einem Eröffnungsvor- trag zu einem Geburtstagssymposion für zwei Münchener slawistische Kollegen („Slavica, non leguntur", II 766-771), den Birus auf Sorbisch einleitet, erinnert er sich rückblickend daran, dass die Heidelberger Berufungskommission seinen Probevortrag, der dem Verhältnis von Hermeneutik und Strukturalismus galt (vgl. I 470-494), wenig goutiert habe, weil er statt der „erwarteten" *chats*-Ana- lyse sich auf tschechische und andere slawische Exempel Jakobsons „kapriziert hätte" (II 770).

Zwischen dem Aufsatzblock zu Schleiermachers Hermeneutik und den Ausführungen zu Freud sowie den Aufsätzen zu Jakobson zwischengeschaltet sind mehrere Studien zu Nietzsche, zu denen mit dem frühen Aufsatz „Wir Philologen...': Überlegungen zu Nietzsches Begriff der Interpretation" von

---

9   Siehe hierzu die zweibändige, von Birus gemeinsam mit Sebastian Donat herausge- gebene und kommentierte deutschsprachige Ausgabe von Jakobsons *Sämtliche*[n] *Gedichtanalysen* (Berlin, New York 2007), deren Band I der Aufsatz „Der Leser Roman Jakobson – im Spannungsfeld von Formalismus, Hermeneutik und Post- strukturalismus" (I 495-529) entnommen ist. Vgl. auch *Roman Jakobsons Gedicht- analysen. Eine Herausforderung an die Philologien*. Hg. Hendrik Birus/Sebastian Donat/Burkhard Meyer-Sickendiek. Göttingen: Wallstein, 2003. Dem Tagungs- band ist die Theorievergleichung „Hermeneutik und Strukturalismus. Eine kritische Rekonstruktion ihres Verhältnisses am Beispiel Schleiermachers und Jakobsons" (I 470-494) entnommen.

10   „[...] ces phénomènes de distribution formelle ont un fondement sémantique." Roman Jakobson/Claude Lévi-Strauss. „„Les Chats' de Charles Baudelaire". *L'Homme* 2 (1962), H. 1: S. 5-21, hier S. 18.

1984 übergeleitet wird. Entgegen der damaligen, aus Frankreich angestoßenen Euphorie, mit der Nietzsche zum Kronzeugen interpretativer Subversion, etwa bei Kittler, gemacht worden war, zeigt Birus mithilfe der Unterscheidung zwischen Nietzsches epistemologischem und hermeneutischem Interpretationsbegriff, „daß Nietzsches Begriff der Interpretation mitnichten einen revolutionären Bruch innerhalb der Interpretations-Disziplinen bedeutet, wie einige seiner deutsch-französischen Verfechter nahegelegt haben, sondern daß er vielmehr an wohletablierten Standards orientiert war – und dies bis in seine letzten Schriften." (I 257) Weitere Nietzsche-Studien vertiefen diese Einsicht im Blick auf Nietzsches *Philologica* und wenden sich dann dem Vorgang zu, wie Nietzsches Anti-Eschatologie im Zuge einer Wiederkehr des Verdrängten in eine neue Eschatologie umschlägt, widmen sich aus unterschiedlicher Perspektive dem *Zarathustra*-Werk oder fragen danach, wie gefährlich Nietzsche gewesen ist. Es folgen Aufsätze u. a. zu Adorno, Barthes, Foucault, Derrida und Michael Bernays – der in München lehrende Bruder des bekannten Katharsisinterpreten –, der disziplinär „zwischen Neugermanistik und Komparatistik" (I 612) verortet wird, weil er nicht nur als Goethe-Forscher reüssierte, sondern vielmehr zugleich in einem „Kernbereich der Komparatistik: der Literarischen Übersetzung" (I 618) hervortrat. Daneben stehen Studien zu Begriffen wie ‚Humanismus' oder ‚Zäsur', zum Potential einer mediävistischen Komparatistik und zur Frage, wie Kulturwissenschaft und Philologie einander die Waage halten können. Hier dient u. a. August Boeckh als Leitfaden dafür, dass der Preis „kulturwissenschaftlicher Universalisierung" nicht darin besteht, dass „kaum noch einzelne Texte in Augenschein genommen werden" (I 665).

Gegen Ende des Bandes steht ein Themenblock, der der rhetorischen Tropik gilt und eingehende Untersuchungen zur Metaphernanalyse bzw. Metapherntheorie, zur Figur der *evidentia* und zur Schmuckmetaphorik in antiken Texten bietet. Als Rahmen gedacht erscheint der Wiederabdruck von vier Artikeln aus dem *Reallexikon der deutschen Literaturwissenschaft*, insofern die Lemmata „Weltliteratur" (hier ist gegenüber dem Erstdruck von 2003 der Hinweis auf die erst später aufgefundene Erstbenutzung des Kompositums bei Schlözer hinzugefügt) und „Komparatistik" die Thematik des Bandbeginns, „Metapher" und „Metonymie" die zuletzt thematisierte rhetorische Bildlichkeit wieder aufgreifen. Das abschließende, „Rückblicke" überschriebene Kapitel, versammelt eine Reihe Gelegenheitsbeiträge, u. a. eine Trauerrede zum Tod der Sprachwissenschaftlerin Anna Fuchs († 1992), mit der Birus gemeinsam den zuvor im Band wiederabgedruckten Aufsatz zur Metaphernanalyse verfasst hatte.

Band II versammelt Aufsätze „Von Lessing bis Celan – aus komparatistischer Sicht", die neben den in diesem Untertitel genannten Autoren vor allem Herder, Friedrich Schlegel, Wilhelm Raabe, Karl Kraus, Thomas Mann, Proust und Joyce gelten. Vor allem kommt Birus freilich mehrmals auch auf Jean Paul zurück, dem 1983 die Göttinger Habilitation *Vergleichung. Goethes Einführung in die Schreibweise Jean Pauls* (Stuttgart 1986) galt. Die Aufsätze zu Lessing wiederum kreisen mit ihren Schwerpunktsetzungen auf dessen Namens-, Widmungs- und Mottoverwendungen um die Thematik der Heidelberger Dissertation über *Poetische Namengebung. Zur Bedeutung der Namen in Lessings* Nathan der

Weise (Göttingen 1978) und bieten neben Gelehrsamkeit zugleich einschlägige Beispiele zur vernachlässigten Erforschung solcher Paratexte. Beigegeben sind auch diesem Band unter der Überschrift „Lobreden und Rückblicke" mehrere, teils zuvor unpublizierte Gelegenheitstexte sowie unter der Überschrift „Frühe Fingerübungen" 16 Kurzreferate aus der *Germanistik* aus dem Zeitraum 1974 bis 1982, die sowohl einen Eindruck von Birus' früher theoretischer Interessenlage an Strukturalismus im Allgemeinen und Jakobson im Besonderen als auch seiner mitunter scharfzüngigen Urteilskraft vermitteln. Sei es, dass eine Bachtin-"Kompilation" für wissenschaftliche Zwecke unbrauchbar ist und der Vergessenheit anheimfallen möge (II 792), sei es, dass ein Vorwort zu einer Textsammlung „über weite Strecken aus Zitaten komponiert" ist (II 795), oder dass in einem Buch zu Lessings philosophischen Schriften „die logische Stringenz der Argumentation" generell zu wünschen übrig lasse und im Personenregister „die Zahl der fehlenden Namen die der aufgeführten um mehr als das Doppelte" übersteige (II 798). Ob es in diesem Werk umgekehrt ist, habe ich nicht überprüft...

Was heißt es aber nun, dass die in diesem Band versammelten Aufsätze komparatistisch perspektiviert sind? Lessing wird in den „Horizont der Weltliteratur" (II 183) gestellt, und zwar sowohl in den Kommunikationszusammenhang mit antiken als auch älteren und zeitgenössischen europäischen Autoren, sei es z. B. Boccaccio, aus dessen *Decamerone* er eine Episode aufgriff, um „den Theologen einen ärgeren Possen damit zu spielen" als zuvor mit der Publikation der Reimarus-Fragmente (an Karl Lessing, 11. Aug. 1778; zit. II 197), sei es Shakespeare und die damit verbundenen Konsequenzen für Sturm und Drang und Romantik (vgl. II 190). Hier verbindet das kommunikativ verstandene Weltliteraturkonzept sich mit Einflussforschung bzw. den ‚rapports de fait' und kontaktologischem Studiendesign. Ein Aufsatz zu Mozarts *Entführung aus dem Serail* im Vergleich zu Goethes Singspielversuchen konfrontiert nicht nur mit dem spätaufklärerischen Orientalismus, sondern zugleich mit Goethes später, von Hugo von Hofmannsthal gegenüber Richard Strauß autorisierten gattungstypologischen Einsicht in die „spezifisch literarische[] Formmöglichkeit der Oper" (II 234).[11] Ein Aufsatz gilt der produktiven Rezeption des frühneuzeitlichen europäischen Dramas und akzentuiert, dass Calderon für die Romantiker die Bedeutung gehabt habe, wie Marlowes elisabethanischer *D. Faust* für Goethe. Ein weiterer Beitrag fragt in Auseinandersetzung mit Vorgaben der US-amerikanischen Komparatistin Lilian R. Furst, worin die – mit Wittgenstein gesprochen – „Familienähnlichkeit" der europäischen Romantik bestanden haben könnte. Aufsätze zu Jean Paul perspektivieren dessen Werk im Blick auf Goethes „Vergleichung" betitelten Text im Prosa-*Divan*, die Metaphorik, den intermedialen Vergleich „aperspektivischen Erzählen[s]'" (Stanzel) mit der

---

11 Der Autor der mehrmals hier (II 225, 228) und an anderen Stellen (III 294) nach Kommentarliteratur zitierten und belegten Rezensionen von Goethes Schauspielfassungen und Singspielen in der *Allgemeinen Deutschen Bibliothek* ist (nach den auch von *GJZ18* übernommenen Angaben Partheys) Johann Joachim Eschenburg – ein ganz einschlägiger ‚komparatistischer' Kenner der spätaufklärerischen Musikszene.

Bildperspektive bei Bruegel d. Ä. und die europaweite Rezeption des „Songe‘“ (Mme de Staël) vom „todten Christus“ im Zuge des Nihilismus des 19. Jahrhunderts. Hier treffen sich die Gesichtspunkte mit Themen, die im Zusammenhang mit Nietzsche bzw. Metaphernanalyse in Band I und in den Studien zu Goethes Prosa-*Divan* in Band III erläutert werden.

Einen gleichermaßen innerliterarischen (etwa mit Huysmans) wie intermedialen Vergleich (etwa mit Gemälden von Menzel, Degas oder Manet) bietet der Aufsatz zu „Prousts Farben“, worin die Frage nach Prousts „Differenz zur koloristischen Überdifferenziertheit der *Décadence*“ (II 530) gestellt wird. Eigentlich wird „eine bloße ‚Literaturvergleichung‘“ (Louis P. Betz) in Band I gegenüber älteren und neueren Projekten einer Vergleichenden Poetik bei Scherer, Veselovskij oder Moretti mit Naserümpfen bedacht (I 60f.) und im „Komparatistik“-Artikel des *Reallexikons* als „Verarmung“ gewertet, von der erst die US-amerikanische Schule „wieder zu befreien vermochte“ (I 748). Tatsächlich stehen der kommunikative Weltliteraturbegriff und die damit verbundene Akzentuierung der Übersetzung dem kontaktologischen Komparatistikverständnis französischer Observanz sehr viel näher als es die zustimmend zitierten Vergleichungsverdikte Croces (I 58) oder Etiembles, dessen einschlägige Formel mehrfach eingestreut wird (I 9, 60, 748; III 407), suggerieren. Literaturvergleichend in klassischem Sinn sind vor allem auch zwei mehr oder weniger umfangreiche Studien ausgerichtet. Ein kurzer Aufsatz stellt dramentheoretische Reflexionen, die Goethe in *Wilhelm Meisters theatralische Sendung* einlegt (und die, was Birus übergeht, u. a. Kernsätze aus Dubos' *Réflexions critiques* paraphrasieren, vgl. II 540), ästhetischen, poetologischen und stilkritischen Einlassungen aus Joyces posthumem Romanfragment *Stephen Hero* gegenüber – wobei das etwas abrupte Aufsatzende daran erinnert, wie Ottilie von Goethe ihrem Schwiegervater abends Plutarchs *Parallelbiographien* vorlas: „Die Vergleichungen lassen wir weg [...]“ (an Zelter, 5. Okt. 1831). Ein umfangreicher ‚komparatistischer‘ Versuch, der zunächst 2018 als Sitzungsbericht der *Bayerischen Akademie der Wissenschaften* erschienen war, erprobt den einleitend herausgestellten Doppelsinn der Rede vom „aufgegebenen Werk“ als eines Werks, dessen „Schreibprozeß definitiv abgebrochen wurde“, aber gleichwohl den Autor nicht ruhen ließ, „bis er für seine Keimidee eine überzeugende Realisierung in Gestalt eines literarischen Werks, wenn nicht gar eines ‚Hauptwerks‘ gefunden hat“ (II 552), an den beiden bereits zuvor ins Verhältnis gesetzten Werken von Goethe und Joyce und erweitert diese Vergleichung um Prousts *Jean Santeuil* zu einer Dreierkonstellation. Sie endet im Unterschied zum vorausgegangenen Vergleich mit einer „Engführung“ (II 602) genannten Synthese, die nach den „strukturellen Gemeinsamkeiten zwischen diesen höchst verschiedenen ‚aufgegebenen Werken‘“ fragt und mit einer Maxime Adornos antwortet: „Was die Aufgabe aller drei Romanfragmente verbindet, ist ihr ‚Wirf weg, damit du gewinnst!‘“ (II 615) Die Beiträge belegen das heuristische Potential von Vergleich bzw. Vergleichung – mithin die ‚raison‘ dieses epistemischen Genres. Den Abschluss des Bandes bilden Aufsätze und Kommentare zu Celans Gedichten, deren biographische Hintergründe zu entschlüsseln versucht und deren Metaphern, Wortspiele, Kalauer, Permutationen und formale Strukturen analysiert werden.

Band III versammelt „Goethe-Studien", die insbesondere zwei Alterswerken gelten, deren Schnittpunkt die Herausbildung der kommunikativen Dimension von Goethes Begriff der ‚Weltliteratur' bildet. Gegenüber Band I, worin dieses Wort zur Bezeichnung der Begriffsextension der Komparatistik, d. h. des „Gegenstandsbereich[s]" der AVL (I 740 und passim) akzentuiert worden war, zielt eine Vielzahl der in Band III (wieder) zugänglich gemachten Studien auf eine philologisch präzise Vergegenwärtigung der Begriffsgenese sowohl im *Westöstlichen Divan* und im Kollektivwerk der Zeitschrift *Ueber Kunst und Alterthum* selbst als auch in den Entstehungskontexten dieser zwei Werke, die Birus im Rahmen der *Frankfurter Ausgabe* ediert und kommentiert hat[12], und zwar, was die Hefte der zwischen 1816 und 1832 erschienen „Alterszeitschrift" (III 613) betrifft: *integral* in drei Bänden (zusammen mit Anne Bohnenkamp[-Renken], Stefan Greif und Andrea Ruhlig) – wodurch im Gegensatz zu früheren Goethe-Ausgaben, deren „Textkompilationen" bzw. Anordnungskriterien die Zeitschriftenkomposition zerrissen, der Zusammenhang von Goethes Überlegungen zur Weltliteratur überhaupt erst kenntlich wurde (vgl. I 35f.). Die hier versammelten Aufsätze bauen auf diese Editions- und Kommentararbeit auf. Dabei ist die Extension von Weltliteratur bei Goethe chronotopisch, d. h. historisch-zeitlich und geographisch-räumlich gefasst. Sein Horizont reichte zum einen „zunehmend bis nach China" (III 419, vgl. III 441), und er schalt zum anderen jene, die sich „nicht von dreytausend Jahren" literaturhistorische Rechenschaft zu geben wussten. Die einschlägigen Verse aus dem „Buch des Unmuths" des *Westöstlichen Divan* finden sich nicht nur an gehöriger Stelle im dritten (III 119), sondern gerade auch im Aufsatz zur „Idee der Weltliteratur", der den ersten Band eröffnet hatte (I 21), eingerückt. Dementsprechend finden sich Studien zu „Goethe und Homer" (III 152-172) oder zu „Goethes Shakespeare" (III 185-202), wobei der Weltliteraturbegriff schnell droht, auf Beziehungsgeschichten zusammenzuschnurren.

Der Charakter dieser Ausgabe bringt es mit sich, dass Redundanzen, Zitatwiederholungen oder copy/paste-Passagen in den einzelnen Beiträgen, die im Zuge der Vortrags- und Publikationstätigkeit zu einschlägigen Arbeitsschwerpunkten unvermeidlich und im Blick auf unterschiedliche Anlässe und Adressaten auch notwendig sind, bei der fortwährenden Lektüre der gesammelten Schriften offen zutage treten. Auch Stileigenheiten, wie etwa gehäuftes, überbietend gebrauchtes ‚ja' fallen nun ins Auge.

Angesichts der im Blick auf den kommunikativen Weltliteraturbegriff stets herausgestellten „Schlüsselstellung des Übersetzens", der in Ausführungen zur aktuellen, inzwischen schon wieder abflauenden world literature-Debatte der abschließende Abschnitt gewidmet wird (I 81-87), ist es bemerkenswert, wie oft und wie scharf Birus aufgrund eigener Sprachkompetenz mit Übersetzungen immer wieder Schlitten fährt. Übersetzungen Derridas aus dem Französischen werden, „falls nötig, stillschweigend korrigiert" (I 285, Anm. 1). Im Aufsatz zur

---

12 Auf den Entschluss, den *Divan* in der Erst- *und* der Letztfassung abzudrucken, blickt Birus zurück in dem zuvor unpublizierten, dem Andenken Harald Frickes gewidmeten Vortrag „Drei Stadien philologischer Objektivität", III 645-655, hier: 654f.

Trope der *evidentia* wird die Übersetzung von εἰκών als ‚Bild' in Opposition zu μεταφορά in der *Rhetorik* des Aristoteles (etwa durch Krapinger oder Sieveke) als „Übersetzungsfehler" („unsinnigerweise", „verfehlt") aufgespießt (I 714). Dem Übersetzer von Welleks Vergleich zwischen deutscher und englischer Romantik wird angekreidet, dass er ‚pre-romanticism' statt mit Vor- bzw. Präromantik „fälschlich mit ‚Frühromantik' übersetzt!" (II 304, Anm. 71). In einer Laudatio aus Anlass der Verleihung des Sachbuchübersetzerpreises des Beck-Verlags mokiert sich Birus über frühere Derrida-Übersetzungen, konzediert jedoch, dass diese immerhin „nicht so katastrophal" gewesen seien wie diejenigen Foucaults durch Ulrich Köppen (II 772). Zuvor hatte Birus im Blick auf *Les mots et les choses* geurteilt, dass Köppens „Übersetzung an dieser[13] wie an vielen anderen Stellen nahezu unbrauchbar" sei (I 260, Anm. 44). Demgegenüber ist eine frühe, „sehr unzuverlässige" Übersetzung von Saids *Orientalism* (New York 1978) inzwischen durch eine „vorzügliche" abgelöst worden (III 639, Anm. 6). Der Predigt, dass die literarische Übersetzung angesichts weltliterarischer Globalisierung und abgeworfener eurozentrischer Scheuklappen in der Komparatistik nicht nur „Notbehelf[]" ist (I 86), steht die früh eingeübte Praxis gegenüber, Literatur gleichermaßen in „zuverlässigen Übersetzungen wie im Original" kennenzulernen – etwas, wozu Birus durch die Lektüre von Auerbachs *Mimesis*, die für seinen „ganzen Weg als Literaturwissenschaftler", wie es in einem der beigegebenen ‚Rückblicke' heißt, „bestimmend gewesen" sei, angeleitet worden ist (I 800). Entsprechend ist auch die Anmerkungs- und Belegpraxis in allen drei Bänden ausgerichtet, insofern oftmals der benutzten Übersetzung der Nachweis der Originalausgabe beigegeben ist oder vice versa. Die proklamierte Übersetzungspräferenz findet in der praktizierten Übersetzungskritik ihr notwendiges *Supplement*.

Carsten Zelle

---

13 Die Stelle „disciplines de l'interprétation qui ont déroulé leur pouvoir de Schleiermacher à Nietzsche et à Freud" (Michel Foucault. *Les mots et les choses* [...]. Paris 1966. S. 89; zit. I 260) heißt in der deutschen Ausgabe bei Suhrkamp: „Disziplinen der Interpretation [...], die ihre Bedeutung von Schleiermacher bis zu Nietzsche und Freud entwickelt haben." (Ders. *Die Ordnung der Dinge* [...]. Frankfurt a. M. [1971]. 3. Aufl., 11.-13. Tsd. 1980. S. 111).

Esther Eidinow/Armin W. Geertz/John North (Hg.). *Cognitive approaches to ancient religious experience*. Cambridge/New York: Cambridge University Press, 2022. S. xiv, 299.

Diana Stein/Sarah Kielt Costello/Karen Polinger Foster (Hg.). *The Routledge Companion to Ecstatic Experience in the Ancient World*. London/New York: Routledge, 2022. 535 S.

Adeline Grand-Clément. *Au plaisir des dieux. Expériences du sensible dans les rituels en Grèce ancienne*. Paris: Anacharsis, 2023. 416 S.

Verschiedene zeitgenössische Theorien werden regelmäßig auf antike Texte angewandt: Trotz einer gewissen Skepsis ist dies ein unvermeidlicher und produktiver Prozess, von dem beide Seiten, die Literaturtheorie und die Klassische Philologie, profitieren.[1] Die sogenannte kognitive Wende ist in dieser Hinsicht ein besonderes Phänomen, da sie nicht nur mit der Literaturtheorie oder den Sozialwissenschaften zusammenarbeitet, wie dies beispielsweise bei der strukturalistischen Narratologie oder den Gender- und Postcolonial Studies der Fall war, sondern auch mit den Naturwissenschaften, insbesondere den Neuro- und Kognitionswissenschaften. Kognitionstheoretische Ansätze, die auf Kontext, Geschichte und Handlung basieren, erweisen sich als sehr produktiv und noch vielversprechender im Bereich der Altertumswissenschaften. Der Vergleich mit zeitgenössischen Wissenschaften wie der Psychologie und der Anthropologie hilft uns vielleicht nicht, die antike Erfahrung zu reproduzieren, aber er erlaubt uns, Parameter und mögliche Modelle zu definieren.

In den letzten zwei Jahren sind mehrere kognitionswissenschaftliche Bücher erschienen, die sich mit klassischen Texten und der Erforschung von Religion und Ritual beschäftigen.[2] Die zahlreichen Publikationen des CAARE-Netz-

---

1 Z. B. Thomas A. Schmitz. *Moderne Literaturtheorie und antike Texte: eine Einführung*. Darmstadt: Wiss. Buchges., 2002; Jonas Grethlein. *Ancient Greek Texts and Modern Narrative Theory: Towards a Critical Dialogue*. Cambridge: Cambridge University Press, 2023.

2 Kognitionswissenschaftliche Ansätze haben sich in der Religionswissenschaft zumindest in den letzten zwei Jahrzehnten bereits etabliert, zum Beispiel: John Hick. *The New Frontier of Religion and Science: Religious Experience, Neuroscience and the Transcendent*. London: Palgrave MacMillan, 2006; Jesper Sørensen. *A Cognitive Theory of Magic*. Lanham, Md.: Rowman Altamira, 2007; Yulia Ustinova. *Caves and the Ancient Greek Mind. Descending Underground in the Search for Ultimate Truth*. Oxford/New York: Oxford University Press, 2009; Dies. *Divine mania: alteration of consciousness in ancient Greece*. London: Routledge, 2018; Armin W. Geertz. „Brain, Body and Culture: A Biocultural Theory of Religion". *Method & Theory in the Study of Religion* 22/4 (2010): S. 304-321; Ders. „Too much mind and not enough brain, body and culture: On what needs to be done in the cognitive science of religion". *Historia religionum: an international Journal* 2 (2010): S. 21-37; Ders. „Conceptions of religion in the cognitive science of religion". *Contemporary Views on Comparative Religion. In*

werks (Cognitive approaches to ancient religious experience) unter der Leitung von Esther Eidinow und Thomas Harrison sowie des RCC (Religion, Cognition, and Culture, https://rcc.au.dk) und des MINDLab (https://neurocampus. au.dk/nca-groups-labs/cfinmindlab) in Aarchus, Dänemark, unter der Leitung von Armin W. Geertz seien hier nur beispielhaft genannt. Die wissenschaftliche Forschung wirft ein Licht darauf, inwieweit Prozesse wie veränderte Bewusstseinszustände (engl. altered state of consciousness) heutigen Laborberichten ähneln oder nicht. Mögliche Wechselwirkungen zwischen modernen wissenschaftlichen Ansätzen und antiken Daten wie den minoischen Palästen, den Eleusinischen Mysterien und dem Asklepioskult werden untersucht. Es werden erste Belege für antike Vorstellungen von der Interaktion zwischen Menschen und Göttern herangezogen und Überlegungen angestellt, wie experimentelle Ansätze zu historischen Studien beitragen können.

Das Wichtigste bei der Erforschung von Religion heute ist nicht nur die Anwendung neurologischer und physiologischer Modelle auf ihr Material, sondern auch die Herstellung einer fruchtbaren Beziehung zwischen alten religiösen Erfahrungen und modernen Interpretationen bestimmter Erfahrungen auf physiologischer Ebene. Dies beinhaltet einen Prozess der Interaktion: die aktuelle Untersuchung religiöser Systeme als kognitive Kontrollsysteme, neue Methoden unter Verwendung von Big Data Sites, die Untersuchung der Auswirkungen bestimmter Erfahrungen, einschließlich sensorischer Erfahrungen, die Auswirkungen von Diskursen, Wahrnehmungsillusionen und Anthropomorphismus, die Rolle der Sinne und Emotionen, die Interaktion von lokalem Wissen und Verständnis mit Erfahrungen, einschließlich Raum und Raumgestaltung. Das Schlüsselwort dieser neueren Tendenzen, der Begriff der „religiösen Erfahrung", ist besonders ideologisch und politisch aufgeladen und steht in allen Religionen im Zentrum der Diskussionen über das Verhältnis des Individuums zu den von

Celebration of Tim Jensen's 65th Birthday. Hg. Peter Antes/Armin W. Geertz/Mikael Rothstein. Sheffield/Bristol: Equinox, 2016. S. 127-139; Ders. „Religious Bodies, Minds and Places: A Cognitive Science of Religion Perspective". *Spazi e luoghi sacri: espressioni ed esperienze di vissuto religioso.* Hg. Laura Carnevale. Bari: Edipuglia, 2017. S. 35-52; István Czachesz (Hg.). *Changing Minds: Religion and Cognition Through the Ages.* Leuven/Paris: Peeters, 2011; Esther Eidinow. „Ancient Greek Religion: ‚Embedded'... and Embodied". *Communities and Networks in the Ancient Greek World.* Hg. Claire Taylor/Kostas Vlassopoulos. Oxford: Oxford University Press, 2015. S. 54-79; Jennifer Larson. *Understanding Greek Religion. A Cognitive Approach.* London, New York: Routledge, 2016; Peter T. Struck. *Divination and Human Nature: A Cognitive History of Intuition in Classical Antiquity.* Princeton: Princeton University Press, 2016; Olympia Panagiotidou/Roger Beck. *The Roman Mithras Cult: A Cognitive Approach.* New York u.a.: Bloomsbury, 2017; Alexandra K. Grieser/Jay Johnston (Hg.). *Aesthetics of Religion: A Connective Concept.* Berlin/Boston: de Gruyter, 2017; Eva Kundtová Klocová/Armin W. Geertz. „Ritual and embodied cognition". *The Oxford Handbook of Early Christian Ritual.* Hg. Risto Uro/Juliette J. Day/Richard E. Demaris/Rikard Roitto. Oxford: Oxford University Press, 2019. S. 74-94; Nicole Oesterreich. *Kognitionswissenschaftliche Perspektiven auf biblische Visionserzählungen.* Leiden: Brill, 2022.

ihm verehrten Mächten. In einem phänomenologischen Sinne handelt es sich
um die Untersuchung der gelebten Erfahrung des Individuums mit der Welt.
Die Beschäftigung mit dem Thema ‚Erfahrung/Erlebnis' wirft Fragen darüber
auf, wie Vorstellungen über uns selbst, über Objekte und über die Identität von
Objekten entstehen.[3] Gelebte Erfahrung bezieht sich auf den Bericht einer
bestimmten Person über ihre Erfahrungen und Entscheidungen und das Wissen, das sie aus diesen Erfahrungen und Entscheidungen zieht. Wir sprechen
nicht von Personen, die Erfahrungen machen, sondern von Subjekten, die sich
durch Erfahrungen konstituieren.

Der erste hier zu besprechende Sammelband von Esther Eidinow, Armin W.
Geertz und John North (2022) enthält elf Beiträge, die sich mit den mentalen, emotionalen und sinnlichen Aspekten, aus denen sich ‚Erfahrung/Erlebnis'
speist, sowie mit der generativen Rolle von Räumlichkeit, räumlicher Anordnung und materieller Kultur befassen (vgl. S. 6).

Einer der Hauptgedanken des Bandes ist vielleicht am relevantesten für den
gegenwärtigen Trend der kognitionswissenschaftlichen Annäherung an die
Antike: Es geht nicht nur darum, neue Erkenntnisse zu gewinnen, sondern
auch darum, Methoden zu fördern, mit denen Wissenschaftlerinnen und Wissenschaftler aus verschiedenen Disziplinen lernen können, zusammenzuarbei-
ten und neue Wege des Umgangs mit Daten zu entwickeln (S. 13). Kognitive
Ansätze bieten nicht nur eine Vergleichsebene in dem Sinne, dass sie Ähnlichkeiten und Unterschiede zwischen alten und unseren Praktiken aufzeigen, sondern sie helfen uns auch, unsere eigene Natur und uns selbst zu verstehen.

Das Kapitel von Yulia Ustinova (S. 44-66) ist erwähnenswert, weil es eine
Analyse der Erfahrung des Bittstellers im Heiligtum des Trophonius in Lebadeia
liefert, die auf den detaillierten Beschreibungen in Pausanias 9.39, 10-13 und
Plutarchs *Moralia* 590B-592F beruht. Der Hauptritus bestand in einer Reise
in die unterirdische Höhle des Trophonius, der den Bittstellern persönlich
erscheinen sollte. Das Haupterlebnis muss sowohl auf kognitiver als auch auf
physiologischer Ebene verstanden werden, da es durch eine Reihe von Vorberei-
tungsriten vorweggenommen wurde, die jeweils unterschiedliche kognitive und
neurophysiologische Mechanismen beinhalteten. Die Erfahrung eines Bittstellers im Heiligtum des Trophonius während der Vorbereitung auf die Reise in die
Unterwelt, des Abstiegs selbst, des Aufenthalts in der Grotte und der Rückkehr
zeigt die physiologischen Veränderungen im Körper und den mentalen und
emotionalen Zustand des Bittstellers. Es handelt sich um seine komplexe Erfahrung im Heiligtum des Trophonius, die visuelle, auditive, taktile, olfaktorische
und kinästhetische Empfindungen umfasst.

Untersucht werden sowohl Erzählungen als kulturelle Form als auch Erzählungen, die andere kulturelle Formen beschreiben oder auf sie anspielen,

---

3 Joan W. Scott. „The Evidence of Experience". *Critical Inquiry* 17/4 (1991): S. 773-
   797. Zum Begriff der Erfahrung im westlichen epistemologischen, ästhetischen, politischen und historischen Diskurs vom 16. Jahrhundert bis zur Gegenwart siehe Martin Jay. *Songs of Experience: Modern American and European Variations on a Universal
   Theme*. Berkeley: University of California Press, 2005.

einschließlich ritueller Handlungen, sowie die Art und Weise, in der Beschreibungen von Gerüchen und Düften die Erfahrung göttlicher Präsenz bei ihren Zuhörern hervorrufen und formen konnten. Ein solcher Ansatz, so wird argumentiert, ermöglicht kulturelle, gruppenspezifische und individuelle Variationen innerhalb der Grenzen gemeinsamer kultureller Formen und beleuchtet, wie antike griechische Vorstellungen von Göttern eingebettet waren, während zugleich die Vielfalt einer polytheistischen Kultur und darüber hinaus die persönlichen Reaktionen des Einzelnen berücksichtigt werden. Auf diese Weise wird ein Beitrag zu den Diskussionen über den Glauben in den antiken griechischen Kulturen geleistet, indem vorgeschlagen wird, wie Konzepte des Göttlichen innerhalb, zwischen und über Gemeinschaften hinweg geformt, geteilt, personalisiert, verkörpert und eingebettet worden sein könnten.

Felix Budelmann behandelt Glaube, Schein und religiöse Imagination am Beispiel des Deus ex Machina in der griechischen Tragödie (S. 96-117). In diesem Kapitel wird argumentiert, dass Deus ex Machina-Szenen systematisch in zwei Richtungen ziehen: Die religiöse Erfahrung, die sie ermöglichen, ist eine, in der es sowohl Raum für Glauben als auch für Unglauben, Vertrauen und Misstrauen, Engagement und Distanz gibt. Ein weiterer Teil der Argumentation zielt darauf ab, einen Beitrag zu den aktuellen Debatten über das Konzept des Glaubens in der griechischen Religionswissenschaft zu leisten. Der Begriff ‚Glaube' beinhaltet manchmal auch eine Einstellungsdimension. Diese Einstellungsdimension tritt in den Deus-Szenen in den Vordergrund. Wir sollten religiöse Akteure als Menschen betrachten, die mentale Fähigkeiten und Dispositionen nutzen, um individuelle und kollektive religiöse Praktiken, Überzeugungen und Umgebungen zu gestalten. Sie sind sich der physiologischen Mechanismen bewusst, verstehen und gestalten, was sie denken und tun.

Anders Klostergaard Petersen (S. 245-265) untersucht, was man gewinnen kann, wenn man textliche Darstellungen von Gefühlen im Lichte des heutigen Wissens über die ihnen zugrunde liegenden Emotionen liest. Er illustriert die theoretische Diskussion anhand einer biologisch-emotionalen Lesart von Paulus' 1. Korintherbrief, Kapitel 6, und analysiert Paulus' Betonung der Taufe als moralische Reinigung im Licht der neueren moralpsychologischen und evolutionsbiologischen Forschung zum Lady-Macbeth-Komplex. Das Argument ist, dass es einen inneren Zusammenhang zwischen dem Gebrauch von Wasser und den kognitiven Vorstellungen von Sauberkeit, Reinheit, Schmutz, moralischem Schmutz und Unreinheit gibt. Diese Erkenntnisse können genutzt werden, um die Argumentation des Paulus weiter zu erhellen und den allgemeinen Punkt zu illustrieren, dass Religionshistoriker, Althistoriker und Klassiker sehr davon profitieren würden, wenn sie die Erkenntnisse der Biowissenschaften in ihre historischen Analysen einbeziehen würden.

Der zweite Band, den Diana Stein, Sarah Kielt Costello und Karen Polinger Foster im vergangenen Jahr in der Serie Routledge Companion herausgegeben haben, bietet eine ähnlich systematische Untersuchung der Rolle und Manifestationen der Ekstase. Die 29 Autoren, die ein breites Spektrum wissenschaftlicher Disziplinen vertreten, suchen Antworten auf grundlegende Fragen nach Mustern und Gemeinsamkeiten dieses wichtigen Aspekts der Vergangenheit.

Ein bemerkenswertes Merkmal des Buches ist sein illustrativer Inhalt, der geographische Karten mit den wichtigsten erwähnten Orten, einschließlich in Auftrag gegebener Rekonstruktionen von ekstatischen Szenarien und Gegenüberstellungen von Werken der bronzezeitlichen und modernen psychedelischen Kunst umfasst. Wir sind zwar nicht in der Lage, die Betroffenen selbst nach ihren Erfahrungen zu befragen, aber wir können viel aus den archäologischen und textlichen Überlieferungen sowie aus den neueren analytischen Arbeiten, den ethnographischen Projekten und den theoretischen Modellen lernen.

Archäologische Studien liefern eine Reihe von Belegen – botanische Überreste, Texte und visuelle Kultur – für die Verwendung pflanzlicher Substanzen zur Erzeugung veränderter Zustände: Alkohol und pflanzliche Substanzen, die eingenommen oder absichtlich verbrannt und inhaliert wurden. So untersucht Barbara Böck (S. 121-137) assyrische und babylonische medizinische Texte über psychoaktive Pflanzen im alten Mesopotamien, während Rita Francia (S. 138-151) einige hethitische Dokumente (bronzezeitliches Anatolien, 17.-13. Jh. v. Chr.) analysiert, die auf Praktiken der Bewusstseinsveränderung hinweisen.

Emily Miller Bonney (S. 245-263) untersucht das spirituelle Leben im minoischen Kreta der Vorpalastzeit (ca. 3100-1900 v. Chr.), das sich weitgehend um die Bestattungspraktiken drehte. Die anthropomorph gestalteten Grabgefäße stellen nicht nur Personen dar, die der Bestattung beiwohnten, sondern auch solche, die aktiv an der Durchführung der Bestattung beteiligt waren. Im Sinne der kognitiven Archäologie und insbesondere der Theorie des Material Engagement von Lambros Malafouris argumentiert Bonney, dass die Bedeutung der Gefäße nicht nur in der Darstellung von Göttern oder anderen Personen liegt, sondern vor allem in der Wiedergabe der Erfahrungen der Handwerker, in der Verlängerung ihrer Teilnahme oder in der Bezeugung ihrer Teilnahme an bestimmten Riten, einschließlich der Beisetzung dieser ganz besonderen Gefäße in den Gräbern.

Drei Beiträge (Christine Morris und Alan Peatfield, Caroline Tully, und Nassos Papalexandrou) befassen sich mit ekstatischen Techniken im Kontext minoischer Gipfelheiligtümer und nutzen archäologische Funde wie Ringsiegel und Trommeln mit ekstatischen Szenen als Belege für bewusste künstlerische Mittel zur Darstellung veränderter Bewusstseinszustände. Sehr anregend ist der Beitrag von Karen Polinger Foster (S. 489-516), die das Corpus der ägäischen Bronzekunst am Beispiel der Kamares-Werke aus den Palästen von Knossos und Phaistos aus dem 18. Jahrhundert v. Chr. und der Wandmalereien aus Xeste 3 auf der Insel Thera aus dem 16. Jahrhundert v. Chr untersucht. Foster hebt die beiden Hauptmerkmale der psychedelischen Bilder hervor: instabile, optische Mehrdeutigkeiten und visuelle Täuschungen, die geschaffen wurden, um neuronale Störungen im Gehirn des Betrachters zu provozieren, und Formkonstanten, die vermutlich vom Künstler in der Anfangsphase halluzinatorischer, ekstatischer Visionen erlebt wurden. Sie argumentiert, dass man davon ausgehen kann, dass die Künstler auf Psychedelika anspielten, indem sie die antiken Darstellungen mit zeitgenössischer psychedelischer Kunst oder Huicholen-Darstellungen verglichen.

In diesem Zusammenhang ist die kürzlich erschienene, zehn Kapitel umfassende Monographie von Adeline Grand-Clémant (2023) von Bedeutung, denn die zunehmende Aufmerksamkeit für die Art und Weise, in der die Lichter, Gesänge, Gerüche und Dekorationen der Rituale die Sinne der Teilnehmer ansprachen und es ihnen ermöglichten, die Götter zu berühren, offenbart das sensorische Universum, das die Griechen in diesen besonderen Momenten der Aktivierung übernatürlicher Kräfte mobilisierten. Die Autorin befasst sich mit der Geschichte der Farbe und der Empfindsamkeit im antiken Griechenland sowie mit den Bildern und Darstellungen des Göttlichen im antiken Griechenland im Zusammenhang mit dem Aufkommen der Archäologie und der Entdeckung der Polychromie in der griechischen Kunst.

Welche Rolle spielten die Sinne in den antiken griechischen Riten, was fühlten die Griechen, wenn sie ihren Göttern opferten, welche Musik, Gerüche und Geschmäcker erregten ihre Sinne – all diesen Fragen geht Grand-Clément nach, ausgehend von einer einfachen, aber vielversprechenden Hypothese: Die spezifische Kombination von Sinnesreizen bei diesen Riten sollte die Teilnehmer in einen Zustand erhöhter Empfänglichkeit versetzen, um die göttliche Gegenwart zu spüren. Mit anderen Worten: Es ist die Frage, die sich aus der Kognitionswissenschaft ergibt, die Frage nach der Wahrnehmung und danach, wie sich der Rezipient im Moment der Handlung fühlt.

Die Frage nach Psychopharmaka und Psychodelika und ihrer Verwendung in rituellen Kontexten wird in der Anthropologie seit langem gestellt, insbesondere seit Mircea Eliade vorgeschlagen hat, bestimmte griechische Riten durch das Prisma des Schamanismus zu analysieren. Die Frage, wie Psychopharmaka und Psychodelika von den Griechen verwendet wurden, wird auch von Grand-Clément gestellt.

Die Fähigkeit der visuellen und materiellen Kultur, eine bewusstseinsverändernde Wirkung auf den Betrachter auszüüben, ist ebenso erstaunlich wie ihre Einbettung in ein Netz von Sinnesreizen, insbesondere von Geräuschen und Gerüchen. Ihre Materialität und ihr figurativer Reichtum könnten kognitive Verbesserungen hervorrufen und vielleicht zu einem veränderten Bewusstseinszustand beitragen. Es ist sicher kein Zufall, dass die Erforschung der alten Religionen seit einigen Jahren besonders eng mit der kognitiven Analyse verbunden ist, vor allem wegen des Erfahrungsbegriffs. Dabei geht es nicht um die Erfahrung von Individuen, sondern von durch Erfahrung konstituierten Entitäten.

Es scheint, dass kognitive Ansätze das Potenzial haben, diesen Forschungsbereichen neues Leben einzuhauchen, indem sie den theoretischen Horizont auf die physischen, emotionalen und kognitiven Aspekte der alten Religionen erweitern.

Anna A. Novokhatko

Christoph Petersen/Markus May (Hg.). *Heroen – Helden. Eine Geschichte der literarischen Exorbitanz von der Antike bis zur Gegenwart.* **Göttingen: Wallstein, 2022. 430 S.**

Wer und was ist ein Held? Welche Taten sind heroisch? Und wie hat sich die Vorstellung von Helden und Heldinnen im Laufe der Zeit verändert? Das sind die Leitfragen, die der Sammelband *Heroen – Helden. Eine Geschichte der literarischen Exorbitanz von der Antike bis zur Gegenwart* zu beantworten sucht. Wie Herausgeber Christoph Petersen in seinen einleitenden Worten feststellt, ist der Begriff ‚Held‘ durch dessen inflationäre Benutzung in der Gegenwart in vielen, auch wissenschaftlichen, Kontexten der Unbestimmtheit anheimgefallen. Um mit dem Terminus wissenschaftlich operieren zu können, bedürfe es einer definitorischen Präzisierung. Ziel des Sammelbandes sei genau das. Dadurch solle nicht nur eine konkretere Terminologie generiert, sondern auch soziokulturelle und politische Instrumentalisierungen des Heroischen analysierbar gemacht werden.

Um eine terminologische Schärfung des Begriffs zu bewerkstelligen, stellt Petersen ein Referenzkonzept auf, auf dem laut ihm der gegenwärtige Heldenbegriff beruht: den heldenepischen Helden, als dessen Kernspezifikum er das Phänomen heroischer Exorbitanz definiert. Diese Bestimmung führt den Helden von seiner vorbildhaften Funktion, die er im heutigen medialen und wissenschaftlichen Diskurs meist besitzt, weg und hin zu einer Figur, die zwar außergewöhnlich ist, aber eben Normen nicht nur zum Guten, sondern auch zum Schlechten hin und vor allem durch gewaltsames Handeln bricht. Basierend auf Klaus von Sees Definition der Exorbitanz stellt Petersen in der Einführung fest: „Der exorbitante Held ist Held, weil seine (Gewalt-)Tat – gleichviel, ob im Guten oder Schlechten – außerordentlich und deshalb denkwürdig ist" (S. 13).

Von einer solchen Definition ausgehend, begeben sich die Autorinnen und Autoren des Sammelbandes auf die Suche nach exorbitanten Held:innen und deren postheroischen (nach Bröckling) Mutationen, Variationen sowie Transformationen von der Antike bis in die Gegenwart. Der Sammelband ist somit auch als eine neue Literaturgeschichte des Helden(haften) zu verstehen und dementsprechend nach der Einleitung in sechs historische Felder unterteilt, die das (exorbitante) Heroische in einer chronologischen Abfolge diskutieren.

Im ersten historischen Feld unter dem Titel „Der antike Heros zwischen Göttersphäre und Geschichte" befassen sich drei Autoren mit Heroen der Antike und dem Spannungsfeld zwischen normbrechender Exorbitanz und gesellschaftliche Normen und Systeme konstituierender Funktion, in denen diese sich bewegen.

Johannes Bach stützt sich in seiner Studie auf Annette Zgolls Definition des altmesopotamischen Helden, den sie entlang einer vertikalen (ein Held ist Krieger und Eroberer) und horizontalen Achse (ein Held ist weise und stiftet Zivilisation) ansiedelt. Der Beitrag zeigt Tendenzen auf, die auf eine Verschiebung von Gilgameschs heroischer Sonderstellung von einem kriegerischen, horizontalen Heldentum zu einem vertikalen hinweisen. Die Exorbitanz Gilgameschs, die in seiner Gewalttätigkeit seinen Ursprung hat, wird also zunehmend gezähmt, sodass er vom normbrechenden, gewalttätigen Heros zu einem zivilisationsstiftenden Herrscher transformiert wird.

Markus Janka weist auf den grenzüberschreitenden Charakter der Helden in der *Ilias* hin. Seine Studie zeigt gesellschaftsbezogene Auswirkungen einer Exorbitanz, die sich nicht zähmen lässt. Am Beispiel von Achill demonstriert Janka, wie destruktiv die normbrechenden Praktiken des Helden für die Allgemeinheit sind und wie sie sich jeglicher Eindämmung widersetzen. In einer solchen Heldendarstellung wird in der *Ilias* allerdings kein (heroisches) Ideal beschrieben, sondern vielmehr die Hinterfragung des exorbitanten Heldenkonzepts ermöglicht, was den postheroischen Status des Epos begründet.

Ein anderer Protagonist der *Ilias* wird in Berkan Sariaydins Text zum Forschungsgegenstand: Aineias. Sariaydin diskutiert die Transformation von Aineias (aus Homers *Ilias*) zu Aeneas (aus Vergils *Aeneis*) und zeigt, wie Letzterer die heroische Exorbitanz des Ersteren ablegt, um den Grundstein für die Herrschaft Roms legen zu können. Aeneas verliert also in der *Aeneis* seine Exorbitanz. Doch das Heldenkonzept der *Ilias* wird auch in diesem Text zu einem Objekt der Aushandlung, wenngleich ex negativo, wie Sariaydin feststellt. Stetig wiederkehrende Rekurse auf das Heldenbild aus Homers Epos transformieren in der *Aeneis* heroische Exorbitanz zu einem Atavismus und machen sie dadurch beherrschbar. Aeneas wird folglich an der Schnittstelle zwischen heroic und historic age positioniert und legt den Grundstein nicht nur für das Römische Reich, sondern auch für eine Erinnerungskultur, die nicht auf Individualität, sondern auf Gemeinschaftlichkeit aufbaut.

Das zweite historische Feld befasst sich ebenfalls mit dem Spannungsfeld des Helden zwischen individualistischer Ausnahmestellung und kollektiver Vorbildfunktion, nimmt allerdings eine andere zeitliche Epoche in den Fokus: das Mittelalter. Vier Beiträge zu mittelalterlicher Literatur zeigen in diesem Abschnitt unter dem Titel „Konfrontationen des Heroischen in mittelalterlicher Heldenepik", wie anhand der Inszenierung von Heldenfiguren das archaische Heldenbild des asozialen und amoralischen Heros zunehmend durch einen Heldentyp ersetzt wird, der das Ideale einer Gemeinschaft symbolisiert und sich in den Dienst der Allgemeinheit stellt.

Matthias Teichert stellt in seiner Studie zu den Heldenliedern der *Edda*, der *Vǫlsunga saga* und den *Isländersagas* drei Heldentypen fest, an denen sich die heroischen Gestalten in diesen Texten orientieren: den Berserker, den Wikinger und den Ritter. Dabei zeigt Teichert, wie die Heldeninszenierungen nicht nur Elemente des Tierischen und Menschlichen verbinden, sondern stellt auch einen dunklen und hellen Heldentypus fest. Ersterer entspricht dabei dem normbrechenden, exorbitanten Helden, der mit Gewalt seine Exzeptionalität begründet. Letzterer zeichnet sich durch maßvolles Handeln und sittliche Verantwortung aus und erfüllt dadurch eine Vorbildfunktion. Eine Verbindung beider Heldentypen sieht Teichert in der Heldenfigur des Skalden, der zwischen dessen Hang zu Gewalttätigkeit und einem dichterischen Talent oszilliert und dadurch einen Sonderstatus einnimmt.

Renate Bauer nähert sich mit dem Analyseinstrumentarium der Literary Linguistics dem Heldenhaften von Beowulf an. Anhand einer Untersuchung relevanter Lexeme und mit Hilfe von Theorien der linguistischen Pragmatik kommt sie zu dem Ergebnis, dass es sich bei Beowulf um eine ambivalente Figur handelt, die nicht nur der beste, klarsichtigste, sondern auch der fürchterlichste, überheblichste Krieger ist. Seine Exorbitanz erhält durch die Animalität Beowulfs zudem monströse Züge. Dennoch wird eine gesellschaftliche Integration der Figur in Aussicht gestellt. Dies begründet Bauer zum einen in Beowulfs Fähigkeit, sich sprachlich zu äußern, zum anderen in seiner Kompetenz, sich im Sinne der Discernment-Höflichkeit korrekt zu verhalten. Beowulf bleibt damit bis zum Schluss in einer Ambivalenz gefangen, die ihn zwischen einem normbrechenden, individualistischen Kämpfer und einem verantwortungsvollen Staatsmann positioniert.

Jan-Dirk Müller zeigt, wie in literarischen Darstellungen Siegfrieds die Auseinandersetzung des christlichen und höfischen Mittelalters mit dem antiken Heldenbild verhandelt wird. Müller demonstriert, dass durch die Verschiebung von Siegfrieds exorbitanten Heldentaten in ein geografisches und temporales Nirgendwo ein als obsolet darzustellendes Heldenkonzept, das den Individualismus und die Außergewöhnlichkeit des Helden in den Vordergrund stellt, in die höfische Welt eingebunden wird, ohne es allerdings als Teil derjenigen zu positionieren. Diese heroische Welt, in der das Recht des Stärkeren gilt und Fragen des Rechts und der Moral als obsolet dargestellt werden, verschwindet allerdings mit Siegfrieds Ankunft in Worms, wo der Held sozialisiert und sein Heldentum für die Gesellschaft nützlich gemacht wird. Siegfrieds asoziale Exorbitanz wird also gezähmt und in ein auf das Gemeinwohl abzielendes Heldentum umkodiert, was für den Helden allerdings letal enden muss. Siegfried ist laut Müller ein Held des Übergangs, zunächst amoralisch, exorbitant, in einem rechtsfreien Raum agierend, dann der gemeinschaftsbezogene Ritter des höfischen Romans. Sein Tod ist, so schlussfolgert Müller, auch ein Signal, das auf eine Unvereinbarkeit der beiden Heldenfiguren hinweist und die Dominanz letzterer Heldenfigur begründet.

Bei Bernhard Teuber werden zwei heroische Figuren des romanischen Mittelalters miteinander verglichen: der altspanische Cid mit dem altfranzösischen Roland. Teuber sieht in der Hervorhebung von Rolands Wagemut die Exorbitanz der Figur begründet. Sein transgressiver Charakter zeigt sich laut Teuber insbesondere in den Beschreibungen der Schlacht im Tal von Roncevaux, wo Roland einerseits selbstzerstörerisch agiert, dieses Handeln andererseits seinen (christlichen) Märtyrerstatus begründet. Das epische Profil des Cid wiederum kennzeichnet sich u. a. durch eine außergewöhnliche, natürliche Autorität – eine Eigenschaft, die Teuber als exorbitant bezeichnet und die schließlich eliminiert werden muss, um die Integration des Cids am Königshof zu ermöglichen. Auch hier zeigt sich somit die Inkompatibilität des exorbitanten Helden mit der Gesellschaft und die Notwendigkeit der Beseitigung von Exorbitanz, um soziale Integration zu ermöglichen, eine Notwendigkeit, die bei Roland noch nicht formuliert wird. Auf Grundlage dieser Beobachtung stellt Teuber fest, dass mit dem Cid die Tradition der mittelalterlichen Kriegerhelden an ein Ende gelangt ist.

Das dritte historische Feld „Vormoderne Reflexionen auf heldenepische Exorbitanz" erörtert, wie in einem Weiterschreiben oder Wiederschreiben bestimmter Narrative oder Figuren(konstellationen) unterschiedliche Heldenkonzepte verhandelt werden, und fokussiert somit die postheroische Dimension der analysierten Texte.

Corinna Dörrich untersucht in ihrem Beitrag die Transgressivität weiblicher Gewalttaten in mittelalterlichen Literaturen am Beispiel der literarischen Adaptionen der alttestamentarischen Judith-Erzählung. Dörrich zeigt, dass sich basierend auf dieser Erzählung ein spezifisches Narrativ weiblicher Exorbitanz entwickelte, das auch in anderen literarischen Texten, in denen Frauen Männer töten (z. B. *Lieder-Edda*), manifest wird. Die biblische Judith-Geschichte selbst erfuhr im Laufe der Zeit maßgebliche Transformationen, insbesondere was die Motivierung des Mordes durch Judiths Hand betrifft. Ist diese Tat in der Bibel noch ambivalent kodiert und dient sowohl der Rettung Israels als auch der Bestrafung menschlicher Hybris, wird in mittelalterlichen Adaptionen die weibliche Exorbitanz entweder hervorgehoben (altenglische Judith), legitimiert (Ältere Judith) oder abgemildert (Jüngere Judith). Dörrich enthüllt dadurch, wie weibliche Exorbitanz und die im mittelalterlichen Christentum zunehmende Problematisierung weiblicher Gewalt literarisch verhandelt werden und wie sich darin Geschlechterordnungen sowie Weiblichkeits- und Männlichkeitskonstruktionen der jeweiligen Zeit spiegeln.

Cornelia Herberichs zeigt in einer intertextuellen Lektüre von mittelalterlichen Eneas-Romanen, wie durch die Veränderungen der Heldenkonzeption des Hercules und Eneas eine Weiterarbeit an der Konzeption des Heroischen erfolgt. Sie kommt zum Ergebnis, dass im deutschsprachigen Roman des Mittelalters exorbitantes Heldentum als temporäres, aber notwendiges Element eines idealen Herrschertypus fortbesteht. Herberichs bemerkt zudem, dass während Eneas noch Exorbitanz zugeordnet wird, diese Eigenschaft aus den Beschreibungen von Hercules zunehmend getilgt wird, wodurch Letzterer auch der Vergessenheit anheimfällt. Darin zeigt sich die Integration (oder Überschreibung) des exorbitanten Heldenmodells in (oder durch) ein normatives, das den gewaltsamen Individualismus durch die Positionierung des Helden in den Dienst der Allgemeinheit aus der Heldenkonzeption auslöscht.

Christoph Petersen schließt das dritte historische Feld mit einem Beitrag zum Eigenwert heroischer Gewalt ab. Er hebt den erzählten Gewaltakt als Spezifikum des heldenepischen Helden hervor und sieht das Fortwirken des heldenepischen Heldenkonzepts bis in die Gegenwart in dem ästhetischen Wirkungspotential ebenjenes Eigenwertes der Gewalt begründet. Er zeigt, wie das Gewaltsame einer Figur in seiner Relevanz für dessen Heldenstatus in der mittelalterlichen Prosa verhandelt wurde, und schlussfolgert, dass diese Literarisierungen von (heroischer) Gewalt durch die Erzeugung von Ehrfurcht bei den Rezipient:innen einen gemeinschaftsbildenden Impetus hervorrufen sollten.

Im vierten historischen Feld unter dem Titel „Sonderbezirke heldenhafter Exorbitanz in der Literatur der Neuzeit" tauchen drei Autor:innen in Inszenierungen des Heldenhaften der Neuzeit ein und beschäftigen sich mit den Spuren des heldenepischen, exorbitanten Heldenkonzepts in Filmen, Romanen und Kinderliteratur von der Frühen Neuzeit bis zur Gegenwart.

Markus May fokussiert das Deviante als Kernelement des Exorbitanten und zeichnet dessen Erscheinungen in der Literatur und in Filmen der Neuzeit nach.

Das Andere wird dabei meist, wie May schlussfolgert, zum Monströsen, das einerseits eliminiert werden soll, andererseits eine Heroisierung erfährt. Als textuelles Paradigma für Letzteres positioniert er Miltons *Paradise Lost*, worin der Fall Luzifers auch als Symbol für die Emanzipation des neuzeitlichen Menschen inszeniert wird. Die Auseinandersetzung mit dem Monströsen in der neuzeitlichen Literatur spiegelt für May somit Prozesse und Problematiken der Subjektkonstitution der entsprechenden Zeit wider.

Hans Richard Brittnacher taucht in die Figurengeschichte Judas Iskarioths ein und diskutiert dessen Funktion als ultimativer Verräter auf der einen und Ermöglicher der göttlichen Prophezeiung auf der anderen Seite. In der Literatur der Neuzeit lassen sich laut Brittnacher beide Judasbilder identifizieren, wodurch Judas als exorbitanter Held erscheint, da er eine außergewöhnliche, rücksichtslose Tat vollbringt, die nicht zur Nachahmung bestimmt ist, die aber zugleich notwendigerweise passieren muss, um die Handlung voranzubringen.

Jana Mikota spürt in ihrem Beitrag Helden-, Antihelden- und Superheldenfiguren in der aktuellen realistischen Kinderliteratur nach und zeigt, wie diese durch Parallelen zum Konzept der Exorbitanz neue Geschlechterbilder vermitteln und etablieren oder eine kompensatorische Funktion erfüllen können. Durch die Inszenierung der Protagonist:innen als Vertreter:innen eines ‚Anderen‘ oder ‚Normalen‘ regen die Heldenfiguren zur Beschäftigung mit der eigenen Identität und mit gesellschaftlichen Ordnungen an.

Im fünften historischen Feld gelangen Heldenkonzepte und -inszenierungen aus zeitgenössischen Filmen, Serien, Comics und Games in das Zentrum der Analysen. Vier Beiträge versuchen in diesem Abschnitt mit dem Titel „Transmediale Echos des Exorbitanten in der Gegenwartskultur", den Begriff der heroischen Exorbitanz für Untersuchungen aktueller kultureller Produkte und Phänomene, die über die Literaturwissenschaft hinausgehen, fruchtbar zu machen.

Cord-Christian Casper analysiert die Inszenierungen heroischer Exorbitanz in superheroischen Multiversen. Er zeigt, wie die Proliferation der Superhelden in multiversalen Erzählkonstruktionen zum einen eine Regulierung der dargestellten Exorbitanz der Held:innen ermöglicht. Zum anderen kommt durch Multiversalität der postheroische Charakter der Erzählungen verstärkt zur Geltung, da eine statische erzählte Welt, von der sich die Superheld:innen abheben können, suggeriert wird. Schließlich bedingt laut Casper die Multiversalität auch eine Einschränkung der Übermächtigkeit der Superhelden. Denn das serielle Erzählen erfordert eine stetige Rückkehr zu einem bestimmten Status quo. Alternativszenarien werden in Paralleluniversen ausgehandelt, während sich in den Ursprungswelten nichts ändert. Damit, so schlussfolgert Casper, wird die Exorbitanz der Superhelden gemildert bzw. bleibt die Exorbitanz auf die Fähigkeit der selbstreflexiven Auseinandersetzung mit der eigenen Wirkung beschränkt.

Elisabeth Bronfen zeigt anhand der Analyse der TV-Serien *Westworld* und *Godless* sowie dem Film *Nomadland*, wie der Topos des Westernhelden in gegenwärtigen filmischen Inszenierungen aus seiner männlichkeitszentrierten Konzeption extrapoliert und von weiblichen Narrativen überschrieben wird. Männergeschichten werden hier zu Frauengeschichten, die Beschützerfunktion in der Prärie sowie die exorbitanten Züge, die in klassischen Westernfilmen männlichen Protagonisten zugeschrieben werden, übernehmen nun Frauen. Bronfen demonstriert, wie diese Umkodierung durch erzählerische, aber vor allen Dingen bildliche Referenzierungspraktiken erzeugt wird, und diskutiert durch die Parallelisierung von weiblichen und männlichen Westernnarrativen die Möglichkeiten einer Transformation männlicher in weibliche Exorbitanz.

Ebenfalls einer filmischen Inszenierung widmet sich Elisabeth K. Paefgen in ihrem Artikel über die TV-Serie *Breaking Bad*. In ihrer Analyse spürt sie dem Exorbitanzpotential des Protagonisten Walter White nach, den sie als ramponierten Helden bezeichnet und dessen Heldenstatus laut ihr immer wieder durch die Unfähigkeit, in kritischen Situationen selbstsicher und kontrolliert zu agieren, untergraben wird. Paefgen zeigt die Transformation von Walter White vom chaotischen Chemielehrer, einem normalbürgerlichen Helden, hin zu einem selbstsicheren Drogenboss, einer exorbitanten Heldenfigur, und stellt fest, dass im Serienfinale eine Versöhnung jener beiden Heldenkonzepte passiert.

Robert Baumgartner spürt der Frage nach, inwiefern in avatarbasierten Computerspielen Exorbitanz zu einer medial übertragbaren Erfahrung wird. Er zeigt, dass in Fällen von sog. widerständigen Avatarprothesen eine Irritation der Spielenden erfolgt. Dabei werden Spieler:innen mit Situationen konfrontiert, in denen ihre Avatare ungewünschte, meist gewaltsame Aktionen ohne Zutun der Spielenden durchführen. Diese widerständige Exorbitanz resultiert in einem Verfremdungseffekt, der das Games inhärente ästhetische Merkmal der Handlungshoheit des Spielenden offenlegt und dessen Funktionalität hinterfragbar macht.

Im abschließenden, sechsten historischen Feld („Jenseits der Exorbitanz") fasst Christoph Petersen die Ergebnisse der Beiträge zusammen und verdeutlicht, wie sich der Held der Moderne zu einem guten Helden entwickelte, wohingegen in vormodernen Zeiten eine ambivalente Heldenfigur dominierte. Die Transformation vom exorbitanten zum vorbildhaften Helden zeichnet Petersen anhand seiner Lektüre von Rousseaus Traktat *Discours de la vertu héroique*, Hegels *Ästhetik* und Wagners *Lohengrin* nach. In Letzterem, so konstatiert Peterson schließlich, lässt sich nicht nur die schlussendliche Transformation des asozialen, exorbitanten Helden in einen sozialen, guten nachvollziehen. Hier wird auch offenbar, dass in modernen Heldendarstellungen der asoziale Aspekt heroischer Exorbitanz ausgeblendet wird, wodurch jenes Charakteristikum nicht mehr erkennbar ist, aber durchaus noch als blinder Fleck präsent bleibt. Mit der Aufdeckung jener Ausblendung weist Petersen auf die Problematik von Heroisierungsprozessen nicht nur in der modernen und zeitgenössischen Literatur, sondern auch oder vor allem im aktuellen medialen und politischen Diskurs hin.

Der Sammelband verspricht eine fundierte und vielfältige Diskussion des Heldenbegriffs in Literatur und anderen Medien, was zu einer Präzisierung des Heldenbegriffs unter besonderer Berücksichtigung von exorbitanten Zügen führen soll. Vielen Beiträgen gelingt genau das: In ihren Analysen schaffen sie durch die Anwendung des Exorbitanz-Konzepts von Klaus von See einen neuen, geschärften Blick auf bekannte oder unbekanntere Heldenfiguren. Einige Beiträge weisen sogar auf ähnliche Funktionalitäten von exorbitanten Heldenfiguren hin. So zeigen mehrere Analysen, wie durch die Wandlung der Heldeninszenierung politische, gesellschaftliche und geschlechterbezogene Transformationsprozesse gespiegelt oder aktiv beeinflusst werden. Die Aufdeckung dieser postheroischen Dimension literarischer Texte gelingt m. E. insbesondere Jan-Dirk Müller, Corinna Dörrich und Berkan Sariaydin, die mit ihren klar strukturierten Argumentationen die Instrumentalisierung von Heldeninszenierungen überzeugend offenlegen. Sie zeigen, dass Literatur nicht nur von Held:innen erzählt, sondern dass durch ein spezifisches Staging von Figuren in diesen Erzählungen unterschiedliche Konzepte des Heldenhaften verhandelt werden. So sollten sich Lesende nicht die Frage stellen, wer der:die Held:in ist, sondern wieso die Heldenfigur so ist, wie sie ist.

Von hoher Relevanz für das Forschungsfeld sind zudem die Beiträge, in denen weibliche Heldinnenfiguren analysiert werden. Elisabeth Bronfen, Corrina Dörrich und Jana Mikota verdeutlichen mit ihren Studien, dass literarische und filmische Repräsentationen heldenhafter Figuren, insbesondere solcher, die exorbitante Züge aufweisen, aktiv an einem Gendering des Heldenbegriffs beteiligt sind. Alle drei decken das auf, was in vielen der anderen Beiträge unausgesprochen bleibt: dass heroische Exorbitanz eine männliche Domäne und ein darauf aufbauendes Heldenkonzept zwangsläufig ein männlich dominiertes ist. Vor diesem Hintergrund stellt sich die Frage, inwiefern die von Petersen konstatierte Veränderung des Heldenkonzepts von einem (antiken) exorbitanten zu einem (modernen) vorbildhaften Helden mit den Transformationen der Geschlechterrollen und -konzepte korrespondiert.

Viele Autor:innen nutzen in ihren Studien den Exorbitanz-Begriff von Klaus von See und stellen eine terminologische Transparenz her. In einigen Beiträgen wird der Terminus der Exorbitanz, der nicht zuletzt im Zentrum aller Sammelbandkapitel situiert wird, in seiner Definition stark gedehnt und dadurch austauschbar gemacht. Mehrere Autor:innen vernachlässigen das Kernelement von Exorbitanz, den Gewaltakt, und konzentrieren sich in ihren Analysen auf die Aspekte des Normbruchs und der Ambivalenz, die diesem Begriff ebenfalls inhärent sind. Dadurch wird der Präzisierung des auf Exorbitanz basierenden Heldenbegriffs stellenweise entgegengewirkt, vielmehr erneut eine Proliferation von Bedeutungen erzeugt, was dem Ziel des Sammelbands entgegenläuft. Auch wenn der transmediale Ausblick, in dem heroische Exorbitanz in anderen Medien und in ihrer gegenwärtigen Signifikanz diskutiert wird, durch seine Heterogenität einen wichtigen Beitrag zum Heldendiskurs des Sammelbandes liefert und zu überaus relevanten Ergebnissen kommt, zeigt sich die begriffliche Unbestimmtheit hier besonders deutlich. Womöglich kann daraus geschlossen werden, dass das Konzept der heroischen Exorbitanz eben nur bedingt auf aktuelle kulturelle Repräsentationen fruchtbar angewandt werden kann – ein Ergebnis, das wiederum Petersens oben formulierte These stützt.

Bei der Auswahl der regionalen Schwerpunkte hätte mehr Ausgewogenheit den Sammelband zu einem noch wertvolleren Beitrag für die Begriffsforschung zum Heldentum und Helden gemacht. Der Anspruch, eine neue Literaturgeschichte zu schreiben, erscheint vor dem Hintergrund, dass kein einziger slawistischer Beitrag inkludiert wurde und außereuropäische Heldendarstellungen nur sporadisch in die Analysen Eingang finden, unangemessen. Zwar wird auf diese Unzulänglichkeit in der Einführung eingegangen, doch verwundert es, dass trotz der herausragenden Relevanz von Heldennarrativen für die bspw. polnische, ukrainische, russische oder südslawische Literatur und Kultur, kein einziger Beitrag zu Texten aus jenen Regionen und Sprachen in den Band eingebunden wurde.[1]

Vor diesem Hintergrund erreicht der Sammelband seine selbst formulierten Ziele nur bedingt. Dennoch muss festgehalten werden, dass der Ansatz, Exorbitanz als Kern des Heldenkonzeptes zu formulieren, sich als produktiv erweist. Er führt zu vielen neuen Lektüren bereits bekannter und relevanten Interpretationen noch selten gedeuteter Texte, Filme und anderer medialer Repräsentationen. Die Beiträge wie auch die begleitenden Überlegungen von Christoph Petersen stellen dadurch bedeutsame Studien in den jeweiligen Fachbereichen dar und werden die Diskurse rund um die bearbeiteten Untersuchungsgegenstände zweifelsohne voranbringen. Überregionale und epochenübergreifende Korrespondenzen zwischen den Kapiteln werfen zudem weiterführende Fragestellungen für das Forschungsfeld zum Heldenbegriff auf. Dadurch erwächst dem Sammelband trotz seines regional limitierten Fokus und stellenweiser terminologischer Unbestimmtheit der Status eines bedeutenden Referenzwerks für die Frage nach Heldenkonzepten und Untersuchungen zu heroischen Narrativen in Literatur, Film und anderen Medien.

Anna Seidel

---

1 Die Bedeutsamkeit des Helden für slawische Literaturen und Kulturen stellen u. a. folgende Forschende heraus: Maria Janion weist beispielsweise in ihrem Essay „Krieg und Form" auf die Relevanz und Perpetuierung des heroischen Ulanen-Topos der Romantik im 20. (und in anderen Publikationen auch im 21.) Jahrhundert hin (vgl. Maria Janion. „Krieg und Form". *Die Polen und ihre Vampire. Studien zur Kritik kultureller Phantasmen*. Berlin: Suhrkamp, 2014. S. 123-209). Tetyana Bureychak und Olena Petrenko verweisen auf die Rolle des männlichen Helden im ukrainischen Diskurs (vgl. Tetyana Bureychak/Olena Petrenko. „Heroic Masculinity in Post-Soviet Ukraine: Cossacks, UPA and ‚Svoboda'". *East/West: Journal of Ukrainian Studies* 2/2 (2015): S. 3-27). Stephen M. Norris und Ulrich Schmid zeigen die Bedeutung heroisierender Narrative für kulturelle Repräsentationen und die Erinnerungspolitik des Großen Vaterländischen Krieges (vgl. Stephen M. Norris. „The war film and memory politics in Putin's Russia". *The Memory of the Second World War in Soviet and Post-Soviet Russia*. Hg. David L. Hoffmann. Milton: Taylor & Francis Group, 2021. S. 299-317; Ulrich Schmid. „„Sie teilten fluchend und starben teilend'. Das Pathos der Wahrheit in der russischen Blockadeliteratur". *Osteuropa* 61/8-9 (2011): S. 265-280). Ozren Kebo und Xavier Bougarel schließlich zeigen, dass die Belagerung von Sarajevo in politischen und literarischen Erzählungen als Angriff auf den Kernaspekt der bosnischen Nation, die Multiethnizität, gesehen wird, für deren Kampf sich die Stadt Sarajevo als Paradigma dieser Multiethnizität heldenhaft aufgeopfert hat (Ozren Kebo. „Das Paradoxon von Sarajevo". *Der Jugoslawien-Krieg. Handbuch zu Vorgeschichte, Verlauf und Konsequenzen*. Hg. Dunja Melčić. Wiesbaden: Verlag für Sozialwissenschaften, 2007. S. 297-304; Xavier Bougarel. „Death and the Nationalist: Martyrdom, War Memory and Veteran Identity among Bosnian Muslims". *The New Bosnian Mosaic. Identities, Memories and Moral Claims in a Post-War Society*. Hg. Xavier Bougarel/Elissa Helms/Ger Duijzings. Aldershot: Ashgate, 2007. S. 167-191).

Die Welt der Träume. Eine Reise durch alle Zeiten und Kulturen. Zusammengestellt, kommentiert und mit einer Einleitung versehen von Christiane Solte-Gresser. Darmstadt: Wissenschaftliche Buchgesellschaft, 2023. 440 S.

„Fremder, Träume sind unfassbar, ohne klare Bedeutung, und nicht alles, was sie verkünden, erfüllt sich den Menschen."[1] – Homers *Odyssee* enthält nicht nur verschiedene Traumdarstellungen, sondern auch jede Menge Wissen über das Wesen der Träume: Penelope träumt vom Tod ihrer Gänse, Nausikaa vom Wäschewaschen; Träume haben ihr eigenes Reich zwischen Meer und Totenwelt und gelangen durch Tore aus Elfenbein oder Horn zu den Menschen; sie können durch die Öffnung für den Türriemen schlüpfen und die Gestalt Verstorbener annehmen; manchmal werden sie noch innerhalb des Traums gedeutet; sie trösten, warnen und wappnen für Erlebnisse in der Wirklichkeit jenseits des Traums.[2]

Traumdarstellungen wie denen der *Odyssee* sowie den unterschiedlichen kulturellen Vorstellungen von Beschaffenheit, Funktion und Ursprung von Träumen, die sich in solchen Darstellungen niederschlagen, widmet sich die Anthologie *Die Welt der Träume*. Sie wurde von Christiane Solte-Gresser, der langjährigen Sprecherin des DFG-geförderten Graduiertenkollegs *European Dream Cultures* an der Universität des Saarlandes, zusammengestellt, kommentiert und eingeleitet und von der Wissenschaftlichen Buchgesellschaft in einer sehr ansprechend gestalteten, großformatigen Leinenausgabe verlegt. Primäres Anliegen des Bandes ist es, einen breit gefächerten Einblick in die „kulturelle Bearbeitung des Traums" (S. 12) zu geben: In einer Auswahl an Traumdarstellungen und Texten der Traumtheorie von der Antike bis zur Gegenwart soll „ein schillerndes Spektrum der kulturellen und wissensgeschichtlichen Auseinandersetzung mit dem Traum" (S. 12) in unterschiedlichen Medien eröffnet werden.

„Traum" meint dabei in der Regel „Träume im wörtlichen und alltäglichen Sinne, nämlich […] aufgezeichnete oder erfundene nächtliche Traumerlebnisse während des Schlafs" (S. 14). Dass dieser Fokus einen Einbezug Traum-ähnlicher Phänomene der „Wachwelt" nicht ausschließt, betont die Herausgeberin in der Einleitung (vgl. S. 14) und zeigen zahlreiche Beispiele des Bandes, wie etwa Martin Luther Kings Rede „Ich habe einen Traum" (vgl. S. 364f.) oder die Beschreibungen der Visionen Hildegard von Bingens, die gerade nicht im Schlaf empfangen wurden (vgl. S. 90). Wenn diese Beispiele auch das Auswahlkriterium des Bandes ein wenig aufweichen, sind sie doch für die Sammlung äußerst bereichernd und werfen Fragen nach Begriffsdifferenzierungen etwa zwischen ‚Traum', ‚Vision', ‚Utopie' oder ‚Rausch' auf (vgl. S. 14), die im Rahmen der Anthologie zwar nicht diskutiert werden, denen aber in anderen Publikationen aus dem Umfeld des Graduiertenkollegs *European Dream Cultures* nachgegangen werden kann.[3]

---

1 Homer. *Odyssee.* Aus dem Griechischen übersetzt und kommentiert von Kurt Steinmann. Zürich: Manesse, 2007. S. 298 (19. Gesang, V. 560-561).

2 Vgl. Homer. *Odyssee* (wie Anm. 1). S. 297, 86-87, 351, 298, 69, 297.

3 Siehe etwa: Bernard Dieterle/Manfred Engel (Hg.). *Theorizing the Dream. Savoir et théories du rêve.* Würzburg: Königshausen & Neumann, 2018 und Bernard Dieterle/

Die Anthologie erhebt im Untertitel den ambitionierten Anspruch einer „Reise durch alle Zeiten und Kulturen", der jedoch in der Einleitung reflektiert begrenzt wird: Leitend für den Band ist eine westeuropäische Perspektive, mit „Einblicke[n] in weitere kulturelle oder geografische Räume" (S. 16). Auch der historische Anspruch lautet „so breit wie möglich" (S. 14): Die ausgewählten Traumdarstellungen bilden ein Spektrum von „den ersten [...] schriftlich erhaltenen Traumdarstellungen" im 18. Jh. v. Chr. (*Gilgamesch-Epos*) bis ins Jahr 2014.

Während die sprachliche Distanz, die sich für eine deutschsprachige Leserin im Jahr 2024 zu vielen der ausgewählten Texte ergibt, dadurch überbrückt wird, dass die Texte jeweils in (neuhoch)deutscher Übersetzung präsentiert werden, bleibt eine kulturelle, vor allem aber auch zeitliche Distanz zu vielen der Traumdarstellungen bestehen. Die Lektüreerfahrung bestätigt die interessante These der Herausgeberin, dass diese Distanz die Wahrnehmung der „Andersheit des Traums" (S. 17) verstärkt: Wenn Träume ohnehin schon „einer anderen Logik [gehorchen]" und uns „mit Welten [konfrontieren], die sich auf beglückende, erschreckende, witzige oder verwirrende Weise von den bekannten unterscheiden" (S. 17), dann gilt dies umso mehr für Träume aus anderen Zeiten mit ihren je spezifischen Traumverständnissen, etwa bezüglich prophetischer oder mystischer Träume.

Das Interesse bei der Zusammenstellung des Bandes gilt nicht nur dem Gegenstand des Traums als solchem, sondern seiner Darstellung als Anlass und Grund für „ästhetische Innovationen": Verschiedene Künste nutzen, so eine der Ausgangsthesen der Herausgeberin, „die körperliche und sinnliche Erlebnisqualität von Traumerfahrungen, ihren poetischen Eigensinn und ihre flüchtige Gestalt, um die Möglichkeiten der Darstellung zu befragen und die Grenzen der Wirklichkeit auszuloten. Indem sie der Logik des Traums folgen, entwickeln die Künste immer wieder neue Sprachen, Bilder und Klänge." (S. 12)

Es ist insofern konsequent, dass die Anthologie sich um ein möglichst breites Panorama unterschiedlicher Darstellungsmöglichkeiten bemüht: Nicht nur über sprachliche, kulturelle und historische Grenzen, sondern auch über Gattungs- und Mediengrenzen hinweg versammelt der Band Traumdarstellungen und -reflexionen: „Gedichte, Gemälde, Erzählungen, Lieder, Zeichnungen, Theaterstücke, Instrumentalmusik, Filme und Comics, autobiografische Erfahrungen in allen nur erdenklichen Aufzeichnungsformen, aber auch philosophische Reflexionen und theoretische Schriften" (S. 12) finden sich in *Die Welt der Träume* wieder. Träume auf Keilschrifttäfelchen, Münzen und Kirchenfenstern, in Performances und multimedialen Installationen werden einbezogen (vgl. S. 15). Es ist insbesondere dieser medienübergreifende Ansatz sowie der Verzicht auf einen ‚Hochkultur-Snobismus', der den Band zu einer wichtigen Erweiterung gegenüber früheren Sammlungen wie etwa Manfred Gsteigers Zusammenstellung *Träume in der Weltliteratur*[4] aus dem Jahr 1999 macht. Überschneidet sich Solte-Gressers Band in den „klassische[n] Beispiele[n] der ‚Weltliteratur'" weitgehend etwa mit Gsteiger, macht er es sich zugleich jedoch

Manfred Engel (Hg.). *Typologizing the Dream. Le rêve du point de vue typologique.* Würzburg: Königshausen & Neumann, 2022.
4 Manfred Gsteiger (Hg.). *Träume in der Weltliteratur.* Zürich: Manesse, 1999.

zur Aufgabe, diese neben Texte und andere Kunstwerke zu stellen, die „im Traumkontext wohl eher unerwartet kommen", „aus dem Kanon verdrängt" und wiederentdeckt wurden oder bisher weitgehend unbekannt geblieben sind (S. 14). All diese Überlegungen spiegeln sich in einer Sammlung wider, in der neben Homer und der Bibel, Boccaccio, Shakespeare und Kafka eben auch Winsor McCays *Little Nemo*-Comicstrips vertreten sind, The Chordettes mit ihrem 50er-Jahre-Pophit *Mr. Sandman*, Wolf Erlbruch mit dem Bilderbuch *Nachts* oder das Videospiel *Back to Bed*.

Das große Format und der hochwertige Farbdruck des Bandes ermöglichen es, einen Eindruck der Vielfalt der Traumdarstellungen in den unterschiedlichen Medien über Filmstills, Screenshots, Partituren und Reproduktionen von Gemälden zu gewinnen, wenngleich der Platz nicht immer optimal ausgenutzt wird. (Die Panels aus Neil Gaimans Graphic Novel *Sandman* etwa hätten für eine genauere Betrachtung ruhig größer ausfallen dürfen.) Dennoch kommt ein schriftlich verfasster, gedruckter Band bei der Darstellung von Filmszenen, Videospielen, Musikstücken oder partizipativen Kunstprojekten wie Marina Abramovićs *Traumhaus* naturgemäß an seine Grenzen. Hier kann die Anthologie letztlich nicht mehr leisten, als auf diese Kunstwerke hinzuweisen und die Leserin zum Ansehen des Films, Anhören des Songs oder Ausprobieren des Games anzuregen.

Alle präsentierten Texte und anderen Kunstwerke werden jeweils durch einen kurzen Kommentar eingeführt, der diese historisch, kulturell und/oder mit Bezug auf die Autor:innenbiografie einordnet und ggf. innerhalb eines größeren Werkzusammenhangs verortet. Geordnet ist das Material chronologisch in Zeitabschnitte, die zum Teil mit allgemeinen Epochenbegriffen überschrieben sind (Antike, Mittelalter, Neuzeit), zum Teil mit Bezeichnungen, die schon eine Schwerpunktsetzung bzw. bestimmte Wahrnehmung einer Epoche zum Ausdruck bringen („Zeitalter der Revolutionen (1780-1870)", „Zeitalter der Globalisierung (seit 1945)"). In der Einleitung wird erläutert, dass diese Zeiteinteilungen den in der bei Bloomsbury angekündigten, umfänglichen *Cultural History of Sleep and Dreaming* (6 Bde., in Vorbereitung für 2024/2025) gewählten entsprechen (vgl. S. 16), es wird jedoch nicht reflektiert, ob die Schlagworte aus den Epochenbezeichnungen auch Schwerpunkte für die Textauswahl gesetzt haben (Träume von Revolutionen? Global vernetzte Träume?).

Entlang der chronologischen Reihe der Traumdarstellungen lassen sich historische Entwicklungen etwa in der Traumtheorie nachverfolgen. Noch reizvoller scheinen aber die „weitere[n] Wege, die sich einschlagen lassen, um das zusammengestellte Material zu durchqueren" (S. 12), und zu denen die Herausgeberin in der Einleitung einlädt: etwa auf den Spuren der „Traumlyrik", „der schwarzweißen Traumbilder" oder „des Traums im Kino" (S. 15). Aber auch eine „weibliche Kulturgeschichte des Traums" lässt sich aus der Sammlung rekonstruieren, ebenso wie die interessante Beobachtung der Herausgeberin, dass von der Antike zum 20. Jahrhundert eine funktionale Verschiebung stattfindet, von Träumen als Instrumenten der Legitimation von Macht hin zu Träumen als „Zeugnisse[n] politischer Gewalt und der damit verbundenen Traumatisierungen" im Kontext von Kolonialismus und Shoah (S. 16).

Für Letzteres bieten Primo Levis autobiografische Berichte *Ist das ein Mensch?* und *Die Atempause* besonders einschlägige Beispiele. Die Schilderungen seiner Albträume im und nach der Befreiung aus dem Konzentrationslager gehören zu den eindrücklichsten Texten des Bandes (S. 360f.). Die Struktur eines Traums im Traum bzw. das Motiv des scheinbaren Erwachens zeigen hier auf, wie durch die traumatischen Erfahrungen der Shoah für den Überlebenden „die Grenzen zwischen Traumerleben und Wachwirklichkeit nachhaltig [verunsichert sind]" (S. 360). Ganz anders ist der Traum im Traum etwa in Emily Brontës *Sturmhöhe* funktionalisiert, wo die Schachtelstruktur klar im Dienst der Schauerelemente des Romans steht (S. 255f.). Es ist gerade die Entdeckung der intertextuellen und intermedialen Verbindungen zwischen den versammelten Traumdarstellungen, die etwa durch Zitate, Namen, gemeinsame Trauminhalte oder parallele Strukturen hergestellt werden, die die Lektüre des Bandes zu einem komparatistischen Vergnügen macht: „Objektmetalepsen", bei denen Gegenstände die ontologische Grenze zwischen Traum und Wachwelt überschreiten, verbinden etwa E. T. A. Hoffmanns *Elixiere des Teufels* und Wolf Erlbruchs Bilderbuch *Nachts* (vgl. S. 19). Salvador Dalís gemalte Traumwelten finden Eingang in Alfred Hitchcocks Psychothriller *Ich kämpfe um dich* (S. 342f.), die mythologische Figur des „Sandman" verknüpft den Popsong der Chordettes (S. 355) mit der gleichnamigen Graphic Novel (S. 388) und im Videospiel *Back to Bed* (S. 428f.) werden gleich Elemente der Traumdarstellungen mehrerer Jahrhunderte integriert.

Wer nach dem Stöbern im Fundus der *Welt der Träume* die eigene Lektüre um die fachwissenschaftliche Auseinandersetzung mit den versammelten Traumdarstellungen und ihren Querverbindungen ergänzen möchte, findet im Anhang der Anthologie eine Bibliografie mit Überblicksliteratur sowie nützlichen Datenbanken zur „Kulturgeschichte des Traums" (S. 437f.).

Insgesamt wird der Band seinem Anspruch gerecht, indem er einen breit gefächerten Einblick in die vielfältigen Traumdarstellungen und -theorien verschiedener Zeiten, kultureller Kontexte und Medien liefert, und dies in äußerst ansprechender, für ein breites Publikum geeigneter Form. Aus komparatistischer Perspektive lässt sich dabei lediglich bedauern, dass die ausgewählten Texte nur in deutscher Übersetzung und nicht auch in Originalsprache bereitgestellt wurden, insbesondere da es nicht ganz konsequent scheint, dass Songtexte wie *Mr Sandman* (S. 355) oder der Beatles-Song *A Day in the Life* (S. 369) im originalen Englisch abgedruckt sind. Gerade bei lyrischen Texten kommt der Wunsch auf, den Text in seiner Ausgangssprache neben die abgedruckte Übersetzung zu legen. Das zweispaltige Format des Bandes hätte sich für eine jeweils zweisprachige Darstellung durchaus angeboten, die freilich angesichts der Breite der berücksichtigten Sprachen zahlreiche weitere praktische Herausforderungen mit sich gebracht hätte. Für einen Band, der zumindest nicht nur ein Fachpublikum zur Zielgruppe hat, scheint die gewählte Lösung angemessen.

Davon abgesehen bietet der Band nur das jeder Anthologie inhärente Kritikpotenzial der eigenen Begrenztheit. Jede Leserin wird wohl eigene Lieblingstraumsequenzen vermissen, die Rezensentin suchte etwa vergeblich nach Erich Kästner, dessen *Lyrische Hausapotheke* eine ganze Rubrik zum Anwendungsfall „wenn man Träume gehabt hat" aufweist, nach W. B. Yeats' „He wishes for the Cloths of Heaven", den Traumsequenzen aus Umberto Ecos *Der Name der Rose* oder der zuletzt viel diskutierten (möglichen) Traumsequenz am Ende von Damien Chazelles Hollywood-Hommage *La La Land*.

Bei einem, wie nicht zuletzt die Anthologie zeigt, so universalen Gegenstand wie dem Träumen kann eben niemals alles abgedeckt werden, wie der Herausgeberin selbstverständlich wohl bewusst ist – „zumal ein beträchtlicher Teil notierter, gezeichneter, gedichteter oder vertonter Träume noch darauf wartet, überhaupt erst einmal erschlossen, veröffentlicht und verbreitet zu werden" (S. 12). Unabhängig von der Vergeblichkeit jedes Vollständigkeitsanspruchs zeigt sich in der Überlegung, was in der *Welt der Träume* alles noch ‚fehlen' könnte, außerdem bereits das Inspirationspotenzial des Bandes: Die Leserin wird angeregt, nach eigenen Lieblingstraumtexten zu suchen, über ihr bekannte Traumdarstellungen nachzudenken, Gedichte nachzuschlagen, Songs wiederzuhören – und so die Arbeit der Anthologie persönlich fortzusetzen.

Franziska Rauh

Peter Demetz. *Was wir wiederlesen wollen. Literarische Essays 1960-2010.* Mit einem Vorwort herausgegeben von Meike G. Werner. Göttingen: Wallstein, 2022.

Der Titel dieses Bandes scheint begründen zu wollen, warum diese Sammlung von Essays zur Literatur aus elf Ländern, die über ein halbes Jahrhundert in der *Zeit* und in der *Frankfurter Allgemeinen Zeitung* publiziert wurden, nun in Buchform erscheint. Peter Demetz, Literaturwissenschaftler, aber auch begehrter Kritiker, hat seine deutschsprachige Leserschaft fast ein Leben lang von seinem privilegierten US-amerikanischen Standort aus, der Yale University, auf literarische Neuerscheinungen und Neuentwicklungen aufmerksam gemacht, die nicht selten Weltliteratur waren oder wurden. Nun könnte man diesen Kanon nochmals Revue passieren lassen. Tatsächlich ist der Band das Resultat einer rigiden Auswahl: Von fast 300 Essays hat die deutsch-amerikanische Literaturwissenschaftlerin Meike G. Werner 62 ausgewählt – man kann diesen Wegweiser durch die Literatur (vor allem) des 20. Jahrhunderts als doppelte Empfehlung verstehen – zuerst des Kritikers Demetz, dann der Herausgeberin seiner Rezensionen.

Ich möchte diesen Titel jedoch auch anders verstehen. „Was wir wiederlesen wollen", ja sollen, sind nicht nur die wichtigen Autorinnen und Autoren sowie Bücher, die in diesen Texten besprochen werden. Es geht – und das wird mir im Laufe der mehrwöchigen Lektüre dieses Bandes immer deutlicher – auch und vor allem um das Wiederlesen der Texte von Peter Demetz. Für die meisten von uns ist das auch gar kein „Wiederlesen", sondern eine neue Lektüre, auch wenn sie alle schon erschienen sind. Das Genre „Gesammelte Rezensionen" ist selten, aber dieser Band beweist, dass sich das ändern sollte. Einerseits, weil man einen Autor wie Demetz auf diese Weise neu kennenlernt. Andererseits ist aber der frische Blick auf gerade Erschienenes auch mit großem zeitlichen

Abstand faszinierend und vermittelt Einsichten, die die weisen und leider häufig abgestandenen Retrospektiven, die schließlich zu Literaturgeschichten werden, kaum bieten. Damit empfehle ich nicht das Ende traditioneller literarischer Historiografie, sondern verweise auf einen alternativen Zugang zu ihr. (Noch besser könnte das Buch diesen Zweck durch einen Personenindex erfüllen.)

Der Band ist chronologisch nach dem Erscheinen der Essays geordnet, was die Affinität zur Literaturgeschichte, aber zugleich auch die Unterschiede sehr deutlich macht. Zugleich ergibt sich dadurch eine sehr zufällige Anordnung, ein spontanes Nebeneinander, das neue Zusammenhänge schafft, die sehr willkommen sind. Zum Zeitpunkt des Erscheinens dieses Bandes im Jahr 2022 war auch nicht klar, dass es das letzte Buch von Demetz sein würde, das zu seinen Lebzeiten erschien. Durch seinen Tod am 30. April 2024 wird der Band auch zu einer Würdigung seines Lebenswerkes, denn diese Sammlung reflektiert das breite Spektrum seiner Interessen. Was ich nicht erkennen kann, sind große Veränderungen über die Zeit. Von Anfang bis zum Schluss zeichnen sich seine Texte sowohl durch stilistische Leichtigkeit als auch Reife aus – er war buchstäblich ein geborener Kritiker. Zugleich erkennt man von Anfang an, bei aller Breite, seinen charakteristischen Mix. Demetz ist seinen Interessen über die Jahre hinweg treu geblieben.

Die im vorliegenden Beitrag versuchte thematische Ordnung eröffnet einen Zugang zu den verschiedenen literarischen und Forschungsinteressen des großen, und wie häufig gesagt wird, letzten Vertreters einer deutschsprachigen Prager Literatur. Es wird sich zeigen, dass dieses kritische Œuvre gerade für die Vergleichende Literaturwissenschaft besonders relevant ist – und zwar für eine Komparatistik, die sich nicht nur auf den akademischen Bereich beschränkt. Seine Texte erinnern daran, dass unser Fach – mehr als die traditionellen Literaturwissenschaften – sich immer schon an das „breitere" Publikum auch außerhalb der *academy* gewandt hat.

Peter Demetz hatte eine veritable komparatistische Persönlichkeit – ein Begriff, der in unserem Fach nicht weit verbreitet ist, aber richtig gut auf ihn zugeschnitten ist. Dies zeigt sich schon an den immer wieder geäußerten Überlegungen zum Fach und seinen Protagonisten. René Wellek, mit dem er seine Prager Herkunft und seine Mitgliedschaft in der Yale *faculty* teilte, nannte er den „Erneuerer der vergleichenden Literaturwissenschaft" (S. 211). Für Demetz, dessen professorale Denomination „German Literature and Comparative Literary History" war, war Wellek ein Vorbild. Die Gegensätzlichkeit von „Außerliterarischem" und „Innerliterarischem" sah er bei ihm dadurch überwunden, „daß jedes Kunstwerk aus der Geschichte kam", aber auch „eine ausgeprägte Geschichtslosigkeit besaß" (S. 211). Nur bei einem unabhängigen Geist wie Peter Demetz konnte „Geschichtslosigkeit" positive Bedeutung tragen. Der textbezogene *New Criticism*, den er von Wellek, aber auch vielen anderen amerikanischen Kolleginnen und Kollegen lernte, erlaubte zugleich eine deutliche biografische Orientierung, allerdings nicht um ihrer selbst willen, sondern im Interesse der Werke.

Der Kritiker ist der natürliche Mediator zwischen dem „Außer-" und „Innerliterarischen", und man kann die Kritik als komparatistischen Schwerpunkt in

diesem Band sehen. Demetz bedauert nachdrücklich den fehlenden Respekt
für den Kritiker, insbesondere im deutschsprachigen Raum. Der Beginn dieser Entwicklung fing für ihn schon im 19. Jahrhundert, als sich der „deutsche
Kritiker, ein windiger Geselle, zwischen Stühlen [tummelte]." (S. 50) Die Auflösung der „Normen der Klassik" und die Angst des Literaturbetriebes, sich mit
der Frage des Wertes von Literatur zu befassen, führte bei der Kritik zu einem
„erstaunlichen Anti-Intellektualismus" (S. 55). Demetz fordert eine „kritische
Intellektualität" (S. 56), die durchaus mit altbacken erscheinender deutscher
Begrifflichkeit vereinbar ist. Dabei fällt mir besonders der „Geschmack" auf, mit
dem er „staatsbürgerlichen Gemeinsinn", aber auch „sinnliche Aufmerksamkeit"
verbindet. Dieser wäre, so schreibt Demetz im Jahr 1966, und so könnte man es
jetzt wiederholen, „hier und heute hilfreich" (S. 58).

Die Aufgabe eines Kosmopoliten wie Demetz ist es natürlich vor allem, seinem
Publikum die Literatur der Welt näherzubringen. Er tut dies als Mitteleuropäer
(spezifisch als Prager), als Deutschsprechender, aber auch als Amerikaner. Dabei
kommt ein Zentralbegriff der Komparatistik zum Tragen, nämlich die Imagologie. Der Band enthält Rezensionen zu einer ganzen Reihe imagologischer Texte,
die teilweise vollkommen vergessen wurden. Darunter finden sich die Reisere-
portagen des vormaligen Linken, sodann zu einem konservativen Republikaner
verwandelten John Dos Passos über das in Schutt und Asche liegende Deutschland im Herbst 1945 im Auftrag des *Life Magazine*. Oder eine Anthologie von
Berichten internationaler Autoren über das nationalsozialistische Deutschland.
Und ganz allgemein erinnert er seine Leserschaft unter dem Titel „Geh ins Kino,
deutscher Geist" im Jahr 1976, wie defizitär die Amerikaberichterstattung in
der deutschsprachigen Welt ist. Er sei „immer wieder entsetzt [...], mit welchen
Berichten aus Amerika Zeitungsleser und andere vorliebnehmen" (S. 87), insbesondere in der Bundesrepublik. Man mag solche Sätze als defensiv werten, eine
Rechtfertigung des nun amerikanischen Intellektuellen gegen ein Umfeld, dem
er sich entfremdet hat (Hans Ulrich Gumbrecht wäre darin sein geistiger Ver-
wandter, wenn auch aus charakteristisch kalifornischer Perspektive). Betrachtet
man solche (seltenen) persönlichen Aussagen im Kontext des gesamten Bandes,
wird man der Lauterkeit seines Anliegens jedoch vertrauen dürfen.

Neben solchen explizit imagologischen Themen möchte ich der von mir
postulierten komparatistischen Persönlichkeit jedoch auch eine imagologische
Grundhaltung zuschreiben. *Jedem* fremdkulturellen Text begegnet er imagolo-
gisch, und zwar als Europäer und als US-Amerikaner. Schreibt er über Frankreich, was er oft tut, oder Portugal (das mehrmals vorkommt), wird immer auch
der fremde Blick auf diese Kulturen und Literaturen reflektiert, und die Möglichkeiten der Literatur, diesen zu ändern. Dazu kommen auch Texte, die man
durchaus als Reiseliteratur bezeichnen könnte, etwa ein Besuch in Sigmund
Freuds Geburtsort Příbor (Freiberg in Mähren) oder in der Dominikanischen
Republik, wo er, neben der Erholung, auch den wenig bekannten, aber faszi-
nierenden exilantischen Kolonisten aus Deutschland und Österreich nachgeht.
Man würde sich mehr Demetz'sche Reiseliteratur wünschen.

Von der Imagologie ist es nicht weit zur Translation. Wenn Demetz sich mit
fremdsprachigen Texten beschäftigt, vergisst er selten, sich mit der Leistung der

Übersetzung zu beschäftigen, und das lange vor der Zeit, in der Amazon die Übersetzerinnen und Übersetzer gleichberechtigt neben die Urheber stellt und ihre Namen auch immer häufiger auf den Umschlägen zu finden sind. Demetz' Aussagen zu den Übersetzungen zählen zu den bemerkenswertesten Teilen dieser Rezensionen, da sie zu seinem Versuch beitragen, das Werk zu verstehen: Übersetzung und Übersetzungsprobleme sind für ihn Teil der literarischen Interpretation und der antizipierten Rezeption. Man könnte daraus eine Poetologie der Übersetzung machen. Werner Schmitz, dem Übersetzer von Hemingways postumen Roman *Der Garten Eden*, wird zwar eine gute Übersetzung bescheinigt, allerdings sei sie zu weit vom Sprachstand Hemingways entfernt. Dabei kommt es zu einer bemerkenswerten Aussage:

> Ich plädiere nicht für eine museale Restauration der Sprache, sondern für ein Verfahren, das der Verlockung billiger Aktualisierungen und Vulgarisierungen entsagt. Das Schlimmste ist dort zu finden, wo Catherine David und Marita als „Puritaner" beschimpft, weil die beiden nicht mit ihr ins Bett wollen, und der Text die puritans als „Saubermänner" wiedergibt. Es ist nicht Sache des Übersetzers, der Intelligenz seiner Leser zu mißtrauen. (S. 170f.)

Im Zusammenhang mit dem „große[n] Österreich-Roman" (S. 266) von John Wray (über den „man noch viel reden müssen [wird]", S. 270) stellt Demetz fest, dass „die loyale und kunstvolle Übersetzung von Peter Knecht, die das Ganze so mühelos und poetisch ins Adalbert-Stiftersche zu schieben scheint", seine (Demetz') „Zweifel eher gesteigert als vermindert hat." In seinem „deutschen Gewande" (S. 266f.), also in deutscher Übersetzung, lernt man einem Roman zu misstrauen, der „alle Versatzstücke einer alpenländischen Nachkriegs-Schnulze" (S. 266) hat. Manchmal kann die Übersetzungskritik zum Verständnis eines Romans beitragen.

Wenn er sich für Politik interessiert, und das tut er auch im literarischen Kontext häufig, so geschieht dies mit großer Offenheit. In einer Rezension über ein Portugal-Buch von Fritz René Allemann findet sich sogar eine Definition seiner im besten Sinne des Wortes liberalen Grundeinstellung: „Allemann schreibt, wie er selber sagt, *aus der Perspektive eines liberalen mitteleuropäischen Demokraten*, eines Beobachters also, dem es auf die Nuancen ankommt." (S. 76) Nuancen charakterisieren alle Texte von Demetz in diesem Band, insbesondere aber die politischen. Zwar diagnostiziert er bei Peter Weiss „einen blinden Haß gegen den Faschismus, womit ich lebhaft sympathisiere" (S. 85), und definiert damit seinen klaren humanistischen Standpunkt. Am anderen Ende des Spektrums, falls es das ist, findet man allerdings bei dem aus der Tschechoslowakei geflüchteten seinerzeitigen Mitarbeiter der US-amerikanischen Münchener Propagandastation *Radio Freies Europa* keine antikommunistischen Ausbrüche. Wo er beide Seiten kritisiert, hat er ein positives Drittes zu bieten, hin und wieder die Romantik, im Folgenden im Zusammenhang mit Wolfgang Koeppen: „In der Epoche verordneter Gemeinschaften, im Faschismus und anderswo, ist nichts anarchischer als das empfindliche Ich." (S. 89) Ganz ähnlich kritisiert er eine „ökonomisch orientierte Literaturkritik", die „ja längst zu Orthodoxie und

Tradition erstarrt" (S. 92) ist. Politik wird immer wieder im Hinblick auf ihre Wirkung auf die Literatur (oder umgekehrt) beurteilt.

Besondere Fälle entstammen der DDR-Literatur, die trotz 1989 im Kanon verblieben waren. Seine Beiträge zu Christa Wolf und Viktor Klemperer gehen mir tatsächlich etwas zu weit, selbst wenn ich ihn für seinen unabhängigen Geist auch hier bewundere. Erstere, „viel gerühmt und oft gescholten" (S. 259), erhält von Demetz nur wenig Zustimmung. Ihr „Dauerlauf durch die innere Aufsichtsbehörde" (Titel des Beitrags, S. 259) beweist „parteipolitische Hörigkeit" (S. 260), was bleibt, ist aber lediglich eine „gewisse Müdigkeit" (S. 263). Christa Wolf „selbst hat ihre Rollenspiele eifrig gefördert", auch indem sie „kosmopolitisch zwischen Moskau, Athen, Zürich, Ohio und Los Angeles reiste und einen in der Moderne längst traditionellen Zweifel an der Sprache kultivierte, der sie mit einigem Erfolg daran hinderte, die Dinge beim Namen zu nennen." (S. 259f.) Zwar bezieht sich Demetz' Kritik vor allem auf die sehr kritiklose Ausgabe der *Werke* bei Luchterhand, aber geistreiche Bemerkungen, wie: die Herausgeberin bemühe sich „ein Körnchen feministischen Goldes auch noch dort zu entdecken, wo anderen nur das staatspolitische Felsgerölle entgegenstarrt" (S. 261), ignorieren unter anderem, wie viel diese Autorin für das Land und seine Menschen (aber auch für viele US-amerikanische Leser) bedeutete.

Die einführende Aussage über Viktor Klemperer, „es wird [im neuen Jahrhundert] unmöglich sein, über die intellektuelle und politische Entwicklung Deutschlands zu sprechen, ohne seine Aussagen zu hören", wird sogleich durch den Hinweis auf einen „Klemperer-Kult" (S. 251) relativiert. Zwar erkennt Demetz die Leistungen seiner Werke zum Dritten Reich an, jedoch bei der „Lektüre der DDR-Aufzeichnungen [...] regt sich mein staunender Widerwille gegen den einst so gedemütigten Menschen, der sich jetzt freiwillig und gierig demütigt, um ja noch eine Funktion unter den Funktionären zu ergattern." (S. 251) Ist es nicht verständlich, dass jemand wie Klemperer nach seinem Überleben in der Nazizeit jetzt nicht in den Westen ging, sondern es vor Ort noch mal versuchen wollte? So profitabel war sein Funktionärsdasein nun auch wieder nicht.

Diese bescheidenen Einsprüche relativieren nicht den Wert seiner Aussagen zur deutschen Literatur insgesamt; hier gibt es echte stilistische Leckerbissen zu entdecken. Im Zusammenhang mit der Rilke-Forschung findet sich ein wunderbarer Aphorismus: „[D]ie Deutschen sprechen viel und gerne von der Menschheit, aber mit ihrem Respekt vor dem einzelnen ist es nicht weit her [...]." (S. 93) Wieder mit Bezug auf Rilke fragt er sich, „warum in Deutschland der Dichter immer wieder der Legitimation durch die Philosophen bedarf, ehe er seine eigenen Ansprüche erheben darf [...]." (S. 96) Der von ihm literarisch geschätzte Böll ist „slawophil aus Instinkt" und setzt in Anführungszeichen, was „nicht in seinen Samowar-Kosmos paßt." (S. 105)

Nicht unerwartet sind die besten Beiträge des Bandes zur Literatur der Böhmen und Mährer, welcher Sprache und welcher Herkunft auch immer. Das beginnt bei Kafka, Milena Jesenská (und nicht bloß in Zusammenhang mit Kafka), Brod, Hašek und Kisch und führt über H. G. Adler und Bohumil Hrabal bis hin zu Kundera. Auch Übersetzungen aus dem Tschechischen (etwa die Nachdichtungen Reiner Kunzes) gehören hierher. Hier verbinden sich multilinguale Kompetenz, genaue Kenntnis der Literatur- und Kulturlandschaft auch nach seiner Flucht mit persönlicher Betroffenheit; der Übergang vom Tschechen- zum Judentum ist häufig fließend. Eine exzellente Rezension einer Reihe neuer tschechischer und deutscher Pragbücher beginnt mit folgendem schockierenden Satz:

> Als die Prager Freundinnen meiner Mama, die später alle in den Gaskammern erstickten, noch mit den silbernen Teelöffeln klimperten, war ihnen kein Gesprächsthema lieber als Verlobungen, Affären, Enterbungen und Hochzeiten; und wenn der Gugelhupf serviert wurde, ertönte immer die Frage: „Was war sie für eine geborene?" (66)

Von solchen kurzen, aber eindeutigen Einschüben gibt es mehr, und man ahnt nur, mit welchen Abgründen dieser der Weltliteratur so intensiv zugewandte Mensch leben musste – und es auch schaffte, zu überleben. Seine Mutter fand ihr Ende in Theresienstadt, ob sie „starb" oder ermordet wurde, spielt hier keine Rolle.

In den späten 1980er-Jahren war ich auf einer germanistischen Konferenz in den Vereinigten Staaten. Ich bat meine Freundin Anne Ulmer, Germanistin am Carleton College, die bei Demetz zu Heimito von Doderer promoviert worden war, mich mit ihm bekannt zu machen. Ich wollte ihm von meiner Dissertation zu Charles Sealsfield, den tschechischen Modernisten, die von Whitman fasziniert waren, und vielleicht auch meiner südmährischen Mutter erzählen. Meine Kollegin führte mich zu ihm, stellte mich kurz vor und sagte ihm, dass ich ihn schon lange kennenlernen wolle. Er blickte mich leicht ironisch an und sagte knapp: „Jetzt kennen Sie mich." Meine damalige Sprachlosigkeit – und Enttäuschung – hat sich seitdem relativiert, auch durch diesen außergewöhnlichen Band und auch durch Passagen wie die obige. Besser hätte ich Peter Demetz nicht kennenlernen können.

Walter Grünzweig

Martin Klöker (Hg). *Literarischer Wandel in der Geschichte der baltischen Literaturen.* **Berlin: Lit, 2023 (= Baltische literarische Kultur 5). 224 S.**

In den vergangenen Jahren sind zahlreiche Arbeiten zur deutschbaltischen Literatur erschienen, so dass es inzwischen sogar Versuche einer populären Literaturgeschichtsschreibung auf diesem Gebiet gibt.[1] Allen Fortschritten zum Trotz muss man aber konstatieren, dass sich die Germanistik bisher vorwiegend auf die wenigen bekannten Namen fokussiert, etwa Johann Gottfried Herder, Eduard von Keyserling oder J. M. R. Lenz. Gerade sie lebten und wirkten allerdings nicht dauerhaft im Baltikum, sondern z. B. in Königsberg, Weimar und München. Recht gering nimmt sich dagegen die Anzahl an Studien aus, die sich mit denjenigen Autoren beschäftigen, bei denen die Spezifika von Literaturproduktion und -rezeption im Baltikum ausschlaggebender sind und die mitunter nicht nur in deutscher Sprache, sondern auch auf Estnisch, Lettisch oder z. B.

---

1 Vgl. Gero von Wilpert. *Deutschbaltische Literaturgeschichte.* München: Beck, 2005.

Lettgalisch schrieben.[2] Die Forschung auf diesem Gebiet wird ganz überwiegend in den baltischen Staaten geleistet, was zumindest erstaunlich ist, denn die über mehrere Jahrhunderte verfasste und in komplexe Verhältnisse von Macht und Mehrsprachigkeit eingebundene deutschsprachige Literatur des Baltikums lässt sich in einer germanistischen Literaturgeschichtsschreibung eigentlich kaum ignorieren. Auch für komparatistische Studien sind die Jahrhunderte deutscher sowie teils russischer, schwedischer und polnischer Herrschaft im Baltikum eine Fundgrube an literarischen Kulturtransfers und Verflechtungen.

So stellt auch Martin Klöker, der Herausgeber des nun erschienenen Sammelbands über literarischen Wandel in der deutschbaltischen Literatur, in seinem Vorwort heraus, dass „gerade jene von der bundesdeutschen Germanistik bevorzugt Beachtung finden, die bereits bekannt und anerkannt sind, zugleich aber am wenigsten als ‚Balten' im Bewusstsein sind" (S. 8). Klöker konstatiert weiter, dass die fehlende Institutionalisierung einer dezidiert auf Literaturen des Baltikums ausgerichteten Forschung eine Ursache für die fraglos noch in zu großem Umfang bestehenden Desiderate sein könnte. Immer wieder für einige Jahre finanzierte Institutspartnerschaften und Doktorandenschulen evozierten nur eine „[f]achliche Expertise, die in diesem Zusammenhängen erworben oder generiert wird, [...] leider jedoch sehr punktuell und flüchtig" sei (S. 7). So wird die Forschung in diesem Bereich oft von engagierten Einzelnen vorangetrieben, denen daran gelegen ist, nicht nur kurzlebige Projekte zu initiieren, sondern auch Netzwerke und zumindest auf einige Jahre bestehende Strukturen zu etablieren. Neben den früh verstorbenen Literaturwissenschaftlern Jürgen Joachimsthaler und Claus Sommerhage wären hier u. a. Silke Pasewalck, Jaan Undusk, Liina Lukas und der Herausgeber selbst zu nennen. Die Last auf den wenigen Schultern ist darum groß, denn wird eine universitäre, publizistische oder förderungsbezogene Struktur zurückgebaut, hat das für das gesamte Forschungsfeld spürbare Auswirkungen: So wurde etwa die 1994 von Sommerhage mitbegründete, über viele Jahre für den Forschungsbereich ausgesprochen wichtige und vor allem über die enge Forschungsgemeinschaft hinaus sichtbare Zeitschrift *Triangulum* 2017 eingestellt. Sie wurde zwar durch das neue Periodikum *Schnittstelle Germanistik* ersetzt, das jedoch einen deutlich breiteren Literaturbereich abdeckt und die entstandene Lücke darum trotz der hohen Qualität vieler Beiträge nur in Ansätzen füllen kann.

Es ist umso erfreulicher, dass Martin Klöker seit 2018 die komparatistisch orientierte Reihe *Baltische literarische Kultur* beim Lit-Verlag herausgibt, in der nun der vorliegende fünfte Band zu literarischem Wandel in den baltischen Literaturen erschienen ist. Was mit literarischem Wandel gemeint ist und wie er analytisch zu fassen sein könnte, fokussiert Klöker in seinem eignen, „anstelle einer Einleitung" (S. 13) verfassten Beitrag. Als produktiv sieht er die Übernahme von Konzepten der Verflechtungsgeschichte aus der Geschichtswissenschaft an, wie sie etwa als *entangled history* oder *histoire croisée* ausbuchstabiert wurden. Ihnen ist gemein, dass sie statt monolithischer Kulturkonzepte einen Fokus auf

---

2 Vgl. zur mehrsprachigen Literatur zuletzt auch das Themenheft *Entangled Languages in the Poetry of the Baltic Countries* des *Journal of Baltic Studies* 54/4 (2023).

„interne Polarisierungen, die den jeweiligen Kulturen eigen sind"[3], legen. Im Anschluss an Annette Werberger stellt Klöker fest: „Das Verflechtungsmodell bietet sich an, weil es die Überwindung des nationalen Bezugsrahmens ermöglicht und stattdessen den Fokus auf multipolare transnationale Beziehungsstrukturen richtet" (S. 24). Da es dennoch vornehmlich aus der Forschung zum 19. und 20. Jahrhundert entstammt, soll Klökers Beitrag nicht nur eine Übertragbarkeit auf die Literaturwissenschaft prüfen, sondern auch überlegen, ob eine Anwendung auf vornationale Zeiten denkbar ist, und das Modell für die Darstellung von Prozessen literarischen Wandels nutzbar machen. Während die ersten beiden Aspekte schon länger diskutiert wurden[4], ist das letzte Vorhaben gerade mit Blick auf die Literaturen des Baltikums besonders relevant. Der Beitrag schlägt zudem nachvollziehbar vor, Verflechtungsmodelle zu nutzen, um literarischen Wandel zu erklären, da dieser so „als Produkt einer komplexen Beziehung gedeutet werden" könne, nicht nur als ein Einfluss von außen (S. 36).

Aus literatur- und kulturtheoretischer Sicht sind solche Überlegungen nicht unbedingt neu, doch Klöker verweist zu Recht darauf, dass diese seit Jahrzehnten beschriebenen Prozesse und Modelle in der literaturhistorischen Forschung nach wie vor zu selten Aufnahme finden. Die Leistung des Beitrags liegt darum darin, diese Annahmen für die Spezifika deutschbaltischer Literaturen zu benennen und sie für die zunächst exemplarische Analyse von Texten und Produktionszusammenhängen fruchtbar zu machen. So skizziert Klöker unter anderem die diskursive Verortung der Schriften des livländischen Aufklärers August Wilhelm Hupel, welcher sich sowohl in die deutschen Debatten der Aufklärungszeit einbrachte, als auch in regionalen, oft estnischsprachigen Strukturen arbeitete, die maßgeblichen Einfluss auf seine Werke hatten. Mit seiner Lesart tritt Klöker dezidiert einem simplifizierenden, monodirektional ausgerichteten Modell des Baltikums als deutscher Kolonie entgegen, für die in der Forschung allzu oft eine ‚Verspätung' in kulturellen Entwicklungen konstatiert worden sei. Stattdessen sei die multilinguale und transnationale Dimension, die gerade die Produktion und Rezeption deutschbaltischer Literatur ausgezeichnet habe, zu betonen.

Nicht alle Beiträge des Bandes scheinen diese einleitende Positionierung zu teilen. So konstatiert etwa Hans Graubner „für die deutschbaltische Literatur

---

3 Michael Werner. „Maßstab und Untersuchungsebene. Zu einem Grundproblem der vergleichenden Kulturtransfer-Forschung". *Nationale Grenzen und internationaler Austausch. Studien zum Kultur- und Wissenschaftstransfer in Europa*. Hg. Lothar Jordan/Bernd Kortländer. Tübingen: Niemeyer, 1995. S. 20-33, hier: S. 21.

4 Vgl. z.B. Wolfgang Schmale. „Einleitung. Das Konzept ‚Kulturtransfer' und das 16. Jahrhundert. Einige theoretische Grundlagen". *Kulturtransfer. Kulturelle Praxis im 16. Jahrhundert*. Hg. Wolfgang Schmale. Innsbruck [u. a.]: Studien-Verlag, 2003. S. 41-61 sowie Annette Werberger. „Überlegungen zu einer Literaturgeschichte als Verflechtungsgeschichte". *Kulturen in Bewegung. Beiträge zur Theorie und Praxis der Transkulturalität*. Hg. Dorothee Kimmich/Schamma Schahadat. Bielefeld: Transcript, 2012. S. 109-141. Unter dem Schlagwort ‚Globalgeschichte' zuletzt auch: Urs Büttner/David D. Kim. „Globalgeschichten der Literaturen. Ein Methodenprogramm". *Globalgeschichte der deutschen Literatur. Methoden – Ansätze – Probleme*. Hg. Urs Büttner/David D. Kim. Berlin: Metzler, 2022. S. 1-32.

eine Stagnation für fast ein ganzes Jahrhundert" (S. 141). Diese sieht er um 1800
darin begründet, dass die Oberschicht kein Interesse an der „in die Zukunft wei-
senden Anthropologie Hamanns und Herders" (S. 141) gezeigt habe. Graubner
stellt für diese Pointe knapp die Verbindungen Johann Georg Hamanns und
Johann Gottfried Herders zu Johann Christoph Berens dar und plausibilisiert
diese im Wesentlichen mit biographischen Zusammenhängen. So will er Berens'
„Verständnis für Neuerungen" (S. 131) nachzeichnen, um zu bewerten, welche
ständekritischen Ideen in Livland überhaupt diskursfähig waren.

Methodisch auf ähnliche Weise an biographischen Elementen orientiert verfährt Kristi Viiding, wenn sie in ihrem Beitrag mit David Hilchen einen zentralen Akteur der baltischen Literatur im ausgehenden 16. Jahrhundert analysiert.
Das Ziel des Aufsatzes ist es, neben den bereits in der Forschung fokussierten
„finanziellen, politischen, technologischen [...] und propädeutischen" Ursachen
für Hilchens wirkmächtige Position im literarischen Feld auch seine „inneren
Motive" zu untersuchen (S. 50). Viiding behauptet dabei zwei Beweggründe
Hilchens, nämlich den Versuch, die livländische Literaturproduktion stärker an
die europäische Res publica litteraria anzubinden, und die Konflikte, die Hilchen in Riga aufgrund seiner fiskalischen und sozialreformerischen Positionen
auszutragen hatte. Zur Plausibilisierung wird in dem sehr knappen Beitrag auf
Hilchens Eingebundensein in Gelehrtennetzwerke, einzelne Auszüge aus seiner
Korrespondenz sowie eine von Hilchen verfasste Satire hingewiesen.

Aigi Heero und Maris Saagpakk leisten mit ihrem Beitrag eine Betrachtung
des Wandels, der sich in der baltischen Gebrauchsliteratur der Frühen Neuzeit
hinsichtlich des Eingangs einer subjektiven Perspektive zeigt. Sie wollen prüfen, „ob die historischen Ereignisse als Auslöser des gesamtgesellschaftlichen
Wandels und die Schreibpraxis, die zur Fixierung dieser Ereignisse verwendet
wurde, einander unmittelbar beeinflussen" (S. 60). Nach einer sehr erhellenden
Diskussion der Frage, inwiefern für frühneuzeitliche Texte eine autobiographische Funktion angenommen werden kann, fokussieren sie auf Caspar Meuselers
Diarium und David Gallus' *Anotationes*. Heero und Saagpakk stellen heraus,
dass das *Diarium* – im Kern das Geschäftsbuch einer Gilde – keinesfalls eine
neutrale Dokumentation von Ereignissen ist, die für die Gilde relevant waren,
sondern dass über die Auswahl, vor allem aber über die Wortwahl eine bisweilen
sogar ironische Kommentierung erreicht wird. Im Falle von Gallus' chronikali-
schen *Anotationes* sei das Neue für Reval, dass der Chronist „historische Ereignisse und soziale Entwicklungen in der Stadt aus der Perspektive einer Privatper-
son" skizziere (S. 73).

Auch Māra Grudule führt für ihren Aufsatz ausführlich Biographisches zu
dem bei ihr im Zentrum stehenden deutschbaltischen Kirchenlieddichter und
-übersetzer Christoph Fürecker an. Im Gegensatz zu zahlreichen anderen Beiträgen des Bandes steht die Biographie aber nicht im Fokus der Betrachtung und
wird zudem erfreulicherweise mit Blick auf die teils unsichere Erkenntnislage
kritisch reflektiert. Stattdessen wendet sich Grudule Füreckers lettischsprachigen Texten zu und konstatiert nachvollziehbar, dass diese von einem tiefgehen-
den grammatischen Verständnis der lettischen Sprache zeugten und kulturelle
Eigenheiten aufnähmen. Die oft deutschsprachigen Kirchenlieder würden von

Fürecker bei der Übersetzung nicht „vereinfacht", sondern er bringe „sie den Letten näher, indem er die der lettischen Sprache und Kultur typischen Elemente verwendet" (S. 91). Nicht zuletzt durch die breite Rezeption der Texte komme Fürecker so eine herausragende Vermittlerrolle zu, die Folgen für die lettische Literatur habe.

Einem Wandel um 1800 spürt Pauls Daija nach, wenn er Werk und Wirken des Theologen Johann Alexander Stender vorstellt, in denen er „[d]ie Widersprüche der Epoche und das Ausmaß der literarischen Änderungen" besonders deutlich verkörpert sieht (S. 146). Daija porträtiert Stender als Vermittler westeuropäischer Literatur in das Lettische und fokussiert bei der weitgehend chronologisch verfahrenden Werkschau Aspekte der Volksaufklärung. Durch Stenders Vermittlung sei eine im Geiste der Spätaufklärung stehende Modernisierung der lettischen Belletristik eingetreten, die aber zugleich in einem gewissen Gegensatz zur tendenziellen Befürwortung der Germanisierung Lettlands und der Idealisierung des feudalen Systems sowie der Leibeigenschaft stehe, die sich ebenfalls in Stenders Schriften zeigten.

Deutlich breiter legt Heinrich Bosse den Blick in seinem sehr instruktiven Artikel zur Etablierung von Öffentlichkeit im 18. Jahrhundert an. Er konstatiert, dass es zu dieser Zeit im Baltikum keine homogene Öffentlichkeit gegeben habe, sondern „Öffentlichkeiten im Plural", die zudem „wenig gefestigt" gewesen seien (S. 103). Zur Unterstützung und Vertiefung dieser These sichtet er verschiedene Subskribentenverzeichnisse, betrachtet das Rezensionswesen, die Produktions- und Distributionsbedingungen für Bücher und die Zeitschriftenproduktion. Als Beispiel fungiert dabei insbesondere Herders Verleger Johann Friedrich Hartknoch: Bosse zeigt, wie Hartknoch durch Publikationen und Verlagspolitik eine „Achse" etabliert, „von der aus die Beziehungen nach Westen und Osten geknüpft wurden" (S. 120). Die über verschiedene Praktiken hergestellten „losen Öffentlichkeiten" benennt Bosse nicht als Spezifik des Baltikums, sondern wertet sie als „hinter den westeuropäischen Entwicklungen" zurückgeblieben (S. 129). Dennoch scheint hier, weil das Erkenntnisinteresse deutlich über Hartknochs Wirken hinausgeht, am stärksten das Potential der Verflechtungsgeschichte auf, das Klöker in seinem einleitenden Artikel formuliert.

Ausgesprochen differenziert verfährt auch der Beitrag von Liina Lukas zur deutschbaltischen Lyrik um 1900. Lukas skizziert recht umfassend das literarische Feld, in dem die Gedichte der Jahrhundertwende entstanden sind, publiziert und rezipiert wurden. Dazu sichtet sie die Publikationsorgane – vorwiegend Zeitschriften und Anthologien – und die literarischen Texte selbst. Aus letzteren entwickelt der Beitrag eine überblickshafte Darstellung von Gattungen, Motiven und Vielfalt der Formen im analysierten literarischen Subfeld. Dabei verhandelt er – etwa am Beispiel von Maurice von Stern und Viktor von Andrejanoff – auch Machtstrukturen und politische Diskurse, die auf dem Feld der Lyrik ausgetragen werden, sowie – vor allem an Elisàr von Kupffer – Geschlechterdiskurse im Wandel. Selbst wenn Lukas' Aufsatz mehr als doppelt so lang ist wie andere Beiträge des Bandes, kann ein solch umfassendes Anliegen freilich nur kursorisch behandelt werden. Es gelingt dennoch durch eine Kombination aus *close reading* und sozialhistorisch geweitetem Blick, das literarische Feld nicht nur zu umreißen, sondern es an zahlreichen Einzeltexten auch im Detail zu konturieren und seine Struktur nachvollziehbar zu machen.

Der Band wird von einem Beitrag Cornelius Hasselblatts beschlossen, der sich mit der Frage beschäftigt, welche Prozesse genau dazu geführt haben, dass im 19. Jahrhundert eine eigenständige estnische Literatur entstanden ist. Nicht nur die intendierte ‚Schaffung‘ dieser – etwa durch Friedrich Reinhold Kreutzwalds Nationalepos *Kalevipoeg* – sei wichtig gewesen, sondern vor allem die Rezeption der estnischen Literatur im Ausland, wofür Hasselblatt Aufnahmen durch Jacob Grimm und Wilhelm Schott anführt. Statt über Tallinn oder Tartu sei die Etablierung der estnischen Literatur in der Anfangsphase „über den Umweg Helsinki und Berlin" vonstatten gegangen (S. 210).

Diese bestechende und plausibel dargelegte These hat Hasselblatt im Kern bereits an anderer Stelle ausgeführt.[5] Damit ist auf einen beklagenswerten Umstand hingewiesen: Vieles, das in den Beiträgen zu lesen ist, wurde schon zuvor wesentlich erarbeitet und für den Sammelband nur punktuell neu konturiert. Heeros und Saagpakks Aufsatz fußt etwa überwiegend auf bereits publizierten Vorarbeiten.[6] Klökers Beitrag ist die erweiterte Fassung eines bereits 2020 publizierten Aufsatzes.[7] Auch der Text von Graubner wurde bereits 2018 auf Estnisch veröffentlicht, und der Beitrag von Lukas schließt recht dicht an ihre einschlägige estnischsprachige Studie von 2006 an.[8] Zusammen mit dem Umstand, dass nicht alle Beiträge den für das Forschungsfeld eminenten Theorieimpuls aufnehmen, bleibt die Innovationskraft des Bandes darum insgesamt etwas hinter seinem Potential zurück. Er ist dennoch verdienstvoll, weil er versucht, einen Transfer zwischen den Traditionen der Forschung zur deutschbaltischen Literatur und theoretischen wie methodologischen Diskursen einer kulturhistorisch informierten Literaturwissenschaft herzustellen. Zugleich vermittelt er Erkenntnisse aus der estnisch- und lettischsprachigen Geschichts- und Literaturwissenschaft für eine deutschsprachige Forschungsgemeinschaft und begünstigt so erneut die Etablierung internationaler Kooperationen. Durch seine dezidiert komparatistische Konzeption weist der Band zudem deutlich über die häufig gewinnbringenden Einzelstudien hinaus, die er versammelt: Er

---

5 Vgl. Cornelius Hasselblatt. *Kalevipoeg Studies. The Creation and Reception of an Epic.* Helsinki: Finnish Literature Society/SKS, 2016. S. 39.

6 Vgl. Maris Saagpakk. „Die Elemente des autobiographischen Schreibens im Diarium von Caspar Meuseler aus Tallinn". *Daphnis* 40/1-2 (2011): S. 355-373 und Aigi Heero. „Early Modern Autobiography in Tallinn. David Gallus' *Anotationes*". *Interlitteraria* 19/1 (2014): S. 80-90.

7 Martin Klöker. „The Model of Entanglement and Change in Literary History. Peculiarity and Performance of a Pattern for Pre-National Literature". *Journal of Baltic Studies* 51/3 (2020): S. 333-348.

8 Vgl. Hans Graubner. „Kohanemise ja vastupanu vahel. Königsbergi valgustajad Liivimaal: Hamann, Lindner, Herder". [Übersetzt von Jaan Undusk]. In: *Tuna* [21]/4 (2018): S. 12-18 sowie Liina Lukas. *Baltisaksa kirjandusväli. 1890-1918.* Tartu/Tallinn: Underi ja Tuglase Kirjanduskeskus/Tartu Ülikooli kirjanduse ja rahvaluule osakond, 2006.

konturiert ein bislang weitgehend vernachlässigtes, literaturgeschichtlich aber für viele Epochen bedeutendes Forschungsfeld, zeigt auf, welche Desiderate noch bestehen und wie sie sukzessive bearbeitet werden können. Ihm ist darum eine breite Aufnahme zu wünschen.

Hartmut Hombrecher

Anna Luhn. *Überdehnungen des Möglichen. Dimensionen des Akrobatischen in der Literatur der europäischen Moderne.* Göttingen: Wallstein, 2023. 462 Seiten.

Mit *Überdehnungen des Möglichen* erblickt die doppelt preisgekrönte Dissertation von Anna Luhn das Licht der Welt: 2020 erhielt sie den Internationalen Wendelin Schmidt-Dengler-Preis der Österreichischen Gesellschaft für Germanistik, zwei Jahre später kam der Scherer-Preis der Richard M. Meyer Stiftung dazu. Diese Auszeichnungen überraschen wenig: Nicht nur scheint es kaum denkbar, dass Artist*innen bisher als zentrale Denkfigur der europäischen Moderne übersehen wurden, die Verfasserin schließt auch diese Forschungslücke in einer Reihe von Einzellektüren, deren Tiefe die Forschung zu Franz Kafka, Friedrich Nietzsche, Louis Aragon, Jean Cocteau und Carl Einstein (um nur einige in der Arbeit behandelte namhafte Autoren zu nennen) wesentlich bereichert.

Obwohl der Untertitel etwas anderes suggerieren mag, ist *Überdehnungen des Möglichen* keine motivgeschichtliche Studie im tradierten Sinne des Wortes (oder andersherum: Sie steht beispielhaft dafür, wie Motivgeschichte methodisch umorientiert und rehabilitiert werden könnte). Das Interesse gilt weniger den bedeutungskonstitutiven Funktionen, die das Akrobatische in den Texten der Moderne ‚erfüllt', sondern vielmehr der Frage, wie durch diese Denkfigur Ideen erst angedeutet, ausformuliert und durchgespielt werden können. Kurz gesagt: Es geht um eine epistemologische und poetologische Studie. Der Fokus liegt auf der Zeit zwischen 1830 und 1930: Genau in diesen hundert Jahren wird das Akrobatische, so das Argument, „dort zentral, wo es um eine Bewegung der Transgression geht" (S. 16). Doch im Laufe der Studie wird deutlich, dass der Begriff der Transgression bzw. der Überschreitung sich nur bedingt eignet, um die epistemologische Einzigartigkeit des Akrobatischen zu beschreiben. Wie die Autorin Schritt für Schritt herausarbeitet und im vorletzten Kapitel mit Roland Barthes ausformuliert, geht es vielmehr um eine Überdehnung, bei der die artistische Performance für einen Augenblick „das Unerreichbare dem (akrobatisch) Erreichbaren zuschlägt und die Grenze zwischen beiden Bereichen damit ein Stückchen weiter verschiebt" (S. 410). Drei Facetten des Unerreichbaren, das durch die Konzeptualisierung als akrobatischer Akt um einen Hauch erreichbarer wird, werden in der Arbeit hervorgehoben: Es geht um literarische Perfektion (Kapitel II: Das Akrobatische als poetologische Metapher), soziale Eigengesetzlichkeit (Kapitel III: Varianten des akrobatischen Subjekts) und das metaphysische Jenseits (Kapitel IV: Projektionen der Transzendenz). Diese drei Kapitel, die den Kern der Arbeit bilden, sind ergänzt durch eine Einleitung, einen diskursgeschichtlichen sowie begrifflichen Überblick zu Akrobat*innen vom 16. bis zum 19. Jahrhundert (Kapitel I: Perspektivierungen des Akrobatischen in der europäischen Moderne) und ein Schlusswort.

Den Einstieg in die Arbeit bilden einige Beispiele, die die Präsenz des Akrobatischen in der Philosophie des 20. und 21. Jahrhunderts verdeutlichen und somit den Bogen vom zeitlichen Schlusspunkt der Studie (die 1920er Jahre) in die Gegenwart schlagen: Von André Leroi-Gourhan über Georges Bataille bis hin zu Peter Sloterdijk bewahre die Figur des Akrobatischen ihren poetologischen und epistemologischen Wert bis zum heutigen Tag. Anschließend wird der (auffällig dürftige) Forschungsstand und das methodische sowie strukturelle Vorgehen der Arbeit erörtert. Ins Auge fällt vor allem der Begriff der Figur als zentrale methodische Säule der Studie,[1] mit dem sie sich nicht nur von der Motivgeschichte absetzt, sondern gleich eine bedeutsame Hypothese artikuliert: Das ‚Akrobatische‘ wäre demnach eine moderne ‚Figur‘ par excellence, insofern beide Begriffe „zwischen plastischem Gebilde und abstrakter Gestalt, körperlichem Abbild und äußerer Erscheinung, dynamischer Bewegung und rhetorischer Form" (S. 37) changieren und gerade dadurch ihr epistemologisches Potenzial entfalten.

Eine ausführliche Erörterung der Etymologie und Semantik diverser Berufsbezeichnungen – Akrobat*in, Artist*in, *saltimbanque* – sowie ein erster Einblick in die diskursive Beladung unterschiedlicher akrobatischer Praktiken, vom Seiltanz zur Trapezkunst, seit dem Anfang ihrer Verschriftlichung im späten 16. Jahrhundert finden sich im ersten Kapitel der Arbeit. Auch frühere Quellen, so z. B. die *Epistulae* von Horaz, wo der Dichter „auf hohem Seile" schreitet (S. 81), finden Erwähnung. Bereits in diesem Kapitel werden durch präzise Einzellektüren vier Gesichtspunkte herausdestilliert, unter denen das Akrobatische seit dem 19. Jahrhundert immer häufiger in den Blick gerät: „als präzises athletisches Handwerk, als eine Praxis mit mythisch-religiösen Ursprüngen, als potenzielles Irritations- und Störmoment eines gesellschaftlichen Regel- und Wertesystems und als außerordentlicher emotionaler Effektträger" (S. 51). Einige weitere Dimensionen kommen durch den späteren poetologischen und epistemologischen Einsatz akrobatischer Figuren dazu.

Wie Luhn anmerkt, sind die darauf folgenden Kapitel „nicht zwangsläufig chronologisch zu lesen[]" (S. 33). Soll heißen: Es geht nicht um eine Entwicklung des Akrobatischen von einer poetologischen über eine sozialkritische hin zu einer metaphysischen Denkfigur, sondern um diskursive Koexistenz dieser drei Dimensionen. Allerdings zeigt sich der poetologische Aspekt im Laufe der Studie als dominant: Er prägt nicht nur die frühesten metaphorischen Ausarbeitungen artistischer Figuren, sondern ist auch im Hintergrund ihrer späteren Erscheinungsformen durchaus präsent. Entsprechend lautet ein Ergebnis der Untersuchung, das Akrobatische sei schließlich immer „als ein dezidiert ästhetisch initiierter Möglichkeitsraum konzipiert" (S. 415). In diesem Sinne webt vor allem das Kapitel II einen roten Faden, der sich durch die

---

1 In Anlehnung an Torra-Mattenklott. *Poetik der Figur: zwischen Geometrie und Rhetorik: Modelle der Textkomposition von Lessing bis Valéry*. Paderborn: Fink, 2016.

gesamte Studie zieht, nämlich „die Übertragung des akrobatischen Paradigmas auf die Tätigkeit des Dichters" (S. 184). Mehrere Dimensionen der dichterischen Tätigkeit rücken bei dieser Übertragung ins Licht: ihr performativer und körperlicher Charakter, das inhärente Streben nach formaler Perfektion und die Notwendigkeit, dieses Streben vor dem Publikum zu verstecken, sowie das existenzielle Risiko des Scheiterns vor der Öffentlichkeit. All diese Eigenschaften werden als Qualitäten des Schreibprozesses erst durch das Heranziehen akrobatischer Figuren herausgearbeitet, und zwar zu Beginn des 19. Jahrhunderts noch ex negativo. In dieser Zeit sei die Parallelisierung von Dichter (i. d. R. männlich)und Akrobat*in eher abwertend konnotiert, da ‚oberflächliche' formale Kunstfertigkeit in Literatur, insbesondere in der Lyrik, häufig in Opposition zu inhaltlicher Tiefe auftrete – so z. B. bei E. T. A. Hoffmann, Heinrich Heine, Eduard Engel oder Ernst Barlach. Erst als die „Dichotomie von poetischer Form und ihrem ‚fond'" (S. 105) ab der Mitte des 19. Jahrhunderts kollabiere, so etwa bei Gustave Flaubert und Charles Baudelaire, könne das akrobatische Kunststück in ein positives Vorbild für die schreibende Zunft umschlagen, gerade weil es keinen anderen Inhalt als die eigene formästhetische Vollkommenheit habe: *„what you see is what you get"* (S. 109). Zugleich wird dadurch das künstlerische Genie neu definiert: Weniger als göttliche Inspiration, sondern vielmehr als „‚laboriöse[]' tägliche[], physisch grundierte[] Dichtungspraxis" (S. 122). Von einer solchen Auffassung literarischer Arbeit ist es nur ein Schritt zu Hugo von Hofmannsthals „Konzeptualisierung einer leiblich grundierten Sprachkunst" (S. 133), zu der ihm im Kontext der Sprachkrise das Akrobatische verhilft. Doch die körperlich-seelische Anstrengung des Schreibens bzw. Ausübens der Kunststücke darf das Publikum nicht vernehmen können, so zumindest Franz Kafkas poetologisches Programm: Sowohl die schriftstellerische als auch akrobatische Spannung bleibt unter dem Radar, um den gespannten Blick des Publikums durch Leichtigkeit zu täuschen. Wie die Studie überzeugend darlegt, ist dieser Aspekt der Scheinhaftigkeit dem Akrobatischen als Denkfigur fast immer inhärent (auch wenn er mal positiv, mal negativ gedeutet wird); dafür – wie eben für die schriftstellerische Performance – finde Kafka die einprägsame Formulierung des „[B]etrügens, allerdings ohne Betrug" (S. 182).

Die Kontinuitäten intertextueller Bezugnahmen auf das Akrobatische geraten im Kapitel III verstärkt in den Fokus: Von Friedrich Nietzsches *Also sprach Zarathustra* führen die Spuren des Akrobatischen die Verfasserin zu Frank Wedekinds und Hermann Bahrs Schriften. Bei allen drei Autoren (sowie bei Herwath Walden, der in der Conclusio des Kapitels Erwähnung findet) „wird das Überhalb und Jenseits der Gesellschaft [...] in eine existenzielle Independenz und Freiheit des ‚akrobatischen' Subjekts umgedeutet" (S. 277). Hier kommen also Artist*innen in Reflexionen zum Einsatz, die einen primär sozialkritischen und nur sekundär poetologischen Charakter haben. Schlagwörter dieser Reflexionen sind Dekadenz bzw. Niedergang der Moderne auf der einen und Zukunftseuphorie auf der anderen Seite. Zu diesen beiden Polen steht die akrobatische Figur, wie Luhn herausarbeitet, in einem dialektischen Verhältnis: So bei Nietzsche, dessen Akrobat „als Negativ des ‚décadent' immer weiter an ihn gebunden bleibt" (S. 233), so auch bei Bahr, der das Akrobatische als „eine Art zukunftsgerichtete Umwidmung der dem *décadentisme* zugeschlagenen ästhetizistischen Charakteristika" inszeniert (S. 273). Doch akrobatische Bewegung ermögliche den Autoren nicht nur Überlegungen zu Dynamiken jüngster europäischer (Kunst-)Geschichte, sondern auch zum Platz der Opposition darin, denn „[d]er Akrobat vollzieht [...] einen Bruch erstens mit der ökonomischen Mittel-Zweck-Rationalität einer industriell-kapitalistischen Gesellschaftsordnung, zweitens mit der christlich-abendländischen Logik, die das Leben als das höchste zu schätzende Gut begreift, und drittens mit der zivilisatorischen Spielregel, dass kein Mensch sich selbst oder einem anderen willkürlich das Leben nehmen darf" (S. 279-280). Genau dieser dreifache Bruch „macht den akrobatischen Akt [...] zur potenten Figur einer Distanzierungs- und Verweigerungsbewegung" (S. 281), die die Schriften aus dem späten 19. und frühen 20. Jahrhundert vollziehen. Zusätzlich bietet das dritte Kapitel einen Exkurs zu einer akrobatischen Figur, die für den Rest der Studie wenig Belang hat: dem Kautschukmann. Exemplarisch wird dieser Artist anhand eines Artikels von George Grosz behandelt. Anders als die fliegenden Trapezkünstler*innen oder balancierenden Seiltänzer*innen von Nietzsche, Wedekind und Walden will sich Grosz' Kautschukmann zur modernen Gesellschaft nicht in Opposition stellen, sondern in dieser durch seine ausgeprägte Biegsamkeit erfolgreich existieren. Doch diese Ausnahme unterläuft keineswegs die These der Studie, denn: „als entscheidende semantische Referenz von Grosz' [...] *agent provocateur* [erscheint] nicht die unvergleichliche akrobatische *performance*, sondern das Material, das metaphorisch auf die Fähigkeiten der Kontorsionisten verweist: der Kautschuk" (S. 290).

Der erste Teil des Kapitels IV widmet sich gänzlich den Erscheinungen des Akrobatischen in der Lyrik des Jahrhundertanfangs; unter die Lupe kommt die Dichtung von Franz Werfel, Walter Mehring und Louis Aragon, dessen Gedicht *Acrobate* Anlass für eines der brillantesten *close readings* der gesamten Studie bietet. Anschließend wird unter Heranziehung zahlreicher Archivmaterialien die Rolle des Akrobatischen in Jean Cocteaus Produktionsdokumenten zum Ballett *Parade* erläutert. Nach einer beeindruckenden Neulektüre von Carl Einsteins *Bebuquin*, die die Artistin Euphemia ins Zentrum des experimentellen Romans rückt, widmet sich die Studie einem Beitrag von Herwath Walden (Kapitel III beschäftigte sich mit seinem Aufsatz „Zirkus", Kapitel IV fokussiert „Variété [sic]"), um zum Schluss wieder zur Lyrik zurückzukehren, und zwar dem Zyklus *Akrobat* des tschechischen Dichters Vítězslav Nezval, dessen Erstübersetzung ins Deutsche Luhn 2022 mitherausgab.[2] Wie auch in den anderen Kapiteln der Arbeit, so erschwert auch hier die Diversität der analysierten Materialien die Lektüre keineswegs; im Gegenteil gelingt es der Verfasserin, den Einzellektüren einen einleuchtenden übergreifenden Rahmen zu geben und sie durch mehrere Leitfäden miteinander in Verbindung zu bringen. Einen Überschneidungspunkt vieler Fallstudien bildet in diesem Kapitel etwa der Erste Weltkrieg, in dessen

---

2 Vítězslav Nezval. *Akrobat*. Hg. Barbara Bausch/Anna Luhn. Übers. Barbara Bausch/ Eva Dymáková. Leipzig: Spector Books, 2021.

Kontext das Akrobatische sich zu „einer Strategie der Immunisierung gegen das Kriegsgeschehen" (S. 295) entwickelt; ein weiterer Leitfaden ergibt sich aus der akrobatischen Antizipation eines „Maschinenkörpers, der alle Beschränkungen des biologischen Organismus hinter sich lassen kann" (S. 405). Den Flucht-punkt dieser Stränge bildet jedoch „die Überwindung des Irdischen" (S. 294): Das Akrobatische gebe im frühen 20. Jahrhundert vor allem unterschiedlichen Auffassungen der Transzendenz Gestalt und Ausdruck, seien diese als Wunder (Einstein), das Geistige (Walden) oder das Kosmisch-Astrale (Aragon, Coc-teau und Nezval) konzipiert. Hier zeigt sich nochmals in aller Deutlichkeit der Unterschied zwischen den Akrobat*innen und den ihnen benachbarten Figuren aus dem Bereich Zirkus, Tanz und Sport: Während diese mit Exzellenz oder „Bestleistung" beeindrucken können, „so vollbringt der Akrobat das Unmögli-che" (beide Zitate S. 122) und artikuliert gerade deswegen das Wissen über das Jenseits.

In den Schlussbetrachtungen finden sich neben einer Zusammenschau einige interessante Überlegungen dazu, welche historischen Faktoren die Popularität der akrobatischen Figuren ausgerechnet zwischen der Mitte des 19. Jahrhunderts und den 1920er Jahren begünstigten und warum „sich die Spuren der modern profilierten akrobatischen Figuren [...] nach 1930 eher verlieren" (S. 418). Zum Schluss begegnen die Lesenden noch dem Akrobaten Michel Foucault; mit ihm schließt sich der Kreis, der auf den ersten Seiten mit Bataille, Leroi-Gourhan und Sloterdijk geöffnet wurde. Dies seien nur einige von „zahlreichen Beispielen dafür, wie tief die Konzeption des Akrobatischen als Distanzfigur eines Grenzen auslotenden Ausnahmesubjekts in die Diskursräume der Spätmoderne einge-sunken ist" (S. 422).

Auch die auffällige Virilität vieler akrobatischer Figuren und ihre poten-ziell problematischen ideologischen Implikationen werden im abschließenden Kapitel betont; zuvor wird diese Dimension des Akrobatischen in der Einlei-tung angesprochen, um die „geschlechtliche Eindimensionalität" (S. 35) des Korpus zu kommentieren, das keine von Frauen verfassten Texte aufweist. Vor diesem Hintergrund erscheint interessant, dass die in der Studie unter-suchten akrobatischen Figuren dennoch männlich *und* weiblich sind. Ob das Gender der Akrobat*innen epistemologische Implikationen für die jeweiligen Texte hat, wäre eine Frage, die sich im Kontext der Studie zusätzlich stellen ließe. Wenn der Akrobat das moderne Streben nach dem Unerreichbaren in einer virilen Figur verkörpert, ließen nicht die Akrobatinnen eine andere, evtl. weniger patriarchal geprägte Art utopischer Unerreichbarkeit denken? Stichwort „utopisch": Eine vielversprechende Möglichkeit wäre ferner, das Akrobatische ins Verhältnis zum utopischen Denken der Moderne zu setzen, mit dem es wesentliche Überschneidungspunkte, aber auch subtile Differen-zen aufweist. In diesem Zusammenhang wäre wohl die spezifische Zeitlich-keit der Akrobat*innen von besonderer Bedeutung, die weder im modernen Fortschrittsdenken gänzlich aufzugehen noch diesem direkt entgegenzustehen scheint, sondern vielmehr Einzigartigkeit und Wiederholung bzw. Zukunft und Vergangenheit dialektisch verbindet. Dass Luhn diese Fragen beiseitel-ässt, kann der mit knapp 460 Seiten doch äußerst ausführlichen Studie nicht vorgeworfen werden. Vielmehr deutet es darauf hin, dass mit *Überdehnungen des Möglichen* ein Forschungsgegenstand eröffnet wird, der noch lange nicht abgeschlossen ist – und zwar einer, der möglicherweise sogar über die Grenzen des Akrobatischen im engeren Sinne hinausgeht. Wie die auf der vorletzten Seite der Monografie vorsichtig geäußerte Hypothese nahelegt, lässt sich vielleicht im „Typus des Superhelden" (S. 423), der in der Populärkultur erstmals in den 1930er Jahren auftrete, ausgerechnet zu einem Zeitpunkt also, als die akrobatische Figur deutlich an Präsenz verliere, „eine Art Fortleben" (ebd.) der modernen akrobatischen Figuren beobachten.

Alexandra Ksenofontova

Kleine Geschichten, große Träume. Die Jahresschrift *Rhinozeros – Europa im Übergang*

Die Jahresschrift *Rhinozeros – Europa im Übergang* hat sich der Aufgabe verschrieben, nach pluralen Antworten auf einst universell geglaubte Fragen zu suchen. Europas ambivalentes historisches Erbe wird zum Ausgangspunkt für einen ständigen Perspektivwechsel, bei dem Innen und Außen, Zentrum und Peripherie, Vergangenheit und Zukunft in ein produktives Gespräch gebracht werden. Die Gegenwart nicht nur Europas, sondern der ungleich globalisierten Welt als fragmentiertes und komplexes Ganzes, das durch die ökologische Krise in seinen planetarischen Dimensionen erfahrbar wird, steht dabei buchstäblich auf dem Spiel.

In seiner Dankesrede anlässlich der Preisverleihung des Nerval-Goethe-Preises für Übersetzung hat der französische Germanist und Übersetzer Laurent Cassagnau kürzlich die Aporien und Potentiale des Übersetzungsbegriffs ausgelotet. Der räumlichen Metapher des Übersetzens als Überquerung eines Gewässers mithilfe eines Bootes stellte Cassagnau eine zeitliche, praktische und als Übung prinzipiell unabschließbare Konzeption gegenüber, die er Karl Kraus entlehnte: üb' ersetzen! Der Imperativ des Ersetzen-Übens, des Suchens und Findens von analogen Wirkungen und Effekten in der je anderen Sprache, bringt auf den Punkt, worum es geht: Dasselbe, das Alte und das Tradierte muss ersetzt und ergänzt – mit Derrida gesprochen: supplementiert – werden, wenn es nicht beim ewig Gleichen bleiben soll.

Dasselbe gilt, *mutatis mutandis*, für Europa. Europa als Kontinent, als Geographie, als Kultur und Geschichte, als Text und Textur, als Politik und Ökonomie muss, will es in der heutigen multipolaren, dezentralen, pluralen Welt bestehen, übersetzt werden und sich übersetzen lassen. *L'Europe doit pouvoir se traduire autrement.* Anders geht es nicht, das heißt: Es kann nur anders weitergehen mit diesem anderen Kap, dem alten Kontinent, der neue Wege gehen muss, um vergangenes und gegenwärtiges Leid und Unrecht aufzuarbeiten und weitere, längst anrollende Katastrophen zu verhindern. Dafür braucht es die eigenen kritischen Stimmen, aber es braucht auch, wohl dringender denn je, die kritischen und kreativen Stimmen Anderer, die es befragen, adressieren, herausfordern – übersetzen eben.

Der wichtigen Aufgabe einer analytischen und literarischen Selbstbefragung widmet sich die noch junge interdisziplinäre Jahresschrift *Rhinozeros – Europa im Übergang*, die, im Kontext des ERC-Projekts *Minor Universality. Narrative World Productions After Western Universalism*, von Markus Messling, Franck Hofman und Maria-Anna Schiffers mit Priya Basil und Teresa Koloma Beck ins Leben gerufen wurde, und die nun am neu gegründeten *Käte Hamburger Kolleg für kulturelle Praktiken der Reparation* (CURE, Universität des Saarlandes) von den Direktor:innen Markus Messling und Christiane Solte-Gresser gemeinsam mit Franck Hofmann herausgegeben wird.[1]

Das Bild – zugleich Metapher und Allegorie –, das dafür gewählt wurde, ist das der Zeitschrift ihren Titel gebende Rhinozeros. Es ist eines jener tropischen Tiere, die Wiedergänger (in) der europäischen Moderne sind: der Rochen in Fellinis *La dolce vita*, das Lama in Godards *Film socialisme*... Dieses „merkwürdige Mitglied der Weltgemeinschaft des Lebendigen" – wie es in der jede Ausgabe beschließenden „Kleinen Kulturgeschichte des Rhinozeros" heißt – ragt wie aus längst vergangenen Zeiten in die Gegenwart hinein, zugleich aktuell und veraltet, gegenwärtig und überkommen: ein ambivalentes „Emblem Europas", das ebenso die imperialistische Gewalt der ehemaligen europäischen Kolonialreiche verkörpern soll, wie die komplexe politisch-ökonomische, soziale und kulturelle Stellung, die dem alten Kontinent im geopolitischen Weltgefüge der Gegenwart zukommt. Und schließlich steht das Rhinozeros als animalisches, nicht-menschliches und vom Aussterben bedrohtes Wesen auch für das neu auszuhandelnde Verhältnis zwischen Natur und Kultur im Anthropozän.

Die ersten drei Ausgaben stehen jeweils unter dem Zeichen eines Verbes, das im Zusammenspiel mit seinem semantischen Gegenteil einen weiten Denkhorizont eröffnet, den die unterschiedlichen Beiträge ausloten. So erkundet das erste Heft unter dem Stichwort „reparieren" die Diskussionen um Reparation, Restitution und Wiedergutmachung in einer „beschädigten Welt", deren Geschichte von Gewalt, Kriegen und Katastrophen geprägt ist. Das zweite Heft mit dem Titel „besitzen" widmet sich der Besitzlosigkeit und der ungleichen Verteilung von symbolischen und materiellen Ressourcen, aber auch unterschiedlichen Weisen des Besitzens, der Enteignung und der (Wieder-)Aneignung in indigenen und kapitalistischen Gesellschaftsmodellen. Das dritte Heft schließlich geht unter dem Stichwort „träumen" den utopischen Potenzialen und erfinderischen Gegenbewegungen in dieser von historischer und gegenwärtiger

---

1 Die Geschichte hat bekanntlich ihre ganz eigene Ironie. So kann es eigentlich nur verwundern, dass in Zeiten des messbaren Einbruchs der Leser:innenzahlen der großen Tages- und Wochenzeitungen und des sukzessiven Aussterbens oder des nur mühsamen Überlebens von Fachzeitschriften aller Art – Abonnent:innenzahlen im freien Fall und die ständig sinkende Auflage der großen Print- und Online-Medien sind beinahe zum Allgemeinplatz geworden – noch neue Zeitschriftenprojekte gegründet werden. Doch nicht nur *Rhinozeros*, sondern auch andere neue (Online-)Zeitschriften wie die kürzlich lancierte *Berlin Review* (blnreview.de) oder *Les Temps qui restent* (lestempsquirestent.org), das Nachfolgeprojekt der *Temps Modernes*, trotzen diesem Trend und nehmen sich der anspruchsvollen Aufgabe an, einen offenen gesellschaftlichen Diskurs in sich zunehmend verengenden Diskursräumen zu ermöglichen.

Ungerechtigkeit durchzogenen Weltgesellschaft nach und macht sich auf die Suche nach Hoffnungssplittern, die in die Gegenwart hineinragen wie das Rhinozeros in die Tierwelt im Moment des sechsten großen Massenaussterbens.

Das erste Heft ergründet unter der Überschrift *reparieren* die unterschiedlichen Dimensionen der Reparatur. Vom kleinsten und konkretesten Akt des Reparierens, Flickens und Wiederzusammenklebens – wie das von Mona Kriegler in ihrem Text „Unvollkommenes Ganzes" beschriebene japanische *Kintsugi* – bis zur abstrakten symbolischen Wiedergutmachung in und durch Literatur – wie in Adania Shiblis Text *Wörter pflanzen* oder Jeffrey Yangs Gedichten *Lot/Fügung* und *Langkasuka* – spannt sich ein Feld auf, in dem Möglichkeiten und Schwierigkeiten des Umgangs mit Zerbrochenem, unwiederbringlich Verlorenem erkundet werden. Was bleibt von den Ruinen der europäischen Moderne? Was hinterlässt uns der Universalismus jenseits von Zerstörung und Versehrung? Und was lässt sich für eine andere, bessere Zukunft aus dem Alten und Kaputten retten – welche Erkenntnisse, welche Lektionen und welche Stoffe können in aktualisierter Form dazu beitragen, die europäische Öffentlichkeit über sich selbst aufzuklären?

Es ist kein Zufall, dass Fragen der Erinnerung, der Erinnerungs*kultur* ebenso wie der Erinnerungs*politik*, dabei besondere Beachtung finden. Maria Tumarkins erstaunlicher Text „Kleine Geschichte" eröffnet den Band mit einer Reflexion über den von ihr geprägten Begriff der *traumascapes*, Erinnerungsorte des Schmerzes und der Verletzung, die durch die materielle und psychische (Neu-) Besetzung von Räumen des Traumas einen hoffnungsvollen Umgang mit dem beschädigten Leben erlauben. Die Verschiebung von der zeitlichen Grenzenlosigkeit des Traumas zur räumlichen Wiederaneignung des Ortes, an dem es sich ereignet hat, birgt ein befreiendes Potenzial: Wenngleich sich „Traumata nicht kurieren lassen", „lässt sich eine Verbindung zum physischen Ort herstellen", worin ein Hoffnungsschimmer liegt, der vielleicht einer gewissen Idee von „Heilung am nächsten kommt".

In *Wörter pflanzen* begibt sich Adania Shibli auf eine Spurensuche in den Tagebüchern des Dichters Khalil al-Sakakini, dessen Privatbibliothek wie die vieler anderer palästinensischer Intellektueller im Zuge ihrer Vertreibung aus Jerusalem geplündert und angeeignet wurde. Die Erinnerung an diesen Umstand und die Frage, wie ein angemessener Umgang mit den geraubten Büchern heute, da sie von der Israelischen Nationalbibliothek digitalisiert werden, aussehen kann, findet in dem sensiblen Text keine einfachen Antworten, sondern „bloß" unbeantwortbare Fragen. Der senegalesische Philosoph Souleymane Bachir Diagne wiederum beschwört das Konzept des *Ubuntu* als Möglichkeit, gemeinsame menschliche Formen des Zusammenlebens zu kultivieren, jenseits von Spaltung und Konkurrenz, Herrschaft und Bemächtigung.

„Kann ein Trauma überhaupt repariert werden?" fragt auch der kamerunische Germanist und Kulturwissenschaftler Albert Gouaffo mit Bezug auf Kolonialismus und Imperialismus, dessen Text „Eine Sprache gehört nicht. Das Deutsche Kameruns" wichtige Überlegungen zu einer postkolonialen und interkulturellen Germanistik anstellt. Die Wege der Sprache und der Übersetzung sind multipel, und literarische Werke vermögen weite Strecken zurückzulegen, lange Zeiträume zu durchlaufen und dabei – nicht zuletzt in und durch Übersetzung – immer wieder aktualisiert zu werden, was Sprache, Dichtung und Literatur als kulturellen Medien eine besondere Bedeutung für die Speicherung, Weitergabe und Vermittlung von historischen Ereignissen verleiht. Die große Geschichte und ihre Gewalterfahrungen, ihre Verletzungen und gebrochenen Versprechen, mithin die vergangene Hoffnung und der Anspruch auf Gerechtigkeit lassen sich künstlerisch und literarisch immer wieder neu vorstellen, in neue Konstellationen bringen und kreativ-produktiv in Bahnen lenken, die weniger destruktiv, weniger hoffnungslos sind, als es zunächst scheinen mag.

Dass das Rascheln von Buchseiten, das so vergängliche Papier, dass die Leichtigkeit der Literatur nicht nur das ästhetischere, sondern vielleicht auch das nachhaltigere, ja das gerechtere Mittel sind, den Abgründen des vergangenen Jahrhunderts und der europäischen kolonialen Moderne zu begegnen, als es steinerne Monumente, restaurierte und restaurative Architekturen oder wiederaufgebaute Stadtschlösser je vermöchten, ist auch ein Leitmotiv von Camille de Toledos wichtigem Essay „über die europäische Traurigkeit" *Le hêtre et le bouleau*, der dank *Rhinozeros* nun endlich in Teilen auf Deutsch vorliegt. Die Erinnerung an Faschismus, Nationalsozialismus und Stalinismus, an die „Abgründe des 20. Jahrhunderts", an die Shoah und das Gulag ist Camille de Toledo zufolge in der Literatur und Kritik am lebhaftesten, das heißt dort, wo sie sich aneignen, weiterschreiben und zitieren lässt, wo also Brücken der Solidarität zwischen verschiedenen Gruppen und Gesellschaften geschlagen werden, die den Verbrechen des vergangenen Jahrhunderts zum Opfer gefallen sind. Gegen die „Pädagogik des Steines" gilt es die „Pädagogik des Schwindels", des unsicheren Standes und des seiltänzerischen Sich-Haltens-über-dem-Abgrund zu erlernen und zu institutionalisieren, wenn man den „Krieg der Erinnerungen" durch zukunftsfähige gesellschaftliche und kulturelle Prozesse ersetzen will.

Weitere Beiträge des Heftes von Shashi Tharoor, Wolfgang Kaleck, Marcel Lepper und Kristin Platt gehen den konkreten, auch juristischen Problemen der Reparation, Entschädigung und Wiedergutmachung nach, die sich angesichts von Kolonialismus und Shoah stellen, und zeigen auf, wie sich aus verschiedenen historischen Fällen füreinander und voneinander lernen lässt, wie es auch das Gespräch der Redaktion mit der Intendantin Carena Schlewitt ausgehend von ihren Erfahrungen an dem von ihr geleiteten Europäischen Zentrum der Künste in Hellerau unternimmt.

Dieselbe Breite und Tiefe findet sich in der zweiten Ausgabe mit dem Titel *besitzen*. Gisèle Sapiros eindrucksvoller Überblickstext „Enteignung oder das ‚Elend der Welt' heute" geht aus literatursoziologischer Perspektive mit Bourdieu'schem Werkzeugkasten den Ungleichheiten, Frakturen und Konfliktlinien der europäischen und globalen Gesellschaft nach, wobei Sapiro wie nebenbei die Diversität der französischen und frankophonen Gegenwartsliteratur auffächert. Joseph Vogl beschreibt im Anschluss an Foucaults machtkritische Überlegungen in einem prägnanten Beitrag jenseits von Geraune und Komplottismus das zeitgenössische „Finanzregime" in seiner dezidiert undemokratischen Funktionsweise, die durch dessen zunehmende Algorithmierung noch verstärkt wird. Auszüge des mittlerweile bei Matthes & Seitz erschienenen wichtigen Buches *Der Sturz des Himmels* von Davi Kopenawa und Bruce Albert und eine Reflexion Camille de Toledos über die Rechtssubjektwerdung natürlicher Entitäten beleuchten andere Modalitäten des Umgangs mit der „Natur", die der europäischen technologisch-kapitalistischen Moderne entgegenstehen. Arno Franks Text „Auf der Naht. In Mytilene" begibt sich mit viel Feingefühl in die Abgründe der europäischen Abschottungspolitik auf Lesbos. Weitere literarische und essayistische Positionen von Gabriela Cabezón Cámara, Kossi Efoui, Maike Albath, Marcel Lepper, Makenzy Orcel sowie Tammy Lai-Ming Hos „Gedichte aus Hongkong" werfen Schlaglichter aus ebenso unterschiedlichen wie komplementären Blickwinkeln, die die globalen Auswirkungen der symbolischen und materiellen Eigentumsverhältnisse ausleuchten. Ergänzt werden die Texte durch Bilderstrecken der Fotografen Spyros Staveris, Dimitris Michalakis, Werner Gasser und Paolo Risser, die Griechenlands gespaltene Gesellschaft nach der Schuldenkrise und Berliner Pfandleihäuser ablichten.

Und auch im dritten Heft mit dem die beiden ersten Hefte programmatisch ergänzenden Thema *träumen* finden sich ebenso schöne wie scharfsinnige Texte von Liliana Colanzi, Muriel Pic, Leyla Dakhli, Nastassja Martin, Sharon Sliwinski, Daliri Oropeza Álvarez, Emil Szittya, Shumona Sinha, Souleymane Bachir Diagne sowie Gedichte von Chris Song, die der Dialektik zwischen utopischem Traum und dystopischer Wirklichkeit nachspüren und das politische Potenzial des Träumens aus unterschiedlichen Perspektiven betrachten. Heraussticht ein überraschend aktueller Gesprächsausschnitt von Adorno und Bloch zu Utopie und Traum sowie ein wunderbares, das Projekt *Rhinozeros* als Ganzes betreffendes Gespräch, das Markus Messling und Franck Hofmann mit dem italienischen Historiker Giovanni Levi über die *microstoria* und Rhinozerosse (nämlich dessen umfangreiche Rhinozeros-Sammlung), über Bildung und Politik, Schreiben und Träumen geführt haben, ergänzt durch eine Bilderserie schlafender Soldaten von Tim Hetherington, Aïcha Filalis Altarbildcollagen über Tunesien seit der Unabhängigkeit und Installationen von Barbara Breitenfellner.

Das kuratorische Gleichgewicht aus kulturkritischen Essays und Analysen, politischen Interventionen und literarischen und künstlerischen Positionen bleibt gewahrt und überzeugt. So mischen sich zwischen die literarischen und kritischen Texte immer wieder dokumentarische oder künstlerische Fotoserien, Friederike Groß' Zeichnungen von Rhinozerossen, und sogar ein Filmplakat (*Das blaue Haus* von Hamedine Kane). Thematisch und geographisch wird die Welt als Ganzes abgedeckt, wie sie sich in Europa als einem Teil von ihr wiederfindet – es werden die täglich sich wiederholenden, politisch produzierten Tragödien des Krieges und der Flucht, der Armut und der Zerstörung evoziert. Lateinamerikanische, afrikanische, ost- und westasiatische, nordamerikanische und europäische Stimmen kommen zu Wort, wobei die Trennlinien dieser geographischen Marker infolge von Migration, Flucht und Exil spürbar verwischen. Ernstes und Nachdenkliches, philosophisch und begrifflich Anspruchsvolles, aber auch Komisch-Kurioses findet Platz in den verschiedenen Ausgaben, womit ein breites Spektrum an Genres und Textformen geboten wird, die immer wieder überraschen und zum Nachdenken anregen. Beinahe eine eigene Rubrik bilden jeweils die Texte von Cord Riechelmann, in denen sich die Spuren von Wanderfalken mit dem kulturellen und architektonischen Überbau Berlins vermischen, Joseph Beuys' Kojote Steve Bannons Propagandafilmen gegenübergestellt und das Besitzverhalten von Pavianen in der Prärie analysiert wird.

Bemerkenswert sind schließlich nicht nur die Qualität der Texte und die Prominenz der in den Bänden vereinten Autor:innen, sondern auch der gedankliche und poetische Überschuss, der sich aus der Komposition der einzelnen Texte ergibt. Nicht nur *in* den Texten, sondern *zwischen* den verschiedenen Texten innerhalb eines Heftes und zwischen den Heften entsteht ein lebhaftes Gespräch; es öffnet sich ein Denkraum, in dem die einzelnen Positionen einander antworten, miteinander resonieren, sich weiterdenken und -schreiben in einer Weise, die sich als äußerst produktiv erweist. Aus der Vielstimmigkeit der Texte und ihrem Zusammenspiel entsteht somit das, was Benjamin eine Konstellation genannt hat, und das in der romantischen Idee vom Fragmentarischen, das Autonomie gegenüber dem Ganzen beansprucht, an dessen Bildung es partizipiert, einen Widerhall findet. Das Ganze ist hier wie dort mehr als die Summe seiner Teile, in der Lektüre verschiebt sich immer wieder eine Perspektive, es kommt ein Gesichtspunkt, ein weiterer Standpunkt hinzu, der alles Bisherige in ein etwas anderes Licht rückt.

Das Politische ist überall präsent in diesen schön gestalteten Büchern, die im Matthes & Seitz Verlag erscheinen. Der Anspruch, sich den drängenden gesellschaftlichen Fragen der Gegenwart zu stellen, Antworten zu suchen, mögliche andere Wege und Welten aufzutun, lässt sich nicht allein an den recht kurz gehaltenen Editorials ablesen. Die Kombination von Texten und Autor:innen, die Zusammenhänge und Verbindungen, die sich auch über einzelne Themenschwerpunkte hinweg ergeben, machen den politischen Zug erkennbar und geben einen Grundton an, der sich an den letzten Rest des europäischen Universalismus klammert und klammern muss, *faute de mieux*: Freiheit, Gleichheit und Gerechtigkeit, *und zwar für alle*. Damit ist Europa nicht nur die nächstgrößere Einheit, die es für die alten europäischen Großmächte nun einmal zu bedenken gilt, sondern ein komplexes symbolisches und materielles Erbe, das sich in der Welt von Morgen zurechtfinden muss. Eine Begriffsmetapher mit relativem Erkenntniswert bezüglich der Vergangenheit und nicht ohne Risikopotenzial bezüglich einer ungewissen, jeder Teleologie beraubten Zukunft, die letztlich weniger erklärt als sie der Erklärung bedarf – der Erklärung oder *explication,* der Auseinandersetzung und der Auslegung, des Streits und der Analyse mit offenem Ausgang, nunmehr jedoch ohne den absoluten Wahrheits- und Machtanspruch, den Europa in den vergangenen Jahrhunderten noch behauptete.

Bei alldem tappt das Projekt erfreulicherweise nicht in die Idealismus-Falle – die Gefahr der Selbstüberschätzung scheint leider vielen intellektuellen, künstlerischen und literarischen Erzeugnissen unserer Zeit inhärent. Dichtung und Denken, Kunst und Kritik können allzu oft der Trägheit der Strukturen und den Determinierungen der politischen, ökonomischen und sozialen Institutionen nicht viel mehr entgegensetzen als den eigenen guten Willen zum Wissen und die fromme Kraft des Geistes. Bei allem kritischen Anschreiben gegen die Verhältnisse und einem scharfen Bewusstsein für die Bedrohung durch den salonfähig gewordenen Rechtsextremismus, die seit dem 9. Juni 2024 konkreter denn je von reaktionären und konservativen Kräften in Europa ausgeht, gerät hier nicht aus dem Blick, dass der Beitrag einer Zeitschrift nur ein kleiner, ein behutsamer, ein demütiger sein kann, wenngleich es durchaus erlaubt und erwünscht ist, von großen Veränderungen zu träumen.

Kleine Geschichte – der Titel von Turmarkins Text, der das erste Heft eröffnet, ist also Programm. Mit kleinen Geschichten – und auch mit *der* kleinen Geschichte, der *microstoria* Giovanni Levis – Orientierung verschaffen innerhalb einer Großen Geschichte, der jedes Fortschrittsversprechen und zunehmend auch jeder Fortschrittsoptimismus abhandengekommen ist, die scheinbar nur noch in der Aneinanderreihung von kleinen und großen, zunehmend systemischen Krisen besteht, darin liegt der Anspruch dieses ambitionierten Zeitschriftenprojekts. Vom ersten Text des ersten Heftes zum letzten Text des dritten Heftes – dem Interview mit Giovanni Levi – spannt sich so ein großer thematischer Bogen, der die Macht der Erzählung im Angesicht von kleiner und großer, kollektiver und individueller Geschichte betont, der die Macht des Wortes für die Analyse der gegenwärtigen Ungleichheiten und Ungleichgewichte mobilisiert und der das Träumen, die befreiende Kraft der Einbildung und der Vorstellung und deren utopisches, Hoffnung spendendes Potenzial dabei nicht vergisst. Dass bei einem solchen Projekt nicht nur eine Form und nicht nur eine Sprache, sondern stets, wie man in Anlehnung an Derrida sagen möchte, mehr als eine Sprache, mehr als eine Form, mehr als ein Medium und letztlich mehr als ein Text im Spiel sein muss, dass man auf mehreren Partituren gleichzeitig und mit verschiedenen Schlüsseln spielen, mit vielfältigen Motiven, Themen und Figuren, mit vielfachen Versuchen und Vermittlungen arbeiten muss, und dass all dies für die Kulturproduktion und die Kritik in der Tat viel Arbeit bedeutet – und in der gegenwärtigen Konjunktur mit jedem Tag dringender wird – spendet nicht nur Trost, sondern auch Freude; also genau das, was es dieser Tage braucht.

Was bleibt, was tun? Was vermag angesichts des Leids und Unrechts, das die Beiträge in *Rhinozeros* auf die taktvollste, behutsamste und gerechteste Weise ergründen, was vermag angesichts des Unrechts und des Leids eine Kulturzeitschrift, ein literarisches und intellektuelles Projekt wie *Rhinozeros*? Nicht viel, vermutlich, aber zumindest dies: auslegen, erinnern, gedenken, wachhalten, abbilden, nachzeichnen, verdichten, träumen, schreiben, erzählen – kleine Geschichten, große Träume. Gemessen an der Dringlichkeit und dem Ausmaß der kollektiven Herausforderungen in Europa und der Welt scheint dies vielleicht wenig. Aber, wie Bloch in dem Gespräch mit Adorno sagt, „Hoffnung ist nicht Zuversicht". Auch im 21. Jahrhundert noch darauf zu setzen, eine Zeitschrift zu gründen, wäre dann wohl nicht mehr und nicht weniger als ein Ausdruck von Hoffnung. Jedoch immerhin.

Kianush Ruf

Tagungsberichte

„Zwischenspiele". XIX. Tagung der *Deutschen Gesellschaft für Allgemeine und Vergleichende Literaturwissenschaft*, Universität Potsdam, 30.05.-02.06.2023

Die Tagung „Zwischenspiele" begann ungewöhnlich: auf dem Campus am Neuen Palais in Potsdam erwarteten die eintrudelnden Teilnehmenden nicht bloß das klassische Tagungsplakat und die üblichen Stehtische, sondern, ganz im Sinne des Konferenztitels, ein Aufgebot an Spielen. Direkt vor dem Eingang, im Zentrum des Hofs, residierte eine Tischtennisplatte nebst Schach- und Backgammon-Tischen. Das Spiel, so viel war schnell klar, sollte an den drei Konferenztagen offenbar nicht nur theoretisch – in Form von Vorträgen, Workshops und Panels – ausgelotet, sondern auch ganz praktisch begangen werden. Jene Offenheit, vielleicht die wichtigste Grundlage eines gelungenen Spiels, entsprach dem Konzept der drei Konferenztage: Neben Vorträgen und Diskussionen im Plenum fanden zahlreiche Panels und Workshops statt, in denen sich junge Forschende, Studierende der Universität Potsdam und etablierte Wissenschaftler*innen in kleineren Gruppen intensiv austauschen konnten.

Den Anfang machte nach einer kurzen Einführung des Spielleiters und Organisators Johannes Ungelenk, der die Anwesenden einlud, „[...] als Spieler*innen dieses Spiels, fiebrig vertieft, in dieses Zwischen einzutreten (frz. *entre*) und Züge beizusteuern, die neue Formationen und Strategien hervorbringen und so an den Kräften mitzuwirken, die das Kunstwerk freisetzt." Auf Grußworte der Vorsitzenden der DGAVL, Annette Simonis, sowie des Präsidenten der Universität Potsdam folgten gleich die ersten Panels. Im Zentrum von „Zwischen den Medien" stand das Zwischen als medialer Übergang, mal von Malerei zu Text, mal von Kunst und Film, mal von Graffiti zu Performance. Zeitgleich wurde im Panel „Erzählen des Zwischen" verstärkt die narratologische und poetologische Kraft des Zwischenspiels in den Blick genommen. Vier Vorträge loteten darin ludische Formen und Funktionen in Erzähltexten und Reiseberichten aus. Ein drittes Panel mit dem Titel „Das Zwischen Spielen" fokussierte das Spiel in seiner politischen, historischen und sprachphilosophischen Dimension, unter anderem bei Guy Debord, Ludwig Wittgenstein, Barbi Marković und Max Frisch.

In der abendlichen Plenumssession rückten erneut die genre-sprengenden Qualitäten des Zwischenspiels in den Fokus: Monika Schmitz-Emans (Bochum) warf mit ihrem Vortrag *Zwischenspieler. Über gezeichnete und geschriebene Protagonisten* einen Blick auf die Interaktion zwischen marginalen Figuren und ihren textuellen Bezügen in mittelalterlicher Buchmalerei. Sebastian Donat (Innsbruck) brachte mit seinem Vortrag *Lyrische Zwischen-Spiele. Eichendorffs „Mandelkerngedicht" und Morgensterns „Der Lattenzaun"* zwei ästhetisch und stilistisch sehr divergente, aber im Witz vereinte Dichter unter dem Motto des Zwischen als Verbindung von Verschiedenem zusammen.

Der zweite Tagungstag begann mit zwei Panelsitzungen und einer Lesegruppe, die parallel stattfanden. Unter der Leitung von Sandra Fluhrer (Erlangen) und Hanna Sohns (München) diskutierten die Teilnehmenden der Lesegruppe „Der Schriftsteller ist jemand, der mit dem Körper der Mutter spielt (zwischen Literatur und Psychoanalyse)" die psychoanalytische Dimension des

Spiels und ihren Bezug zu Sprache und Text mithilfe von Roland Barthes' *Le Plaisir du texte*. Die beiden parallel laufenden Panelsitzungen widmeten sich dem „Genre Zwischenspiel" in Musik(theorie) und Drama sowie der Vorstellung der „Neuen Literatur- und Informationsdienste für die Philologien" unter der Leitung von Volker Michel und Arne Mrotzek (Frankfurt am Main). Vor der Mittagspause lud Joachim Harst (Köln) unter dem Titel „Schriftspiele zwischen analoger und digitaler Textualität" zum Reflektieren über (post)digitale Literatur, algorithmisch generierte Avantgarde-Literatur und „Gamification" von Literatur in Videospielen ein. Parallel dazu diskutierte das Panel „Philosophie und Begehren im Wechselspiel" unter der Leitung von Carolin Fischer (Pau) das Verhältnis von Literatur, Geschlecht und Begehren von der Antike über die Aufklärung bis hin zur Moderne als ein epochenübergreifendes und äußerst heterogenes Phänomen.

Nach der Mittagspause, in der die Bochumer AVL den, nach eigenen Angaben, spielstärksten Verlagsleiter Deutschlands auf dem Schachbrett herausforderte – über das Ergebnis wurde, wohl um die Seele der Fachwissenschaft zu schonen, Stillschweigen vereinbart –, spielte erneut die psychoanalytische Dimension des Spiels die Hauptrolle: Im Panel „Uferzonen. Künstlerische und literarische Produktivität zwischen Wissen und Jouissance" unter der Leitung von Marie von Heyl und Johannes Waßmer wurde den Ufer- und Zwischenspielzonen zwischen Wissen und Lust besondere Aufmerksamkeit geschenkt. Eine zweite Paneldiskussion, organisiert von Patricia A. Gwozdz (Potsdam) und Markus A. Lenz (Potsdam), suchte nach Sprüngen, Zäsuren und Brüchen als Zwischenräumen und antagonistischen Zeit-Schemata – auch als Gegenentwurf zu westlichen, linearen und historisch gewachsenen Modellen in Literatur- und Kulturtheorie.

Die nachmittägliche Plenumssession widmete sich einer neuen Form des Zwischenspiels, nämlich jener des Komischen: Linda Simonis (Bochum) zeigte an der dramatischen Kleinstform der „entremeses" im spanischen Barockdrama, sogenannter „Zwischengerichte" zwischen den eigentlichen Hauptakten, welch komisches und unterhaltsames Potential das Genre des Zwischenspiels enthält (Vortragstitel: *Zwischenspiel und Parodie. Am Beispiel der entremeses im spanischen Barockdrama*). Judith Kasper (Frankfurt am Main) ging der Rolle des Zwischen(spiels) in Prozessen der Übersetzung am Beispiel Barbara Cassins, die sie selbst übersetzt hat, in ihrem Vortrag *Etwas kommt dazwischen. Für eine Literaturtheorie der Ein-, Un- und Zufälle*, auf den Grund.

Der dritte Tagungstag knüpfte thematisch vielversprechend an den Vorabend-Vortrag von Judith Kasper an: Besonderes Augenmerk galt an diesem Morgen der Übersetzung als Zwischenspiel. Caroline Sauter (Frankfurt am Main) thematisierte in ihrem Panel „Übersetzung als Experiment und Erfahrung" Theorie und Praxis der Übersetzung und gab, gemeinsam mit der Übersetzerin Esther von der Osten, die der Übersetzung später am Tag noch einen gesamten Workshop widmete, einen Einblick in die gemeinsame Übersetzungsarbeit von Jacques Derridas *Qu'est-ce qu'une traduction ‚relevante'?*. Julia Prager begab sich im Panel „Zwischen–Zeit und -Raum. Spiel-Einlassungen I / Theater" auf die Suche nach dem „Spiel im Spiel". Dabei standen unter anderem Fragen nach der Möglichkeit der Intervention in theatrales Spiel und den Bühnenraum als institutionellen und politischen Raum im Vordergrund. Im Workshop „Zwischen Worten: Poetik und Theorie des Partikels" unter der Leitung von Wolfgang Hottner (Bergen) und Jan Lietz (Berlin) drehte sich alles rund um die kleinen „Agenten des Zwischenspiels", die Partikel. Diskutiert wurden, unter Zuhilfenahme von Aristoteles, Descartes, Nietzsche und Kierkegaard, Potential und Relevanz von Worten wie „also", „sozusagen" oder eben dem titelgebenden „zwischen". Auch das Panel „Spiele der Grammatik. Wo Pronomen stehen" warf einen Blick auf sprachliche Phänomene. Angeleitet von Mona Körte (Bielefeld), Elisa Ronzheimer (Bielefeld) und Sebastian Schönbeck (Bielefeld) ging es der Verwendung von (Personal)Pronomen und ihren grammatikalischen und literarischen Qualitäten in moderner und zeitgenössischer Literatur auf den Grund. Nils Plath (Erfurt) knüpfte in seinem Panel „Zwischen–Zeit und -Raum. Spieleinlassungen – II. Texte" an Julia Pragers „Spieleinlassungen" vom Morgen an und untersuchte die gesellschaftliche, (post)koloniale und inszenatorische Praxis des Spiels in Texten von Bertolt Brecht und Hubert Fichte. Ein weiteres Highlight zum Themenbereich „Übersetzung und Spiel" lieferte Esther von der Osten mit ihrem Workshop „Sprachen zwischen Körpern. Behinderung in Übersetzung". Gemeinsam wurden intensiv Texte gelesen und diskutiert, die Fragen nach gesellschaftlicher Teilhabe, Körpergedächtnis und Differenz in den Mittelpunkt des Übersetzungsprozesses rückten.

Bettine Menke (Erfurt) griff in der anschließenden Plenumssession mit ihrem Vortrag *Spiel-Einlassungen, Parekbasen, Späße* das komische Potential des parodistischen Spiels am Beispiel der Parekbase in Ludwig Tiecks *Der Gestiefelte Kater* auf und überführte das – dramatische wie humoristische – Spiel damit erneut in den medialen Zwischenraum zwischen Text und Bühne. Christiane Solte-Gresser (Saarbrücken) verweilte mit einem Beitrag zu Bühne und Traum in der Sphäre des Theaters, verlegte jedoch mit Milo Rau, Werner Fritsch und Charlotte Delbo ihren Schwerpunkt in die gewaltvolle und traumatische Geschichte des 20. und 21. Jahrhunderts, wo dem Traum die Rolle einer besonderen Form des Zwischenspiels als Traumabewältigung zukommt. Den Abend schlossen zwei weitere Panels mit sehr unterschiedlichen Themenschwerpunkten ab: Während „Zwischen Fiktion & Gesellschaft" die gesellschaftspolitische und soziologische Nuance des Spiels, vor allem auch als Kontrastfolie zu Konzepten von Arbeit und Kapitalismus, in den Blick nahm, schlug das zweite Panel „Zwischen Theorie" den Bogen zu (literatur)theoretischen Annäherungsversuchen, etwa im „New Materialism" oder in Derridas *La rhétorique de la drogue*, an das Spiel und sein Zwischen.

Der letzte Tagungsvormittag eröffnete ein gänzlich neues (Spiel)Feld. Unter der Leitung von Simon Probst (Vechta) wurde im Workshop „Zwischen Zeichenweisen. Semiose zwischen Texten, Körpern und Naturen" dem ökokritischen Potential des Zwischen nachgespürt. In der Kontaktzone zwischen Mensch, Ökosystemen und literarischen Texten konnte so auch zwischen- und über-sprachlichen Bedeutungssystemen jenseits des rein sprachlichen Zeichens nachgegangen werden. Parallel dazu wurden auch im Panel „Zwischen Sprache und Unsagbarem" die Grenzen dessen, was sich sprachlich repräsentieren lässt, ausgelotet: Von Assia Djebar über Hans Paasche hin zu Franz Kafka wurden literarische Texte und Zeichnungen zu ihrem kritischen, (un)übersetzbaren und subversiven Spiel mit Sprache und Form befragt.

Das große Finale wurde in einer letzten Plenumssession gefeiert: Martin Sexl (Innsbruck) legte mit seinem Vortrag *Ernstfall Spiel. Situationskunst zwischen der Realität des Alltäglichen und der Fiktionalität der Kunst*, von Joseph Beuys bis zum *Zentrum für Politische Schönheit*, Zeugnis eines sehr aktuellen Zugangs zu politisch-ästhetischem Spiel ab. Annette Simonis (Gießen) lenkte abschließend die Aufmerksamkeit zurück auf die Bühne, dieses Mal allerdings auf die Form der Oper, die im Falle der *Ariadne auf Naxos* zwischen Musiktheater und Filmset flimmerte und damit nicht nur *zwischen* den Genres, sondern auch *zwischen* den Jahrhunderten vermittelte und so zu einem wunderbaren, äußerst unterhaltsamen Tagungsabschluss überleitete.

Das eingangs noch verheißungsvoll leere Feld des Zwischenspiels wurde, so lässt sich vielleicht abschließend konstatieren, über die vier Tagungstage hinweg äußerst heterogen und sehr leidenschaftlich bespielt. Die Bandbreite der Beiträge trug damit nicht nur dem „Zusammen von Heterogenen" des Tagungscalls Rechnung, sondern zeugte vor allem von einer äußerst engagierten, widerständigen, aus dem „Zwischen" schöpfenden Literaturwissenschaft, die die Lust am (absichtslosen) Spiel, das keinen Sieg und keine Niederlage kennt, zu genießen vermag.

Das gesamte Tagungsprogramm sowie einige der Vorträge, darunter fast alle Plenumssessions, lassen sich auch unter www.zwischenspiele.de noch einmal ansehen.

Isabel Holle

„Le jeu: Gaming, Gambling and Play in Literature"
Bericht zum X. Kongress der European Society of Comparative Literature/ Société Européenne de Littérature Comparée, 02.-06.09.2024

Paris stand in diesem Sommer 2024 ganz im Zeichen der Olympischen Spiele. Auch der X. Kongress der European Society of Comparative Literature/Société Européenne de Littérature Comparée (ESCL/SELC) Anfang September an der Sorbonne war dem Thema Spiel gewidmet: *Le jeu: Gaming, Gambling and Play in Literature*. Veranstaltet von Bernard Franco, in Zusammenarbeit mit dem Centre de Recherche en Littérature Comparée (CRLC) der Sorbonne Université sowie dem Groupement d'intérêt scientifique (GIS) „Jeu et sociétés", organisiert unter Federführung von Salomé Paul, hat diese Tagung mehr als 250 ForscherInnen versammelt, nicht allein aus Europa, sondern auch aus Nord- und Südamerika, dem Nahen Osten und verschiedenen asiatischen Staaten.

Neben sieben Plenarvorträgen auf Englisch und Französisch, den beiden Arbeitssprachen der ESCL/SELC, fanden im Laufe der Woche nicht weniger als 75 Panels statt. Den Auftakt machte der Doyen der französischen Komparatistik, Pierre Brunel mit einer brillanten Analyse der Rolle des Spiels in der *Odyssee*, die er um verschiedenste Verbindungen zu späteren intertextuellen Spielen mit

Homers Werk ergänzte. Damit waren zwei wesentliche Achsen des Kongresses angelegt: Zum einen das Spiel als Thema in der Literatur, und zum anderen die produktive Rezeption als literarisches Spiel, die im Folgenden unter den verschiedensten Gesichtspunkten beleuchtet wurden.

Grundsätzliche theoretische Überlegungen zum Wesen des Spiels lieferte Natascha Adamowski (Passau). Ausgehend von Schillers Diktum aus der Ästhetischen Erziehung – „Der Mensch spielt nur, wo er in voller Bedeutung des Worts Mensch ist, und er ist nur da ganz Mensch, wo er spielt" –, hinterfragte sie Spieltheorien aus zwei Jahrhunderten kritisch, insbesondere in Hinblick auf die Trennung von Spiel und Alltag, um abschließend einen neuen eigenen Ansatz, der eben beide verbindet, vorzuschlagen.

Das Zusammenwirken von Spiel, Politik und Gesellschaft wurde in mehreren Panels untersucht, wobei zahlreiche Beiträge dem Theater gewidmet waren, beispielsweise Matei Visniecs Stücken über den Krieg auf dem Balkan (Crina Bud, Sorbonne Nouvelle), verschiedenen Versuchen, den Opfern des Holocausts in der Gattung des Traumspiels auf der Bühne eine Stimme zu verleihen (Christiane Solte-Gresser, Saarbrücken), oder dem eher satirischen Umgang in zeitgenössischen Diktaturen (Rosa Figueiredo, Guarda, zu Wole Soyinkas *A Play of Giants*).

Diverse Panels waren dem Schachspiel gewidmet, wobei auch Werke zur Sprache kamen, mit denen man vielleicht weniger gerechnet hätte, wie Shakespeares *Tempest* und die Lyrik von Jorge Luis Borges, in denen Beatrice Nickel (Stuttgart) die Analogie zwischen Schach und literarischen Schaffensprozessen aufzeigt. Federico Bertoni (Bologna) untersuchte in seinem Plenarvortrag die entscheidende Rolle des Spiels bei der Konstruktion fiktionaler Welten in Werken von Nabokov, Calvino und Perec. Natalya Khatchatryan (Eriwan) hingegen befasste sich mit der Bedeutung des Kartenspiels in zahlreichen literarischen Traditionen. Das Spielen mit dem Teufel in der europäischen Literatur des 19. Jahrhunderts wurde von Sándor Hites (Budapest) als Parabel auf die moderne Existenz analysiert.

Andere Fragestellungen waren eher rezeptionsorientiert, wie etwa der Vortrag von Carolin Fischer (Pau) über die Bedeutung der spielerischen Dimension in der erregenden Literatur von ihren Ursprüngen bis zur New Romance. Die Interaktion zwischen dem Text und seinen Leserinnen und Lesern war das Thema der Workshops „Playing with the Reader", ein Thema, das von Hans-Joachim Backe (Kopenhagen) in seinem Abschlussvortrag über die fließenden Grenzen zwischen Narration und Spiel in eminent literarischen Computerspielen erweitert wurde. Die Aufzeichnung aller Plenarvorträge ist verfügbar unter https://ludocorpus.org/le-jeu-gaming-gambling-and-play-in-literature/.

Im Rahmen des Kongresses wurden auch zwei Preise verliehen: Romain Lebailly war Preisträger der ersten Ausgabe des Prix des Fondateurs des GIS „Jeu et Sociétés" für seine zeitgeschichtliche Dissertation *Sega, une entreprise japonaise de jeux vidéo au cœur des échanges culturels globaux (1973-2001)*. Der zweite Preis ging an Maxime Kamin für seine Arbeit *Représentations et poétiques du jeu dans la poésie française (langue d'oïl et d'oc) et latine du Moyen Age (XIIᵉ-XIIIᵉ siècles)*. Der ESCL/SELC Excellence Award for Collaborative Research

wurde dem Herausgeberteam der beiden Bände von *Landscapes of Realism* überreicht, nämlich Dirk Göttsche, Rosa Mucignat und Robert Weninger (Not-
tingham und London). Eine besondere Erwähnung fand der Band *Le Mythe au
féminin et l'invisibilisation du corps féminin* (Brill), herausgegeben von Brigitte
Le Juez und Metka Zupančič.

Carolin Fischer

„Zukunftsträume | Rêves de l'avenir | Dreams of the future"
Bericht zur internationalen Abschlusstagung des DFG-Graduiertenkollegs
2021 „Europäische Traumkulturen", 8.-10.02.2024

Der Blick in die Zukunft ist der Forschung des Graduiertenkollegs „Europäische Traumkulturen" seit 2015 eingeschrieben: Denn das Traumwissen beinhaltet zum einen ein Wissen um die Zukunft durch Träume, und zum anderen
verbinden Träume Erfahrungen der Vergangenheit mit der Gegenwart, können
aber auch in die Zukunft gerichtet sein. Mit der internationalen Abschlusstagung „Zukunftsträume" (8. bis 10. Februar 2024) konnten die facettenreichen
Möglichkeitsräume der Zukunft, die in Träumen eröffnet werden, in vielfältigen
medialen Auseinandersetzungen, unterschiedlichsten Kulturräumen und über
einen Zeitraum vom Mittelalter bis heute näher betrachtet werden.

Nach einem Grußwort der Dekanin der Philosophischen Fakultät Stefanie
Haberzettel eröffneten die Organisatorinnen Hannah Steurer, Romana Weiers-
hausen und Janett Reinstädler die Tagung mit einer Einführung über die vielfältigen Beziehungen des Träumens zur Zukunft sowie mit einem Überblick über
die Geschichte der zukunftsbezogenen Traumdeutung.

Dass Träume, die von der Zukunft erzählen, vielfältige Funktionen aufweisen und unterschiedliche Ziele verfolgen, zeigten bereits die ersten Vorträge der
Tagung: Den Auftakt des Programms bildete Christina Marinidis (Wuppertal)
mit einem Vortrag zu *„Man sol sich an treum nit keren* (oder etwa doch)? – Zur
Funktion der Träume im *Prosa–Lancelot"*. Anhand des *Prosa-Lancelots* (Mitte
13. Jahrhundert) untersuchte sie (Schlaf-)Träume und ihre Wirkung auf die in
der Erzählung dargestellte Zukunft. Der aufklärende, beruhigende Traum der
Königin Evaine von Gaune, der auf der Sorge um ihre Kinder beruht, verbindet den Rückblick auf vergangene Ereignisse mit der Gegenwart und dem Blick
in die Zukunft. Die angstauslösenden Träume von König Artus, in denen ihm
alle Finger und Zehen abfallen, sind hingegen prognostische, auf die Zukunft
gerichtete Warnträume, die seinen Untergang prophezeien. Die Einbettung der
Träume an wichtigen Stellen der Handlungen eröffnen so Räume, die auf die
zukünftige Entwicklung der Erzählung Einfluss nimmt.

Eine sinnstiftende Funktion schrieb Hauke Kuhlmann (Bremen) Egmonts
Traum zu, den er in seinem Vortrag „‚Eingehüllt in gefälligen Wahnsinn'. Überlegungen zum Traum in Goethes *Egmont* (1787)" besprach. Angesiedelt vor seiner Hinrichtung bietet ein Traum Egmont eine utopische Zukunftsperspektive
an, die dem bevorstehenden Tod des Protagonisten einen neuen Sinn verleiht.
Der Traum beinhaltet für Egmont keine Prophezeiung der Zukunft, sondern

eine subjektive, utopische Wunscherfüllung und gibt ihm eine gewisse Handlungssicherheit. Diese geträumte Utopie der politischen Zukunft mindert für den Protagonisten und die Rezipierenden die Tragik des nahenden Todes. Der Traum eröffnet dem Stück einen neuen Sinnhorizont, einen Raum voller Zeichen, die sich Egmont zu eigen macht und ihnen eine neue zukunftsgerichtete, utopische Bedeutung zuschreibt, während ihn der Traum nicht ins Leben, sondern in den Tod führt. Dennoch weisen sein Tod und sein Traum in dieselbe Richtung: in die Zukunft.

Die Gegenüberstellung von zukunftsgerichteter Traumvorhersage und Wunsch spielte bei Christoph Jakubowsky (Berlin) eine wichtige Rolle. In seinem Vortrag „Autobiographische Zukunftsträume in Goethes *Dichtung und Wahrheit*" standen drei Träume aus Goethes autobiographischem Werk im Fokus: die prognostischen Schlafträume des Großvaters Johann Wolfgang Textor (erstes Buch), die prognostischen Träume in der Nacherzählung der alttestamentarischen Josephsgeschichte (viertes Buch) und der futurologische Status des *Knabenmärchens* (*Der neue Paris*). Da sich die Goethe-Figur dadurch profiliert, *nicht* von der Zukunft zu träumen, distanziert sich Goethe von den mythologischen und prognostischen Zukunftsträumen und stellt das Nichtträumen des erlebenden Ichs in den Fokus. Die natürliche Selbstbestimmung der eigenen Zukunft tritt in den Vordergrund. Der Wunsch ist in der Distanzierung zum Traum ein zentrales zukunftsbezogenes Motiv in Goethes *Dichtung und Wahrheit*.

Diese Vorträge veranschaulichten, dass von der Zukunft erzählende Träume (je nach Werk, aber auch innerhalb eines Werks) differente Intentionen verwirklichen können, mit den Möglichkeiten der Zukunftsvorhersage spielen sowie Traum, Zukunft und Wunsch in unterschiedlichem Maße zueinander in Verbindung setzen.

Dass Zukunftsträume oft von bevorstehenden Katastrophen oder dem nahenden Tod erzählen, zeigten die Vorträge, die das Träumen vom Ende aus unterschiedlichen Perspektiven betrachteten: Charleena Schweda (Erlangen-Nürnberg) beschäftigte sich in ihrem Vortrag „,Death's Sadistic Design': Visions, Dreams and Destiny in 2000s Horror Films" mit der Frage, inwiefern Zukunftsträume wichtige Gerüste der Horrorfilm-Formel darstellen. In der Filmreihe *Final Destination* (2000-2011) beginnt jeder Film mit Tagträumen oder Visionen, die ein Unglück mit Todesfolge für einen oder mehrere Filmcharaktere voraussagen – ein Abwenden des Vorausgesagten ist trotz aller Bemühungen nicht möglich. Denn die traumartigen Visionen fungieren als Wissenswerkzeug, mit dem aber nicht der Plot verändert werden kann. Die Tradition des nicht abwendbaren Schicksals invertiert der Horrorfilm *Triangle* (2009), in dem die Figuren in einer Zeitschleife gefangen sind. Die Protagonistin, die die Zukunft in ihren (Alb-)Träumen voraussieht, vergisst bereits im Schlaf, was sie über die Zukunft weiß. Die Träume in diesen Horrorfilmen generieren Zukunft, zeigen aber zugleich, dass keine andere Zukunft generiert werden kann.

Über (Alb-)Träume, die der Enthüllung dienen, sprach Eric Thil (Saarbrücken) in seinem Vortrag „Fin de siècle dreams: Apocalypse now? Rêves de fin et fin des rêves dans la littérature européenne fin-de-siècle". Die Literatur des

Fin-de-Siècle nutzt Träume als Instrumente, um den Protagonisten ein nahendes, oft tragisches Ende vorauszusagen. Dabei sind die Träume symbolisch (mythologisch oder biblisch) aufgeladen und erinnern an apokalyptische Szenen. Der Fokus liegt auf Träumen, die als chronologische oder narrative Prolepsen unterschwellige Homosexualität transportieren und in denen sich oft Vergangenheit und Zukunft überschneiden. In den Traumbeispielen spiegelt sich u. a. die Wiederholung der Vergangenheit sowie die Unmöglichkeit einer ‚neuen' Zukunft. Der Traum wird über die intradiegetische Vorahnung hinaus zu einem Mittel, mit dem Autoren über die Zukunft ihres Schreibens und ihre eigene Endlichkeit reflektieren. Es scheint für die Literatur des Fin-de-Siècle eine paradoxe Herausforderung zu sein, von der Zukunft zu träumen, während jede Zukunft aufgrund nahender Katastrophen düster erscheint.

Manfred Engels (Saarbrücken) Vortrag „Todesträume im Realismus" betrachtete anhand von Flauberts *Madame Bovary* (1856), Tolstois *Krieg und Frieden* (1869) und C. F. Meyers *Der Schuss von der Kanzel* (1877) den Kontrast von romantischen und realistischen Todesträumen sowie die Inszenierung von auf die Zukunft bezogenen Todesvorahnungen und Sterben in den Träumen der Werke. Dabei stehen Träume vom eigenen Tod, vom Tod anderer Personen sowie Jenseitsträume und Begegnungen mit Toten in Träumen im Fokus. Träume erscheinen in ihrer Form als potenteste Sinnstifter der Kultur als Möglichkeiten nach dem Aufwachen über die vorhergesehene Zukunft zu reflektieren, um eine Veränderung in der Lebensweise herbeizuführen. Träume können aber auch eine theoretisch-vernünftig nicht greifbare neue, realistische Metaphysik erfahrbar machen.

Die Frage, ob und wie Träume durch das Medium Musik erfahrbar gemacht werden können, stand im Fokus der folgenden Vorträge: Hendrik Rungelrath (Saarbrücken) verband mit seinem Vortrag „Traum und Zeit – und ihre Erfahrung. Zur traumthematischen Interpretation von Brian Ferneyhoughs *Cassandra's Dream Song*" diese übergeordnete Frage mit der weiterführenden Frage nach der Voraushörbarkeit von Zukunft. Das Instrumentalstück *Cassandras Dream Song*, Flöte solo, verarbeitet die mythologische Figur der Kassandra, ihre von Apollo geschenkte Gabe der Zukunftsvorhersage und den damit verbundenen Fluch, nicht gehört zu werden. *Cassandras Dream Song* könnte ein Traum sein, dem ohne vertonten Text eine Stimme zu fehlen scheint. Wovon Kassandra träumt, bleibt unklar; ihre Träume könnten den Modus ihrer Zukunftssicht spiegeln. Die Variabilität der Partitur und die Forderung nach teils widersprüchlichen Kombinationen erscheinen als Elemente des Traums, die nicht deutbar oder greifbar sind. Das Stück zeigt die Zukunftsvorausdeutung oder sogar die Problematisierung von Zukunftsvoraussicht im deutungsunsicheren Schlaftraum. Für traumthematische Musik ist es essenziell, die Verläufe und Zeitebenen zu betrachten und die mediale Betrachtung auch ohne inhaltliche Elemente hervorzuheben.

Über die Vertonung von Stéphane Mallarmés (1842-1898) Dichtung sprach Charles Magron (Grenoble/Toulouse) in seinem Vortrag „„Mais chez qui du rêve se dore / Tristement dort une mandore / Au creu néant musicien'". Der Titel des Vortrags ist ein Auszug aus dem Sonett *Une dentelle s'abolit* von Mallarmé, das von Pierre Boulez vertont wurde. Die klangliche Leblosigkeit der Mandora, die im trügerischen Traum ewig schläft, enthält ein musikalisches Potenzial, das von Boulez erfasst wird – Boulez scheint den Raum des Traums zu besetzen, um Klang zu erzeugen. Dafür nutzt er die Dualität von Statik und Bewegung und bietet eine musikalische Zeit der Tiefe an, die es erlaubt, von der Zukunft zu träumen. Boulez kann so einen Wunsch nach Zukunft materialisieren, der bei Mallarmé im Traum abgelehnt wurde. Boulez' Musik manifestiert die potenzielle Tiefe des Textes und erweitert diese um mehrere Klangebenen, die wiederum Mallarmé erlauben, von der Zukunft zu träumen.

Den Song *Govorit Moskva* der Band Shortparis aus dem Jahr 2021 stellte Natascha Denner (Saarbrücken) in ihrem Vortrag „Der Traum in *Govorit Moskva* (dt. *Hier spricht Moskau*) der Post-Punk-Band Shortparis als totalitäre Dystopie zwischen Wut und Ohnmacht" vor. Sie zeigte, wie die Band ein komplexes Intertextnetz kreiert, das die entfesselte Aggression und totalitäre Macht männlich dominierter Soziokulturen vorführt, diese in Kontrast zu androgyn-femininen Gesangs- und Tanzperformances setzt und sie mit dem programmatischen Zitat des Surrealisten André Breton sowie einem Traumgedicht von Arsenij Tarkovskij verbindet. Der Traum wird bei Shortparis in seiner destruktiven Funktion zum ständigen Albtraum; er ist nicht mehr surreal, sondern albtraumhafte (Hyper-)Realität. Im Angesicht des Angriffskriegs Russlands auf die Ukraine entfaltet *Govorit Moskva* rückblickend ein düsteres, prophetisches Potenzial.

Dass Zukunftsentwürfe nur in der Auseinandersetzung mit der Vergangenheit entstehen können, zeigte Christiane Solte-Gresser (Saarbrücken) in ihrem Vortrag „Zukunftsmusik: Träume gegen die Systemkrisen der Moderne in Arturo Márquez' Kantate *Sueños*". Márquez vertont in seiner Kantate von 2005 vier berühmte Träume, die individuelle mit kollektiven Zukunftsträumen sowie Vergangenheit, Gegenwart und Zukunft verbinden. Aus diesen vier Träumen – ein Gedicht von Guillermo Velasquez (1. Satz), eine Chief Seattle zugeschriebene Rede von 1854 in Washington (2. Satz), politisch-philosophische Aphorismen von Mahatma Gandhi (3. Satz) und Martin Luther Kings Rede „I have a Dream" (4. Satz) – vermittelt der mexikanische Komponist über die Verbindung von indigener, lateinamerikanischer mit klassisch-westlicher Musik das Potenzial von Träumen für die Gestaltung einer politisch friedlicheren, ökologisch intakten und sozial gerechteren Zukunft.

Die Vortragenden brachten zum Ausdruck, dass das Medium Musik mit oder ohne narrative Grundlage mit vielfältigen Gestaltungsverfahren Träume und (geträumte) Zukunft hörbar machen können. Die Wirkmächtigkeit dieser Verbindung bietet neue Möglichkeiten der Zeitgestaltung. Sie eröffnen klanglich mehrdimensionale Perspektiven, mit denen die Probleme der Gegenwart durch die Aufarbeitung der Vergangenheit (kritisch) betrachtet oder sogar aufgelöst werden können, um eine (neue) Zukunft denkbar erscheinen zu lassen.

Wie es möglich ist, träumend aus der Zeit zu fallen, demonstrierten die folgenden Vorträge, in denen die erzählte Zeit aus den Fugen geraten zu sein scheint und die Grenzen mehrerer Zeitebenen im Traum zunehmend verschwimmen. Maéva Boris (Paris) berichtete mit „*Ter a Saudado do futuro*': écriture et usages politiques du récit de rêve dans la littérature angolaise (1960-2020)" über die noch im Entstehen begriffene Literatur Angolas, der ein besonderes (Zeit-) Paradoxon eigen ist. Die Literatur von Paula Tavares, Arlindo Barbeitos oder José Eduardo Agualusa verbindet mithilfe des Traums eine Sehnsucht nach einer neuen Zukunft, gemeinsam mit der Möglichkeit, mit der kolonialen Vergangenheit zu brechen, und dem Herauskristallisieren der blühenden Kultur Angolas.

Jacques Derrida schreibt über Hélène Cixous, „elle écrit au rêve" – sie schreibe mit oder an dem Traum. Esther von der Osten (Berlin) gab in ihrem Vortrag „Poetik des Hypertraums in Hélène Cixous' *Hyperrêve*" einen Einblick in Cixous' mit Träumen durchzogenes Werk. Cixous, die wesentlich mit Verfahren der Traumarbeit hantiert, erzählt in *Hyperrêve* von einer Traumarbeit zur Bewältigung von Trauer (um ihren verstorbenen Freund Derrida), antizipierter Trauer und Sorge (um ihre kranke Mutter) und der angstvoll gezeichneten Zukunft. *Hyperrêve* ist in seiner (traumbedingten und traumhaften) Vielschichtigkeit als doppeltes Sehen angelegt, in dem die Hyperpräsenz des Freundes keine Gegenwart darstellt, sondern nur einen Traum, in dem die Zukunft wiederkehrt.

Bernd Appel (Buchholz in der Nordheide) beschäftigte sich in seinem Vortrag „Ahasvers Traum – ein Leben ohne Zukunft" mit der Frage, wie Zukunftsträume von Figuren aussehen, die zur Unsterblichkeit verdammt sind. Im Fokus stand die Figur des Ahasver, der zu ewiger Wanderschaft bis zum Jüngsten Tag verflucht wurde. Die rastlose Figur unterliegt aufgrund seiner Unsterblichkeit keiner Zeitwahrnehmung, sie befindet sich in einem ewig repetitiven Zyklus. Die Figur wird in zahlreichen Werken verarbeitet; im Hinblick auf die Zukunftsträume entwerfen die literarischen Texte um Ahasver unterschiedliche Konzepte, wie er aus diesem unendlichen, leidvollen Zyklus ausbrechen kann.

Am Abend führte der Chor der Universität des Saarlandes nach einem Grußwort des ehemaligen Universitätspräsidenten Manfred Schmitt und einer Einführung von Christiane Solte-Gresser, der ehemaligen Sprecherin des Graduiertenkollegs „Europäische Traumkulturen", unter der Leitung von Helmut Freitag (UMD der Universität des Saarlandes) Arturo Márquez' Kantate *Sueños* im vollbesetzten Musiksaal der Universität auf. So konnte das Kolleg seinem Anspruch gerecht werden, die Faszination, die von der Traumthematik ausgeht, zum Abschluss der neunjährigen Förderphase des Graduiertenkollegs nicht nur in wissenschaftlicher, sondern gerade auch in künstlerischer Hinsicht einer breiten Öffentlichkeit näherzubringen.

Wenn von Zukunftswelten geträumt wird, steht insbesondere die Frage im Vordergrund, wie sich sowohl ein einzelner Mensch als auch eine ganze Gesellschaft entwickeln kann. Der Traum erlaubt dabei ein dynamisches Wechselspiel der Zeiten, in dem die reflexive Betrachtung der Vergangenheit und Gegenwart den (Wunsch-)Traum von einer anderen Zukunft auslösen kann. In dem Künstlergespräch „Träumen von der Zukunft Europas?" zwischen Martina Geiger-Gerlach (Stuttgart) und Joachim Rees (Saarbrücken) stellte die Künstlerin ihre Arbeit *The Parliament Dreams – A Poetic Picture of the European Parliament* vor. In dieser achtteiligen Fotomontage von 2022 strebte Geiger-Gerlach an, die Parlamentarier*innen in Straßburg zu zeigen, die den Traum von Europa träumen. Sie fotografierte von Oktober 2019 bis Februar 2020 während der Plenarsitzungen 782 Personen mit geschlossenen Augen und platzierte ihre

Einzelportraits auf die leer fotografierten Plätze des Straßburger Parlaments. Die Anordnung der Tafeln eröffnet einen begehbaren Raum, der bei den Betrachtenden das Gefühl erzeugt, mitten im Parlament zu stehen. Teil der Installation ist ein Rednerpult, an das sich die Besucher*innen stellen können, um sich selbst an der kollektiven Vision von Europa zu beteiligen; einer Vision also, die sich in der Installation aus vielen einzelnen Träumenden zusammensetzt.

Paul Strohmaier (Trier) schilderte in seinem Vortrag „„Par revelation luy fait connoistre en songe / Future vérité sous presente mensonge.' Der Traum des Humanismus in Maurics Scèves *Microcosme*", dass der Traum in diesem Werk einen mehrdeutigen Zukunftsbezug aufweist. Der Traum, der das zweite von drei Büchern von *Microcosme* (1562) umfasst, tröstet als zentrales Element des Textes einerseits den leidgeprüften Adam und entwirft andererseits eine Zukunft, die optimistisch, aber utopisch erscheint, jedoch mit Blick auf den Humanismus als ein noch nicht erreichtes Ideal wahrgenommen werden kann.

Der abschließende Vortrag „„Quand verrons-nous nos songes e réaliser! / Dormir, voilà donc notre félicité.' Merciers Zukunftstraum *L'An deux mille quatre cent quarante. Rêve s'il en fut jamais*" von Patricia Oster-Stierle (Saarbrücken) zeigte, wie das lyrische Ich im Paris des Jahres 1769 einschläft und im Jahr 2440 als alter Mann aufwacht – vor der Haustür eine friedliche Stadt nach der Revolution, in der Vernunft und Gemeingeist herrschen. Dieser Traum von der (utopischen) Zukunft der eigenen Stadt, dem eine trauminterne Reflektion über den Traum hinzugefügt wird, dient als Basis experimentellen Denkens, angesetzt an einer Schnittstelle zwischen utopischer Literatur und dem sich herausbildenden Science-Fiction-Genre.

Den Abschluss der Tagung bildete eine zusammenfassende Diskussion, in der sich die Organisatorinnen und die Teilnehmenden den gewonnenen Erkenntnissen, aber auch den neu aufgeworfenen Fragen widmeten, die sich während der Vorträge und Gespräche herauskristallisiert hatten. Eindeutig zeigte sich, dass Träume nicht unabhängig von ihren kulturellen und historischen Kontexten, ihren ästhetischen Gestaltungsverfahren und ihrem jeweiligen Ausdrucksmedium betrachtet werden können. Träume bieten jedenfalls über Epochen, Genre und Kulturräume hinweg kollektive oder individuelle Möglichkeitsräume, in denen auf unterschiedliche und jeweils ganz eigene Weise Vergangenheit, Gegenwart und Zukunft zusammengedacht und somit (emotionale wie gesellschaftspolitische) Zukunftsbezüge bearbeitet werden können.

Was ebenfalls sicher ist: Auch wenn das Graduiertenkolleg nach seiner maximalen Laufzeit nun mit dieser internationalen Tagung endet, so träumen seine ehemaligen Mitglieder individuell und gemeinsam weiter – in die Zukunft und von der Zukunft.

Franziska Heck

**Transatlantische Kulturtransfers zwischen Nordamerika und Kontinental-
europa im 17. und 18. Jahrhundert. Veranstaltet von Hartmut Hombrecher.
Georg-August-Universität Göttingen, 21.-22.09.2023**

Die Tagung untersuchte aus komparatistischer Perspektive literarische Transferprozesse zwischen den nordamerikanischen Kolonien und Kontinentaleuropa
im 17. und 18. Jahrhundert. Der Schwerpunkt lag dabei auf reziproken Transfers zwischen der Eroberung Nieuw Amsterdams durch England 1664 und dem
Frieden von Paris 1783. Der Organisator Hartmut Hombrecher eröffnete die
Tagung mit einem 1778 im *London Magazine* publizierten Gedicht, das den
Amerikanischen Unabhängigkeitskrieg entschieden verurteilt. Interessant war,
dass der Text nicht nur Kritik an allen beteiligten Parteien enthält, sondern
auch den ersten bekannten Beleg für die Verwendung des Adjektivs „transatlan-
tisch". Aus europäischer Perspektive bedeute der Begriff, dass etwas jenseits des
Ozeans liege. Da der ‚transatlantische Zank', wie in der ersten Strophe beschrieben, nicht ohne Verbindungen zwischen Europa und Amerika zu denken sei,
werde bereits ein geographischer und auch kultureller Raum geöffnet, welcher
sich durch komplexe Interdependenzen auszeichne. Diese herausgestellte Reziprozität sollte laut Hombrecher besonders bei literarischen Kulturtransfers mitgedacht werden. Im Anschluss an die seit Michel Espagne und Michael Werner
bestehende Forschung konstatierte er ein Desiderat für das 17. und 18. Jahrhundert hinsichtlich nordamerikanisch-kontinentaleuropäischer Transfers.
Erste Ansätze zur Bearbeitung dieser literaturwissenschaftlichen Forschungslücke wurden in den letzten Jahren u. a. in Göttingen unternommen, etwa mit
Hombrechers 2023 publizierter Studie *Transatlantischer Kulturtransfer. Franz
Daniel Pastorius' Schriften als Literatur und Praxis* und der von Heinrich Detering und Kai Sina herausgegebenen *Deutsch-amerikanischen Bibliothek*, in der
Texte aus transatlantischen Transfers zwischen dem 17. und 20. Jahrhundert
ediert werden. Daran anknüpfend sollte es auch Ziel der Tagung sein, im Entstehen Befindliches, Ideen oder laufende Projekte zu thematisieren und nicht
ausschließlich abgeschlossene Forschung zu präsentieren, um das Forschungsfeld weiter auszuloten und auch interdisziplinäre Verbindungen zwischen den
Philologien herzustellen.

Das wegen Krankheitsfällen etwas reduzierte Vortragsprogramm begann
Hartmut Hombrecher (Göttingen) mit einem Beitrag zur Rolle der Niederlande im transatlantischen Kulturtransfer um 1700. Er plädierte bei dieser
Forschungslücke für eine dezidiert komparatistische Herangehensweise, da die
Verantwortung für die komplexe Thematik nicht allein der in Deutschland eher
unterrepräsentierten Niederlandistik zugeschoben werden könne. Im Fokus
des Vortrags standen zunächst niederländische Texte Jacob Steendams, die die
historische und literarische Bedeutung der niederländischen Siedlungsprojekte
in Nordamerika unterstrichen. Anschließend zeigte Hombrecher am Beispiel
von Schriften Franz Daniel Pastorius', wie die Niederlande aufgrund guter Pub-
likationsbedingungen als Umschlagplatz für teilweise heterodoxe Schriften im
transatlantischen Transfer fungiert haben. Das kontinentaleuropäische Land sei
als ‚Mittlerraum' für die Verbindung zwischen Pennsylvania und Deutschland

um 1700 sogar teils wichtiger als England gewesen. Briefe habe man etwa über ein quäkerisch geprägtes Netzwerk in Amsterdam weitergeleitet. Durch diese Aspekte konnte Hombrecher die Bedeutung multilateraler Kulturtransfers und ihre Wichtigkeit vor allem für klandestine Projekte eindrücklich nachzeichnen.

Ruth Florack (Göttingen) widmete sich der Erzählung *Ziméo* (1769) von Jean-François de Saint-Lambert und den *Réflexions sur l'esclavage des nègres* (1781, 1788) vom Marquis de Condorcet. Beide Autoren waren Mitglieder einer französischen abolitionistischen Gruppe, was sich in den untersuchten Texten widerspiegelt. Ziméo, Protagonist des gleichnamigen Werkes, stammt aus Benin, wurde von Portugiesen versklavt und nach Jamaika gebracht. Er entwickelt sich zum Anführer der Maroons, einer Gruppe ehemaliger Sklaven, die sich der Gefangenschaft durch Flucht oder Widerstand entzogen. Der Erzähler, ein Quäker, argumentiere nicht religiös, beziehe sich aber auf das Naturrecht. Um gegen die Sklaverei anzugehen, berufe er sich etwa auf das utilitaristische Argument, dass freiwillig geleistete Arbeit viel wirtschaftlicher sei. Interessanterweise sei Saint-Lamberts Werk außerdem zu einer Zeit entstanden, in welcher eine – zumal abolitionistische – literarische Auseinandersetzung mit der Sklaverei in Frankreich noch nicht allzu populär gewesen sei und habe deswegen auch für Condorcets Reflexionen als Referenz fungiert. Auch dieser wendet sich gegen die Sklaverei, verurteilt ‚die Weißen‘ scharf und liefert beispielsweise ein ausgeklügeltes und stufenweise voranschreitendes System zur Aufhebung dieses Missbrauchs. Als erzählerisch interessant stellte Florack heraus, dass in der Ausgabe von 1781 ein M. Schwartz als Autor des Textes angegeben wird. Jener fiktive Verfasser wird als Schweizer Pastor eingeführt. Da die Schweiz, im Gegensatz zu Frankreich, über keine Kolonien verfügte, habe man somit wahrscheinlich Neutralität gegenüber der vorherrschenden Thematik fingieren wollen. In der Neuauflage von 1788 habe Condorcet dann jedoch auf diese Maskierung verzichtet.

Im Anschluss stellte Susanne Greilich (Regensburg) erste Forschungsergebnisse ihres gemeinsam mit Hans-Jürgen Lüsebrink (Saarbrücken) geleiteten DFG-Projekts *Transatlantischer Wissenstransfer und kulturelle Übersetzungsdynamik in Enzyklopädien des Aufklärungszeitalters* vor. Im 18. Jahrhundert sei Amerika zum Thema verschiedener in Europa publizierter Enzyklopädien geworden, die dann nach Amerika transferiert wurden. Als erstes Beispiel einer solchen amerikanischen Enzyklopädie diente der Romanistin das *Diccionario geográfico-histórico de las Indias occidentales ó America* (Madrid, 1786-1789) des in Ecuador geborenen Antonio de Alcedo. Daran zeige sich einerseits die Praktik einer permanenten Überarbeitung, in der zudem in einem transatlantischen Prozess französische, spanische und amerikanische Wissensbestände zusammengefügt und verbessert und darauffolgend wieder in weiteren Publikationen fortgeschrieben wurden. Andererseits habe es eine ideologische Bedeutungsverschiebung gegeben. Während Enzyklopädien in den 1760er Jahren noch vom Siebenjährigen Krieg und von kolonialen Besitzansprüchen geprägt gewesen seien, haben sich ab den 1780er Jahren, im Rahmen verschiedener Unabhängigkeitsbestrebungen, amerikanische Selbstbehauptungsprozesse entwickelt, die sich auch in den Wissensbeständen und schließlich den Publikationsorten zeigten.

Den zweiten Konferenztag eröffnete Patrick M. Erben (Carrollton, GA) mit einem Vortrag über den 1724 nach Germantown ausgewanderten Buchdrucker Johann Christoph Sauer. Der Sohn eines reformierten Pastors druckte 1743 in Pennsylvania mit der so genannten Sauer-Bibel – einer an pietistische Bedürfnisse angepassten Luther-Bibel – die erste Heilige Schrift in einer europäischen Sprache in Amerika. Dieser Text, aber auch andere religiöse Schriften wie etwa Almanache, Kalender oder ab 1739 die Wochenzeitung *Der Hoch-Deutsch Pensylvanische Geschichts-Schreiber*, fanden großen Anklang bei Deutsch-Amerikanern und wurden etwa auch von Mennoniten und Amischen akzeptiert. Seine Texte seien teilweise sogar nach Europa importiert wurden. Erben skizzierte dann, dass die Rezeption allerdings keinesfalls überall so vorteilhaft gewesen sei. Insbesondere der deutsch-amerikanische Lutheraner Heinrich Melchior Mühlenberg habe sich intensiv mit Sauers Publikationen beschäftigt und sogar in Briefen an die Pietistischen Gemeinden nach Halle vor Sauer gewarnt. Dabei fokussiere Mühlenberg interessanterweise vor allem den Stil Sauers, den er als gefährlich und vom rechten Glauben abbringend charakterisierte. Erben betonte dabei auch, dass es für Mühlenberg möglicherweise nicht nachvollziehbar gewesen sei, wie Sauers außerordentlicher Erfolg zustandekam. Überraschenderweise haben sich Sauer und Mühlenberg jedoch, wenn es darum ging, etwa gegen Nikolaus Ludwig von Zinzendorf vorzugehen, der nach Nordamerika gereist war, um sich der dort lebenden Protestanten anzunehmen, plötzlich auf derselben Seite befunden.

Gideon Stiening (Münster/München) stellte Überlegungen und erste Befunde aus einem Projekt vor, in dessen Rahmen er gemeinsam mit Kai Sina (Münster) der Frage nachgehen möchte, wie die Amerikanische Revolution in der deutschsprachigen Publizistik in den Revolutionsjahren selbst dargestellt wird. Dabei müsse beispielsweise untersucht werden, ob es auch literarische Rezeptionszeugnisse gibt, welche die politischen Ereignisse nicht aus ideologischen Motiven verfälscht skizzieren. Im Zentrum seines Vortrags stand die Flugschrift *Common Sense* von Thomas Paine aus dem Jahr 1776, in der dieser, trotz seiner englischen Herkunft, expliziert habe, dass Amerika die Unabhängigkeit unbedingt erreichen und ein demokratisches Regierungssystem einführen müsse. Der auf Englisch verfasste Text habe eine Auflage von mehr als 500.000 Exemplaren erreicht und sei, auch durch seine breit verständliche Schreibweise, damit das bedeutendste Flugblatt in den amerikanischen Kolonien gewesen. Noch im selben Jahr kursierte in Pennsylvania eine deutschsprachige Translation der populären Schrift. 1777 habe der deutsche Jurist und Publizist Christian Konrad Wilhelm Dohm die Flugschrift dann in Lemgo herausgegeben. Allerdings versteckte er den Text mitten in einem etwa 600-seitigen Werk zum Thema Statistik, um den Zensoren bestmöglich zu entgehen.

Im Anschluss an die beiden Fallbeispiele deutsch-nordamerikanischen Kulturtransfers führte Christian Fieseler (Göttingen) in die umfangreichen historischen Bestände der Staats- und Universitätsbibliothek Göttingen ein, indem er an einigen Bänden aus dem Sondersammelgebiet ‚Nordamerika' zeigte, wie Bücher im 18. Jahrhundert von Amerika in die Bibliothek gelangt sind. Dazu führte Fieseler aus, dass der jeweilige Zeitraum des Ankaufs nicht nur an bestimmten Einbänden plausibilisiert werden könne, sondern auch über Kataloge erschlossen werden kann. Ausleihkataloge aus dem 18. Jahrhundert seien in Göttingen ebenfalls noch vorhanden, sodass heute noch nachvollzogen werden könne, wer an der Universität mit den Büchern aus Amerika gearbeitet habe. Eine systematische Untersuchung dieser Rezeption stehe allerdings noch aus. Dazu müssten beispielsweise auch oft schwer einzuordnende Exlibris bestimmt werden. Der Einband des Göttinger Exemplars der Sauer-Bibel von 1743 deute etwa darauf hin, dass der Band wenige Jahre nach Drucklegung angekauft wurde; das Exlibris sei allerdings bisher nicht eindeutig zu klassifizieren gewesen.

Danach sprach Lisa Kunze (Göttingen) über Pehr Kalms 1753 bis 1761 in drei Bänden publizierten Bericht über seine Nordamerika-Reise. Zu jener Dokumentation wurde der Naturforscher von der Königlichen Schwedischen Akademie der Wissenschaften beauftragt. Er sollte bei dieser Gelegenheit die Andersartigkeit des fremden Kontinents dokumentieren, aber auch herausfinden, welche der dort beheimateten Pflanzen und Tiere in Schweden gedeihen und leben könnten. Kalms Bericht ist laut Kunze von einem am Erlebnis orientierten Schreibstil geprägt, der den Redaktionsprozess selbst stellenweise in den Mittelpunkt rückt und damit den europäischen Lesern die Amerikanische Natur direkt vor Augen führt. Neben detaillierten Deskriptionen der nordamerikanischen Flora und Fauna skizziere der Schwede beispielsweise zudem Ursachen des Aussterbens einzelner Tierarten, das häufig in Verbindung mit dem Wirken des Menschen stünde. In diesen Aspekten zeige sich Kalm als ein ökologischer Denker avant la lettre, der die nordamerikanische Natur als eine Art Ökosystem beschreibe, auf das auch der Mensch großen Einfluss nimmt. Das Idealbild der Natur bestehe für ihn in einer geordneten und nachhaltig genutzten Landschaft. Jene dürfe weder gänzlich unberührt noch übernützt sein, sondern müsse über ein gewisses Gleichgewicht verfügen.

Ökologische Aspekte und insbesondere das Bild des Gartens standen auch im letzten Vortrag der Transatlantik-Tagung im Mittelpunkt. Heinrich Detering (Göttingen) referierte darüber, wie der bereits mehrfach thematisierte Franz Daniel Pastorius den Garten in seinem literarischen Werk als eine soziale Metapher für ein gut funktionierendes und gleichberechtigtes Gesellschaftssystem von Menschen unterschiedlicher Nationen, Rassen und Konfessionen gebraucht. Der pennsylvanische Garten werde dabei zum ökologischen Schauplatz und zum Sinnbild einer neuen und idealen amerikanischen Gesellschaft. In seiner *Umständigen Beschreibung Pennsylvanias* (1700) beispielsweise hebe der Begründer der Deutschen Überseewanderung die Schönheit der Landschaft ganz besonders hervor, um Deutsche zur Amerika-Auswanderung zu motivieren. Diese zentralen Gedankengänge spiegeln sich auch in seiner Poetologie wider, unterstrich Detering. Das Ich in Pastorius' Gartengedichten sei stets im Kollektiv bzw. in der Gemeinde zu denken. Auch bediene sich der Autor unterschiedlicher Sprachen und sogar Metriken, um die Pluralität der im Garten und in der Gemeinde befindlichen Lebewesen zusätzlich zu akzentuieren.

Resümierend kann festgehalten werden, dass sich die komparatistische Perspektive, die sich auch in der Teilnahme von Expert*innen aus unterschiedlichen Disziplinen widerspiegelte, als sehr fruchtbar erwies. Der interdisziplinäre

Austausch ermöglichte es, die sprachliche und kulturelle Vielfalt Nordameri-
kas im 17. und 18. Jahrhundert und die Wahrnehmung von Amerikadiskursen
außerhalb der Amerikanistik näher zu erforschen. Dabei zeigten sich zahlreiche
Verbindungen zwischen den Texten und Zeiträumen, etwa die Sklaverei-Thema-
tik, das Quäkertum oder die Gestalt des Auswanderers Pastorius im pennsylva-
nischen Germantown. Auch zum Teil ähnliche Vermittlungsprozesse über die
verschiedenen literarischen Gattungen und Medien hinweg wurden ersichtlich.
Insbesondere multilaterale literarische Kulturtransfers über tendenziell infor-
melle Netzwerke wurden häufig beobachtet. Jene ermöglichten es etwa, Kritik
und Zensur bestmöglich aus dem Weg zu gehen. Am Ende der zweitägigen Konferenz waren die Teilnehmer*innen sich einig, dass die Tagung ein guter Beginn
für weitere Diskussionen und eventuelle zukünftige Projekte und Netzwerke
zum Thema transatlantischer literarischer Kulturtransfers sei.

Lisa Kemper

Nachrufe

Denker der poetologischen Differenz: Horst-Jürgen Gerigk (1937-2024)

von Sandro M. Moraldo

Es war das Wintersemester 1978/79 an der Universität Heidelberg, und ich war kurz davor, mein Magister-Studium der Germanistik und Romanistik aufzugeben. Überfüllte Hörsäle, überlaufene Seminare, mangelnde Betreuung durch das Lehrpersonal und das Fehlen einer Reflexionskultur hatten mich dazu gebracht, meine Entscheidung für ein Studium kritisch zu hinterfragen. Einer Exmatrikulation stand dann auch nichts mehr im Wege, als ich plötzlich im Vorlesungsverzeichnis unter *9. Neuphilologische Fakultät* den Eintrag *Allgemeine Literaturwissenschaft* sah, und ein damals noch außerplanmäßiger Professor namens Horst-Jürgen Gerigk unter dem Titel *Beispiele des Romans im 20. Jahrhundert* eine nationalphilologisch übergreifende Vorlesung anbot. Nicht nur meiner Kuriosität als grenzüberschreitender Europäer – meine Eltern waren Ende der 1950er Jahre von Italien nach Deutschland ausgewandert – verdanke ich letztendlich die Begegnung, die meinen weiteren Lebens- und Berufsweg prägen sollte. Vielmehr war es die Brillanz eines Denkers und Denkens, einer Vortragsart, welche Begeisterung und Motivation an Studierende für ein Fach vermittelte und weitergab, das man damals an der Ruperto Carola gar nicht studieren konnte. Damit war in meinem Studiengang der Grundstein gelegt für ein ‚drittes Fach‘, um dessen Vorlesungen und Seminare dann in den folgenden Semestern die weiteren Lehrveranstaltungen meiner beiden Hauptfächer Germanistik und Romanistik platziert wurden. Dass ich dann dank Horst-Jürgen Gerigks Einsatz das Fach Komparatistik schließlich doch noch mit einer Sondergenehmigung des Dekanats im Magister als Nebenfach und dann bei der Promotion als Hauptfach studieren konnte, sei nur am Rande bemerkt.

Man mag mir diesen persönlichen Exkurs entschuldigen, doch er lässt sich dadurch rechtfertigen, dass er das Bild eines Dozenten vermitteln soll, der mit seiner begeisternden Art und Weise und seinen nie ausgehenden Ideen die Studierenden anregte, über den nationalliterarischen Tellerrand ihres Fachs zu schauen und die verschiedenen Literaturtheorien zu hinterfragen, denen er mit seiner poetologischen Hermeneutik den Kampf angesagt hatte. Horst-Jürgen Gerigks geniale Textinterpretationen lieferten stets überraschende Zugriffe mitten ins Zentrum der literarisch gestalteten Sachverhalte und wussten die Hörerschaft immer wieder auf Neue zu beeindrucken. Seine Vorlesungen und Seminare gehörten bald zum Geheimtipp der ‚happy few‘, auch weil er gekonnt die Brücke schlagen konnte zwischen der ernsthaften Literatur eines Fjodor M. Dostojewskij, Leo N. Tolstoj, Iwan S. Turgenjew, Anton P. Tschechow, William Faulkner, Tennessee Williams, Sherwood Anderson, Ernst Hemingway etc. und der Unterhaltungsliteratur von Krimiautoren wie Dashiell Hammett, James Hadley Chase oder Mickey Spillane, oder den Western wie *The Virginian* (Owen Wister), *Shane* (Jack Schaeffer) und der Hollywood Verfilmung *3:10 to Yuma*.

Die akademische Laufbahn des am 10. November 1937 in Berlin geborenen Komparatisten begann Ende der 1950er und Anfang der 1960er-Jahre zuerst mit dem Studium der Sprachen Russisch und Englisch am *Dolmetscher-Institut* (heute *Institut für Übersetzen und Dolmetschen*) der Universität Heidelberg, dem er an der gleichen Alma Mater das Studium der Slawistik, Philosophie und Anglistik/Amerikanistik anschloss und 1964 bei Dmitrij Tschižewskij mit einer Arbeit zu Dostojewskijs *Der Jüngling* promoviert wurde.[1] Der ‚vertrackte Russe‘ sollte im weiteren Verlauf seiner akademischen Laufbahn am *Slavischen Institut* der Ruperto Carola einer seiner Forschungsschwerpunkte bleiben und ihn zu einem der international renommiertesten Dostojewskij-Forscher machen.[2] 1971 war er in Bad Ems Mitbegründer der *Internationalen Dostojewskij-Gesellschaft,* deren Präsident er von 1998-2004 und deren Ehrenpräsident seit 2014 war. Am 14. Juli 1971, gerade mal dreiunddreißig Jahre alt, erfolgte die Habilitation an der Neuphilologischen Fakultät der Universität Heidelberg für das Fach *Russische Literatur und Allgemeine Literaturwissenschaft.* Die Habilitationsschrift erschien unter dem Titel *Entwurf einer Theorie des literarischen Gebildes* 1975 bei de Gruyter in Berlin, eine programmatische und in Bezug auf die damalige Methodendiskussion kontroverse Position, die Gerigk 1989 mit seinem Standardwerk *Unterwegs zur Interpretation* wieder aufgreifen sollte, um dabei „Hinweise zu einer Theorie der Literatur in Auseinandersetzung mit Gadamers *Wahrheit und Methode* zu liefern.[3] Seit 2008 war er Korrespondierendes Mitglied der *Akademie der Wissenschaften zu Göttingen,* und 2011 wurde er mit der Humboldt-Professur der Universität Ulm ausgezeichnet. In „vier Porträts" hat er dann seinen akademischen Lehrern Dmitrij Tschižewskij, Hans-Georg Gadamer, René Wellek und Paul Fussell ein Denkmal gesetzt.[4]

Theoretisch und praktisch hat sich Horst-Jürgen Gerigk in seinen Publikationen immer wieder gegen die „Angriffe auf die Literatur" – im Sinne René Welleks[5] – gewehrt, weil „[a]ll diese Firmen" [i. e. die Literaturtheorien] den literarischen Text um seine Identität als künstlerisches Gebilde bringen. Er entzog diesen „Zitier-Kartellen gegen Andersdenkende" und ihrem „Anspruch [...] auf das Deutungsmonopol" regelrecht den Boden unter den Füßen.[6] Festgelegt

---

1 Horst-Jürgen Gerigk. *Versuch über Dostoevskijs ‚Jüngling‘. Ein Beitrag zur Theorie des Romans.* München: Wilhelm Fink Verlag, 1965.

2 Vgl. u. a. Horst-Jürgen Gerigk. *Dostojewskij, der vertrackte Russe. Die Geschichte seiner Wirkung im deutschen Sprachraum.* Attempto: Tübingen, 2000 und *Dostojewskijs Entwicklung als Schriftsteller. Vom ‚Toten Haus‘ zu den ‚Brüdern Karamasow‘.* Frankfurt a. M.: S. Fischer, 2013.

3 Horst-Jürgen Gerigk. *Unterwegs zur Interpretation. Hinweise zu einer Theorie der Literatur in Auseinandersetzung mit Gadamers ‚Wahrheit und Methode‘.* Hürtgenwald: Guido Pressler, 1989.

4 Horst-Jürgen Gerigk. *Die Spur der Endlichkeit. Meine akademischen Lehrer. Vier Porträts. Dmitrij Tschižewskij, Hans-Georg Gadamer, René Wellek, Paul Fussell.* Heidelberg: Universitätsverlag Winter, 2007.

5 René Wellek. *The Attack on Literature and Other Essays.* Chapel Hill: The University of North Carolina Press, 1982.

6 Horst-Jürgen Gerigk. „Gibt es unverständliche Dichtung? *Neue Rundschau* 116 (2005): S. 149-159. S. 156f.

wurde diese Text-Identität im Begriff der poetologischen Differenz. „Die poetologische Differenz", d. h. „die Differenz zwischen der innerfiktionalen Begründung und der außerfiktionalen Begründung eines innerfiktionalen Sachverhalts", so schreibt er im gleichnamigen Aufsatz, „ist der Leitbegriff des tatsächlichen Umgangs mit Literatur", und „die poetologische Differenz zu denken, ist tatsächlich nichts anderes, als die Gedanken des Autors vor seiner Schöpfung (Dichtung) zu denken".[7] Nur der Aufweis dieser Differenz legt das künstlerische Funktionieren eines literarischen Textes frei. So hat Gerigk z. B. in seinem Band *Lesen und Interpretieren* auf der Grundlage dieser ‚poetologischen Hermeneutik' den Leser_innen die Kultivierung des natürlichen Verstehens regelrecht vorexerziert. Dabei ging es ihm eigentlich nur „um die Bewußtmachung eines Sachverhaltes, den wir automatisch befolgen, weil er in der Natur des literarischen Textes liegt".[8] Das Kunstwerk als Entfaltung der dargestellten Sache durch den Autor als künstlerische Intelligenz ist seine Leitidee gewesen, denn für ihn setzte Dichtung die Bedingung der Möglichkeit von Verstehen selbst ins Werk: „Dichtung ist verstandene Welt, die wir nachzuvollziehen haben. Der Dichter ist der Hermeneut. Nicht wir, die Leser. Er hat Welt ausgelegt".[9] Wie eine solche Praxis des Interpretierens dann im Idealfall auszusehen hatte, demonstrierte Horst-Jürgen Gerigk den Leser_innen in zahlreichen Publikationen, von denen zwei besonders hervorzuheben sind. Zum einen *Die Sache der Dichtung dargestellt an Shakespeares ‚Hamlet', Hölderlins ‚Abendphantasie' und Dostojewskijs ‚Schuld und Sühne'*[10], in dem am Beispiel eines Dramas, eines lyrischen Gedichts und eines Romans die Kultivierung des natürlichen Verstehens mit scharfsinniger und sprachlicher Eleganz vollzogen wird. Zum anderen in seinem Opus Magnum *Die Russen in Amerika. Dostojewskij, Tolstoj, Turgenjew und Tschechow in ihrer Bedeutung für die Literatur der USA*[11], das mit seinen Analysen zur amerikanischen Rezeption russischer Literatur insofern eine Pionierarbeit darstellt, als es die vielgestaltigen Wechselwirkungen zwischen vier russischen Klassikern und der literarischen Praxis Amerikas exemplarisch offenlegt und auf entscheidende Muster zurückführt und zugleich ein praktisch-anschauliches, exzellentes Beispiel vergleichender *Literatur*wissenschaft vermittelt. Beide Bücher sollten zum Bibliotheksbestand aller Kompartist_innen gehören. Und dennoch wurde Horst-Jürgen Gerigk nie die Anerkennung zuteil, die er aufgrund seines Wirkens und Schaffens als allgemeiner und vergleichender Literaturwissenschaftler sicherlich verdient hätte. Zu Recht hat Joseph P. Strelka, für den Gerigk „einer

---

7   Horst-Jürgen Gerigk. „Die poetologische Differenz". Ders. *Lesen und Interpretieren*. Göttingen: Vandenhoeck & Ruprecht, 2002. S. 17-40. S. 17 und S. 31.

8   Vgl. Gerigk. Die poetologische Differenz (wie Anm. 7). S. 17.

9   Vgl. Gerigk. Gibt es unverständliche Dichtung? (wie Anm. 6). S. 152.

10 Horst-Jürgen Gerigk. *Die Sache der Dichtung dargestellt an Shakespeares ‚Hamlet', Hölderlins ‚Abendphantasie' und Dostojewskijs ‚Schuld und Sühne*. Hürtgenwald: Guido Pressler, 1990.

11 Horst-Jürgen Gerigk. *Die Russen in Amerika. Dostojewskij, Tolstoj, Turgenjew und Tschechow in ihrer Bedeutung für die Literatur der USA*. Hürtgenwald: Guido Pressler, 1995.

der ganz wenigen wichtigen Literaturtheoretiker unserer Zeit" war[12], auf dieses Missverhältnis hingewiesen.

Mit seinem Tod verliert die Komparatistik einen geschätzten und beliebten Kollegen. Seinen Studierenden und Schüler_innen war er stets ein Vorbild in seiner fachlichen Arbeit, aber darüber hinaus auch ein aufgeschlossener Gesprächspartner mit einem unerschöpflichen Wissen vor allem auf den Gebieten der Literatur, Philosophie, Musik und des Films. Wir alle sind Horst-Jürgen Gerigk für seine vielfältigen Anregungen zutiefst dankbar und werden ihm ein ehrendes Andenken bewahren.

---

12 Joseph P. Strelka. „Horst-Jürgen Gerigks Bedeutung für die Literaturtheorie." *Die Wirklichkeit der Kunst und das Abenteuer der Interpretation. Festschrift für Horst-Jürgen Gerigk*. Hg. Klaus Manger. Heidelberg: Universitätsverlag C. Winter, 1999. S. 285-298.

Zum Tode Peter Brockmeiers

von Carolin Fischer

Am 1. Juni 2024 ist Peter Brockmeier überraschend verstorben, nachdem er noch wenige Wochen zuvor seinen 90. Geburtstag im Kreis von Kindern, Enkeln und Urenkeln hatte feiern können. Als Hochschullehrer unvergessen, bleiben seine legendären Oberseminare an der FU Berlin in besonders lebhafter Erinnerung. Ganz speziell die Sitzungen zum Thema „Komik" während einer Unibesetzung, auf den Biedermeiermöbeln des professoralen Wohnzimmers, während derer er sich nicht zu schade war, die Rolle Malvolios bei der verteilten Lektüre von *Was ihr wollt* zu übernehmen.

Am 12. April 1934 in Kassel geboren, war seine Jugend – wie für die meisten seiner Generation – bewegt. Doch gemeinsame Lektüren mit seinem Bruder bildeten einen Fixpunkt, der seine Leidenschaft für die Literatur festigte. Sie wurde durch ein Studium, erst in München und vor allem in Tübingen, zum Lebensinhalt. Dort promovierte er bei dem Komparatisten und Romanisten Kurt Wais über verschiedene *Darstellungen der französischen Literaturgeschichte von Cl. Fauchet bis J. F. de Laharpe und F. Bouterwek* (Berlin, Akademie Verlag 1963). Der vierjährige Aufenthalt in Venedig als Lektor bei Ladislao Mittner an der Ca' Foscari war nicht allein prägend für seine Habilitationsschrift zur italienischen, spanischen und französischen Novellistik (*Lust und Herrschaft. Studien über gesellschaftliche Aspekte der Novellistik: Boccaccio, Sacchetti, Margarete von Navarra, Cervantes.* Stuttgart, Metzler Verlag 1972). Lange Jahre arbeitete er noch als Emeritus an seiner Übersetzung des *Decameron*, und vor allem an dem umfassenden Kommentar mit vielen wertvollen Quellenangaben und historischen Informationen, die 2012 auf insgesamt 1200 Seiten bei Reclam erschienen.

Nach einer Zeit als Assistent am Lehrstuhl für Vergleichende Literaturwissenschaft beim Dante-Übersetzer Walter Naumann an der TH Darmstadt erhielt er 1971 seinen ersten Ruf an die Universität Mannheim, wo er das Amt des Prorektors übernahm und mit Hermann H. Wetzel sein Interesse an der französischen Literaturgeschichtsschreibung aktualisierte (*Französische Literatur in Einzeldarstellungen*. 3 Bde. Stuttgart, Metzler 1981-82). Noch vor Abschluss des Projektes nahm er 1980 einen Ruf der FU Berlin an das Institut für Komparatistik an. Dort blieb er fünfzehn Jahre, bis er im Rahmen der Wiedervereinigung 1995 für eine letzte Etappe an die Romanistik der Humboldt-Universität wechselte.

Komparatist durch und durch, war Peter Brockmeier der DGAVL eng verbunden. 1993 organisierte er die IX. Tagung der Gesellschaft zum Thema *Zensur und Selbstzensur in der Literatur* (Würzburg, Königshausen & Neumann, 1996); eine thematische Ausrichtung, mit der er erneut die Bedeutung der gesellschaftlichen Einbindung für die Entstehung und Analyse literarischer Werke in den Mittelpunkt rückte. Noch 2023 kam er zu den „Zwischenspielen", der XIX. Tagung der DGAVL, nach Potsdam.

Weitere Schwerpunkte seiner Forschung waren die Aufklärung, die Lyrik und die Literatur des 20. Jahrhunderts, hier vor allem das Werk Samuel Becketts, dem er diverse Aufsätze und vor allem ein Kolloquium widmete, das die Komik dieses Schriftstellers ins Zentrum stellte. Ein weiterer seiner ‚Herzensautoren‘ war Petrarca, den er in einer zweisprachigen Ausgabe von 50 ausgewählten und kommentierten Gedichten des *Canzoniere* bei Reclam (2006) auch einem breiteren Publikum nahebringen wollte.

Seine Frau Margitta hatte er 1960 bei einem der internationalen Seminare Gilbert Gadoffres in Loche kennengelernt. Sie blieb bis über den letzten Atemzug hinaus an seiner Seite.